세상이 변해도
배움의 즐거움은
변함없도록

시대는 빠르게 변해도
배움의 즐거움은
변함없어야 하기에

어제의 비상은
남다른 교재부터
결이 다른 콘텐츠
전에 없던 교육 플랫폼까지

변함없는 혁신으로
교육 문화 환경의 새로운 전형을
실현해왔습니다.

비상은 오늘, 다시 한번
새로운 교육 문화 환경을 실현하기 위한
또 하나의 혁신을 시작합니다.

오늘의 내가 어제의 나를 초월하고
오늘의 교육이 어제의 교육을 초월하여
배움의 즐거움을 지속하는 혁신,

바로, 메타인지 기반 완전 학습을.

상상을 실현하는 교육 문화 기업 비상

메타인지 기반 완전 학습

초월을 뜻하는 meta와 생각을 뜻하는 인지가 결합한 메타인지는
자신이 알고 모르는 것을 스스로 구분하고 학습계획을 세우도록 하는
궁극의 학습 능력입니다. 비상의 메타인지 기반 완전 학습 시스템은
잠들어 있는 메타인지를 깨워 공부를 100% 내 것으로 만들도록 합니다.

완자

기출 PICK

윤리와 사상

674제

완자 기출 PICK 차례

I 인간과 윤리 사상

01 인간의 다양한 특성, 인간 본성에 대한 관점	17문항	4
02 윤리 사상과 사회사상	17문항	8
○● 도전 기출	8문항	12

II 동양과 한국 윤리 사상

03 동양 윤리 사상의 연원 ~ 인의 윤리(1)	57문항	14
04 인의 윤리(2)	33문항	28
05 한국 유교와 도덕적 심성	39문항	36
06 불교와 자비의 윤리	24문항	46
07 한국 불교와 화합의 윤리	16문항	52
08 도가와 무위자연의 윤리	32문항	56
09 한국 전통 윤리 사상의 근대적 지향성	14문항	64
○● 도전 기출	21문항	68

Ⅲ 서양 윤리 사상

10	서양 윤리 사상의 연원	27문항	74
11	덕 있는 삶과 행복	50문항	80
12	행복 추구의 방법	34문항	92
13	신앙과 윤리	32문항	100
14	도덕의 기초	50문항	108
15	옳고 그름의 기준	50문항	120
16	현대의 윤리적 삶	22문항	132
◌● 도전 기출		20문항	138

Ⅳ 사회사상

17	이상 사회 ~ 국가	30문항	144
18	시민 ~ 민주주의	30문항	152
19	자본주의	22문항	160
20	평화	21문항	166
◌● 도전 기출		8문항	172

완자 기출 PICK 구성 - 기출 문제를 분석하여 핵심을 빠짐없이 담았다.

PICK 1 핵심 정리

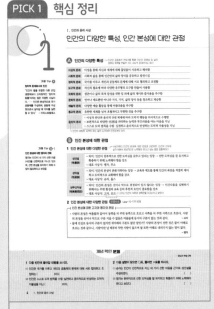

빈출 자료와 보기 선지를 담아낸 내용 정리

PICK 2 필수 기출

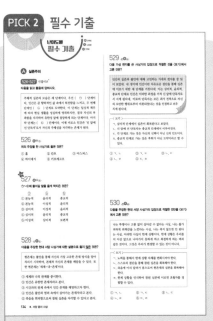

빈출 문제를 난이도별, 빈출 자료별로 구성

PICK 3 도전 기출

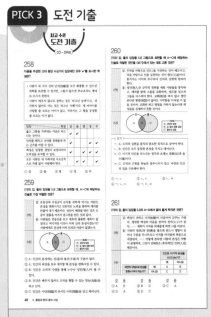

1등급 달성을 위해 꼭 풀어 봐야 하는 도전 문제

인간의 다양한 특성, 인간 본성에 대한 관점

A 인간의 다양한 특성 → 인간은 공동체의 이야기를 통해 자신의 정체성 및 삶의 의미와 목적을 만들어 가는 서사적 존재이기도 하다.

이성적 존재	이성을 통해 자신과 세계에 대해 끊임없이 사유하고 해석함
사회적 존재	사회적 삶을 통해 인간만의 삶의 양식을 공유하고 발전시킴
정치적 존재	국가를 이루고 개인과 공동체의 문제에 대해 서로 협의하고 조정함
도구적 존재	자신의 필요에 따라 다양한 유무형의 도구를 만들어 사용함
유희적 존재	생존이나 삶의 목적 달성을 위한 일 외에 삶의 재미와 즐거움을 추구함
문화적 존재	언어나 제도뿐만 아니라 지식, 가치, 삶의 양식 등을 창조하고 계승함
예술적 존재	다양한 예술 활동을 통해 아름다움을 추구함
종교적 존재	유한한 세계를 넘어 초월적이고 무한한 것을 추구함
윤리적 존재	• 이성적 판단과 윤리적 규범 체계에 따라 도덕적 행동을 의식적으로 수행함 • 보편적으로 타당한 선(善)을 파악하는 능력과 부끄러움을 아는 마음을 지님 • 스스로 도덕 법칙을 수립·실천하고 윤리적으로 반성하는 도덕적 자율성을 지님

└ 인간이 마땅히 지켜야 하는 삶의 도리이며 인간관계의 이치

B 인간 본성에 대한 관점

1 인간 본성에 대한 다양한 관점 → 사상가마다 인간의 본성에 대한 입장은 다르지만, 인간이 선하게 살기 위해서 윤리적으로 노력해야 한다고 보는 점은 공통적이다.

성선설 (性善說)	• 의미: 인간이 천부적으로 선한 도덕심을 갖추고 있다는 입장 → 선한 도덕심을 잘 유지하고 확충하기 위해 노력해야 함을 강조 • 대표 사상가: 맹자, 루소
성악설 (性惡說)	• 의미: 인간의 본성이 본래 악하다는 입장 → 교육과 제도를 통해 인간의 욕망을 적절히 제어하고 도덕적으로 교화해야 함을 강조 • 대표 사상가: 순자, 홉스
성무선악설 (性無善惡說)	• 의미: 인간의 본성은 선이나 악으로 결정되어 있지 않다는 입장 → 인간다움을 실현하기 위해서는 주변 환경과 교육 등의 후천적 요인이 중요함을 강조 • 대표 사상가: 고자, 로크 └ 고자는 인간이 식욕과 성욕만을 타고난다고 보았다.

2 인간 본성에 대한 다양한 관점 [빈출자료] Link • 16-17번 문제

┌─ **인간 본성에 대한 고자와 맹자의 관점** ─────

• 사람의 본성은 여울물과 같아서 동쪽을 터 주면 동쪽으로 흐르고 서쪽을 터 주면 서쪽으로 흐른다. 사람의 본성을 선이나 악으로 구분 지을 수 없음은 여울물에 동서의 구분이 없는 것과 같다. — 고자

• 물에 진실로 동서의 구분이 없지만 위아래의 구분도 없단 말인가? 사람의 본성이 선한 것은 물이 아래로 흐르는 것과 같으니, 사람이란 날 때부터 악한 사람이 없으며 물 또한 아래로 내려가지 않는 법이 없다. — 맹자

기출 Tip A

정치적 존재로서의 인간

"인간이 벌을 포함한 다른 군집 생명체보다 고차원적인 '정치적 동물'이라는 점은 자명한 사실이다. …… 인간은 본성적으로 국가 공동체를 구성하며, 공동체 구성원으로서 살아갈 때 자아를 실현할 수 있다." – 아리스토텔레스

기출 Tip B-1

인간 본성에 대한 맹자의 견해

맹자는 인간이 네 가지 선한 마음(사단)을 선천적으로 지니고 있으며, 선한 본성을 유지하기 위해 수양이 필요하다고 보았음

개념 확인 문제

○ 정답과 해설 2쪽

1 다음 빈칸에 들어갈 내용을 쓰시오.

(1) 인간은 국가를 이루고 개인과 공동체의 문제에 대해 서로 협의하고 조정하는 (   )이다.

(2) 인간은 스스로 도덕 법칙을 수립·실천하고 윤리적으로 반성하는 도덕적 자율성을 지닌 (   )이다.

2 다음 설명이 맞으면 ○표, 틀리면 ×표를 하시오.

(1) 순자는 인간이 선천적으로 지닌 네 가지 선한 마음을 근거로 성선설을 주장하였다. (   )

(2) 맹자는 본래적으로 선한 도덕심을 잘 유지하고 확충하기 위해 노력해야 한다고 보았다. (   )

난이도별
필수 기출

상 1문항
중 8문항
하 6문항

정답과 해설 2쪽

I

A 인간의 다양한 특성

3 하 중 상

밑줄 친 '이것'으로 가장 적절한 것은?

이것은 인간이 마땅히 지켜야 하는 삶의 도리이며 인간관계의 이치이다. 인간은 이것을 바탕으로 옳고 그름, 좋고 나쁨, 정의와 부정의를 판단한다. 그리고 그러한 판단에 따라 자신과 타인의 행위를 평가하고, 자율적으로 자신의 행동을 규제한다.

① 사랑 ② 윤리 ③ 절제 ④ 평등 ⑤ 애국심

4 하 중 상

다음에서 설명하는 인간의 특성으로 옳은 것은?

생활상의 이해관계를 떠나 삶의 재미를 적극적으로 추구하는 의지적 활동을 하는 존재

① 문화적 존재 ② 사회적 존재 ③ 유희적 존재
④ 윤리적 존재 ⑤ 종교적 존재

5 하 중 상

(가), (나)에 나타난 인간의 특성을 옳게 짝지은 것은?

(가) 인간은 보편적으로 타당한 선(善)을 파악하는 능력을 가지고 있으며, 마땅히 지켜야 할 행위 규범을 지키는 존재이다.

(나) 인간은 놀이를 통해 자신을 표현하며, 삶의 재미를 추구하고, 삶을 재충전한다. 놀이는 인간에게는 기본적인 욕구뿐만 아니라 그 이상의 욕구를 충족시켜 주는 활동이다.

	(가)	(나)
①	도구적 존재	서사적 존재
②	서사적 존재	도구적 존재
③	유희적 존재	윤리적 존재
④	윤리적 존재	유희적 존재
⑤	윤리적 존재	정치적 존재

6 하 중 상

다음 사례를 통해 추론할 수 있는 인간의 특성으로 가장 적절한 것은?

A는 퇴원을 앞두고 그동안 살아온 자신의 삶을 돌이켜 보면서 다음과 같이 결심하였다.
• 나는 나의 과거와 미래에 대해 책임을 지겠다.
• 나는 타인을 용서하는 마음을 가지고 살아가겠다.
• 나는 지혜를 찾아 나설 것이며, 어려운 이들을 위해 봉사하는 사람이 되겠다.

① 도구를 사용하여 편리한 생활을 영위한다.
② 여러 사람이 함께 모여 공동체를 구성한다.
③ 예술 활동을 통해 심미적 가치를 추구한다.
④ 재미있는 유희 활동에 자발적으로 참여한다.
⑤ 반성적 성찰을 통해 도덕적 가치를 추구한다.

빈출 7 하 중 상

그림의 강연자가 강조하는 인간의 특성으로 가장 적절한 것은?

어느 옛 성현은 매일 세 가지를 반성하면서 살았다고 합니다. 그것은 '남을 위해 최선을 다했는가?', '친구들과 사귐에 있어 믿음을 주었는가?', '스승에게 배운 바를 실천으로 옮겼는가?'입니다. 우리도 이와 같은 삶을 살아갈 때 비로소 인간다운 삶을 살아갈 수 있습니다.

① 삶의 즐거움과 재미를 추구하는 존재이다.
② 도구를 사용하여 자연적 제약을 극복하는 존재이다.
③ 자신의 삶을 성찰하여 도덕적 삶을 추구하는 존재이다.
④ 초월적 신을 믿음으로써 삶의 유한성을 극복하는 존재이다.
⑤ 문자와 같은 상징체계를 활용하여 문화를 계승하는 존재이다.

밑줄 친 내용을 통해 알 수 있는 인간의 특성에 대한 설명으로 옳은 것은?

> 괴테의 희곡 『파우스트』에서 악마 메피스토펠레스는 파우스트 박사를 타락시킬 수 있다며 신과 내기한다. 신은 이러한 내기를 제안하는 악마에게 다음과 같이 말한다. "인간은 항상 방황하는 법이다. …… 하지만 너는 언젠가 부끄러운 얼굴로 나타나 이렇게 고백할 것이다. '착한 인간은 비록 어두운 충동 속에서도 무엇이 올바른 길인지 잘 알고 있더군요.' 라고."

① 인간은 초월적 존재를 믿으며 살아가는 종교적 존재이다.
② 인간은 사회 안에서 다양한 사람들과 더불어 사는 사회적 존재이다.
③ 인간은 논리적 추론을 통해 참과 거짓을 판단하는 이성적 존재이다.
④ 인간은 필요에 따라 여러 가지 도구를 만들어 사용하는 도구적 존재이다.
⑤ 인간은 옳고 그름을 판단하여 도덕규범을 만들어 지키는 윤리적 존재이다.

다음 글에 나타난 인간의 특성으로 가장 적절한 것은?

> • 검토되지 않은 삶은 살 만한 가치가 없다.　- 소크라테스
> • 인간에게는 마땅한 도리가 있으니, 배불리 먹고 따뜻한 옷을 입고 편안하게 살아도 그 도리를 배우지 않는다면 짐승과 같다.　- 맹자
> • 생각하면 생각할수록 더욱 새롭고 더욱 높아지는 감탄과 경외로 내 마음을 가득 채우는 것이 두 가지 있다. 그것은 내 위에 있는 별이 빛나는 하늘과 내 마음속에 있는 도덕 법칙이다.　- 칸트

① 주어진 운명과 기존의 사회 규범에 순응한다.
② 다양한 유희적 활동을 통해 삶의 즐거움을 추구한다.
③ 세속적 삶에서 벗어나 초월적 존재의 가르침에 따른다.
④ 가치 있는 삶에 대해 고민하며 올바른 신념을 실천한다.
⑤ 생활에 필요한 다양한 도구를 만들어 육체의 한계를 극복한다.

갑, 을이 공통적으로 강조하는 인간의 특성으로 가장 적절한 것은?

> 갑: 인간에게는 마땅한 도리가 있으니, 배불리 먹고 따뜻한 옷을 입고 편안하게 살아도 그 도리를 배우지 않는다면 짐승과 같다.
> 을: 그에 대해서 자주 그리고 계속 숙고하면 할수록, 점점 더 새롭고 점점 더 큰 경탄과 외경으로 마음을 채워 주는 두 가지가 있다. 그것은 내 위의 별이 빛나는 하늘과 내 안의 도덕 법칙이다.

① 삶에 필요한 도구를 제작하여 활용한다.
② 언어나 문자와 같은 상징체계를 사용한다.
③ 사회 조직과 제도를 갖추고 함께 살아간다.
④ 생활에 활력을 주는 다양한 놀이를 향유한다.
⑤ 인간으로서 지켜야 할 윤리적 규범을 준수한다.

다음 글을 통해 알 수 있는 인간의 특성으로 가장 적절한 것은?

> 인간이 벌을 포함한 다른 군집 생명체보다 고차원적인 '정치적 동물'이라는 점은 자명한 사실이다. 자연은 어떤 이유 없이 뭔가를 만들어 내지 않는다는 것이 우리의 주장이다. 인간은 본성적으로 국가 공동체를 구성하며, 공동체 구성원으로서 살아갈 때 자아를 실현할 수 있다.

① 인간은 유희적 존재로서 삶의 재미와 즐거움을 추구한다.
② 인간은 이성적인 존재로서 고도의 사고 능력을 활용할 수 있다.
③ 인간은 도구적 존재로서 자신의 필요에 따라 유무형의 도구를 만든다.
④ 인간은 사회적 존재로서 사회 속에서 온전히 성장하고 삶을 영위할 수 있다.
⑤ 인간은 윤리적 존재로서 보편타당한 선(善)을 파악하고 실천할 수 있는 능력이 있다.

12 하 중 상

다음 글에서 추론할 수 있는 인간의 특성으로 가장 적절한 것은?

사람은 고립되어서는 자족적일 수 없으므로 국가(polis)에 의존해야 한다. 국가만이 자족한 상태에 이를 수 있다. 고립된 개인은 국가의 일부가 아니며, 따라서 금수(禽獸)이거나 아니면 신일 것이다. 사람은 본성적으로 국가에 살도록 되어 있는 존재이다.

① 유희적 활동을 통해 삶의 즐거움을 추구하는 존재이다.
② 필요에 따라 여러 가지 도구를 만들어 사용하는 존재이다.
③ 자신과 세계에 대해 끊임없이 사유하고 해석하는 존재이다.
④ 자신만을 위한 삶에서 벗어나 다른 사람을 고려하고 도덕적 실천을 할 수 있는 존재이다.
⑤ 본성적으로 국가 공동체를 구성하며 공동체 구성원으로서 살아갈 때 자아를 실현할 수 있는 존재이다.

B 인간 본성에 대한 관점

13 하 중 상

표는 인간 본성에 대한 관점을 정리한 것이다. ㉠, ㉡에 들어갈 용어를 옳게 짝지은 것은?

㉠	인간의 본성은 본래 악하다. 따라서 인간다움을 실현하기 위해서는 교육과 제도를 통해 인간의 욕망을 제어하고 교화하는 것이 중요하다.
㉡	인간의 본성은 본래 선이나 악으로 결정되지 않았다. 따라서 인간다움을 실현하기 위해서는 주변의 환경과 교육 등 후천적 요인이 무엇보다 중요하다.

	㉠	㉡
①	성선설	성무선악설
②	성악설	성선설
③	성악설	성무선악설
④	성무선악설	성선설
⑤	성무선악설	성악설

14 하 중 상

인간의 본성을 바라보는 다양한 관점에 대한 설명으로 옳은 것은?

① 성선설은 인간 본성을 선하게 변화시켜야 한다고 본다.
② 성선설을 주장한 대표적인 사상가는 맹자, 로크 등이 있다.
③ 성악설은 인간이 본성적으로 이익을 추구하는 존재라고 본다.
④ 성악설을 대표하는 사상가인 순자는 교육을 통해 인간의 본성을 확충해야 한다고 본다.
⑤ 성무선악설은 인간의 도덕성을 실현하는 데 있어 후천적 환경의 영향력을 간과한다는 평가를 받는다.

15 하 중 상

다음을 읽고 물음에 답하시오.

우리는 윤리적 삶을 지향하면서 인간다움을 실현해 나갈 때 바람직한 삶을 살 수 있다. 그런데 인간 본성에 대한 관점이 다르면 인간다움을 실현하는 방법도 달라진다. 인간 본성에 대한 대표적 관점 중 하나는 <u>인간에게 천부적으로 선한 도덕성이 갖추어져 있다고 본다.</u> 이 관점은 선한 도덕성을 잘 유지하고 확충하기 위해 노력해야 한다고 본다.

(1) 밑줄 친 입장에 해당하는 인간 본성에 대한 학설을 쓰시오.

(2) (1)을 주장하는 대표적인 동양 사상가를 쓰시오.

16-17 빈출자료

다음을 읽고 물음에 답하시오.

갑: 사람의 본성은 여울물과 같아서 동쪽을 터 주면 동쪽으로 흐르고 서쪽을 터 주면 서쪽으로 흐른다. 사람의 본성을 선이나 악으로 구분 지을 수 없음은 여울물에 동서의 구분이 없는 것과 같다.
을: 물에 진실로 동서의 구분이 없지만 위아래의 구분도 없단 말인가? 사람의 본성이 선한 것은 물이 아래로 흐르는 것과 같으니, 사람이란 날 때부터 악한 사람이 없으며 물 또한 아래로 내려가지 않는 법이 없다.

16 하 중 상

갑은 부정, 을은 긍정의 대답을 할 질문으로 적절한 것을 〈보기〉에서 고른 것은?

〈 보기 〉
ㄱ. 인간의 본성은 선과 악으로 정해지지 않은 것인가?
ㄴ. 인간은 선한 본성을 타고나며 악은 후천적으로 형성되는가?
ㄷ. 인간의 도덕적인 성품은 후천적인 환경과 교육의 산물인가?
ㄹ. 인간은 본래 도덕적 자각 능력과 도덕적 실천 능력을 지니고 있는가?

① ㄱ, ㄴ   ② ㄱ, ㄷ   ③ ㄴ, ㄷ
④ ㄴ, ㄹ   ⑤ ㄷ, ㄹ

17 하 중 상

갑, 을 모두가 긍정의 대답을 할 질문으로 가장 적절한 것은?

① 도덕적 삶을 위해서는 후천적 노력이 필요한가?
② 도덕적 수양으로 악한 본성을 극복할 수 있는가?
③ 선한 본성은 교육을 통해 후천적으로 형성되는가?
④ 본성을 보존함으로써 선한 삶을 살아갈 수 있는가?
⑤ 인간의 본성은 백지 상태이며 선악이 결정되어 있지 않은가?

윤리 사상과 사회사상

A 윤리 사상과 사회사상의 역할

1 윤리 사상

① 의미: 인간의 행위 규범이자 삶의 도리인 윤리에 관한 체계적이고 이론적인 생각

② 역할

- 도덕적 행동 지침과 도덕적 판단 근거를 제공함
- 바람직한 삶의 목적과 방향을 설정하는 데 도움을 줌
- 자아를 발견하고 성찰하도록 도움으로써 자아 탐색의 근거를 제공함

2 사회사상

① 의미

- 사회적 삶에서 나타나는 현상을 설명하고 해석하는 체계적인 생각
- 사회 체계나 제도의 바람직한 모습 및 그것의 구현에 관한 체계적인 생각

② 역할

- 바람직한 사회의 이상(理想)을 제시하고 이를 실현하는 방안을 모색하는 데 도움을 줌
- 다양한 사회 문제, 사회 제도, 정책 등을 비판하고 개선할 수 있는 기준 및 근거를 제공함
- 사회적 존재로서 개인의 삶의 방식과 인간의 사회적 삶을 이해하기 위한 체계적인 틀을 제공함

└ 기존의 사회 체제를 정당화하는 역할을 하기도 한다.

기출 Tip Ⓐ-2

다양한 사회사상

자유주의	부당한 간섭이나 침해로부터 개인의 자유와 권리를 보장해야 한다고 강조함
공화주의	공적인 삶과 공공성을 중시하며 정치 참여를 강조함
민주주의	국가의 권력이 국민으로부터 나온다는 것을 강조하며, 대표자를 선출하거나 국민이 직접 공공 정책에 참여함
자본주의	사유 재산과 자유로운 시장 경제의 보장을 강조함
세계 시민주의	인류를 국적, 민족 등과 관계없이 보편적 가치와 권리를 지닌 시민으로 간주함
민본주의	백성을 국가의 근본으로 봄
사회주의	사유 재산 제도의 폐지를 주장함

B 윤리 사상과 사회사상의 관계

1 윤리 사상과 사회사상의 관계 → 윤리 사상과 사회사상은 바람직한 인간과 사회의 모습을 제시한다는 점에서 가치 지향적이다.

구분	윤리 사상	사회사상
공통점	윤리 사상과 사회사상은 모두 궁극적으로 인간다움과 행복을 실현하고자 함	
차이점	인간의 본질과 바람직한 인간의 모습을 탐구함	바람직한 공동체의 모습을 탐구함
이상적 관계	윤리 사상과 사회사상은 상호 보완적인 관계임 → 바람직한 인간으로 성장할 수 있도록 도덕적 품성을 기르고, 바람직한 사회를 구현하기 위해 정의로운 법과 제도를 정립하고 이를 지켜 나가야 함	

2 윤리 사상과 사회사상의 관계 빈출자료 Link • 31~32번 문제

─(윤리 사상과 사회사상의 이상적 관계)─

국가가 훌륭해지는 것은 행운의 소관이 아니라, 지혜와 윤리적 결단의 산물이다. 훌륭한 국가가 되려면 국정에 참여하는 시민들이 훌륭해야 한다. 그런데 우리의 시민들은 모두 국정에 참여해야 한다. 따라서 우리는 어떻게 해야 사람이 훌륭해질 수 있는지 고찰해 보아야 한다.
─ 아리스토텔레스, 『정치학』

└ 좋은 국가가 없으면 인간다운 삶이 불가능하고, 국가 역시 바람직한 시민이 없이는 제대로 운영되지 못한다고 보았다.

개념 확인 문제

○ 정답과 해설 3쪽

18 다음 설명이 맞으면 ○표, 틀리면 ×표를 하시오.

(1) 윤리 사상은 인간의 행위 규범이자 삶의 도리인 윤리에 관한 체계적이고 이론적인 생각이다. ( )

(2) 사회사상은 바람직한 사회의 이상(理想)을 제시하고 이를 실현하는 방안을 모색하는 데 도움을 준다. ( )

19 다음 빈칸에 들어갈 내용을 쓰시오.

(1) ( )는 부당한 간섭이나 침해로부터 개인의 자유와 권리를 보장하는 사상적 근거를 제공하였다.

(2) 윤리 사상과 사회사상은 궁극적으로 인간다움과 행복을 실현하고자 한다는 점에서 ( ) 관계에 있다.

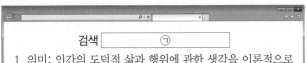
A 윤리 사상과 사회사상의 역할

20 하중상

다음은 인터넷에 ㉠을 검색한 결과이다. ㉠에 대한 설명으로 옳은 것만을 〈보기〉에서 있는 대로 고른 것은?

검색 [㉠]

1. 의미: 인간의 도덕적 삶과 행위에 관한 생각을 이론적으로 체계화한 것
2. 특징: '행복이란 무엇인가?', '바람직한 삶은 무엇인가?'와 같은 물음에 도덕적 관점에서 답하고자 한다.

〈 보기 〉

ㄱ. 자아를 발견하고 성찰할 수 있도록 도움을 준다.
ㄴ. 자신의 잘못과 실수를 정당화하는 데 도움을 준다.
ㄷ. 우리 주변의 도덕 문제를 해결하는 데 도움을 준다.
ㄹ. 바람직한 삶의 목적과 방향을 설정하도록 도움을 준다.

① ㄱ, ㄴ   ② ㄴ, ㄷ   ③ ㄷ, ㄹ
④ ㄱ, ㄴ, ㄹ   ⑤ ㄱ, ㄷ, ㄹ

빈출 21 하중상

㉠에 대한 설명으로 옳은 것을 〈보기〉에서 고른 것은?

우리 삶에는 자아 탐색의 근거를 제공해 주고 삶의 목적과 가치 체계를 제공해 주는 (㉠)와/과 사회사상이 필요합니다. (㉠)이/가 필요한 이유는 무엇일까요?

〈 보기 〉

ㄱ. 도덕적 행동의 판단 근거를 제공해 준다.
ㄴ. 바람직한 삶의 모습과 자아 탐색의 기회를 제공해 준다.
ㄷ. 사회의 바람직한 모습에 대한 체계적 사유를 제공해 준다.
ㄹ. 자신이 속해 있는 사회 제도나 정책을 판단하는 근거를 제공해 준다.

① ㄱ, ㄴ   ② ㄱ, ㄷ   ③ ㄴ, ㄷ
④ ㄴ, ㄹ   ⑤ ㄷ, ㄹ

22 하중상   •• 서술형

다음 사례를 통해 알 수 있는 인간의 삶에서 윤리 사상이 필요한 이유를 두 가지 서술하시오.

아이히만은 독일 나치스 친위대 장교로, 그에 의해 체포되어 강제 수용소에서 희생된 유대인의 수는 약 600만 명에 이른다. 아이히만이 재판정에 섰을 때 세계 언론은 '인간의 얼굴을 한 악마'를 보기 위해 열띤 취재 경쟁을 벌였다. 그러나 그는 아내를 사랑하고 자식을 끔찍이 아끼는 평범한 사람이었다. 그는 그저 상부의 명령을 따랐을 뿐이라며 양심의 가책을 느끼지 못했다.

23 하중상

㉠에 들어갈 답변으로 적절한 것을 〈보기〉에서 고른 것은?

사회사상의 필요성에 대해 설명해 줄 수 있나요?

사회사상은 [㉠]

〈 보기 〉

ㄱ. 이상적인 사회의 모습을 제시합니다.
ㄴ. 사회의 바람직한 발전 방향을 모색하게 해 줍니다.
ㄷ. 우리 사회를 항상 낙관적으로만 전망하게 해 줍니다.
ㄹ. 사회의 모습을 평가할 수 있는 기준을 제시하지 못합니다.

① ㄱ, ㄴ   ② ㄱ, ㄷ   ③ ㄴ, ㄷ
④ ㄴ, ㄹ   ⑤ ㄷ, ㄹ

24 하중상

다음 사회사상에 대한 설명으로 옳지 않은 것은?

① 공화주의는 공적인 삶과 공공성을 중시하는 사상이다.
② 자유주의는 부당한 간섭으로부터 개인의 자유를 보장할 것을 강조한다.
③ 사회주의는 사유 재산 제도를 바탕으로 하여 개인의 이익 추구를 긍정한다.
④ 세계 시민주의는 전 인류를 보편적 가치와 권리를 지닌 시민으로 간주한다.
⑤ 민본주의는 백성을 나라의 근본으로 여기고 민심을 존중하는 도덕 정치를 강조한다.

25 하(중)상

다음은 학습 주제 A에 대한 어느 학생의 필기 내용이다. ㉠~㉤ 중 옳지 않은 것은?

> 학습 주제: (A)
> 1. 의미: 바람직한 사회의 모습과 그것의 구현 방법 및 운영 방안에 대한 체계적인 사유
> 2. 사례: 자유주의, 공동체주의, 사회주의 등 ············· ㉠
> 3. 역할
> • 이상 사회에 대한 이론적 토대를 제공함·············· ㉡
> • 사회에 대해 가치 중립적인 입장을 갖게 함 ········· ㉢
> • 사회의 모습에 대한 분석 및 비판을 함 ··············· ㉣
> • 현실 사회를 정당화하기도 함 ······························ ㉤

① ㉠　　② ㉡　　③ ㉢　　④ ㉣　　⑤ ㉤

26 하(중)상

㉠에 대한 설명으로 적절하지 않은 것은?

> 윤리와 사상 퀴즈
> • 질문: 이것은 사회적 삶에서 나타나는 현상에 대한 해석과 사회 체제나 제도의 바람직한 모습 및 구현에 관한 체계적인 사유를 의미합니다. 이것은 무엇일까요?
> • 답변: (㉠)입니다.

① 현 사회의 진단과 평가에 도움을 준다.
② 사회와 독립된 개인의 삶의 방식을 알려 준다.
③ 이상 사회의 모습을 설계하는 데 도움을 준다.
④ 현실 사회의 잘못과 모순을 진단할 수 있도록 한다.
⑤ 공적인 삶의 영역에서 마주치는 딜레마를 해결해 나가는 데 도움을 준다.

27 하(중)상

밑줄 친 '이것'이 필요한 이유로 적절하지 않은 것은?

> 이것은 복잡한 사회 현상에 관한 해석이나, 인간의 삶과 사회의 관계 등을 이론적으로 체계화한 사상이다. 예를 들어 민주주의, 자유주의, 공동체주의 등이 있다.

① 공동체의 일원으로서 개인의 삶의 방식을 제시한다.
② 모두가 행복한 바람직한 이상 사회의 모습을 제시한다.
③ 사회 제도나 정책의 옳고 그름을 판단하고 해석하는 틀을 제공한다.
④ 현재의 사회에 대해 단일한 관점을 갖고 정당화하는 기준을 제공한다.
⑤ 다양한 사회 문제의 잘못을 파악하고 개선할 수 있는 기준을 제공한다.

28 하(중)상

다음 중 사회사상을 잘못 이해한 학생을 고른 것은?

> 갑: 자유주의는 타인, 집단, 제도 등의 부당한 간섭이나 침해로부터 개인의 자유와 권리를 보장하는 사상적 근거를 제공했어.
> 을: 자유주의와는 다르게 공화주의는 사적인 삶보다 공적인 삶을 중시하는 사상이야. 공화주의에서는 사람들이 공적인 일에 관심을 가지고 참여해야 한다고 주장해.
> 병: 민주주의는 우리에게도 친숙한 사회사상이야. 우리는 민주주의 정치 체제를 바탕으로 대표자를 선출하고 그들을 통해 우리의 의사를 표현해. 하지만 시민들이 공공 정책에 직접 참여할 수는 없어.
> 정: 자본주의는 사유 재산과 자유로운 시장 경제를 보장하는 사상적 근거야. 덕분에 우리는 이윤을 추구하며 경제 활동을 할 수 있어.
> 무: 세계 시민주의는 전 인류를 국적, 민족, 인종과 관계없이 보편적 가치와 권리를 지닌 시민으로 간주하는 사상이야. 이는 환경 파괴, 국제 분쟁, 빈곤 등 지구적 차원의 윤리 문제를 해결하는 데 도움을 주고 있지.

① 갑　　② 을　　③ 병　　④ 정　　⑤ 무

29 하(중)상

교사의 질문에 대해 적절한 답변을 한 학생만을 있는 대로 고른 것은?

① 갑, 을　　② 갑, 병　　③ 을, 정
④ 갑, 병, 정　　⑤ 을, 병, 정

B 윤리 사상과 사회사상의 관계

30 하중상

윤리 사상과 사회사상에 대한 설명으로 옳지 않은 것은?

① 윤리 사상은 이상 사회 구현을 위한 대안을 마련해 준다.
② 윤리 사상은 행복한 삶을 살 수 있는 가치 기준을 제시해 준다.
③ 윤리 사상은 가치 있는 삶에 대한 윤리적 성찰의 기회를 제공한다.
④ 사회사상은 각 개인이 사회를 바라보는 일정한 관점을 형성하게 해 준다.
⑤ 사회사상은 현실 사회의 모습을 정당화하거나 비판하는 기준을 제시해 준다.

31-32 빈출자료°

다음을 읽고 물음에 답하시오.

> 국가가 훌륭해지는 것은 행운의 소관이 아니라, 지혜와 윤리적 결단의 산물이다. 훌륭한 국가가 되려면 국정에 참여하는 시민들이 훌륭해야 한다. 그런데 우리의 시민들은 모두 국정에 참여해야 한다. 따라서 우리는 어떻게 해야 사람이 훌륭해질 수 있는지 고찰해 보아야 한다.

31 하중상
••서술형

위의 글의 관점에서 ㉠에 들어갈 내용을 서술하시오.

> 윤리 사상과 사회사상은 서로 영향을 주고받으면서 발전하는 [㉠]

32 하중상

위의 주장을 한 사상가의 입장으로 적절한 것만을 〈보기〉에서 있는 대로 고른 것은?

─〈 보기 〉─
ㄱ. 윤리 사상과 사회사상은 서로 관계가 없다.
ㄴ. 인간은 국가를 형성하고 운영하는 정치적 존재이다.
ㄷ. 국가는 바람직한 시민 없이는 제대로 운영되지 않는다.
ㄹ. 개인의 도덕성과 공동체의 도덕성은 밀접한 관련이 있다.

① ㄱ, ㄴ   ② ㄱ, ㄷ   ③ ㄷ, ㄹ
④ ㄱ, ㄴ, ㄹ   ⑤ ㄴ, ㄷ, ㄹ

33 하중상

다음 글에서 추론할 수 있는 내용으로 적절하지 않은 것은?

> 가장 좋은 정치의 형태는 가장 좋은 사람들에 의해 통치되는 것이다. 이것은 사람들이 뛰어난 선을 지니고, 지배자와 피지배자 모두 그들의 역할을 수행하기에 적합할 때 이룩될 수 있다. 좋은 사람으로서의 선과 좋은 시민으로서의 선은 같아야 한다. 따라서 사람이 선을 이루는 것과 똑같은 방식과 수단으로 정의로운 국가를 건설해야 한다는 결론에 도달한다.

① 인간의 인격 완성과 이상 국가 실현은 별개가 아니다.
② 공동체의 정체성은 개인의 정체성 형성에 영향을 준다.
③ 윤리 사상과 사회사상은 모두 인간다운 삶을 추구한다.
④ 유덕한 사람이 모인 사회가 정의로운 사회가 될 수 있다.
⑤ 윤리 사상과 사회사상은 서로 무관한 독립된 학문 영역이다.

34 하중상 빈출

㉠, ㉡에 대한 설명으로 옳지 않은 것은?

> (㉠)은/는 '어떻게 사는 것이 도덕적이고 가치 있는 삶인가?' 등에 대한 고민을 담은 체계적인 생각이고, (㉡)은/는 사회에서 나타나는 복잡하고 다양한 현상을 설명하고 해석함으로써 우리가 지향해야 할 사회의 모습과 이러한 사회를 어떻게 구현하고 운영할 것인지 등의 생각을 체계화한 것이다.

① ㉠은 어떤 행동이 도덕적으로 옳고 그른 행동인지 구분하게 해 준다.
② ㉡은 현실 사회 모습을 정당화하거나 비판하는 기준을 제시한다.
③ ㉡은 사회 구성원들이 사회를 바라보는 다양한 관점을 형성하게 해 준다.
④ ㉠은 인간의 윤리적 삶을 위한 도덕 기준 마련을 추구한다면, ㉡은 이상 사회의 실현을 추구한다.
⑤ ㉠은 사회를 보다 바람직한 방향으로 이끄는 데 기여한다는 점에서 중요하다면, ㉡은 개인을 도덕적으로 만든다는 점에서 중요하다.

35

다음 글에서 강조하는 삶의 태도로서 가장 적절한 것은?

> 하루는 증삼(曾參)이 다음과 같이 말하였다. "나는 매일 세 번씩, 세 가지 일에 대해 생각한다. 첫째, 남을 위하는 일을 함에 나의 몸과 마음을 충실히 하였는가? 둘째, 벗들과 사귀면서 진심을 다하였는가? 셋째, 스승의 가르침을 몸소 익혔는가?"

① 자신만이 실존적 존재자임을 깨닫고 주체성을 실현해야 한다.
② 초월적 존재자인 신에 귀의하여 마음의 평온함을 유지해야 한다.
③ 인위적 규범(僞)으로부터 벗어나 도(道)에 따르는 삶을 살아야 한다.
④ 공동체 구성원과의 조화를 위해 정의로운 사회 제도를 만들어야 한다.
⑤ 자신의 마음가짐과 행동에 대해 스스로 성찰하여 수양(修養)해야 한다.

36

다음 글에 나타난 인간의 특성으로 적절한 것만을 〈보기〉에서 있는 대로 고른 것은?

> 인간은 동물처럼 자연 조건으로부터 보호받을 수 있는 털을 가지고 있지 않습니다. 또한 자연적 공격 기관을 가지고 있지도 않고, 도망가기에 적합한 신체도 없습니다. …… 인간은 이러한 부담을 극복하고 살아남기 위해 자연을 개조해야만 했습니다. 무기와 불이 없는 인간 사회, 음식을 비축하고 식품을 조리할 줄 모르는 인간 사회, 피난처와 협동의 체계가 없는 인간 사회는 없습니다.

〈 보기 〉
ㄱ. 필요한 도구를 만들어 사용하는 존재이다.
ㄴ. 구원을 얻기 위해 초월적 절대자에게 귀의하는 존재이다.
ㄷ. 언어, 기술, 삶의 양식 등 문화를 발전시켜 나가는 존재이다.
ㄹ. 반성적 성찰을 통해 도덕적 삶의 가치를 추구하는 존재이다.

① ㄱ, ㄷ   ② ㄱ, ㄹ   ③ ㄴ, ㄷ
④ ㄱ, ㄴ, ㄹ   ⑤ ㄴ, ㄷ, ㄹ

37

고대 동양 사상가 갑은 긍정, 을은 부정의 대답을 할 질문으로 가장 적절한 것은?

> 갑: 가령 어린아이가 우물에 빠지려는 것을 막 보게 된다면, 누구라도 깜짝 놀라 측은지심이 생길 것이다. 그것은 그 어린아이의 부모와 친분을 맺고자 하는 까닭이 아니고, 마을 친구들의 칭찬을 받기 위해서도 아니며, 아이의 울음소리가 듣기 싫어서도 아니다.
>
> 을: 성이란 휘돌아가는 물과 같다. 그것을 동쪽으로 트면 동쪽으로 흐르고, 그것을 서쪽으로 트면 서쪽으로 흐른다. 사람의 본성에 구분이 없는 것은 물에 동서의 방향이 없는 것과 같다.

① 누구나 노력을 통해 선한 행위를 할 수 있는가?
② 선은 후천적인 환경과 자신의 선택에 따른 결과인가?
③ 타고난 인간의 본성을 인위를 통해 변화시켜야 하는가?
④ 인간에게는 선천적으로 선한 도덕성이 갖추어져 있는가?
⑤ 인간은 본성적으로 남을 미워하는 마음을 지니고 태어나는가?

38

갑, 을의 입장으로 가장 적절한 것은?

> 갑: 물에 동서의 구분이 없지만, 상하의 구분도 없겠는가? 인간의 본성이 선하다는 것은 물이 아래로 흘러내려 가는 것과 같다. 인간의 본성은 선하지 않음이 없으며, 물은 아래로 흘러내려 가지 않음이 없다.
>
> 을: 인간의 본성은 고여서 맴도는 물과 같아서 동쪽으로 터 주면 동으로 흐르고, 서쪽으로 터 주면 서로 흐른다. 인간의 본성을 선(善)과 불선(不善)으로 나눌 수 없는 것은 고여서 맴도는 물에 동과 서의 구분이 없는 것과 같다.

① 갑: 악한 본성은 교화될 수 있다.
② 갑: 본성을 확충할 수 있는 수양이 필요하다.
③ 을: 본성을 잘 유지하고 확충시켜야 한다.
④ 을: 이익을 좋아하는 인간 본성을 교육으로 제어해야 한다.
⑤ 갑, 을: 선과 악은 타고나는 것이 아니라 인간의 선택에 달려 있다.

39

(가)의 동양 사상가 갑, 을의 입장을 (나) 그림으로 표현할 때, A~C에 해당하는 진술로 옳은 것만을 〈보기〉에서 있는 대로 고른 것은?

(가)	갑: 인간의 본성은 고여서 맴도는 물과 같아서 동쪽으로 터 주면 동으로 흐르고, 서쪽으로 터 주면 서로 흐른다. 인간의 본성을 선함(善)과 선하지 않음(不善)으로 나눌 수 없는 것은 물에 동서의 구분이 없는 것과 같다. 을: 물에 동서의 구분은 없지만 위와 아래의 구분도 없겠는가? 인간의 본성이 선하다는 것은 물이 아래로 흐르는 것과 같다. 인간의 본성은 선하지 않음이 없고, 물은 아래로 흐르지 않음이 없다.
(나)	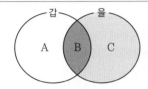 〈범례〉 ·A: 갑만의 입장 ·B: 갑, 을의 공통 입장 ·C: 을만의 입장

〈 보기 〉

ㄱ. A: 인간의 본성은 선악으로 정해지지 않았다.
ㄴ. B: 인간은 환경에 의해 악행을 저지를 수 있다.
ㄷ. B: 인간은 수양을 통해 악한 본성을 선하게 변화시킬 수 있다.
ㄹ. C: 인간의 선한 본성을 유지하기 위한 노력이 필요하다.

① ㄱ, ㄴ　　② ㄱ, ㄷ　　③ ㄴ, ㄹ
④ ㄱ, ㄴ, ㄹ　　⑤ ㄴ, ㄷ, ㄹ

40

㉠, ㉡에 대한 설명으로 옳은 것만을 〈보기〉에서 있는 대로 고른 것은?

• (㉠)은/는 "어떻게 사는 것이 바람직하고 좋은 삶인가?"라는 물음에 대한 체계적인 답변으로서, 바람직하고 좋은 삶에 대한 방향을 제시한다.
• (㉡)은/는 사회적 삶에서 나타나는 현상에 대한 해석과 사회 체제나 제도의 바람직한 모습 및 그것의 구현에 관한 체계적인 사유를 의미한다.

〈 보기 〉

ㄱ. ㉠은 자아를 발견하고 성찰하는 데 도움을 준다.
ㄴ. ㉠은 주로 현 사회를 진단하고 평가하는 역할을 한다.
ㄷ. ㉡은 개인의 도덕 문제를 해결하는 데 주된 도움을 준다.
ㄹ. ㉠과 ㉡은 상호 의존적이고 보완적인 관계이다.

① ㄱ, ㄹ　　② ㄴ, ㄷ　　③ ㄷ, ㄹ
④ ㄱ, ㄴ, ㄹ　　⑤ ㄱ, ㄷ, ㄹ

41

(가), (나) 사상에 대한 설명으로 옳지 않은 것은?

(가) 인간의 행위 규범이자 삶의 도리인 윤리에 대한 체계적인 생각으로, 사례로는 동양의 유교·불교·도가 사상, 서양의 의무론과 공리주의 등이 있다.
(나) 사회 현상을 설명하고 해석하는 체계적인 사유를 의미하고 사례로는 자유주의, 민주주의, 자본주의 등이 있다.

① (가)는 '바람직한 삶은 무엇인가?'와 같은 물음에 답하고자 한다.
② (가)는 인간의 도덕적 삶과 행위에 관한 생각을 이론적으로 체계화한 것이다.
③ (나)는 다양한 사회 문제를 비판하고 개선할 수 있는 기준을 제공한다.
④ (나)는 '바람직한 사회 또는 좋은 사회란 무엇인가?'와 같은 물음에 답하고자 한다.
⑤ (가)와 (나)는 서로 다른 영역을 탐구함으로써 상호 대립적 관계를 이루고 있다.

42

다음 글을 통해 알 수 있는 윤리 사상과 사회사상의 관계로 적절한 것을 〈보기〉에서 고른 것은?

국가가 훌륭해지는 것은 행운의 소관이 아니라, 지혜와 윤리적 결단의 산물이다. 훌륭한 국가가 되려면 국정에 참여하는 시민들이 훌륭해야 한다. 그런데 우리의 시민들은 모두 국정에 참여한다. 따라서 우리는 어떻게 해야 사람이 훌륭해질 수 있는지 고찰해 봐야 한다.

〈 보기 〉

ㄱ. 개인의 도덕성과 공동체의 도덕성은 밀접한 관계가 있다.
ㄴ. 개인의 가치 판단과 사회의 가치 판단은 전혀 다른 것이다.
ㄷ. 정의로운 사회 구조와 도덕적인 삶과는 서로 관계가 없다.
ㄹ. 사회사상의 구현은 각 개인의 윤리적 측면과 긴밀한 관계가 있다.

① ㄱ, ㄷ　　② ㄱ, ㄹ　　③ ㄴ, ㄷ
④ ㄴ, ㄹ　　⑤ ㄷ, ㄹ

동양 윤리 사상의 연원~인의 윤리(1)

A 동양과 한국 윤리 사상의 연원

1 동양 윤리 사상의 연원

반면 서양에서는 인간과 자연을 이분법적으로 나누는 사고가 발달하였다. •

① 특징: 세계를 상호 의존적이고 상보적인 관계로 이루어진 유기적 전체로 인식함

자연관	인간과 자연 만물이 조화롭게 살아야 한다고 봄
사회관	농경 사회의 전통 → 가족과 사회를 중시하는 공동체적 관점이 강하게 나타남
인간관	개인의 인격 도야를 강조함

② 대표적인 사상

→ 유교 최고의 덕목으로 인격체의 인간다움, 사람에 대한 사랑 등을 말한다.

유교	• 특징: 인(仁)을 바탕으로 개인의 도덕적 완성과 이상 사회 실현에 주목함 • 이상 사회: 모든 사람이 더불어 잘 사는 대동 사회(大同社會)를 추구함 → 유교 사상가 공자는 분배가 고르지 못한 것을 걱정해야 한다고 보았다. • 이상적 인간상: 자신을 수양하며 동시에 타인을 사랑하는 삶을 사는 군자(君子)를 추구함
불교	• 특징: 모든 존재가 상호 의존적 관계에 있다는 연기설을 강조함 → 불교에서는 세계를 무수한 구슬로 이어진 인드라망으로 표현하기도 한다. • 이상 사회: 모든 중생이 번뇌와 괴로움에서 벗어나는 불국 정토(佛國淨土)를 지향함 • 이상적 인간상: 자비를 베풀며 모든 중생의 구제를 염원하는 보살을 추구함
도가	• 특징: 인위적인 규범과 제도를 거부하고 자연에 따라 사는 무위자연을 추구함 • 이상 사회: 작은 영토, 적은 인구로 구성된 소박한 사회인 소국 과민(小國寡民)을 지향함 • 이상적 인간상: 일체의 대립과 구별을 넘어서 정신적 자유의 경지에 도달한 진인을 추구함

2 한국 윤리 사상의 연원

→ 한국 윤리 사상은 인본주의, 현세 지향적 가치관, 조화 정신, 생명 존중, 주체 의식, 평화 애호 등의 정신을 특징으로 한다.

고조선 건국 신화	• 홍익인간(弘益人間): 인간을 존중하는 인본주의 정신이 드러남 • 경천(敬天)사상: 하늘을 숭배하며 하늘과 인간 세상을 연결하고자 함 • 화합과 조화의 정신: 인간과 자연 만물의 조화와 상생을 기원함
무속 신앙	무당의 힘을 통해 하늘에 복을 기원하고, 나쁜 기운을 물리치고자 함

3 한국 윤리 사상의 연원 빈출자료 Link • 56-57번 문제

┌ (고조선의 건국 신화) ─────────────────────

하느님인 환인의 아들 환웅이 인간 세상을 다스리기를 원하였다. 아버지는 아들의 뜻을 알고서 인간 세상을 내려다보니 인간을 널리 이롭게[弘益人間] 할 만하였다. …… 환웅은 잠시 인간으로 변해 웅녀와 혼인하였다. 그 후 웅녀가 아들을 낳았으니, 그가 단군왕검이다.

─ 일연, 「삼국유사」

└→ 하늘의 자손인 환웅과 땅의 자손인 웅녀의 결합을 통해 하늘과 땅, 신과 인간의 합일을 추구함을 알 수 있다.

B 유교와 인의 윤리 → 유교에서는 인간을 하늘이 부여한 도덕적 이치를 실현하는 중간자적 존재로 보았다.

1 공자의 사상

인간의 내면적 도덕성이다. •

① 인(仁): 인간됨의 본질을 이루는 사랑의 정신이자 사회적 존재로서 완성된 인격체의 아름다움

효제(孝悌)	인을 실천하기 위한 덕목으로, 부모를 잘 섬기는 것[효(孝)]과 형제간에 우애롭게 지내는 것[제(悌)]을 말함
충서(忠恕)	인을 실천하는 구체적 방법으로, 속임이나 허식이 없이 자신의 마음을 성실히 하는 것[충(忠)]과 자신을 미루어 다른 사람의 마음을 헤아리는 것[서(恕)]을 말함

② 예(禮): 외면적 규범으로, 공자는 개인의 사욕을 극복하고 진정한 예를 회복할 것[극기복례(克己復禮)]을 강조함

기출 Tip Ⓐ-1

대대(對待)

유교와 도가의 세계관에 큰 영향을 준 「주역」에 나오는 말로, 다른 성질을 가진 것들이 대립하면서도 동시에 서로 의존하는 관계를 뜻함

양(陽)	음(陰)
하늘	땅
낮	밤
춘·하	추·동

연기(緣起)와 자비(慈悲)

• 연기: 모든 존재와 현상은 여러 가지 원인[因]과 조건[緣]의 결합으로 생겨난다는 뜻
• 자비: 남을 깊이 사랑하고 가엾게 여기는 것

무위자연(無爲自然)

인위적으로 무엇을 하려 하지 않고, 스스로 그러한 대로 사는 것

→ 공자의 인(仁)이 존비친소를 구별하는 차별적 사랑이라고 비판하였다.

기출 Tip Ⓑ-1

제자백가

춘추 전국 시대의 정치적 혼란을 해결하기 위해 등장한 다양한 사상으로, 유교, 불교, 도가, 묵가, 법가 등이 있음

묵가	묵자가 주장한 것으로, 모든 사람을 차별 없이 사랑하는 겸애(兼愛)를 주장함
법가	한비자가 대표적인 사상가로, 엄격한 법으로 나라를 다스려야 한다고 주장함

③ 정치사상 — 임금은 임금답고, 신하는 신하답고, 부모는 부모답고, 자식은 자식다워야 한다는 군군신신부부자자(君君臣臣父父子子)를 주장하였다.

정명(正名)	자신의 사회적 신분과 역할에 걸맞은 덕을 갖추고 행동해야 함을 강조함
덕치(德治)	도덕과 예의로써 백성을 다스려야 한다고 봄 → 군주가 먼저 인격을 닦은 후에 백성을 다스려야 한다는 수기이안인(修己以安人)을 주장함

└→ 수기안인이라고도 한다.

2 맹자의 사상

① 성선설(性善說): 인간에게는 남에게 차마 어찌하지 못하는 마음[불인인지심(不忍人之心)]이 있다고 봄

사단	인간이 선천적으로 지닌 네 가지 선한 마음 → 사단을 확충하여 인의예지(仁義禮智)의 사덕(四德)을 완성해야 한다고 봄
양지, 양능	생각하지 않아도 아는 능력[양지(良知)]과 배우지 않아도 할 수 있는 능력[양능(良能)]을 바탕으로 선천적인 도덕적 마음을 보존하고 확충하려는 수양이 필요하다고 봄

② 의(義)의 강조: 의로운 일을 지속적으로 실천하여 호연지기(浩然之氣)를 갖춘 대장부 또는 대인이 되어야 한다고 주장함

③ 정치사상

왕도 정치	덕으로 백성을 다스려야 함
역성혁명	백성을 저버린 군주를 교체할 수 있다고 봄 → 백성을 나라의 근본으로 여기는 민본주의를 주장하였다.
항산·항심	백성의 경제적 안정[항산(恒産)]을 보장해야 백성들이 도덕적인 마음[항심(恒心)]을 유지할 수 있다고 강조함 → 군자(선비)는 항산이 없어도 항심을 유지할 수 있다고 보았다.

3 순자의 사상

① 성악설(性惡說): 인간은 본래 자신의 욕망과 이익을 충족하고자 하는 이기적인 본성을 지닌 존재라고 봄 → 외면적 도덕규범인 예(禮)를 통해 인간의 악한 본성을 인위적으로 교화해야[화성기위(化性起僞)]한다고 강조함
└→ 도덕적 인식 능력을 바탕으로 한 교육과 수양을 통한 교화

② 예치(禮治): 예를 통해 국가를 다스려야 하며, 예를 바탕으로 하여 타고난 신분보다는 덕과 능력에 따라 지위를 차지해야 한다고 주장함 → 예를 통해 귀천과 상하를 명확히 하고 사람들이 분수에 맞게 자신의 몫을 추구하도록 예에 따라 분배해야 한다고 보았다.

기출 Tip **B**-2
사단(四端)
맹자가 주장한 인간이 선천적으로 지니고 있는 네 가지 선한 마음

측은지심 (惻隱之心)	남을 불쌍하고 가엾게 여기는 마음 → 인
수오지심 (羞惡之心)	불의를 부끄러워하고 미워하는 마음 → 의
사양지심 (辭讓之心)	양보하고 공경하는 마음 → 예
시비지심 (是非之心)	옳고 그름을 분별하는 마음 → 지

기출 Tip **B**-3
순자의 천인분이(天人分二)
도덕의 근원을 하늘과 결부하여 파악했던 공자, 맹자와는 다르게 순자는 자연과 인간의 일을 구분하여 인간의 능동성을 강조함

개념 확인 **문제**

○ 정답과 해설 6쪽

43 다음 설명이 맞으면 ○표, 틀리면 ×표를 하시오.

(1) 동양에서는 인간과 자연을 이분법적으로 나누는 사고가 발달하였다. ( )

(2) 동양에서는 가족과 사회를 중시하는 공동체적 관점이 강하게 나타난다. ( )

(3) 고조선의 건국 신화에는 인간을 존중하는 인본주의 정신과 하늘을 숭배하는 경천사상이 드러난다. ( )

44 공자의 윤리 사상과 그 설명을 옳게 연결하시오.

(1) 서 ·　　　　· ㉠ 인간됨의 본질을 이루는 사랑의 정신

(2) 인 ·　　　　· ㉡ 자신을 미루어 다른 사람의 마음을 헤아리는 것

(3) 정명 ·　　　　· ㉢ 자신의 사회적 신분과 역할에 걸맞은 덕을 갖추고 행동하는 것

45 다음 빈칸에 들어갈 내용을 쓰시오.

(1) (　　　　　　　)은 인간이 선천적으로 지닌 네 가지 선한 마음을 말한다.

(2) 유교 사상가 (　　　　　　)는 인간에게는 남에게 차마 어찌하지 못하는 마음이 있다고 보았다.

(3) 맹자는 백성의 경제적 안정인 (　　　　　)을 보장해야 백성들이 도덕적인 마음을 유지할 수 있다고 강조하였다.

46 다음 설명에 해당하는 용어를 〈보기〉에서 골라 기호를 쓰시오.

〈 보기 〉
ㄱ. 인　　　　ㄴ. 예　　　　ㄷ. 성악설

(1) 순자가 주장하는 외면적인 도덕규범 ( )

(2) 인간은 본래 이기적인 본성을 지닌 존재라고 보는 관점 ( )

A 동양과 한국 윤리 사상의 연원

47 하 중 상

동양 및 한국 윤리 사상에 대한 설명으로 옳지 않은 것은?

① 도가에서는 인간이 소박한 본성을 지닌 존재라고 본다.

② 동양에서는 우주 만물이 독립적인 실체로 있음을 강조한다.

③ 동양에서는 농경 사회의 전통에서 비롯된 공동체 윤리를 중시한다.

④ 한국 윤리 사상 중 단군 신화에는 천인합일과 경천사상이 담겨 있다.

⑤ 유교에서는 인간이 중간자적 존재로 하늘의 이치를 실현한다고 본다.

48 하 중 상

(가) 사상가의 입장에서 볼 때, (나)의 ㉠에 들어갈 답변으로 가장 적절한 것은?

(가)	인(仁)과 예(禮)는 도(道)가 없어지자 나타난 것입니다. 소국 과민(小國寡民)의 이상 사회를 실현하려면 도를 회복해야 합니다.
(나)	질문: 어떻게 해야 사회의 혼란을 바로잡을 수 있습니까? 답변: [㉠]. 그러면 나라가 편안해질 것이다.

① 인(仁)과 예(禮)로 교화하라

② 엄격한 형법의 적용과 술(術)로 통치하라

③ 인간사의 탐욕을 버리고 고통에서 벗어나라

④ 본성에 내재한 선(善)의 실마리를 잘 보존하라

⑤ 분별적 지혜에서 벗어나 무위자연의 도를 실현하라

49 하 중 상

다음 사상에 영향을 받은 동양 윤리 사상의 특징에만 모두 '✔'를 표시한 학생은?

> 동양 고전인 『주역』에는 대대(待對)라는 말이 나온다. 대대란 다른 성질을 가진 것들이 대립하면서도 동시에 서로 의존하는 관계를 뜻한다. 예를 들어 낮과 밤은 대립하면서도 서로를 필요로 하고 둘이 합쳐져야만 하루가 된다.

특징 \ 학생	갑	을	병	정	무
유가의 세계관에 영향을 주었다.	✔	✔			✔
인간을 자연보다 우월한 존재로 본다.			✔	✔	✔
세상을 하나의 유기적 전체로 이해한다.	✔			✔	✔
세상 만물은 조화로운 관계를 맺고 있다고 파악한다.	✔	✔	✔	✔	

① 갑　　② 을　　③ 병　　④ 정　　⑤ 무

50 하 중 상

동양 사상 (가), (나)의 공통점으로 가장 적절한 것은?

> (가) 천지는 만물을 생성하는 것을 마음으로 삼는다. 사람과 사물은 천지의 마음을 얻어 그것을 마음으로 삼는다. 마음의 덕을 한마디로 말하자면 인(仁)일 따름이다.
>
> (나) 인드라 하늘에는 진주 그물이 있고 그 그물은 잘 정돈되어 있다. 어떤 하나의 진주를 주시한다면 그 속에 다른 모든 것이 반영되어 있는 것을 볼 수 있다.

① 맹자의 성선설을 계승하였다.

② 자연은 무목적의 질서 체계를 가진다고 본다.

③ 삶과 죽음은 해탈의 과정을 통해 반복된다고 본다.

④ 자연 만물은 상호 유기적으로 연결되어 있다고 본다.

⑤ 자연은 인간의 행복을 위해 이용되어야 한다고 본다.

51 (하 중 상)

다음은 서술형 평가 문제와 학생 답안이다. 학생 답안의 ㉠~㉤ 중 옳지 **않은** 것은?

서술형 평가

• 문제: 동양 윤리 사상의 근원에 대해 서술하시오.

• 학생 답안

동양 사회는 농경 중심 사회에서 ㉠ 가족을 중심으로 공동체를 형성하였고, 자연의 운행과 변화 질서에 관심을 기울였다. 이러한 배경하에 등장한 ㉡ 유교, 불교, 도가·도교 윤리는 동양 윤리 사상의 연원이자 근간으로 자리 잡았다. ㉢ 공자로부터 비롯된 유교는 인(仁)의 윤리를 바탕으로 인격의 수양과 도덕적 실천을 강조하였다. ㉣ 석가모니로부터 비롯된 불교는 연기를 깨달아 남을 깊이 사랑하고 가엾게 여겨야 한다는 자비의 윤리를 제시하였다. ㉤ 노자와 장자가 체계화한 도가는 자연의 질서에 따르는 삶을 제시하며, 대규모 공동체를 제시하였다.

---

① ㉠　　② ㉡　　③ ㉢　　④ ㉣　　⑤ ㉤

52 (하 중 상)

다음은 학생의 노트 필기 내용이다. (가)~(다) 사상에 대한 설명으로 옳은 것을 〈보기〉에서 고른 것은?

윤리 사상	사상적 특징
(가)	인격의 수양과 도덕적 실천을 강조
(나)	고통에서 벗어나기 위한 수행과 깨달음을 강조
(다)	대자연 속에서 절대적 자유 추구

〈 보기 〉
ㄱ. (가)는 하늘을 자연 그 자체로만 파악한다.
ㄴ. (나)는 위로는 깨달음을 구하고 아래로는 중생을 구제하는 삶을 추구한다.
ㄷ. (다)는 일체만물에 대한 분별적 지식을 가져야 한다고 강조한다.
ㄹ. (가)~(다) 모두 수양을 통해 타고난 본성을 실현하고자 한다.

① ㄱ, ㄴ　　② ㄱ, ㄹ　　③ ㄴ, ㄷ
④ ㄴ, ㄹ　　⑤ ㄷ, ㄹ

53 (하 중 상)

(가)~(다) 사상의 입장에서 모두 긍정의 대답을 할 질문으로 적절한 것을 〈보기〉에서 고른 것은?

(가) 이것이 생기기 때문에 저것이 생기고, 이것이 사라지기 때문에 저것이 사라진다.
(나) 하늘이 명한 것을 성(性)이라 하고, 성에 따름을 도(道)라 하고, 도를 닦는 것은 교(教)라 한다.
(다) 사람은 땅을 본받고, 땅은 하늘을 본받고, 하늘은 도를 본받고, 도는 스스로 그러함(自然)을 본받는다.

〈 보기 〉
ㄱ. 인간은 자연의 주인으로서 책임 의식을 가져야 하는가?
ㄴ. 인간과 자연은 더불어 살아가는 공생(共生)의 관계인가?
ㄷ. 자연은 어떠한 질서도 없는 우연한 인과(因果)의 산물인가?
ㄹ. 만물은 유기적 관련성을 맺고 조화롭게 존재한다고 보는가?

① ㄱ, ㄴ　　② ㄱ, ㄷ　　③ ㄴ, ㄷ
④ ㄴ, ㄹ　　⑤ ㄷ, ㄹ

54 (하 중 상)　　•• 서술형

유교, 불교, 도가의 이상적 인간상을 비교하여 서술하시오.

55 (하 중 상)

한국 윤리 사상의 특징에 대한 설명으로 옳은 것만을 〈보기〉에서 있는 대로 고른 것은?

〈 보기 〉
ㄱ. 널리 사람을 이롭게 한다는 인본주의 정신을 강조한다.
ㄴ. 화합과 조화의 정신에 입각하여 사회적 안정을 추구한다.
ㄷ. 도덕적 이상을 현실에서 구현하는 현세주의에 비판적이다.
ㄹ. 하늘을 숭배하는 경천(敬天)사상에 따라 도덕적 삶을 추구한다.

① ㄱ, ㄴ　　② ㄱ, ㄷ　　③ ㄷ, ㄹ
④ ㄱ, ㄴ, ㄹ　　⑤ ㄴ, ㄷ, ㄹ

다음을 읽고 물음에 답하시오.

하느님인 환인의 아들 환웅이 인간 세상을 다스리기를 원하였다. 아버지는 아들의 뜻을 알고서 인간 세상을 내려다보니 인간을 널리 이롭게[弘益人間] 할 만하였다. 그래서 아들 환웅이 인간 세상에 내려가서 다스리게 하였다. 환웅이 무리를 이끌고 태백산 정상의 신단수 아래로 내려와 그것을 신시(神市)라고 일컬으며 다스렸다. …… 환웅은 잠시 인간으로 변해 웅녀와 혼인하였다. 그 후 웅녀가 아들을 낳았으니, 그가 단군왕검이다. — 일연, 「삼국유사」

56 하중상

위의 신화에서 알 수 있는 한국 윤리 사상의 특징으로 적절하지 않은 것은?

① 인본주의 정신
② 자주적인 주체 의식
③ 천인합일(天人合一)의 정신
④ 홍익인간(弘益人間)의 정신
⑤ 인간의 자연에 대한 정복 지향적 자세

빈출 57 하중상

위의 신화에서 추론할 수 있는 한국 윤리 사상의 특징으로 적절하지 않은 것은?

① 평화와 인류애를 지향하는 인본주의 정신이 담겨 있다.
② 승자와 패자를 뚜렷하게 구분하는 경쟁의 논리가 담겨 있다.
③ 서로를 이롭게 하는 삶을 살려는 홍익인간의 정신이 담겨 있다.
④ 하늘과 땅, 신과 인간의 화합을 추구하는 조화 정신이 담겨 있다.
⑤ 하늘을 성스럽게 여겨 하늘과 인간 세상을 연결하고자 하는 경천사상(敬天思想)이 담겨 있다.

58 하중상

다음을 통해 알 수 있는 한국 윤리 사상의 특징으로 가장 적절한 것은?

고조선 건국 신화에는 천신 환웅과 땅의 웅녀의 결합을 통해 단군이 탄생하였다는 내용이 담겨 있으며, 풍류도에는 유불도의 가르침을 포함하고 있다.

① 효와 노인 공경, 공동체의 유대를 중시한다.
② 자연과 인간을 분리하여 자연을 지배와 정복의 대상으로 여긴다.
③ 인간과 자연, 다양한 사상들 간의 화해와 통합의 정신을 추구한다.
④ 의로움과 청렴을 강조하여 우리 사회의 부패를 예방하는 데 중심 역할을 한다.
⑤ 만물의 상호 의존적 관계를 인식하여 모든 존재에게 자비를 베풀어야 함을 강조한다.

59 하중상

(가), (나)를 통해 알 수 있는 한국 윤리 사상의 특징으로 적절하지 않은 것은?

(가) 무속 신앙은 하늘과 인간을 매개한다고 믿어지는 무당의 힘을 빌려 복을 기원하고 나쁜 기운을 물리치려는 믿음이며, 집단 굿을 통해 마을의 안녕과 풍요를 기원하였다.
(나) 환인의 아들 중에 환웅이 있었는데, 하늘 아래에 자주 뜻을 두고서 인간 세상을 탐내어 구하였다. 아버지가 아들의 뜻을 알고서 내려다보니 '인간을 널리 이롭게[弘益人間]' 할 수 있어, 내려가서 다스리도록 하였다. …… 환웅과 웅녀가 혼인을 하고, 웅녀가 아들을 낳으니 이름을 단군왕검(檀君王儉)이라 하였다.

① 내세 지향적인 가치관
② 인간을 중시하는 인본주의
③ 하늘을 공경하는 경천(敬天)사상
④ 자연과 인간의 화합과 조화 정신
⑤ 도덕적 삶에 대한 염원과 공동체 의식

B 유교와 인의 윤리

60 하 중 상

다음을 주장한 고대 동양 사상가의 입장으로 가장 적절한 것은?

> 정치에서 중요한 것은 명분을 세우는 것이다. 명분이 바로 서지 않으면 말이 순조롭지 않고, 말이 순조롭지 않으면 일이 이루어지지 않고, 일이 이루어지지 않으면 예악(禮樂)이 일어나지 못한다.

① 자신보다 남의 인격 완성을 위해 헌신해야 한다.
② 내세의 길흉화복을 위해 초월적 존재에 의존해야 한다.
③ 형식적인 수단인 예를 계승하고 사회 질서를 회복해야 한다.
④ 자신의 이기심을 극복하고 진정한 예를 회복하기 위해 노력해야 한다.
⑤ 사회의 평화와 안정을 위해 통치자의 덕보다 공정한 법을 추구해야 한다.

62 하 중 상
•• 서술형

다음을 읽고 물음에 답하시오.

> 공자는 인을 실천하는 구체적인 방법을 두 가지 덕목으로 제시하였다. 두 가지 덕목 중 '충'은 ［ ㉠ ］ 것이며, 이것은 자신의 마음을 미루어 다른 사람의 마음을 헤아리는 것이다.

(1) ㉠에 들어갈 내용을 서술하시오.

(2) 밑줄 친 '이것'에 해당하는 개념을 한 글자로 쓰시오.

61 하 중 상

다음을 주장한 고대 동양 사상가의 입장으로 적절한 것을 〈보기〉에서 고른 것은?

> 법령으로 이끌고 형벌로 규제하면 형벌만 면하려 하고 부끄러운 줄 모른다. 도덕으로 지도하고 예로 규제하면 부끄러운 줄 알게 될 뿐만 아니라 바르게 된다.

〈 보기 〉
ㄱ. 인과 예로써 백성의 본성을 바꾸어야 한다.
ㄴ. 자신의 직분과 지위에 알맞은 행동을 해야 한다.
ㄷ. 자신의 수양에 힘쓰고 다른 사람을 배려해야 한다.
ㄹ. 도덕규범에 구애받지 않는 인간관계를 맺도록 해야 한다.

① ㄱ, ㄴ ② ㄱ, ㄹ ③ ㄴ, ㄷ
④ ㄴ, ㄹ ⑤ ㄷ, ㄹ

63 하 중 상

㉠, ㉡에 대한 설명으로 옳은 것을 〈보기〉에서 있는 대로 고른 것은?

> 제자: 부모에게 효도하고 형에게 공경하는 것이 (㉠)의 실천 덕목이 된다는데, (㉠)에 대해 좀 더 자세히 알고 싶습니다.
> 공자: 사욕을 이기고 (㉡)(으)로 돌아가는 것이 (㉠)이다.
> 제자: 어떻게 실천해야 하는지요?
> 공자: (㉡)이/가 아니면 보지도, 듣지도, 말하지도, 움직이지도 마라.

〈 보기 〉
ㄱ. ㉠은 사회적 존재로서 완성된 인격체의 인간다움이다.
ㄴ. ㉡은 외면적 사회 규범이다.
ㄷ. ㉡은 자연의 흐름과 이치에 따라 행동하는 것이다.
ㄹ. ㉠은 ㉡을 실천함으로써 형성되는 외적 규범이다.

① ㄱ, ㄴ ② ㄱ, ㄷ ③ ㄴ, ㄹ
④ ㄱ, ㄷ, ㄹ ⑤ ㄴ, ㄷ, ㄹ

64 (하(중)상)

다음을 주장한 사상가가 지지할 입장으로 적절하지 않은 것은?

> 인(仁)이란 무엇일까요? 인은 자기를 이기고 예(禮)로 돌아가는 것입니다. 사람이 하루만이라도 사욕을 이기고 예로 돌아가면 세상이 모두 어질게 될 것이니, 인의 실천은 나의 일이지 남의 일이 아닙니다. 예가 아니면 보지도 말고, 예가 아니면 듣지도 말고, 예가 아니면 말하지도 말고, 예가 아니면 움직이지도 말아야 합니다.

① 경제적 분배의 형평성을 고려해야 한다.
② 명분(名)을 바로잡는 것을 중시해야 한다.
③ 내가 하기 싫은 일은 남에게 강요하지 말아야 한다.
④ 인은 친소의 구별이 없는 포용적인 사랑이어야 한다.
⑤ 자신을 수양하여 타인과 백성을 편안하게 해 주어야 한다.

65 (하(중)상) ••서술형

다음 대화에서 ㉠에 들어갈 답변을 서술하시오.

> 자공: 일생 동안 행할 만한 한 마디 말이 있습니까?
> 공자: 그것은 서(恕)일 것이다.
> 자공: 서(恕)란 무엇입니까?
> 공자: [㉠   ]

66 (하(중)상)

다음 대화의 스승은 고대 동양 사상가이다. ㉠에 들어갈 진술로 가장 적절한 것은?

> 제자: 선생님, 인(仁)에 대해 말씀해 주시겠습니까?
> 스승: [㉠   ]이 곧 인(仁)이다. 하루만이라도 그렇게 하면 천하가 모두 인(仁)으로 귀결될 것이니, 인(仁)을 실현하는 것이 나로 말미암은 것이지 어찌 남에게 달려 있겠는가?

① 예를 행하여 본성을 변화시키는 것
② 사욕(私慾)을 이기고 예로 돌아가는 것
③ 나와 남을 무조건적으로 똑같이 사랑하는 것
④ 본성인 예를 일상에서 구체적으로 실현하는 것
⑤ 사심(私心)과 주관을 버리고 만물을 하나로 보는 것

67 (하(중)상) ••서술형

그림을 보고 물음에 답하시오.

> 임금은 임금다워야 하고 신하는 신하다워야 하며, 아버지는 아버지다워야 하고 아들은 아들다워야 한다[君君臣臣父父子子].

(1) 위와 같은 주장을 한 고대 동양 사상가를 쓰시오.

(2) (1)의 사상가가 위에서 강조하는 바람직한 삶의 자세를 서술하시오.

68 (하(중)상)

(가)를 주장한 사상가의 관점에서 볼 때, (나)의 ㉠에 들어갈 진술로 적절한 것만을 〈보기〉에서 있는 대로 고른 것은?

(가)	• 무릇 인(仁)이라는 것은 자기가 출세하고 싶으면 남들도 출세시켜 주고 자기가 통달하고 싶으면 남들도 통달하게 해 주는 것이다. • 평생토록 실천해야 하는 것은 한마디로 서(恕)이며, 이는 자신이 하고 싶지 않은 것을 남에게도 시키지 않는 것을 말한다. 따라서 서는 타인에게 어질게 대하는 것이며 자신의 마음을 남의 마음(心)과 같이 하는 것(如)이다.
(나)	[㉠]. 그러면 도덕적 삶을 살 수 있을 것이다.

〈 보기 〉

ㄱ. 타인의 마음을 헤아리지 말고 주체적으로 행동하라
ㄴ. 자기중심적인 태도를 벗어나 타인의 입장을 고려하라
ㄷ. 자신의 행동이 타인에게 어떠한 영향을 미칠지 헤아려라
ㄹ. 의견이 다를 경우 타인을 설득해 자신의 의견으로 통일시켜라

① ㄱ, ㄴ   ② ㄴ, ㄷ   ③ ㄷ, ㄹ
④ ㄱ, ㄴ, ㄷ   ⑤ ㄴ, ㄷ, ㄹ

69 하중상

다음 대화의 스승은 고대 중국 사상가이다. 스승의 입장에서 볼 때, ㉠을 실천하는 자세로 적절한 것만을 〈보기〉에서 있는 대로 고른 것은?

제자: 선생님, ㉠ 인(仁)에 대해 말씀해 주시겠니까?
스승: 사욕(私慾)을 이기고 예(禮)로 돌아가야 인이 이루어진다. 하루만이라도 사욕을 이기고 예로 돌아가면 천하가 모두 인으로 귀결될 것이니, 인을 실현하는 것이야말로 나로 말미암은 것이지 어찌 남에게 달려 있겠는가?

〈 보기 〉
ㄱ. 내가 하기 싫은 일을 남에게 시키지 않는다.
ㄴ. 모든 사람을 무조건적으로 똑같이 사랑한다.
ㄷ. 부모에게 효도하고 형제간에 우애를 나눈다.
ㄹ. 사람을 대하거나 일을 할 때에는 정성을 다한다.

① ㄱ, ㄴ   ② ㄱ, ㄷ   ③ ㄷ, ㄹ
④ ㄱ, ㄷ, ㄹ   ⑤ ㄴ, ㄷ, ㄹ

70 하중상

(가)를 주장한 사상가의 입장을 (나)의 그림으로 탐구할 때, A, B에 들어갈 질문으로 적절하지 않은 것은?

(가)	인(仁)의 윤리를 바탕으로 인격을 수양해야 한다. 수양을 통해 인간은 도덕적으로 완성되며 도덕적 실천을 통해 공동체에 기여할 수 있다.
(나)	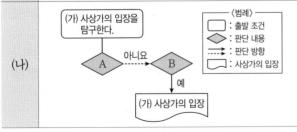

① A: 도덕과 예의보다 형벌로써 통치해야 한다고 보는가?
② A: 사회 혼란의 원인을 도덕적 타락으로 보는가?
③ B: 모든 사람이 더불어 잘 사는 사회를 지향하는가?
④ B: 개인의 사욕을 극복하고 예를 회복할 것을 강조하는가?
⑤ B: 자신의 신분과 직책에 맞는 권한을 행사하고 의무를 수행해야 하는가?

71 하중상

다음을 주장한 사상가의 입장으로 가장 적절한 것은?

측은해하는 마음이 없으면 사람이 아니고, 잘못을 부끄러워하고 미워하는 마음이 없으면 사람이 아니며, 사양하는 마음이 없으면 사람이 아니고, 시비를 가리는 마음이 없으면 사람이 아니다. 진실로 이 네 가지 마음을 계발하여 채워갈 수 있다면, 온 세상을 보호할 수 있다.

① 인간은 식욕과 성욕만 갖고 태어난다.
② 인간의 타고난 마음에는 선과 악이 없다.
③ 인간의 선한 마음은 후천적으로 형성된다.
④ 인간은 교화를 통해 본성을 변화시켜야 한다.
⑤ 인간은 환경에 의해 악한 행위를 저지를 수 있다.

72 하중상 ••서술형

밑줄 친 '네 가지 단서'를 순서에 상관없이 쓰시오.

맹자는 인간에게 있어 선천적으로 선한 마음이 누구에게나 주어져 있다는 성선설(性善說)을 주장하며 사덕(四德)에 대한 네 가지 단서를 제시하였다.

★빈출 73 하중상 ••서술형

다음을 읽고 물음에 답하시오.

사람에게 사단(四端)이 있는 것은 사람에게 팔다리가 있는 것과 같으니, 사단이 있음에도 스스로 인의를 행할 수 없다고 말하는 사람은 자기 스스로를 해치는 사람이다.

(1) 밑줄 친 '사단(四端)' 중 '인(仁)'의 단서가 되는 것을 쓰고, 그 의미를 서술하시오.

(2) 밑줄 친 '사단(四端)' 중 '의(義)'의 단서가 되는 것을 쓰고, 그 의미를 서술하시오.

74 ⓗ중ⓢ

③, ⓛ에 들어갈 알맞은 말을 각각 쓰시오.

> 맹자는 '백성은 일정한 생업인 (③)이/가 있어야 도덕심인 (ⓛ)이/가 있을 수 있다.'라고 하였다. 즉, 백성의 경제적 안정이 도덕적 마음을 유지하기 위한 토대가 된다고 주장한 것이다.

75 ⓗ중ⓢ

다음을 주장한 고대 동양 사상가가 부정의 대답을 할 질문으로 가장 적절한 것은?

> 왕께서는 하필 이익을 말씀하십니까? 오직 인의(仁義)가 있을 뿐입니다. 왕께서 어찌하면 내 나라를 이롭게 할까 하시면 대부(大夫)들은 어찌하면 우리 가문을 이롭게 할까 하며, 선비와 서인들은 어찌하면 내 몸을 이롭게 할까 할 것입니다. 윗사람과 아랫사람이 모두 각자의 이익을 추구하면 나라가 위태로워질 것입니다. 따라서 왕께서는 인의를 말씀하셔야 할 뿐입니다.

① 백성들의 경제생활 안정이 도덕 정치의 기반인가?
② 인간의 마음 안에 측은지심이 내재되어 있다고 보는가?
③ 양지(良知)와 양능(良能)으로 본성의 변화에 힘써야 하는가?
④ 타고난 선한 본성을 유지하면서 욕심을 적게 가질 것을 제시하였는가?
⑤ 지극히 크고 굳센 도덕적 기개를 가진 사람을 대장부(大丈夫)라고 하는가?

76 ⓗ중ⓢ

다음은 고대 동양 사상가와 그 제자의 가상 대화이다. ③에 들어갈 진술로 적절한 것만을 〈보기〉에서 있는 대로 고른 것은?

> 제자: 어떤 사람을 대장부(大丈夫)라고 합니까?
> 사상가: 천하의 넓은 곳에 거처하고 천하의 바른 자리에 서고 천하의 큰 도를 행하여 부귀와 빈천에 따라 마음을 바꾸지 않고 위세와 무력에도 굴복하지 않는 사람이다. 그는 작은 것을 가지고 큰 것을 해치지 않는다. 항상 굳세며 올곧은 도덕적 기개를 갖추고 있다.
> 제자: 그 기개를 갖추려면 어떻게 해야 합니까?
> 사상가:

〈 보기 〉
ㄱ. 타고난 사단을 지속적으로 확충해야 한다.
ㄴ. 평소 의로운 행위를 쌓는 삶을 살아야 한다.
ㄷ. 도덕적 실천을 통해 사단(四端)을 형성해야 한다.
ㄹ. 타고난 본성을 변화시키기 위해 적극적으로 노력해야 한다.

① ㄱ, ㄴ ② ㄱ, ㄷ ③ ㄷ, ㄹ
④ ㄱ, ㄴ, ㄷ ⑤ ㄴ, ㄷ, ㄹ

빈출 77 ⓗ중ⓢ

다음을 주장한 고대 동양 사상가에 대한 설명으로 옳지 않은 것은?

> 항산이 없어도 항심을 지니는 것은 오직 선비만이 할 수 있는 일이다. 일반 백성은 항산이 없으면 항심을 지닐 수 없다. 항심이 없으면 방탕하고 편벽되며 간사하고 사치스러워져서 못하는 짓이 없게 된다. 그렇기 때문에 명군은 백성들의 생업을 관장할 때 반드시 위로는 부모를 봉양하고 아래로는 처자식을 부양하기에 부족함이 없게 해 준다.

① 민본주의에 기반을 둔 혁명론을 제시하였다.
② 예를 통해 인간의 본성을 교화해야 한다고 주장한다.
③ 참된 용기를 지닌 사람을 대인 또는 대장부라고 부른다.
④ 옳은 일을 쌓으면 지극히 크고 굳센 기운이 길러진다고 본다.
⑤ 인간은 누구나 태어날 때부터 양지와 양능을 지니고 있다고 본다.

78 (하중상)

다음 사상가들의 입장에 대한 설명으로 옳지 않은 것은?

① 공자는 인(仁)이 사욕을 극복하고 예(禮)로 돌아가는 것이라고 본다.

② 공자는 효제(孝悌)가 존비친소(尊卑親疏)에 입각한 사랑이라고 비판한다.

③ 맹자는 인간이 누구나 불인인지심(不忍人之心)을 갖고 있음을 강조한다.

④ 맹자는 항산(恒産)이 없어도 항심(恒心)을 가질 수 있는 사람이 나라를 통치해야 한다고 본다.

⑤ 공자, 맹자는 모두 백성들의 경제적 안정을 보장하는 것이 통치에 있어 중요하다고 본다.

79 (하중상)

(가), (나)에 대한 설명으로 옳지 않은 것은?

> (가) 임금은 임금답고, 신하는 신하답고, 아버지는 아버지답고, 아들은 아들다워야 한다.
> (나) 백성이 귀하고 사직이 다음이며 군주는 가볍다. 평범한 백성의 마음을 얻으면 천자가 되고 …… 제후에게 신임을 얻으면 대부가 된다. 제후가 사직을 위태롭게 하면 그를 바꾼다.

① (가)는 공자의 정명론이다.

② (가)는 유교적 통치 이념의 기초이다.

③ (나)는 성악설을 바탕으로 하고 있다.

④ (나)는 민본주의적 혁명 사상을 담고 있다.

⑤ (나)를 주장한 사상가에 따르면 백성들은 물질적 안정이 없으면 도덕성을 유지하기 어렵다.

80 (하중상)

갑, 을의 입장에 대한 설명으로 옳은 것을 〈보기〉에서 고른 것은?

> 갑: 사람이 자신의 사욕(私慾)을 극복하여 예(禮)를 회복하는 것이 인(仁)입니다. 어진 군주는 예를 회복하기 위해 인정(仁政)을 행합니다.
> 을: 사람은 모두 남의 고통을 차마 보지 못하는 마음을 지니고 있습니다. 선왕(先王)은 남의 고통을 차마 보지 못하여 인정을 행한 것입니다.

〈 보기 〉

ㄱ. 갑은 통치자가 수기이안인(修己以安人)을 통해 덕치를 실현해야 한다고 보았다.

ㄴ. 을은 일정한 생업인 항산(恒産)의 보장을 왕도(王道) 정치의 시작으로 보았다.

ㄷ. 갑은 을과 달리 민의에 바탕을 둔 역성(易姓) 혁명을 주장하였다.

ㄹ. 갑, 을은 사회 혼란을 극복하기 위해 형법에만 의지하는 통치를 강조하였다.

① ㄱ, ㄴ   ② ㄱ, ㄷ   ③ ㄱ, ㄹ
④ ㄴ, ㄷ   ⑤ ㄷ, ㄹ

81 (하중상)

고대 동양 사상가 갑, 을의 입장에 대한 설명으로 옳은 것은?

> 갑: 정치란 바로잡는 것이다[政者正也]. 군주가 바르게 통솔한다면 누가 따르지 않겠는가? 군자다운 인격을 갖춘 사람이 통치자가 되어야 사회 질서를 바로잡을 수 있다. 그래서 통치자가 먼저 인격을 닦은 후에 백성을 다스려야 한다[修己治人]고 주장하였다.
> 을: 정치란 차마 어찌하지 못하는 마음[不忍人之心]을 가지고, 차마 어찌하지 못하는 다스림을 펼치는 것이다. 이를 시행한다면 천하를 다스리는 일은 손바닥 위에서 물건을 움직이듯 쉬울 것이다.

① 갑은 사회 질서 확립을 위해 본성의 변화를 강조한다.

② 갑은 군주가 어진 마음[仁]으로 백성을 보살펴야 함을 강조한다.

③ 을은 선한 본성을 거스르지 않는 무위(無爲)의 정치를 강조한다.

④ 을은 갑과 달리 통치자가 백성을 덕으로 감화시켜야 함을 주장한다.

⑤ 갑, 을은 정명(正名)을 근거로 역성혁명(易姓革命)을 주장한다.

82 하 중 상

고대 동양 사상가 갑, 을의 입장에 대한 설명으로 옳은 것은?

> 갑: 임금은 신하 부리기를 예(禮)로써 하고, 신하는 군주 섬기기를 충(忠)으로써 해야 한다. 정사(政事)를 펴려면 반드시 명분을 바로잡아야[正名] 한다. 바른 정치란 임금은 임금답고 신하는 신하답게 하는 것이다.
>
> 을: 임금은 반드시 공손하고 검소하며 아랫사람을 예로써 대우하고 백성들에게 세금을 거둘 때 절제해야 한다. 걸(傑)왕과 주(紂)왕은 인의(仁義)를 해쳐 한 사내에 불과할 뿐이기에 탕(湯)왕과 무(武)왕이 그들을 내쫓은 것은 옳은 것이다.

① 갑은 생명을 바쳐 임금에게 복종한 사람만 충신이라고 본다.
② 을은 백성에게 생업의 보장보다 도덕 교육을 먼저 하는 것이 바른 정치라고 본다.
③ 갑은 을과 달리 임금과 신하는 각각 이름에 걸맞은 역할을 해야 한다고 본다.
④ 갑, 을은 백성을 돌보지 않는 임금은 혁명을 통해 바꾸어야 한다고 본다.
⑤ 갑, 을은 군주가 타고난 덕성을 바른 정치의 기반으로 삼아야 한다고 본다.

★빈출 83 하 중 상

다음을 주장한 고대 동양 사상가의 입장으로 가장 적절한 것은?

> 사람은 태어나면서 욕구를 가지는데, 욕구 충족은 한계가 없어서 싸우게 되고 그로 인해 혼란해진다. 선왕은 이 혼란을 싫어해서 예의를 정하여 사람의 욕구를 충족해 주었고 사람이 구하는 것을 나누어 주었다.

① 군자와 소인의 본성은 다르다.
② 예(禮)를 통해 본성을 회복해야 한다.
③ 인간 본성을 확충하여 도덕을 확립해야 한다.
④ 이기적인 인간을 다스리는 강력한 법으로 통치해야 한다.
⑤ 인간에게는 도덕적 인식 능력이 있기에 도덕 생활이 가능하다.

84 하 중 상 • •서술형

고대 동양 사상가 순자가 주장한 화성기위(化性起僞)의 의미를 서술하시오.

85-86 빈출자료

다음을 읽고 물음에 답하시오.

> 구부러진 나무는 도지개에 넣거나 불에 쬐어야 바로잡을 수 있고, 무딘 칼은 숫돌에 갈아야 날이 서듯이 사람의 악한 본성은 스승님의 가르침으로 바로 잡히고 예의(禮義)가 있어야 한정된다. 어떤 사람이 배가 고파도 손윗사람이 있을 경우에 음식에 먼저 손을 대지 않는 것은 양보할 이유가 있다고 보기 때문이며, 피로해도 쉬지 않는 것은 대신해서 일할 이유가 있다고 보기 때문이다. 이런 행위는 인간의 본성을 거스르는 것이지만 그것이야 말로 예의의 규범이다.

85 하 중 상 • •서술형

위의 주장을 한 고대 동양 사상가를 쓰고, 인간 본성에 대한 그의 입장을 서술하시오.

★빈출 86 하 중 상

위의 주장을 한 고대 동양 사상가의 입장으로 적절한 것을 〈보기〉에서 고른 것은?

> ─〈 보기 〉─
> ㄱ. 인간은 자연적 본성에 따라 살아야 한다.
> ㄴ. 인간의 본성은 본래 이기적이며 악한 것이다.
> ㄷ. 인간은 겸허(謙虛)와 부쟁(不爭)의 덕을 지녀야 한다.
> ㄹ. 성인에 의해 제정된 예(禮)를 바탕으로 본성을 변화시켜야 한다.

① ㄱ, ㄴ   ② ㄱ, ㄷ   ③ ㄴ, ㄷ
④ ㄴ, ㄹ   ⑤ ㄷ, ㄹ

87 하 중 상

다음을 주장한 동양 사상가가 부정의 대답을 할 질문으로 가장 적절한 것은?

> 인간의 본성은 악한 것이고, 선은 인위(僞)에 따른 것이다. 인간은 나면서부터 이익을 좋아하기 마련이므로, 그대로 내버려 두면 서로 싸우고 빼앗기 때문에 양보란 있을 수 없다.

① 예를 바탕으로 국가를 다스리는 예치(禮治)를 강조하는가?
② 사람들이 분수에 맞게 자신의 몫을 추구하도록 예에 따라 분배해야 하는가?
③ 성인의 가르침에 따라 예를 배워 인간의 악한 본성을 인위적으로 교화해야 하는가?
④ 타고난 신분보다는 덕과 능력을 갖춘 사람이 높은 관직과 사회적 지위를 차지해야 하는가?
⑤ 국가를 다스릴 때 귀천(貴賤)과 상하를 명확히 구분하지 말아야 사회 질서를 바로잡을 수 있는가?

88 하 중 상

다음 사상가의 입장에 대한 설명으로 옳은 것은?

> 예는 어째서 생겨났는가? 사람은 나면서부터 욕망을 가지고 있는데, 바라면서도 얻지 못하면 추구하지 않을 수 없고, 추구함에 일정한 기준과 한계가 없으면 다투지 않을 수 없게 된다. 다투면 어지러워지고 어지러워지면 궁해진다. 고대의 성왕은 그 어지러움을 싫어한 까닭에 예의를 제정해 구분을 지었다.

① 오직 상과 벌로써 나라를 다스려야 한다고 본다.
② 천리를 보존하고 인욕을 제거해야 한다고 주장한다.
③ 사람이 선한 일을 하는 것은 타고난 본성에 따르는 것이라고 본다.
④ 자신, 자가, 자국을 사랑하듯 타인, 타가, 타국을 무차별적으로 사랑해야 한다고 본다.
⑤ 인간의 이기적 본성과 무관하게 재화가 한정되어 있는 것만이 사회 혼란의 원인이라고 본다.

89 하 중 상

다음을 주장한 사상가의 입장에만 모두 '✔'를 표시한 학생은?

> 군자와 소인의 본성(性)은 다르지 않다. 그들은 모두 이익을 좋아하고 손해를 싫어한다. 그럼에도 군자를 귀하게 여기는 것은 그가 성을 교화하고 인위를 일으킬 수 있기 때문이다 [化性起僞].

입장 \ 학생	갑	을	병	정	무
타고난 신분보다 능력과 업적을 중시해야 한다.	✔	✔			✔
백성은 스스로 예(禮)를 만들어 성정을 고쳐야 한다.		✔	✔		
인간의 본성은 악하고 선은 인위적인 노력의 결과이다.	✔		✔	✔	✔
하늘의 일과 인간의 일은 엄격히 구분[天人分二]해야 한다.		✔		✔	✔

① 갑　　② 을　　③ 병　　④ 정　　⑤ 무

90 하 중 상

고대 동양 사상가 갑, 을의 관점에서 〈사례〉의 A를 평가한 내용으로 가장 적절한 것은?

> 갑: 사람이 선(善)하지 않은 행동을 하는 것은 재질(才質)의 죄가 아니다. 인의예지는 밖으로부터 들어오는 것이 아니라 내가 본래부터 지니고 있는 것이다. 다만 생각하지 아니하였을 뿐이다.
> 을: 굽은 나무는 반드시 불로 쪄서 바로잡은 다음에야 곧아지는 것은 그 본성이 곧지 않기 때문이다. 사람의 본성도 그러하기 때문에 성왕의 다스림이 있고 예(禮)의 교화가 있은 연후에야 다스려지게 되고 선함으로 모이게 된다.

〈사례〉
일본에 유학하고 있던 A는 기차역에 떨어진 술 취한 사람을 구하기 위해 선로로 뛰어 들었다. A는 술 취한 사람을 구하기는 했지만, 자신은 기차를 피하지 못하고 죽고 말았다.

① 갑: 타고난 성정(性情)을 변화시켰기 때문에 인(仁)의 실천이 가능하였다.
② 갑: 타고난 선한 마음에 따라서 목숨을 버리고 의(義)를 실현할 수 있었다.
③ 을: 자신에게 있는 불성을 직관하였기 때문에 자비를 행할 수 있었다.
④ 을: 무위(無爲)의 자연스러움을 회복하였기 때문에 타인을 구할 수 있었다.
⑤ 갑, 을: 선천적인 본성을 충실히 따랐기 때문에 타인을 구할 수 있었다.

91 (하 중 상)

갑, 을은 고대 동양 사상가들이다. 갑의 입장에서 을에게 제기할 수 있는 비판으로 가장 적절한 것은?

> 갑: 이익을 좋아하는 마음이 인간의 본성이다. 이 본성을 따르면 쟁탈하는 데로 나아가 직분을 무시하고 도리를 어지럽혀 폭력으로 귀결된다. 따라서 스승에 의한 감화와 예의(禮義)에 의한 교도가 있은 후에야 사양하는 데로 나아가 사회가 안정된다.
> 을: 인의예지(仁義禮智)는 다른 사람이 나에게 준 것이 아니라 내가 본래 가지고 있는 것이지만 사람들은 그것을 생각하고 있지 않을 뿐이다. 선왕은 남에게 차마 어찌하지 못하는 마음(不忍人之心)을 가지고 남에게 어찌하지 못하는 정치를 베풀었다.

① 인간의 본성을 선과 악으로 규정할 수 없음을 모르고 있다.
② 인간이 이기적이며 악한 본성을 가지고 있음을 모르고 있다.
③ 도덕 교육을 통해 인간의 본성을 확충해야 함을 모르고 있다.
④ 인간의 선한 본성은 하늘로부터 부여받은 것임을 모르고 있다.
⑤ 예의는 인간이 태어나면서부터 갖추고 있는 덕임을 모르고 있다.

92 (하 중 상)

그림은 고대 동양 사상가 갑, 을의 가상 대화이다. 갑, 을의 입장으로 적절한 것만을 〈보기〉에서 있는 대로 고른 것은?

인간은 남에게 차마 어찌하지 못하는 마음[不忍人之心]을 가지고 있습니다. 다시 말해 인간에게는 네 가지 선한 마음이 있습니다.

인간은 나면서부터 이익을 좋아하여 서로 다투고 빼앗습니다. 그래서 스승의 가르침이나 법도에 따라 인간의 본성을 바로잡아야만 합니다.

갑   을

〈 보기 〉
ㄱ. 갑: 모든 사람은 동일한 본성을 지니고 태어난다.
ㄴ. 갑: 인간의 본성 자체가 선하거나 악하다고 말할 수 없다.
ㄷ. 을: 외적인 예를 통해 모든 욕망을 제거해야 한다.
ㄹ. 을: 사람이 선하게 되는 것은 인위적 노력의 결과이다.

① ㄱ, ㄷ   ② ㄱ, ㄹ   ③ ㄴ, ㄷ
④ ㄴ, ㄹ   ⑤ ㄴ, ㄷ, ㄹ

93 (하 중 상)

갑, 을은 고대 동양 사상가들이다. 갑은 긍정, 을은 부정의 대답을 할 질문으로 가장 적절한 것은?

> 갑: 사람이 금수와 다른 것은 작은 차이인데, 일반 백성은 이러한 차이를 버리지만 군자는 이러한 차이를 보존한다. 군자가 본성으로 여기는 인의예지는 그의 마음[心]에 뿌리를 두고 있다.
> 을: 사람이 사람답게 되는 까닭은 분별[辨]이 있기 때문이다. 금수는 암수는 있으나 남녀의 분별은 없다. 선왕은 분별을 위해 예(禮)를 제정하였다. 예는 인위[僞]에서 생겨난 것이지 본성에서 생겨난 것이 아니다.

① 사람은 누구나 수양을 통해 성인이 될 수 있는가?
② 인간의 본성은 교화를 거쳐야만 선해질 수 있는가?
③ 본성을 확충해서 도덕적 사회를 실현할 수 있는가?
④ 타고난 모든 욕망을 제거해야 도덕적인 삶을 살 수 있는가?
⑤ 군주는 인의의 도덕 실현을 통치의 목적으로 삼아야 하는가?

94 (하 중 상)

고대 동양 사상가 갑, 을의 입장에 대한 설명으로 옳은 것은?

> 갑: 백성을 형(刑)으로 가지런히 하려고 한다면 그들은 형벌을 피하고도 부끄러워하는 마음을 갖지 않는다. 오직 덕(德)으로 인도하고 예(禮)로써 가지런히 하려고 하면 백성들은 부끄러워할 줄 알게 될 뿐만 아니라 바르게 된다.
> 을: 군자와 소인의 본성[性]은 다르지 않다. 모두 이익을 좋아하고 손해를 싫어한다. 그럼에도 군자를 귀하게 여기는 것은 그가 성을 교화하여 인위를 일으킬 수 있기[화성기위(化性起僞)] 때문이다. 인위를 일으키면 예의가 생겨난다.

① 갑은 선한 사람과 악한 사람을 분별없이 사랑하라고 주장한다.
② 갑은 규범을 부정하고 자연의 흐름에 순종하는 도(道)를 강조한다.
③ 을은 인간의 본성을 하늘이 부여한 이치라고 본다.
④ 을은 신분을 구분하여 관직을 맡겨야 한다고 주장한다.
⑤ 갑, 을은 혼란한 시대 상황 속에서 도덕 공동체를 지향하였다.

95 하중상

다음 선진 유교 사상가에 대한 설명으로 옳지 않은 것은?

① 공자는 당시의 사회적 혼란의 근본 원인이 개인의 도덕적 타락에 있다고 보았다.
② 공자는 존비친소(尊卑親疏)의 구별을 전제로 하지 않는 무차별적 사랑인 인(仁)을 강조하였다.
③ 맹자는 통치자가 덕으로써 나라를 다스리는 왕도 정치를 주장하였다.
④ 맹자는 항산(恒産)이 있어야 항심(恒心)이 있을 수 있다고 하여 경제적 안정을 도덕성 유지의 토대라고 보았다.
⑤ 순자는 옛 성현의 가르침이나 예법으로 백성의 본성을 교화해야 한다는 화성기위(化性起僞)를 주장하였다.

96 하중상

고대 동양 사상가 공자, 맹자, 순자가 모두 동의할 내용으로 가장 적절한 것은?

① 인간은 태어날 때부터 이익을 추구하고 다툰다.
② 부국강병을 이루는 것이 통치의 근본적인 목적이다.
③ 인간은 노력을 통해서 도덕적인 삶을 살아갈 수 있다.
④ 타고난 덕보다 제도적 규범인 예를 통한 질서가 중요하다.
⑤ 왕도(王道)에 어긋나는 군주는 혁명을 통해 교체될 수 있다.

97 하중상

고대 동양 사상가 갑, 을, 병의 입장으로 가장 적절한 것은?

> 갑: 사람은 태어날 때부터 자신의 욕망과 이익을 추구하고자 합니다.
> 을: 인간은 누구나 '남에게 차마 어찌하지 못하는 마음'을 지니고 있습니다.
> 병: 타고난 그대로가 본성이며 인간은 본래 생존과 생식의 두 가지 욕망을 가지고 있을 뿐입니다.

① 갑: 선천적인 덕의 유무로 관직을 맡겨야 한다.
② 을: 성(性)에 내재하는 도덕적 단서를 확충하는 것이 필요하다.
③ 병: 사회적 혼란의 원인은 차별적 사랑[別愛]이다.
④ 갑, 을: 선한 존재가 되려면 악한 본성을 다스려야 한다.
⑤ 을, 병: 예를 통해 인간의 본성을 회복해야 한다.

98-99 빈출자료

갑, 을, 병은 고대 동양 사상가이다. 다음을 읽고 물음에 답하시오.

> 갑: 정치는 이름을 바로잡는 것에서 시작된다. 이름이 바로 잡히지 않으면 예악이 세워지지 않고, 예악이 세워지지 않으면 형벌의 집행이 공정하게 되지 않는다.
> 을: 선비가 머물러야 할 곳은 어디인가? 바로 인(仁)이다. 선비가 걸어야 할 길은 어디에 있는가? 바로 의(義)이다. 인에 머물며 의를 따르면 대인(大人)의 일이 이루어진다.
> 병: 사람은 이익을 좋아하는 욕망을 타고난다. 하지만 이익이 의로움을 이기면 난세가 되므로 성인이 예의를 제정해서 직분을 나누었다.

98 하중상

갑, 을, 병의 입장에 대한 설명으로 옳은 것은?

① 갑은 군주가 군주답지 못하면 교체해야 한다고 본다.
② 을은 인간 생활을 외적으로 규제해야만 도덕 정치가 실현된다고 본다.
③ 병은 인성에 내재하는 도덕적 단서를 통치의 기초로 삼아야 한다고 본다.
④ 갑, 을은 통치자가 자신의 인격을 닦은 후에 백성을 다스려야 한다고 본다.
⑤ 갑, 을, 병은 예(禮)로 다스리는 통치보다 군주의 물리적 규제를 강조한다.

빈출 99 하중상

다음을 주장한 고대 동양 사상가가 을, 병에게 제기할 비판으로 가장 적절한 것은?

> 본성은 소용돌이치는 물과 같아서 동으로 트면 동으로 흐르고 서로 트면 서로 흐른다. 사람의 본성에 선과 악이 구분되지 않는 것은 마치 물에 동서의 구분이 없는 것과 같다.

① 을은 내면적 본성을 확충해야 함을 간과하고 있다.
② 을은 인간의 욕구를 악이라고 할 수 없음을 모르고 있다.
③ 병은 본성이 변할 수 있는 가능성을 간과하고 있다.
④ 병은 본성의 선함은 후천적 노력의 결과임을 무시하고 있다.
⑤ 을, 병은 본성이 선악으로 정해져 있는 것이 아님을 모르고 있다.

인의 윤리(2)

04

Ⓐ 성리학

1 이기론

→ 이치[理]는 본래 하나이지만 현상적으로 나뉘어 달라진다고 보았다.

① 의미: 우주 만물의 근원을 이(理)와 기(氣)의 결합으로 설명한 이론
② 이(理)와 기(氣): 이는 사물의 본질인 무형의 원리이고, 기는 사물을 이루는 유형의 재료임

이기불상리(理氣不相離)	만물은 이와 기로 구성되어 있으므로 실제로 서로 분리될 수 없음
이기불상잡(理氣不相雜)	사물의 원리인 이와 재료인 기는 역할이 다르므로 서로 뒤섞일 수 없음

2 심성론

① 성즉리(性卽理): 인간의 본성이 곧 이치라는 주장 → 맹자의 성선설을 계승하여 인간에게는 양지가 내재해 있다고 보았다.
→ 모든 사람에게 동일하게 주어진다.

본연지성	우주 자연으로부터 부여받은 순선한 본성 → 기를 배제하고 순수하게 이만을 조명한 것으로, 본성의 본질적 측면을 강조한 개념임
기질지성	인간의 타고난 기질의 영향을 받는 현실적 본성으로, 선악이 혼재되어 있음 → 도덕적 행위를 하기 위해서 기질을 맑게 변화시키고 감정과 욕구를 바로잡아야 함 　성이 사물에 감응하여 나타낸 것┐

→ 사람마다 맑고 흐린 정도의 차이가 있다.

② 심통성정(心統性情): 마음이 성과 정을 주재하고 포괄함 → 성은 마음의 본체로서 사덕이며, 정은 마음의 작용으로서 사단과 칠정(七情)이 있다고 봄 ┌ 기쁨[喜], 노여움[怒], 슬픔[哀], 두려움[懼], 사랑[愛], 미움[惡], 바람[欲]의 일곱 가지 감정

3 수양론

존천리거인욕(→ 하늘이 부여한 도덕 본성을 보존하고 인욕을 제거하는 것), 격물치지(→ 도덕 법칙이 내재된 사물의 이치를 탐구하여 앎을 이루어 나가는 것) 등

Ⓑ 양명학

1 심성론

① 심즉리(心卽理): 인간의 마음이 곧 이치라는 주장
② 양지(良知)의 강조: 맹자의 사상을 이어받아 누구나 참된 앎인 양지를 선천적으로 지니고 있다고 보고, '내 마음의 양지가 이른바 천리'라고 주장함 → 이론적 지식을 쌓는 것보다 마음의 양지를 자각하고 적극적으로 실천하는 치양지(致良知)를 중시함
→ 왕수인은 존천리거인욕을 양지의 실현을 방해하는 마음의 사욕을 극복하여 순선한 마음을 유지하는 것으로 보았다.

2 심성론 [빈출자료] Link • 131-132번 문제

┌─(심즉리에 대한 왕수인의 입장)
부모를 섬기는 경우 부모에게 효도의 이치를 구할 수 없고, 임금을 섬기는 경우 임금에게서 충성의 이치를 구할 수 없다. 모두가 다만 이 마음에 있을 뿐이니 마음이 곧 이치이다.

3 수양론

지행합일(→ 앎과 행함이 본래 하나라고 봄), 격물치지(→ 사욕을 제거하고 마음을 바로잡는 격물과 마음의 양지를 실현하라는 치지를 강조함) 등

기출 Tip Ⓐ-3

성리학에서 보는 앎과 행함의 관계

주희는 도덕적 지식을 먼저 알아야 도덕적 행동을 할 수 있지만, 도덕적 지식의 탐구와 실천이 함께 나아가야 한다고 봄

지행병진 (知行並進)	지와 행이 서로 영향을 주어 함께 발전해야 함
선지후행 (先知後行)	올바른 지식을 먼저 갖추어야 참된 실천을 할 수 있음

성리학의 수양론

• 존양성찰: 양심을 보존하여 본성을 함양하고 나쁜 마음이 스며들지 않도록 살핌
• 거경: 천리로서의 본성을 지키기 위해 항상 마음을 경건하게 하는 것
• 궁리: 인간의 본성과 사물의 원리를 올바르게 인식하기 위해 이치를 탐구하는 것

개념 확인 문제

○ 정답과 해설 11쪽

100 다음 빈칸에 들어갈 내용을 쓰시오.

(1) 성리학에서는 인간의 본성이 곧 이치라는 (　　　　　　)를 주장한다.
(2) 주희는 우주 만물의 근원을 이(理)와 기(氣)의 결합으로 설명하는 (　　　　　)을 주장하였다.

101 다음 설명이 맞으면 ○표, 틀리면 ×표를 하시오.

(1) 왕수인은 인간의 마음이 곧 이치라는 심즉리를 주장하였다. (　　)
(2) 양명학에서는 올바른 지식을 먼저 갖춘 후에 실천으로 나아가야 한다는 선지후행을 강조하였다. (　　)

A 성리학

102 하중상

주희의 입장으로 적절하지 <u>않은</u> 것은?

① 인욕을 극복하고 천리를 보존하는 것이 목표이다.
② 사물과 마음속에 모두 하늘의 이치가 반영되어 있다.
③ 본연지성은 선하지만 기질지성은 악한 것으로 구분된다.
④ 도덕적 행위의 실천을 위해서는 감정과 욕구를 조절해야 한다.
⑤ 효도의 이치를 궁구한 뒤에 그 이치에 따라 효도를 해야 한다.

103 하중상   ●●서술형

주희가 말하는 본연지성(本然之性)과 기질지성(氣質之性)의 의미를 각각 서술하시오.

빈출
104 하중상

다음을 주장한 사상가의 입장으로 적절하지 <u>않은</u> 것은?

> 기(氣)가 있으면 반드시 그 이(理)가 있다. 맑은 기를 타고난 사람은 성현인데, 이는 마치 보석이 맑고 깨끗한 물속에서 있는 것과 같다. 반면에 탁한 기를 타고난 사람은 우매한 사람인데, 이는 마치 보석이 탁한 물속에 있는 것과 같다.

① 이는 인간이 마땅히 따라야 할 도덕 법칙이다.
② 이와 기는 실제 사물에서 서로 분리될 수 있다.
③ 인간의 본성이 곧 하늘의 이치[성즉리(性卽理)]이다.
④ 이와 기는 하나의 사물 안에 함께 있지만 섞일 수 없는 엄연히 다른 것이다.
⑤ 이는 사물의 본질을 가리키는 무형의 원리이고 기는 사물을 이루는 유형의 재료이다.

105 하중상

다음을 주장한 동양 사상가의 입장으로 적절한 것만을 〈보기〉에서 있는 대로 고른 것은?

> 천하에 성(性)이 없는 사물은 없다. 하나의 사물이 있으면 반드시 그 하나의 사물에 성이 있으며, 그것이 바로 이(理)이다.

〈 보기 〉
ㄱ. 마음의 이는 사물의 이를 탐구함으로써 형성된다.
ㄴ. 치우친 기질을 바로잡아야 마음의 이가 온전히 실현된다.
ㄷ. 모든 사람의 본연지성은 동일하고 기질지성은 사람마다 다르다.
ㄹ. 정은 마음에 부여된 하늘의 이치인 성이 사물에 감응하여 나타난 것이다.

① ㄱ, ㄴ   ② ㄱ, ㄷ   ③ ㄷ, ㄹ
④ ㄱ, ㄴ, ㄷ   ⑤ ㄴ, ㄷ, ㄹ

106 하중상

다음을 주장한 동양 사상가의 입장으로 가장 적절한 것은?

> 이(理)는 형이상의 도(道)이며 만물을 생성하는 근본이고, 기(氣)는 형이하의 기(器)이고 만물을 생성하는 도구이다. 사람이나 사물이 생성될 때 반드시 이를 부여받아 성(性)이 되고, 기를 부여받아 형체를 갖춘다. 천하에 성이 없는 사물은 없으니, 하나의 사물이 있으면 반드시 그 성이 있는 것이고 성이 바로 이인 것이다.

① 성이 없는 사물은 없지만 기가 없는 사물은 있다.
② 사물마다 이는 공통성이 없지만 기는 모두 똑같다.
③ 하늘의 이가 만물에 부여되면 그 사물의 성이 된다.
④ 이와 기는 형체뿐만 아니라 운동성도 모두 지니고 있다.
⑤ 이는 기 없이 존재할 수 없지만 기는 이 없이도 존재할 수 있다.

107 (하 중 상)

다음을 주장한 동양 사상가의 입장으로 가장 적절한 것은?

> 이(理)가 있으면 반드시 기(氣)가 있고, 기가 있으면 반드시 이가 있다. 맑은 기를 부여받은 사람은 성인이 되고, 흐린 기를 부여받은 사람은 어리석은 자가 된다. 성인의 본성은 맑은 물속에 있는 보석과 같고, 어리석은 자의 본성은 흐린 물과 같다.

① 학문은 실생활에 도움이 되어야 한다.
② 마음은 본성과 감정을 통괄하고 주재한다.
③ 이(理)는 만물을 구성하는 재료를 나타낸다.
④ 이와 기는 서로 떨어져 단독으로 존재할 수 있다.
⑤ 사람은 배우지 않더라도 완전한 도덕적 앎을 지니고 있다.

108 (하 중 상) 빈출

다음을 주장한 중국 사상가의 입장으로 적절한 것만을 〈보기〉에서 있는 대로 고른 것은?

> 격물치지는 사물에 나아가 사물의 이치를 궁구하는 것이다. 그러므로 공부하는 사람은 천하의 모든 사물에 나아가 이미 알고 있는 이치를 실마리로 하여 계속 궁구함으로써 마침내 지극한 데까지 이르도록 노력해야 한다.

〈 보기 〉
ㄱ. 인간의 본성은 하늘로부터 부여받은 이치이다.
ㄴ. 사람마다 차이가 나는 것은 이(理)에서 비롯된다.
ㄷ. 이는 만물을 낳는 근본 원리이고 기는 만물을 이루는 재료이다.
ㄹ. 기질지성은 인간의 본성에 악이 전혀 없는 완전한 선 그 자체이다.

① ㄱ, ㄴ   ② ㄱ, ㄷ   ③ ㄴ, ㄷ
④ ㄱ, ㄴ, ㄷ   ⑤ ㄴ, ㄷ, ㄹ

109 (하 중 상)

다음을 주장한 동양 사상가의 관점에만 모두 '✔'를 표시한 학생은?

> 인간이 배와 차를 만들기 이전에도 이미 배와 차의 이(理)는 존재했다. 우리는 배와 차를 발명했다고 말하지만, 실은 배와 차의 '이'를 발견한 것에 불과하며, 이에 따라서 이런 사물들을 만든 것일 뿐이다.

관점 \ 학생	갑	을	병	정	무
이치[理]는 본래 하나이지만 현상적으로 나뉘어 다르다.	✔		✔	✔	✔
개개 사물의 이치[理]와 마음의 천리(天理)는 그 근원이 다르다.	✔		✔		✔
사람에게는 도덕적 자각 능력인 양지(良知)가 선천적으로 내재해 있다.	✔	✔		✔	✔
본연지성을 통해 드러나는 감정과 욕구를 바로잡는 수양이 필요하다.		✔			✔
도덕적 앎과 도덕적 행위의 실천이 일치해야 이상적 인간이 될 수 있다.	✔	✔	✔	✔	

① 갑   ② 을   ③ 병   ④ 정   ⑤ 무

B 양명학

110 (하 중 상)

밑줄 친 '나'의 입장으로 가장 적절한 것은?

> 어떤 학자는 '격물(格物)'을 천하의 사물을 궁구하는 것으로 여겨 '한 포기의 풀과 한 그루의 나무에도 모두 이치(理)가 있다.'라고 했는데, 그것을 어떻게 궁구하겠는가. 설령 풀과 나무의 이치를 궁구할 수 있다고 하더라도 어떻게 자신의 뜻을 성실하게 하는 것에 도움이 되겠는가. 그래서 나는 '격'을 '정(正)'으로 '물'을 '사(事)'로 풀이하는 것이다.

① 본연지성과 기질지성을 구분해야 한다.
② 지속적 수양을 통해 본성을 변화시켜야 한다.
③ 타고난 양심의 실천을 통해 도덕성을 구현해야 한다.
④ 사실에 입각해서 진리를 탐구하려는 태도를 가져야 한다.
⑤ 학습과 경험을 통해서 양지(良知)를 획득하고자 노력해야 한다.

111 하(중)상

(가)를 주장한 사상가의 입장에서 볼 때, (나)의 ㉠에 들어갈 답변으로 가장 적절한 것은?

(가)	마음[心]은 곧 이(理)이다. 천하에 마음 밖의 일이 있고 마음 밖의 이치가 있겠는가? 부모를 섬기는 경우 부모에게서 효도의 이치를 구할 수 없고, 벗을 사귀는 경우 벗에게서 믿음의 이치를 구할 수는 없다. 모두 마음에 있을 뿐이다.
(나)	질문: 성인이 되기 위해서는 어떻게 해야 합니까? 답변: [㉠]

① 마음 밖의 이치를 끊임없이 탐구해야 합니다.
② 마음을 바로잡아 양지(良知)를 발휘해야 합니다.
③ 모든 사물의 이치를 궁구하여 앎을 지극히 해야 합니다.
④ 앎[知]과 실천[行]의 선후를 나누어 수양에 힘써야 합니다.
⑤ 마음의 본체를 유지하여 선악의 분별에서 벗어나야 합니다.

★빈출
112 하(중)상
●●서술형

다음을 읽고 물음에 답하시오.

> 왕수인은 우리 마음에 이미 도덕 법칙이 내재하며, 이는 곧 도덕 판단과 실천의 근거임을 강조하면서 (㉠)을/를 주장하였다. (㉠)은/는 마음에 있는 양지를 자각하고 그대로 따르는 것을 의미한다. 양지란 인간이라면 누구나 선천적으로 타고나는 것으로 시비(是非)와 선악(善惡)을 즉각적으로 가려내고 이에 따라 행할 수 있는 능력이다. 이러한 왕수인의 입장은 격물치지(格物致知)에 대한 해석에서도 잘 드러난다.

(1) ㉠에 공통으로 들어갈 말을 3음절로 쓰시오.

(2) 밑줄 친 '격물치지'에 대한 왕수인의 입장을 서술하시오.

113 하(중)상

다음을 주장한 동양 사상가의 입장에 대한 설명으로 옳지 <u>않은</u> 것은?

> 천하에 마음 밖의 일이 있고, 마음 밖의 이치가 있겠는가? …… 부모에게서 효도[孝]의 이치를 구할 수 없고, 임금에게서 충성[忠]의 이치를 구할 수는 없다. …… 모두 마음에 있을 뿐이니, 마음[心]이 곧 이(理)이다.

① 심학(心學)을 중심으로 사상을 전개하였다.
② 내 마음의 양지(良知)가 이른바 천리(天理)라고 주장하였다.
③ 이론적인 지식을 쌓는 것보다는 양지를 깨닫고 적극적으로 실천하는 치양지(致良知)를 중시하였다.
④ 격물(格物)이란 사욕을 제거하여 마음의 바르지 못함을 없앰으로써 마음을 바로잡는다는 뜻이라고 하였다.
⑤ 바깥의 사물에 나아가 이치를 탐구하여 지극한 앎을 이루어야 한다는 격물치지(格物致知)의 탐구 방법을 제시하였다.

114 하(중)상

㉠에 들어갈 내용으로 가장 적절한 것은?

> 마음은 텅 비고 영명(靈明)하여 어둡지 않으니 뭇 이치[理]가 갖추어져 있고 온갖 일[事]이 여기서 나온다. 어찌 마음 밖에 이치가 있고 마음 밖에 일이 있겠는가? 그런데 어느 사상가는 "마음을 떠나서는 성(性)을 알 수 없고 성을 떠나서는 마음을 알 수 없다. 성은 곧 천리(天理)이며, 만물은 그것을 부여받아서 이치를 갖추지 않은 것이 없다."라고 주장하였다. 내가 보기에 이 사상가는 [㉠]

① 마음 안에서 인의(仁義)를 찾는 오류에 빠져 있다.
② 마음의 본체가 성이라는 것을 인식하지 못하고 있다.
③ 마음과 이치를 둘로 분리시키는 잘못을 범하고 있다.
④ 마음이 성과 정(情)을 주재함을 파악하지 못하고 있다.
⑤ 마음과 무관하게 존재하는 사물이 있음을 모르고 있다.

115 하 중 상

다음을 주장한 동양 사상가의 입장으로 가장 적절한 것은?

> 활쏘기를 배운다면 화살을 끼우고 활시위를 당겨 표적을 맞춰야만 하고, 글씨 쓰기를 배운다면 종이를 펴고 붓을 잡아 글씨를 써야만 한다. 이렇듯 모든 공부는 행(行)하지 않으면서 공부한다고 할 수 없는 것이니 공부의 시작은 본래 행에서 이루어지는 것이다. 만물의 이치(理)는 마음(心)으로부터 벗어날 수 없으니 내 마음의 이치를 구하고 앎과 행을 일치시켜야 한다.

① 사람의 마음에는 양지가 내재해 있다.
② 지행(知行)의 선후(先後)를 논하면 지(知)가 먼저이다.
③ 학습을 통해 양지(良知)를 획득하여 실천해 나가야 한다.
④ 사물에 내재한 이치를 근거로 마음의 본체를 회복해야 한다.
⑤ 도덕적 실천을 위해서는 마음 밖의 이치를 궁구(窮究)해야 한다.

116 하 중 상
••서술형

다음은 『대학』의 수양법에 대한 주희와 왕수인의 가상 대화이다. ㉠에 들어갈 질문을 서술하시오.

> 질문: ㉠
>
> 주희: 도덕 법칙이 내재된 사물의 이치를 탐구하여 앎을 이루어 나가야 한다는 것으로, 사물에 나아가 이론적 지식을 탐구하여 앎을 극진히 하는 것이다.
> 왕수인: 바르지 못한 마음을 바로잡아 타고난 마음의 양지를 실현하는 것으로, 마음의 양지를 발휘하여 일을 바로잡는 것이다.

117 하 중 상

격물치지(格物致知)와 지(知)와 행(行)의 관계에 대한 설명으로 옳은 것을 〈보기〉에서 고른 것은?

〈 보기 〉
ㄱ. 주희는 사물에 다가가 이치를 찾는 격물(格物)을 주장하였다.
ㄴ. 주희는 지(知)와 행(行)은 선후를 나눌 수 없는 하나이어야 한다고 보았다.
ㄷ. 왕수인은 사물에 대한 나의 마음을 바로잡는 격물을 주장하였다.
ㄹ. 주희와 왕수인은 지와 행이 영향을 주어 서로 발전한다는 지행병진(竝進)을 주장하였다.

① ㄱ, ㄴ   ② ㄱ, ㄷ   ③ ㄴ, ㄷ
④ ㄴ, ㄹ   ⑤ ㄷ, ㄹ

118 하 중 상
••서술형

격물치지(格物致知)의 해석에 대한 주희와 왕수인의 입장을 비교하여 서술하시오.

119 하 중 상
••서술형

성리학과 양명학의 차이를 <u>두 가지</u> 이상 비교하여 서술하시오.

120 하 중 상

갑은 긍정, 을은 부정의 대답을 할 질문으로 가장 적절한 것은?

> 갑: 성(性)은 곧 이(理)이다. 마음에서는 성이라고 부르고, 일(事)에서는 이라고 부른다. 성이란 사람이 하늘로부터 부여받은 이여서 온전하게 선하지 않음이 없다.
> 을: 심(心)은 곧 이(理)이다. 천하에 마음 밖에 일이 없고, 마음 밖의 이치가 없다. 마음이 사사로운 욕심에 가려지지 않은 것이 곧 천리(天理)이니, 마음 밖에서 조금이라도 보탤 필요가 없다.

① 마음 밖에는 어떠한 이치(理)도 없는가?
② 지(知)와 행(行)의 일치가 도덕적 삶의 핵심인가?
③ 도덕과 예의로 양지를 후천적으로 형성해야 하는가?
④ 앎을 늘려 가는 공부가 도덕적 실천보다 더 중요한가?
⑤ 격물(格物)은 사물에 이르러 그 이치를 궁구하는 것인가?

121 (하 중 상)

갑, 을의 입장에 대한 설명으로 옳은 것만을 〈보기〉에서 있는 대로 고른 것은?

> 갑: 성(性)이 곧 이(理)이다. 마음은 본성과 정(情)을 통괄하는데, 마음이 아직 움직이지 않은 것은 본성이고, 이미 움직인 것은 정이다.
> 을: 뜻[篤]의 본체는 지(知)이고, 뜻이 있는 곳이 바로 물(物)이다. 마음 밖에 이치가 없으며, 마음 밖에 사물이 없다.

〈 보기 〉
ㄱ. 갑은 앎과 실천에는 선후(先後)가 있다고 보았다.
ㄴ. 을은 부모를 섬기는 이치가 부모에게 있다고 보았다.
ㄷ. 갑, 을은 도덕적 행위의 근거를 천리(天理)에 두었다.
ㄹ. 갑, 을은 사물의 이치를 탐구해야 성인(聖人)이 된다고 보았다.

① ㄱ, ㄴ   ② ㄱ, ㄷ   ③ ㄴ, ㄹ
④ ㄱ, ㄷ, ㄹ   ⑤ ㄴ, ㄷ, ㄹ

122 (하 중 상)

갑, 을은 중국 사상가들이다. 갑은 긍정, 을은 부정의 대답을 할 질문으로 가장 적절한 것은?

> 갑: 마음은 곧 이치이다. 측은히 여기는 것으로 말하면 인(仁)이라 하고, 마땅함을 얻는 것으로 말하면 의(義)라 하며 상황에 맞는 것으로 말하면 이(理)라 한다.
> 을: 마음은 사람의 신묘하고 밝은 곳이다. 뭇 이치를 갖추고 있으면서 온갖 일에 대응한다. 성(性)은 마음이 갖추고 있는 이(理)이고 정(情)은 마음의 작용이다.

① 사사로운 욕심을 없애고 천리를 보존해야 하는가?
② 앎을 늘려 가는 공부가 도덕적 실천보다 더 중요한가?
③ 앎과 실천을 병진(竝進)하여 도덕성을 실현해야 하는가?
④ 만물은 인간의 선한 마음을 통해서만 이치를 얻게 되는가?
⑤ 도덕적 앎에 그치지 않고 도덕적 실천을 이루어야 하는가?

123 (하 중 상)

다음은 서술형 평가 문제와 학생의 답안이다. 학생 답안의 ㉠~㉤ 중 옳지 않은 것은?

서술형 평가
◎ 문제: 동양 사상가 갑, 을의 사상을 비교하여 서술하시오.

> 갑: 이(理)가 있으면 반드시 기(氣)가 있고, 기가 있으면 반드시 이가 있다. 맑은 기를 부여받은 사람은 성인이 된다. 성인의 본성은 맑은 물속에 있는 보석과 같고, 어리석은 자의 본성은 흐린 물과 같다.
> 을: 아름다운 꽃을 보는 것은 지(知)에 속하고 아름다운 꽃을 좋아하는 것은 행(行)에 속한다. 그런데 아름다운 꽃을 보았을 때 이미 좋아하는 것이지, 먼저 보고 난 뒤에 또 다른 마음이 있어서 좋아하는 것이 아니다.

◎ 학생 답안
갑과 을의 사상을 비교하면, ㉠ 갑은 먼저 이치를 알고 행해야 한다고 보았으며, ㉡ 을은 앎과 행함에 본래 선후가 없다고 보았다. 또한 ㉢ 갑은 만물에는 모두 이치가 부여되어 있다고 보았고, ㉣ 을은 사물의 이치가 마음의 밖에 있는 것이 아니라고 하였다. 그런데 ㉤ 갑, 을은 모두 마음이 본성과 감정을 통솔하고 있다[심통성정(心統性情)]고 보았다.

① ㉠   ② ㉡   ③ ㉢   ④ ㉣   ⑤ ㉤

124 (하 중 상)

중국 사상가 갑, 을의 입장으로 적절하지 않은 것은?

> 갑: 도(道)란 곧 이(理)와 같다. 사람이면 모두 따라야 한다는 측면에서 말하면 도이고, 모든 사물에 그 이치가 있다는 측면에서 말하면 이이다. 이것은 군신·부자·형제·부부 사이에서도 벗어나지 않는다.
> 을: 예(禮)란 곧 이와 같다. 효의 이는 부모를 섬기는 마음에 있는 것이지 부모의 몸에 있는 것이 아니다. 마음이 사욕에 가려지지 않으면 곧 천리(天理)이니, 마음 밖에서 조금도 보탤 것이 없다.

① 갑: 인의예지는 사람에 따라 다르게 나타난다.
② 갑: 본성을 함양하고 사물의 이치를 탐구해야 한다.
③ 을: 양지를 발휘하여 마음의 일을 바로잡아야 한다.
④ 을: 이치를 궁구했다는 것은 그것을 실천했다는 것이다.
⑤ 갑, 을: 천리를 보존하고 인욕을 극복해야 한다.

125 (하 중 상)

동양 사상가 갑, 을의 입장으로 적절하지 <u>않은</u> 것은?

> 갑: 부자(父子)의 이치[理]가 있다. 부모에게 효도하기 위해서는 효의 이치를 궁구하고 난 뒤에 그 이치에 따라 효도를 해야 한다.
> 을: 부모에게 효도하는 마음[心]이 없으면 효의 이치도 없다. 이치는 마음을 벗어나 바깥에 있지 않으며, 마음 바깥에 물(物)도 없다.

① 갑: 도덕적 판단과 실천의 근거는 마음속에 내재한 도덕이다.
② 갑: 하나의 사물이 있으면 거기에는 반드시 하나의 이치가 존재한다.
③ 을: 마음 밖에는 어떤 이치도 없다.
④ 을: 모든 인간은 양지가 있으므로 더 이상의 수양은 필요하지 않다.
⑤ 갑, 을: 인간은 누구나 선한 본성을 지니고 있다.

126 (하 중 상)

중국 사상가 갑, 을이 모두 질문에 옳게 대답한 것은?

> 갑: 지(知)는 행(行)의 시작이고 행은 지의 완성이다. 지의 진지하고 독실(篤實)한 면이 바로 행이고, 행의 밝게 깨닫고 정밀하게 살피는 면이 바로 지이다.
> 을: 지(知)와 행(行)은 항상 서로 의존한다. 마치 눈이 있어도 발이 없으면 다닐 수 없고, 발이 있어도 눈이 없으면 볼 수 없는 것과 같다. 선후를 논하면 지가 우선이고, 경중을 논하면 행이 더 중요하다.

	질문	갑	을
㉠	마음이 곧 이치이며 마음 떠나서는 이치가 없는가?	아니요	아니요
㉡	마음이 본성과 감정을 통솔하고 있는가[心統性情]?	아니요	예
㉢	도덕적인 앎이 도덕적 실천보다 먼저 이루어져야 하는가?	예	예
㉣	사욕을 제거하고 본성을 함양해 나가면 성인이 될 수 있는가?	아니요	예
㉤	이상적 인간이 되기 위해서는 이론에 대한 학습이 필수적인가?	예	아니요

① ㉠   ② ㉡   ③ ㉢   ④ ㉣   ⑤ ㉤

127 (하 중 상)

동양 사상가 갑, 을의 입장에 대한 설명으로 옳은 것은?

> 갑: 치지는 격물에 있다는 말은, 앎을 지극히 하려면 사물에 나아가 그 이치를 끝까지 탐구해야 한다는 뜻입니다.
> 을: 격물치지는 '내 마음의 양지를 개별 사물에서 실현하는 것'을 뜻합니다.

① 갑은 사물에 대한 이론적인 학습 과정의 필요성을 부정하였다.
② 갑은 사물의 본질을 꿰뚫어 번뇌를 제거해야 한다고 주장하였다.
③ 을은 도덕 판단의 기준은 마음이 아니라 사물이라고 보았다.
④ 을은 이치의 학습 과정 없이도 도덕성을 구현할 수 있다고 보았다.
⑤ 갑, 을은 분별적인 지식에서 벗어나야 한다고 주장하였다.

128 (하 중 상)

(가)의 중국 사상가 갑, 을의 입장을 (나) 그림으로 탐구할 때, A~C에 들어갈 질문으로 가장 적절한 것은?

(가)	갑: 부자(父子)의 이치[理]가 있다. 부모에게 효도하기 위해서는 효의 이치를 궁구하고 난 뒤에, 그 이치에 따라 효도를 해야 한다. 을: 부모에게 효도하는 마음[心]이 없으면 효의 이치도 없다. 이치는 마음을 벗어나 바깥에 있지 않으며, 마음 바깥에 물(物)도 없다.
(나)	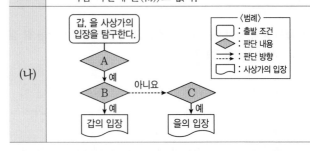

① A: 마음은 본체인 성(性)과 작용인 정(情)을 모두 통괄하는가?
② B: 먼저 도덕적 앎을 쌓아야 도덕적 행동이 가능하다고 보는가?
③ C: 정은 순선한 사단과 선악의 가능성을 지닌 칠정을 가리키는가?
④ C: 양지를 획득하기 위해 선행을 반복적으로 실천해야 하는가?
⑤ C: 도덕적 앎과 도덕적 실천은 본래 구분되나 합일(合一)하도록 노력해야 하는가?

갑, 을은 중국 사상가들이다. 다음을 읽고 물음에 답하시오.

> 갑: 심(心)은 이(理)를 갖추고 있는 곳이고, 성(性)은 심이 가지고 있는 이이다. 성은 곧 이이고 심은 이것을 싣고 있다가 베풀어 쓴다.
> 을: 심의 본체가 성이고 성이 곧 이(理)이다. 그러므로 부모에게 효도하는 마음이 없으면 효도의 이도 없다. 이는 마음을 벗어나 바깥에 있지 않으며, 마음 바깥에 물(物)도 없다.

129 하중상

을의 입장에서 볼 때, 퍼즐 속 세로 낱말 (A)에 대한 설명으로 옳은 것은?

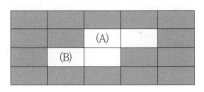

[가로 열쇠]

(A): 자기 행위에 대해 옳고 그름의 판단을 내리는 도덕적 의식 예 ○○의 가책을 받다.

(B): 도리를 깨달아 앎에 이름. 격물□□

[세로 열쇠]

(A): …… 개념

① 즉각적으로 시비(是非)를 가려낼 수 있는 능력이다.
② 인간의 본성이 곧 하늘이 부여한 이치라는 명제이다.
③ 개별 사물의 이치를 탐구하여 앎을 지극히 하는 것이다.
④ 경건한 자세를 유지하며 사물의 이치를 탐구하는 것이다.
⑤ 모든 존재와 현상을 이기(理氣)의 결합으로 설명하는 이론이다.

빈출 130 하중상

갑, 을의 입장을 그림과 같이 탐구할 때, A~C에 들어갈 질문으로 가장 적절한 것은?

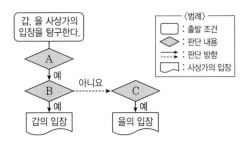

① A: 인간의 마음에는 하늘의 이치가 부여되어 있는가?
② A: 마음 바깥에도 하늘의 이치가 내재된 사물이 있는가?
③ B: 효도의 이치는 부모가 아니라 내 마음에서 찾아야 하는가?
④ B: 타고난 성품을 보존하고 나쁜 욕심을 제거해야 하는가?
⑤ C: 이치를 아는 것과 그것을 실천하는 것은 별개인가?

갑, 을은 중국 사상가들이다. 다음을 읽고 물음에 답하시오.

> 갑: 성(性)은 마음의 본체이고, 정(情)은 마음의 움직임이다. 마음은 성과 정을 통괄하고, 그 밝은 덕은 온갖 이치를 갖추고 있으면서 만사에 감응하지 않음이 없다.
> 을: 부모를 섬기는 경우 부모에게 효도의 이치를 구할 수 없고, 임금을 섬기는 경우 임금에게서 충성의 이치를 구할 수 없다. 모두가 다만 이 마음에 있을 뿐이니 마음이 곧 이치이다.

131 하중상

갑의 입장에서 볼 때 밑줄 친 ㉠의 의미로 가장 적절한 것은?

> 그 몸을 닦으려고 하는 자는 먼저 그 마음을 바르게 해야 하고[正心], 그 마음을 바르게 하려는 자는 먼저 그 뜻을 성실하게 해야 하며[誠意], 그 뜻을 성실하게 하려는 자는 먼저 치지(致知)를 해야 한다. 치지는 ㉠ 격물(格物)에 있다.

① 각각의 사물에 나아가 그 사물의 이치를 탐구하는 것이다.
② 내 마음의 양지를 각각의 사물에 온전히 실현하는 것이다.
③ 바르지 못한 것을 바로잡아 바른 것으로 되돌리는 것이다.
④ 내 마음 안의 양지를 발휘하여 마음의 일을 바로잡는 것이다.
⑤ 엄숙한 마음과 단정한 몸가짐을 지니고 사람을 대하는 것이다.

빈출 132 하중상

갑, 을의 입장을 다음 그림으로 표현할 때 A~C에 들어갈 진술로 적절한 것을 〈보기〉에서 고른 것은?

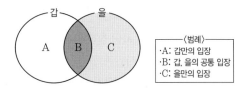

〈범례〉
·A: 갑만의 입장
·B: 갑, 을의 공통 입장
·C: 을만의 입장

〈 보기 〉

ㄱ. A: 내 마음을 바로잡아 양지(良知)를 제거해야 한다.
ㄴ. B: 인간은 선천적으로 양지(良知)를 지니고 있다.
ㄷ. B: 하늘로부터 받은 도덕 본성을 보존하고 인욕을 제거해야 한다.
ㄹ. C: 도덕 법칙에 대한 앎에서 그치지 않고 이를 실천해야 한다.

① ㄱ, ㄴ   ② ㄱ, ㄷ   ③ ㄴ, ㄷ
④ ㄴ, ㄹ   ⑤ ㄷ, ㄹ

한국 유교와 도덕적 심성

A 이황과 이이의 사상

1 이황의 사상

① 이기호발(理氣互發)과 이귀기천(理貴氣賤)

이기호발	• '이'와 '기'가 각각 발할 수 있다고 봄 → 사단은 '이'가 발하여 '기'가 이를 따르는 것이고, 칠정은 '기'가 발하여 '이'가 '기'를 타는 것 • '이'와 '기' 모두 운동성이 있다고 보고, '이'의 능동성을 강조함
이귀기천	• '이'는 순선한 반면, '기'는 선과 악이 혼재된 것으로, '이'는 귀하고 '기'는 천하다고 봄 • '이'와 '기'가 섞일 수 없다는 이기불상잡(理氣不相雜)을 강조함 → '이'를 '기'보다 우위에 둠

② 사단 칠정론에 대한 입장: 사단과 칠정을 엄격히 구분함

사단	이가 발하여 드러난 도덕적 감정으로서 순선무악함 → 이가 발한 감정인 사단은 본연지성이 발한 것이라고 봄
칠정	기가 발하여 드러난 일반적인 감정으로서 선악의 가능성이 있음 → 기가 발한 감정인 칠정은 기질지성이 발한 것이라고 봄

③ 수양론

— 일종의 도덕적 긴장 상태를 말한다.
• 경(敬)의 실천 강조: 이를 함양하는 데 초점을 맞추어 경 공부를 강조함
• 거경(居敬)과 궁리(窮理)의 병행을 주장함

2 이황의 사상 <빈출자료> Link • 152-153번 문제

┌─(사단 칠정론에 대한 이황의 입장)
주자는 "이에 동정(動靜)이 없다면 기가 어찌 스스로 동정하겠는가?"라고 말하였다. 대개 이가 동하면 기가 좇아서 생(生)하며, 기가 동하면 이가 좇아서 나타난다. 이와 기는 서로 발하여 작용하는 것이다.

3 이이의 사상

① 기발이승일도설(氣發理乘一途設)과 이통기국(理通氣局)

┌ 이황의 주장과 달리 사단과 칠정은 발하는 근원이 다른 것이 아니고, 발한 결과의 적절성 여부에서 차이가 날 뿐이라고 하였다.

기발이승 일도설	• 사단과 칠정 모두 '기'가 발하고 '이'가 여기에 탄 것 → '이'라는 원리에 근거한 '기'의 발동만을 인정함 ─ 운동하고 변화하는 것은 '기'이며, '이'는 스스로 움직일 수 없다고 보았다. • 이기지묘(理氣之妙): '이'와 '기'는 하나이면서 둘이고 둘이면서 하나인 묘합의 관계임
이통기국	'이'는 보편적인 것이고 '기'는 특수한 것 → '이'는 시공간의 제약을 받지 않아 보편성을 유지하지만, '기'는 시공간의 제약을 받기 때문에 조건에 따른 특수성을 가진다고 봄

② 사단 칠정론에 대한 입장
• 사단과 칠정은 분리될 수 없다는 이기불상리(理氣不相離)에 주목함
• 칠정포사단(七情包四端): 칠정이 사단을 포함하며, 사단은 칠정 가운데 선한 부분임

③ 수양론 ┌ '진실함', '성실함'을 뜻하며, 하늘의
진실한 이(理)이자 마음의 본체

성(誠)	경(敬) 공부와 함께 성(誠) 공부도 수양론에 적극 반영함
교기질(矯氣質)	'기'의 특수성으로 인해 인간에게 선함과 악함 등이 생긴다고 봄 → 기질을 교정하는 수양에 중점을 둠

4 이이의 사상 <빈출자료> Link • 152-153번 문제

┌─(사단 칠정론에 대한 이이의 입장)
주자의 "이(理)에서 발한다, 기(氣)에서 발한다."라는 말의 본뜻은 '사단은 오로지 이만을 말하고 칠정은 기를 겸(兼)하여 말한다.'라는 것일 뿐이다. 사단과 칠정은 모두 기가 발하고 이가 탄 것이다.

성리학의 수용

고려 말에 원(元)나라로부터 성리학이 수용되었고, 신진 사대부들이 성리학의 이념을 바탕으로 조선 왕조를 세움. 조선 중기로 접어들면서 이황과 이이의 사단칠정론(四端七情論) 같은 심성론을 중심으로 발전함
┕ 도덕 감정인 사단과 일반 감정일 칠정의 관계를 규명하기 위한 논의로 사단은 그 자체로 선하지만, 칠정은 선할 수도 악할 수도 있다고 본다.

이황의 경 실천 방법

정제 엄숙	몸과 마음을 반듯하게 하여 엄숙한 기상을 유지하는 것
주일 무적	어떤 일을 할 때 마음을 흩트리지 않고 집중하는 것
상성성	항상 깨어 있는 마음을 가지는 것

B 정약용의 사상

1 실학의 등장

배경	• 임진왜란과 병자호란 이후의 사회 혼란에 대해 성리학이 대안을 제시하지 못함 → 성리학에 대한 반성으로 실학 등장 • 청나라의 고증학과 발달한 문물 수용 → 현실을 중시하는 정치적·학문적 분위기 발생
특징	현실적인 사회 문제 해결을 중시 → 민생의 구제와 국부의 증대를 목표로 사회 개혁론 주장

2 정약용의 사상

① **성기호설(性嗜好說)**: 인간의 본성을 일종의 경향성이자 마음의 기호라고 보는 입장 ─ 정약용은 인간의 욕구가 도덕적 삶의 원동력이 될 수 있다고 본다.

영지(靈知)의 기호	선을 좋아하고 악을 미워하는 경향으로, 인간만이 지니는 도덕적 기호 → 인간이 존귀한 이유임
형구(形軀)의 기호	육체적이고 감각적인 것을 좋아하는 경향으로, 인간과 동물이 지닌 생리적 기호 → 육체적 욕구 차원에서 생기는 기호임

② **자주지권(自主之權)**: 인간은 선이나 악 중 어느 쪽을 행할지 선택할 수 있는 자주지권을 지닌 존재임
　　　　　　　　　• 인의예지(仁義禮智)

③ **실천의 강조**: 사덕(四德)이 인간에게 본성적으로 주어진다는 기존의 성리학적 설명을 거부함 → 실천을 통해 타고난 사단을 일상에서 확충함으로써 후천적으로 사덕이 형성된다고 봄

④ **수양론**: 자기 수양으로서 신독(愼獨)과 사천(事天)을 강조, 관계 윤리로서 서(恕)와 구인(求仁)을 강조

3 정약용의 사상 [빈출자료] Link • 170-171번 문제

• 사단은 사덕이 인간에게 선천적으로 내재해 있음을 알 수 있는 단서[단서설]라고 보는 성리학의 입장과 달리, 정약용은 사단이 사덕을 형성하기 위한 시작점[단시설]이라고 본다.

┌─(사덕에 대한 정약용의 입장)──────────

인의예지라는 이름은 일을 행한 뒤에 이루어진다. 그러므로 사람을 사랑한 뒤에 인(仁)이라고 하지 사람을 사랑하기 전에 인이라고 하지 않고, 자신을 선하게 한 뒤에 의(義)라고 하지 자신을 선하게 하기 전에 의라고 하지 않는다.
　　　　　　　　　　　　　　　　　　　　　　　　　　　　　　　　　　－ 정약용, 「맹자요의」

└─────────────────────────────

기출 Tip B-2
정약용의 수양론

신독	매 순간 양심의 소리에 귀를 기울이는 것
사천	하늘의 뜻에 부합하려는 것
서	자신의 마음을 미루어 보아 상대방을 이해하고 배려하는 것
구인	도리를 실천하는 것

개념 확인 문제

◯ 정답과 해설 14쪽

133 다음 설명에 해당하는 용어를 〈보기〉에서 골라 기호를 쓰시오.

┌─〈 보기 〉──────────────────
│ ㄱ. 이기호발　　ㄴ. 이귀기천　　ㄷ. 기발이승일도설
└──────────────────────────

(1) 이와 기가 각각 발할 수 있다는 입장　　　　　　　（　　）
(2) 이는 순선한 반면, 기는 선악이 혼재된 것으로, 이는 귀하고 기는 천하는 입장　　　　　　　　　　　　　　　　　　　　（　　）

134 다음 용어와 이에 대한 이황의 입장을 옳게 연결하시오.

(1) 사단 •　　　　　• ㉠ 이가 발하여 드러난 도덕 감정으로 순선무악한 것

(2) 칠정 •　　　　　• ㉡ 기가 발하여 드러난 일반 감정으로 선악의 가능성이 있는 것

135 다음 빈칸에 들어갈 내용을 쓰시오.

(1) 이이는 (　　　　　　)이 사단을 포함한다는 칠정포사단을 주장하였다.
(2) (　　　　　　)는 기질을 교정하는 데 중점을 두는 수양법인 교기질을 강조하였다.
(3) 이이는 (　　　　　　)을 주장하며, 이는 보편적인 것이고 기는 특수한 것이라고 보았다.

136 다음 설명이 맞으면 ◯표, 틀리면 ×표를 하시오.

(1) 정약용은 사덕이 인간에게 본성적으로 주어져 있다고 보았다.　（　　）
(2) 정약용에 따르면 인간은 동물과 다르게 형구의 기호를 지니고 있다.　　　　　　　　　　　　　　　　　　　　　　　　　（　　）
(3) 정약용은 인간의 본성을 마음의 기호라고 보는 성기호설을 주장하였다.　　　　　　　　　　　　　　　　　　　　　　　　（　　）

A 이황과 이이의 사상

137 하 중 상 •서술형

이황의 수양법 두 가지를 쓰고, 그 내용을 서술하시오.

138 하 중 상 •서술형

㉠에 들어갈 경(敬)의 실천 자세를 두 가지 서술하시오.

> 이황은 말할 때도, 움직일 때도, 앉아 있을 때도 경(敬)해야 하나니 잠깐이라도 경을 버릴 수 없다고 할 정도로 선한 본성을 실현하는 태도로서의 경을 강조하였다. 경의 구체적인 실천 방법으로는 [㉠] 등이 있다.

139 하 중 상

다음 한국 윤리 사상가의 입장에서 볼 때 ㉠에 들어갈 반론으로 가장 적절한 것은?

> 이(理)와 기(氣)는 개념적으로 분명히 구별되어야 합니다. 그래서 사단(四端)과 칠정(七情)의 근원은 다릅니다. 하지만 어떤 사상가는 "발(發)하는 것은 오직 기(氣)이다."라고 주장을 합니다. 저는 이 주장에 대해 [㉠]고 생각합니다.

① 거경(居敬)과 궁리(窮理)의 수양을 중시하고 있다
② 이(理)가 가진 능동성과 생성 작용을 간과하고 있다
③ 도덕적 기준과 인간의 욕망을 엄격히 구분하고 있다
④ 마음은 성(性)과 정(情)을 통솔한다는 사실을 간과하고 있다
⑤ 사단은 이가 발한 성(性)이고 칠정은 기가 발한 정(情)임을 모르고 있다

140 하 중 상

다음을 주장한 한국 사상가의 관점에만 모두 '✔'를 표시한 학생은?

> 이(理)는 기(氣)를 주재하는 장수와 같고 기는 이의 주재를 받는 졸병과 같다. 성(性)은 이와 기로 나눌 수 있고, 사단과 칠정도 이와 기에서 유래한 것으로 나눌 수 있다.

관점＼학생	갑	을	병	정	무
이와 기를 이원론적으로 볼 수 있다.	✔			✔	✔
오직 기(氣)만이 형체와 운동성을 갖는다.		✔	✔		
도덕 감정은 일반 감정의 순선한 측면을 가리키는 것이다.	✔	✔		✔	
이와 기의 관계를 볼 때 상대적으로 뒤섞이지 않는다는 점에 주목해야 한다.			✔	✔	✔

① 갑　② 을　③ 병　④ 정　⑤ 무

141 하 중 상

다음을 주장한 한국 사상가의 입장으로 가장 적절한 것은?

> 이(理)는 물에 비유할 수 있는데, 물이 본래 맑은 것은 사람의 성(性)이 본래 선(善)한 것과 같고, 물을 담는 그릇의 깨끗하고 더러움이 똑같지 않은 것은 사람의 기질이 각각 다른 것과 같다. 그릇이 움직이면 물도 움직이는 것은 기(氣)가 발(發)할 때 이가 타는[乘] 것이다. 그릇이 움직이면 물도 반드시 움직이지만 물이 스스로 움직이지 못하는 것은 이가 스스로 발하지 않는 것과 같다.

① 이는 귀한 것이고, 기는 천한 것이다.
② 이와 기는 개념적으로도 분리될 수 없다.
③ 이와 기는 모두 능동적으로 작용할 수 있다.
④ 이는 만물의 근본 원리이고 기는 만물을 이루는 재료이다.
⑤ 형태가 있는 이는 만물에 두루 통하고 형태가 없는 기는 국한된다.

142 (하 중 상)
다음을 주장한 한국 사상가에 대한 설명으로 옳은 것은?

> 정(情)은 하나인데 사단(四端)으로 말하고 혹은 칠정(七情)으로 말한 것은 오로지 이(理)만 말하는 것과 기(氣)를 아울러 말한 것이 같지 않기 때문이다. 사단은 칠정을 겸할 수 없으나 칠정은 사단을 겸할 수 있다.

① 이와 기 모두 운동성을 가진다고 강조한다.
② 기쁨의 감정 중에 순선(純善)한 측면이 있다고 본다.
③ 이와 기 모두 선과 악을 내포하고 있다고 주장한다.
④ 사단과 칠정은 서로 다른 연원을 갖는다고 주장한다.
⑤ 이기불상리(理氣不相離)보다 이기불상잡(理氣不相雜)의 관점에서 사단과 칠정의 관계를 바라본다.

빈출 143 (하 중 상)
다음은 한국 사상가의 주장이다. ㉠, ㉡에 들어갈 진술을 옳게 짝지은 것은?

> 이(理)와 기(氣)는 본래 서로 떨어질 수 없어서 한 물건[一物]인 것과 같다. 그것들이 다른 점은 이(理)는 무형(無形)이고 기(氣)는 유형(有形)이며, 이(理)는 무위(無爲)이고 기(氣)는 유위(有爲)라는 것이다. 형태와 작용이 없으면서 형태와 작용이 있는 것을 주재하는 것이 이이다. 형태와 작용에 있어서 형태와 작용이 없는 것의 그릇이 되는 것이 기이다. 이는 무형이고 기는 유형이므로 ┌─㉠─┐ 이는 무위이고 기는 유위이므로 ┌─㉡─┐

	㉠	㉡
①	이는 통하고 기는 국한되며	기가 발하면 이가 탄다.
②	이는 통하고 기는 국한되며	이가 발하면 기가 따른다.
③	이는 존귀하고 기는 비천하며	기가 발하면 이가 탄다.
④	이는 존귀하고 기는 비천하며	이가 발하면 기가 따른다.
⑤	이는 발하는 것이고 기는 발하는 까닭이며	이는 통하고 기는 국한된다.

144 (하 중 상)
다음을 주장한 사상가의 입장으로 적절한 것만을 〈보기〉에서 있는 대로 고른 것은?

> 사단(四端)과 칠정(七情)의 관계는 곧 본연지성과 기질지성의 관계와 같다. 본연지성은 기질을 겸하지 않은 것이지만, 기질지성은 오히려 본연지성을 겸한다. 그러므로 사단은 칠정을 겸할 수 없지만, 칠정은 사단을 겸할 수 있다. 만약, 칠정과 사단을 둘로 나눈다면 인성의 본연과 기질은 또한 두 성(性)으로 나누어질 것이다. 어찌 이러한 이(理)가 있겠는가?

〈 보기 〉
ㄱ. 이와 기는 조화를 이루는 묘합의 관계이다.
ㄴ. 칠정은 수양을 통하여 사단으로 변화되어야 한다.
ㄷ. 이는 스스로 움직일 수 없고 기가 움직이면 올라탄다.
ㄹ. 순선한 사단과 달리 칠정은 기질지성에서 비롯된 악이다.

① ㄱ, ㄴ   ② ㄱ, ㄷ   ③ ㄴ, ㄹ
④ ㄱ, ㄴ, ㄷ   ⑤ ㄴ, ㄷ, ㄹ

145 (하 중 상)
●●서술형
다음을 읽고 물음에 답하시오.

> 갑: 이(理)는 무형이고 기(氣)는 유형이기 때문에 이는 통하고 기는 국한된다. 이는 무위이고 기는 유위이기 때문에 기가 발하고 이가 탄다. 기가 아니면 발할 수 없고 이가 아니면 발할 바가 없다.
> 을: 이기는 서로를 위해 작용하고 서로 따르기에 호발(互發)이다. 따라서 이와 기는 각각 주체이며 몸 가운데 함께 있는 것이므로, 둘로 말할 수도 있고 하나로 말할 수도 있다.

⑴ 갑의 입장에서 을에게 제기할 수 있는 비판을 이와 기의 운동성 측면에서 서술하시오.

⑵ 갑, 을의 입장의 공통점을 두 가지 서술하시오.

146 (하 중 상)

한국 사상가 갑은 긍정, 을은 부정의 대답을 할 질문으로 적절한 것만을 〈보기〉에서 있는 대로 고른 것은?

> 갑: 이(理)와 기(氣)는 서로 의지하여, 이가 발하면 기가 따르고 기가 발하면 이가 탄다. 이의 본체의 무위(無爲)만을 보고, 그 작용이 드러남을 알지 못하여 이를 죽은 물건으로 간주하면 도리에 맞지 않는다.
> 을: 이(理)와 기(氣)는 떨어지지 않아 하나의 물건[一物]과 같다. 이(理)는 무형이고 기(氣)는 유형이니, 이(理)는 통하고 기(氣)는 국한된다. 이(理)는 무위(無爲)이고 기(氣)는 유위(有爲)이니 기(氣)가 발하면 이(理)가 탄다.

〈 보기 〉

ㄱ. 칠정은 기의 능동적 움직임으로 드러나는 감정인가?
ㄴ. 슬픔·노여움 등의 칠정(七情)에도 선(善)이 존재하는가?
ㄷ. 이와 기는 사단(四端)과 칠정(七情)의 각기 다른 연원인가?
ㄹ. 측은·수오·사양·시비의 감정은 이(理)가 발하여 생기는가?

① ㄱ, ㄴ   ② ㄱ, ㄷ   ③ ㄷ, ㄹ
④ ㄱ, ㄴ, ㄹ   ⑤ ㄴ, ㄷ, ㄹ

147 (하 중 상)

갑의 입장에서 을에게 제기할 수 있는 비판으로 가장 적절한 것은?

> 갑: 본연지성과 기질지성을 이(理)와 기(氣)로 나누어 설명할 수 있다면, 정(情)도 그렇게 나눌 수 있다. 즉 사단(四端)은 본연지성의 소산으로 칠정(七情)은 기질지성의 소산으로 구분할 수 있다.
> 을: 사단과 칠정은 본연지성과 기질지성의 관계와 같다. 본연지성이 기질지성을 겸(兼)한 것이 아니라, 오히려 기질지성이 본연지성을 겸한 것이다. 마찬가지로 사단이 칠정을 겸한 것이 아니라, 칠정이 사단을 겸한 것이다.

① 사단은 칠정의 선한 측면임을 모르고 있다.
② 사단은 선한 감정, 칠정은 악한 감정임을 모르고 있다.
③ 이의 발현(發現)은 자연스럽고 당연한 것임을 모르고 있다.
④ 칠정은 기가 발하고 이가 타서 드러난 정임을 간과하고 있다.
⑤ 이는 형태와 작용이 없는 순수하고 선한 것임을 간과하고 있다.

148 (하 중 상) 빈출

한국 유교 사상가 갑, 을의 입장으로 가장 적절한 것은?

> 갑: 본연지성은 가리키는 바가 이(理)에 있지 기(氣)에 있지 않기 때문에 순선무악하다. 만일 서로 떨어지지 않는다는 이유로 이를 기와 함께 말한다면 그것은 이미 성(性)의 본래 모습이 아니다.
> 을: 기질지성과 본연지성은 결코 두 가지 성(性)이 아니다. 기질 중에서 이(理)만을 가리키면 본연지성이고, 이와 합하여 말하면 기질지성이다. 성이 이미 하나인데, 정(情)에 어찌 두 근원이 있겠는가?

① 갑: 이(理)는 두루 통하지만 기(氣)는 국한된다.
② 갑: 사양하는 마음은 이가 발하고 기가 따른 정이다.
③ 을: 이와 기가 모두 운동성을 지닌다.
④ 을: 발하는 까닭은 기이고 발하는 것은 이(理)이다.
⑤ 갑, 을: 사단은 본성이지만 칠정은 감정이라고 본다.

149 (하 중 상)

(가)의 갑, 을의 입장을 (나) 그림으로 표현할 때 A~C에 해당하는 진술로 옳은 것을 〈보기〉에서 고른 것은?

(가)	갑: 사단은 이(理)가 발하고 기(氣)가 그것을 따르는 것이니, 이를 주로 하여 말한 것이지 이가 기를 벗어난다는 것이 아니다. 칠정은 기가 발하고 이가 그것을 타는 것이니, 기를 주로 하여 말한 것이지 기가 이를 벗어난다는 것이 아니다. 을: 사단과 칠정은 본연지성(本然之性)과 기질지성(氣質之性)의 관계와 같다. 본연지성은 기질을 겸하지 않고 말하는 것이고, 기질지성은 본연지성을 겸해서 말하는 것이다. 따라서 사단은 칠정을 겸할 수 없지만 칠정은 사단을 겸한다.
(나)	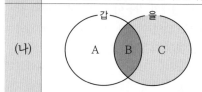 〈범례〉 ·A: 갑만의 입장 ·B: 갑, 을의 공통 입장 ·C: 을만의 입장

〈 보기 〉

ㄱ. A: 사단과 칠정의 근원은 분명하게 구분된다.
ㄴ. B: 칠정은 기가 발하고 이가 타서 드러난 정이다.
ㄷ. B: 형태가 없는 이는 통하고 형태가 있는 기는 국한된다.
ㄹ. C: 이와 기는 서로 발할 수 있고 작용할 수 있다.

① ㄱ, ㄴ   ② ㄱ, ㄹ   ③ ㄴ, ㄷ
④ ㄴ, ㄹ   ⑤ ㄷ, ㄹ

150 하중상

한국 성리학에 대한 설명으로 옳은 것은?

① 이황은 이귀기천(理貴氣賤)을 비판하였다.
② 이황은 사단은 성, 칠정은 정으로 구분하였다.
③ 이이는 경(敬)을, 이황은 성(誠)의 실천을 더 강조하였다.
④ 이이는 이황보다 이와 기의 불상잡(不相雜)을 중시하였다.
⑤ 이이와 이황은 모두 기(氣)의 능동성(움직임)을 인정하였다.

151 하중상

(가)의 한국 사상가 갑, 을의 입장을 (나) 그림으로 탐구할 때 A~C에 들어갈 질문으로 적절한 것만을 〈보기〉에서 있는 대로 고른 것은?

(가)	갑: 주희는 "사단(四端)은 이(理)의 발(發)이요, 칠정(七情)은 기(氣)의 발이다."라고 했으니, 사단이 이의 발이라 함은 진실로 의심할 수 없다. 칠정은 이와 기를 겸하고 선악이 있으므로 그 발하는 바가 오직 기에 의거한 것은 아니지만 또한 기의 섞임이 없지는 않으므로 기의 발이라 이른다. 을: 주희가 "사단은 이의 발이요, 칠정은 기의 발이다."라고 한 본뜻은 사단은 오로지 이만을 말하고 칠정은 이와 기를 겸하여 말한 것일 뿐이지, 사단은 이가 먼저 발하고 칠정은 기가 먼저 발한다는 것은 결코 아니다. 오직 기가 발하고 이가 타는 것만이 옳다. 칠정뿐만 아니라 사단도 역시 기가 발하고 이가 타는 것이다.
(나)	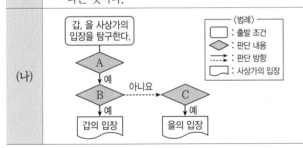

〈 보기 〉
ㄱ. A: 칠정은 기가 발한 것으로 선할 수도 악할 수도 있는가?
ㄴ. B: 사덕은 맑고 밝은 기가 정(情)을 통해 드러나는 것이라고 보는가?
ㄷ. B: 이기불상잡(理氣不相雜)을 강조하며 이의 운동성을 주장하는가?
ㄹ. C: 경(敬)의 수양 방법을 부정하고, 기질을 바로잡는 수양 방법을 강조하였는가?

① ㄱ, ㄷ   ② ㄱ, ㄹ   ③ ㄴ, ㄷ
④ ㄱ, ㄴ, ㄹ   ⑤ ㄴ, ㄷ, ㄹ

152-153 빈출자료

갑, 을은 한국 사상가들이다. 다음을 읽고 물음에 답하시오.

> 갑: 주자는 "이에 동정(動靜)이 없다면 기가 어찌 스스로 동정하겠는가?"라고 말하였다. 대개 이가 동하면 기가 좇아서 생(生)하며, 기가 동하면 이가 좇아서 나타난다. 이와 기는 서로 발하여 작용하는 것이다.
> 을: 주자의 "이(理)에서 발한다, 기(氣)에서 발한다."라는 말의 본뜻은 '사단은 오로지 이만을 말하고 칠정은 기를 겸(兼)하여 말한다.'라는 것일 뿐이다. 사단과 칠정은 모두 기가 발하고 이가 탄 것이다.

152 하중상

갑, 을 사상가들이 모두 부정의 대답을 할 질문으로 가장 적절한 것은?

① 칠정에는 이와 기가 함께 존재하는가?
② 사단은 칠정의 선한 측면을 가리키는 것인가?
③ 사단과 칠정의 연원은 근본적으로 다른 것인가?
④ 칠정은 기가 발하여 드러난 순수하게 악한 감정인가?
⑤ 기가 절도에 맞지 않게 발하면 악한 감정이 될 수 있는가?

153 하중상

갑, 을의 입장에서 질문에 모두 옳게 대답한 것은?

	질문	갑	을
①	사단은 성(性)이 아닌 정(情)인가?	예	예
②	사단과 칠정 모두 기가 발한 것인가?	예	아니요
③	가치적 측면에서 이가 기보다 귀한가?	아니요	예
④	칠정은 사단과 달리 순선한 감정인가?	예	아니요
⑤	사단은 칠정을 겸할 수 있는 감정인가?	아니요	예

154 (하 중● 상)

한국 사상가 갑, 을의 입장에 대한 설명으로 옳은 것은?

> 갑: 이(理)는 무형(無形)이고 기(氣)는 유형(有形)이며, 이는 무위(無爲)이고 기는 유위(有爲)이다. 기가 아니면 발할 수 없고 이가 아니면 발할 근거가 없다.
>
> 을: 이(理)에 동정(動靜)이 있어서 기(氣)에 동정이 있다. 만약 이에 동정이 없다면 기가 어떻게 동정하겠는가? 이가 움직이면 기가 따르며, 기가 움직이면 이가 그 기를 올라타서 드러나는 것이다.

① 갑은 사단의 선함과 칠정의 선함이 다르지 않다고 본다.
② 갑은 사단은 이가, 칠정은 기가 발해서 드러난 것으로 본다.
③ 을은 사단과 칠정의 원천이 각기 다르지 않다고 본다.
④ 을은 사단은 순선한 성이고 칠정은 선악이 혼재한 정으로 본다.
⑤ 갑, 을은 그릇된 기질을 고쳐 사단을 형성해야 한다고 본다.

155 (하 중 삼●)

(가)의 갑, 을의 입장을 그림과 같이 탐구할 때, A~C에 들어갈 질문으로 적절한 것만을 〈보기〉에서 있는 대로 고른 것은?

(가)	갑: 주자가 "사단은 이의 발이고, 칠정은 기의 발이다." 라고 말하였다. 사단은 이에서 발하여 선하지 않음이 없으므로 이의 발이라고 한 것은 진실로 의심할 것이 없다. 을: 호발의 근거를 주자에게서 찾았는데 주자가 만약 이와 기의 호발을 이야기 했다면 주자도 틀린 것인데 이찌 주자가 될 수 있겠는가? 빌하는 깃은 기, 발하는 까닭은 이라는 이치는 성인이 다시 태어나도 바꿀 수 없다.
(나)	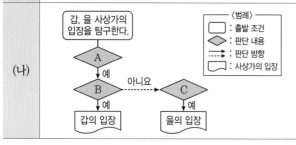

〈 보기 〉

ㄱ. A: 사단과 칠정은 모두 정(情)인가?
ㄴ. B: 칠정에는 선과 악의 가능성이 혼재되어 있는가?
ㄷ. B: 이의 능동성을 인정하는가?
ㄹ. C: 사단을 포함한 칠정은 기가 발하여 이가 탄 것인가?

① ㄱ, ㄴ　　　② ㄴ, ㄹ　　　③ ㄷ, ㄹ
④ ㄱ, ㄴ, ㄷ　　　⑤ ㄱ, ㄷ, ㄹ

B 정약용의 사상

156 (하 중● 상)

정약용의 입장에 대한 설명으로 옳은 것을 〈보기〉에서 고른 것은?

〈 보기 〉

ㄱ. 사단을 덕의 실마리로 보는 단서(端緖)설을 비판하였다.
ㄴ. 덕은 이법적 실체로 본연지성에 내재하는 것으로 보았다.
ㄷ. 꾸준한 노력이 없으면 사덕은 형성될 수 없음을 강조하였다.
ㄹ. 사단은 본성의 기호를 생활에서 실천할 때 생겨난다고 보았다.

① ㄱ, ㄴ　　　② ㄱ, ㄷ　　　③ ㄴ, ㄷ
④ ㄴ, ㄹ　　　⑤ ㄷ, ㄹ

★빈출 157 (하 중● 상)　　　 ••서술형

㉠, ㉡에 들어갈 알맞은 말을 각각 쓰시오.

> 정약용은 인간의 본성은 일종의 경향성이라는 성기호설을 주장하였다. 그에 따르면 (㉠)의 기호란 선을 좋아하고 악을 미워하는 기호이며, (㉡)의 기호란 육체적이고 감각적인 것을 좋아하는 기호이다.

158 (하 중● 상)

정약용의 입장에 대한 설명으로 옳지 않은 것은?

① 인간의 본성에는 경향성(傾向性)이 있다고 본다.
② 도덕 행위에 대한 책임은 인간 자신에게 있다고 본다.
③ 인간의 욕구는 도덕적인 삶의 원동력이 될 수 있다고 본다.
④ 이황과 이이를 이어받아 성리학을 완성한 학자로 평가받는다.
⑤ 인간만이 영지의 기호를 가지고 도덕적 판단을 할 수 있다고 본다.

159 하 중 상

다음을 주장한 한국 사상가의 입장으로 적절한 것을 〈보기〉에서 고른 것은?

> 하늘이 사람에게 자주지권을 부여하여 선을 행하고자 하면 선을 행하고 악을 행하고자 하면 악을 행하게 하였으니, 유동적이고 정해져 있지 않다.

〈 보기 〉
ㄱ. 마음의 기호(嗜好)가 선천적 본성이다.
ㄴ. 우주 자연의 질서는 인간 사회의 질서에 필연적이다.
ㄷ. 자유 의지의 결단보다는 내재적인 덕이 더욱 중요하다.
ㄹ. 덕은 선천적인 것이 아니라 실천을 통해 형성되는 것이다.

① ㄱ, ㄴ   ② ㄱ, ㄹ   ③ ㄴ, ㄷ
④ ㄴ, ㄹ   ⑤ ㄷ, ㄹ

160 하 중 상

(가)를 주장한 사상가의 관점에서 (나)의 A에 대해 내릴 평가로 가장 적절한 것은?

(가)	하늘이 인간에게 부여한 성(性)은 선(善)을 좋아하고 악(惡)을 미워하며, 의(義)를 좋아하고 탐욕을 싫어한다. 이것은 금수(禽獸)가 고정된 마음을 갖고 있는 것과는 다르다.
(나)	음식점에서 배달 일을 하는 A는 힘든 생활 속에서도 매달 경제적으로 어려운 아이들을 도와주고 있다.

① 타고난 인의예지의 덕을 발휘한 행동이다.
② 형구의 기호를 적극적으로 따른 행동이다.
③ 자연의 소박하고 순수한 본성에 따른 행동이다.
④ 선을 좋아하는 마음의 경향성을 따른 행동이다.
⑤ 악한 본성을 교화하여 인의(仁義)를 실천한 행동이다.

161 하 중 상

다음을 주장한 한국 사상가의 입장으로 적절하지 <u>않은</u> 것은?

> 어린아이가 우물에 빠지려고 할 때 측은해하면서도 가서 구해 주지 않는다면, 그 마음에서 인이라고 할 만한 것을 찾아볼 수 없다. 사람을 사랑하기 이전에는 인(仁)이라는 명칭이 성립하지 않는다.

① 인간은 스스로 선과 악을 선택할 수 있다.
② 인의예지는 행동이 있은 뒤에 붙은 이름이다.
③ 인간의 욕구가 가진 긍정적인 측면을 인정한다.
④ 형구의 기호는 인간과 동물 모두가 가진 기호이다.
⑤ 인간의 성은 선을 좋아하거나 악을 좋아하는 마음의 기호이다.

162 하 중 상

다음을 주장한 사상가의 입장으로 가장 적절한 것은?

> 영지(靈知)의 기호(嗜好)는 우리가 선을 좋아하고 악을 미워하며, 덕행을 좋아하고 더러움을 부끄럽게 여기는 마음이다. 형구(形軀)의 기호는 아름다운 색을 좋아하고 맛있는 음식을 즐기는 마음이다.

① 인간의 본성에 인의가 들어 있지 않다고 본다.
② 사단은 사덕으로 나아갈 수 있는 단서라고 본다.
③ 인간의 선악은 환경과 무관하게 결정된다고 본다.
④ 인간의 성(性) 그 자체를 변화시켜야 할 것으로 본다.
⑤ 인간과 동물에게는 선천적인 도덕적 지향성이 있다고 본다.

163 하 중 상

한국 사상가 갑, 을의 입장으로 적절하지 <u>않은</u> 것은?

> 갑: 사단은 '이'만을 말하고, 칠정은 '이'와 '기'를 겸하여 말하는 것이다. 사단과 칠정은 모두 '기'가 발하여 '이'가 그것을 탄 것일 뿐이다.
> 을: 사단은 인성(人性)이 본래 가지고 있는 것이며, 사단을 확충하지 못하면 사덕은 이루어질 수 없다. 측은은 인(仁)의 시작일 뿐이다.

① 갑: 경으로 주재하여 사사로움을 제거해야 한다.
② 갑: 이와 기는 현실적으로 분리될 수 있는 이기지묘의 관계이다.
③ 을: 사람은 선행의 가능성을 선천적으로 타고난다.
④ 을: 인간은 도덕적 자유 의지를 지닌 자율적 존재이다.
⑤ 갑, 을: 수양을 통해 누구나 도덕적 인간이 될 수 있다.

164 하중상

다음은 서술형 평가 문제와 학생 답안이다. 학생 답안의 ㉠~㉤ 중 옳지 **않은** 것은?

> 서술형 평가
> ◎ 문제: 한국 사상가 갑, 을의 입장을 비교하여 서술하시오.
>
> > 갑: 무릇 발(發)하는 것은 기(氣)요, 발하는 까닭은 이(理)이다. 기가 아니면 능히 발하지 못하고 이가 아니면 발할 까닭이 없는 것이니, 이기호발(理氣互發)이라 할 수 없는 것이다.
> > 을: 성(性)은 이(理)가 아니다. 이(理)는 속성에 불과한 것인데 어떻게 성이 될 수 있겠는가? 성은 마음 안에 있는 좋아하고 싫어하는 기호(嗜好)일 뿐이다.
>
> ◎ 학생 답안
> 갑, 을의 사상을 비교해 보면, ㉠ <u>갑은 '이'라는 원리에 근거한 '기'의 발동만을 인정함으로써 기발이승일도설을 제시하였으며</u>, ㉡ <u>기질을 바로잡아야 본연의 성이 회복될 수 있다는 교기질의 수양론을 제시하였다.</u> 을은 인간의 본성을 기호라고 하면서 이 기호에는 두 가지가 있다고 하였다. 하나는 ㉢ <u>인간만이 가진 기호로 선을 좋아하고 악을 싫어하는 기호</u>이고, 다른 하나는 ㉣ <u>인간과 동물 모두가 가지고 있는 생리적 기호이다.</u> 을은 ㉤ <u>인간이 이 두 기호 사이의 갈등을 극복하여 도덕적 행위를 실천하게 될 때 자주지권을 형성할 수 있다고 주장하였다.</u>

① ㉠   ② ㉡   ③ ㉢   ④ ㉣   ⑤ ㉤

165 하중상

중국 사상가 갑, 한국 사상가 을의 입장으로 적절한 것만을 〈보기〉에서 있는 대로 고른 것은?

> 갑: 사람은 누구나 선천적으로 네 가지 선한 마음인 사단(四端)을 지니고 태어난다. 마음에 사단이 없으면 몸에 사지가 없는 것과 같고 이는 사덕(四德)의 단(端)이다.
> 을: 사단(四端)은 정(情)이고, 사덕(四德)은 성(性)이다. 단은 실마리[端]이다. 정이 드러남으로 인해서 성의 본연한 모습을 알 수 있으니, 사물의 실마리가 밖으로 나와 보이는 것과 같다.

〈 보기 〉

ㄱ. 갑: 사람은 누구나 선한 도덕심을 선천적으로 갖추고 있다.
ㄴ. 을: 사덕을 확충해 가는 노력을 통해 성인에 이를 수 있다.
ㄷ. 을: 측은한 마음이 드러남은 성에 인이 내재하기 때문이다.
ㄹ. 갑, 을: 사단을 넓히고 채워 나가야 사덕을 형성할 수 있다.

① ㄱ, ㄷ   ② ㄱ, ㄹ   ③ ㄴ, ㄹ
④ ㄱ, ㄴ, ㄷ   ⑤ ㄴ, ㄷ, ㄹ

166 하중상

한국 사상가 갑, 을의 입장에 대한 설명으로 옳지 **않은** 것은?

> 갑: 부모에게 자극을 받으면 효의 감정이, 임금에게 자극을 받으면 충의 감정이 반응한다. 감정은 마음의 움직임이다. 사람의 마음뿐 아니라 천지의 모든 변화는 기(氣)가 발하고 이(理)가 타지 않는 경우가 없다.
> 을: 성(性)의 자의는 오직 호오(好惡)를 주로 하여 말하는 것인데 어찌 심(心)을 성이라고 할 수 있겠는가? 사슴의 성은 산림을 좋아하고 꿩의 성은 길들여 기르는 것을 싫어한다. 이것을 일러 성이라고 한다.

① 갑: 인간에게 내재된 이가 곧 성(性)이다.
② 갑: 천리를 보존하고 인욕을 제거해야 한다.
③ 을: 인간과 동물은 모두 영지의 기호를 가지고 있다.
④ 을: 사단(四端)은 선천적으로 주어진 도덕적 감정이다.
⑤ 갑, 을: 지속적인 수양을 통해 누구나 성인이 될 수 있다.

167 하중상

갑의 입장에 비해 을의 입장이 갖는 상대적 특징을 그림의 ㉠~㉤ 중에서 고른 것은?

> 갑: 인간의 도덕성을 확인할 수 있는 감정인 사단과 일반 감정인 칠정은 구분해야 한다. 이(理)는 귀하고 기(氣)는 천하다. 이(理)를 함양하기 위해서 정제엄숙, 주일무적, 상성성과 같은 경(敬) 공부를 해야 한다.
> 을: 사람은 자주의 권한(自主之權)을 부여받아, 선하고자 하면 선을 행할 수 있고 악하고자 하면 악을 행할 수 있다. 따라서 인간이 선을 행하면 자신의 공이 되고, 악을 행하면 자신의 죄가 된다.

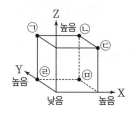

X: 욕구를 긍정적으로 강조하는 정도
Y: 사람의 주체적 선택과 책임을 강조하는 정도
Z: 타고난 성을 하늘의 이치(天理)로 강조하는 정도

① ㉠   ② ㉡   ③ ㉢   ④ ㉣   ⑤ ㉤

168 하/중/상

(가)의 중국 사상가 갑, 한국 사상가 을의 입장을 (나) 그림으로 표현할 때, A~C에 들어갈 내용으로 적절하지 <u>않은</u> 것은?

(가)	갑: 성(性)은 곧 이(理)이다. 마음에서 성이라고 부르고 일[事]에서는 이(理)라고 부른다. 성이란 사람이 하늘로부터 부여받은 이(理)이다. 따라서 온전하게 선하지 않음이 없다. 을: 배가 고파 먹을 것을 찾고자 하는 것은 사람과 짐승이 다를 것이 없다. 기질의 성은 사람과 짐승이 모두 지닌 것이고, 도의의 성은 사람에게만 있다. 하늘은 사람에게 덕을 좋아하고 선을 선택할 수 있는 능력을 주었다.
(나)	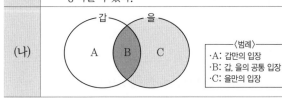

① A: 인이 내재함은 측은의 정(情)을 통해 알 수 있다.
② B: 사덕은 인간 본성에 내재해 있다.
③ B: 개인과 공동체의 도덕성을 회복해야 한다.
④ C: 하늘은 인간에게 자주지권을 부여하였다.
⑤ C: 사단을 확충하지 못하면 사덕을 이룰 수 없다.

169 하/중/상

한국 사상가 갑, 중국 사상가 을 모두가 긍정의 대답을 할 질문에만 '✔'를 표시한 학생은?

갑: 어린아이가 우물로 기어 들어가는 것을 측은해하면서도 가서 구하지 않는다면, 그 마음만으로 인(仁)이라 할 수 없을 것이다. 누군가 욕을 하거나 발로 차면서 밥을 줄 때 이를 수치스러워하면서도 버리고 가지 않는다면, 그 마음으로 의(義)라 할 수 없을 것이다.
을: 사람은 나면서부터 이익을 좋아한다. 사람의 본성[性]이 악하다면 예의(禮儀)는 어떻게 해서 생기는가? 인위[爲]에서 생기는 것이지 본성에서 비롯되는 것이 아니다. 맹자는 사람의 본성이 착하다고 했지만 이는 틀린 것이다.

질문＼학생	갑	을	병	정	무
하늘이 인간의 도덕적 삶과 관련이 있다고 보는가?			✔	✔	✔
예의 덕이 후천적 노력에 의해 형성된다고 보는가?		✔	✔	✔	
사람이 지닌 고유한 성(性)은 선을 좋아한다고 보는가?	✔			✔	✔
인간의 본성에 인의(仁義)가 들어 있지 않다고 보는가?	✔	✔			✔

① 갑　　② 을　　③ 병　　④ 정　　⑤ 무

갑, 을, 병은 한국 사상가이다. 다음을 읽고 물음에 답하시오.

갑: 기(氣)와 칠정(七情)의 관계는 이(理)와 사단(四端)의 관계와 같아서, 그 발(發)하는 것이 각각 혈맥이 있고 그 이름이 각각 가리키는 바가 있게 된다. 그러므로 주(主)된 바를 따라 이와 기로 나누어 연결시킬 수 있다.
을: 사단은 단지 이만 말한 것이고 칠정은 이와 기를 합하여 말한 것이니, 두 갈래의 정(情)이 있는 것은 아니다. 정을 두 갈래로 보는 것과 이와 기가 서로 발한다고 보는 설은 주의하여 살펴보아야만 한다.
병: 인의예라는 이름은 일을 행한 뒤에 이루어진다. 그러므로 사람을 사랑한 뒤에 인(仁)이라고 하지 사람을 사랑하기 전에 인이라고 하지 않고, 자신을 선하게 한 뒤에 의(義)라고 하지 자신을 선하게 하기 전에 의라고 하지 않는다.

170 하/중/상

갑, 을 모두 긍정의 대답을 할 질문으로 적절한 것만을 〈보기〉에서 있는 대로 고른 것은?

〈 보기 〉
ㄱ. 사단과 칠정의 연원은 같은가?
ㄴ. 기가 발하면 이가 그것을 타는가?
ㄷ. 사단과 칠정은 부분과 전체의 관계인가?
ㄹ. 모든 사물에 이와 기는 항상 함께 있는가?

① ㄱ, ㄴ　　② ㄱ, ㄷ　　③ ㄴ, ㄹ
④ ㄱ, ㄷ, ㄹ　　⑤ ㄴ, ㄷ, ㄹ

171 하/중/상

병의 입장에서 갑, 을에게 제기할 비판으로 적절한 것만을 〈보기〉에서 있는 대로 고른 것은?

〈 보기 〉
ㄱ. 사단은 사덕이 드러난 도덕적 감정임을 부정하고 있다.
ㄴ. 사덕이 인간에게 선천적으로 내재되어 있음을 간과하고 있다.
ㄷ. 사덕은 생활 속의 실천을 통해 형성되는 것임을 모르고 있다.
ㄹ. 사단은 사덕을 형성할 수 있도록 하는 시작점임을 모르고 있다.

① ㄱ, ㄴ　　② ㄱ, ㄷ　　③ ㄷ, ㄹ
④ ㄱ, ㄴ, ㄹ　　⑤ ㄴ, ㄷ, ㄹ

불교와 자비의 윤리

A 초기 불교

1 연기설(緣起說)
• 인연생기(因緣生起)의 줄임말이다.

① 의미: 불교의 가장 근본적인 사상으로, 모든 것은 직접적인 원인[因]과 간접적인 조건[緣]이 결합하여 생긴다는 것

② 연기설의 두 가지 측면

상호 의존성	모든 사물과 현상은 독립적으로 존재할 수 없으며, 상호 의존적인 관계로 이루어져 있음
원인과 결과	모든 것은 서로 원인과 결과의 관계를 맺고 있음

2 연기설 빈출자료 Link • 176-177번 문제

┌─(불교의 연기설)
• 이것이 있으므로 저것이 있고, 이것이 발생하므로 저것이 발생한다. 이것이 없으므로 저것이 없고, 이것이 사라지므로 저것이 사라진다.
• 비유하면 세 개의 갈대를 아무것도 없는 땅 위에 세우려고 할 때 서로 의지해야 설 수 있는 것과 같다. 만일 그 가운데 한 개를 제거해 버리면 두 개의 갈대는 서지 못하고, 그 가운데 두 개의 갈대를 제거해 버리면 나머지 한 개도 역시 서지 못한다.

3 사성제(四聖諦) 네 가지 성스러운 진리라는 뜻으로, 괴로움의 원인과 그것을 멸하는 길을 밝힌 것
이치를 깨닫지 못하는 어리석음 •   • 탐욕[貪], 분노[嗔], 어리석음[痴]를 말한다.

고성제(苦聖諦)	인간 삶의 갖가지 고통을 뜻하며, 대표적으로 생로병사가 있음
집성제(集聖諦)	고통의 원인을 뜻하며, 그 원인으로 무명(無明)과 애욕, 삼독(三毒)이 있음
멸성제(滅聖諦)	집착에서 벗어나 고통이 사라진 상태[해탈, 열반] • 일체의 번뇌가 소멸한 상태로, 번뇌의 속박에서 해탈한 경지
도성제(道聖諦)	열반에 도달하기 위한 방법으로, 삼학과 팔정도가 있음

4 삼법인(三法印)
• 세 가지 진실한 가르침인 제행무상, 제법무아, 일체개고를 뜻하며, 이러한 삼법인에 열반적정을 더하여 사법인이라고 부르기도 한다.

제행무상(諸行無常)	모든 것은 인연에 의해 생성된 일시적인 것으로, 끊임없이 변화한다는 뜻
제법무아(諸法無我)	모든 것은 영원하지 않고 고정불변의 실체가 없다는 뜻 → 인간도 오온이라는 구성 요소가 연기에 따라 결합하여 임시로 머무는 존재임
일체개고(一切皆苦)	일체의 모든 현상은 본질적으로 고통이라는 뜻
열반적정(涅槃寂靜)	열반에 이르면 모든 고통과 번뇌에서 벗어나 고요하고 청정한 마음이 된다는 뜻

B 부파 불교와 대승 불교

1 부파 불교
• 석가모니 사후 계율과 교리에 대한 해석을 둘러싸고 교파가 분열하는 시기에 형성된 불교로, 대승 불교에서는 개인을 중시한 부파 불교를 소승 불교라고 불렀다.

① 특징: 개인의 해탈 강조 → 개인의 내면에 몰입하여 사회와 분리된 엄격한 종교성 추구

② 이상적 인간상: 가장 높은 경지에 오른 수행자인 아라한을 지향함

2 대승 불교

① 특징: 개인의 해탈뿐만 아니라 중생의 구제를 실천하는 이타적 삶 강조

② 이상적 인간상: 위로는 깨달음을 얻고자 노력하고, 아래로는 중생을 구제하는 것을 추구하는 보살을 지향함

• 계는 계율을 지킴으로써 몸과 마음을 청정하게 하는 것이고, 정은 선정 수행을 실천하여 집중하는 것이고, 혜는 부처의 깨달음과 같은 지혜를 얻는 것이다.

기출 Tip A-3
삼학(三學)과 팔정도(八正道)
삼학은 불교 수행 공부의 세 가지 유형이고, 팔정도는 괴로움에서 벗어나기 위한 여덟 가지 수행 방법임

삼학	팔정도
계학(戒學)	정어(正語)
	정업(正業)
	정명(正命)
정학(定學)	정념(正念)
	정정(正定)
	성성신(正精進)
혜학(慧學)	정견(正見)
	정사(正思)

기출 Tip A-4
오온(五蘊)
인간을 구성하는 다섯 가지 요소로, 물질적 육체인 색(色), 의식이나 감정인 수(受), 마음속의 표상인 상(想), 현재의 작용인 행(行), 주체적 인식과 판단인 식(識)을 말함

③ 공(空) 사상: 모든 현상과 존재가 고정불변의 독자적인 실체를 지니지 않는다고 보는 사상

중관 사상	• 모든 존재가 실체가 없는 공(空)이라고 봄 → 모든 것은 연기에 의해 존재하므로 사물의 독자적인 실체나 속성인 자성(自性)은 존재하지 않음 • 모든 것이 있음과 없음의 양극단이 아닌 중도의 자리에 머문다고 봄 → 중도에 따라 양극단에 빠지지 않고 올바른 길을 찾아 실천할 때 깨달음을 얻을 수 있음
유식 사상	• 사물의 실체[自性]를 부정하면서도 감각·지각·사고하는 마음의 작용은 존재한다고 주장함 → 사물은 오직[唯] 마음[識]의 작용으로만 존재함 • 일체유심조(一切唯心造): 현상을 구성하는 모든 것은 우리의 마음이 만들어 낸 것 → 마음에 대한 깊은 논의와 마음을 닦는 수행에 관심을 가짐

└ 모든 것을 공으로 바라보는 중관 사상을 극단적인 허무론이라고 비판하면서 등장하였다.

└ 대표적인 수행법으로 요가가 있고, 요가 수행자를 유가사라고 불렀다.

C 교종과 선종

1 교종

① 교(敎)의 강조: 경전의 해석을 통해 진리를 깨닫고 계율을 실천하는 것을 강조 ──┐ 지나치게 이론적이고 엄격한 성격으로 인해 대중에게 널리 퍼지지 못하였다.

② 대표 종파

천태종	• 입장: 이론에 해당하는 교(敎)와 실천에 해당하는 관(觀)이 어우러져야 한다고 봄 • 대표 경전: 법화경
화엄종	• 입장: 모든 존재는 서로 원인이 되어 하나로 융합하고 있다고 봄 • 대표 경전: 화엄경
정토종	• 입장: 염불하기만 하면 누구나 극락정토에서 다시 태어날 수 있다고 봄 • 대표 경전: 아미타경

2 선종 ──┐ 가부좌를 하고 정신을 집중하여 깨우침을 얻는 수행법

① 선(禪)의 강조: 마음을 가다듬고 정신을 통일하여 깨달음의 경지에 도달하는 선 수행을 강조 → 자신의 불성을 깨달으면 누구나 부처가 된다고 봄

② 돈오돈수(頓悟頓修): 혜능이 주장한 것으로, 자신의 본성이 부처임을 단박에 깨치고 마음을 단박에 닦을 수 있다는 주장

③ 수행법: 좌선(참선)과 화두를 통한 수행을 강조함 ──┐ 스승이 질문하고 제자가 답하는 과정에서 깨달음을 얻는 수행법

기출 Tip C-2

선종의 특징
• 이심전심(以心傳心): 진리[法]는 마음에서 마음으로 전하는 것
• 불립문자(不立文字): 말이나 문자에 집착하지 않는 것
• 교외별전(敎外別傳): 경전과는 별도로 전하여 가르치는 것
• 직지인심(直指人心): 자신의 마음을 직접 바라보는 것
• 견성성불(見性成佛): 자신의 마음속의 불성을 깨달으면 누구나 부처가 될 수 있다는 것

개념 확인 문제

◎ 정답과 해설 17쪽

172 (   )은 불교의 가장 근본적인 사상으로, 모든 것은 직접적인 원인과 간접적인 조건이 결합하여 생긴다는 주장이다.

173 불교의 사성제와 그 설명을 옳게 연결하시오.

(1) 고성제 • 　　　　• ㉠ 집착에서 벗어나 고통이 사라진 상태

(2) 집성제 • 　　　　• ㉡ 고통의 원인을 뜻하며, 그 원인으로 삼독이 있음

(3) 멸성제 • 　　　　• ㉢ 열반에 도달하기 위한 방법으로, 팔정도와 삼학이 있음

(4) 도성제 • 　　　　• ㉣ 인간 삶의 갖가지 고통을 뜻하며, 대표적으로 생로병사가 있음

174 다음 괄호 안의 내용 중 알맞은 말에 ○표를 하시오.

(1) (유식, 중관) 사상은 사물의 실체를 부정하면서도 마음의 작용은 존재한다고 주장하였다.

(2) (대승, 부파) 불교는 개인의 내면에 몰입하여 사회와 분리된 엄격한 종교성을 추구하였다.

175 다음 설명이 맞으면 ○표, 틀리면 ×표를 하시오.

(1) 선종은 자신의 불성을 깨달으면 누구나 부처가 될 수 있다고 보았다. (   )

(2) 교종은 경전의 해석을 통해 진리를 깨닫고 계율을 실천할 것을 강조하였다. (   )

A 초기 불교

176-177 빈출자료

다음을 읽고 물음에 답하시오.

> • 이것이 있으므로 저것이 있고, 이것이 발생하므로 저것이 발생한다. 이것이 없으므로 저것이 없고, 이것이 사라지므로 저것이 사라진다.
> • 비유하면 세 개의 갈대를 아무것도 없는 땅 위에 세우려고 할 때 서로 의지해야 설 수 있는 것과 같다. 만일 그 가운데 한 개를 제거해 버리면 두 개의 갈대는 서지 못하고, 그 가운데 두 개의 갈대를 제거해 버리면 나머지 한 개도 역시 서지 못한다.

176 (하 중 상)

위 사상의 입장으로 적절한 것만을 〈보기〉에서 있는 대로 고른 것은?

〈 보기 〉
ㄱ. 인생 자체가 고통이라는 현실을 직시해야 한다.
ㄴ. 모든 현상은 원인과 조건의 상호 관계로 생겨난다.
ㄷ. 타인과 구별되는 불변하는 정체성을 확립해야 한다.
ㄹ. 쾌락과 고통의 양극단에 치우치지 않는 수행이 필요하다.

① ㄱ, ㄴ　　　② ㄱ, ㄷ　　　③ ㄷ, ㄹ
④ ㄱ, ㄴ, ㄹ　　⑤ ㄴ, ㄷ, ㄹ

177 (하 중 상)

위 사상의 입장에서 긍정의 대답을 할 질문으로 적절한 것만을 〈보기〉에서 있는 대로 고른 것은?

〈 보기 〉
ㄱ. 깨달음을 통해 불성을 형성해야 하는가?
ㄴ. 해탈을 통해 윤회의 고리를 끊어야 하는가?
ㄷ. 내가 소중하듯 남도 소중함을 깨닫고 자비를 실천해야 하는가?
ㄹ. 자신의 깨달음을 바탕으로 중생이 고통에서 벗어날 수 있도록 도와야 하는가?

① ㄱ, ㄴ　　　② ㄴ, ㄷ　　　③ ㄷ, ㄹ
④ ㄱ, ㄴ, ㄷ　　⑤ ㄴ, ㄷ, ㄹ

178 (하 중 상)

다음 사상에 대한 설명으로 옳지 않은 것은?

> 모든 현상은 무수한 원인[因]과 조건[緣]에 의해 서로 관련되어 생겨나며, 원인과 조건이 없으면 결과[果]도 없다. 이러한 이치를 깨닫지 못하고 현상에 집착하면 모든 것은 괴로움[苦]으로 나타난다.

① 독립적이고 고정적인 자아는 없다.
② 모든 것은 상호 의존적이고 변화무쌍하다.
③ 무명(無明)과 애욕(愛慾)이 고통의 원인이다.
④ 참된 깨달음을 얻으면 윤회(輪廻)를 거듭할 수 있다.
⑤ 인연생기[緣起]에 의한 모든 것은 일시적인 현상일 뿐이다.

179 (하 중 상)

(가) 사상의 관점에서 볼 때, (나)의 퍼즐 세로 낱말 (A)에 대한 설명으로 옳은 것은?

(가)	연기(緣起)를 보는 자는 진리(法)를 보고, 진리를 보는 자는 연기를 본다.
(나)	**[퍼즐: (A)와 (B) 칸 표시]** [가로 열쇠] (A): 인위적으로 하지 않고 저절로 그러함에 맡긴다는 노자의 핵심 사상임. ○○자연 (B): 인류가 이룩한 물질적, 기술적, 사회 구조적인 발전, 자연 그대로의 원시적 생활에 상대하여 발전되고 세련된 삶의 양태를 뜻함. (예시: 인류의 4대 □□) [세로 열쇠] (A): …… 개념

① 진리를 깨달아 집착을 끊고 해탈한 최고의 경지이다.
② 삼라만상은 다양한 원인과 조건으로 일어난다는 진리이다.
③ 인간을 고통스럽게 만드는 근원으로서 존재의 실상에 대한 무지이다.
④ 고통으로부터 완전히 해방되기 위하여 닦아야 할 올바른 수행 방법이다.
⑤ 진리에 대한 깨달음과 함께 자비를 바탕으로 중생의 구제를 추구하는 사람이다.

180 (하 중 상)

⊙~ⓒ에 대한 설명으로 옳은 것은?

> 팔정도(八正道)는 삼학과의 관계에서 파악할 수도 있다. 삼학은 불교의 모든 수행법을 셋으로 구분한 것인데, 이상을 구하는 마음의 구조를 삼분하여 ⊙ 계(戒), ⓒ 정(定), ⓒ 혜(慧)라고 한 것이다.

① ⊙은 계율을 지킴으로써 심신을 청정하게 하는 것이다.
② ⊙은 계율을 지키는 것으로, 팔정도 중 정견(正見)과 정사(正思)가 이에 해당한다.
③ ⓒ은 선정 수행을 실천하여 집중하는 것으로, 팔정도 중 정어(正語), 정업(正業), 정명(正命)이 이에 해당한다.
④ ⓒ은 마음을 하나의 대상에 집중하여 고요한 상태에 머무는 것이다.
⑤ ⊙~ⓒ은 모두 미혹(迷惑)을 얻기 위한 체계적인 수행 방법이다.

181 (하 중 상) ••서술형

석가모니가 주장한 사성제(四聖諦) 네 가지를 쓰고, 그 내용을 서술하시오.

182 (하 중 상)

⊙~ⓒ에 들어갈 내용으로 옳은 것만을 〈보기〉에서 있는 대로 고른 것은?

> 〈석가모니가 깨달은 네 가지 성스러운 진리〉
> 1) 고제: ⊙
> 2) 집제: ⓒ
> 3) 멸제: 괴로움이 사라진 상태, 즉 해탈을 의미한다.
> 4) 도제: ⓒ

〈 보기 〉
ㄱ. ⊙: 인간 삶이 고통이라는 것으로, 생로병사를 들 수 있다.
ㄴ. ⓒ: 집착과 무지 또는 애욕이 있다.
ㄷ. ⓒ: 중도의 수행과 삼학을 실천해야 한다.
ㄹ. ⓒ: 고통의 원인으로 그 원인에는 삼독이 있다.

① ㄱ, ㄴ   ② ㄱ, ㄹ   ③ ㄷ, ㄹ
④ ㄱ, ㄴ, ㄷ   ⑤ ㄴ, ㄷ, ㄹ

B 부파 불교와 대승 불교

183 (하 중 상) ••서술형

소승 불교와 대승 불교의 차이점을 비교하여 서술하시오.

184 (하 중 상)

밑줄 친 불교에 대한 설명으로 옳은 것만을 〈보기〉에서 있는 대로 고른 것은?

> 석가모니가 열반에 든 후, 그의 가르침은 한동안 제자들에 의해 구두로 전승되었다. 이후 경전 편찬을 통해 석가모니의 가르침을 정리하고 체계화하기 시작하였는데, 그 과정에서 계율과 교리에 대한 해설을 둘러싸고 교파의 분열이 나타났다. 이 시기의 불교가 <u>부파 불교(部派佛敎)</u>이다.

〈 보기 〉
ㄱ. 이상적인 인간상으로 아라한을 제시하였다.
ㄴ. 공(空) 사상을 기본으로 교리가 전개되었다.
ㄷ. 사회와 분리된 엄격한 종교성을 추구하였다.
ㄹ. 자신뿐만 아니라 타인의 깨달음도 중시하였다.

① ㄱ, ㄴ   ② ㄱ, ㄷ   ③ ㄷ, ㄹ
④ ㄱ, ㄴ, ㄹ   ⑤ ㄴ, ㄷ, ㄹ

185 (하 중 상)

다음 사상의 입장으로 적절하지 <u>않은</u> 것은?

> 대승(大乘)이란 무량(無量), 무변(無邊), 무애(無崖)하기 때문에 일체에 널리 두루 미침을 말한 것이니, 비유하자면 허공이 광대하여 모든 중생을 받아들이는 것과 같다. 육바라밀로서 일체지(一切智)에 회향(廻向)하며, 걸림이 없는 사제(四諦)로서 피안에 건너 이르니, 이것이 곧 대승이 된다.

① 나란 존재는 오온(五蘊)의 요소로 구성된 존재이다.
② 중생 구제를 위해 자기 해탈을 위한 수양은 불필요하다.
③ 고통을 벗어나기 위한 수행 방법으로 팔정도(八正道)가 있다.
④ 수행 공부에는 계(戒), 정(定), 혜(慧)의 세 가지 유형이 있다.
⑤ 인간은 무명(無明)의 상태에 있는 한 번뇌에서 벗어날 수 없다.

186 하(중)상

다음 사상에 대한 설명으로 옳은 것만을 〈보기〉에서 있는 대로 고른 것은?

> 모든 현상은 한 순간의 정지도 없고 무상(無常)하며 끝없이 생멸·변화하고 있으므로, 우리가 실체로 인식하는 '현상의 물(物)'도 사실은 자아로서 고정된 본체가 아니라 헛된 집착의 산물에 지나지 않는다. 이 무상한 실상을 인정하지 않고 헛된 것에 집착하는 데에서 인간의 모든 괴로움이 생기는 것이다.

〈 보기 〉
- ㄱ. 삼독(三毒)을 제거하여 자비를 베풀어야 한다고 본다.
- ㄴ. 자타불이(自他不二)를 깨닫고 지혜를 갖추어야 한다고 본다.
- ㄷ. 삶의 고통을 없애기 위해 무명(無明)을 추구해야 한다고 본다.
- ㄹ. 불성(佛性)의 형성을 위해 중도(中道)를 실천해야 한다고 본다.

① ㄱ, ㄴ　　② ㄱ, ㄷ　　③ ㄷ, ㄹ
④ ㄱ, ㄴ, ㄹ　　⑤ ㄴ, ㄷ, ㄹ

187 하(중)상

다음을 주장한 불교 사상가가 강조하는 삶의 태도로 가장 적절한 것은?

> 우리는 누구나 살면서 고통스러운 순간을 마주하게 됩니다. 자신이 좋아하는 것과 헤어지는 것도 고통이고 자신이 싫어하는 것과 만나는 것도 고통이며, 자기가 원하는 것을 다 얻지 못하는 것도 고통입니다. 우리 안에 타고 있는 애욕의 불길을 '혹'하고 불어서 꺼, 열반에 이르기 위해서는 모든 현상과 사물의 실상을 바로 보고 중도의 길을 걸어야 합니다.

① 윤회(輪廻)를 통해 참된 깨달음에 이르도록 노력한다.
② 불변의 자아를 깨달아 고통에서 벗어날 수 있도록 한다.
③ 유에 집착하는 관점과 무에 집착하는 관점에서 벗어난다.
④ 멸성제(滅聖諦)에서 벗어나기 위해 보시를 실천해야 한다.
⑤ 인생의 번뇌에서 벗어나기 위해 무명(無明)에 이르러야 한다.

다음을 읽고 물음에 답하시오.

> (가) 이 사상은 공 사상을 확립한 용수에 의해 구체화되었다. 용수는 『중론』에서 모든 존재와 현상이 연기에 의해 일시적으로 생겨나므로 고정불변의 실체는 없다는 공(空)을 강조하였다.
>
> (나) 이 사상은 공 사상이 지나치게 공허한 사상으로 치우쳐 간다는 비판을 바탕으로 등장하였다. 무착과 세친은 사물의 실체를 부정하면서도, 지각하며 사고하는 마음의 작용인 (　㉠　)은/는 존재하므로 마음의 작용을 떠나서는 어떠한 실재도 없다고 보았다.

188 하(중)상

㉠에 들어갈 용어로 옳은 것은?

① 상(想)　② 색(色)　③ 식(識)　④ 아(我)　⑤ 정(情)

189 하(중)상

(가), (나) 사상에 대한 설명으로 옳은 것을 〈보기〉에서 고른 것은?

〈 보기 〉
- ㄱ. (가)는 불교의 유식 사상이다.
- ㄴ. (나)는 마음을 닦는 수행에 큰 관심을 두었다.
- ㄷ. (가), (나)는 모두 윤회를 추구하며 사성제의 진리를 깨우칠 것을 강조하였다.
- ㄹ. (가), (나)는 수행자 자신의 깨달음뿐만 아니라 타인의 깨달음도 중시하여 중생 구제를 강조하였다.

① ㄱ, ㄴ　② ㄱ, ㄷ　③ ㄴ, ㄷ　④ ㄴ, ㄹ　⑤ ㄷ, ㄹ

190 하(중)상

불교 사상 (가), (나)에 대한 설명으로 옳지 않은 것은?

> (가) 현상 세계는 마음이 만들어 낸 허상에 불과하지만, 그것을 만들어 낸 마음은 존재합니다. 우리는 수행을 통해 자아에 대한 집착에서 벗어나 청정한 마음을 얻어야 합니다.
>
> (나) 모든 것은 독자적인 실체가 아니고, 임시로 붙여진 이름에 불과합니다. 그러므로 우리는 사물이 실체로서 존재한다는 무지로부터 벗어나 집착에서 생겨나는 온갖 고통과 번뇌를 없애야 합니다.

① (가)는 마음을 비우는 수행 방법으로 요가를 강조하였다.
② (나)는 중도의 관점에서 모든 것이 실체가 아니라고 보았다.
③ (가)는 (나)를 극단적 허무론이라고 비판하였다.
④ (가), (나)의 수행자를 통틀어 유가사(瑜伽師)라고 불렀다.
⑤ (가), (나)는 공(空) 사상에 근본을 찾을 수 있다.

191

다음 불교 종파의 깨달음 방법으로 옳지 **않은** 것은?

> 달마에 의해 전래되었고 혜능에 의해 정립된 종파로, 불성이 모든 사람의 마음속에 있다고 보고 스스로의 수행을 통해 주체적인 자아의 완성과 해탈을 중시한다.

① 견성성불(見性成佛)　　② 교외별전(敎外別傳)
③ 물아일체(物我一體)　　④ 불립문자(不立文字)
⑤ 직지인심(直指人心)

빈출
192

다음을 주장한 중국 불교 사상가가 부정의 대답을 할 질문으로 가장 적절한 것은?

> 진리는 문자와 무관한 것이네. 진리는 마치 하늘에 떠 있는 달과 같고, 문자는 달을 가리키는 손가락일 뿐이네. 손가락이 달을 가리킬 뿐이지 달 자체는 아니라네. 달을 보기 위해 반드시 손가락을 거칠 필요는 없지 않겠는가?

① 진리(法)는 마음에서 마음으로 전하는 것인가?
② 경전에 의존하지 않고 해탈을 실현할 수 있는가?
③ 수행이 미흡한 사람에게는 본래 부처의 성품이 없는가?
④ 우리가 본래 완성된 부처임을 스스로 직관해야 하는가?
⑤ 선(禪) 수행을 통하여 깨달음의 가능성을 실현할 수 있는가?

193

불교 사상 (가)의 입장에서 볼 때, (나)의 ㉠에 들어갈 답변으로 가장 적절한 것은?

(가)	불립문자(不立文字), 직지인심(直指人心), 교외별전(敎外別傳) 등을 종지로 하는 교단이며, 깨달음의 주체인 불성이 모든 사람의 마음속에 있다고 보고 스스로의 수행을 통한 해탈을 강조한다.
(나)	제자: 어떻게 수행해야 진정한 깨달음을 얻을 수 있습니까? 스승: ㉠

① 경전 공부에만 집중하며 계율을 잘 지켜야 합니다.
② 문자(文字)에 의지해 부처의 가르침을 터득해야 합니다.
③ 모든 문자 자체를 부정하고 돈오(頓悟)에 힘써야 합니다.
④ 윤회를 궁극적 목적으로 삼아 선한 행위를 쌓아야 합니다.
⑤ 자신의 내면에 있는 본래의 참된 성품을 직관(直觀)해야 합니다.

194

다음 불교 사상의 입장에만 모두 '✔'를 표시한 학생은?

> 반야의 지혜는 크고 작음이 없으나 모든 중생이 스스로 미혹한 마음 때문에 밖으로 닦아 부처를 찾으므로 자기의 성품을 깨닫지 못한다. 그러나 어떤 사람이라도 단박에 깨닫는 가르침을 듣고 밖으로 닦는 것을 믿지 아니하고, 오직 자기의 마음에서 자기의 자성으로 하여금 항상 바른 견해를 일으키면, 모두 다 단박에 깨닫게 된다.

입장＼학생	갑	을	병	정	무
직관적 체험인 선(禪)의 수행이 중요하다.	✔		✔	✔	✔
우리가 본래 완성된 부처라는 것을 직관해야 한다.	✔	✔		✔	
참선보다 불교 교리에 대한 깊은 이해를 바탕으로 수행을 해야 한다.					✔
문자에 구애받지 않고 마음에서 마음으로 법을 전하고 깨달아야 한다.		✔	✔	✔	✔

① 갑　　② 을　　③ 병　　④ 정　　⑤ 무

195

갑의 입장에 비해 을의 입장이 갖는 상대적 특징을 그림의 ㉠~㉤ 중에서 고른 것은?

> 갑: 경전에서 말하는 진리 외에 다시 무슨 진리가 있는가? 경전에서 훌륭한 보살이 보여 준 점진적인 수행 외에 다시 무슨 가르침이 있는가? 만약 당신이 주장하는 대로 경전 속 가르침이 무의미하다면 누가 보살의 길을 따라 수행하여 부처가 되려 하겠으며, 보살의 점진적 수행을 통해 무엇을 얻을 수 있단 말인가?
>
> 을: 훌륭한 스승의 가르침 속 핵심은 자기 마음의 참된 본성을 정확히 지적하여 보여 주는 것이다. 그렇게 때문에 경전의 가르침 외에도 참된 본성의 직관에 대한 훌륭한 스승의 가르침이 별도로 전해 내려온다고 보아야 한다. 당신이 많은 경전을 아무리 오래 읽는다고 하더라도 그것은 참된 본성의 직관에 대한 가르침을 이해하고 깨닫는 데 아무런 도움이 되지 못한다.

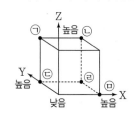

X: 교리보다 마음으로 전하는 가르침을 강조하는 정도
Y: 깨달음을 위한 수행법으로 돈오를 강조하는 정도
Z: 화두를 통해 마음의 실상을 깨닫는 것을 강조하는 정도

① ㉠　　② ㉡　　③ ㉢　　④ ㉣　　⑤ ㉤

한국 불교와 화합의 윤리

A 원효의 화쟁 사상

1 일심(一心) 사상

① 일심: 더럽다거나 깨끗하다는 상대적인 구분을 벗어난 절대적인 '어떤 것'으로서의 마음 → 중생의 마음에 청정한 본래의 마음인 진여(眞如)와 선악이 뒤섞여 있는 현실의 마음인 생멸(生滅)의 두 측면이 있지만, 이는 서로 별개의 것이 아님

② 일심에 근거하여 모든 종파, 이론은 다르면서도 같고 같으면서도 다르므로 서로 다툴 필요가 없다고 봄 →• 서로 다른 이론은 하나인 마음의 진리를 다른 시각에서 본 것이라고 보았기 때문이다.

2 화쟁(和諍) 사상

① 의미: 서로 다른 주장과 견해들이 조화를 이루게 하여 다툼과 대립에서 벗어나 화해·화합하도록 이끄는 것 → 화쟁은 궁극적으로 일심으로 돌아가기 위함이며, 일심으로 돌아가는 것은 화쟁의 완성임

② 원융회통(圓融會通): 여러 종파와 사상을 분리하여 고집하지 말고, 보다 높은 차원에서 하나로 통합해야 함

B 의천과 지눌의 선교 통합

1 의천의 사상
└• 고려 초에 선종과 교종의 대립이 극심해지면서 국가적인 문제로까지 부각되었고, 이에 선교 통합의 필요성이 대두하였다.

입장	교종인 천태종을 중심으로 선종을 통합하고자 함
수행 방법	• 교관겸수(敎觀兼修): 경전의 가르침인 교와 마음을 바라보는 관을 함께 닦는 것 • 내외겸전(內外兼全): 선종에서 강조하는 마음 수양[內]과 교종에서 강조하는 교리 공부[外]를 함께 행하는 것

2 의천의 사상 빈출자료 Link • 205-206번 문제

(선교 통합에 대한 의천의 입장)

교를 배우는 자는 대다수 내적인 것을 버리고 외적인 것을 구하며, 선을 익히는 자는 외적 경계를 잊고 내적인 것을 밝히기를 좋아한다. 그렇지만 이는 한쪽에 치우친 태도로, 양자의 내립은 마치 토끼뿔이 신가 짧은가, 신기루로 나타난 꽃의 빛깔이 진한가 열은가를 놓고서 싸우는 것과 같다.

3 지눌의 사상 ┌• 불교계의 정화 운동을 주도하였다.

입장	선종인 조계종을 중심으로 교종을 통합하고자 함 ┐• 지눌은 종파와 관계없이 모두가 성불의 길로 회통한다는 통불교(通佛敎)의 전통을 계승하였다.
수행 방법	• 돈오점수(頓悟漸修): 먼저 단박에 깨친[頓悟] 후에 점진적인 닦음의 과정을 따르는 것[漸修] • 정혜쌍수(定慧雙修): 마음을 고요한 경지에 이르게 하는 선정과 사물의 실상을 파악하는 지혜를 함께 닦는 것

개념 확인 문제

○ 정답과 해설 19쪽

196 다음 빈칸에 들어갈 내용을 쓰시오.

(1) 원효는 더럽다거나 깨끗하다는 상대적인 구분을 벗어난 절대적인 '어떤 것'으로서의 마음을 (   )이라고 하였다.

(2) 원효는 (   )을 통해 서로 다른 주장과 견해들이 조화를 이루게 하여 다툼과 대립에서 벗어나 화합하도록 이끌었다.

197 다음 설명이 맞으면 ○표, 틀리면 ×표를 하시오.

(1) 지눌은 먼저 단박에 깨친 후에 단박에 닦아야 한다고 강조하였다.   (   )

(2) 의천은 경전의 가르침인 교와 마음을 바라보는 관을 함께 닦아야 한다고 보았다.   (   )

난이도별 필수 기출

상 1문항
중 12문항
하 1문항

A 원효의 화쟁 사상

198 (하 중 상)

다음을 주장한 한국 불교 사상가의 입장으로 가장 적절한 것은?

> 불도(佛道)는 넓고 탕탕하여 걸림이 없고 범주가 없다. 이 때문에 일체의 다른 교의가 모두 다 불교의 뜻이요, 백가의 설이 옳지 않음이 없으며, 팔만의 법문이 모두 이치에 들어간다.

① 세속에서 벗어나 참된 진리를 추구해야 한다.
② 사회적 신분에 따라 수행의 방법이 달라져야 한다.
③ 탐욕과 집착을 버리고 윤회(輪廻)를 추구해야 한다.
④ 원융회통을 위해 각 종파의 특수성을 제거해야 한다.
⑤ 다양한 종파들의 입장을 높은 차원에서 종합해야 한다.

199 (하 중 상)

다음을 주장한 사상가의 입장으로 적절한 것만을 〈보기〉에서 있는 대로 고른 것은?

> 모든 경계가 무한하지만 다 일심(一心) 안에 들어가는 것이다. 부처님의 지혜는 모양을 떠나 마음의 원천으로 돌아가고, 지혜와 일심은 완전히 같아서 둘이 없는 것이다.

〈 보기 〉
ㄱ. 일심은 모든 존재의 원천이자 근간이다.
ㄴ. 일심으로 돌아가면 만물을 사랑할 수 있다.
ㄷ. 일심은 부처의 마음이면서 중생의 마음이다.
ㄹ. 일심에서 벗어날 때 모든 생명을 이롭게 할 수 있다.

① ㄱ, ㄴ   ② ㄱ, ㄹ   ③ ㄷ, ㄹ
④ ㄱ, ㄴ, ㄷ   ⑤ ㄴ, ㄷ, ㄹ

200 (하 중 상)

다음을 주장한 한국 불교 사상가에 대한 설명으로 옳은 것만을 〈보기〉에서 있는 대로 고른 것은?

> 어젯밤 잠자리는 흙구덩이라 생각하여 또한 편안하였는데 [眞如門].
> 오늘밤 잠자리는 무덤 속에 의탁하니 매우 뒤숭숭하구나[生滅門].
> 알겠도다! 마음이 생겨나므로 갖가지 현상이 생겨나고, 마음이 사라지므로 흙구덩이와 무덤이 둘이 아님을.
> 또 삼계는 오직 마음뿐이요 만법은 오직 인식일 뿐이니, 마음 밖에 현상이 없는데 어디서 따로 구하겠는가[一心]?
> 나는 당나라에 가지 않겠다!

〈 보기 〉
ㄱ. 원융회통의 논리를 제시하였다.
ㄴ. 모든 것은 마음에 달려 있다고 보았다.
ㄷ. 신라 불교를 귀족화하는 데 크게 기여하였다.
ㄹ. 정해진 틀이나 형식에서 벗어나 수행하는 무애행을 강조하였다.

① ㄱ, ㄷ   ② ㄱ, ㄹ   ③ ㄴ, ㄹ
④ ㄱ, ㄴ, ㄹ   ⑤ ㄴ, ㄷ, ㄹ

201 (하 중 상)

다음을 주장한 한국 불교 사상가의 입장으로 적절한 것만을 〈보기〉에서 있는 대로 고른 것은?

> 일체법은 생함도 없고 멸함도 없으며 본래 적정하여 오직 일심(一心)일 뿐인데, 이러한 것을 심진여문(心眞如門)이라고 이름한다. 또한 일심의 체(體)가 본각(本覺)이지만 무명에 따라서 움직여 생명을 일으키기 때문에, 이 생멸문(生滅門)에서는 여래의 본성이 숨어 있어 나타나지 않는다.

〈 보기 〉
ㄱ. 깨달음을 얻기 위해 정(定)과 혜(慧)를 닦아야 한다.
ㄴ. 번뇌를 소멸하기 위해 무명의 상태를 유지해야 한다.
ㄷ. 자비로운 마음으로 무애행(無碍行)을 실천해야 한다.
ㄹ. 각 종파의 특수성을 없애고 높은 차원에서 통합해야 한다.

① ㄱ, ㄷ   ② ㄴ, ㄹ   ③ ㄷ, ㄹ
④ ㄱ, ㄴ, ㄹ   ⑤ ㄱ, ㄷ, ㄹ

202 하중상

다음을 주장한 한국 사상가에 대한 설명으로 옳은 것만을 〈보기〉에서
있는 대로 고른 것은?

> 생겨남[생(生)]과 사라짐[멸(滅)]은 둘이 아니고, 움직임[동
> (動)]과 고요함[적(寂)]은 다름이 없다. 이와 같은 말을 일러
> 일심(一心)의 법이라 한다. 비록 그 실상은 둘이 아니지만 하
> 나를 고수하지는 않고 전체로 연(緣)을 따라 생동(生動)하고,
> 전체가 연을 따라 적멸(寂滅, 사라져 없어짐)한다. 이러한 도
> 리로 말미암아 생이 곧 적멸이요, 적멸이 곧 생이어서 막힘
> 이 없고 걸림이 없으며 하나가 아니면서 다름이 아니다.

〈 보기 〉
ㄱ. 무애행을 바탕으로 불교의 대중화에 기여하였다.
ㄴ. 종파 간 갈등은 보다 더 높은 차원에서 조화될 수 있다고
　　보았다.
ㄷ. 부처님의 마음을 근거로 하여 교종보다 선종의 우월성을
　　주장하였다.
ㄹ. 서로 다른 이론에 집착하지 말고 여러 종파에 대한 폭 넓은
　　이해를 주장하였다.

① ㄱ, ㄴ　　　② ㄴ, ㄷ　　　③ ㄷ, ㄹ
④ ㄱ, ㄴ, ㄹ　　⑤ ㄱ, ㄷ, ㄹ

203 하중상

(가)를 주장한 사상가의 입장을 (나) 그림으로 표현할 때, A, B에 들
어갈 질문으로 적절한 것만을 〈보기〉에서 있는 대로 고른 것은?

(가)	한마음[一心]이 일어나면 갖가지 법(法)이 일어나고 한마음이 사라지면 모든 법이 사라진다. 마음 밖에 법이 없거늘 어찌 따로 구할 것이 있으랴?
(나)	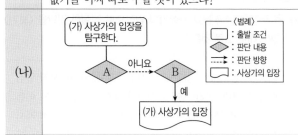

〈 보기 〉
ㄱ. A: 일심에 근거하여 열반의 경지를 추구하는가?
ㄴ. A: 일심의 원리로 교리 해석의 획일성을 추구해야 하는가?
ㄷ. B: 부처의 마음과 중생의 마음이 근원적으로 같음을 알
　　아야 하는가?
ㄹ. B: 각 종파의 특수성이 제거될 때 원융회통(圓融會通)이
　　가능한가?

① ㄱ, ㄷ　　　② ㄴ, ㄷ　　　③ ㄴ, ㄹ
④ ㄱ, ㄴ, ㄷ　　⑤ ㄴ, ㄷ, ㄹ

B 의천과 지눌의 선교 통합

204 하중상

다음을 주장한 한국 사상가에 대한 설명으로 옳은 것은?

> 나의 스승은 "관(觀)도 배우지 않으면 안 되고, 경(經)도 전수
> 하지 않으면 안 된다."라고 말씀하셨다. 내가 교관에 지극히
> 마음을 다하는 것은 이 말씀을 가슴속에 간직하고 있기 때문
> 이니, 화엄을 전수하더라도 관문을 반드시 배워야 한다.

① 단박에 깨닫고 단박에 닦을 것을 강조한다.
② 경전 공부를 중심으로 교선의 조화를 추구한다.
③ 속세를 벗어나 오로지 개인의 해탈만을 추구한다.
④ 양명학을 중심으로 한 독자적인 학문 체계를 추구한다.
⑤ 내적인 교(敎)와 외적인 선(禪)을 함께 닦을 것을 강조한다.

205-206 빈출자료

다음은 한국 불교 사상가의 주장이다. 이를 읽고 물음에 답하시오.

> 세상에는 완전한 재능을 갖춘 이가 드물고 교(敎)와 선(禪)의
> 아름다움을 모두 갖추기 어렵기 때문에 교를 배우는 자는 대
> 다수 내적인 것을 버리고 외적인 것을 구하며, 선을 익히는
> 자는 외적 경계를 잊고 내적인 것을 밝히기를 좋아한다. 그
> 렇지만 이는 한쪽에 치우친 태도로, 양자의 대립은 마치 토
> 끼뿔이 긴가 짧은가, 신기루로 나타난 꽃의 빛깔이 진한가
> 옅은가를 놓고서 싸우는 것과 같다.

205 하중상

위의 사상가의 주장으로 옳은 것을 〈보기〉에서 고른 것은?

〈 보기 〉
ㄱ. 원융회통(圓融會通)　　　ㄴ. 정혜쌍수(定慧雙修)
ㄷ. 내외겸전(內外兼全)　　　ㄹ. 교관겸수(敎觀兼修)

① ㄱ, ㄴ　② ㄱ, ㄷ　③ ㄱ, ㄹ　④ ㄴ, ㄹ　⑤ ㄷ, ㄹ

206 하중상

위의 사상가에 대한 설명으로 옳은 것을 〈보기〉에서 고른 것은?

〈 보기 〉
ㄱ. 교종의 입장에서 선종과의 조화를 추구하였다.
ㄴ. 경전 읽기와 참선을 함께 수행해야 한다고 보았다.
ㄷ. 간화선(看話禪)의 수행법으로 깨달음을 추구하였다.
ㄹ. 조계종을 중심으로 불교계의 정화 운동을 주도하였다.

① ㄱ, ㄴ　② ㄱ, ㄷ　③ ㄴ, ㄷ　④ ㄴ, ㄹ　⑤ ㄷ, ㄹ

207 하 중 상

다음을 주장한 한국 불교 사상가의 입장으로 가장 적절한 것은?

> 교(教)를 배우는 사람은 대개 안을 버리고 밖에서 구하는 경향이 강하고, 반면에 선(禪)을 익히는 사람은 밖의 대상을 잊고 안으로만 파고들기를 좋아한다. 그러나 이 둘은 모두 어느 한쪽으로 치우친 집착으로 두 극단에 막혀 있다.

① 속세로부터 떠나 참선에만 몰두해야 한다.
② 경전 공부와 함께 참선을 하는 데 힘써야 한다.
③ 화두를 들고 수행하는 참선 방법을 따라야 한다.
④ 경전에 나타난 교리 공부에만 집중할 것을 강조한다.
⑤ 화쟁(和諍)을 위해 종파의 특수성을 모두 부정해야 한다.

208 하 중 상

다음을 주장한 사상가가 부정의 대답을 할 질문으로 가장 적절한 것은?

> 본성이 부처와 다름이 없음을 깨닫기는 했지만, 끝없이 익혀 온 버릇[습기(習氣)]은 갑자기 없애기 어렵다. 하여 깨달음에 의지해 닦고 차츰 익혀서 공이 이루어지고 성인의 모태 기르기를 오래하면 성(聖)이 이루어지게 되니, 이를 '점수(漸修)'라고 한다.

① 돈오한 이후에 점수가 필요한가?
② 통불교(通佛教)의 전통을 계승하고 있는가?
③ 자신의 본성을 직관하면 곧바로 부처가 되는가?
④ 선종과 교종의 진리는 서로 다르지 않은 것인가?
⑤ 이상적 삶을 위해 선정과 지혜를 함께 닦아야 하는가?

209 하 중 상

다음을 주장한 사상가의 입장으로 적절한 것만을 〈보기〉에서 있는 대로 고른 것은?

> 부처가 입으로 설한 것이 교(教)가 되고, 조사가 마음으로 전한 것이 선(禪)이 되었으니 부처와 조사[佛祖]의 마음과 입이 반드시 둘이 아니다.

〈 보기 〉
ㄱ. 선정과 지혜를 함께 닦아야 한다.
ㄴ. 경전과 교리 공부만으로 부처가 될 수 있다.
ㄷ. 돈오 이후에도 점수를 지속적으로 해야 한다.
ㄹ. 깨닫는 즉시 무명(無明)의 습기(習氣)는 자연스럽게 사라진다.

① ㄱ, ㄴ ② ㄱ, ㄷ ③ ㄱ, ㄴ, ㄷ
④ ㄱ, ㄴ, ㄹ ⑤ ㄴ, ㄷ, ㄹ

210 하 중 상

다음을 주장한 한국 사상가의 입장으로 적절한 것만을 〈보기〉에서 있는 대로 고른 것은?

> 어린아이의 눈, 귀, 코, 혀, 몸 등이 어른과 다름없음을 알 때 돈오(頓悟)요, 이것이 점차 공훈을 들여 성장하는 것이 점수(漸修)이다. 연못의 얼음이 전부 물인 줄 알지만, 그것이 해를 받아 녹는 것처럼, 범부가 곧 부처임을 깨달았으나 법력으로 부처의 길을 닦는 것과 같은 것이다.

〈 보기 〉
ㄱ. 선(禪)은 부처의 마음이요, 교(教)는 부처의 말씀이다.
ㄴ. 공(空)이 독자적인 본성을 가지는 실체임을 알아야 한다.
ㄷ. 선정(禪定)과 지혜는 선수(先後)가 없는 것으로서 함께 닦아야 한다.
ㄹ. 자신의 본성을 깨닫기만 하면 오랫동안 누적된 그릇된 습기(習氣)라도 바로 제거된다.

① ㄱ, ㄴ ② ㄱ, ㄷ ③ ㄷ, ㄹ
④ ㄱ, ㄴ, ㄹ ⑤ ㄴ, ㄷ, ㄹ

빈출 211 하 중 상

그림은 한국 불교 사상가 갑, 을의 가상 대화이다. 갑, 을의 입장으로 적절한 것을 〈보기〉에서 고른 것은?

나의 본래 성품이 곧 부처의 성품임을 문득 깨닫고 나서도, 지속적으로 수행하여 궁극적인 깨달음에 이르러야 합니다.

교(教)를 공부하는 사람은 외적으로 구하고자 하며, 선(禪)을 익힌 사람은 내적으로만 깨치고자 하는 경향이 있으니 모두 양 극단에 치우친 것입니다.

갑 을

〈 보기 〉
ㄱ. 갑은 깨침과 닦음이 일시에 완성된다고 보았다.
ㄴ. 갑은 돈오하더라도 점수를 하여야 온전한 부처의 경지에 이를 수 있다고 보았다.
ㄷ. 을은 간화선을 참선의 수행 방법으로 제시하였다.
ㄹ. 을은 경전 읽기와 참선 수행을 함께 해야 한다고 강조하였다.

① ㄱ, ㄷ ② ㄱ, ㄹ ③ ㄴ, ㄷ
④ ㄴ, ㄹ ⑤ ㄷ, ㄹ

도가와 무위자연의 윤리

A 노자의 사상

1 도(道)의 의미와 특징

① 의미: 천지 만물을 낳는 근원이자 자연을 생성·운행하는 원리

② 특징

- 인간의 경험과 상식으로는 파악할 수 없음 → 인간의 감각을 초월하여 존재하기 때문에 언어로 규정할 수 없음
- 도의 관점에서 만물은 상대적 가치만을 지님
- 인간은 도의 원리에 따라 어린아이처럼 순수하고 소박한 자연의 덕을 지니고 태어남

2 무위(無爲)의 강조

① 사회 혼란의 원인: 그릇된 가치관이나 유교에서 제시한 인위적인 덕목과 사회 제도 등

② 사회 혼란의 해결 방법

무위자연 (無爲自然)	인위를 행하지 않고 자연에 따르는 것으로, 노자는 도에 따라 대자연의 흐름을 거스르지 않는 삶을 살아야 한다고 봄 → 도에 따라 살기 위해 마음을 비우고 고요하게 해야 함
상선약수 (上善若水)	최고의 선은 물과 같다는 뜻으로, 물은 항상 아래로 흐르며 만물을 이롭게 하고 싸우지 않는 겸허(謙虛)와 부쟁(不爭)의 덕을 지녔다고 봄 → 인간도 물과 같은 덕을 지녀야 함

③ 정치관: 통치자의 인위적인 간섭과 조작이 없으면 백성들 스스로 자신의 소박한 본성대로 살아 갈 것이라는 무위의 정치를 주장함 → 백성들을 무지(無知)·무욕(無欲)하게 해야 한다고 봄

④ 이상 사회: 작은 나라와 적은 백성을 가진 사회로, 백성들이 문명의 발달을 추구하지 않으며 소 박하고 자족적인 삶을 살아가는 소국 과민(小國寡民) 사회를 지향함

3 무위(無爲)의 강조 빈출자료 Link • 218-220번 문제

┌─ (사회 혼란의 원인에 대한 노자의 입장)

대도(大道)가 사라지면 인(仁)과 의(義)와 같은 것이 나서고, 지략이니 지모니 하는 것이 설치면 엄청난 위 선이 만연한다. 가족 관계가 조화롭지 못하면 효나 자애와 같은 것이 나서고, 나라가 어지러워지면 충신이 생겨난다. ─ 「도덕경」

기출 Tip **A**-1
노자가 말하는 도(道)
노자는 도가 만물의 근원이며, 만 물이 도에서 생겨나고 도에 따라 움직인다고 보았다. 이러한 도는 억지로 조작하거나 왜곡하지 않 기 때문에 무위(無爲)임

B 장자의 사상
└─• 장자는 노자의 사상을 계승하여 도가 사상을 심화하였다.

1 이상적 경지

제물(齊物)	시비(是非), 귀천(貴賤), 미추(美醜), 생사(生死) 등의 분별을 초월하여 도(道)의 관점에서 자연 만물이 절대적으로 평등하다고 보는 경지 → 각자가 타고난 자연스러운 본성대로 살 때 행복 할 수 있다고 봄
소요(逍遙)	도를 깨달아 인위적 기준과 외적 제약에서 벗어난 정신적 자유의 경지

└─→ 자유롭게 거닐며 노닌다는 뜻이다.

2 이상적 경지 빈출자료 Link • 225-226번 문제

┌─ (만물의 상대성에 대한 장자의 입장)

모장과 여희는 사람들이 미인이라고 하지만 그들을 보면 물고기는 깊이 숨고, 새들은 높이 날아가 버리고, 순록과 사슴은 급히 도망가 버리니 이 넷 중에 누가 천하의 아름다움을 아는가? 보건대 어짊과 의로움의 기준이나 옳고 그른 방향이 어지러이 뒤섞여 있다. 내 어찌 그 분별을 알 수 있겠는가?

3 수양법

① 좌망(坐忘): 조용히 앉아 자신을 구속하는 일체의 욕망과 차별적인 지식을 버리는 것

② 심재(心齋): 잡념을 없애고 마음을 깨끗하게 비우는 것

4 이상적 인간상

① 지인(至人): 수양을 통해 일체의 대립과 구별에서 벗어나 자연 만물과 하나가 되는 경지[물아일체(物我一體)]에 이른 사람

② 진인(眞人), 천인(天人), 성인(聖人), 신인(神人) 등으로도 불림
└→ 이상적 인간상에 대한 다른 표현이다.

ⓒ 도교의 성립과 전개

1 도가와 도교 •→ 도가와 도교는 공통적으로 도(道)와 자연의 질서에 따르는 삶을 추구한다.

도가	• 철학적 입장에서 세속적 가치를 초월한 삶의 자세를 강조함 • 세속을 초월한 정신적 자유를 추구함
도교	• 교단과 교리 체계를 갖추고 길(吉)과 복(福)을 추구하는 신비주의적 종교로 발전함 • 불로장생과 신선(神仙)을 추구함

2 도교의 전개 과정

사상	전개와 특징
황로학파	• 전개: 한나라 초기 전설상의 제왕인 황제와 노자를 숭상하며, 도가를 바탕으로 제자백가의 여러 사상과 신선술 등이 융합하여 형성됨 • 특징: 통치 방법으로 무위를 강조하고, 백성과 더불어 평안한 삶을 추구함
태평도	• 전개: 한나라 말기 황로학파와 민간 신앙이 결합하여 성립함 • 특징: 인간의 질병과 고통을 악행의 결과로 보아, 죄를 고백하고 참회하게 함
오두미교	• 전개: 한나라 말기 노자를 신격화하여 교조로 받들고, 도덕경을 경전으로 삼으며 형성됨 → 민간 신앙, 신선 사상 등이 결합됨 • 특징: 도덕적 선행을 권장하며, 과거의 죄를 고백하고 용서받는 삼관수서를 행함
현학	• 전개: 위진 시대에 노장사상을 철학적으로 계승함 • 특징: 현실에 등을 돌리고 청담(淸談)을 즐기며, 정신적 자유를 추구함

└→ 황건적의 난을 일으킨 후 교단이 몰락하였다.

└→ 어떤 종교나 종파를 처음 세운 사람

└→ 하늘과 땅, 물을 관장하는 신에게 사죄해 병을 치유해 달라고 기원하는 의식

└→ 대표적 사상가로 죽림칠현이 있다.　•→ 세속적 가치를 초월한 예술적·형이상학적 담론

현세의 복을 기원하는 •→ 삼신(성황, 칠성, 조왕) 숭배, 풍수지리 사상 등에 영향을 주었다.

기출 Tip ⓒ-2
한국 도교의 전개
• 삼국 시대: 고구려에서 도교가 공식으로 수용됨
• 고려 시대: 국가 차원에서 도가 사상을 중심으로 유불도를 조화시키려는 노력이 나타남
• 조선 시대: 양생법을 수용하여 의학 발전에 기여하였고, 권선징악을 지향하는 권선서가 널리 퍼짐

개념 확민 문제

◇ 정답과 해설 21쪽

212 다음 설명에 해당하는 용어를 〈보기〉에서 골라 기호를 쓰시오.

〈 보기 〉
ㄱ. 도　　　　　ㄴ. 무위자연　　　　　ㄷ. 상선약수

(1) 최고의 선은 물과 같다는 뜻　　　　　　　　　　　(　)

(2) 인위를 행하지 않고 자연에 따르는 것　　　　　　(　)

(3) 노자 사상의 핵심 개념으로, 천지 만물을 낳는 근원이자 자연을 생성·운행하는 원리　　　　　　　　　　　　　　(　)

213 노자는 작은 나라와 적은 백성을 가진 사회로, 백성들이 문명의 발달을 추구하지 않으며 소박하고 자족적인 삶을 살아가는 이상 사회인 (　　　　)을 제시하였다.

214 다음 설명이 맞으면 ○표, 틀리면 ×표를 하시오.

(1) 장자는 물아일체의 경지에 오르기 위한 수양법으로 좌망과 심재를 제시하였다.　　　　　　　　　　　　　　　　　　(　)

(2) 장자는 도의 관점에서 시비, 귀천 등을 분별하여 만물에 차등을 두어야 한다고 보았다.　　　　　　　　　　　　　　　(　)

215 다음 괄호 안의 내용 중 알맞은 말에 ○표를 하시오.

(1) (현학, 오두미교)은/는 세속적 가치를 초월한 예술적·형이상학적 담론인 청담을 중시하였다.

(2) (태평도, 황로학파)는 황제와 노자를 숭상하였고, 여러 사상과 신선술 등이 융합하여 한나라 초기에 형성되었다.

A 노자의 사상

216 하 중 상

다음을 주장한 고대 중국 사상가의 입장으로 가장 적절한 것은?

> 도(道)란 언제나 이름도 없고 자연 그대로 순박하며, 비록 작게 보이지만 천하에 그것을 지배할 수 있는 것은 없다. 만약 통치자가 도를 잘 지킨다면 만물이 스스로 통치자를 따를 것이며, 백성은 아무 명령이 없어도 스스로 다스려지게 될 것이다.

① 도가 천하에 행해지면 인의를 갖춘 현자(賢者)가 숭상된다.
② 도를 인륜의 근본으로 삼아 예법(禮法)을 발달시켜야 한다.
③ 도는 감각적으로 경험되지 않으나 언어로 온전히 규정된다.
④ 도를 체득해야만 자신의 본성을 교정하여 선을 이룰 수 있다.
⑤ 도에 따라 살기 위해 마음을 비우고 고요하게[虛靜] 해야 한다.

217 하 중 상

다음을 주장한 사상가에 대한 설명으로 옳은 것은?

> 으뜸가는 선(善)은 물과 같다. 성인은 만물을 이롭게 하고 다투는 일이 없으며 모두가 싫어하는 낮은 곳에 처한다. 성인의 다스림은 백성들의 마음을 비우고 배를 든든하게 한다.

① 군주는 부국강병을 추구해야 한다고 본다.
② 하늘이 인간의 도덕적 본성[仁]의 근원이 된다고 본다.
③ 인간은 누구나 선천적으로 사단을 갖고 태어난다고 본다.
④ 어린아이처럼 꾸밈이 없는 순수한 상태를 이상적이라고 본다.
⑤ 양생(養生)을 통한 불로장생(不老長生)을 추구해야 한다고 본다.

[218-220] 빈출자료

다음을 읽고 물음에 답하시오.

> 대도(大道)가 사라지면 인(仁)과 의(義)와 같은 것이 나서고, 지략이니 지모니 하는 것이 설치면 엄청난 위선이 만연한다. 가족 관계가 조화롭지 못하면 효나 자애와 같은 것이 나서고, 나라가 어지러워지면 충신이 생겨난다.

218 하 중 상

위의 주장을 한 사상가의 입장으로 가장 적절한 것은?

① 효의 윤리는 가정이 혼란하여 생겨난 규범에 불과하다.
② 사회의 혼란으로 인위적인 사회 제도가 붕괴되고 있다.
③ 공동체의 도덕적 질서의 유지에만 관심을 가져야 한다.
④ 인의(仁義)의 상실로 인해 대도(大道)가 무너지고 있다.
⑤ 대도를 위해 천지 만물의 절대적 질서 의식이 필요하다.

빈출 219 하 중 상

위의 주장을 한 사상가가 긍정의 대답을 할 질문으로 적절한 것만을 〈보기〉에서 있는 대로 고른 것은?

〈 보기 〉
ㄱ. 백성들이 문명의 이기(利器)를 누리도록 해야 하는가?
ㄴ. 통치자는 재화가 공정하게 분배되도록 힘써야 하는가?
ㄷ. 천지 만물은 상대적인 가치를 지님을 인식해야 하는가?
ㄹ. 성인(聖人)의 정치는 궁극적으로 백성들의 무지(無知)를 지향하는가?

① ㄱ, ㄴ　　② ㄴ, ㄷ　　③ ㄷ, ㄹ
④ ㄱ, ㄴ, ㄹ　　⑤ ㄱ, ㄷ, ㄹ

220 하 중 상

위의 주장을 한 사상가의 입장으로 적절한 것만을 〈보기〉에서 있는 대로 고른 것은?

〈 보기 〉
ㄱ. 통치자는 백성들을 문명으로써 교화해야 한다.
ㄴ. 인위적인 덕목으로 인해 사회적 혼란이 발생한다.
ㄷ. 흐르는 물을 본받아 겸허와 부쟁의 덕을 지녀야 한다.
ㄹ. 무위의 정치가 이루어지는 소국 과민을 지향해야 한다.

① ㄱ, ㄴ　　② ㄴ, ㄷ　　③ ㄷ, ㄹ
④ ㄱ, ㄴ, ㄷ　　⑤ ㄴ, ㄷ, ㄹ

221 (하 중 상)

다음을 주장한 고대 동양 사상가의 입장으로 적절한 것만을 〈보기〉에서 있는 대로 고른 것은?

> 최상의 덕(德)은 함이 없음(無爲)으로 인해 하지 못함이 없다[無不爲]. 인(仁)은 함이 있되 무엇을 위하여 함이 없다. 의(義)는 함이 있되 무엇을 위하여 한다. 예(禮)는 함이 있되 따르지 않으면 억지로 끌어당긴다. 예는 진실함과 믿음이 희박해진 것으로서 혼란의 으뜸이다.

〈 보기 〉
ㄱ. 인위적인 규범은 최상의 덕을 갖추는 데 방해가 된다.
ㄴ. 바람직한 삶은 자연의 흐름에 따라 무지하게 사는 것이다.
ㄷ. 좋은 공동체는 문명이 발달하고 자연이 구현된 사회이다.
ㄹ. 좋은 통치는 무위의 다스림으로 허정, 허심, 순박의 정치이다.

① ㄱ, ㄴ
② ㄱ, ㄹ
③ ㄴ, ㄹ
④ ㄱ, ㄴ, ㄹ
⑤ ㄴ, ㄷ, ㄹ

222 (하 중 상)

다음을 주장한 고대 동양 사상가의 입장으로 가장 적절한 것은?

> 사람들은 아름다운 것이 아름다운 줄로 알지만 이는 추악한 것이고, 누구나 착한 것이 착한 줄로 알지만 이는 착한 것이 아니다. 따라서 있음과 없음은 서로 낳아 주고, 쉬움과 어려움은 서로 이루어 주며, 길고 짧음은 상대를 드러내 주고, 높고 낮음은 서로를 다하게 하며, 음악과 소리는 서로 화답하고, 앞과 뒤는 서로를 뒤따른다.

① 악한 본성을 변화시켜 선하게 만들어야 한다.
② 천지 만물은 상대적인 가치만을 지닐 뿐이다.
③ 모든 것은 변하며 자아[我]는 존재하지 않는다.
④ 미추(美醜)와 선악(善惡)을 명확히 구분해야 한다.
⑤ 도(道)의 관점에서 볼 때 만물의 귀천(貴賤)을 구분할 수 있다.

223 (하 중 상)

다음 고대 중국 사상가가 주장한 이상 사회를 구현하기 위해 요구되는 자세로 가장 적절한 것은?

> 나라는 작고 백성은 적다. 열 가지 백 가지 기계가 있으나 쓰이지 않도록 한다. 백성들로 하여금 죽음을 무겁게 여기도록 하여 멀리 옮겨 가지 않도록 한다. 비록 배와 수레가 있어도 탈 일이 없으며 갑옷과 병기가 있어도 펼칠 일이 없다. 백성들이 다시 노끈을 매어 쓰도록 하고, 자기가 먹는 음식을 달게 여기며, 그 옷을 아름답게 여기고, 그 거처를 편안히 여기며, 그 풍속을 즐기게 한다. 또한 이웃 나라가 서로 바라보이고 닭이 울고 개가 짖는 소리가 서로 들려도 백성들이 늙어 죽을 때까지 서로 왕래할 일이 없다.

① 모든 사람들에 대한 무차별적인 사랑을 실천한다.
② 자신에게 부여된 사회적 임무를 성실하게 수행한다.
③ 과학 기술을 개발하여 환경 오염 등의 문제를 해결한다.
④ 경제적 풍요와 사회 발전을 위해 선의의 경쟁을 추구한다.
⑤ 무위지치(無爲之治)를 통해 자연적 본성에 따라 살아간다.

B 장자의 사상

224 (하 중 상)

㉠, ㉡에 들어갈 용어를 옳게 짝지은 것은?

> 장자는 이것과 저것, 크고 작음, 나와 너라는 세속의 차별 의식에서 벗어나 만물을 평등하게 바라보는 (㉠)의 경지에 도달할 수 있다고 보았다. 그리고 외물의 속박에서 벗어난 절대 자유의 상태이자 '이리저리 자유롭게 거닐다.'라는 의미를 가진 (㉡)의 경지를 통해 세속의 모든 구속에서 해방되어 대자연의 섭리에 자신을 내맡긴 물아일체(物我一體)의 삶을 살아갈 수 있다고 보았다.

	㉠	㉡
①	겸허(謙虛)	부쟁(不爭)
②	부쟁(不爭)	겸허(謙虛)
③	소요(逍遙)	제물(齊物)
④	제물(齊物)	부쟁(不爭)
⑤	제물(齊物)	소요(逍遙)

다음을 읽고 물음에 답하시오.

모장과 여희는 사람들이 미인이라고 하지만 그들을 보면 물고기는 깊이 숨고, 새들은 높이 날아가 버리고, 순록과 사슴은 급히 도망가 버리니 이 넷 중에 누가 천하의 아름다움을 아는가? 보건대 어짊과 의로움의 기준이나 옳고 그른 방향이 어지러이 뒤섞여 있다. 내 어찌 그 분별을 알 수 있겠는가?

225

위의 주장을 한 사상가에 대한 설명으로 옳은 것은?

① 성인에 의한 무위의 정치를 제시한다.
② 최고의 선(善)은 물과 같다고 주장한다.
③ 자연 만물이 절대적으로 평등하다고 주장한다.
④ 무위의 정치가 이루어지는 소국 과민을 제시한다.
⑤ 선과 악을 엄격히 구별하는 분별적 지식을 강조한다.

226

위의 주장을 한 사상가가 추구하는 이상적인 경지로 가장 적절한 것은?

① 가치의 절대성을 깨닫고 이리저리 자유롭게 거니는 경지이다.
② 세속의 차별 의식에서 만물을 바라보는 제물(齊物)의 경지이다.
③ 인의(仁義)를 깨달아 인위적인 기준에 얽매이지 않는 경지이다.
④ 어떠한 외물(外物)에도 얽매이지 않는 정신적 자유의 경지이다.
⑤ 자연을 떠나 고정된 곳에 속박되어 사는 소요(逍遙)의 경지이다.

227 하중상

다음 사상가가 제시하는 이상적 인간이 되기 위한 수양의 자세로 옳은 것을 <보기>에서 고른 것은?

진인(眞人)은 만물이 나름의 가치를 가지고 있음을 깨달은 인간이다. 또한 어디에도 얽매이지 않고 진정한 자유를 누리는 인간이기도 하다.

〈 보기 〉
ㄱ. 제물의 관점에서 만물을 바라본다.
ㄴ. 삼독을 제거하고 자비를 베풀며 산다.
ㄷ. 사단(四端)을 잘 보존하고 확장하도록 한다.
ㄹ. 인위적인 기준으로부터 벗어나 대자연과 하나가 된다.

① ㄱ, ㄴ   ② ㄱ, ㄹ   ③ ㄴ, ㄷ
④ ㄴ, ㄹ   ⑤ ㄷ, ㄹ

다음을 읽고 물음에 답하시오.

오리의 다리가 짧다고 늘여 주면 괴로움이 따르고, 학의 다리가 길다고 잘라 주어도 아픔이 따른다. 본래 긴 것은 자를 것이 아니며, 본래 짧은 것은 늘일 것이 아니다.

228 하중상

위의 주장을 한 사상가의 입장으로 가장 적절한 것은?

① 허심(虛心)을 통해 사물을 차별하지 않아야 한다.
② 연기를 자각하여 만물의 상호 의존성을 깨달아야 한다.
③ 선악을 명확히 구분하여 선한 본성을 잘 유지해야 한다.
④ 예(禮)로써 외물에 얽매이지 않는 자세를 확립해야 한다.
⑤ 좌망을 통해 만물의 시비를 분별하는 지혜를 쌓아야 한다.

 229 하중상

위의 주장을 한 사상가의 입장으로 적절한 것을 <보기>에서 고른 것은?

〈 보기 〉
ㄱ. 도의 관점에서 보면 만물은 소중하고 평등하다.
ㄴ. 만물의 상대적 가치를 인정하고 존중해야 한다.
ㄷ. 도덕규범에 따라 선한 도덕적 삶을 살아야 한다.
ㄹ. 조용히 앉아서 자아(自我)를 인식하도록 힘써야 한다.

① ㄱ, ㄴ   ② ㄱ, ㄷ   ③ ㄴ, ㄷ   ④ ㄴ, ㄹ   ⑤ ㄷ, ㄹ

230 하중상

다음을 주장한 사상가가 제시하는 이상적인 인간상으로 가장 적절한 것은?

자기의 신체나 손발의 존재를 잊어버리고 눈이나 귀의 움직임을 멈추고, 형체가 있는 육체를 떠나 분별 작용을 버린다면 도(道)와 한 몸을 이루어 두루 통하게 된다. 이것을 좌망(坐忘)이라고 한다. 도는 오로지 텅 비우는 곳에 모이는 법이다. 이처럼 비우는 경지에 이르는 것을 심재(心齋)라고 한다.

① 하늘로부터 부여받은 선한 본성[仁]을 확충한 사람이다.
② 일체의 구속을 잊어버리고 분별지(分別智)에서 벗어난 사람이다.
③ 감각과 경험을 바탕으로 절대 평등의 도(道)를 추구하는 사람이다.
④ 제물(齊物)의 경지에서 만물이 지닌 가치들을 획일화하는 사람이다.
⑤ 외물(外物)에 얽매이지 않고 제도와 윤리 규범을 준수하는 사람이다.

231 하(중)상

다음을 주장한 고대 동양 사상가의 입장으로 적절한 것만을 〈보기〉에서 있는 대로 고른 것은?

> 성인은 아무것에도 얽매이지 않고 마음을 자유로이 노닐게 한다. 그는 지식을 재앙의 근원으로 여기고 예의 규범을 몸을 얽매는 것으로 생각한다. 세상의 도덕을 교제의 수단으로 간주하고 기교를 장사의 솜씨로 여긴다. 성인은 모략을 하지 않으니 어찌 지식이 필요하겠는가.

〈 보기 〉
- ㄱ. 하늘의 도를 내면화하여 도덕적 사회를 구현해야 한다.
- ㄴ. 자연과 하나가 되는 절대적 평등의 경지를 추구해야 한다.
- ㄷ. 도를 기준으로 선악과 시비를 분별하는 삶을 추구해야 한다.
- ㄹ. 좌망(坐忘)과 심재(心齋)를 통한 정신적 자유를 추구해야 한다.

① ㄱ, ㄴ ② ㄱ, ㄷ ③ ㄴ, ㄹ
④ ㄱ, ㄴ, ㄹ ⑤ ㄴ, ㄷ, ㄹ

232 하(중)상

다음을 주장한 동양 사상가의 입장으로 적절한 것만을 〈보기〉에서 있는 대로 고른 것은?

> 흰기러기는 하얗게 되겠다고 매일 목욕하지 않고, 까마귀는 까맣게 되겠다고 매일 먹물을 칠하지 않는다. 흑백의 우열은 논변할 가치가 없고, 명예를 다툰다고 위신이 서는 것도 아니다. 샘이 말라 뭍에서 오도 가도 못하게 되면, 물고기들은 거품으로 서로를 적셔 주면서 삶을 도모하지만, 이는 강과 호수 안에서 서로를 잊고 지내는 것만 못하다.

〈 보기 〉
- ㄱ. 인간과 동물은 모두가 자신의 덕(德)을 가지고 태어난다.
- ㄴ. 누구나 좌망을 통해 도(道)를 언어적으로 이해해야 한다.
- ㄷ. 자연적 본성을 회복해야 하며 이를 위해 수양을 해야 한다.
- ㄹ. 도(道)의 관점에서 보면 만물 간에 귀천(貴賤)의 구분이 생긴다.

① ㄱ, ㄷ ② ㄴ, ㄷ ③ ㄴ, ㄹ
④ ㄱ, ㄴ, ㄷ ⑤ ㄱ, ㄷ, ㄹ

233 하(중)상

표는 어느 사상가를 상대로 한 가상 설문 조사 결과이다. ㉠, ㉡에 들어갈 질문으로 적절한 것만을 〈보기〉에서 있는 대로 고른 것은?

	질문	응답 예	응답 아니요
(1)	이상적인 인간을 지인(至人), 진인(眞人), 천인(天人) 등으로 칭하였는가?	✔	
(2)	세속을 초월하여 무엇에도 얽매이지 않는 정신적 자유의 경지인 소요유(逍遙遊)의 경지를 추구해야 하는가?	✔	
(3)	㉠	✔	
(4)	㉡		✔

〈 보기 〉
- ㄱ. ㉠: 인위적인 도덕규범을 따르는 삶을 통해 도(道)에 따르는 삶을 살아야 하는가?
- ㄴ. ㉠: 세속의 모든 구속에서 해방되어 자연과 자신이 하나가 되는 경지를 추구해야 하는가?
- ㄷ. ㉡: 인의(仁義)를 실천하며 선한 삶을 살아야 하는가?
- ㄹ. ㉡: 좌망(坐忘)과 심재(心齋)를 통해 시비(是非), 선악(善惡)을 명확히 분별할 수 있는 이상적인 인간을 추구해야 하는가?

① ㄱ, ㄴ ② ㄱ, ㄷ ③ ㄴ, ㄹ
④ ㄱ, ㄷ, ㄹ ⑤ ㄴ, ㄷ, ㄹ

234 하(중)상

동양 사상 (가), (나)의 공통적인 입장으로 가장 적절한 것은?

> (가) 인위적 가치와 제도는 인간 본래의 본성을 그르치기에 인간은 우주 자연의 질서에 순응하며 살아야 한다.
> (나) 인간은 어리석음으로 인해 고통 속에서 살아가는 존재이다. 따라서 수행을 바탕으로 내가 소중하듯 모든 존재가 소중하다는 진리를 깨닫게 될 때 사회적 차별을 넘어 모든 중생을 구제할 수 있다.

① 자연을 도구로 인식하려는 관점을 제시한다.
② 인간을 자연의 이용자 및 해석자로 인식한다.
③ 개인의 세속적 성공을 수양의 궁극적 목표로 제시한다.
④ 자연을 정복하여 인간의 복지를 추구하는 세계관을 제시한다.
⑤ 인간을 포함한 모든 만물이 저마다의 가치를 가지고 있다고 본다.

235 (하 중 상)

갑, 을 사상가의 입장으로 가장 적절한 것은?

> 갑: 오리의 다리가 짧다고 하여 길게 늘려 주어도 괴롭고, 학의 다리가 길다고 하여 짧게 잘라 주어도 슬프다. 본디 긴 것도 있고 짧은 것도 있는 법이다. 인의(仁義) 또한 괴롭고 슬픈 것으로, 사람이 본디 갖춘 것이 아니다.
>
> 을: 버드나무의 본성을 해쳐야 그릇을 만들 수 있다고 하는 것은 사람의 본성을 거스른 후에 인의를 행할 수 있다는 것과 같다. 물이 아래로 흐르지 않음이 없는 것처럼 사람의 본성은 선하지 않음이 없다.

① 갑: 예를 배워 인의를 실현해야 한다.
② 갑: 타고난 본성의 변화를 통해 참된 삶을 살아야 한다.
③ 을: 인간의 본성은 환경에 의해서 선과 악이 결정된다.
④ 갑, 을: 바람직한 삶은 타고난 본성에 따라 사는 것이다.
⑤ 갑, 을: 도덕적 실천을 통해 타고난 본성을 확충해야 한다.

236 (하 중 상)

갑, 을 모두가 긍정의 대답을 할 질문으로 적절한 것만을 〈보기〉에서 있는 대로 고른 것은?

> 갑: 사람들은 아름다운 것이 아름다운 줄로만 알지만 이는 추악한 것이고, 누구나 착한 것이 착한 줄로만 알지만 이는 착한 것이 아니다. 따라서 있음과 없음은 서로 낳아 주고, 길고 짧음은 상대를 드러내 주고, 앞과 뒤는 서로 뒤따른다.
>
> 을: 모장과 여희는 사람들이 미인이라고 하지만 그들을 보면 물고기는 깊이 숨고, 새들은 높이 날아가 버리고, 순록과 사슴은 급히 도망가 버린다. 이 네 가지 것들 중 누가 천하의 올바른 아름다움을 알고 있는 것인가?

〈 보기 〉

ㄱ. 도의 관점에서 만물이 지닌 가치를 파악해야 하는가?
ㄴ. 자연 그대로의 질서에 따르며 순응하는 삶을 살아야 하는가?
ㄷ. 불변의 진리를 깨우치기 위해 지속적인 수행을 해야 하는가?
ㄹ. 수양을 통해 하늘로부터 부여받은 도덕성을 내면화해야 하는가?

① ㄱ, ㄴ   ② ㄱ, ㄹ   ③ ㄴ, ㄹ
④ ㄱ, ㄴ, ㄷ   ⑤ ㄴ, ㄷ, ㄹ

237 (하 중 상)

갑은 긍정, 을은 부정의 대답을 할 질문으로 가장 적절한 것은?

> 갑: 덕(德)으로 인도하고 예(禮)로 가지런히 한다면 백성은 부끄러워할 줄 알게 되고 또한 올바르게 되어 착하게 된다. 덕으로 정치를 하는 것은 마치 북극성이 제자리에 있고 여러 별들이 이를 떠받들어 사방에 둘러서서 돌고 있는 것과 같다.
>
> 을: 옛날에 도(道)를 잘 행했던 사람은 그것으로 백성들의 지혜를 깨우치지 않고 백성들을 순박하게 만들었다. 백성들을 다스리기 어려운 것은 그들에게 지혜가 많기 때문이다. 지혜로 나라를 다스리지 않으면 나라에 복이 있을 것이다.

① 분별적 지혜를 버리고 다투지 않으며 살아야 하는가?
② 인위적 규범에서 벗어나 자유로운 삶을 살아야 하는가?
③ 인의의 도덕을 추구하려는 마음을 버리고 살아야 하는가?
④ 예(禮)와 악(樂)을 숭상하고 도덕적인 인격을 닦으며 살아야 하는가?
⑤ 언어로 표현할 수 없는 만물의 법칙인 도(道)에 따라 살아야 하는가?

C 도교의 성립과 전개

238 (하 중 상)

밑줄 친 '이 사상가들'에 대한 설명으로 옳은 것만을 〈보기〉에서 있는 대로 고른 것은?

> 이 사상가들은 위진 시대에 노장사상을 철학적으로 계승하였고, 청담(淸談)을 통해 인간의 고정 관념을 초월한 무(無)의 세계를 진실한 세계로 보고 정신적 자유를 추구하였다.

〈 보기 〉

ㄱ. 현실에서 벗어난 은둔 생활을 중시하였다.
ㄴ. 형이상학적이고 예술적인 논의를 중시하였다.
ㄷ. 도덕적인 선행을 하면 신선이 될 수 있다고 하였다.
ㄹ. 교단과 교리 체계를 갖추고 현세의 복을 추구하였다.

① ㄱ, ㄴ   ② ㄱ, ㄷ   ③ ㄷ, ㄹ
④ ㄱ, ㄴ, ㄹ   ⑤ ㄴ, ㄷ, ㄹ

239 하중상

다음 사상에 대한 설명으로 옳지 <u>않은</u> 것은?

> 노자를 교조로 받아들이고 고대부터 있던 무격신앙(巫覡信仰), 장생불사(長生不死)와 신선(神仙)에 대한 신앙, 당시까지 쌓여 온 음양오행설(陰陽五行說)과 방술(方術) 등에 근원을 둔다.

① 민간 신앙을 철저히 배척하였다.
② 노자의 『도덕경』을 기본 경전으로 삼았다.
③ 삼관수서를 행하며 도덕적 선행을 강조하였다.
④ 자유롭게 생명력을 펼치는 신선(神仙)을 추구하였다.
⑤ 노자 사상을 계승하여 교리와 교단을 갖춘 종교로 발전하였다.

240 하중상

㉠, ㉡에 대한 설명으로 옳지 <u>않은</u> 것은?

구분	내용
황로학파	중국 고대 전설적 임금인 황제(黃帝)와 노자(老子)를 숭상하며, 청정무위(淸淨無爲)를 주장하였다.
㉠	『도덕경』을 경전으로 삼았으며, 도덕적 선행을 권장하면서 삼관수서(三官手書)를 행하도록 권장하였다.
㉡	노장 사상을 철학적으로 계승, 발전시켰고, 인간의 고정 관념을 초월한 무(無)의 세계를 진실한 세계로 보았다.

① ㉠은 선행을 하면 병이 낫고 신선이 될 수 있다고 하였다.
② ㉠은 교단과 교리 체계를 갖추고 양생(養生)을 중시하였다.
③ ㉡은 법(法)과 술(術)로써 백성을 통치하고자 하였다.
④ ㉡은 현실에서 벗어나 죽림에서의 은둔을 강조하였다.
⑤ ㉠, ㉡은 도가 사상을 계승하여 형성되었다.

241 하중상

도교의 성립과 전개 과정에 대한 설명으로 옳은 것을 〈보기〉에서 고른 것은?

> 〈 보기 〉
> ㄱ. 한나라 초기에 등장한 황로학파(黃老學派)는 황제와 노자를 숭상하였다.
> ㄴ. 한나라 말기에 태평도(太平道)는 황건적의 난을 일으킨 이후 교단이 번성하였다.
> ㄷ. 오두미교(五斗米敎)는 노자의 『도덕경』을 경전으로 삼고 도덕적 선행을 권장하였다.
> ㄹ. 위진(魏晉) 시대의 현학자(衒學者)들은 세속적 문제를 종교적 의례로 극복하고자 하였다.

① ㄱ, ㄴ
② ㄱ, ㄷ
③ ㄴ, ㄷ
④ ㄴ, ㄹ
⑤ ㄷ, ㄹ

242 하중상

다음 한국 사상에 대한 설명으로 옳은 것만을 〈보기〉에서 있는 대로 고른 것은?

> 불로장생(不老長生)을 구하고 도를 닦는 비결은 본인의 의지에 달려 있는 것이지, 부귀(富貴)에 있는 것이 아니다. 높은 지위나 풍족한 재화는 오히려 방해가 된다. 신선의 도를 익히는 법은 이익을 탐내지 않고 깨끗한 마음으로 욕심을 몰아내고, 외부에 대한 관심을 안으로 집중시키며 무심한 경지에 이를 것이 요구되기 때문이다.

> 〈 보기 〉
> ㄱ. 양생법을 통해 의학의 발전에 기여하였다.
> ㄴ. 민간 신앙의 대상인 성황·칠성·조왕 등에 영향을 주었다.
> ㄷ. 국가의 통치 이념이나 학문으로 독자적인 영역을 확보하였다.
> ㄹ. 자연의 기운을 통해 복을 기원하는 풍수지리(風水地理) 사상에 영향을 주었다.

① ㄱ, ㄴ
② ㄱ, ㄷ
③ ㄷ, ㄹ
④ ㄱ, ㄴ, ㄹ
⑤ ㄴ, ㄷ, ㄹ

243 하중상

(가), (나) 사상의 특징으로 적절한 것만을 〈보기〉에서 있는 대로 고른 것은?

> (가) 전한 시대에 성행한 사상으로 전설상의 제왕인 황제(黃帝)와 도가 사상의 창시자인 노자(老子)를 숭상하였다. 묵가, 법가 등의 사상을 흡수하여 청정무위(淸淨無爲)의 정치사상을 내세우기도 하였다.
>
> (나) 위진 시대에 나타난 철학 사조로 노장(老莊)사상과 주역(周易)을 새롭게 재해석하고 청담(淸淡)을 중시하였다. 이들은 세속적 가치를 넘어서서 예술적 가치를 추구하기도 하였다.

> 〈 보기 〉
> ㄱ. (가): 무위(無爲)의 통치술을 강조한다.
> ㄴ. (가): 공과격(功過格)을 활용하여 선행을 권장한다.
> ㄷ. (나): 세속적 가치를 초월한 담론을 중시한다.
> ㄹ. (나): 죽림칠현과 같이 은둔자적 삶을 추구한다.

① ㄱ, ㄷ
② ㄴ, ㄷ
③ ㄱ, ㄴ, ㄹ
④ ㄱ, ㄷ, ㄹ
⑤ ㄴ, ㄷ, ㄹ

한국 전통 윤리 사상의 근대적 지향성

Ⓐ 위정척사와 개화사상 → 19세기 중엽 이후 조선은 내부적으로는 오랫동안 쌓여 온 사회적 모순으로 심각한 갈등을 겪고 있었고, 외부적으로는 제국주의 열강의 침략을 받아 사회가 불안정하였다.

1 위정척사

① 입장: 성리학에 바탕을 둔 유교적 질서[정당한 것]를 지키고, 서양의 종교와 문물[사악한 것]을 배척해야 한다고 봄 → 대표적으로 최익현, 이항로 등이 있다.

② 의의: 유교의 절의 정신을 바탕으로 우리의 생존과 주체성을 지키고자 했던 선비 정신의 발현이 었음 → 항일 의병 운동으로 이어짐
  └ 절개와 의리를 아울러 이르는 말

기출 Tip Ⓐ-1

위정척사의 입장

"서양인과 싸워야 한다는 것은 우리의 주장이고, 서양인과 화친해야 한다는 것은 적국의 주장입니다. 전자는 나라의 문화와 전통을 보전할 수 있지만, 후자는 금수의 지경으로 빠지고 말 것입니다." — 이항로

2 개화사상

구분	급진적 개화론	온건적 개화론(동도서기론)
입장	유교적 질서를 폐지하고 서구식 정부를 수립하는 등 기존의 국가 질서의 전반적 쇄신을 주장함	유교적 질서[東道]를 보존하는 가운데 서양의 과학 기술[西器]을 수용하자는 입장
공통점	서양의 근대화된 문물을 수용하여 부국강병과 사회 개혁을 시도하려고 함 → 애국 계몽 운동으로 이어짐	

3 개화사상 [빈출자료] Link • 256-257번 문제

— (동도서기(東道西器)) —

서양의 기(器)는 천하에 대적할 자가 없고, 동양의 도는 천하에 홀로 우뚝하다. 동양의 도로써 서양의 기를 행한다면 지구의 오대주는 평정할 것도 없다. — 신기선, 『농정신편』

신기선은 온건적 개화파로, 동양의 도를 보존하고 서양의 과학 기술을 받아들여야 한다고 보았다.

Ⓑ 근대 격변기의 신흥 종교

기출 Tip Ⓑ

동학의 핵심 사상
- 시천주: 내 안의 한울님을 모셔라.
- 오심즉여심: 내 마음이 곧 네 마음이다.
- 사인여천: 사람을 하늘과 같이 섬겨라.
- 인내천: 사람이 곧 하늘이다.

원불교의 일원상과 영육쌍전
- 일원상: 우주 만물의 근원이자 모든 중생의 청정한 마음을 상징하는 신앙의 대상
- 영육쌍전: 정신과 물질의 균형 있는 발전을 지향하는 것

동학	전개	'나라를 돕고 백성을 편안하게 한다.'라는 보국안민(輔國安民)을 목표로 최제우가 창시함 → 이후 천도교(天道教)로 확대·발전하고 3·1 운동을 주도함
	특징	• 경천사상을 토대로 유불도 사상을 융합함 → 천인합일의 관점에서 인간 존중과 평등의 정신 제시 • 시천주(侍天主), 오심즉여심(吾心卽汝心), 사인여천(事人如天), 인내천(人乃天) 등을 주장함
증산교	전개	강인순이 무속 신앙과 유불도 사상을 재해석해서 창시함
	특징	원한을 푸는 해원(解冤), 다른 이와 더불어 사는 상생(相生), 은혜에 보답하는 보은(報恩) 등을 강조함
원불교	전개	박중빈이 한국형 생활 종교를 주장하며 창시 → 일상에서의 수행 강조
	특징	일원상(一圓相)과 영육쌍전(靈肉雙全) 강조

개념 확인 문제

○ 정답과 해설 24쪽

244 다음 설명이 맞으면 ○표, 틀리면 ×표를 하시오.

(1) 위정척사는 성리학에 바탕을 둔 유교적 질서를 지키고, 서양의 종교와 문물을 배척해야 한다고 보았다. ( )

(2) 급진적 개화론은 유교적 질서[東道]를 보존하는 가운데 서양의 과학 기술[西器]을 수용하자는 입장을 취하였다. ( )

245 다음 빈칸에 들어갈 내용을 쓰시오.

(1) ( )은 '내 안의 한울님을 모셔라.'라는 시천주 사상을 강조하였다.

(2) ( )는 정신과 물질의 균형 있는 발전을 지향하는 영육쌍전을 주장하였다.

난이도별
필수 기출

상 2문항
중 9문항
하 1문항

○ 정답과 해설 24쪽

A 위정척사와 개화사상

246 하 중 상

갑은 긍정, 을은 부정의 대답을 한 질문으로 가장 적절한 것은?

> 갑: 서양과 화친할 수 없다는 것에 따르면 옛 문물과 제도를 보전할 수 있지만 서양과 화친하면 금수의 나라가 될 것입니다.
> 을: 우리는 예의 바른 풍습을 지켜 오고 있으니, 기계에 관한 기술 같은 것이 만약 이익이 될 수 있다면 굳이 외국의 것이라고 해서 좋은 것까지 배척할 필요는 없습니다.

① 농업을 중시하고 상공업을 금지시켜야 하는가?
② 서양의 기술을 받아들여 나라를 부강하게 해야 하는가?
③ 유교 사상을 기반으로 외국 문물을 받아들여야 하는가?
④ 우리 고유의 가치를 지키기 위해 문호를 닫아야 하는가?
⑤ 백성의 권리를 보장하고 군주의 권한을 축소해야 하는가?

247 하 중 상

근대 한국 사상 (가), (나)에 대한 설명으로 옳은 것을 〈보기〉에서 고른 것은?

> (가) 서양 물건의 뿌리를 뽑기 위해서는 정학(正學)을 밝혀서 백성을 교화시키고 인애(仁愛)의 정신을 넓혀 나가야 한다. 우리의 올바른 도(道)가 흥성하게 되면 저들의 것이 사라질 것이다.
> (나) 동서고금을 막론하고 바꿀 수 없는 것은 도(道)이고, 수시로 바뀌어 고정될 수 없는 것은 기(器)이다. 우리의 도로써 저들의 기를 행한다면 오대주(五大州)는 평정할 것도 없다.

〈 보기 〉
ㄱ. (가)는 올바른 것은 지키고 사악한 것은 배척하자고 주장하였다.
ㄴ. (가)를 주장한 사상가로는 이항로, 최익현 등이 있으며, 전제 군주제를 개혁하고자 하였다.
ㄷ. (나)는 실력 양성의 기반을 제공하여 민족 생존에 도움이 되고자 하였다.
ㄹ. (나)는 서구 문물의 수용을 거부하고 부국강병과 사회 개혁을 도모하였다.

① ㄱ, ㄴ
② ㄱ, ㄷ
③ ㄱ, ㄹ
④ ㄴ, ㄷ
⑤ ㄷ, ㄹ

248 하 중 상

갑 사상가의 입장에 비해 을 사상가의 입장이 갖는 상대적 특징을 그림의 ㉠~㉤ 중에서 고른 것은?

> 갑: 대개 동양인들은 형이상에 밝기 때문에 그 도가 천하에 우뚝하며, 서양인들은 형이하에 밝기 때문에 그 기는 천하에 대적할 자가 없다. 동양의 도로써 서양의 기를 행한다면 지구의 오대주는 평정하지 못할 것도 없다.
> 을: 서양 오랑캐를 공격해야 한다는 주장을 따르면 나라의 문화 전통을 보전할 수 있지만, 서양 오랑캐와 화친해야 한다는 주장을 따른다면 인류가 금수(禽獸)의 지경에 빠지고 말 것이다.

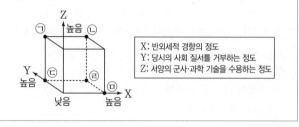

X: 반외세적 경향의 정도
Y: 당시의 사회 질서를 거부하는 정도
Z: 서양의 군사·과학 기술을 수용하는 정도

① ㉠
② ㉡
③ ㉢
④ ㉣
⑤ ㉤

249 하 중 상

다음은 19세기 중엽 이후 한국 근대 사상에 대한 갑, 을의 발표이다. ㉠~㉤ 중 옳지 않은 것은?

> 갑: 저는 급진 개화파에 대해 발표하겠습니다. ㉠ 급진 개화파는 전통적 정치 체제의 혁파를 주장합니다. 또한, ㉡ 서구식 정부를 수립하는 등 기존의 유교적 국가 질서를 전반적으로 쇄신하자고 주장합니다.
> 을: 저는 온건 개화파에 대해 발표하겠습니다. ㉢ 온건 개화파는 동양의 윤리와 도덕은 보존하면서, 서양의 과학과 기술만을 수용하자고 합니다. ㉣ 이러한 사상을 동도서기(東道西器)라고 부릅니다. 또한, ㉤ 온건 개화파는 선비 정신을 발현하여 항일 의병 운동을 주도하였습니다.

① ㉠
② ㉡
③ ㉢
④ ㉣
⑤ ㉤

B 근대 격변기의 신흥 종교

250 하 중 상

다음은 서술형 평가 문제와 학생 답안이다. 학생 답안의 ㉠~㉤ 중 옳지 <u>않은</u> 것은?

서술형 평가

◎ 문제: 동학(東學) 사상에 대해 서술하시오.

◎ 학생 답안

동학은 ㉠ '나라를 돕고 백성을 편안하게 한다.'라는 보국안민(輔國安民)을 가치로 내걸었다. 그 후 ㉡ '모든 사람은 자기 안에 한울님을 모시고 있다.'라는 시천주(侍天主) 사상 및 ㉢ '사람 섬기기를 한울님같이 하라.'라는 사인여천(事人如天)과 ㉣ '사람이 곧 한울님이다.'라는 인내천(人乃天) 사상으로 체계화되었다. ㉤ 이후 동학은 일원상(一圓相)을 모든 중생의 청정한 마음을 상징하는 신앙의 대상으로 삼는 원불교로 발전하였다.

---

① ㉠　　② ㉡　　③ ㉢　　④ ㉣　　⑤ ㉤

251 하 중 상

다음 사상에 대한 설명으로 옳은 것만을 〈보기〉에서 있는 대로 고른 것은?

자신의 마음을 보존하고 자신의 기운을 바로잡아 한울님이 부여해 준 본성에 따라야 한다. 이런 가르침에 따르면 저절로 자연의 이치에 순응하게 된다. 하지만 서학은 한울님을 섬긴다고 할 단서가 없고 오직 저 자신을 위해 기도할 뿐이다.

〈 보기 〉

ㄱ. 모든 인간이 존엄하다는 근거를 하늘로부터 찾았다.
ㄴ. 천도교로 확대·발전하였으며 3·1운동을 주도하였다.
ㄷ. 나라를 돕고 백성을 편안하게 해야 한다는 가치를 내걸었다.
ㄹ. 청나라의 학술과 문물을 북학이라는 이름으로 적극 수용하였다.

---

① ㄱ, ㄷ　　　② ㄱ, ㄹ　　　③ ㄴ, ㄹ
④ ㄱ, ㄴ, ㄷ　　⑤ ㄴ, ㄷ, ㄹ

빈출 252 하 중 상

다음을 주장한 한국 사상가의 입장으로 적절한 것을 〈보기〉에서 고른 것은?

사람이 오거든 손님이 오셨다 말하지 말고 한울님이 오셨다 말하라. 마음을 떠나 한울님을 생각할 수 없고 사람을 떠나 한울님을 생각할 수 없으니, 사람을 공경하는 것은 멀리하면서 한울님을 공경하는 것은 꽃을 따 버리고 열매가 생기기를 바라는 것과 같다.

〈 보기 〉

ㄱ. 모든 사람은 자기 안에 한울님을 모시고 있다.
ㄴ. 나라를 돕고 백성을 편안하게 하는 것이 목표이다.
ㄷ. 하늘을 섬길 때와는 다른 태도로 사람을 대해야 한다.
ㄹ. 서구적 가치를 바탕으로 사해 평등주의 이념을 실현해야 한다.

---

① ㄱ, ㄴ　　　② ㄱ, ㄷ　　　③ ㄴ, ㄷ
④ ㄴ, ㄹ　　　⑤ ㄷ, ㄹ

253 하 중 상

밑줄 친 '이 사상'에 대한 설명으로 옳은 것만을 〈보기〉에서 있는 대로 고른 것은?

이 사상에서 일원상(一圓相)은 우주 만물의 근원이자 모든 중생의 청정한 마음을 상징한다. 그리고 이 사상은 '물질이 개벽되니 정신을 개벽하자.'라는 표어에서 알 수 있듯이, 변화하는 세상에 대처할 수 있는 정신의 개벽을 주장하였다.

〈 보기 〉

ㄱ. 차별이 없는 평등한 사회를 지향하였다.
ㄴ. 기존 불교를 개혁하여 생활 불교를 표방하였다.
ㄷ. 종교적 수행과 사회적 실천의 분리를 강조하였다.
ㄹ. 후천 개벽을 통해 내세에서 이상 사회를 구현하고자 하였다.

---

① ㄱ, ㄴ　　　② ㄱ, ㄷ　　　③ ㄷ, ㄹ
④ ㄱ, ㄴ, ㄹ　　⑤ ㄴ, ㄷ, ㄹ

254 (하 중 상)

근대 한국 사상가 갑, 을의 입장으로 적절한 것을 〈보기〉에서 고른 것은?

갑: 사람의 마음은 하늘의 마음[天心]이다. 서양의 학(學)은 제 몸만 위하고 하늘을 위하지 않는다. 배우는 자는 마음을 지키고 기운을 바르게[守心正氣] 해야 하며, 나라를 돕고 백성을 편안하게[輔國安民] 해야 한다.

을: 이(理)는 선함의 근본이고, 기(氣)는 과불급의 원인이다. 서양은 형기(形氣)를 중시하고 인륜을 저버린다. 유학은 이치를 숭상하고 도리를 중시한다. 올바른 것을 지키고[衛正], 그릇된 것은 배척[斥邪]해야 한다.

〈 보기 〉

ㄱ. 갑: 인간 존중의 정신과 평등의 가치를 구현해야 한다.

ㄴ. 갑: 동도서기론(東道西器論)을 바탕으로 새로운 국가 질서를 확립해야 한다.

ㄷ. 을: 성리학적 가치를 기반으로 사회 질서 유지를 도모해야 한다.

ㄹ. 을: 민족 정체성을 자각하고 서양의 종교와 문물을 수용해야 한다.

① ㄱ, ㄴ　　② ㄱ, ㄷ　　③ ㄴ, ㄷ

④ ㄴ, ㄹ　　⑤ ㄷ, ㄹ

255 (하 중 상)

(가)의 한국 사상가 갑, 을의 입장을 (나) 그림으로 표현할 때, A~C에 해당하는 진술로 가장 적절한 것은?

(가)	갑: 강화(講和)가 한번 이루어지면 사학(邪學)의 서적과 천주(天主)의 초상화가 교역 과정에서 들어올 것이다. 그렇게 되면 예의는 시궁창에 빠지고 인간들은 변하여 금수(禽獸)가 될 것이다. 을: 무엇을 도(道)라 하는가? 삼강오륜이 이것이다. 무엇을 기(器)라 하는가? 예식·복식·기용(器用)이 이것이다. 진실로 때에 맞고 백성들에게 이롭다면 비록 오랑캐의 법일지라도 행할 수 있다.
(나)	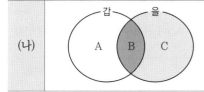

① A: 유교적 질서를 지키고자 하였다.

② A: 인본주의를 바탕으로 인간 평등을 주장하였다.

③ B: 서양의 종교와 사상에 반대하였다.

④ B: 구한말 애국 계몽 운동으로 이어졌다.

⑤ C: 백성의 권리를 보장하고 군주의 권한을 축소해야 한다고 주장하였다.

256-257 빈출자료

다음을 읽고 물음에 답하시오.

갑: 서양인과 싸워야 한다는 것은 우리의 주장이고, 서양인과 화친해야 한다는 것은 적국의 주장입니다. 전자는 나라의 문화와 전통을 보전할 수 있지만, 후자는 금수의 지경으로 빠지고 말 것입니다.

을: 서양의 기(器)는 천하에 대적할 자가 없고, 동양의 도는 천하에 홀로 우뚝하다. 동양의 도로써 서양의 기를 행한다면 지구의 오대주는 평정할 것도 없다.

병: 한울님을 모시면 조화가 저절로 얻어지고 한울님을 잊지 않으면 모든 것이 저절로 깨달아진다.

256 (하 중 상)

병에 대한 설명으로 옳은 것만을 〈보기〉에서 있는 대로 고른 것은?

〈 보기 〉

ㄱ. 신분 차별이 없는 평등한 세상을 지향하였다.

ㄴ. 인내천 교리를 통해 인간의 존엄성을 강조하였다.

ㄷ. 나라의 수난과 민중의 고통을 극복하고자 하였다.

ㄹ. 동양의 정신을 바탕으로 서양 문물을 수용하여 민족의 발전을 도모하고자 하였다.

① ㄱ, ㄴ　　② ㄴ, ㄷ　　③ ㄷ, ㄹ

④ ㄱ, ㄴ, ㄷ　　⑤ ㄴ, ㄷ, ㄹ

257 (하 중 상)

갑, 을, 병 사상가들의 입장을 다음 그림으로 표현할 때, A~D에 해당하는 진술로 적절한 것만을 〈보기〉에서 있는 대로 고른 것은?

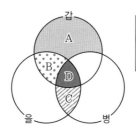

〈 보기 〉

ㄱ. A: 유교와 불교, 도교의 통합을 추구해야 한다.

ㄴ. B: 성리학의 정신을 유지해야 한다.

ㄷ. C: 모든 사람을 차별 없이 평등하게 대우해야 한다.

ㄹ. D: 서양의 종교를 배척해야 한다.

① ㄴ　　② ㄷ　　③ ㄱ, ㄹ

④ ㄴ, ㄹ　　⑤ ㄱ, ㄷ, ㄹ

258

다음을 주장한 고대 동양 사상가의 입장에만 모두 '✔'를 표시한 학생은?

> • 사람이 네 가지 선의 단서[四端]를 모두 확충할 수 있으면 천하를 보존할 수 있지만, 그렇지 않으면 부모조차도 제대로 모시지 못한다.
> • 사람이 배우지 않고도 잘하는 것은 '타고난 능력'이고, 생각하지 않아도 아는 것은 '타고난 지혜'이다. 제 어버이를 사랑할 줄 모르는 아이가 없고, 자라서는 그 형을 공경할 줄 모르는 이가 없다.

입장＼학생	갑	을	병	정	무
옳고 그름을 가려내는 마음은 타고나는 것이다.	✔	✔			
인의를 해치고 나라를 위태롭게 하는 군주를 바꿀 수 있다.	✔			✔	✔
백성은 일정한 생업이 보장되어야 도덕심을 유지할 수 있다.	✔		✔	✔	✔
모든 사람은 내 가족처럼 무조건적으로 차별 없이 사랑해야 한다.		✔	✔		✔

① 갑   ② 을   ③ 병   ④ 정   ⑤ 무

259

(가)의 갑, 을의 입장을 (나) 그림으로 표현할 때, A~C에 해당하는 진술로 가장 적절한 것은?

(가)	갑: 요임금과 우임금이 군자를 귀하게 여기는 까닭은 본성을 변화시키고 인위적인 노력을 통하여 예의를 만들어 내기 때문이다. 성인이 예의를 만든 것은 도공이 찰흙을 이겨서 질그릇을 만든 것과 같다. 을: 사람들은 민둥산을 보고 애초에 훌륭한 재목이 없었다고 여기지만 이것이 어찌 산의 본성이겠는가. 사람에게도 본성에 어찌 인의의 마음이 없겠는가.
(나)	갑 을 (A B C) 〈범례〉 ·A: 갑만의 입장 ·B: 갑, 을의 공통 입장 ·C: 을만의 입장

① A: 인간의 본성에는 선(善)과 불선(不善)의 구분이 없다.
② A: 인간의 욕망을 모두 제거할 때 본성을 변화시킬 수 있다.
③ B: 인간은 도덕적 수양을 통해 누구나 성인(聖人)이 될 수 있다.
④ B: 인간은 배우지 않아도 도덕을 행할 수 있는 양능(良能)을 타고 난다.
⑤ C: 인간은 사단(四端)의 단서인 사덕(四德)을 갖고 태어난다.

260

(가)의 갑, 을의 입장을 (나) 그림으로 표현할 때 A~C에 해당하는 진술로 적절한 것만을 〈보기〉에서 있는 대로 고른 것은?

(가)	갑: 무력을 바탕으로 인(仁)을 가장하는 것이 패도이고, 덕을 바탕으로 인을 실천하는 것이 왕도(王道)이다. 통치자는 이익의 추구보다 인의의 실현에 힘써야 한다. 을: 성인(聖人)은 군주의 권위를 세워 사람들을 통치하고, 예의를 밝혀 그들을 교화하며, 법도를 일으켜 그들을 다스려야 한다. 교화[敎]를 펴지 않고 벌만 준다면 형벌(刑罰)이 많아도 사악함을 이겨낼 수 없을 것이며, 교화만 펴고 형벌을 가하지 않는다면 백성들을 징계하지 못할 것이다.
(나)	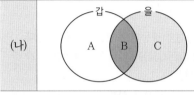갑 을 (A B C) 〈범례〉 ·A: 갑만의 입장 ·B: 갑, 을의 공통 입장 ·C: 을만의 입장

〈 보기 〉
ㄱ. A: 도덕의 실현을 통치의 중요한 목적으로 삼아야 한다.
ㄴ. B: 인간은 모두 동일한 본성을 가지고 태어난다.
ㄷ. C: 이기적 인간을 다스리는 정치의 요체는 법률(法)과 술수(術)이다.
ㄹ. C: 도덕의 근원을 하늘과 결부시키지 말고 자연과 인간의 일을 구분해야 한다.

① ㄱ, ㄴ   ② ㄴ, ㄷ   ③ ㄴ, ㄹ
④ ㄱ, ㄴ, ㄷ   ⑤ ㄱ, ㄷ, ㄹ

261

(가)의 갑, 을의 입장을 (나)의 A~D에서 골라 옳게 짝지은 것은?

(가)	갑: 백성이 귀하고 사직(社稷)이 다음이며 군주는 가볍다. 평범한 백성의 마음을 얻어야 천자(天子)가 된다. …… 제후가 사직을 위태롭게 하면 그를 바꾼다. 을: 사람의 성(性)과 정(情)을 좇으면 반드시 쟁탈이 일어나 구분을 무너뜨리고 이치를 어지럽혀 폭동으로 귀결된다. …… 이렇게 본다면 사람의 본성은 악함이 분명하며, 그것이 선해짐은 (후천적인) 인위(人爲) 때문이다.

(나)		인간은 이기적 본성을 타고나는가?	
		예	아니요
외면적 규범으로 본성을 변화시켜야 하는가?	예	A	B
	아니요	C	D

	갑	을		갑	을		갑	을
①	A	B	②	B	D	③	C	A
④	D	A	⑤	D	C			

262

표는 동양의 어느 사상가를 상대로 한 가상 설문 조사이다. (가)에 들어갈 질문으로 가장 적절한 것은?

	질문	응답	
		예	아니오
(1)	(가)	✔	
(2)	앎이 먼저이고 행함은 나중인가?		✔
(3)	만물은 이와 기의 결합으로 이루어지는가?		✔
(4)	이론적 학습 과정을 거치지 않아도 양지를 발휘하면 누구나 성인이 될 수 있다고 보는가?	✔	

① 마음 밖에는 이치가 없는가?
② 마음과 본성을 분리하였는가?
③ 거경궁리(居敬窮理)론을 주장하였는가?
④ 우주의 기와 인간의 혈기를 구분하였는가?
⑤ 사물의 이치를 탐구하여 앎에 이를 수 있다고 보는가?

263

(가)의 동양 사상가 갑, 을의 입장을 (나) 그림으로 탐구할 때, A~C에 들어갈 질문으로 가장 적절한 것은?

(가)	갑: 배우지 않고도 능한 것이 양능(良能)이고, 생각하지 않고도 아는 것이 양지(良知)이다. 손을 잡아 주어야 설 수 있는 어린아이일지라도 자신의 아버지를 사랑할 줄 모르지 않으며, 자라서는 자신의 형을 공경할 줄 모르지 않는다. 을: 자녀가 부모에게, 아우가 형에게 양보하는 것은 모두 본성에 어긋나는 것이니 성인(聖人)들이 본성에 따라 사는 것을 싫어하여 예(禮)를 제정하였다.
(나)	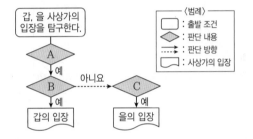

① A: 영토보다 백성이 귀하고 백성보다 군주가 귀한가?
② A: 인간은 인의(仁義)를 알 수 있는 도덕적 인식 능력을 가지고 있는가?
③ B: 자비의 마음을 갖춘 사람을 대인(大人)이라고 보는가?
④ B: 마음 밖에 있는 수오지심을 확충하여 호연지기를 길러야 하는가?
⑤ C: 법령과 형벌을 정치의 근원으로 삼고 덕치를 도모해야 하는가?

264-265 빈출자료

갑, 을은 중국 사상가들이다. 다음을 읽고 물음에 답하시오.

> 갑: 치지(致知)는 격물(格物)에 있다는 말은 나의 앎을 극진하게 이루고자 한다면 사물에 나아가 그 이치를 궁구해야 한다는 것을 뜻한다. 사람의 마음은 영명하여 모두 지(知)를 지니고 있고 천하의 사물은 모두 이(理)를 가지고 있다.
> 을: 치지격물(致知格物)은 내 마음의 양지(良知)를 개별 사물들에서 실현하는 것이다. 내 마음에 있는 천리(天理)로서의 양지를 개별 사물들에서 극진히 이루면 사물들은 모두가 다 그 이(理)를 얻게 된다.

264

갑, 을의 입장을 다음 그림으로 탐구할 때, A~C에 들어갈 질문으로 적절하지 않은 것은?

① A: 모든 사람의 마음에는 양지가 들어 있는가?
② B: 마음과 분리된 채 존재할 수 있는 이치가 있는가?
③ B: 격물은 사물의 이치를 깊이 있게 탐구하는 것인가?
④ C: 사람의 마음은 모두 이치를 갖추고 있는 만사의 근원인가?
⑤ C: 치지는 사물의 이치를 궁구하여 나의 앎을 확충하는 것인가?

265

갑, 을의 입장에서 다음 질문에 대해 제시할 수 있는 답변으로 적절한 것만을 〈보기〉에서 있는 대로 고른 것은?

> 질문: 앎[知]과 행동[行]의 관계는 어떠한지요?

〈 보기 〉

ㄱ. 갑: 참된 실천을 위해서는 먼저 바른 지식을 갖추어야 한다.
ㄴ. 을: 선후로 보면 앎이 우선이지만 경중으로 보면 행이 더 중요하다.
ㄷ. 을: 앎에 이미 행이 들어 있으니 알면서 행하지 않는 것은 있을 수 없다.
ㄹ. 갑, 을: 앎과 행동은 본래 두 가지이나 서로 영향을 주어 함께 발전시켜야 한다.

① ㄱ, ㄴ   ② ㄱ, ㄷ   ③ ㄴ, ㄹ
④ ㄱ, ㄷ, ㄹ   ⑤ ㄴ, ㄷ, ㄹ

266

(가)의 갑, 을, 병 사상가들의 입장에서 서로에게 제기할 수 있는 비판을 (나) 그림으로 표현할 때, A~F에 해당하는 내용으로 가장 적절한 것은?

(가)	갑: 하늘은 사람들이 서로 사랑하며 서로 이롭게 하기를 바라지, 서로 미워하며 서로 해칠 것을 바라지 않는다. 을: 인(仁)은 사람의 마음이고 의(義)는 사람의 길이다. 그 길을 버리고 따르지 않으며 그 마음을 잃어버리고 찾을 줄을 모르니 애처롭다. 사람은 닭이나 개가 도망가면 찾을 줄을 알지만 마음을 잃고서는 찾을 줄을 모른다. 병: 군자를 귀하게 여김은 그가 성(性)을 교화하여 인위를 일으킬 수 있기 때문이다. 소인을 천하게 여김은 그가 성을 따르고 정(情)에 순응해 이익을 탐하여 다투고 빼앗기 때문이다.
(나)	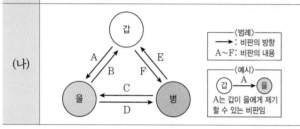

① A, F: 겸애(兼愛)를 통해 서로 이익을 교류하며 평화로운 세상을 추구해야 함을 모르고 있다.

② B: 존비친소(尊卑親疏)를 구별하지 않는 사랑을 해야 함을 모르고 있다.

③ C: 신상필벌(信賞必罰)을 통한 부국강병을 추구해야 함을 모르고 있다.

④ C, E: 도덕적인 사람이 되려면 노력이 필요함을 간과하고 있다.

⑤ D: 예(禮)를 통해서 능력을 헤아려 재화를 차등적으로 공정하게 분배해야 함을 모르고 있다.

267

(가)의 중국 사상가 갑, 한국 사상가 을, 병의 입장에서 서로에게 제기할 수 있는 비판을 (나) 그림으로 표현할 때, A~F에 해당하는 내용으로 가장 적절한 것은?

(가)	갑: 모든 사물의 이치는 내 마음에서 벗어나 있지 않다. 배우고 묻고 사색하고 변별하고 돈독히 행하는 공부는 내 마음의 양지(良知)를 지극한 데까지 확충하는 것에 불과할 따름이다. 양지 이외에 어찌 다시 터럭만큼이라도 보탤 것이 있겠는가? 을: 이(理) 없는 기(氣)는 없고, 기 없는 이도 없다. 이(理)이면서 기(氣)의 따름이 없다면 이룰 수 있는 것이 없고, 기이면서 이의 올라탐이 없다면 욕망에 빠져 금수가 된다. 사단(四端)은 이가 발하고 기가 그것을 따르는 것이며, 칠정(七情)은 기가 발하고 이가 그것을 타는 것이다. 병: 사단은 칠정의 선한 측면이고 칠정은 사단을 합쳐 말한 것이니 칠정의 한 측면과 칠정 전체를 어찌 둘로 나눠 대치시킬 수 있겠는가? 칠정 밖에 다른 정(情)은 없다.
(나)	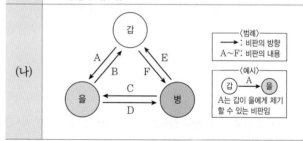

① A, F: 개별 사물의 이치 탐구를 통해 양지를 형성할 수 있음을 간과하고 있다.

② B: 측은, 수오의 마음을 확충하여 덕이 형성됨을 모르고 있다.

③ C: 칠정이 발하기 이전 마음의 본체가 성임을 간과하고 있다.

④ D: 측은, 수오의 마음은 이가 발한 것임을 간과하고 있나.

⑤ E: 이치가 오로지 마음에만 있음을 모르고 있다.

268

(가)의 갑, 을의 입장을 (나) 그림으로 표현할 때, A~C에 들어갈 진술로 적절한 것을 〈보기〉에서 고른 것은?

(가)	갑: 도공은 흙을 반죽하여 기와를 만든다. 그렇다면 기와는 도공의 위(僞)에서 생긴 것이지, 처음부터 도공의 본성에서 나온 것은 아니다. 본성은 스승과 법도를 통해서 바르게 되고, 예의(禮義)를 얻은 후에 다스려진다. 을: 무릇 어린아이는 아는 것이 없지만 선하다고 칭찬하면 좋아하고 악하다고 꾸짖으면 성내고, 도둑은 수치심이 없지만 청렴하다고 칭찬하면 기뻐하고 탐욕스럽다고 꾸짖으면 슬퍼하니, 사람의 성(性)은 기호(嗜好)라는 것을 알 수 있다.
(나)	갑 을 A B C 〈범례〉 ·A: 갑만의 입장 ·B: 갑, 을의 공통 입장 ·C: 을만의 입장

〈 보기 〉
ㄱ. A: 인간의 욕구는 생존과 도덕적인 삶을 위해 필요하다.
ㄴ. B: 인의(仁義)의 덕은 후천적으로 형성될 수 있다.
ㄷ. B: 인간의 본성은 선이나 악으로 결정되어 있지 않다.
ㄹ. C: 인간만이 영지(靈知)의 기호(嗜好)를 지니고 있다.

① ㄱ, ㄴ   ② ㄱ, ㄷ   ③ ㄴ, ㄷ
④ ㄴ, ㄹ   ⑤ ㄷ, ㄹ

269

한국 사상가 갑의 입장에서 중국 사상가 을에게 제기할 수 있는 비판으로 적절한 것을 〈보기〉에서 고른 것은?

갑: 인이란 사람과 사람 사이에서 그 도리를 다하는 것이다. 자식이 부모를 섬긴 이후에야 효도라는 이름을 얻듯이 인을 실천하지[行事] 않고서 그 이름을 얻을 수는 없다.
을: 인은 마음의 덕(德)이자 인간 본연의 성(性)이며, 하늘의 이치[理]이다. 편벽된 기질을 교정하고[矯] 올바른 기운을 북돋움으로써[義] 본연을 회복할 수 있다.

〈 보기 〉
ㄱ. 사단(四端)은 행위를 통해 형성된다는 것을 간과한다.
ㄴ. 인간의 마음[心]이 도덕 행위를 주재하는 것임을 간과한다.
ㄷ. 덕을 실현할 수 있는 성은 인간만이 지닌 마음의 기호임을 간과한다.
ㄹ. 인의예지는 덕이라 할 수 있지만, 이치[理]라고 할 수는 없음을 간과한다.

① ㄱ, ㄴ   ② ㄱ, ㄹ   ③ ㄴ, ㄷ
④ ㄴ, ㄹ   ⑤ ㄷ, ㄹ

270

다음을 주장한 고대 동양 사상가의 입장으로 적절한 것을 〈보기〉에서 고른 것은?

색(色)을 즐거워하지 말고 색을 찬양하지 말며 색을 취하지 말고 색에 집착하지 말라. 무슨 까닭인가? 만일 비구가 그럴 수 있다면, 곧 색을 즐거워하지 않게 되어 마음이 해탈하기 때문이니라. 수(受), 상(想), 행(行), 식(識)에서도 마찬가지이므로, 오온(五蘊)에 집착하지 말아야 하느니라.

〈 보기 〉
ㄱ. 불변하는 나에 대한 깨달음을 얻어야 한다.
ㄴ. 현재 내가 하는 말, 행동은 미래에 영향을 준다.
ㄷ. 업으로 인해 다시 생이 시작되는 기쁨이 누려야 한다.
ㄹ. 인간은 연기에 따라 결합하여 임시로 머무는 존재일 뿐이다.

① ㄱ, ㄴ   ② ㄱ, ㄷ   ③ ㄴ, ㄷ
④ ㄴ, ㄹ   ⑤ ㄷ, ㄹ

271

(가)의 갑, 을의 입장을 (나) 그림으로 탐구할 때, A~C에 들어갈 질문으로 적절한 것만을 〈보기〉에서 있는 대로 고른 것은?

(가)	갑: 업(業)은 본래 생겨나지 않는다. 결정된 자성(自性)이 없기 때문에 업은 없어지지도 않는다. 업에 자성이 있다고 하면 영원할 것이라 할 것이니 이는 옳지 않다. 그러므로 모든 것은 공(空)하다. 을: 오식(五識)은 연(緣)에 따라 일어난다. 어느 때는 함께하고 어느 때는 함께하지 않는다. 이 모든 의식이 전변해서 분별과 분별되는 것으로 나뉜다. 그러므로 일체는 의식일 뿐이다.
(나)	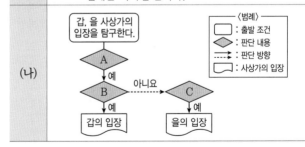

〈 보기 〉
ㄱ. A: 모든 것의 실재를 부정하는가?
ㄴ. B: 모든 것은 연기에 의해 발생하는가?
ㄷ. B: 중도를 관찰하는 중관(中觀)을 중시하는가?
ㄹ. C: 마음의 작용을 떠나서는 어떠한 실재도 없는가?

① ㄱ, ㄴ   ② ㄴ, ㄷ   ③ ㄷ, ㄹ
④ ㄱ, ㄴ, ㄹ   ⑤ ㄱ, ㄷ, ㄹ

272

한국 사상가 갑, 을의 입장으로 적절하지 <u>않은</u> 것은?

> 갑: 선정은 본체요, 지혜는 작용이다. 작용은 본체에 의존하는 바 선정은 지혜와 분리되지 않는다. 정(定)이 곧 혜(慧)이므로 고요하면서 항상 알고, 혜가 곧 정이므로 알면서 항상 고요하다.
> 을: 나는 부처의 가르침을 전하기에 급하고 그대는 또한 참선(參禪)하는 일에 바쁘구나. 뜻을 얻으면 교(敎)와 선(禪)이 다 아름답지만, 사사로운 정을 따르면 모두를 잃게 된다. 원융(圓融)한 경지에서는 취하고 버릴 것도 없다.

① 갑: 점진적 수행의 방법으로 선정과 지혜를 함께 닦아 나가야 한다.
② 갑: 선은 부처의 마음이며, 교는 부처의 말씀이므로 선과 교는 본래 하나이다.
③ 을: 교와 선 한쪽만을 고집하며 치우쳐서는 안 되고 하나로 귀결시켜야 한다.
④ 을: 선종을 중심으로 교종과의 조화를 추구하며 내외겸전(內外兼全)해야 한다.
⑤ 갑, 을: 깨달음을 얻으려면 모든 사물의 실상이 공함을 통찰해야 한다.

273

(가)의 중국 사상가 갑, 한국 사상가 을의 입장을 (나) 그림으로 탐구할 때, A~C에 해당하는 내용으로 적절한 것을 〈보기〉에서 고른 것은?

> (가)
> 갑: 깨달음에는 본래 나무가 없고, 밝게 비추는 거울에는 받침대가 없습니다. 불성은 늘 맑고 고요하니, 그 어디에 티끌이 끼겠습니까? 자성을 한번에 깨달으면 곧장 부처가 될 수 있다.
> 을: 자성이 부처와 다르지 않다는 것을 깨우쳤다 하더라도 습기를 한 번에 제거하기는 어렵습니다. 따라서 깨달음에 의지하여 닦아 나가 점차 익힘으로써 공덕을 이루어야 합니다.

(나)

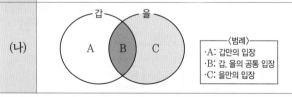

> ·A: 갑만의 입장
> ·B: 갑, 을의 공통 입장
> ·C: 을만의 입장

〈 보기 〉
ㄱ. A: 자신의 깨달음은 물론 중생의 구제에도 힘써야 한다.
ㄴ. B: 교리와 경전을 통해 깨달음을 얻어야 한다.
ㄷ. B: 깨달음을 얻기 위해 자신의 본성을 직관해야 한다.
ㄹ. C: 단번에 진리를 깨친 뒤 번뇌를 차차 소멸시켜야 한다.

① ㄱ, ㄴ   ② ㄱ, ㄷ   ③ ㄴ, ㄷ
④ ㄴ, ㄹ   ⑤ ㄷ, ㄹ

274

(가)의 갑, 을의 입장을 (나) 그림으로 탐구할 때 A~C에 들어갈 질문으로 적절한 것만을 〈보기〉에서 있는 대로 고른 것은?

> (가)
> 갑: 천지는 어질지 않아 만물을 모두 짚으로 만든 개처럼 여긴다. 성인은 어질지 않아 백성을 모두 짚으로 만든 개처럼 여긴다.
> 을: 인드라망은 끝없이 큰 그물로써 이음새마다 보석처럼 투명하게 빛나는 구슬이 자리 잡고 있다. 구슬들은 혼자 빛날 수 없으며 반드시 다른 구슬의 빛을 받아야만 세상을 밝힐 수 있다.

(나)

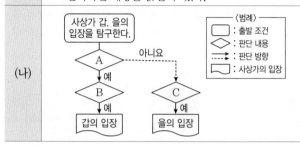

〈 보기 〉
ㄱ. A: 인간과 자연의 조화를 추구하는가?
ㄴ. B: 도를 깨달아 분별적 지식을 버려야 하는가?
ㄷ. B: 하늘은 인간이 따라야 하는 도덕 원리[仁]의 원천인가?
ㄹ. C: 만물은 원인과 조건에 의해 생겨나는가?

① ㄱ, ㄷ   ② ㄴ, ㄹ   ③ ㄷ, ㄹ
④ ㄱ, ㄴ, ㄹ   ⑤ ㄴ, ㄷ, ㄹ

275

갑 사상가의 입장에 비해 을 사상가의 입장이 갖는 상대적 특징을 그림의 ㉠~㉤ 중에서 고른 것은?

> 갑: 천하에 도가 있으면 나라는 보존되고 도가 없으면 나라는 위태롭게 된다. 현명한 임금은 군자를 등용하여 법도를 밝힌다. 도는 임금이 밟아야 할 길이고, 군자는 예의를 다스리는 자이다. 사람의 본성[性]은 교화를 거친 후에 선에 부합된다.
> 을: 모장과 여희는 사람들이 미인이라고 하지만 물고기는 그를 보면 물속 깊이 들어가고 새는 그를 보면 높이 날아가고 고라니와 사슴은 그를 보면 후다닥 날아간다. 이 네 가지 것들 중 누가 천하의 아름다움을 알고 있는 것인가?

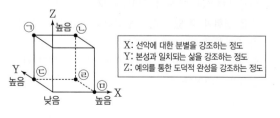

X: 선악에 대한 분별을 강조하는 정도
Y: 본성과 일치되는 삶을 강조하는 정도
Z: 예의를 통한 도덕적 완성을 강조하는 정도

① ㉠   ② ㉡   ③ ㉢   ④ ㉣   ⑤ ㉤

다음을 읽고 물음에 답하시오.

> 일반적으로 (㉠), (㉡), (㉢) 사상은 동양의 사유 체계를 이끌었다. (㉠)은/는 하늘의 원리를 인간 도덕규범[仁]의 원천으로 파악하였고, (㉡)은/는 자비를 바탕으로 내가 소중하듯 모든 존재가 소중하다는 진리를 깨달을 것을 강조하였다. (㉢)은/는 우주의 근원을 도(道)로 규정하고, 도를 따르는 삶을 제시하였다.

276

㉠~㉢ 사상에 대한 설명으로 옳지 않은 것은?

① ㉠은 인(仁)의 윤리를 바탕으로 인격 수양과 도덕 실천을 강조하였다.

② ㉡은 연기(緣起)의 세계관을 바탕으로 자비의 윤리를 펼칠 것을 강조하였다.

③ ㉡은 어리석음으로 인해 발생한 삶의 고통에서 벗어나기 위한 수행을 강조하였다.

④ ㉢은 자연의 질서에 순응하는 무위자연(無爲自然)의 삶을 강조하였다.

⑤ ㉢은 윤회의 과정에서 인간의 선행과 악행이 죽음 이후의 삶을 결정함을 강조하였다.

277

㉠~㉢의 관점에서 아래의 주장에 대해 평가할 내용으로 가장 적절한 것은?

> 인간은 자연의 사용자 및 해석자로서 자연의 질서에 관해 실제로 관찰하고, 고찰한 것만큼 무엇인가를 할 수 있다. 그 이상의 것은 알 수도 없고, 할 수도 없다. 인간의 지식이 곧 인간의 힘이다. – 베이컨, 『신기관』

① 자연에 대한 인간의 우위를 인정하지 않고 있다.

② 자연에 대한 객관적인 연구의 중요성을 인식하지 못하고 있다.

③ 자연과 인간의 세계를 구분하여 인식해야 함을 간과하고 있다.

④ 인간과 자연은 상호 의존하는 유기적 관계라는 점을 간과하고 있다.

⑤ 자연을 정복하여 인간의 삶을 개선하려는 의지의 중요성을 간과하고 있다.

278

(가)의 갑, 을, 병 사상가들의 입장을 (나) 그림으로 탐구할 때, A~D에 들어갈 질문으로 적절한 것만을 〈보기〉에서 있는 대로 고른 것은?

(가)	갑: 서양 사람은 한울님을 위한 단서가 없이 제 몸만을 위해 빌 따름이다. 을: 서양과 화친할 수 없다는 것에 따르면 옛 문물과 제도를 보전할 수 있지만, 서양과 화친하면 금수의 나라가 될 것이다. 병: 우리의 도를 행하는 것은 정덕(正德)을 위한 것이요, 저들(서양)의 기(器)를 본받는 것은 이용후생을 위한 것이다.
(나)	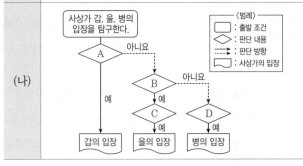

〈 보기 〉

ㄱ. A: 후천 세계에서는 만민이 평등한 지상 낙원이 실현될 것인가?

ㄴ. B: 동양의 기를 통해 서양의 기를 개선해야 하는가?

ㄷ. C: 유교적 사회 질서를 보존해야 하는가?

ㄹ. D: 성리학적 신분 질서와 가치는 지켜져야 하는가?

① ㄱ, ㄴ　　　② ㄱ, ㄷ　　　③ ㄴ, ㄹ

④ ㄱ, ㄷ, ㄹ　　　⑤ ㄴ, ㄷ, ㄹ

10 서양 윤리 사상의 연원

Ⓐ 고대 그리스 사상과 헤브라이즘

고대 그리스 사상	• 사물과 인간의 본질에 큰 관심을 보임 • 이성적이고 합리적인 사고와 논변을 중시함
헤브라이즘	• 유일무이한 절대자로서의 신에 대한 믿음을 강조함 • 신을 윤리의 궁극적 근거로 삼는 신 중심의 윤리 사상을 전개함

└─ 고대 유대 민족의 유대교로부터 이후 전개된 그리스도교에 이르기까지 그 사상과 문화 및 전통을 아울러 이르는 말

내세의 구원을 위한 신앙생활을 강조하고, 유대인만이 선택받았다는 선민사상과 엄격한 율법주의를 강조한다.

Ⓑ 소피스트와 소크라테스의 사상

1 윤리 상대주의와 소피스트의 사상

① 윤리 상대주의의 입장: 누구에게나 보편타당한 절대적인 진리와 도덕규범은 없다고 봄 → 공동체의 법과 관습, 윤리적 원칙도 사회나 시대마다 다르다고 봄

② 소피스트의 윤리 사상 ┌─ 고대 그리스의 여러 도시 국가를 다니면서 교양이나 수사학을 가르치던 사람들로, 윤리 상대주의를 추구하였다. 이들은 학문의 주제를 자연에서 인간으로 전환하는 데 기여하였다.

프로타고라스	각 개인의 지각 경험만이 진리 판단과 도덕 판단의 기준이라고 봄 ─ "인간은 만물의 척도이다."라고 주장하였다.
고르기아스	회의주의적 관점에서 보편적이고 절대적인 존재와 진리, 그에 관한 객관적 인식을 부정함

└─ 인간의 인식은 주관적·상대적이라고 보아서 진리의 절대성을 의심하고 궁극적인 판단을 하지 않으려는 태도

2 윤리 보편주의와 소크라테스의 사상

① 윤리 보편주의의 입장: 보편타당한 도덕 판단의 기준과 도덕규범이 있다고 봄

② 소크라테스의 윤리 사상 ┌─ 삶과 행동에서 앎을 중요시하는 태도로서, 인간의 감정이나 욕구보다는 이성이나 이론, 사유 등 지적인 것을 중시한다.

주지주의	보편타당한 절대적 진리와 도덕규범이 존재하며, 참된 앎을 지닌 사람은 도덕적인 삶을 살 수 있다고 봄 → 비도덕적인 행동의 원인은 무지(無知)에 있다고 봄
지덕복 합일설	영혼의 덕을 갖추기 위해서는 덕이 무엇인지 알아야 함[지덕일치론] → 영혼의 덕을 갖춘 삶은 행복한 삶이라고 봄[덕복일치론] → 덕을 아는 사람은 덕을 실천하여 행복에 이를 수 있다고 봄[지덕복 합일설]
성찰의 강조	'자기 자신을 검토하지 않고 영혼을 돌보지 않는 삶은 살 가치가 없다.'라고 하며, 자신에 대한 반성과 성찰을 중시함
문답법(산파술)	상대가 제시하는 의견에 논리적이고 이성적인 물음을 계속 제기하는 문답법을 통해 상대방의 무지를 깨우치고자 함

2 윤리 보편주의와 소크라테스의 사상 빈출자료 Link • 297-298번 문제

┌─(무지의 지(知)에 대한 소크라테스의 입장)─────

내가 대다수 사람들과 다른 점이 있다면 그것은 바로 내가 무지하다는 것을 알고 있다는 것입니다. ······ 나는 아테네 시민들을 찾아다니면서 신체나 재산이 아니라 각자의 영혼을 최상의 상태로 가꾸라고 설득할 것입니다.

기출 Tip Ⓐ
고대 그리스 사상의 등장 배경
• 자연 철학자 등장: 세상이 무엇으로 이루어져 있는지 관심을 가지며 합리적으로 물음을 던지는 자연 철학자들 등장
• 민주주의의 발달: 그리스의 여러 도시 국가가 민주정을 채택 → 인간과 사회에 대한 대화와 토론이 활발해짐

기출 Tip Ⓑ-1
트라시마코스의 정의관
소피스트 사상가인 트라시마코스는 정의가 강한 자의 이익을 위한 것에 불과하다고 봄

기출 Tip Ⓑ-2
산파술
산파는 산모가 아이를 낳을 때 도움을 주는 사람을 말함. 소크라테스는 상대방과 묻고 답하는 문답법의 과정에서 마치 산파처럼 상대방의 비판적 사고를 이끌어 내는 역할을 하여, 소크라테스의 문답법을 산파술이라고 부르기도 함

개념 확인 문제

○ 정답과 해설 27쪽

279 다음 설명이 맞으면 ○표, 틀리면 ×표를 하시오.

(1) 고대 그리스 사상은 유일무이한 절대자로서 신에 대한 믿음을 강조하였다.　　(　　)

(2) 소피스트는 누구에게나 보편타당한 절대적 진리와 도덕규범이 존재한다고 보았다.　　(　　)

280 다음 빈칸에 들어갈 내용을 쓰시오.

(1) (　　　　　)는 자기 자신을 검토하지 않고 영혼을 돌보지 않는 삶은 살 가치가 없다고 보았다.

(2) 소크라테스는 (　　　　　)을 통해 덕을 아는 사람은 덕을 실천하여 행복에 이를 수 있다고 보았다.

난이도별 필수 기출

상 2문항
중 18문항
하 5문항

A 고대 그리스 사상과 헤브라이즘

281 하중상

고대 그리스 사상에 대한 설명으로 옳은 것을 〈보기〉에서 고른 것은?

〈 보기 〉
ㄱ. 신 중심의 윤리 사상을 전개하였다.
ㄴ. 이성적이고 합리적인 사고와 논변을 중시하였다.
ㄷ. 대표적으로 소피스트와 소크라테스의 사상이 있다.
ㄹ. 유일무이한 절대자와 인간의 관계에 기초하여 인간의 행위 원리를 탐구하였다.

① ㄱ, ㄴ   ② ㄱ, ㄷ   ③ ㄴ, ㄷ
④ ㄴ, ㄹ   ⑤ ㄷ, ㄹ

282 하중상

㉠에 들어갈 용어로 옳은 것은?

(㉠)은/는 고대 그리스 사상과 더불어 서양 윤리 사상의 또 다른 뿌리가 되는 사상으로, 고대 유대 민족의 유대교로부터 이후 전개된 그리스도교에 이르기까지 그 사상과 문화 및 전통을 아울러 이르는 말이다.

① 경험주의   ② 이성주의
③ 헬레니즘   ④ 헤브라이즘
⑤ 프래그머티즘

283 하중상

밑줄 친 '이 사상'에 대한 설명으로 옳지 않은 것은?

이 사상은 고대 그리스 윤리 사상과 더불어 서양 윤리 사상의 주요한 원천이다. 이 사상은 유대인의 민족 종교로 시작하여 예수의 가르침을 중심으로 발전하였다. 이 사상은 중세를 거치면서 그 영향력이 커졌고, 오늘날 서양의 도덕적 삶에 있어 지배적인 역할을 하는 중요한 전통으로 자리 잡았다.

① 신에 대한 사랑과 믿음을 강조한다.
② 고대 그리스 사상에 흡수되어 체계화되었다.
③ 신 중심의 윤리 사상 또는 사랑의 윤리라고 할 수 있다.
④ 내세의 구원을 받기 위해 신앙생활을 해야 한다고 보았다.
⑤ 유대인만이 선택받았다는 선민사상과 엄격한 율법주의를 강조하기도 하였다.

284 하중상

다음은 윤리와 사상 수업 시간에 학생이 필기한 노트이다. ㉠~㉤의 내용 중 옳지 않은 것은?

〈서양 윤리 사상의 연원〉
(1) 고대 그리스 사상의 특징
  ㉠ 사물과 인간의 본질에 큰 관심을 보임
  ㉡ 이성적이고 논리적·합리적인 사고방식을 중시함
(2) 헤브라이즘의 특징
  ㉢ 절대적 존재인 유일신에 대한 믿음을 강조함
  ㉣ 신의 명령이 곧 윤리적 행동 지침임을 강조함
(3) 헤브라이즘의 영향
  ㉤ 세상이 무엇으로 이루어져 있는지에 대해 물음을 던지는 자연 철학자들이 등장하는 데 영향을 미침

① ㉠   ② ㉡   ③ ㉢   ④ ㉣   ⑤ ㉤

B 소피스트와 소크라테스의 사상

285 하중상

소피스트에 설명으로 옳은 것은?

① 윤리 보편주의의 입장을 추구하였다.
② 웅변술과 변론술을 중시하지 않았다.
③ 현실의 삶에서 세속적 성공을 추구하지 않았다.
④ 시대 흐름에 따른 진리의 변화 가능성을 인정하였다.
⑤ 학문의 주제를 인간에서 자연으로 전환하는 데 기여하였다.

286 하중상 빈출

다음을 주장한 사상가의 입장으로 가장 적절한 것은?

• 같은 바람이라도 어떤 사람에게는 차게 느껴지고 어떤 사람에게는 따뜻하게 느껴지듯이 무엇이든 절대로 옳거나 악한 것은 없다.
• 인간은 모든 것의 척도이다. 존재하는 것에 대해서는 그것이 존재한다는 척도이며, 존재하지 않는 것에 대해서는 그것이 존재하지 않는다는 척도이다.

① 인간은 윤리적 행위의 주체가 될 수 없다.
② 상대주의적 입장에서 도덕규범의 다양성을 인정해야 한다.
③ 인간의 이성을 바탕으로 보편타당한 윤리적 기준을 확립해야 한다.
④ 윤리적 회의주의를 극복하기 위해 윤리적 상대주의를 부정해야 한다.
⑤ 인간 삶의 구체적 문제에 대한 탐구보다 자연에 대한 탐구가 더 중요하다.

다음은 고대 서양에서 작성된 가상 일기이다. 이를 읽고 물음에 답하시오.

> ○○월 ○○일
> 내일 저녁은 아고라(Agora)에서 회의가 열리는 날이다. 그 동안 다른 도시 국가를 여행하면서 보고 배운 다양한 것들을 사람들 앞에서 이야기해야겠다. 수많은 사람들이 나를 소피스트라고 부르는 상상을 하면 설레어서 잠이 오지 않는다. 내일이 참 기대된다.

287 하(중)상

위의 글이 쓰인 시대의 윤리적 특징에 대한 설명으로 옳은 것은?

① 개인주의와 세계 시민주의가 등장하였다.
② 학문적 관심이 인간에서 자연으로 옮겨졌다.
③ 자연 철학자들의 등장으로 신화적 세계관이 심화되었다.
④ 이성적이고 합리적인 사고와 논변을 중시하는 경향이 있었다.
⑤ 인간의 삶과 사회에서의 좋음보다는 유일신의 은총을 강조하였다.

288 하(중)상

밑줄 친 '소피스트'의 입장으로 적절한 것만을 〈보기〉에서 있는 대로 고른 것은?

〈 보기 〉
ㄱ. 이성을 통해 불변하는 진리를 파악할 수 있다.
ㄴ. 정의는 약자의 이익 보호를 위한 수단에 불과하다.
ㄷ. 각 공동체마다 윤리 규범이 다르며 진리는 상대적이다.
ㄹ. 인간은 모든 것의 척도로 개인의 경험이나 지각만이 진리 판단의 기준이다.

① ㄱ, ㄴ ② ㄴ, ㄷ ③ ㄷ, ㄹ
④ ㄱ, ㄴ, ㄹ ⑤ ㄱ, ㄷ, ㄹ

289 하(중)상

다음을 주장한 고대 서양 사상가에 대한 설명으로 옳지 않은 것은?

> 정의(正義)는 강한 자의 이익 이외에 다른 것이 아니다. 똑같은 정의일지라도 어떤 사람에게는 유리하고 어떤 사람에게는 불리하다.

① 윤리 상대주의를 주장하였다.
② 정의는 상황에 따라 변할 수 있는 것이라고 보았다.
③ 보편타당한 도덕 판단의 기준을 찾아야 한다고 보았다.
④ 공동체의 법과 관습은 시대나 상황마다 달라진다고 보았다.
⑤ 법률은 강자들이 자신의 이익을 위해 제정한 것이라고 보았다.

갑, 을은 고대 서양 사상가이다. 다음을 읽고 물음에 답하시오.

> 갑: 인간은 모든 것의 척도이다. 존재하는 것에 대해서는 그것이 존재한다는 것의 척도이며, 존재하지 않는 것에 대해서는 그것이 존재하지 않는다는 것의 척도이다.
> 을: 아무것도 존재하지 않는다. 비록 어떤 것이 존재한다 해도 우리는 그것을 알 수 없다. 우리가 그것을 알 수 있다고 해도 다른 사람에게 전할 수 없다.

290 하(중)상

갑의 입장으로 가장 적절한 것은?

① 정신적 쾌락을 추구하기 위해 절제해야 한다.
② 인간의 자연적 감정과 사회적 공감을 추구한다.
③ 각 개인의 지각과 경험만이 진리 판단의 기준이다.
④ 참된 앎은 영혼의 수련을 통해 얻어지는 객관적 인식이다.
⑤ 옳은 일을 계속하여 덕을 함양할 수 있도록 노력해야 한다.

291 하(중)상

갑, 을의 공통적인 입장으로 적절하지 않은 것은?

① 선악의 판단은 개인에 따라 달라진다.
② 감각적 경험과 유용성이 가치 판단의 기준이다.
③ 사물에 대한 지식과 도덕적 가치는 상대적인 것이다.
④ 철학적 관심을 만물의 근원에서 인간의 문제에 대한 탐구로 전환시켜야 한다.
⑤ 부와 명예 등의 세속적 가치를 멀리하고 정신적이고 지속적인 쾌락을 추구해야 한다.

292 _{하/중/상}

(가)를 주장한 고대 서양 사상가의 입장을 (나)의 그림으로 표현할 때 A, B에 들어갈 질문으로 가장 적절한 것은?

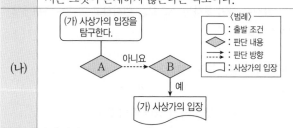

(가)	인간은 모든 것의 척도이다. 존재하는 것에 대해서는 그것이 존재한다는 척도이며, 존재하지 않은 것에 대해서는 그것이 존재하지 않는다는 척도이다.

(나)

- 〈범례〉
- ☐ : 출발 조건
- ◇ : 판단 내용
- ┄▶ : 판단 방향
- ⌷ : 사상가의 입장

(가) 사상가의 입장을 탐구한다.

A — 아니요 → B

예 ↓

(가) 사상가의 입장

① A: 가치 판단의 기준은 인간의 감각적 경험인가?
② A: 보편적인 판단 기준의 가능성을 부정하는가?
③ B: 절대적으로 옳은 진리는 존재하는가?
④ B: 개인에 따라 옳음의 판단 기준은 달라지는가?
⑤ B: 현실을 초월한 세계에서 진리의 근거를 찾는가?

293 _{하/중/상}

다음을 주장한 고대 서양 사상가에 대한 설명으로 옳은 것은?

- 선이 무엇인지 알면서 고의로 악을 행하는 사람은 없다.
- 모든 덕은 참된 앎에서 나오고, 모든 악은 무지에서 비롯된다.

① 정의는 강자의 이익이라고 주장하였다.
② 우주 자연의 본질 탐구를 철학의 주제로 삼았다.
③ 진리의 혼란을 초래했다는 부정적 평가를 받고 있다.
④ 주지주의(主知主義)를 내세우며 참된 지식을 추구하였다.
⑤ 지식의 상대성을 주장하며 경험주의와 실용주의에 영향을 미쳤다.

294-295 빈출자료[•]

다음을 읽고 물음에 답하시오.

선이 무엇인지 아는 사람은 나쁜 행동을 할 수 없다. 나쁜 행동을 하는 사람은 자신에게 해를 끼치는 사람이다. 자발적으로 자신에게 해를 입히려는 사람은 없기 때문이다.

294 _{하/중/상}

위의 주장을 한 고대 서양 사상가가 긍정의 대답을 할 질문으로 가장 적절한 것은?

① 개인에 따라 옳음의 판단 기준이 다름을 알아야 하는가?
② 선과 악의 구별이 경험적 지식에 의해 이루어져야 하는가?
③ 선악을 구별하는 이성적 지식이 도덕적 행위를 일으키는가?
④ 도덕은 타인의 행복과 불행에 대한 공감 능력에 근거하는가?
⑤ 도덕적 가치는 사회 구성원 다수의 합의에 의해 결정되는가?

295 _{하/중/상}

위의 주장을 한 고대 서양 사상가의 입장으로 가장 적절한 것은?

① 감각적 경험을 통하여 진리를 인식하고, 가치의 상대성을 인정해야 한다.
② 행복이 지식과 무관함을 인식하고 자연의 섭리에 순응하며 살아가야 한다.
③ 현실은 이데아의 모방일 뿐이고, 참된 실재인 이데아의 세계를 추구해야 한다.
④ 인간 존재의 유한성을 자각하고 신(神)에게 귀의하여 완전한 행복에 도달해야 한다.
⑤ 영혼의 수련을 통해 참된 앎을 얻고, 자신의 삶을 성찰하여 유덕한 사람이 되어야 한다.

296 _{하/중/상}

•[•]서술형

다음을 읽고 물음에 답하시오.

소크라테스는 ㉠ 무지에 대한 자각을 바탕으로 참된 앎을 추구할 것을 주장하면서 ㉡ 지덕복 합일설(智德福合一說)을 주장하였다.

(1) ㉠을 위해 소크라테스가 사용한 방법을 쓰시오.

(2) ㉡의 의미를 서술하시오.

다음을 읽고 물음에 답하시오.

> 자신이 모르면서도 알고 있다고 믿는 것이 인간이 가진 무지 중에서 가장 큰 무지입니다. 내가 대다수 사람들과 다른 점이 있다면 그것은 바로 내가 무지하다는 것을 알고 있다는 것입니다. …… 나는 아테네 시민들을 찾아다니면서 신체나 재산이 아니라 각자의 영혼을 최상의 상태로 가꾸라고 설득할 것입니다.

297 (하 중 상)

위의 주장을 한 고대 서양 사상가의 입장으로 가장 적절한 것은?

① 선을 아는 사람도 악을 행할 수 있다.
② 도덕적 판단은 오직 경험을 통해서만 가능하다.
③ 윤리적 성찰과 반성을 통해 사회적 성공을 이루어야 한다.
④ 세계는 원인과 조건의 결합으로 이루어진 상호 의존적인 세계이다.
⑤ 이성을 완전히 발휘하여 얻은 참된 앎에 의해 인도되는 삶이 바람직한 삶이다.

298 (하 중 상)

위의 주장을 한 고대 서양 사상가가 긍정의 대답을 할 질문으로 가장 적절한 것은?

① 개개인의 경험이 도덕 판단의 기준인가?
② 덕 있는 삶과 참된 앎은 분리 가능한 것인가?
③ 한 사회의 정의는 강자의 이익을 대변하는가?
④ 참된 앎을 위해 무지에 대한 자각이 필요한가?
⑤ 선이 무엇인지 알아도 의지의 나약함으로 인해 악을 행할 수 있는가?

299 (하 중 상)

다음은 고대 서양 사상가와 그 제자의 가상 대화이다. ㉠에 들어갈 답변으로 가장 적절한 것은?

> 제자: 선생님, 인간이 악한 행동을 하는 이유는 무엇입니까?
> 스승: 참된 앎이 무엇인지 모르기 때문이네. 참된 앎을 깨닫게 되면 유덕한 삶을 살 수 있다네.
> 제자: 참된 앎을 깨닫기 위해서는 어떻게 해야 합니까?
> 스승: [㉠   ]

① 초월자의 가르침에 순응하면서 살아가야 한다네.
② 자신의 무지를 자각하고 영혼을 수련해야 한다네.
③ 감각적 경험에 근거한 도덕 원리를 탐구해야 한다네.
④ 현실적 유용성에 따라 옳고 그름을 인식해야 한다네.
⑤ 타인을 수단으로 삼아 자신의 이익을 얻고자 노력해야 한다네.

300 (하 중 상)

밑줄 친 '그'의 사상에 대한 설명으로 옳은 것은?

> 그는 자신보다 현명한 사람은 없다는 신탁을 전해 듣고 지혜롭다고 알려져 있는 여러 사람을 찾아다녔다. 그들과 대화하면서 다른 사람들은 알지도 못하면서 안다고 생각하고 있지만, 자신은 알지 못하는 스스로를 인식하고 있다는 측면에서 더 지혜롭다고 느꼈다.

① 아타락시아를 추구하였다.
② 인간은 정치적 동물이라고 주장하였다.
③ 영혼을 돌보는 삶을 가치 있다고 여겼다.
④ 동굴의 비유를 통해 철학자의 사명을 설명하였다.
⑤ 청중의 호응을 얻는 수사학과 처세술을 강조하였다.

301 (하 중 상)

다음을 주장한 고대 서양 사상가가 긍정의 대답을 할 질문으로 적절한 것을 〈보기〉에서 고른 것은?

> 지혜롭다는 사람을 만나 대화를 나누면서 이런 생각이 들었습니다. '이 사람보다 내가 더 지혜롭군. 왜냐하면 우리 둘 다 아름답고 훌륭한 것을 전혀 알지 못하는 것 같은데, 이 사람은 자기가 알지 못하면서도 안다고 생각하는 반면, 나는 내가 알지 못하는 것을 알지 못한다고 생각하기 때문이지. 바로 이 점에서 나는 적어도 이 사람보다는 지혜로운 것 같아.'

〈 보기 〉
ㄱ. 진리 탐구는 무지의 자각에서 비롯되는가?
ㄴ. 윤리적 문제를 제대로 알지 못하면 올바르게 행동할 수 없는가?
ㄷ. 육체적 고통이 없고 마음에 불안이 없는 평온함이 진정한 행복인가?
ㄹ. 품성의 덕은 상황이나 시대에 맞추어 적절하게 변화하는 윤리적 탁월성을 의미하는가?

① ㄱ, ㄴ   ② ㄱ, ㄷ   ③ ㄴ, ㄷ
④ ㄴ, ㄹ   ⑤ ㄷ, ㄹ

302 (하 중 상)

고대 서양 사상가 갑, 을의 입장에 대한 설명으로 옳은 것은?

> 갑: 동일한 바람도 어떤 사람은 차갑게 느끼지만 다른 사람은 그렇지 않게 느낄 수 있다. 어떤 것들이 나에게 나타나는 대로 그것들은 나에게 그렇게 존재하며, 어떤 것들이 당신에게 나타나는 대로 그것들은 당신에게는 그렇게 존재한다.
>
> 을: 우리는 이성적이고 논리적인 대화를 통해 모든 인간에게 타당하고 바람직한 삶의 방식을 찾아야 한다. 반성하지 않는 삶은 도덕적으로 살 만한 가치가 없다. 반성을 통해 자신의 무지를 깨닫고 지혜, 용기 등과 같은 영혼의 덕을 갖추어야 한다.

① 갑은 헤브라이즘의 전통을 이어받았다.

② 갑은 보편적 도덕규범이 있다고 보았다.

③ 을은 도덕 판단을 위한 보편타당한 기준은 없다고 보았다.

④ 을은 덕이 무엇인지 아는 사람은 덕을 실현하여 행복에 이를 수 있다고 보았다.

⑤ 갑, 을은 모두 경험과 관찰을 통해 사회적 성공에 필요한 지식의 습득을 중시하였다.

303 (하 중 상)

갑, 을은 고대 서양 사상가이다. 갑의 입장에서 을에게 제기할 수 있는 비판으로 가장 적절한 것은?

> 갑: 검토되지 않은 삶은 살 만한 가치가 없다. 한 개인에게 있어서 가장 중요한 일은 자신의 영혼을 돌보는 것이며 영혼의 수련을 통해 깨달음에 이르게 된다.
>
> 을: 인간은 모든 것의 척도이다. 존재하는 것에 대해서는 그것이 존재한다는 척도이며, 존재하지 않는 것에 대해서는 그것이 존재하지 않는다는 척도이다.

① 보편타당한 진리와 도덕규범이 존재함을 모르고 있다.

② 선악의 판단 기준이 상황에 따라 달라짐을 모르고 있다.

③ 이성을 통해서 이데아의 세계를 인식해야 함을 모르고 있다.

④ 순간적 쾌락보다 지속적인 쾌락을 추구해야 함을 모르고 있다.

⑤ 개인의 감각적 경험이 참과 거짓을 판단하는 기준임을 모르고 있다.

304 (하 중 상)

고대 서양 사상가 갑, 을의 입장에 대한 설명으로 옳지 않은 것은?

> 갑: 사물들이 나에게는 나에게 보이는 대로이고, 당신에게는 당신에게 보이는 대로입니다. 바람은 그것을 차갑게 느끼는 사람에게는 차고, 차지 않게 느끼는 사람에게는 차지 않습니다. 각자가 만물의 척도인 것입니다.
>
> 을: 동의할 수 없습니다. 각자가 자신의 판단에 대한 척도라면 자신의 견해에 대해 다른 사람이 더 옳을 수가 없습니다. 그런데 어떻게 당신은 현자(賢者)일 수 있고 다른 사람들을 가르칠 수 있습니까? 인간은 자신의 무지를 깨닫고 보편적인 진리로 나아갈 수 있습니다.

① 갑은 보편적 도덕 가치에 대해 회의적인 태도를 보인다.

② 을은 영혼을 온전하게 가꾸는 일을 인간이 추구해야 할 최상의 과업으로 보았다.

③ 을은 영혼의 덕을 갖추기 위해서는 우선 덕이 무엇인지 알아야 하고 참된 덕은 지혜에서 성립한다고 보았다.

④ 갑은 경험과 관찰을 통해 진리를 판단하고, 을은 이성을 통해 진리를 탐구해야 한다고 보았다.

⑤ 갑, 을은 인간과 사회보다 세계를 구성하는 본질적인 요소나 우주 자연의 근원을 탐구해야 한다고 보았다.

305 (하 중 상)

•• 서술형

다음을 보고 물음에 답하시오.

(가)	갑: 정의는 더 강한 자의 이익 이외에 다른 것이 아닙니다. 어떤 사람에게는 유리하고 어떤 사람에게는 불리합니다. 을: 정의는 덕이고 지혜이며, 부정의는 악덕이고 무지입니다. 정의가 무엇인가를 알면서도 이를 행하지 않을 사람은 없습니다.
(나)	갑 을 A B C 〈범례〉 ·A: 갑만의 입장 ·B: 갑, 을의 공통 입장 ·C: 을만의 입장

(1) 고대 서양 사상가 갑, 을을 각각 쓰시오.

(2) (가)의 갑, 을의 입장을 (나) 그림으로 탐구할 때, A~C에 들어갈 수 있는 내용을 각각 서술하시오.

11

덕 있는 삶과 행복

Ⓐ 플라톤의 사상

1 플라톤의 세계관

① 이데아의 의미와 특징

기출 Tip Ⓐ-1
현실 세계와 이데아 세계의 특징

현실 세계	이데아 세계
가변성	불변성
상대성	보편성
불완전성	완전성
유한성	무한성
그림자	실재
가시계	가지계
모형	원형

의미	사물의 불변하는 본질이자 참된 실재로서 완전한 것을 뜻하며, 감각적인 개별 사물에 공통되는 보편적이고 절대적인 본질을 가리킴
특징	• 이데아에 대한 지식은 오직 이성을 통해서만 얻을 수 있음 • 각 사물에는 그것의 이데아가 있으며, 최고의 이데아는 선(善)의 이데아임 → 인간은 이성으로 선의 이데아를 인식하여 참된 진리의 세계에 도달할 수 있음 └▸ 모든 이데아에 본질을 부여하는 이데아

② 현실 세계와 이데아 세계의 구분

눈으로 볼 수 있는 세계●

현실 세계	생성과 소멸을 끊임없이 반복하는 불완전한 세계로, 감각 경험을 통해 파악되는 가시계(可視界)
이데아 세계	참된 실재가 존재하는 관념의 세계로, 감각 경험이 아닌 이성을 통해 탐구되고 파악되는 가지계(可知界) → 동굴의 비유를 통해 이데아 세계와 현실 세계의 관계를 설명함

지성으로 파악할 수 있는 세계 ●

2 플라톤의 세계관 [빈출자료] Link • 323~324번 문제

이데아의 모방으로, 현실 세계의 존재 ●

┌─(플라톤의 동굴의 비유)─

동굴 속 맨 안쪽에 오직 동굴 벽면만을 바라보도록 사슬로 묶인 죄수들이 있다. 그들 바로 뒤에는 야트막한 담장이 있고, 담장 너머로는 동굴을 가로지르는 길이 있으며, 동굴의 입구 쪽으로 조금 떨어진 곳에 불이 타오르고 있다. 사람들이 길을 지나다닐 때마다 동굴의 벽면에 갖가지 그림자가 나타나는데, 죄수들은 그 그림자가 진짜 사물들이라고 믿는다. 어느 날 죄수 한 명이 동굴을 빠져 나간다. 그는 처음에 아무것도 볼 수 없었지만 차츰 햇빛에 익숙해지면서 사물들을 보게 된다. 그러다가 마침내 그는 태양을 직접 볼 수 있게 되고, 태양이야말로 만물의 근원이고 지배자라는 것을 알게 된다. 그는 현재 자신이 누리는 행복은 그 무엇과도 바꿀 수 없다고 생각하면서 동굴 속 동료들을 불쌍히 여긴다. 그는 동굴 속으로 돌아와 죄수들을 동굴 밖으로 인도하려고 애쓰지만 그들은 오히려 그를 박해하고 죽이려고 한다.

└● 선의 이데아

3 플라톤의 인간관과 국가관

기출 Tip Ⓐ-3
정의로운 국가와 절제의 덕

플라톤에게 절제란 더 좋은 것이 더 나쁜 것을 지배하는 것으로, 절제는 감각적 쾌락과 욕망을 조절하는 것일 뿐만 아니라 자신의 지위를 알고 보다 훌륭한 사람에게 통치받는 데 합의하도록 하는 것임

① 정의로운 인간: 인간의 영혼은 이성, 기개, 욕구의 세 부분으로 이루어져 있음 → 이성은 지혜, 기개는 용기, 욕구는 절제의 덕을 갖추어 조화를 이룰 때 인간 영혼에서 정의의 덕을 실현할 수 있음

② 정의로운 국가

▸ 플라톤은 모든 계층에게 공통적으로 절제의 덕이 필요하다고 보았다.

• 국가의 구성원을 통치자, 방위자, 생산자의 세 계급으로 구분하고, 통치자는 지혜, 방위자는 용기, 생산자는 절제의 덕을 갖추어야 한다고 봄 → 각자의 역할을 수행하며 서로 간섭하지 않고 조화를 이룰 때 정의로운 국가를 실현할 수 있음 ┌▸ 지혜, 기개, 절제, 정의의 네 가지 덕을 사주덕이라고 한다.

• 통치자와 방위자와 같은 지배 계급은 사유 재산을 가져서는 안 된다고 봄

• 철인(哲人) 정치: 선의 이데아에 대한 지혜를 갖춘 철학자가 국가를 다스리는 철인 정치가 실현되어야 정의로운 국가가 실현될 수 있음

플라톤은 민주정을 비판하였다. ●

4 행복한 삶을 이루기 위한 방법

① 이성적 삶의 강조: 행복한 삶을 살아가려면 불변의 보편적 진리를 탐구하고, 이성으로 감정과 욕구를 규제해야 함

② 정의의 강조: 영혼의 세 부분이 지혜, 용기, 절제의 덕을 발휘하여 정의의 덕을 갖추고, 국가의 세 계급이 각자의 덕을 실현하며 조화를 이루어 정의로운 국가를 실현해야 함

B 아리스토텔레스의 사상

1 아리스토텔레스의 세계관

현실적 윤리관	플라톤에 비해 현실을 보다 중시하는 태도를 취함 → 세계는 개별적인 실체들로 이루어진 하나의 세계이며, 선(善)은 이데아의 세계가 아니라 현실 세계에 존재한다고 봄
목적론적 세계관	세상의 모든 것에는 목적이 있으며, 인간의 모든 행위는 선을 목적으로 함 → 인간 행위의 궁극적인 목적, 즉 최고선은 행복임

2 행복과 덕의 관계

① 행복과 덕

행복	진정한 행복은 덕 있는 삶을 살 때 도달할 수 있음
덕(탁월성)	인간 고유의 기능인 이성을 탁월하게 발휘하는 것 → 이성을 탁월하게 발휘하는 덕 있는 삶을 통해 행복에 이를 수 있음

② 덕의 구분 ┌→ 지성의 덕을 발휘하는 지적인 관조의 삶을 통해서도 행복을 얻을 수 있다고 보았다.

지성적 덕 (지적인 덕)	• 의미: 영혼의 순수하게 이성적인 기능이 탁월하게 작용할 때 얻을 수 있는 덕 **예** 철학적 지혜, 실천적 지혜, 추리적 논증 등 ┌→ 일상에서 중용을 판별하는 데 도움을 주는 도덕적 판단 능력 • 특징: 주로 교육을 통해 길러지며, 품성적 덕의 형성에 영향을 끼침
품성적 덕 (도덕적 덕)	• 의미: 영혼의 감각과 욕구의 기능이 이성에 귀를 기울이고 이성의 명령에 따를 때 얻을 수 있는 덕 **예** 용기, 절제 등 • 특징: 과도함과 부족함 사이의 적절한 상태인 중용을 그 특징으로 함 → 품성적 덕을 쌓기 위해서는 지속적인 도덕적 실천을 통해 도덕적 행동을 습관화해야 함

└→ 감정과 행위가 상황에 따라 지나치지도 모자라지도 않은 알맞은 상태로, 산술적 중간이 아니라 과도함과 부족함 사이의 중간을 의미한다. 그 자체로 악한 것에는 존재하지 않는다.

3 행복과 덕의 관계 빈출자료 Link • 339~340번 문제

─（ 중용의 습관화에 대한 아리스토텔레스의 입장 ）─

덕(德)은 실천함으로써 비로소 얻게 된다. 즉 우리는 옳은 행위를 함으로써 옳게 되고, 용감한 행위를 함으로써 용감하게 된다.

기출 Tip B-2
인간 영혼의 분류
• 이성적인 부분: 사유
• 비이성적인 부분: 동물적인 부분(감각, 욕구), 식물적인 부분(영양, 성장)

소크라테스와 달리 알고 있어도 의지의 나약함으로 옳은 행동을 실천하지 못할 수 있다고 보았다.

기출 Tip B-3
실천과 습관화의 강조

한 마리의 제비가 날아왔다고 해서 봄이 되는 것도 아니고, 하루가 화창했다고 해서 봄이 되는 것도 아니다.
– 아리스토텔레스

아리스토텔레스에 따르면 인간은 어떤 행위를 해야 할지 잘 알고 있더라도, 의지의 나약함으로 인해 그것을 실천하지 못할 수 있음. 따라서 의지를 기르고 꾸준한 실천을 통해 중용을 습관화할 때 품성의 덕을 형성할 수 있음

개념 확인 문제

◌ 정답과 해설 29쪽

306 ㉠에 공통적으로 들어갈 말을 쓰시오.

(㉠)는 사물의 불변하는 본질이자 참된 실재로서 완전한 것을 뜻한다. 플라톤은 (㉠) 세계는 참된 실재가 존재하는 관념의 세계로, 감각 경험이 아닌 이성을 통해 탐구되고 파악된다고 보았다.

307 다음 설명이 맞으면 ○표, 틀리면 ×표를 하시오.

(1) 플라톤은 인간 영혼 중 이성은 지혜의 덕을 갖추어야 한다고 보았다.
( )

(2) 플라톤에 따르면 절제의 덕은 국가의 세 계급 중 생산자만 갖추면 된다.
( )

(3) 플라톤은 국가의 세 계급이 서로 역할을 바꾸어 가면서 수행할 때 정의로운 국가가 된다고 보았다.
( )

308 다음 빈칸에 들어갈 내용을 쓰시오.

(1) 아리스토텔레스는 최고선인 ( )이 인간 행위의 궁극적인 목적이라고 보았다.

(2) 아리스토텔레스는 ( )이 인간 고유의 기능인 이성을 탁월하게 발휘하는 것이라고 주장하였다.

(3) 아리스토텔레스는 과도함과 부족함 사이의 적절한 상태인 ( )을 반복적으로 실천하여 품성적 덕을 길러야 한다고 보았다.

309 아리스토텔레스의 덕의 구분과 그 설명을 옳게 연결하시오.

(1) 지성적 덕 •
• ㉠ 영혼의 순수하게 이성적인 기능이 탁월하게 작용할 때 얻을 수 있는 덕

(2) 품성적 덕 •
• ㉡ 영혼의 감각과 욕구의 기능이 이성에 귀를 기울이고 이성의 명령에 따를 때 얻을 수 있는 덕

A 플라톤의 사상

310 하중상

밑줄 친 '이데아'에 대한 설명으로 옳지 <u>않은</u> 것은?

> 이 세상에는 수많은 동그라미가 있지만 모두 조금씩 일그러
> 져 있습니다. 완벽한 동그라미는 오직 <u>이데아</u>의 세계에만 존
> 재합니다.

① 존재의 참모습이다.
② 변하지 않는 영원한 것이다.
③ 이성을 통해서 인식할 수 있다.
④ 초월적 세계가 아닌 현실에 존재한다.
⑤ 개별 사물에 공통되는 보편적인 본질이다.

311 하중상
•• 서술형

㉠~㉢에 들어갈 용어를 각각 쓰시오.

> 제자: 선생님, 인간 영혼에 요구되는 덕은 무엇인가요?
> 플라톤: 인간의 영혼은 이성, 기개, 욕구 세 부분으로 이루
> 어져 있습니다. 이에 대응하여 (㉠)(이)란 영
> 혼의 조화를 위해 무엇이 유익한지 아는 덕입니다.
> (㉡)(이)란 이성이 지시하는 대로 두려워할 것
> 과 두려워하지 않을 것을 끝까지 보전하는 덕입니
> 다. (㉢)(이)란 감각적 쾌락과 욕망을 적절히
> 소설하는 덕입니다.

312 하중상

다음을 주장한 사상가의 입장으로 적절하지 <u>않은</u> 것은?

> 인간의 영혼은 이성, 기개, 욕구의 세 부분으로 이루어져 있
> 고, 그러한 영혼의 각 부분이 서로 간섭하지 않으면서 제 기
> 능을 다하여 서로 조화를 이룰 때 영혼의 정의가 실현된다.

① 방위자 계급에게는 절제의 덕이 필요하지 않다.
② 선의 이데아는 모든 이데아에 본질을 부여한다.
③ 절대적으로 변하지 않는 불변의 진리가 존재한다.
④ 순수한 이성적 사유를 통해 참된 앎에 이를 수 있다.
⑤ 선의 이데아에 대한 지혜를 갖춘 철학자가 통치할 때 정의로운
국가가 실현될 수 있다.

313 하중상

다음을 주장한 고대 서양 사상가의 입장으로 적절하지 <u>않은</u> 것은?

> • 정의로운 사람은 자신 안의 세 부분이 각각 다른 부분의 일
> 을 하거나 서로 참견하지 못하도록 하고 전체를 조화시킨다.
> • 사람의 영혼 안에도 나라 안에 있는 것들과 똑같은 부분이
> 있으며, 그 수도 같다. 사람이 정의롭게 되는 것도 나라가
> 정의롭게 되는 것과 똑같은 방식에 의해서이다.

① 선의 이데아를 인식한 철학자가 나라를 통치해야 한다.
② 국가 구성원 간의 자유로운 계층 이동이 보장되어야 한다.
③ 이상 국가에서 세 계층은 모두 절제의 덕을 갖추어야 한다.
④ 통치자와 방위자들에게는 사유 재산을 인정하지 않아야 한다.
⑤ 각자는 타고난 재능과 교육에 따라 자신의 역할을 수행해야
한다.

314 하중상

다음을 주장한 고대 서양 사상가의 입장으로 가장 적절한 것은?

> 인간은 누구나 영혼의 세 가지 기능 중 어느 하나의 기능에
> 탁월한 성향을 지니고 있으며, 그 기능에 대응하는 덕을 지
> 니게 된다. 지적인 능력과 함께 이성에 탁월한 사람은 지혜
> 의 덕을 지니고, 의지의 기개 있는 활동에 탁월한 사람은 용
> 기의 덕을 지니며, 감각적인 욕구의 활동에 탁월한 사람은
> 절제의 덕을 지니게 된다. 이 세 가지 덕이 조화롭게 기능하고,
> 이성에 의해 질서 지워지고 규제될 때 총괄적인 덕인 정의가
> 구현된다.

① 지혜로운 사람에게는 절제의 덕이 필요하지 않다.
② 모든 욕구를 제거하고 이성의 인도에 따라 살아가야 한다.
③ 인간은 태어나면서부터 네 가지의 덕을 모두 갖추고 있다.
④ 정의로운 사람이 되기 위해서는 반드시 지혜의 덕이 필요하다.
⑤ 실천적 지혜를 바탕으로 현실에서 중용을 구현하려는 의지가
필요하다.

315 (하중상)

밑줄 친 '이 사상가'의 입장으로 적절한 것만을 〈보기〉에서 있는 대로 고른 것은?

이 사상가에 따르면, 인간의 영혼은 이성, 기개, 욕구의 세 부분으로 이루어져 있다. 그리고 영혼의 각 부분이 서로 간섭하지 않아야 한다. 이 사상가는 통치자, 방위자, 생산자 계급이 각각 지혜, 용기, 절제의 덕을 갖추어 전체적으로 조화를 이룬 상태를 정의로운 국가라고 보았다.

〈 보기 〉

ㄱ. 절제의 덕은 생산자 계급에게만 필요한 덕목이다.
ㄴ. 개개인이 자기 역할을 충실히 수행해야 이상 사회가 실현될 수 있다.
ㄷ. 통치자 계급에 속하는 사람들은 사적인 재산을 소유해서는 안 된다.
ㄹ. 이상적인 정치를 실현하려면 통치자가 반드시 지혜의 덕을 갖추어야 한다.

① ㄱ, ㄴ   ② ㄴ, ㄷ   ③ ㄴ, ㄹ
④ ㄱ, ㄴ, ㄹ   ⑤ ㄴ, ㄷ, ㄹ

316 (하중상)

다음을 주장한 고대 서양 사상가의 입장에만 모두 '✔'를 표시한 학생은?

우리 인간의 영혼은 마차에 비유될 수 있습니다. 마차를 끄는 두 마리의 말이 있는데, 한 마리는 말을 잘 듣는 좋은 말이고 다른 말은 채찍을 들어야 말을 듣는 좋지 않은 말입니다. 실제로 마차를 끄는 것은 이 두 마리의 말이죠.

입장 \ 학생	갑	을	병	정	무
절제는 모든 계급에게 요구되는 덕목이다.	✔		✔		✔
존재의 본질을 현실 사물에서 발견할 수 있다.	✔	✔	✔		
모든 시민이 정치에 참여하는 민주주의를 지향해야 한다.		✔		✔	✔
욕구에는 절제, 기개에는 용기, 이성에는 지혜의 덕이 갖추어져야 한다.			✔	✔	✔

① 갑   ② 을   ③ 병   ④ 정   ⑤ 무

다음을 읽고 물음에 답하시오.

한 국가가 ㉠ 올바른 나라로 여겨지는 것은 이 국가 안에 있는 성향이 다른 세 부류가 저마다 제 일을 하기 때문이며, 또한 이 국가가 절제 있고, 용기 있으며, 지혜로운 나라인 것도 이들 세 부류가 처한 상태 때문이다.

317 (하중상) 빈출

위의 주장을 한 고대 서양 사상가의 입장으로 가장 적절한 것은?

① 감각적 경험을 통해 최고선을 인식할 수 있다.
② 어떤 상황에서도 두려움 없이 행동하는 것이 용기이다.
③ 국가 전체의 좋음을 인식하는 것이 방위자의 역할이다.
④ 이데아계는 오직 죽음(영혼의 해방)을 통해서만 파악할 수 있다.
⑤ 인간 내면에서 더 나은 쪽이 더 못한 쪽을 지배하는 데 합의하는 것이 절제이다.

318 (하중상)

위의 주장을 한 고대 서양 사상가의 관점에서 ㉠에 대해 설명한 것으로 옳지 않은 것은?

① 지혜의 덕을 지닌 철인이 통치하는 국가이다.
② 각 계급이 서로의 일에 간섭하지 않는 국가이다.
③ 국가 구성원 모두가 자신이 원하는 일에 종사한다.
④ 영혼의 조화를 이룬 정의로운 인간과 대응하는 국가이다.
⑤ 국가 구성원이 통치자, 방위자, 생산자로 구분되는 국가이다.

319 (하중상)

(가)를 주장한 사상가의 입장에서 볼 때, (나)의 ㉠에 들어갈 진술로 가장 적절한 것은?

(가)	철학자들이 모든 나라의 왕이 되거나, 아니면 현재의 왕이나 최고 권력자들이 진정으로 철학을 하게 되지 않는 한 모든 나라에서, 아니 인류 전체에 있어서 악은 사라지지 않을 것이다.
(나)	이상 국가를 실현하려면 ㉠

① 구성원 모두가 철학을 하게 해야 한다.
② 민주적 절차로 통치자를 선출해야 한다.
③ 철학과 정치권력의 결합을 해체해야 한다.
④ 모든 계층이 재산을 공동으로 소유해야 한다.
⑤ 세 계층이 각자의 직분을 충실하게 수행해야 한다.

320-321 빈출자료°

다음을 읽고 물음에 답하시오.

(가)	매일의 일상을 살아가는 우리는 평생 동안 ㉠ 동굴 안에서 ㉡ 사슬에 묶여 있는 죄수들과 같다. 평생 동굴 벽면에 비친 ㉢ 그림자만 보며 살아 온 죄수들은 그림자가 진짜 사물들이라고 믿는다. 어느 날 ㉣ 사슬이 풀린 한 죄수가 동굴을 빠져 나와 ㉤ 사물들의 참모습을 보게 된다. 이러한 진리를 깨닫고 행복을 경험한 그는 동료들을 동굴 밖으로 인도하기 위해 다시 동굴로 들어간다.
(나)	_____A_____. 그러면 정의로운 국가가 실현될 것이다.

320

(가)의 ㉠~㉤에 대응하는 의미를 옳게 연결한 것은?

① ㉠ – 이데아계
② ㉡ – 철학자
③ ㉢ – 진리의 빛
④ ㉣ – 생산자
⑤ ㉤ – 이데아

321

(가)를 주장한 고대 서양 사상가의 입장에서 볼 때, (나)의 A에 들어갈 진술로 가장 적절한 것은?

① 다수결로 정책을 결정하라
② 지혜를 갖춘 자가 통치하게 하라
③ 사회 계층 간 이동을 활발하게 하라
④ 모든 구성원의 의견을 동등하게 존중하라
⑤ 통치자 계급에게 재산의 사적 소유를 허용하라

322

다음을 주장한 사상가의 입장에만 모두 '✔'를 표시한 것은?

참된 철학자들이 권좌에 오르기 전이나, 각 나라의 권력자들이 진정으로 철학을 하기 전에는 인류에게 재앙이 그치지 않을 것입니다. 사리 분별과 더불어 정의로써 삶을 영위하지 않는다면 그 어떤 사람이나 나라도 결코 행복해질 수 없기 때문입니다. 철학자는 좋음의 이데아를 배운 사려 깊고 정의로운 사람입니다.

입장 \ 학생	갑	을	병	정	무
정의는 강자의 이익에 불과하다.	✔	✔		✔	
현실 세계는 참된 실재의 세계이다.		✔			✔
통치자는 사유 재산을 가져서는 안 된다.	✔		✔	✔	✔
모든 계급들이 각자의 직분을 충실히 수행하여 조화를 이루어야 한다.			✔	✔	✔

① 갑　　② 을　　③ 병　　④ 정　　⑤ 무

323-324 빈출자료°

다음 비유를 읽고 물음에 답하시오.

동굴 속 맨 안쪽에 오직 동굴 벽면만을 바라보도록 사슬로 묶인 죄수들이 있다. 그들 바로 뒤에는 야트막한 담장이 있고, 담장 너머로는 동굴을 가로지르는 길이 있으며, 동굴의 입구 쪽으로 조금 떨어진 곳에 불이 타오르고 있다. 사람들이 길을 지나다닐 때마다 동굴의 벽면에 갖가지 ㉠ 그림자가 나타나는데, 죄수들은 그 그림자가 진짜 사물들이라고 믿는다. 어느 날 죄수 한 명이 동굴을 빠져 나간다. 그는 처음에 아무것도 볼 수 없었지만 차츰 햇빛에 익숙해지면서 사물들을 보게 된다. 그러다가 마침내 그는 ㉡ 태양을 직접 볼 수 있게 되고, 태양이야말로 만물의 근원이고 지배자라는 것을 알게 된다. 그는 현재 자신이 누리는 행복은 그 무엇과도 바꿀 수 없다고 생각하면서 동굴 속 동료들을 불쌍히 여긴다. 그는 동굴 속으로 돌아와 죄수들을 동굴 밖으로 인도하려고 애쓰지만 그들은 오히려 그를 박해하고 죽이려고 한다.

323

㉠, ㉡에 대한 설명으로 적절한 것을 〈보기〉에서 골라 옳게 짝지은 것은?

〈 보기 〉
ㄱ. 감각적 경험으로 파악되는 사물들을 상징한다.
ㄴ. 이성적 인식으로 파악되는 사물들 각각의 본질을 상징한다.
ㄷ. 사물들 각각의 본질을 존재하게 하는 궁극적 원인을 상징한다.
ㄹ. 자신의 무지를 깨닫고 진리 추구에 힘쓸 것을 역설하는 철학자를 상징한다.

	㉠	㉡		㉠	㉡		㉠	㉡
①	ㄱ	ㄴ	②	ㄱ	ㄷ	③	ㄴ	ㄷ
④	ㄴ	ㄹ	⑤	ㄷ	ㄹ			

324

위의 주장을 한 사상가가 강조하는 내용으로 옳은 것만을 〈보기〉에서 있는 대로 고른 것은?

〈 보기 〉
ㄱ. 현상계는 이데아계를 모방한 불완전한 세계이다.
ㄴ. 현상계는 오직 이성을 통해서만 파악될 수 있는 것이다.
ㄷ. 모든 만물에는 이데아가 존재하며 이데아는 가치의 측면에서 모두 동일하다.
ㄹ. 그림자의 세계인 현상계에서 벗어나 참된 실재의 세계인 이데아계로 나아가야 한다.

① ㄱ, ㄹ　　② ㄴ, ㄷ　　③ ㄴ, ㄹ
④ ㄱ, ㄴ, ㄹ　　⑤ ㄴ, ㄷ, ㄹ

325 하(중)상

다음을 주장한 고대 서양 사상가의 입장에서 밑줄 친 ㉠을 설명한 것으로 옳은 것은?

> 인식되는 것들에 진리를 제공하고 인식하는 자에게 힘을 주는 것이 '좋음의 이데아'이다. 이 이데아는 진리와 인식의 원인이지만, '인식되는 것'이기도 하다. …… 태양은 보이는 것들에게 '보임'의 힘을 제공해 줄 뿐만 아니라, 생성과 성장 그리고 영양을 제공해 준다. …… 이상 국가에서는 이데아를 인식하여 지혜의 덕을 갖춘 철학자가 통치하여 ㉠ 정의가 실현된다.

① 영혼의 각 부분이 역할을 다하여 전체적인 조화를 이룬 상태이다.
② 인간에게 좋은 것과 나쁜 것이 무엇인지 알게 해 주는 지적인 탁월성이다.
③ 사물의 참모습을 인식하고 이성의 명령을 따름으로써 발휘되는 탁월성이다.
④ 이성을 따름으로써 어떠한 상황에서도 동요하지 않는 정신 상태를 의미한다.
⑤ 시민들 사이에 부와 명예를 평등하게 분배하고, 공평한 거래를 보장하는 원리이다.

326 하(중)상

고대 서양 사상가 갑, 을, 병에 대한 설명으로 옳은 것은?

> 갑: 나는 내가 무지하다는 것을 알고 있다.
> 을: 인간은 모든 것의 척도이다.
> 병: 지혜를 갖춘 철인이 통치하는 국가가 이상적인 국가이다.

① 갑은 윤리적 허무주의를 주장하였다.
② 을은 사회가 변화해도 진리는 변하지 않는다고 보았다.
③ 병은 영혼을 이성, 기개, 욕구로 나누어 설명하였다.
④ 을과 병은 정의를 강자의 이익이라고 보았다.
⑤ 갑, 을, 병은 쾌락을 통해 행복을 실현하고자 하였다.

B 아리스토텔레스의 사상

327 하(중)상

다음 대화에서 스승이 강조하는 삶의 태도로 가장 적절한 것은?

> 제자: 스승님, 만물에 목적이 있다고 하셨는데 인생의 목적은 무엇입니까?
> 스승: 그건 바로 행복이라네. 덕(德)과 일치하는 영혼의 활동이 행복이지.
> 제자: 행복해지려면 어떻게 해야 하나요?
> 스승: 지적인 덕과 품성적인 덕을 갖추어야 한다네.

① 쾌락을 위해 모든 욕구를 충족해야 한다.
② 중용의 덕을 따르는 삶을 습관화해야 한다.
③ 신에게 모든 것을 맡기고 종속되어야 한다.
④ 다수가 옳다고 하는 삶의 방식을 따라야 한다.
⑤ 개인의 경험으로 검증된 객관적 사실을 따라야 한다.

328 하(중)상

고대 서양 사상가 갑의 입장에서 〈사례〉 속 A에게 제시할 조언으로 가장 적절한 것은?

> 갑: 의지가 나약한 사람은 자기가 무엇을 행하는지, 또 왜 그것을 행하는지 알고 있으므로 자발적으로 행하는 사람이지만 나쁜 사람은 아니다. 그의 합리적 선택 자체는 훌륭하니까. 따라서 그는 반쯤 나쁜 사람이다. 그는 또 부정의한 사람이 아니다. 계획적으로 그러는 사람이 아니기 때문이다.
>
> 〈사례〉
> 고등학생 A는 자신의 꿈을 이루기 위해서는 시간을 아껴 열심히 공부해야 한다는 것을 알고 있지만, 자신이 좋아하는 취미 생활에 빠진 나머지 실질적으로 공부하는 데 많은 진척을 보이지 못하고 있다.

① 공부를 하는 것이 의무 의식에 따르는 것인지 깊이 생각해 보렴.
② 꿈을 이루기 위해 공부하는 것이 필요하다는 점을 이해하도록 하렴.
③ 취미 생활을 즐기려는 욕구를 극복하고 공부하려는 의지를 기르도록 하렴.
④ 공부를 통해 진리를 탐구함으로써 선의 이데아를 모방하고 실현할 수 있도록 하렴.
⑤ 공부의 대상은 정확히 파악될 수도 전달될 수도 없는 상대적인 것임을 깨닫도록 하렴.

329 하 중 상

(가)를 주장한 고대 서양 사상가의 관점에서 (나)의 A에게 제시할 수 있는 조언으로 가장 적절한 것은?

(가)	두 악덕 가운데 하나는 과도함으로 말미암으며, 다른 하나는 부족함으로 말미암는다. 따라서 감정과 행동에 있어서 중간의 것을 목표로 삼아야 한다. 그런데 무슨 일에 있어서나 그 중간을 찾기란 쉬운 일이 아니기 때문에 선한 사람이 된다는 것은 쉬운 일이 아니다.
(나)	A는 같은 반 친구가 나쁜 친구들로부터 괴롭힘을 당하고 있다는 사실을 알았지만 나도 괴롭힘을 당할까봐 걱정이 되어 모른 척하고 있다. 그런데 마음이 편하지는 않다. 어떻게 하는 것이 좋을까?

① 앎이 실천으로 이어지도록 의지력을 발휘하게.
② 모든 사람은 용기의 덕을 타고난다는 사실을 명심하게.
③ 더 많은 사람에게 이로운 결과를 가져오는 선택을 하게.
④ 감정을 제거하여 어떤 상황에서도 동요하지 않는 마음을 갖게.
⑤ 용기가 무엇인지 알면 용기 있는 사람이 된다는 점을 기억하게.

330 하 중 상

(가)를 주장한 사상가의 입장에서 볼 때, (나)의 ㉠에 들어갈 진술로 가장 적절한 것은?

(가)	행위를 통해 성취할 수 있는 모든 좋음 중 최상의 것이 무엇인지 논의해 보자. 그것을 어떤 이름으로 부르는지는 대부분의 사람이 동의한다. 대중과 교양 있는 사람 모두 그것을 행복이라고 말하고 '잘 행동하는 것'과 '잘 사는 것'을 '행복하다는 것'과 같은 것으로 생각한다.
(나)	제자: 머리로 아는 것을 행동으로 실천하지 못하는 것을 어떻게 극복해야 합니까? 스승: ㉠

① 인격신을 믿고 따르며 사랑해야 합니다.
② 실천적 지혜를 통해 중용을 알고 반복 실천해야 합니다.
③ 세계의 필연성을 인식하고 자연법칙에 순응해야 합니다.
④ 감각적이고 육체적인 쾌락을 적극적으로 추구해야 합니다.
⑤ 아는 것을 행동으로 옮기지 못하는 것은 불가능함을 인정해야 합니다.

331 하 중 상

다음을 주장한 사상가의 입장으로 적절하지 않은 것은?

> 두려움과 대담함에 관련해서는 용기가 중용이다. 두려움이 전혀 없는 사람도 지나친 사람이고, 대담함이 지나친 사람도 무모한 사람이다. 반면 지나치게 두려워하여 대담함이 모자란 사람은 비겁한 사람이다.

① 덕 있는 삶은 참된 행복을 가져온다.
② 행복은 인간의 궁극적 목적이라고 할 수 없다.
③ 실천적 지혜는 중용의 상태를 아는 현명함이다.
④ 품성적 덕은 반복적인 훈련과 습관을 통해 생긴다.
⑤ 인간은 사회적 동물이므로 공동체 속에서 역할을 잘 수행해야 한다.

332 하 중 상

아리스토텔레스의 중용에 대한 설명으로 옳은 것만을 〈보기〉에서 있는 대로 고른 것은?

〈 보기 〉
ㄱ. 양극단을 배제하고 중간을 취하는 품성 상태이다.
ㄴ. 지성의 덕인 실천적 지혜를 통해 파악할 수 있는 마땅한 행위 원리이다.
ㄷ. 10과 2 사이의 6과 같은 산술적 중간이자 사물과의 관계에서의 중간이다.
ㄹ. 그 자체로 악한 것에는 존재하지 않으며 대부분의 상황에 동일하게 적용된다.

① ㄱ, ㄴ   ② ㄴ, ㄷ   ③ ㄷ, ㄹ
④ ㄱ, ㄴ, ㄹ   ⑤ ㄴ, ㄷ, ㄹ

333 하 중 상

다음은 고대 서양 사상가의 주장이다. ㉠에 들어갈 개념에 대한 설명으로 옳지 않은 것은?

> 두려움과 대담함, 또 육욕이나 분노 및 연민, 일반적으로 쾌락과 고통을 느끼는 일을 너무 많이 또는 너무 적게 할 수 있는데, 양쪽 모두 잘하는 것이 아니다. 반면, 이것들을 마땅한 때에, 마땅한 사람들에 대해, 마땅히 추구해야 할 목적을 위해, 그리고 마땅한 방식으로 느끼는 것이 (㉠)이다.

① 산술적 중간을 의미한다.
② 지나침과 모자람의 중간 상태이다.
③ 도덕적 실천 의지를 습관화한 덕이다.
④ 의지가 약하면 행하지 못할 가능성이 있다.
⑤ 상황에 따라 다르게 적용되는 속성을 지녔다.

334 (하중상)

다음을 주장한 사상가가 강조하는 내용으로 가장 적절한 것은?

> 도덕적 덕은 본성적으로 생겨나는 것도 아니요, 본성에 반하여 생겨나는 것도 아니다. 우리는 그것들을 본성적으로 받아들일 수 있으며 습관을 통하여 완성한다. 그러니 정의로운 일들을 행함으로써 우리는 정의로운 사람이 되며, 절제 있는 일을 행함으로써 절제 있는 사람이 되는 것이다.

① 선한 행위를 실천하기 위해 의지를 굳게 가져야 한다.
② 무엇이 선한 행위인지 정확히 아는 것만이 가장 중요하다.
③ 어떤 행위가 유용성을 가져다주는 행위인지 검토해야 한다.
④ 보편화 가능한 행위인지 검토하고 도덕 법칙을 준수해야 한다.
⑤ 남을 배려하는 마음을 키우기 위해 도덕 법칙을 확립해야 한다.

335 (하중상)

㉠, ㉡에 대한 설명으로 옳은 것만을 〈보기〉에서 있는 대로 고른 것은?

> 인간 영혼의 한 부분은 이성을 갖고 있고 다른 한 부분은 이성을 갖고 있지 않다. 지나침과 모자람이 잘못을 범하는 반면, ㉠ 지나침과 모자람 사이의 적절한 상태는 칭찬을 받고 또한 올곧게 성공한다. 인간이 행복해지기 위해서는 이와 같은 ㉡ 품성적 덕이 필요하다.

〈 보기 〉

ㄱ. ㉠은 악덕에 대해서는 성립할 수 없다.
ㄴ. ㉠은 모든 사람에게 하나가 아니고 동일하지도 않다.
ㄷ. ㉡의 필요충분조건은 참된 앎이다.
ㄹ. ㉡은 선행의 습관화를 통해 형성된다.

① ㄱ, ㄴ   ② ㄴ, ㄷ   ③ ㄷ, ㄹ
④ ㄱ, ㄴ, ㄹ   ⑤ ㄴ, ㄷ, ㄹ

336 (하중상)

다음을 주장한 고대 서양 사상가의 관점에서 볼 때 ㉠, ㉡에 대한 설명으로 옳은 것은?

> 행복은 ㉠ 지성적인 덕이나 ㉡ 품성적인 덕에 의해서 이루어진다. 지성적인 덕은 참(眞)을 가장 잘 인식하게 하는 성품이다. 품성적인 덕은 양 극단의 중간에 해당되는 최선의 행위를 계속 실천함으로써 형성되는 성품이다.

① ㉠은 감정에 충실함으로써 얻어진다.
② ㉠은 태어날 때 누구나 부여받은 성품이다.
③ ㉡은 습관의 결과로 생겨난다.
④ ㉡은 합리적 판단에 의해서만 형성되는 덕이다.
⑤ ㉠과 달리 ㉡은 이성과 관련 없이 생겨난다.

337 (하중상)

다음을 주장한 고대 서양 사상가에 대한 설명으로 옳지 않은 것은?

> • 진정한 행복은 덕 있는 삶을 사는 것이고, 덕 있는 삶은 인간의 고유한 기능을 탁월하게 발휘함으로써 실현할 수 있다.
> • 인간의 모든 행위에는 목적이 있다. 그 목적을 선(善)이라고 부른다. 목적은 무한히 이어질 수 있다. 따라서 최종적이고 궁극적인 목적, 즉, 최고선이 있다. 최고선은 곧 행복이다.

① 이성은 인간만이 지니는 고유한 기능이라고 하였다.
② 덕을 지성의 덕과 품성의 덕으로 나누어 구분하였다.
③ 플라톤의 이데아론에 비해 현실적인 관점을 취하였다.
④ 어떤 행위가 올바른 행위인지 알고 나면 언제나 도덕적 행동을 할 수 있다고 보았다.
⑤ 상황에 따라 지나치지도 모자라지도 않은 알맞은 감정을 가지거나 행위하는 것을 중시하였다.

338 (하중상)

다음 고대 서양 사상가가 주장하는 개념에 대한 설명으로 옳은 것을 〈보기〉에서 고른 것은?

> 연속적이고 분할할 수 없는 모든 것에서 더 많은 양을, 혹은 더 적은 양을, 혹은 동등한 양을 취할 수도 있다. 그리고 이때의 더 많고 적음이나 동등함의 대상 자체에 따라 이야기될 수도 있고, 우리와의 관계에 따라 이야기될 수도 있다. 이때 동등함은 지나침과 모자람의 어떤 중간이다. …… 그래서 모든 전문가들은 지나침과 모자람을 피하며, 중간을 추구하고 이것을 선택하는데, 이때의 중간은 대상에 있어서의 중간이 아니라 우리와의 관계에 있어서의 중간이다.

〈 보기 〉

ㄱ. 인간의 모든 행위와 감정에 적용되는 절대적인 것이다.
ㄴ. 옳은 행위의 습관화를 통해 형성되는 성품의 탁월성이다.
ㄷ. 주어진 상황에 비추어 이성적 판단에 따라 선택하는 것이다.
ㄹ. 인간이라면 누구나 선천적으로 갖고 있는 도덕적 자각 능력이다.

① ㄱ, ㄴ   ② ㄱ, ㄷ   ③ ㄴ, ㄷ
④ ㄴ, ㄹ   ⑤ ㄷ, ㄹ

다음을 읽고 물음에 답하시오.

(가)	덕(德)은 실천함으로써 비로소 얻게 된다. 즉 우리는 옳은 행위를 함으로써 옳게 되고, 용감한 행위를 함으로써 용감하게 된다. 이와 마찬가지로 입법자들은 시민들로 하여금 좋은 습관을 가지게 함으로써 좋은 시민을 만들고자 한다.
(나)	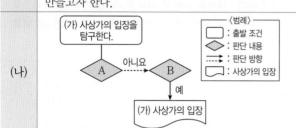

339 (하)(중)상

(가)를 주장한 고대 서양 사상가의 입장에서 볼 때, ㉠에 들어갈 조언으로 가장 적절한 것은?

학생: 선생님, 고민이 있어요.
교사: 무슨 고민이니?
학생: 스마트폰을 지나치게 많이 사용하는 것이 나쁘다는 것을 알면서도 자꾸 사용하게 돼요. 어떻게 하면 좋을까요?
교사: ㉠

① 스마트폰을 욕구 충족을 위해 사용하렴.
② 스마트폰 사용을 자제할 수 있는 의지를 기르렴.
③ 스마트폰 사용에는 중용이 없다는 것을 명심하렴.
④ 스마트폰으로 얻어지는 쾌락이 지속적인지 생각해 보렴.
⑤ 스마트폰 사용을 원천적으로 차단하고 완전히 금지하렴.

빈출 340 (하)(중)상

(가)의 고대 서양 사상가의 입장을 (나) 그림으로 탐구할 때 A, B에 들어갈 질문으로 적절한 것만을 <보기>에서 있는 대로 고른 것은?

〈 보기 〉
ㄱ. A: 모든 행동에 중용의 상태가 있는가?
ㄴ. A: 실천적 지혜는 품성적 덕을 형성하는 데 필요한가?
ㄷ. B: 의지의 나약함이 악행의 원인이 될 수 있는가?
ㄹ. B: 공동체에서 자신이 맡은 바에 충실해야 하는가?

① ㄱ, ㄴ   ② ㄴ, ㄷ   ③ ㄷ, ㄹ
④ ㄱ, ㄴ, ㄹ   ⑤ ㄱ, ㄷ, ㄹ

341 (하)(중)상

다음은 고대 서양 사상가의 가상 메모이다. ㉠에 들어갈 진술로 가장 적절한 것은?

나는 좋다고 말할 때는, 신과 지성이 좋다고 말할 때처럼 무엇임에서 좋다고 말하기도 하고, 덕이 좋다고 말할 때처럼 성질이 좋다고 말하기도 하고, 적당량이 좋다고 말할 때처럼 양에서도 좋다고 말하고, 무엇에 유용하다고 말할 때처럼 관계에서도 좋다고 말하고, 시간과 장소, 그 밖에 다른 점에서도 좋다고 말한다고 본다. 그런데 어느 고대 서양 사상가는 우리의 감각이 파악하는 것은 마치 동굴 벽에 비친 그림자와 같으며, 동굴 밖에서 만나는 태양은 모든 존재의 참모습을 알게 하며, 모든 존재의 궁극적인 원인인 좋음의 이데아를 상징한다고 한다. 내가 볼 때 이 사상가는   ㉠

① 좋음이란 공통적이고 단일한 보편자로 존재함을 간과하고 있다.
② 좋음이란 이름에 불과하며 실제로는 존재하지 않는 것임을 간과하고 있다.
③ 인간 행위가 목적으로 삼는 좋음들의 가치는 모두 동등함을 간과하고 있다.
④ 좋음이 현실 세계에 존재하며 현실 세계에서 실현되어야 함을 간과하고 있다.
⑤ 인간이 공통적으로 추구하는 최고의 좋음은 현실에 존재하지 않음을 간과하고 있다.

빈출 342 (하)(중)상

그림의 강연자가 강조하는 삶의 태도로 가장 적절한 것은?

여러분, 제비 한 마리가 왔다고 여름이 온 것은 아니요, 날씨가 하루 좋았다고 여름이 온 것은 아닙니다. 이와 마찬가지로, 하루 또는 짧은 시간의 행복이 그 사람을 완전히 행복하게 하는 것은 아니라는 것을 명심하시길 바랍니다.

① 올바른 삶보다는 세계의 본질을 탐구하는 것이 중요하다.
② 모든 일이 자연법칙의 결과임을 인식하고 순응해야 한다.
③ 감정과 행위가 언제나 중용을 선택할 수 있도록 반복 실천을 통한 습관화가 필요하다.
④ 진정한 행복은 내세에 누릴 수 있음을 알고, 신을 믿고 사랑하며 종교적 덕을 얻어야 한다.
⑤ 최상의 행복을 위해서 모든 외적인 욕구를 제거하고 철학적 지혜에 따른 지적인 관조를 해야 한다.

343 (하중상)

고대 서양 사상가 갑, 을의 입장으로 가장 적절한 것은?

> 갑: 덕은 곧 지식이다. 좋은 것을 알면서도 행하지 않거나 나쁜 것을 알면서도 행하는 '자제력 없는 사람'은 있을 수 없다. 그것은 제대로 아는 것이 아니다. 정의든 용기든 모두 지식이다.
>
> 을: 덕이 무엇인지 몰라서 행하지 못하는 사람도 있고 알고도 행하지 못하는 사람도 있다. 모르기 때문에 행하지 못하는 '무절제한 사람'은 후회할 줄도 모르는 사람인 반면, 알고도 행하지 못하는 '자제력 없는 사람'은 후회할 줄 아는 사람이다.

① 갑은 덕을 갖춘 사람도 불행할 수 있다고 본다.
② 갑은 이성을 통해 파악되는 진리는 상대적이라고 본다.
③ 을은 덕 있는 품성을 지니는 데 지혜는 중요하지 않다고 본다.
④ 갑, 을은 올바른 행위를 실천하고자 하는 의지를 강조한다.
⑤ 갑, 을은 행복해지기 위해 반드시 참된 앎이 필요하다고 본다.

344 (하중상)

갑, 을 사상가에 대한 설명으로 옳은 것은?

> 갑: 무엇이 옳고 그른지를 모르기 때문에 사람들은 악을 행한다. 그렇기 때문에 앎이 중요하고 앎은 단순한 지식이 아니라 영혼의 수련을 통해 얻어진 깨달음이다.
>
> 을: 좋은 것을 알면서도 행하지 않는 것은 의지가 나약하기 때문이다. 그러므로 좋은 행위를 반복하여 습관화해야 한다.

① 갑은 지적인 덕과 달리 품성적 덕은 습관을 통해 형성된다고 하였다.
② 갑은 선에 관한 지식을 행동으로 옮기기 위해 중용의 습관화가 필요하다고 보았다.
③ 을은 오직 무엇이 옳고 그른지 알지 못하는 무지 때문에 악행이 나타난다고 보았다.
④ 을은 덕이 있는 사람이 되기 위해서 행동으로 나아갈 수 있는 의지를 키워야 한다고 보았다.
⑤ 갑, 을 모두 지식보다 실천할 수 있는 의지를 더욱 중요한 것으로 간주하였다.

345 (하중상)

갑, 을은 고대 서양 사상가들이다. 갑의 입장에 비해 을의 입장이 갖는 상대적 특징을 그림의 ㉠~㉢ 중에서 고른 것은?

> 갑: 정의가 무엇인지 먼저 알아야 그것이 덕인지 아닌지, 그것을 지닌 사람이 행복한지 불행한지를 알 수 있다. 정의는 덕이고 지혜이며, 부정의는 악덕이고 무지이다. 정의가 무엇인지를 알면서도 이를 행하지 않을 사람은 없다.
>
> 을: 이 세상의 모든 사물은 그 자체의 목적을 지니고 있다. 인간이 달성해야 할 목적은 선의 실현에 있다. 따라서 모든 인간 활동의 목적은 '덕과 일치하는 영혼의 활동'으로 정의되는 선을 추구하는 것이다. 인간의 최고 목적인 선은 행복으로 귀착될 뿐만 아니라 그 자체로서 행복한 상태이다.

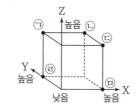

X: 유덕한 삶을 사는 데 있어 의지를 강조하는 정도
Y: 도덕적 앎이 올바른 행동을 보장함을 강조하는 정도
Z: 공동체의 구성원으로서 사회적 책무를 강조하는 정도

① ㉠   ② ㉡   ③ ㉢   ④ ㉣   ⑤ ㉤

346 (하중상)

(가)의 고대 서양 사상가 갑, 을의 입장을 (나)의 A~D에서 골라 옳게 짝지은 것은?

(가)	갑: 인간이 추구하는 최고선은 행복이다. 행복이란 덕을 따르는 정신의 활동이며, 최고의 행복은 최고의 덕을 따르는 것이다. 을: '좋음의 이데아'에 대한 절대적인 지식을 인식하는 철학자가 통치하는 국가가 정의로운 국가이다.

(나)		윤리를 보편적인 것이라 인식하는가?	
		예	아니요
이상 세계보다 현실 세계를 중시하는가?	예	A	B
	아니요	C	D

	갑	을			갑	을
①	A	C		②	A	D
③	B	C		④	C	B
⑤	D	A				

갑, 을은 고대 서양 사상가들이다. 다음을 읽고 물음에 답하시오.

> 갑: 영혼의 세 부분인 이성, 기개, 욕구가 각각 맡은 바를 올바르게 수행하고 전체적으로 조화를 이룰 때 정의로운 사람이 된다.
> 을: 지나치거나 모자람이 없고 한쪽으로 치우치지 않는 덕을 지키는 것은 칭찬할 만한 일이며 숭고한 것이다.

347 (하 중 상)

갑에 비해 을이 강조할 내용으로 옳은 것은?

① 덕이 있는 삶과 행복한 삶은 서로 관련성이 없다.
② 품성적 덕은 옳은 행동을 반복함으로써 형성된다.
③ 덕을 제대로 알기만 하면 덕에 맞는 행동을 하게 된다.
④ 습관의 부족과 의지의 나약함을 지식으로 극복할 수 있다.
⑤ 옳음을 판단하는 기준은 누구에게나 절대적이고 보편적이다.

348 (하 중 상)

갑의 입장으로 가장 적절한 것은?

① 기개의 부분에 해당하는 덕은 절제이다.
② 정의란 개인이 선천적으로 가지고 태어나는 덕이다.
③ 지혜의 덕은 국가의 모든 계층이 갖추어야 할 덕이다.
④ 개인의 정의는 이성이 기개와 욕구를 다스리는 상태이다.
⑤ 세 부분으로 나뉜 영혼과 달리 국가는 한 부분으로 기능한다.

349 (하 중 상)

을의 입장에만 모두 '✔'를 표시한 학생은?

입장 \ 학생	갑	을	병	정	무
인간의 궁극적인 목적은 행복인가?		✔	✔	✔	
진리는 현실을 초월하여 존재하는가?	✔			✔	✔
공동체 내에서의 사회적 역할을 중시하는가?	✔	✔	✔	✔	
좋은 것을 알기만 하면 즉각 실천할 수 있는가?	✔	✔			✔

① 갑   ② 을   ③ 병   ④ 정   ⑤ 무

350 (하 중 상)

갑, 을은 고대 서양 사상가들이다. 갑에 비해 을이 강조할 내용으로 가장 적절한 것은?

> 갑: 덕 있는 사람이 되려면 덕을 알아야 한다. 정의나 용기 등은 지혜를 동반하느냐에 따라 해롭거나 유익하게 된다. 덕이란 유익한 것이므로 지혜의 일종이어야 한다.
> 을: 도덕적인 덕은 본성적으로 생겨나는 것도 아니고, 본성에 반해 생기는 것도 아니다. 우리는 그것을 본성적으로 받아들일 수 있으며 반복된 실천을 통해 완성할 수 있다.

① 의지의 나약함이 악행의 원인이 될 수 있다.
② 무지함으로 인간은 악행을 할 가능성이 있다.
③ 가치의 상대성과 개인의 의견을 존중해야 한다.
④ 옳음을 판단하는 기준은 절대적이고 보편적이다.
⑤ 사회적 성공의 유용함을 위해 관습을 따라야 한다.

351 (하 중 상)

(가)의 고대 서양 사상가 갑, 을의 입장에서 서로에게 제기할 수 있는 비판을 (나) 그림으로 표현할 때, A, B에 해당하는 내용으로 적절한 것만을 〈보기〉에서 있는 대로 고른 것은?

(가)	갑: 탁월함은 훈련과 습관에 의해 얻어지는 기술이다. 우리는 덕성이나 뛰어남을 갖고 있기 때문에 바르게 행위하는 것이 아니라, 우리가 바르게 행위하기 때문에 그것들을 갖는 것이다. 우리는 우리가 반복적으로 하는 것이다. 그러므로 탁월함은 행위가 아니라 습관이다. 을: 덕이 무엇인지 알지 못하면 유덕한 사람이 될 수 없다. 유덕한 사람은 지혜롭고 올바르지만 부덕한 사람은 무지하고 올바르지 못하다. 지혜와 덕과 행복은 일치한다.

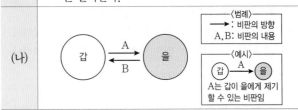

〈 보기 〉
ㄱ. A: 도덕적 행위에 있어 의지보다 앎이 중요함을 간과한다.
ㄴ. A: 지혜가 필연적으로 도덕적 행위를 산출하는 것은 아님을 간과한다.
ㄷ. B: 선을 알면 반드시 행동으로 옮긴다는 것을 간과한다.
ㄹ. B: 최고선으로서의 행복이 모든 행위의 궁극적 목적임을 간과한다.

① ㄱ, ㄴ   ② ㄴ, ㄷ   ③ ㄷ, ㄹ
④ ㄱ, ㄴ, ㄹ   ⑤ ㄴ, ㄷ, ㄹ

352 하 중 상

고대 서양 사상가 갑, 을 모두가 긍정의 대답을 할 질문으로 가장 적절한 것은?

> 갑: 진정으로 좋은 것이 무엇인지를 알고서도 나쁜 짓을 행할 사람은 없으며, 만약 좋은 것을 두고도 나쁜 것을 원한다면, 이는 다만 진정으로 좋은 것이 무엇인지 아직 모르기 때문이다.
>
> 을: 한 마리의 제비가 왔다고 해서 봄이 오지 않듯이, 하루의 실천으로 행복한 사람이 될 수는 없다. 덕을 갖추려면 좋은 것과 나쁜 것에 대한 앎을 바탕으로 덕 있는 행위를 꾸준히 반복해야 한다.

① 모든 악행은 무지(無知)에서 비롯되는가?
② 덕을 갖추는 일과 행복의 추구는 별개의 것인가?
③ 유덕한 사람은 선악에 대한 지식을 가지고 있는가?
④ 덕을 인식하는 사람은 필연적으로 덕을 실천하는가?
⑤ 덕을 갖추려면 반드시 덕 있는 행위를 습관화해야 하는가?

353 하 중 상

(가)의 고대 서양 사상가 갑, 을의 입장을 (나) 그림으로 탐구할 때, A~C에 해당하는 진술로 적절한 것만을 〈보기〉에서 있는 대로 고른 것은?

> (가)
>
> 갑: 덕이 영혼 속에 있는 것들 가운데 하나이고 필연적으로 유익하다면 그것은 지식이어야 한다. 왜냐하면 영혼에 관련된 모든 것들은 지식이 더해지느냐 무지가 더해지느냐에 따라 유익하게도 유해하게도 되기 때문이다.
>
> 을: 덕에는 지성적인 덕과 품성적인 덕이라는 두 종류가 있다. 지성적인 덕은 대체로 교육에 따라 생기고 발전하므로, 경험과 시간이 필요하다. 품성적인 덕은 습관의 결과로 생기므로, 지속적인 노력이 필요하다.

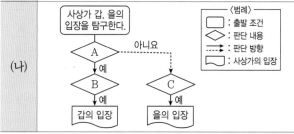

> (나)

〈 보기 〉

ㄱ. A: 덕을 갖추고 있는 사람은 행복한 삶을 살 수 있다.
ㄴ. B: 덕이 무엇인지 알면서 악덕을 행하는 경우는 없다.
ㄷ. C: 선에 대한 무지는 악행을 야기하는 원인이 될 수 있다.
ㄹ. C: 품성적 덕은 실천적 지혜와 상관없이 습관에 의해 형성될 수 있다.

① ㄱ, ㄴ   ② ㄴ, ㄷ   ③ ㄷ, ㄹ
④ ㄱ, ㄴ, ㄹ   ⑤ ㄴ, ㄷ, ㄹ

354 하 중 상

(가)의 갑, 을의 입장을 (나) 그림으로 탐구할 때 A~C에 해당하는 질문으로 적절하지 않은 것은?

> (가)
>
> 갑: 영혼의 세 부분인 이성, 기개, 욕구가 각각 맡은 바를 올바르게 수행하고 전체적으로 조화를 이룰 때 정의로운 사람이 된다.
>
> 을: 정의로운 일들을 행함으로써 정의로운 사람이 되며, 절제 있는 일들을 행함으로써 절제 있는 사람이 되고, 용감한 일들을 행함으로써 용감한 사람이 된다.

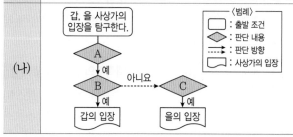

> (나)

① A: 덕에 대한 참된 앎을 강조하는가?
② A: 이성을 통해 옳음을 판단하는 기준을 찾을 수 있는가?
③ B: 올바름 그 자체는 현실을 초월해 존재하는가?
④ C: 의지의 나약함이 악덕의 원인이 될 수 있는가?
⑤ C: 실천적 지혜는 지성의 덕을 형성하기 위한 필수 조건인가?

빈출 355 하 중 상

고대 서양 사상가 갑, 을 모두가 질문에 옳게 대답한 것은?

> 갑: 선의 이데아에 관한 지식이 가장 중요한 앎이다. 왜냐하면 선의 이데아는 최고의 이데아로서 모든 옳고 아름다운 것들의 원인이자 주인이기 때문이다.
>
> 을: 선은 인간이 성취할 수 있는 것이어야만 한다. 인간의 모든 행위는 어떤 선을 성취하기 위해 존재한다. 최고의 선은 행복이며, 행복의 필수 요소는 중용의 덕이다.

	질문	갑	을
①	선에 대한 지식은 유덕한 행위의 필수 조건인가?	예	아니요
②	참된 선은 이상적 세계가 아니라 현실에 존재하는가?	아니요	예
③	세계는 개별적인 실체들로 이루어진 하나의 세계인가?	아니요	아니요
④	모든 감정을 배제하고 이성의 인도에 따라야 하는가?	아니요	예
⑤	인간은 육체적 쾌락이 아니라 참된 앎을 추구해야 하는가?	아니요	아니요

행복 추구의 방법

A 에피쿠로스학파

1 쾌락주의 윤리 사상 ●─ 에피쿠로스학파는 감각적·육체적 쾌락이 아니라 정신적·지속적 쾌락을 추구하였고, 바람직한 쾌락과 그렇지 않은 쾌락을 분별하기 위해 이성적 사고가 필요하다고 보았다.

① 입장: 쾌락은 선이며 고통은 악이라고 전제하고, 쾌락이 행복한 삶의 시작이자 끝이라고 봄

② 소극적 쾌락주의: 적극적으로 쾌락을 추구하기보다는 고통을 제거함으로써 주어지는 쾌락을 추구함

③ 평정심의 추구: 마음에 불안이 없고 육체에 고통이 없는 상태인 평정심[아타락시아(ataraxia)]을 추구함

기출 Tip Ⓐ

헬레니즘 시대의 특징

• 도시 국가의 해체와 거대한 제국 출현 → 도시 국가의 구성원이라는 소속감이 약해지면서 개인주의 등장

• 정복 전쟁과 정치적 혼란 심화 → 개인의 안심입명(安心立命)과 행복 추구를 주요 탐구 주제로 삼음

─• 아무것에 의해서도 흐트러지지 않는 완전히 평정(平定)한 편안함에 달한 마음의 상태

2 쾌락주의 윤리 사상 빈출자료 Link •368-369번 문제

●─ 우리 몸을 구성하던 원자들이 흩어진다고 본다.

(**죽음에 대한 에피쿠로스학파의 입장**)

죽음은 우리에게 아무것도 아니다. 우리가 존재하는 한 죽음은 존재하지 않으며, 죽음이 존재하면 우리는 더 이상 존재하지 않는다. 따라서 죽음은 산 자에게도 죽은 자에게도 아무 상관이 없다. 산 자에게는 죽음이 없으며, 죽은 자는 더 이상 존재하지 않기 때문이다.

●─ 에피쿠로스는 우리가 살아 있을 때는 죽음을 경험할 수 없고, 죽었을 때에는 우리의 감각이 상실되므로 죽음이 우리에게 영향을 미칠 수 없다고 보았다.

3 참된 쾌락에 이르는 방법

검소한 삶 강조	자연적이고 필수적인 욕구를 최소한으로 충족하며 소박한 삶을 살아야 한다고 봄
사적인 삶 추구	공적인 삶을 멀리하는 대신 사적인 공간에서 친구들과 우정을 나누며 정의롭게 사는 삶을 권장함 ┌● 공적인 삶이나 인간관계는 집착과 다툼, 좌절과 분노와 같은 고통과 불안을 일으키기 때문이다.

B 스토아학파 → 제논, 세네카, 아우렐리우스 등이 대표적인 사상가로, 이후 자연법사상, 스피노자 사상 등에 영향을 주었다.

1 금욕주의 윤리 사상

① 입장: 평온한 삶을 위해 온갖 욕망과 감정으로부터 벗어나야 한다고 주장함

② 부동심의 추구: 어떤 상황에서도 동요하지 않는 상태, 정념에서 벗어난 상태인 부동심[아파테이아(apatheia)]을 추구함 → 자신의 건강을 돌보려는 마음, 부모를 사랑하는 마음, 인류애 등 자연적인 정념은 인정함

┌● 모든 정념의 제거가 아니라 정념에 초연한 태도를 중시하였다.

●─ 외부의 자극(육체, 재산, 평판 등)으로 일어나는 마음의 모든 격렬한 움직임을 뜻하는 것으로, 평온한 삶을 깨뜨리는 원인이다.

인종, 민족, 국민이나 국가에 관계없이 전 인류를 그 본성이나 신의 아래에서 공평하다고 보는 입장이나 태도

기출 Tip Ⓑ-2

자연법

• 의미: 우주를 지배하는 이성의 명령이자 자연법칙

• 내용: 가족, 친구, 동료 시민, 나아가 인류 전체에 대한 사랑을 제시함 → 이성을 가진 모든 사람은 누구나 평등하다는 만민 평등주의를 바탕으로 세계 시민주의를 주장함 → 인류 공동선 실현을 위한 의무를 다해야 한다고 강조함

2 부동심에 이르는 방법

┌● 인격신이 아닌 자연을 신으로 보았다.

① 이성에 따르는 삶: 신, 우주, 자연, 인간 등은 이성으로 연결되어 있고, 세계 안의 모든 일은 신적인 이성(logos)의 인과 법칙에 따라 필연적으로 일어남 → 자연의 필연적 질서와 자연법에 순응하는 삶, 신의 섭리와 예정에 따르는 삶을 살아야 함

② 인간에게는 행위의 결과와 무관하게 자연의 법칙인 이성의 명령에 따라 해야만 하는 행위가 있다고 보고, 이를 의무로 여김

개념 확인 문제

◎ 정답과 해설 34쪽

356 다음 빈칸에 들어갈 내용을 쓰시오.

(1) 에피쿠로스학파는 고통을 제거함으로써 주어지는 (　　　　　) 쾌락을 추구하였다.

(2) (　　　　　　)는 마음에 불안이 없고 육체에 고통이 없는 상태인 평정심(아타락시아)를 추구하였다.

357 다음 설명이 맞으면 ○표, 틀리면 ×표를 하시오.

(1) 스토아학파는 평온한 삶을 위해 온갖 욕망과 감정을 벗어나야 한다고 주장하였다. (　　　)

(2) 스토아학파는 인간의 자유 의지를 통해 자연의 필연적 질서를 벗어나야 한다고 보았다. (　　　)

A 에피쿠로스학파

358 하중상

밑줄 친 '이 시대'의 사상적 특징으로 가장 적절한 것은?

> 이 시대는 알렉산드로스 대왕이 죽은 이후부터 로마가 그리스와 이집트를 정복한 시기까지를 말한다. 이 시대에 이르러 그리스의 도시 체제가 무너지고, 지중해와 아시아를 아우르는 거대한 제국이 세워졌다. 이 과정에서 고대 그리스의 문화와 동방의 문화가 서로 영향을 주고받으면서 새로운 문화가 탄생하였다.

① 인간은 만물의 척도라고 생각하였다.
② 공동체의 일원이라는 소속감이 강해졌다.
③ 행복의 조건으로 외적인 것을 중시하였다.
④ 개인적인 안심입명(安心立命)을 추구하였다.
⑤ 최고의 이데아를 선(善)의 이데아라고 생각하였다.

359 하중상 ••서술형

㉠에 들어갈 용어를 쓰시오.

> 에피쿠로스학파에서 중시하는 쾌락은 몸에 고통이 없고 마음에 불안이 없는 평온함이다. 에피쿠로스학파에서는 이러한 상태를 평정심, 즉 (㉠)(이)라고 한다.

360 하중상

에피쿠로스학파의 입장으로 가장 적절한 것은?

① 죽음을 두려워하고 삶에 충실해야 한다.
② 육체적 쾌락과 선(善)을 동일시해야 한다.
③ 사적인 삶에서 벗어나 공적인 생활을 해야 한다.
④ 쾌락을 추구하고 고통을 피하면 행복해질 수 있다.
⑤ 자연적이고 필수적인 욕구는 최대한 충족하여야 한다.

361 하중상

다음을 주장한 고대 서양 사상가의 입장으로 적절하지 않은 것은?

> 욕구들 중 어떤 것은 자연적이고 다른 것은 근거가 없다. 자연적 욕구들 중 어떤 것은 필수적이고 다른 것은 단지 자연적일 뿐이다. 필수적 욕구들 중 어떤 것은 행복을 위해, 어떤 것은 몸의 고통에서 벗어나기 위해, 어떤 것은 생존 자체를 위해 필요하다. 이를 확실히 이해하면, 몸의 건강과 마음의 평온이 행복한 삶의 전부이자 목표임을 알고, 이것에 이르고자 어떤 것을 선택하고 어떤 것은 피할 것이다.

① 적극적인 욕망 충족에 따른 쾌락을 추구해야 한다.
② 은둔적 생활 속에서 친구와 우정을 나누며 살아야 한다.
③ 이성으로써 욕구를 분별하고 절제 있는 생활을 해야 한다.
④ 행복을 위해 감각적 쾌락보다 정신적 쾌락을 추구해야 한다.
⑤ 쾌락은 모든 행위의 도덕적 가치를 평가할 수 있는 기준이다.

362 하중상 빈출

다음 대화의 스승이 강조하는 삶의 태도로 가장 적절한 것은?

1 스승께서는 쾌락을 추구하라고 하셨는데, 이때의 쾌락이란 무엇입니까?

2 그건 몸의 고통과 마음의 불안이 없는 상태라네.

3 그러한 쾌락을 누리려면 어떻게 해야 하나요?

4 절제할 줄 알아야 하네. 그러나 자연적인 동시에 필수적인 욕망까지 부정할 필요는 없다네.

① 종교 생활을 위해 세속을 떠난 삶을 산다.
② 불필요한 욕구를 버리고 검소하게 생활한다.
③ 노동의 가치를 인정하고 자신의 역할을 다한다.
④ 모든 정념을 극복하고 이성에 따라서 행동한다.
⑤ 공동체의 평화를 위한 활동에 적극적으로 참여한다.

363

다음을 주장한 고대 서양 사상가의 관점에만 모두 '✔'를 표시한 학생은?

> • 쾌락은 유일한 선이고 고통은 유일한 악이며, 쾌락은 행복한 삶의 시작이자 끝이다.
> • 쾌락은 그 자체로서 유쾌한 것이기 때문에 우리에게 좋은 것이지만 모든 쾌락이 추구할 만한 가치를 지니는 것은 아니다. 반대로 모든 고통은 나쁜 것이지만 그렇다고 해서 반드시 회피되어야만 하는 것은 아니다. 우리의 과제는 참을 것과 못 참을 것을 재고 구분하여 항상 모든 것을 올바르게 평가하는 것이다.

관점＼학생	갑	을	병	정	무
모든 종류의 정신적·육체적 쾌락은 인간이 추구해야 할 대상이다.	✔	✔		✔	
바람직한 쾌락과 그렇지 못한 쾌락을 분별하기 위해 이성적 사고가 필요하다.	✔		✔		✔
자연적이고 필수적인 욕구를 충족하지 못하는 것도 고통의 원인 중 하나이다.	✔	✔		✔	✔
허황된 욕심을 버리고 검소하게 살아가는 삶 속에서 참된 쾌락을 찾을 수 있다.			✔	✔	✔

① 갑 ② 을 ③ 병 ④ 정 ⑤ 무

364

다음을 주장한 고대 서양 사상가의 관점으로 가장 적절한 것은?

> 욕망 중 어떤 것은 자연적인 동시에 필수적이며, 다른 것은 자연적이기는 하지만 필수적이지는 않고, 또 다른 것은 자연적이지도 않고 필수적이지도 않으며, 다만 헛된 생각에 의해 생겨난다. …… 욕망 중 그것이 충족되지 않더라도 우리를 고통으로 이끌지 않는 욕망은 필수적이지 않다.

① 허황된 욕심을 갖지 않고 절제하며 검소한 생활을 해야 한다.
② 필수적이지 않은 욕망들은 충족할수록 고통을 감소시킬 수 있다.
③ 공동선의 실현을 위한 사회적인 활동에 적극적으로 참여해야 한다.
④ 모든 인간에게 공통된 선은 쾌락이므로 육체적 쾌락을 추구해야 한다.
⑤ 인간이 마지막으로 겪게 될 최고의 고통이 죽음이므로 죽음을 두려워해야 한다.

365

다음을 주장한 고대 서양 사상가의 입장으로 적절한 것만을 〈보기〉에서 있는 대로 고른 것은?

> 쾌락은 육체적 고통과 마음의 근심이 없는 상태이다. 결핍의 고통을 벗어나는 순간 육체적 쾌락은 더 이상 증가하지 않는다. 죽음과 같은 최고의 불안을 던져 주는 대상을 올바르게 파악할 때 정신적 쾌락은 최대가 된다.

〈 보기 〉
ㄱ. 죽음은 인간의 모든 감각의 상실을 의미한다.
ㄴ. 죽음을 통해 우리는 참된 지혜를 얻을 수 있다.
ㄷ. 죽음은 몸을 구성하는 원자들이 흩어지는 일이다.
ㄹ. 죽음은 인간이 경험할 수 있는 가장 커다란 고통이다.

① ㄱ, ㄴ ② ㄱ, ㄷ ③ ㄷ, ㄹ
④ ㄱ, ㄴ, ㄷ ⑤ ㄱ, ㄷ, ㄹ

빈출 366

다음 편지를 쓴 고대 서양 사상가의 입장으로 적절하지 않은 것은?

> 메노이케우스에게
> 그동안 잘 지냈는가? 보내 준 편지는 잘 읽었네. 이제 내가 생각하는 쾌락에 대해 자네에게 이야기하려고 하네. 목마르고 배고픈 사람에게 물과 빵은 가장 큰 쾌락을 준다네. 배고픔 때문에 생긴 고통이 사라지고 포만감을 느끼게 되면, 진수성찬도 싸구려 음식과 다를 게 없어지지. 그러니 맛있는 음식을 일부러 찾아다니기 보다는 평범한 음식에 익숙해지는 것이 필요하다네. 그러면 비싼 음식의 유혹에 빠지지 않게 되고, 혹은 그런 음식을 먹게 되더라도 미련 없이 평범한 음식에 다시 만족하게 된다네.

① 자연적이고 필수적인 욕구만을 추구한다.
② 부와 명예, 인기는 오히려 고통을 발생시킨다.
③ 장기적이고 안정적인 쾌락을 위해 절제해야 한다.
④ 공적인 삶에서 벗어나 은둔자의 삶을 살아가야 한다.
⑤ 모든 정념을 억제하고 부동심의 경지에 이르러야 한다.

367 하 중 상

다음을 주장한 고대 서양 사상가의 입장으로 적절한 것을 〈보기〉에서 고른 것은?

> 쾌락은 행복한 인생의 시작이자 끝이다. 왜냐하면 우리는 쾌락을 우리에게 타고난 첫 번째 선이라고 인식하며, 선택하고 기피하는 모든 행동을 쾌락으로부터 시작하기 때문이다.

〈 보기 〉
ㄱ. 정념으로부터 해방된 상태를 추구해야 한다.
ㄴ. 소극적 쾌락을 추구하며 검소한 생활을 해야 한다.
ㄷ. 세계 시민으로서 공동체 안의 역할에 충실해야 한다.
ㄹ. 감각적 쾌락보다 정신적이고 지속적인 쾌락을 추구해야 한다.

① ㄱ, ㄴ   ② ㄱ, ㄷ   ③ ㄴ, ㄷ   ④ ㄴ, ㄹ   ⑤ ㄷ, ㄹ

368-369 빈출자료

다음을 읽고 물음에 답하시오.

> 죽음은 우리에게 아무것도 아니다. 우리가 존재하는 한 죽음은 존재하지 않으며, 죽음이 존재하면 우리는 더 이상 존재하지 않는다. 따라서 죽음은 산 자에게도 죽은 자에게도 아무 상관이 없다. 산 자에게는 죽음이 없으며, 죽은 자는 더 이상 존재하지 않기 때문이다.

368 하 중 상

위의 주장을 한 사상가의 입장으로 가장 적절한 것은?

① 지속적이고 정신적인 쾌락을 추구해야 한다.
② 이성적 삶에서 벗어나 마음의 평온을 지향해야 한다.
③ 공적이고 명예로운 삶을 살 수 있도록 노력해야 한다.
④ 세계는 더 이상 나눌 수 없는 원자의 이합집산에 따른 허구이다.
⑤ 신체의 고통이 없고 정신의 불안이 있는 영혼의 상태를 지향해야 한다.

빈출
369 하 중 상

위의 주장을 한 사상가가 긍정의 대답을 할 질문으로 가장 적절한 것은?

① 감각적이고 육체적인 쾌락을 추구해야 하는가?
② 은둔적 삶에서 벗어나 공적인 삶을 살아야 하는가?
③ 몸의 고통과 마음의 불안이 모두 소멸되어야 하는가?
④ 쾌락을 얻기 위해 적극적으로 욕망 충족을 해야 하는가?
⑤ 우주를 지배하는 이성의 명령에 따른 삶을 살아야 하는가?

370 하 중 상

(가)를 주장한 고대 서양 사상가의 입장에서 볼 때, (나)의 ㉠에 들어갈 답변으로 적절한 것만을 〈보기〉에서 있는 대로 고른 것은?

(가)	욕망 중 어떤 것은 자연적인 동시에 필수적이며, 다른 것은 자연적이기는 하지만 필수적이지는 않고, 또 다른 것은 자연적이지도 않고 필수적이지도 않으며, 다만 헛된 생각에 의해 생겨난다.
(나)	질문: 평점심에 이르기 위해서는 어떻게 해야 할까? 답변: ㉠

〈 보기 〉
ㄱ. 큰 공동체에서 공적인 삶에 헌신해야 한다.
ㄴ. 서로 해치지 않고 해침을 당하지 않는 정의로운 삶을 살아야 한다.
ㄷ. 불필요한 욕구를 자제하는 절제되고 소박한 삶에 만족할 수 있어야 한다.
ㄹ. 죽음은 산 자와 죽은 자 모두에게 무관함을 알고 두려움에서 벗어나야 한다.

① ㄱ, ㄴ   ② ㄴ, ㄷ   ③ ㄷ, ㄹ
④ ㄱ, ㄴ, ㄷ   ⑤ ㄴ, ㄷ, ㄹ

371 하 중 상
•서술형

다음을 주장한 사상가의 입장에서 〈조건〉을 고려하여 ㉠에 도달하는 방법을 세 가지 설명하시오.

> 우리는 ㉠ 몸에 고통이 없고 마음에 불안이 없는 것을 목적으로 하여 행동한다. 일단 이것이 얻어지면 모든 마음의 폭풍우는 사라진다. 왜냐하면 이제 우리는 잃어버린 것을 찾아 헤매듯 돌아다니지 않아도 되며, 몸과 마음의 선을 이룰 수 있는 다른 길을 찾지 않아도 되기 때문이다. 즉 우리가 쾌락의 부재로 인해 고통을 느낄 때에는 쾌락을 필요로 하지만, 고통을 느끼지 않는다면 더 이상 쾌락을 필요로 하지 않는다. 이러한 이유 때문에 우리는 쾌락이 행복한 인생의 시작이자 끝이라고 말한다.

〈 조건 〉
• ㉠을 지칭하는 용어를 포함하여 설명할 것
• 개인적 측면에서 두 가지, 사회적 측면에서 한 가지로 설명할 것
• 각각의 방법을 사용해야 하는 이유를 포함하여 설명할 것

372 하 중 상

고대 서양 사상가 갑, 을의 입장으로 가장 적절한 것은?

> 갑: 아무도 자발적으로 악한 행위를 하지 않는다. 아름다운 것과 좋은 것을 아는 사람은 결코 그 반대의 것을 택하지 않을 것이다. 그리고 아름다운 것과 좋은 것에 대하여 무지하면 그것을 추구한다 하더라도 실패하게 될 것이다.
>
> 을: 덕은 사려 깊음에서 생겨난다. 사려 깊고 고상하며 정의롭게 살지 않고서 즐겁게 사는 것은 불가능하므로 덕은 본성적으로 즐거운 삶과 연결되어 있다. 즐거운 삶이란, 몸에는 고통이 없고 마음에는 불안이 없는 평정심을 유지하는 것이다.

① 갑: 각 개인의 지각만이 윤리 판단의 기준이 될 수 있다.
② 갑: 감각적 경험을 통해 보편타당한 도덕규범을 확인할 수 있다.
③ 을: 은둔하며 사는 삶보다 공적인 삶을 추구해야 한다.
④ 을: 자연적이고 필수적인 욕구를 충족하는 소박한 삶을 살아야 한다.
⑤ 갑, 을: 행복한 삶과 유덕한 삶을 별개의 것으로 보아야 한다.

B 스토아학파

373 하 중 상

다음의 인물들로 대표되는 학파에 대한 설명으로 옳은 것은?

> • 제논 　　• 세네카 　　• 아우렐리우스

① 이성의 명령에 따른 의무를 주장하였다.
② 자연과 신을 동일시할 수 없다고 보았다.
③ 모든 정념을 제거해야 한다고 주장하였다.
④ 운명을 개척하는 적극적인 삶을 중시하였다.
⑤ 우리에게 일어난 일에 순응하지 말아야 한다고 보았다.

374 하 중 상

스토아학파의 특징으로 적절하지 <u>않은</u> 것은?

① 부동심을 강조하였다.
② 금욕주의적 성격을 지녔다.
③ 인간의 감정이 지닌 가치를 강조하였다.
④ 이성에 따르는 삶의 중요성을 중시하였다.
⑤ 부모를 사랑하는 마음 등의 정념을 긍정하였다.

375 하 중 상

다음 고대 서양 사상의 입장으로 가장 적절한 것은?

> 운명에 대해 버둥거릴수록 사태는 악화될 뿐이다. 마치 그물에 걸린 새가 날개를 퍼덕거릴수록 더욱 사로잡히게 되는 것과 같다.

① 자연은 이성 그 자체가 아니다.
② 행복은 자연에 따라 살아가는 것이다.
③ 자연의 모든 일은 우연에 의해 발생한다.
④ 운명을 극복하려는 강한 의지를 지녀야 한다.
⑤ 정념은 우리의 이성적 판단을 올바르게 이끈다.

 376 하 중 상

다음은 고대 서양 사상가와의 가상 대담이다. ㉠에 들어갈 답변으로 가장 적절한 것은?

> 사상가: 세상에는 우리의 의지대로 할 수 있는 일과 없는 일이 있습니다. 사물에 대한 의견을 내고, 의욕을 느끼며, 그것을 갈망하거나 기피하는 것과 같은 의지적 활동은 우리 뜻대로 할 수 있습니다. 그러나 육체, 재산, 평판, 권력 등 우리 자신의 행위가 아닌 것은 우리 뜻대로 할 수 없습니다.
>
> 사회자: 그렇다면 진정한 자유와 행복을 얻기 위해서는 어떻게 해야 할까요?
>
> 사상가: ┌─────── ㉠ ───────┐

① 자연의 법칙을 파악해 주어진 삶을 변화시키려 노력하세요.
② 인간의 본성과 우주의 본성이 같지 않음을 인정하며 살아가세요.
③ 신과 자연에 대한 이성적 앎을 추구하고 그것에 따라 살아가세요.
④ 마음에 불안이 없고 육체적 고통이 없는 상태에 도달하기 위해 노력하세요.
⑤ 작은 공동체에서 친구와 우정을 나누며 지적으로 교류하며 정의롭게 살아가세요.

377 ㉠중상

(가)를 주장한 고대 서양 사상가의 입장에서 대답할 때, (나)의 A에 들어갈 답변으로 가장 적절한 것은?

(가)	당신이 가는 길 위에 가시덤불이 가로놓여 있는가? 그렇다면 비켜서 가라. 이러면 충분하거늘, '세상에는 왜 이런 것들이 존재하는가?'라고 불평하지 마라. 어떤 외적인 일로 당신이 괴로움을 당할 때, 당신을 괴롭히는 것은 그 외적인 일이 아니라 그에 대한 당신의 판단임을 깨달아야 한다.
(나)	

진정한 자유와 행복을 얻기 위해서는 어떻게 해야 할까요?

A

① 세속적인 삶을 떠나 은둔해야 합니다.
② 자신의 운명을 스스로 개척해 나가야 합니다.
③ 정념에 따라 쾌락의 상태에 도달해야 합니다.
④ 신의 빛을 깨닫고 종교적 덕을 갖추어야 합니다.
⑤ 이성을 통해 자연의 질서를 이해하고 순응해야 합니다.

378 ㉠중상

다음 고대 서양 사상에 대한 설명으로 옳은 것을 〈보기〉에서 고른 것은?

> 인생의 목적은 자연에 따라 사는 것이다. 즉 우주의 본성과 함께 인간 자신의 본성에 따라 사는 것이다. 또한 만물의 공통된 법이 금지하는 그 어떤 행위도 하지 않는 것이다. 이러한 법은 만물에 퍼져 있는 올바른 이성이고, 또 존재하는 모든 것을 지배하는 신과 동일한 것이다.

〈 보기 〉
ㄱ. 금욕주의 윤리 사상을 주장하였다.
ㄴ. 고통이 없고 순수한 참된 쾌락을 추구하였다.
ㄷ. 세계 시민주의와 만민 평등사상을 주장하였다.
ㄹ. 지성적인 덕과 품성적인 덕의 함양으로 최고의 행복에 도달할 수 있다고 보았다.

① ㄱ, ㄴ ② ㄱ, ㄷ ③ ㄴ, ㄷ
④ ㄴ, ㄹ ⑤ ㄷ, ㄹ

379 ㉠중상

다음 서양 고대 사상에 대한 설명으로 옳은 것은?

> 이성은 신과 세계의 본성인 동시에 인간의 본성이다. 우주에는 만물을 인과 법칙에 따라 질서 정연하게 지배하는 보편적 이성이 있고 인간의 내면에도 인간 이성이 있다.

① 영국의 경험론과 공리주의에 영향을 주었다.
② 인간의 이성보다는 감각적 경험을 중시하였다.
③ 세계 시민주의를 주장하며 사회적 역할을 강조하였다.
④ 육체적, 순간적 쾌락보다는 정신적이고 지속적인 쾌락을 중시하였다.
⑤ 참된 쾌락은 욕구의 충족을 통해서가 아니라 불필요한 욕구의 제거를 통해 이룰 것을 주장하였다.

380 ㉠중상

㉠에 들어갈 진술로 가장 적절한 것은?

> 제자: 스승님, 정념이란 무엇입니까?
> 스승: 정념은 외부의 자극으로 일어나는 마음의 격렬한 움직임이네.
> 제자: 그러면 행복해지려면 어떻게 해야 합니까?
> 스승: 행복한 상태란 정념에서 벗어나 순수하게 이성적인 상태[apatheia]라네. 따라서 행복해지려면 ㉠

① 필연적 법칙이 세계를 주재한다는 것을 인식해야 하네.
② 오직 도덕 법칙에 따른 선의지를 의욕하고 따라야 하네.
③ 쾌락의 총량을 가장 많이 산출하는 행위를 선택해야 하네.
④ 모든 정념을 제거하고 이성의 명령에 따라서 살아가야 하네.
⑤ 공적인 삶에서 벗어나 독립적이고 간소한 삶을 살아야 하네.

381 (하·중·상)

다음을 주장한 고대 서양 사상가가 긍정의 대답을 할 질문에만 모두 '✔'를 표시한 학생은?

인간의 본성에 맞지 않는 사건은 인간에게 일어날 수 없다. 소의 본성에 맞지 않는 사건이 소에게 일어날 수 없고, 포도나무의 본성에 맞지 않는 사건이 포도나무에게 일어날 수 없는 것이다. 그렇다면 누구에게나 통상적이고 자연스러운 일이 일어나는 것인데, 어떻게 우리가 자신의 숙명에 불만을 가질 수 있겠는가. 자연은 우리에게 우리가 감당할 수 없는 것은 가져다주지 않는다.

질문 \ 학생	갑	을	병	정	무
안심입명(安心立命)을 추구하는가?	✔	✔		✔	✔
절제를 통한 마음의 평정을 추구하는가?	✔	✔	✔	✔	
만민 평등사상에 기초한 세계 시민 주의를 강조하는가?	✔			✔	
최고의 선이란 자유 의지를 인정하고 개인주의적 성향에 따르는 삶인가?		✔	✔		✔
이성에 일치하는 정념을 제거하고 이성에 따르는 삶을 살 것을 강조하는가?			✔	✔	✔

① 갑　　② 을　　③ 병　　④ 정　　⑤ 무

382 (하·중·상)

고대 서양 사상가 갑, 을의 입장으로 가장 적절한 옳은 것은?

갑: 욕망이 충족되지 않을 수 있지만 그것이 우리를 고통으로 이끌지 않는다면 필수적인 것은 아니다. 우리는 이 욕망이 헛된 생각에서 생긴 것임을 알고, 고통이 없는 상태를 추구해야 한다.
을: 욕망에 대한 태도는 우리의 뜻대로 조절할 수 있다. 우리는 신과 자연 그리고 인간을 하나로 연결해 주는 이성의 힘으로 욕망에 휩쓸리지 않는 평온한 마음에 이르러야 한다.

① 갑: 평온한 삶을 위해 아타락시아를 지향해야 한다.
② 갑: 모든 욕망을 최대한 충족시키는 삶이 행복한 삶이다.
③ 을: 인격신의 섭리에 따르는 삶을 살아야 한다.
④ 을: 갑과 달리 검소하고 절제된 삶을 살아가야 한다.
⑤ 갑, 을: 개인의 쾌락보다는 사회 전체의 행복을 우선시한다.

383 (하·중·상)　　•• 서술형

에피쿠로스학파와 스토아학파가 주장하는 이상적인 삶의 태도를 비교하여 서술하시오.

384 (하·중·상)　　•• 서술형

다음을 읽고 물음에 답하시오.

• 에피쿠로스학파는 몸의 고통과 마음의 불안이 모두 소멸한 상태가 지속됨으로써 주어지는 정신적 쾌락을 추구하였고, 그러한 상태를 ㉠ 평정심(平靜心)이라고 불렀다.
• 스토아학파는 가족, 친구, 동료 시민, 나아가 인류 전체에 대한 사랑을 제시하였는데, 그 밑바탕에는 세계 시민주의와 ㉡ 만민 평등사상이 깔려 있다.

(1) ㉠에 도달하기 위한 방법을 서술하시오.

(2) 스토아학파가 ㉡을 주장한 근거를 서술하시오.

385 (하·중·상)

고대 서양 사상가 갑, 을의 입장으로 적절한 것을 〈보기〉에서 고른 것은?

갑: 인간 본성은 선에 대해 약한 것이 아니라, 악에 대해 약하다. 본성은 고통의 부재인 쾌락에 의해 구원되는 반면, 고통에 의해 파괴되기 때문이다. 쾌락은 행복의 시작이자 끝이다.
을: 인간 본성에 따라 자유인이 되기를 바라라. 부자나 권력자가 되기를 바라지 말라. 이를 위해 너에게 달려 있지 않는 것을 과감하게 무시하라. 이성을 통해 부동심의 상태에 도달해야 한다.

〈 보기 〉
ㄱ. 갑: 우리에게 죽음은 아무것도 아니다.
ㄴ. 갑: 몸의 고통과 마음의 불안이 모두 소멸한 상태인 아파테이아를 추구해야 한다.
ㄷ. 을: 신은 세계와 분리된 하나의 실체이다.
ㄹ. 을: 자연 안에서 일어나는 모든 일은 이미 신에 의해 운명 지어져 있다.

① ㄱ, ㄴ　　② ㄱ, ㄹ　　③ ㄴ, ㄷ
④ ㄴ, ㄹ　　⑤ ㄷ, ㄹ

386 하중상

고대 사상가 갑, 을 모두가 부정할 주장으로 가장 적절한 것은?

> 갑: 우리는 자연과 일치하지 않는 일은 결코 내게 일어나지 않는다는 것과, 나에게는 신과 나의 영혼에 어긋나는 일을 하지 않을 수 있는 능력이 있다는 것을 명심해야 한다.
>
> 을: 욕망이 충족되지 않을 수 있지만 그것이 우리를 고통으로 이끌지 않는다면 필수적인 것은 아니다. 우리는 이 욕망이 헛된 생각에서 생긴 것임을 알고, 고통 없는 상태를 추구해야 한다.

① 신과 자연과 인간의 본성인 이성의 명령에 따라야 한다.
② 자연적이고 필수적인 욕구만을 추구하며 절제해야 한다.
③ 진정한 쾌락을 위해 사려 깊고 정의로운 삶이 필요하다.
④ 공동체 활동에 적극적으로 참여하고 의무를 다해야 한다.
⑤ 개인적 욕망을 충족하여 사회적 쾌락의 총량을 늘려야 한다.

387 하중상

고대 서양 사상가 갑, 을에 대한 설명으로 옳은 것을 〈보기〉에서 고른 것은?

> 갑: 우리가 살아 있을 때 죽음은 우리에게 아직 오지 않았으며, 죽음이 왔을 때 우리는 이미 존재하지 않는다. 이것을 제대로 이해하기만 하면, 우리는 불멸성에 대한 열망으로 인해 생기는 고통에서 벗어나 우리의 유한한 삶을 충분히 즐길 수 있다.
>
> 을: 죽음을 멸시하지 말고 죽음을 기뻐하라. 죽음은 자연이 원하는 것들 가운데 하나이기 때문이다. 죽음을 자연의 과정으로 기다리는 것이 이성을 가진 인간에게 맞는 태도이다. 너에게 무슨 일이 일어나든 그것은 너에게 미리 정해져 있는 것이다.

〈 보기 〉

ㄱ. 갑은 신의 의지가 인간 세계와 자연 현상을 지배한다고 주장한다.
ㄴ. 갑은 자연적이지만 필수적이지 않은 욕구는 제어해야 한다고 본다.
ㄷ. 을은 도덕적인 삶을 위해 우리 내면의 의지와 태도가 이성을 따라야 하고 자연법에 일치하는 삶을 살아야 한다고 주장한다.
ㄹ. 갑, 을 모두 공적인 삶을 멀리하고 자연을 벗 삼아 신이 인간에게 부여한 계율에 따라 자신의 의무를 다하고자 노력해야 한다고 주장한다.

① ㄱ, ㄴ　　　② ㄱ, ㄷ　　　③ ㄴ, ㄷ
④ ㄴ, ㄹ　　　⑤ ㄷ, ㄹ

388 하중상

고대 서양 사상가 갑, 을이 모두 긍정할 내용으로 가장 적절한 것은?

> 갑: 우리가 강조하는 쾌락은 신체의 고통도 느끼지 않으면서 정신의 불안도 느끼지 않는 것이다. 풍성한 음식이 아니라, 모든 욕구와 회피의 근거를 파악하고 영혼을 뒤흔드는 광기를 몰아내는 명료한 사고만이 쾌락적인 삶을 만들어 준다.
>
> 을: 인생의 목적은 자연에 따라서 사는 것이다. 자연에 따르는 것은 자신의 본성에 따르는 것이며 동시에 우주의 본성에 따르는 것이다. 그리고 인간과 우주의 공통된 이성이 금지하는 어떤 행위도 하지 않는다는 것을 뜻한다.

① 행위의 결과에 따라 행위의 옳고 그름이 결정됨을 알아야 한다.
② 흔들리지 않는 마음으로 자신에게 주어진 운명을 개척해야 한다.
③ 고통과 두려움을 피하고 개인의 모든 욕구를 충족하며 살아야 한다.
④ 개인적 쾌락보다는 사회 전체의 공동선을 추구하는 삶을 살아야 한다.
⑤ 검소하고 절제하는 생활을 통해 마음의 평화를 누리는 삶을 살아야 한다.

 389 하중상

고대 서양 사상가 갑, 을의 입장에 대한 설명으로 옳은 것을 〈보기〉에서 고른 것은?

> 갑: 사려 깊고 아름답고 정의롭게 살지 않으면서 쾌락적인 삶을 사는 것은 불가능하다. 그리고 쾌락적인 삶을 살지 않으면서 사려 깊고 아름답고 정의롭게 사는 것도 불가능하다. 덕은 본성적으로 쾌락적인 삶과 연결되어 있다.
>
> 을: 너는 작가의 의지에 따라 움직이는 배우에 불과하다. 연극의 길고 짧음은 이미 작가에 의해 결정된 것이다. 너는 단지 주어진 역할을 잘 연기해야 한다.

〈 보기 〉

ㄱ. 갑은 행복에 도달하기 위해 공동체적 가치를 우선시해야 한다고 본다.
ㄴ. 을은 자신이 처한 상황을 담담히 받아들이고 자연의 법에 따라야 한다고 본다.
ㄷ. 갑, 을은 자연 질서의 파악을 위해 보편적 이성을 강조한다.
ㄹ. 갑, 을은 행복하게 살기 위해 검소하고 절제하는 생활이 필요하다고 본다.

① ㄱ, ㄴ　　　② ㄱ, ㄷ　　　③ ㄴ, ㄷ
④ ㄴ, ㄹ　　　⑤ ㄷ, ㄹ

신앙과 윤리

Ⓐ 그리스도교의 성립과 특징

성립	예수가 유대교의 선민사상과 형식에 치우친 율법주의를 비판 → 예수의 가르침을 중심으로 그리스도교 성립 └• 유대인만이 신에게 선택받았다고 믿는 의식
특징	• 신에 대한 믿음과 사랑의 실천을 강조하며 내세의 구원을 지향함 • 차별 없는 사랑의 윤리를 제시하며 이웃에 대한 사랑을 강조함 → 보편 윤리로서 황금률을 제시함

기출 Tip Ⓐ

황금률

예수가 작은 산 위에서 행한 설교(산상 수훈) 중에 보인 기독교의 기본적 윤리관으로, "너희는 너희가 대접받고 싶은 대로 남을 대접하라."라는 가르침을 의미함

Ⓑ 아우구스티누스의 사상

1 교부 철학

① 의미: 중세 초기 그리스도교의 교리를 체계화하는 데 공헌한 교부(敎父)들의 사상 및 철학

② 대표 사상가: 아우구스티누스

2 아우구스티누스 사상의 특징

① 플라톤 사상의 수용: 플라톤의 이데아론을 수용하여 그리스도교 교리를 체계화함

천상의 나라	플라톤의 이데아 세계와 현실 세계 구분을 수용하여 영원한 천상의 나라와 유한한 지상의 나라를 구분함
4주덕	플라톤의 4주덕(절제, 용기, 지혜, 정의)을 신에 대한 사랑으로 재해석함
최고선으로서의 신	플라톤이 주장한 선(善)의 이데아를 신으로 대체함 → 신은 완전한 실재성을 지닌 영원 불변하는 존재이자 최고선

② **악의 구분** ┌• 아우구스티누스는 악이 실재하지만 실체로서 존재하는 것은 아니라고 보았다.

자연적 악	완전한 선인 신에게서 멀어지는 만큼 존재의 불완전성이 증가하고 선이 결핍됨 → 존재의 불완전성에서 선의 결핍으로서의 자연적 악이 발생함
도덕적 악	신이 부여한 자유 의지를 인간이 남용한 결과로 도덕적 악이 발생함

③ **신에 대한 사랑 강조** ┌• 인간은 원죄와 같은 타락한 본성을 일부 지니고 있고 이로 인해 선한 의지를 완전하게 가질 수 없으므로, 자유 의지만으로는 참된 행복에 이를 수 없다고 보기 때문이다.

종교적 덕	믿음, 소망, 사랑이라는 종교적 덕 중 신에 대한 완전한 사랑을 최고의 덕으로 여김
신의 은총과 참된 행복	신의 사랑과 은총을 통해 원죄에서 벗어나 구원을 얻고 참된 행복을 누릴 수 있음 → 신은 실존적으로 만나야 할 인격적 존재로, 오직 신앙을 통해 신에게 귀의해야 한다고 주장함

└• 아우구스티누스에게 신은 이성적 인식의 대상이 아니다.

3 아우구스티누스 사상의 특징 〔빈출자료〕 Link • 399~400번 문제

┌─(4주덕에 대한 아우구스티누스의 해석)─────

절제란 온전한 사랑의 대상이 되는 존재에게 드려야 할 사랑을 드리는 사랑이다. 용기란 사랑해야 할 존재를 위해 모든 것을 기꺼이 참아 내는 사랑이다. 정의는 사랑받아야 할 존재만을 사랑함으로써 바른 다스림을 구현하고자 하는 사랑이다. 지혜란 온전한 사랑의 대상에 대한 사랑을 방해하는 것과 도움이 되는 것을 지혜롭게 분별해 내는 사랑이다.

기출 Tip Ⓑ-2

원죄(原罪)

『성경』의 『창세기』에 등장하는 아담과 하와가 신의 계율을 어기고 선악과를 따먹으면서 생겨난 죄로, 그리스도교에서는 원죄로 인하여 모든 인간이 불완전한 상태로 태어난다고 봄

Ⓒ 아퀴나스의 사상

1 스콜라 철학

① 의미: 중세 후기 신학과 철학, 신앙과 이성 등의 조화를 통해 그리스도교의 교리를 철학적으로 논증하고자 한 사상

② 대표 사상가: 아퀴나스

2 아퀴나스 사상의 특징

① **아리스토텔레스 사상의 수용**: 아리스토텔레스의 사상을 수용하여 그리스도교 교리를 철학적으로 논증하고자 함

목적론	아리스토텔레스와 마찬가지로 인간 행위의 궁극적 목적을 행복으로 보고, 이성을 탁월하게 발휘함으로써 행복한 삶을 살 수 있다고 봄 → 아리스토텔레스가 추구한 행복은 완전한 행복으로 가기 위한 예비 단계임
덕의 구분	• 자연적 덕: 지성의 덕과 품성의 덕으로, 인간이 현세에서 올바른 삶을 살도록 함 • 종교적(신학적) 덕: 믿음, 소망, 사랑으로, 인간을 신에게 안내함으로써 내세의 진정한 행복에 이르게 함 → 궁극적 행복은 신의 은총을 통해 내세에 신과 하나가 되고, 신의 무한한 선을 향유할 때 도달할 수 있음

② **자연법 윤리**

의미	신이 부여한 이성을 통해 인간이 영원법의 일부를 파악한 것
특징	• 인간의 이성으로 파악한 보편적인 도덕 법칙 • 제1원리: '선을 행하고 악을 피하라.' → 인간의 자연적 성향에 따라 구체화됨 • 이성에 의해 인식된 자연적 성향을 성찰하고 실현함으로써 신이 원하는 바를 깨달을 수 있고, 행복한 삶을 살 수 있음 ┄ 자기 생명을 보존하려는 성향, 종족을 보존하려는 성향, 신에 대해 알고자 하는 성향, 사회적 삶을 영위하고자 하는 성향이 있다.

③ **신 존재 증명**: 이성적 논증을 통해 신의 존재를 증명하고자 함 → 이성과 신앙 모두 신으로부터 주어진 것으로, 결국 신에게 귀결된다고 봄

Ⓓ 종교 개혁 이후 그리스도교 윤리 사상 ┄ 금전이나 재물을 바친 신자에게 죄를 사면해 준다는 뜻으로 발행한 증서

루터	• 종교 개혁의 배경: 루터가 교회의 면죄부 판매와 같은 부패한 행태를 비판하면서 촉발됨 • 입장: 참된 진리는 교회나 교황이 아니라 성서에 있다고 주장함 → 교회와 성직자를 통하지 않고도 누구나 성서와 기도를 통해 신과 직접 대면할 수 있다고 함
칼뱅	• 예정설: 구원은 신에 의해 예정되어 있으며, 신에게 선택받은 사람만이 구원을 받을 수 있다고 봄 • 직업 소명설: 직업은 신이 우리에게 내린 소명으로, 직업 노동은 신의 영광을 실현하는 수단이라고 봄 ┄ 직업 노동을 통해 축적한 부를 긍정하였다.

기출 Tip Ⓑ-2

아퀴나스가 주장한 네 가지 법
• 영원법: 신의 섭리로서, 신의 예지와 의지로 창조 및 정립된 영원불변하는 존재의 질서에 관한 법
• 신법: 인간이 신의 계시를 통해 부여받은 법
• 자연법: 인간의 합리적인 본성에 의존하는 법으로, 영원법에 참여할 수 있는 능력이자 선악을 구별할 수 있는 이성을 통해 파악되는 도덕 법칙
• 인간법(실정법): 인간의 합리적인 숙고를 통해 자연법에서 도출된 구체적인 실정법

아퀴나스의 신 존재 증명

"움직이는 모든 것은 다른 것에 의해 움직인다. 만일 어떤 것이 움직인다면 그것은 다른 어떤 것에 의해 움직인 것이고, 이것은 또 다른 어떤 것에 의해서 움직인 것이다. 그러나 이 과정은 무한히 계속될 수 없다. 그러므로 우리는 다른 어떠한 것에 의해서도 움직이지 않는 제 1의 원동자(原動者)에 필연적으로 도달하게 된다. 우리는 이런 존재를 신이라고 부른다." — 아퀴나스

개념 확인 문제

정답과 해설 37쪽

390 ㉠, ㉡에 들어갈 말을 각각 쓰시오.

(㉠   )는 유대교의 선민사상과 지나친 율법주의를 비판한 예수의 가르침을 중심으로 성립하였다. 예수는 신에 대한 믿음과 사랑의 실천을 강조하면서, "너희가 대접받고 싶은 대로 남을 대접하라."라는 (㉡   )을 제시하였다.

391 다음 빈칸에 들어갈 내용을 쓰시오.

(1) (   )는 중세 초기 그리스도교의 교리를 체계화하는 데 공헌한 학자들을 일컫는다.

(2) 아우구스티누스는 플라톤의 사상을 받아들여 영원한 (   )와 유한한 지상의 나라를 구분하였다.

(3) 아우구스티누스는 신의 사랑과 (   )을 통해 원죄에서 벗어나 구원을 얻고 참된 행복을 누릴 수 있다고 보았다.

392 다음 설명이 맞으면 ○표, 틀리면 ×표를 하시오.

(1) 아퀴나스는 자연적 덕만을 성취하면 진정한 행복에 이를 수 있다고 보았다. (   )

(2) 아퀴나스는 '선을 행하고 악을 피하라.'라는 자연법의 제1원리를 강조하였다. (   )

(3) 아퀴나스에 따르면 영원법은 인간의 이성으로 파악한 보편적인 도덕 법칙인 자연법으로부터 도출된다. (   )

393 다음 종교 개혁 사상가와 그 입장을 옳게 연결하시오.

(1) 루터 •
    • ㉠ 교회의 면죄부 판매를 비판하며, 참된 진리는 성서에 있다고 주장함

(2) 칼뱅 •
    • ㉡ 구원은 신에 의해 예정되어 있으며, 신에게 선택받은 사람만 구원받을 수 있다고 봄

A 그리스도교의 성립과 특징

394 하 중 상

㉠에 대한 설명으로 옳은 것은?

(㉠)은/는 유대·그리스도교의 전통이다. 이 전통은 고대 이스라엘의 민족 종교인 유대교에서 시작했고, 예수와 그의 제자들을 거쳐 그리스도교로 발전하였다.

① 여러 신을 함께 믿는 전통을 가지고 있다.
② 인간 공동체의 약속을 윤리의 근거로 삼는다.
③ 이성을 바탕으로 바람직한 삶이 무엇인지 탐구한다.
④ 훌륭하고 행복한 삶이 무엇인지 경험적으로 탐구한다.
⑤ 현세에서 신의 명령에 따르고, 신의 사랑을 실천하려고 한다.

395 하 중 상

다음 글에서 강조하는 그리스도교의 가르침으로 가장 적절한 것은?

어느 날, 유대교의 율법학자가 예수에게 율법에서 "네 마음과 목숨을 다 바쳐 신과 이웃을 사랑하라."라고 하는데, 여기에서 말하는 이웃이 누구냐고 물었다. 예수는 강도를 만난 사람 곁을 지나가던 세 사람 이야기를 해 주었다. 먼저 유대교의 제사장이, 그 다음에 레위인이 지나갔다. 당시 그들은 사람들에게 존경을 받았지만 쓰러져 있던 사람을 피해 갔다. 마지막으로 유대인이 무시하던 사마리아인이 강도를 만난 사람의 곁을 지나갔다. 그는 모든 일을 제쳐 두고 그 사람을 치료하였고 끝까지 돌보아 주었다. 예수가 물었다. "세 사람 가운데 누가 강도를 만난 사람의 이웃이라고 생각합니까?" 율법학자는 "사마리아인입니다."라고 대답하였다. 그러자 예수는 "가서 똑같이 하십시오."라고 말하였다.

① 황금률은 유대인에게만 적용되는 규범이다.
② 세속적 가치를 추구하는 삶이 훌륭한 삶이다.
③ 인간의 의로운 행위만으로도 구원에 이를 수 있다.
④ 형식적 율법의 준수보다 참되게 이웃을 사랑하는 삶을 살아야 한다.
⑤ 유대인만이 신의 선택을 받았으며, 신의 명령인 율법을 지킬 때 구원을 받을 수 있다.

396 하 중 상

다음 주장과 관련된 서양 사상에 대한 설명으로 옳지 않은 것은?

• 모든 인간은 신 앞에서 존귀하고 평등하다고 믿는다.
• '남에게 대접받고자 하는 대로 남을 대접하라.'라고 주장한다.
• 인류의 보편적인 형제애를 강조하여 '네 이웃을 네 몸과 같이 사랑하라.'라고 역설한다.

① 세계적인 종교로 발전하였다.
② 이웃 사랑의 실천을 강조하였다.
③ 유대교의 선민의식과 율법주의를 비판하였다.
④ 유일신을 숭배하는 민족 종교의 모태가 되었다.
⑤ 자신의 죄를 뉘우치고 신을 믿으면 구원받을 수 있다고 보았다.

B 아우구스티누스의 사상

397 하 중 상

중세 교부 철학에 대한 설명으로 옳지 않은 것은?

① 고대 플라톤의 사상에 영향을 받았다.
② 대표적 사상가로 아우구스티누스가 있다.
③ 그리스도교의 교리를 체계화하고자 하였다.
④ 인간이 추구해야 할 최고선을 신이라고 여겼다.
⑤ 신앙과 이성, 신학과 철학의 조화를 추구하였다.

398 하 중 상

다음을 주장한 중세 서양 사상가의 입장으로 적절한 것을 〈보기〉에서 고른 것은?

인간의 행복은 신에 대한 완전한 인식, 신의 향유, 그리고 신과의 합일 안에서만 가능하다. 이러한 행복을 위해서는 반드시 신의 은총이 필요하다. 우리는 신의 은총을 통해 지상의 나라에서 벗어나 신의 나라로 갈 수 있다.

〈 보기 〉
ㄱ. 자연법에 근거하여 실정법을 제정해야 한다.
ㄴ. 신은 이성적 인식을 넘어선 신앙적 체험의 대상이다.
ㄷ. 신은 만물을 창조하였으며, 악도 또한 신의 창조물이다.
ㄹ. 완전한 행복을 달성하기 위해서는 신의 은총이 필요하다.

① ㄱ, ㄴ   ② ㄱ, ㄷ   ③ ㄴ, ㄷ
④ ㄴ, ㄹ   ⑤ ㄷ, ㄹ

399-400 빈출자료

다음은 중세 서양 사상가의 주장이다. 이를 읽고 물음에 답하시오.

> 절제란 온전한 사랑의 대상이 되는 존재에게 드려야 할 사랑을 드리는 사랑이다. 용기란 사랑해야 할 존재를 위해 모든 것을 기꺼이 참아 내는 사랑이다. 정의는 사랑받아야 할 존재만을 사랑함으로써 바른 다스림을 구현하고자 하는 사랑이다. 지혜란 온전한 사랑의 대상에 대한 사랑을 방해하는 것과 도움이 되는 것을 지혜롭게 분별해 내는 사랑이다.

399 하 중 상

위의 주장을 한 사상가에 대한 설명으로 옳지 않은 것은?

① 신이 완전한 실재성을 지닌 존재라고 보았다.
② 존재의 불완전성에서 자연적 악이 생겨난다고 보았다.
③ 도덕적 악은 인간의 자유 의지 남용에서 비롯된다고 보았다.
④ 사랑이 그리스도교 윤리의 핵심이요, 모든 덕의 원천이라고 보았다.
⑤ 아리스토텔레스의 철학을 바탕으로 그리스도교 교리를 체계화하였다.

400 하 중 상

위의 주장을 한 사상가가 긍정의 대답을 할 질문으로 가장 적절한 것은?

① 신과의 인격적 만남은 이성에 의해서만 이루어지는가?
② 세계 안에서 자연적인 악과 도덕적인 악은 실재하는가?
③ 신을 사랑하려는 의지만으로도 신과 하나가 될 수 있는가?
④ 창조주로서의 신은 피조물에게 완전성을 부여할 수 없는가?
⑤ 최고의 덕은 이성을 통해 자연의 필연적 법칙을 인식함으로써 얻을 수 있는가?

C 아퀴나스의 사상

401 하 중 상

다음 내용과 관련 있는 중세 서양 사상가로 옳은 것은?

> • 중세 그리스도교 철학자이다.
> • 아리스토텔레스 사상의 영향을 받았다.
> • 자연적 덕(지성적 덕, 품성적 덕)과 종교적 덕을 통해 행복에 이를 수 있다고 보았다.

① 칼뱅
② 플라톤
③ 스피노자
④ 아퀴나스
⑤ 아우구스티누스

402 하 중 상

다음을 주장한 중세 서양 사상가의 입장으로 가장 적절한 것은?

> 행복은 이성에 따르는 삶에 있다. 이를 위해서는 본성적으로 내재하는 자연법의 명령에 따라 덕을 실천해야 한다. 그러나 이러한 행복은 현세의 행복일 뿐이고, 영원한 행복은 신을 보고 신과 하나가 되는 것으로만 가능하다.

① 이성에 의해 인식된 자연법을 영원법이라고 한다.
② 자연법의 제1원리는 '행복한 삶을 추구하라.'라는 것이다.
③ 자연법에 위배되는 실정법이라도 법이기 때문에 존중해야 한다.
④ 영원법이 자연법의 기초가 되고 자연법은 실정법의 기초가 된다.
⑤ 신앙이 이성보다 우선하므로 이성으로 신의 존재를 증명할 수 없다.

403 하 중 상

다음을 주장한 중세 서양 사상가의 입장으로 적절한 것을 〈보기〉에서 고른 것은?

> 신이 존재한다는 것을 논증할 수 있다. 이 세계 안에는 어떤 것이 움직이고 있는 것이 확실하며, 또 그것은 감각적으로 확인되는 것이다. 믿음은 우리를 믿음의 대상인 신에게로 인도하며, 소망은 우리의 의지가 신을 지향하도록 인도하고, 사랑은 우리의 의지가 신과 영적인 통일을 이루도록 인도한다.

〈 보기 〉
ㄱ. 신앙은 신에게로, 이성은 자연에게로 귀결된다.
ㄴ. 신앙과 이성은 모두 신으로부터 주어진 것이다.
ㄷ. 신앙과 이성은 서로 대립하지 않고 조화될 수 있다.
ㄹ. 신앙의 진리보다 이성으로 발견한 진리가 우월하다.

① ㄱ, ㄴ
② ㄱ, ㄷ
③ ㄴ, ㄷ
④ ㄴ, ㄹ
⑤ ㄷ, ㄹ

404-405 빈출자료*

다음을 읽고 물음에 답하시오.

> 신 안에 있는 법이 영원법이고, 영원법이 인간에게 분유(分有)되어 있는 것이 자연법이다. 인간에게는 자신의 본성을 포함하여 공동선을 위한 실천 원리를 파악할 수 있는 이성이 있다. …… 그러나 가변적이고 다양한 인간의 일에 추상적인 자연법을 직접 적용하기 어렵기 때문에 실정법이 필요하다.

404 하중상

위의 주장을 한 중세 서양 사상가의 입장으로 가장 적절한 것은?

① 실정법은 변하지 않는다.
② 실정법은 신이 제정한 것이다.
③ 실정법은 자연법을 기반으로 한다.
④ 자연법을 지키면 완전한 행복이 보장된다.
⑤ 영원법에 근거하지 않아도 자연법이 성립할 수 있다.

405 하중상

위의 주장을 한 중세 서양 사상가의 관점에만 모두 '✔'를 표시한 학생은?

관점 \ 학생	갑	을	병	정	무
종교적 덕의 실천만으로 완전한 행복에 이를 수 있다.	✔	✔			
궁극적인 행복은 신의 은총을 통해 신과 하나 되는 것이다.				✔	✔
자연법은 인간의 보편적 이성에 기초하여 만들어지는 것이다.	✔		✔	✔	
신앙이 이성에 우선하지만 이성으로 신의 존재를 증명할 수 있다.		✔	✔		✔

① 갑　　② 을　　③ 병　　④ 정　　⑤ 무

406 하중상

•• 서술형

다음을 읽고 물음에 답하시오.

> 아퀴나스는 내세에 진정한 행복을 누리기 위해 인간이 현세의 삶에서 지켜야 할 도덕 법칙을 규명하는 데에 주목하였다. 그는 신이 인간의 삶을 인도하기 위해 마련한 도덕 법칙을 (㉠)(이)라고 불렀다. 그에 따르면 (㉠)은/는 신이 창조한 영원 불변하는 존재의 질서인 (㉡)에 기초한다. 인간은 신이 부여한 (㉢)을/를 통해 (㉡)의 일부를 파악할 수 있는데, 이것이 바로 (㉠)이다.

⑴ ㉠~㉢에 들어갈 말을 각각 쓰시오.

⑵ 아퀴나스의 주장하는 ㉠의 제1원리를 서술하시오.

407-408 빈출자료*

다음을 읽고 물음에 답하시오.

> 움직이는 모든 것은 다른 것에 의해 움직인다. 만일 어떤 것이 움직인다면 그것은 다른 어떤 것에 의해 움직인 것이고, 이것은 또 다른 어떤 것에 의해서 움직인 것이다. 그러나 이 과정은 무한히 계속될 수 없다. 그러므로 우리는 다른 어떠한 것에 의해서도 움직이지 않는 제1의 원동자(原動者)에 필연적으로 도달하게 된다. 우리는 이런 존재를 신이라고 부른다.

★빈출 407 하중상

위의 주장을 한 중세 서양 사상가의 관점에만 모두 '✔'를 표시한 학생은?

관점 \ 학생	갑	을	병	정	무
이성에 의해 인식된 영원법이 자연법이다.	✔	✔	✔	✔	
신의 존재는 은총과 계시에 의해서만 증명될 수 있다.	✔	✔			✔
완전한 행복을 위해 종교적 덕을 실천하여 신과 하나가 되어야 한다.		✔	✔	✔	✔
이성을 통해 인식된 자연적 성향을 실현할 때 행복한 삶을 살 수 있다.		✔	✔	✔	
신앙과 이성은 모두 신으로부터 주어진 것이므로 영역이 구분되지 않는다.	✔		✔		✔

① 갑　　② 을　　③ 병　　④ 정　　⑤ 무

408 하중상

위의 주장을 한 중세 서양 사상가가 부정의 대답을 할 질문으로 가장 적절한 것은?

① 신은 우주를 창조한 초월적 인격신인가?
② 지성적 덕과 품성적 덕은 자연적 덕인가?
③ 완전한 행복에 이르기 위해 신의 은총이 필요한가?
④ 신의 존재를 이성적으로 추론할 수 있다고 보았는가?
⑤ 이성과 신앙이 서로 대립적인 역할을 한다고 보았는가?

409 하 중 상

다음을 주장한 중세 서양 사상가에 대한 설명으로 옳은 것은?

> 우리는 믿기 위해서 이해하는 것이지, 이해하기 위해 믿는 것은 아니다. 신의 존재를 증명하는 것도 신에 대한 믿음, 즉 신앙의 확고한 토대를 마련하기 위해서이다. 신의 존재는 다섯 가지 방식으로 증명될 수 있다. 그것을 간단히 표현하면, 운동에 의한 증명, 원인에 의한 증명, 필연적 존재에 의한 증명, 완전한 존재에 의한 증명, 우주 질서의 창조자로서 지적인 존재에 대한 증명으로 불릴 수 있다.

① 신은 선악을 포함한 만물을 창조한 창조주라고 본다.
② 신이 창조한 영원법은 자연법에 기초해야 한다고 주장한다.
③ 신은 이성적 논증을 통해서만 만날 수 있는 실존적 존재라고 본다.
④ 신앙과 이성은 상호 보완적 관계이며 이성이 신앙보다 더 우위라고 본다.
⑤ 아리스토텔레스의 사상을 수용하여 그리스도교의 교리를 철학적으로 논증하고자 한다.

410 하 중 상

중세 서양 사상가 갑, 을의 입장에 대한 설명으로 옳지 않은 것은?

> 갑: 신은 영원하고 가장 완전한 존재이며, 인식의 대상이 아니라 실존적으로 만나야 할 인격적 존재이다. 보편은 이데아로서 신의 정신 안에 존재한다.
> 을: 신의 존재는 이성적으로 논증될 수 있고, 초월적 진리는 계시와 신앙을 통해 알려진다.

① 갑은 최고의 덕이 신에 대한 완전한 사랑이라고 보았다.
② 갑은 인간의 자유 의지의 남용에서 도덕적 악이 비롯된다고 보았다.
③ 을은 이성을 활용하여 신의 존재를 증명하고자 하였다.
④ 을은 종교적 덕의 실천만으로 내세에 진정한 행복을 얻을 수 있다고 보았다.
⑤ 갑, 을은 공통적으로 진정한 행복을 위해서는 신의 은총과 구원이 필요하다고 보았다.

중세 서양 사상가 갑, 을의 입장으로 가장 적절한 것은?

> 갑: 절제는 신을 위해 자신을 온전하게 지키는 사랑이며, 용기는 모든 것을 신을 위해 쉽게 인내하는 사랑이며, 정의는 오직 신만을 섬기며 이것 때문에 인간에게 복속된 다른 모든 것을 잘 다스리는 사랑이며, 지혜는 신께 도움이 되는 것과 방해가 될 수 있는 것을 잘 분간하는 사랑이다.
> 을: 인간이 자연적 성향을 갖는 것은 자연법에 귀속된다. 이 가운데 인간이 이성에 따라 행위를 하려는 것은 올바르다. 선은 행하고 증진해야 하며, 악은 피해야 한다. 이것은 이 법의 첫 번째 계율이며 자연법의 다른 모든 계율의 기초가 된다.

① 갑: 신의 불완전함으로 인해 자연적 악이 생겨난다.
② 갑: 4주덕만 실천하면 영원한 구원에 이를 수 있다.
③ 을: 영원법은 자연법에 기초한다.
④ 을: 자연적 덕의 실천으로 최고의 행복에 이를 수 있다.
⑤ 갑, 을: 현실의 불완전한 행복을 넘어서 내세의 완전한 행복을 추구한다.

412 하 중 상

중세 서양 사상가 갑, 을에 대한 설명으로 옳은 것만을 〈보기〉에서 있는 대로 고른 것은?

> 갑: 두 종류의 사랑에 의해서 두 종류의 국가가 형성된다. 지상의 국가는 자신을 사랑하고 심지어 신을 경멸함으로써, 천상의 국가는 신을 사랑하고 심지어 자신조차도 경멸함으로써 형성된다. 전자는 인간으로부터 영광을 찾으며 후자는 신으로부터 영광을 찾는데, 후자가 훨씬 더 위대한 영광이라는 점은 우리의 양심이 증거하는 바이다.
> 을: 자연의 사물들이 목적을 위해 작용하는 것은 우연에 의한 것이 아니다. 그것은 모든 사물들에 어떤 목적을 부여하는 지성적 존재, 즉 인격신이 있기 때문이다. 인간의 궁극적 목적은 신을 통해 영원한 행복에 이르는 것이다.

〈 보기 〉

ㄱ. 갑은 자연적 악이 선의 결핍으로 발생한다고 보았다.
ㄴ. 을은 신의 은총에 의해 내세에 신과 하나됨을 통해 완전한 행복에 도달할 수 있다고 보았다.
ㄷ. 갑, 을은 사랑을 최고 단계의 도덕적 덕이라고 보았다.
ㄹ. 갑, 을은 신을 실존적으로 만나야 할 인격적 존재로 파악하고 신의 존재를 이성적으로 증명하려고 하였다.

① ㄱ, ㄴ   ② ㄱ, ㄷ   ③ ㄴ, ㄷ
④ ㄴ, ㄹ   ⑤ ㄱ, ㄴ, ㄷ

413 하중상

갑은 중세 서양 사상가, 을은 고대 서양 사상가이다. 갑의 입장에서 을에게 제기할 수 있는 반론으로 가장 적절한 것은?

> 갑: 인간이 추구하는 최고선은 인간이 신과 접촉하고 인간을 위한 신의 계획을 완성함으로써 이루어지는 인간 자신의 완전성이다. 완전한 행복은 자연적 덕을 갖추고 믿음, 소망, 사랑을 실천해야 누릴 수 있다.
>
> 을: 인간이 추구하는 최고선인 행복은 덕을 따르는 정신의 활동이며, 품성적 덕과 철학적 지혜, 이해력, 실천적 지혜로 이루어진 지성적 덕을 갖추고 그 중에서도 철학적 지혜를 갖출 때 최고의 행복을 누릴 수 있다.

① 완전한 행복을 위해 종교적 덕이 필요함을 모르고 있다.
② 인간이 자연이라는 유일한 실체의 양태임을 모르고 있다.
③ 세상 만물이 각각 고유한 목적을 지니고 있음을 모르고 있다.
④ 인간의 이성만으로도 참된 행복을 누릴 수 있음을 모르고 있다.
⑤ 지성적 덕이 행복을 실현하기 위한 필수 조건임을 모르고 있다.

414 하중상

중세 서양 사상가 갑, 을의 입장으로 적절한 것을 〈보기〉에서 고른 것은?

> 갑: 신은 최고선이며, 우주 만물은 신으로부터 유래한다. 신은 실존을 통해 만나야 할 인격적 존재이며, 우리는 신을 사랑함으로써 천상의 국가에 속하게 된다.
>
> 을: 신은 우주 만물의 창조자이며, 인간의 본성 또한 신의 법칙을 반영한다. 우리는 이성을 통해 다섯 가지 방법으로 신의 존재를 증명할 수 있고, 자연법을 인식할 수 있다.

〈 보기 〉
ㄱ. 갑: 신의 피조물인 인간은 자유 의지를 지닐 수 없다.
ㄴ. 갑: 신은 선과 악을 포함한 만물을 창조한 유일한 존재이다.
ㄷ. 을: 인간의 궁극적인 목적은 행복이며, 종교적 덕을 실현함으로써 행복한 삶을 살 수 있다.
ㄹ. 갑, 을: 인간의 완전한 행복 실현을 위해 신의 은총이 필요하다.

① ㄱ, ㄴ　　　② ㄱ, ㄷ　　　③ ㄴ, ㄷ
④ ㄴ, ㄹ　　　⑤ ㄷ, ㄹ

415 하중상

갑, 을은 중세 서양 사상가들이다. 갑의 입장에 비해 을의 입장이 갖는 상대적 특징을 ㉠~㉤ 중에서 고른 것은?

> 갑: 두 개의 사랑에 의해서 두 개의 국가가 형성된다. 지상의 국가는 자신을 사랑하고 심지어 신을 경멸함으로써 형성되고, 천상의 국가는 신을 사랑하고 심지어 자신조차도 경멸함으로써 형성된다.
>
> 을: 인식 능력이 없는 자연적 사물들은 어떤 목적을 향해 움직인다. 그런데 그 사람들은 인식 능력이 없는 어떤 존재에 의해 지휘되지 않는다면 목적을 지향할 수 없다. 모든 자연적 사물들이 목적을 지향하게 해 주는 어떤 지성적 존재가 있다. 우리는 이런 존재를 신이라고 부른다.

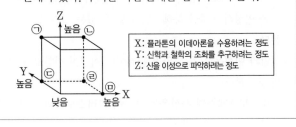

X: 플라톤의 이데아론을 수용하려는 정도
Y: 신학과 철학의 조화를 추구하려는 정도
Z: 신을 이성으로 파악하려는 정도

① ㉠　　② ㉡　　③ ㉢　　④ ㉣　　⑤ ㉤

416 하중상

다음은 서술형 평가 문제와 학생 답안이다. 학생 답안의 ㉠~㉤ 중 옳지 않은 것은?

> 서술형 평가
> ◎ 문제: 고대 서양 사상가 갑, 중세 서양 사상가 을의 입장을 비교하여 서술하시오.
>
> > 갑: 진정한 법은 인간들의 재능이나 인민들의 의결에 의한 것이 아니다. 진정한 법은 자연에 새겨진 최고의 이성이요, 여러 신들 중 최고신의 올바른 이성이다. 이 법은 자연에 부합하며 만인에게 확산되고 늘 변함없고 영구히 지속된다. 또한 이 법은 현자(賢者)의 이성이요, 정신이다.
> >
> > 을: 인간은 신에 의해 이성이 파악할 수 있는 어떤 목적으로 질서 지어졌다. 그런데 인간은 자신의 의도나 행위를 목적으로 질서 지어야 하기에, 그 목적을 미리 알고 있어야 한다. …… 신학과 철학은 서로 구별되지만 두 영역 간에는 어떤 대립도 있을 수 없다.
>
> ◎ 학생 답안
> 갑은 ㉠ 이성을 신과 우주와 인간의 공통된 본성으로 보았으며, ㉡ 신의 섭리를 따름으로써 참된 행복을 누릴 수 있다고 보았다. 을은 ㉢ 참된 행복을 누리는 것은 신의 은총에 의해서만 가능하며, ㉣ 내세에 신과 하나됨을 통해 참된 행복을 실현할 수 있다고 보았다. 한편, ㉤ 갑, 을은 인간이 제정한 자연법을 인식하여 자연적 성향을 따라야 한다고 보았다.

① ㉠　　② ㉡　　③ ㉢　　④ ㉣　　⑤ ㉤

417 하 중 상

(가)의 중세 서양 사상가 갑, 을의 입장을 (나) 그림으로 표현할 때, A~C에 들어갈 진술로 적절한 것만을 〈보기〉에서 있는 대로 고른 것은?

(가)	갑: 신은 이성적 인식을 넘어 실존적으로 만나야 할 존재이다. 신이 무상으로 베푸는 자비를 받지 않고는 지극한 행복에 이를 수 없다. 을: 신의 가르침을 이해하기 위해서는 이성이 필요하다. 이성은 자연적 성향을 가진 모든 것을 선(善)으로 파악하고, '선을 행하고 악을 피하라.'라는 원리를 제시한다.
(나)	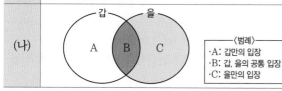 〈범례〉 ·A: 갑만의 입장 ·B: 갑, 을의 공통 입장 ·C: 을만의 입장

〈 보기 〉
- ㄱ. A: 신의 존재는 오직 신앙에 의해서만 증명된다.
- ㄴ. B: 신앙은 언제나 이성보다 우위를 차지한다.
- ㄷ. B: 참된 행복에 이르기 위해 종교적 덕을 실천해야 한다.
- ㄹ. C: 완전한 행복은 현세에서 신의 은총을 통해 주어진다.

① ㄱ, ㄴ　　　② ㄷ, ㄹ　　　③ ㄱ, ㄴ, ㄷ
④ ㄱ, ㄷ, ㄹ　　　⑤ ㄴ, ㄷ, ㄹ

D 종교 개혁 이후 그리스도교 윤리 사상

빈출
418 하 중 상

다음을 주장한 사상가가 긍정의 대답을 할 질문으로 가장 적절한 것은?

교황은 신의 용서를 확증하는 이외에 어떠한 죄도 용서할 수 없다. 교황의 면죄부를 사면 모든 죄에서 벗어날 수 있다고 말하는 것은 잘못이다.

① 인간 구원의 현세적 징표는 직업에서의 성공인가?
② 진리를 전해 주는 최고의 권위는 교황에게 있는가?
③ 인류의 최종적인 과제는 신으로부터 해방되는 것인가?
④ 교회를 통하지 않고서도 누구나 신과 직접 대화할 수 있는가?
⑤ 이성을 통해 이데아를 인식하게 되면 천국의 나라에 도달할 수 있는가?

419-420 빈출자료˚

다음을 읽고 물음에 답하시오.

갑: 면죄부를 통해 인간이 모든 벌을 면제받고 구원받을 수 있다고 말하는 설교자들은 잘못을 저지르고 있다. 진심으로 회개하는 그리스도인은 면죄부가 없더라도 죄와 벌에서 사면받을 수 있다.
을: 모든 사람이 같은 상태로 창조된 것이 아니다. 어떤 사람에게는 영원한 삶이, 또 어떤 사람에게는 영원한 벌이 예정되어 있다. 그러므로 성서가 명백히 밝힌 바에 따라, 우리는 신이 누구를 구제하려고 하고 누구를 멸망시키려고 하는가를 미리 정해 놓았다고 말하는 것이다.

빈출
419 하 중 상

을 사상가의 입장으로 적절하지 않은 것은?

① 인간의 구원은 신에 의해 미리 정해져 있다.
② 신에게 선택받은 사람만 구원을 받을 수 있다.
③ 모든 직업은 신이 우리에게 내린 소명(召命)이다.
④ 직업을 통한 부의 축적은 신의 뜻에 어긋나는 일이다.
⑤ 직업 노동은 지상에서 신의 영광을 실현하는 수단이다.

420 하 중 상

갑, 을의 입장으로 적절하지 않은 것은?

① 갑: 진리를 전하는 최고의 권위는 성서에 있다.
② 갑: 신앙인은 누구나 직접 신과 소통할 수 있다.
③ 을: 직업에서의 성공으로 신의 예정을 바꿀 수 있다.
④ 을: 직업적 노동을 통한 부의 축적은 부당한 것이 아니다.
⑤ 갑, 을: 부패하고 타락한 교황 중심의 교회는 개혁이 필요하다.

421 하 중 상

갑, 을의 입장으로 가장 적절한 것은?

갑: 세계에는 천상의 나라와 지상의 나라가 있다. 천상의 나라는 신을 사랑하는 사람들로 이루어진 나라이며, 지상의 나라는 자기만을 사랑하는 사람들로 이루어진 나라이다.
을: 진심으로 회개하는 그리스도교도는 누구나 면죄부가 없더라도 죄와 벌에서 완전히 해방될 수 있다. 완전한 회개를 통해 신의 은총을 누릴 충분한 권리를 이미 갖고 있는 사람들에게 교황은 무엇을 사면하거나 교부한단 말인가?

① 갑: 원죄로부터의 구원은 인간의 의지와 노력만으로 가능하다.
② 갑: 신은 이성적 인식의 대상이 아니라 실존을 통해 만나야 할 인격적 존재이다.
③ 을: 참된 진리는 성서가 아니라 교회가 기준이 되어야 한다.
④ 갑, 을: 신은 자연 그 자체이고 이성은 자연의 본질이다.
⑤ 갑, 을: 교회를 개혁하고 프로테스탄티즘을 수용해야 한다.

14 도덕의 기초

A 도덕적인 삶과 이성

1 서양 근대 사상의 등장

① 등장 배경 → 14~16세기에 일어난 문예 부흥 운동

르네상스	개성을 존중하고 합리적 사고와 경험을 중시하는 근대적 사고방식이 자리 잡음
종교 개혁	중세 교회의 권위주의적 전통이 무너짐으로써 개인이 신앙의 자유를 누릴 수 있게 됨
자연 과학의 발달	중세의 신학적 세계관을 대체하고, 있는 그대로의 자연을 과학적 방법론으로 탐구하기 시작함

② 특징

- 인간 중심적 사고 발달: 중세의 신 중심적 사고에서 벗어나 인간이 진리와 도덕의 주체가 됨
- 인식론의 발달 ┌ 객관적 지식의 성립 과정 및 진리의 인식 문제를 다루는 학문 분야로 합리론과 경험론이 있다.

합리론	• 의미: 이성에 기초한 자명한 원리로부터 추론을 통해 지식을 얻을 수 있다[연역법]는 관점 지식의 범위를 넓혀 주지는 못하지만, 논리 • 대표 사상가: 데카르트 규칙을 따르면 그 결론은 항상 타당하다.
경험론	• 의미: 관찰과 실험을 통해 여러 개별 사례를 관통하는 일반적 원리를 발견하여 지식을 얻을 수 있다[귀납법]는 관점 → 지식을 넓힐 수 있지만, 개연적·확률적 지식에 불과하다. • 대표 사상가: 베이컨

2 데카르트 사상의 특징

① 합리론 중시: 이성적 추론을 통해 얻은 지식만이 확실하고 참된 지식이라고 봄

② 방법적 회의: 확실한 지식의 토대를 찾기 위해 모든 것을 의심해 보는 방법

③ 철학의 제1원리: 모든 것을 의심할 수 있지만 생각하고 있는 내가 존재한다는 것은 의심할 수 없다고 봄 → '나는 생각한다. 그러므로 나는 존재한다.'라는 명제를 철학의 제1원리로 삼음

3 스피노자의 이성 중심의 윤리 사상

① 이성 중심의 윤리 사상: 합리론의 영향을 받아 도덕적 판단과 행동의 근거를 인간의 이성에 둠 → 이성을 통해 자명한 도덕 원리나 법칙을 인식할 수 있다고 봄

② 스피노자 윤리 사상의 특징

세계관	• 신이 스스로가 존재 원인인 자연 그 자체[범신론]라고 봄 • 자연은 수학적 질서에 따라 움직이는 하나의 거대한 기계로, 자연에서 일어나는 모든 일은 인과 법칙에 따라 필연적으로 결정됨 → 인간은 필연성에서 벗어나 자유 의지를 가질 수 없음
인간관	• 인간은 자연의 일부로서 자연법칙에 따라 살고 있고, 자기 보존을 위해 노력하는 존재임 → 이 과정에서 다른 존재와의 관계에 따라 다양한 감정을 느낌 • 능동적 감정: 자기 보존을 증대하거나 촉진하는 기쁨과 같은 감정 • 수동적 감정(정념): 자기 보존을 저해하거나 감소시키는 슬픔과 같은 감정
행복론	• 이성을 사용하여 사물의 원인과 질서를 인식하고 정념의 예속에서 벗어나 올바른 삶을 살 수 있음 • 행복(최고선): 이성적 관조를 통해 자연의 인과적 필연성(만물의 원인인 신)을 인식함으로써 정념의 속박에서 벗어나 영원한 행복[지복(至福)]을 누릴 수 있음

스피노자에 따르면 모든 정서는 자연의 인과 법칙에 따라 생겨나지만, 인간은 그 법칙을 모르기 때문에 외부의 원인에 의해 여러 감정에 사로잡히고 마음에 동요가 생긴다.

B 도덕적인 삶과 감정

1 베이컨 사상의 특징

① 경험론 강조: 경험과 관찰을 통해 새로운 지식을 발견하는 귀납법을 제시함

기출 Tip Ⓐ-1
연역법과 귀납법의 사례

연역법	대전제: 모든 사람은 죽는다. 소전제: 갑은 사람이다. 결론: 갑은 죽는다.
귀납법	사례1: 갑은 죽는다. 사례2: 을은 죽는다. 사례3: 병은 죽는다. ⋮ 결론: 모든 사람은 죽는다.

기출 Tip Ⓐ-3
자기 보존 노력
스피노자에 따르면 모든 존재는 자신을 보존하려는 경향을 지니는데, 이를 자기 보존 노력 또는 코나투스라고 함. 인간 역시 자연의 한 부분으로서 자기 보존에 유익한 것은 선으로, 해로운 것은 악으로 여김

② 과학적 지식 강조: 과학적 방법을 통해 자연에 대한 지배력을 확장하고, 생활 방식을 개선하여 인류의 진보를 이룰 수 있다고 봄 → '아는 것이 힘이다.'라고 주장함 ┌→ 베이컨은 자연을 기계에 불과하다고 본다.

③ 우상론: 자연을 있는 그대로 인식하지 못하도록 방해하는 선입견과 편견의 타파를 강조함

종족의 우상	자연을 인간 중심의 관점에서 바라보는 편견
동굴의 우상	개인적인 경험이나 자란 환경에 따라 생긴 편견
시장의 우상	잘못된 말과 소문으로 인해 생기는 편견
극장의 우상	전통이나 권위를 맹신하는 데서 오는 편견

기출 Tip B-1
우상의 사례
· 종족의 우상: "새가 즐겁게 노래하네."
· 동굴의 우상: "예전에 개에게 물렸는데, 개는 정말 위험한 동물이야."
· 시장의 우상: "용이라는 말이 있으니까 용은 존재해."
· 극장의 우상: "전통 의학서에 따라 만든 만병통치약입니다."

2 흄의 감정 중심의 윤리 사상

① 감정 중심의 윤리 사상: 도덕적 판단과 행동의 근거를 인간의 경험과 감정에 둠 → 경험과 감정을 통해 일반화된 도덕 원리를 정립할 수 있다고 봄 →• 흄은 인과 법칙이 필연적인 것이 아니라 심리적 성향과 습관이라는 입장을 취한다.

② 흄 윤리 사상의 특징

도덕적 실천의 동기	도덕적 실천의 직접적인 동기는 어떤 대상에 대한 감정이라고 봄 → 이성은 감정을 위한 도구적 역할만 함 ┌• 도덕적 행위에 필요한 정보의 제공 등
선악의 기준	· 시인의 감정: 어떤 행동이 그것을 바라보는 사람에게 시인의 즐거운 감정을 주는 것은 선(善)이라고 봄 → 사회적·보편적으로 유용한 행동은 인간에게 시인의 감정을 불러일으킴 · 부인의 감정: 어떤 행동이 그것을 바라보는 사람에게 부인의 불쾌한 감정을 주는 것은 악(惡)이라고 봄
공감의 강조	인간은 사회적 차원의 감정, 보편적 인류애의 감정을 공유할 수 있음 → 인간이 사회적·보편적인 시인의 감정을 느끼는 이유는 공감 능력을 가졌기 때문임

기출 Tip B-2
이성에 대한 흄의 입장
"이성은 단지 감정의 노예일 뿐이며, 감정에 봉사하고 복종하는 것 외에는 어떠한 역할도 하려고 해서는 안 된다." — 흄

3 흄의 감정 중심의 윤리 사상 빈출자료 Link • 470-471번 문제

(흄이 말하는 도덕 판단의 기준)

사람의 행위나 성품이 그것을 바라보는 사람들에게 시인(是認)의 감정을 일으키면 선한 것으로, 부인(否認)의 감정을 일으키면 악한 것으로 간주된다. 도덕성은 판단된다기보다 오히려 느껴진다.

개념 확인 문제

:¨: 정답과 해설 40쪽

422 다음 설명에 해당하는 용어를 〈보기〉에서 골라 기호를 쓰시오.

〈 보기 〉
ㄱ. 귀납법　　　　　　ㄴ. 연역법

(1) 이성에 기초한 자명한 원리로부터 추론을 통해 지식을 얻는 방법 (　　)

(2) 관찰과 실험을 통해 여러 개별 사례를 관통하는 일반적 원리를 발견하여 지식을 얻는 방법 (　　)

423 다음 빈칸에 들어갈 내용을 쓰시오.

(1) 데카르트는 (　　　　　　　)를 통해 모든 것을 의심하였다.

(2) 스피노자는 (　　　　　　)의 예속에서 벗어날 때 올바른 삶을 살 수 있다고 보았다.

(3) 스피노자는 자연에서 일어나는 모든 일은 (　　　　　　)에 따라 필연적으로 결정된다고 보았다.

424 다음 괄호 안의 내용 중 알맞은 말에 ○표를 하시오.

(1) 베이컨이 말하는 (극장의, 시장의) 우상은 전통이나 권위를 맹신하는 데서 오는 편견이다.

(2) 베이컨이 말하는 (동굴의, 종족의) 우상은 자연을 인간 중심의 관점에서 바라보는 편견이다.

425 다음 설명이 맞으면 ○표, 틀리면 ×표를 하시오.

(1) 흄은 도덕 판단과 행동의 근거를 인간의 이성에서 찾는다. (　　)

(2) 흄은 사회적·보편적으로 유용한 행동은 인간에게 시인의 감정을 불러일으킨다고 본다. (　　)

(3) 흄은 인간이 사회적·보편적인 시인의 감정을 느끼는 이유는 공감 능력을 가졌기 때문이라고 본다. (　　)

A 도덕적인 삶과 이성

426 하중상

다음은 어느 학생의 노트 필기이다. ㉠~㉤ 중 옳지 <u>않은</u> 것은?

※ 귀납법과 연역법

	귀납법(Induction)	연역법(Deduction)
㉠	개별적인 사실을 토대로 일반적인 원리를 이끌어 내는 학문 방법	일반적인 대원칙을 토대로 개별적인 사실을 증명해 가는 학문 방법
㉡	지식의 범위가 확장됨	지식의 범위를 넓혀 주지는 못함
㉢	결론은 논리의 비약이 많기에 개연적·확률적 지식에 불과함	논리의 규칙을 잘 지키면, 그 결론은 확실하게 타당함
㉣	대표 사상가: 베이컨, 흄 등	대표 사상가: 데카르트, 스피노자 등
㉤	합리론의 주요 방법론	경험론의 주요 방법론

① ㉠   ② ㉡   ③ ㉢   ④ ㉣   ⑤ ㉤

427 하중상 ••서술형

㉠, ㉡에 들어갈 내용을 〈조건〉의 용어 중 세 가지를 활용하여 서술하시오.

1) 연역적 방법: ＿＿＿＿㉠＿＿＿＿
   예) 대전제: 모든 사람은 죽는다.
       소전제: 갑은 사람이다.
       결론: 갑은 죽는다.
2) 귀납적 방법: ＿＿＿＿㉡＿＿＿＿
   예) 사례 1: 갑은 죽는다.
       사례 2: 을은 죽는다.
       사례 3: 병은 죽는다.
          :
       결론: 모든 사람은 죽는다.

〈 조건 〉
• 경험   • 개별 사실   • 이성적 추론   • 일반적 원리

428 하중상 ••서술형

근대의 대표적인 인식론 두 가지를 쓰고, 각 인식론에서 주장하는 지식의 근원, 지식의 획득 방법을 서술하시오.

429-430 빈출자료

다음을 읽고 물음에 답하시오.

나는 진리 탐구를 위해 조금이라도 의심의 여지가 있다고 생각되는 것을 모두 버림으로써 전혀 의심할 수 없는 어떤 것이 내 생각 속에 남아 있을 수 있는지를 보기로 했다. …… 그러나 이 모든 것이 거짓이라고 내가 생각하고 있는 바로 그 순간에도, 그렇게 의심하기 위해서는 의심하고 있는 나 자신은 있어야 한다는 것을 깨달았다. '＿＿㉠＿＿'라는 진리는 아주 확고부동하기 때문에 회의론자들의 모든 가정에 의해서도 흔들릴 수 없는 것임을 인식하고 나는 주저 없이 그것을 내가 찾고 있던 철학의 제1원리로 받아들일 수 있다고 판단하였다.

429 하중상

밑줄 친 근대 서양 사상가 '나'로 옳은 것은?

① 플라톤   ② 데카르트   ③ 아퀴나스
④ 스피노자   ⑤ 소크라테스

430 하중상 ••서술형

위의 글을 읽고 물음에 답하시오.

(1) 위와 같이 확실한 지식을 얻기 위해 모든 것을 의심한 방법의 명칭을 쓰시오.

(2) ㉠에 들어갈 내용을 서술하시오.

431 하(중)상

스피노자 입장으로 가장 적절한 것은?

① 인간은 자연의 일부가 아니다.
② 인간은 우주 만물의 궁극적인 원인이다.
③ 자연은 존재하는 유일한 실체라고 볼 수 없다.
④ 정념에 속박된 사람은 수동적인 삶을 살지 않는다.
⑤ 자연의 필연적 인과 관계를 인식할 때 행복에 이를 수 있다.

432 하(중)상

스피노자에 대한 설명으로 옳은 것을 〈보기〉에서 고른 것은?

〈 보기 〉
ㄱ. 자연이 필연적 인과 법칙에 따라 움직인다고 주장하였다.
ㄴ. 자유 의지를 발휘해 정념의 예속으로부터 벗어나야 한다고 보았다.
ㄷ. 자연의 필연성에 대한 이성적 인식이 지복(至福)에 이르는 길이라고 여겼다.
ㄹ. 이성을 통해 신을 인식하면 필연성으로부터 자유로워질 수 있다고 주장하였다.

① ㄱ, ㄴ   ② ㄱ, ㄷ   ③ ㄴ, ㄷ
④ ㄴ, ㄹ   ⑤ ㄷ, ㄹ

433 하(중)상

(가)를 주장한 근대 서양 사상가의 입장에서 (나)의 A에게 제시할 수 있는 조언으로 가장 적절한 것은?

(가)	• 우리가 이성의 인도에 따라 살려고 노력하면 할수록 우리는 공포로부터 더 자유로워진다. • 모든 것은 일정한 방식으로 존재하고 작용하게끔 신의 본성의 필연성에 의해 결정되어 있다.
(나)	A는 요즈음 몹시 힘들다. 자주 불안을 느끼며, 미움과 분노의 감정에 사로잡힐 때가 많기 때문이다.

① 모든 감정과 욕망을 철저하게 버리세요.
② 자유롭게 하고 싶은 대로 행동해 보세요.
③ 삶의 필연성에서 벗어나 상황을 바꾸어 보세요.
④ 신앙심을 가지고 인격신이 부여한 규칙을 철저히 지키세요.
⑤ 이성을 통해 사물들이 발생하는 필연적 인과 질서를 인식하세요.

434-435 빈출자료

그림을 보고 물음에 답하시오.

인간은 유일한 실체인 신의 유한한 양태입니다. 우리가 추구해야 할 최고의 덕은 모든 것의 내재적 원인인 신을 인식하는 것입니다. 최고의 덕을 갖춘 사람은 어떤 영원한 필연성에 의해 자신과 신과 사물을 파악하며, 항상 마음의 평화를 누립니다. 여기에 이르는 길은 험난하고 드뭅니다. 그런데 모든 고귀한 것은 드물 뿐만 아니라 어려운 법입니다.

434 하(중)상

위의 강연자가 강조하는 삶의 태도로 가장 적절한 것은?

① 초자연적 인격신이 부여한 계율을 철저히 따른다.
② 모든 욕망을 없애고 초월자인 신의 명령에 복종한다.
③ 신에게서 벗어나 자유롭게 삶의 목적과 방식을 택한다.
④ 모든 것의 원인인 신을 이성을 통해 인식하려고 힘쓴다.
⑤ 신이 부여한 자유 의지를 통해 상황을 개선시켜 나간다.

435 하(중)상

위의 강연자의 관점에서 볼 때, 퍼즐의 세로 낱말 (A)에 대한 설명으로 옳은 것은?

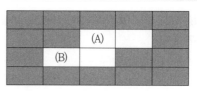

[가로 열쇠]
(A): 자신의 본질·본성 등에 이어 실체·본체 등의 가리키는 불교 용어 예 불교에서는 사물의 독자적인 실체나 속성인 ○○은 존재하지 않는다고 봄
(B): 아무런 인과 관계가 없이 뜻하지 아니하게 일어난 일 (반대어: 필연)

[세로 열쇠]
(A): …… 개념

① 이 세계를 초월한 인격적 존재이다.
② 신의 본성을 부분적으로 가지는 것이다.
③ 필연적 법칙을 벗어난 유일한 실체이다.
④ 자유 의지를 가진 개별 사물의 총합이다.
⑤ 만물의 궁극적 원인이자 개별 사물의 근원이다.

436 하중상

다음을 주장한 근대 서양 사상가의 입장으로 적절한 것을 〈보기〉에서 고른 것은?

> 가능한 한 이성을 완전하게 하는 것에 인간의 최상의 행복, 즉 지복(至福)이 존재한다. 그리고 이성을 완전하게 하는 것은 신, 신의 속성, 그리고 신의 본성의 필연성에서 생기는 활동을 파악하는 것이다.

〈 보기 〉
ㄱ. 신은 자연을 창조한 인격적 신이 아니라 자연 그 자체이다.
ㄴ. 자연의 필연적 질서를 인식하기 위한 이성적 관조가 필요하다.
ㄷ. 만물의 초월적 원인인 신을 인식하고 자유 의지에 따라 행동해야 한다.
ㄹ. 능동적인 감정을 모두 제거하고 수동적인 감정인 정념에 예속되어야 한다.

① ㄱ, ㄴ   ② ㄱ, ㄷ   ③ ㄴ, ㄷ
④ ㄴ, ㄹ   ⑤ ㄷ, ㄹ

437 하중상

다음을 주장한 근대 서양 사상가가 긍정의 대답을 할 질문으로 가장 적절한 것은?

> 삶에서 무엇보다 유익한 것은 지성을 완전하게 하는 것이며, 이것에 인간의 최고의 행복[至福]이 있다. 진실로 최고의 행복은 신(神)에 대한 인식에서 나오는 정신의 만족이다. 그런데 지성을 완전하게 하는 것은 신과 신의 본성의 필연성에 따라 나오는 활동을 인식하는 것이다. 그러므로 이성에 인도되는 사람이 가지는 최고의 욕망은 인식될 수 있는 모든 것을 온전하게 인식하는 것이다.

① 경험과 관찰로 진리의 확실성을 밝힐 수 있는가?
② 행복을 위해 유용성의 원리에 따라 행위해야 하는가?
③ 자연에 대한 이성적 관조를 통해 행복에 도달할 수 있는가?
④ 자유 의지를 발휘하여 자신의 운명을 개척해 나가야 하는가?
⑤ 신과 하나가 되기 위해 신을 따르고 믿음, 소망, 사랑의 종교적 덕을 실천해야 하는가?

438 하중상

다음을 주장한 근대 서양 사상가의 입장으로 가장 적절한 것은?

> 존재하는 모든 것은 신 안에 있으며, 신 이외에는 어떠한 실체도 있을 수 없다. 신은 우리의 정신이 인식할 수 있는 최고의 것이다.

① 관찰과 실험을 통해 지식을 획득해야 한다.
② 신은 자연 바깥에 존재하는 초월적인 창조자이다.
③ 자유 의지를 통해 마음의 안정과 행복을 얻을 수 있다.
④ 선악 판단의 기준은 감각적 경험의 욕구도에 따라 변한다.
⑤ 세상은 기계처럼 원인과 결과로 필연적으로 연결되어 있다.

439 하중상

(가)를 주장한 근대 서양 사상가의 입장에서 볼 때, (나)의 ㉠에 들어갈 진술로 가장 적절한 것은?

(가)	삶에서 무엇보다 유익한 것은 우리의 이성을 가능한 한 완전하게 하는 것이며, 오로지 이것에 인간의 최상의 행복, 즉 지복이 존재한다. 그리고 이성을 완전하게 하는 것은 신과 신의 속성의 필연성으로부터 생겨나는 활동을 파악하는 것이다.
(나)	㉠ . 그러면 참된 행복을 누릴 수 있다.

① 창조되지 않는 선, 즉 인격신을 사랑하라
② 자유 의지를 발휘하여 삶의 필연성을 극복해 나가라
③ 자연 만물의 내재적 원인인 신을 이성적으로 통찰하라
④ 온전히 이성적인 존재가 되어 모든 감정에서 벗어나라
⑤ 신의 은총을 받기 위해 신이 부여한 계율을 철저히 지켜라

440 하중상

(가)를 주장한 근대 서양 사상가의 입장에서 볼 때, (나)의 A에 들어갈 조언으로 가장 적절한 것은?

(가)	신은 자기 본성의 규칙성에 따라 작용하는 존재이다. 신은 곧 자연이며, 자연에는 우연적인 것이 아무것도 없으며, 모든 것은 신의 본성인 인과 법칙에 따라 일어난다. 우리도 전체 자연의 일부이며 자연의 질서에 따라야 한다는 것을 깨닫게 된다면 우리는 평온하게 외부적인 정념에 압도당하지 않을 것이다.
(나)	학생: 진정한 자유에 도달하기 위해서는 어떻게 해야 할까요? 교사: A

① 감각적 경험을 토대로 진리를 추구하세요.
② 신에 대한 지적인 사랑을 통해 평온함을 유지하세요.
③ 자유 의지를 최대한 발휘해 주어진 운명을 극복하세요.
④ 이성을 통해 선의 이데아를 모방하는 삶을 지향하세요.
⑤ 이성적 판단보다 이타적 감정을 통해 모든 상황을 파악하세요.

441 하중상

고대 서양 사상가 갑, 근대 서양 사상가 을의 공통적인 삶의 태도로 가장 적절한 것은?

> 갑: 인간의 정신을 방해하는 것은 사건들 자체가 아니라 사건들에 대한 인간의 판단이다. 세상에서 일어나는 일들이 네가 바라는 대로 일어나기를 요구하지 말고, 오히려 일어나는 일들이 실제로 일어나는 대로 일어나기를 요구하라. 그러면 모든 것이 잘 되어 갈 것이다.
> 을: 신은 절대적으로 무한한 존재, 즉 모든 것이 각각 영원하고 무한한 본질을 표현하는 무한한 속성으로 이루어진 실체이다. 사물의 본성에는 어떠한 것도 우연적으로 주어진 것이 없으며, 모든 것은 일정한 방식으로 존재하고 작용하게끔 신적 본성의 필연성에 의해 결정되어 있다.

① 신이 창조한 우주의 법칙과 질서를 파악하고 순응한다.
② 사회적 삶을 멀리하고 마음의 평화와 자유를 추구한다.
③ 인간의 삶과 자연의 필연성을 극복하기 위해 노력한다.
④ 욕망과 정념에 예속되지 말고 이성에 따라 살아야 한다.
⑤ 지나친 욕구를 절제하고 지속적이고 정신적인 쾌락을 추구한다.

442 하중상

근대 서양 사상가 갑, 을의 입장에 대한 설명으로 옳은 것을 〈보기〉에서 고른 것은?

> 갑: 나는 오직 진리 탐구에 전념하려고 한다. 그러므로 의심할 수 있는 것은 모두 거짓된 것으로 간주하여 내던져 버리고, 전혀 의심할 수 없는 것으로부터 출발하고자 한다. 나는 오직 내가 생각하는 존재, 즉 정신이나 이성으로서의 존재라는 말의 뜻을 비로소 알게 되었다. 이에 따라 나는 이제 드디어 나의 존재에 대한 물음에 답할 수 있게 되었다. 나는 바로 생각하는 존재였다.
> 을: 나는 신을 절대적으로 무한한 존재인 실체로 이해한다. 신 이외에는 어떠한 실체도 존재할 수 없다. 최고의 행복은 신에 대한 사랑에서 나온다.

〈 보기 〉
ㄱ. 갑은 사유하는 나의 존재도 의심해야 한다고 본다.
ㄴ. 을은 유일한 실체인 신을 자연이라고 본다.
ㄷ. 을은 참된 행복이 자연의 필연성에 대한 인식에서 나온다고 본다.
ㄹ. 갑, 을은 인간의 이성만으로는 진리를 인식할 수 없다고 본다.

① ㄱ, ㄴ ② ㄱ, ㄷ ③ ㄴ, ㄷ
④ ㄴ, ㄹ ⑤ ㄷ, ㄹ

443 하중상

중세 서양 사상가 갑, 근대 서양 사상가 을의 입장에 대한 설명으로 옳은 것은?

> 갑: 신은 모든 사물에 목적을 부여하는 지성적 존재이며, 인간의 궁극 목적입니다. 신과 하나가 되고 신의 무한한 선을 향유할 때에만 인간은 완전한 행복을 달성할 수 있습니다.
> 을: 신은 세계 자체이자 자연입니다. 오직 신만이 그 자체 안에 존재하며, 그 자신에 의해서 파악됩니다. 인간은 무한한 신의 유한한 양태에 불과합니다.

① 갑은 완전한 행복은 현세가 아닌 내세에서 실현된다고 본다.
② 갑은 신은 오직 이성적 증명을 통해서만 만날 수 있다고 본다.
③ 을은 모든 감정을 제거한 상태가 진정한 행복이라고 본다.
④ 을은 지적인 관조로써 자연의 필연성을 초월할 수 있다고 본다.
⑤ 갑, 을은 신의 은총에 의해 완전한 행복을 누릴 수 있다고 본다.

444 하중상

(가)의 고대 서양 사상가 갑, 을, 근대 서양 사상가 병의 입장을 (나) 그림으로 탐구할 때 A~D에 들어갈 질문으로 적절한 것을 〈보기〉에서 고른 것은?

> (가)
> 갑: 인간은 누구나 자발적으로 자신에게 해로운 일을 하지 않는다. 그래서 덕이 무엇인지 아는 사람은 결코 부정의하거나 나쁜 행위를 할 수 없다.
> 을: 최고선은 행복이다. 행복이 덕에 따르는 활동이라면, 행복은 최고의 덕을 따라야 한다. …… 인간의 고유한 덕에 따르는 활동이 완전한 행복이다.
> 병: 신의 속성에 대한 타당한 관념에서 사물의 본질에 대한 타당한 인식으로 나아간다. 이렇게 사물을 인식하면 할수록 우리는 신을 더 많이 인식한다. 정신의 최고의 덕은 이렇게 사물을 인식하는 것이며, 여기서 신에 대한 지적 사랑이 생긴다.

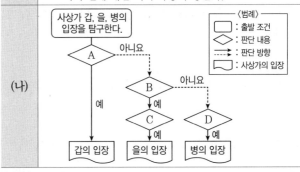

〈 보기 〉
ㄱ. A: 선에 대한 무지만이 악행의 원인인가?
ㄴ. B: 행복에 도달하기 위해 반드시 참된 앎이 있어야 하는가?
ㄷ. C: 소극적 쾌락을 선으로서 추구하는가?
ㄹ. D: 이성과 감정은 모두 도덕적 행위에 기여할 수 있는가?

① ㄱ, ㄴ ② ㄱ, ㄷ ③ ㄱ, ㄹ ④ ㄴ, ㄷ ⑤ ㄷ, ㄹ

B 도덕적인 삶과 감정

445-446 빈출자료*

다음을 읽고 물음에 답하시오.

> 르네상스 시대 영국의 경험주의 전통의 선구자인 갑은 "아는 것이 힘이다."라고 역설하였고, 실험과 관찰에 의한 개별 사례를 비교하고 고찰함으로써 자연의 일반 법칙을 찾아내고자 하는 (㉠)이/가 과학의 필수적 방법임을 주장하였다. 하지만 갑은 자연을 있는 그대로 인식하는 것을 방해하는 편견과 선입견인 우상(偶像)을 경계하였다.

445 하중상

㉠에 들어갈 탐구 방법으로 알맞은 것은?

① 귀납법 ② 문답법 ③ 역설법
④ 연역법 ⑤ 추론법

446 하중상

표는 갑의 우상론을 정리한 것이다. ㉠~㉢에 들어갈 말을 옳게 짝지은 것은?

우상 종류	사례
(㉠)의 우상	"인어라는 말이 있는 것을 보니 인어는 분명히 있어."
(㉡)의 우상	"이 과자는 유명한 연예인이 광고한 것이니 무조건 맛있을 거야."
(㉢)의 우상	"새가 슬프게 울고 있네."

	㉠	㉡	㉢
①	극장	종족	시장
②	동굴	극장	시장
③	시장	극장	종족
④	시장	동굴	극장
⑤	종족	시장	동굴

447 하중상

•• 서술형

다음은 베이컨의 우상론의 사례이다. ㉠, ㉡에 해당하는 우상을 각각 쓰고, 그 내용을 서술하시오.

㉠	나무에 앉은 새가 즐겁게 노래하네.
㉡	갑: 예부터 내려온 전통 의학서에 따라 만든 약입니다. 이 약을 먹으면 모든 병이 낫는다고 합니다. 을: 아, 그렇군요.

448 하중상

다음은 근대 서양 사상가의 주장이다. ㉠에 해당하는 사례로 가장 적절한 것은?

> 우리의 정신을 사로잡고 있는 우상(偶像)은 우리가 얻을 수 있는 진리조차 얻을 수 없게 만든다. 이러한 우상들을 몰아내기 위해서는 경험적 관찰을 통해 개념과 공리(公理)를 형성해야 한다. 자연에 대한 참된 인식을 방해하는 종족의 우상, 동굴의 우상, 시장의 우상, ㉠ 극장의 우상을 제거하도록 노력해야 한다.

① 용이라는 말이 있으니까 용이 존재해.
② 새가 노래하는 걸 보니 기분이 좋은가 보네.
③ 길가에 활짝 핀 들꽃이 나를 보고 방긋 웃어 주네.
④ 예전에 개한테 물려 봤는데 개는 정말 위험한 동물이야.
⑤ 의사 선생님께서 주신 약이니 보나마나 만병통치약일 거야.

449 하중상

다음을 주장한 근대 서양 사상가가 부정의 대답을 할 질문으로 가장 적절한 것은?

> 인간의 야망을 세 등급으로 나눌 수 있다. 첫째, 자신의 세력을 자기 나라 안에서 확대하려는 사람의 야망인데, 이것은 하등의 천박한 야망이다. 다음은 자기 나라의 지배권을 인류 전체로 확대하려고 하는 사람의 야망인데, 이것은 품위는 좀 있지만 여전히 탐욕의 한계를 벗어나지 못한 야망이다. 그런데 인류의 지배권을 자연 전체로 확대하려고 노력하는 사람이 있다면 그의 야망은 앞의 두 가지에 비하면 더할 나위 없이 건전하고 고귀한 것이다. 자연에 대한 인간의 지배권은 오직 기술과 학문에 달려 있다.

① 도덕적 행동을 할 수 있는 근거는 경험인가?
② 자연은 부분적으로 해체 가능한 기계에 불과한가?
③ 지식은 올바른 관찰과 실험을 통해서 얻을 수 있는가?
④ 이성적 관조를 통해 자연의 필연적 질서를 파악해야 하는가?
⑤ 자연 과학적 지식은 참된 지식으로 인간의 생활 방식을 개선할 수 있는가?

450 하중상

다음은 서술형 평가 문제와 학생 답안이다. 학생 답안의 ㉠~㉤ 중 옳지 <u>않은</u> 것은?

> **서술형 평가**
> • 문제: 베이컨의 우상론의 의미와 네 가지 우상을 설명하시오.
> • 학생 답안
> 베이컨은 ㉠ 우리의 정신을 사로잡고 있는 선입견을 우상이라고 하고 이는 타파해야 할 대상이라고 본다. 이와 관련한 우상은 총 네 가지가 있고, 이는 종족의 우상, 동굴의 우상, 시장의 우상, 극장의 우상이다. ㉡ 종족의 우상은 인간의 관점에서 해석하려다가 나타나는 선입견을 말하고, ㉢ 동굴의 우상은 가장 근원적 우상으로 사물이나 동식물들을 의인화시켜 해석하려 하는 선입견이며, ㉣ 시장의 우상은 언어를 잘못 사용하거나 언어의 참뜻을 잘못 이해하는 경우이고, ㉤ 극장의 우상은 잘못된 원칙, 학설, 전통 등을 무비판적으로 받아들이는 것이다.

① ㉠   ② ㉡   ③ ㉢   ④ ㉣   ⑤ ㉤

451 하중상

(가)를 주장한 근대 서양 사상가의 입장을 (나) 그림으로 탐구할 때 A, B에 들어갈 질문으로 적절한 것을 〈보기〉에서 고른 것은?

(가)	인간은 자연의 질서를 직접 관찰하고 고찰한 그만큼만 자연에 대해 무엇인가를 이해하고 또한 무엇인가를 할 수 있다. 인간의 지성을 사로잡는 우상은 정신을 혼미하게 만들 뿐만 아니라, 우리가 얻을 수 있는 진리조차 얻지 못하게 한다.

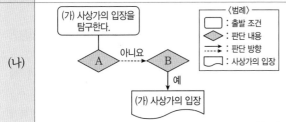

〈 보기 〉
ㄱ. A: 유용성을 지닌 지식이 참된 지식인가?
ㄴ. A: 연역적 방법을 통해 진리를 탐구해야 하는가?
ㄷ. B: 참된 지식을 얻기 위해 선입견과 편견을 타파해야 하는가?
ㄹ. B: 경험을 통해 얻은 지식은 단편적이고 우연적인 것이므로 신뢰할 수 없는 것인가?

① ㄱ, ㄴ   ② ㄱ, ㄷ   ③ ㄴ, ㄷ
④ ㄴ, ㄹ   ⑤ ㄷ, ㄹ

452 하중상

다음을 주장한 근대 서양 사상가에 대한 설명으로 옳은 것만을 〈보기〉에서 있는 대로 고른 것은?

> 개미는 재료를 모아서 그대로 사용하고, 거미는 자기 속을 풀어 내서 집을 짓는다. 꿀벌은 꽃에서 재료를 구해 자신의 힘으로 변화시켜 소화한다. 참된 학문은 꿀벌처럼 경험이나 실험을 통해 얻은 재료를 지성의 힘으로 변화시켜 소화하는 것이다. 자연의 사용자 및 해석자로서의 인간은 자연에 대해 관찰하고 고찰하는 것만큼 이해할 수 있다.

〈 보기 〉
ㄱ. 자연에 대한 참된 인식을 방해하는 선입견을 타파해야 한다.
ㄴ. 지식의 근원은 이성보다는 관찰과 실험을 통해 얻은 경험이다.
ㄷ. 참된 귀납법은 이성을 배제하여 얻은 경험이나 실험의 결과이다.
ㄹ. '아는 것이 힘이다.'라는 말은 과학적 지식을 통해 자연을 보호해야 함을 강조하는 말이다.

① ㄱ, ㄴ   ② ㄱ, ㄷ   ③ ㄷ, ㄹ
④ ㄱ, ㄴ, ㄹ   ⑤ ㄴ, ㄷ, ㄹ

453 하중상

다음은 서술형 평가 문제와 학생 답안이다. 학생 답안의 ㉠~㉤ 중 옳지 <u>않은</u> 것은?

> **서술형 평가**
> ◎ 문제: 근대 서양 사상가 갑, 을의 입장을 비교하시오.
>
> > 갑: 모든 것이 거짓이라고 내가 생각하고 있는 바로 그 순간에도 그렇게 의심하기 위해서는 의심하고 있는 나 자신은 있어야 한다는 것을 깨달았다.
> > 을: 인간의 지성을 사로잡고 있는 우상들을 몰아낼 수 있는 유일한 대책은 참된 관찰과 실험으로 개념과 공리를 형성하는 것이다.
>
> ◎ 학생 답안
> 갑과 을의 입장을 비교해 보면, 갑은 ㉠ 감각적 경험을 통해 얻은 지식은 명백한 진리로 믿을 수 없다고 보고, ㉡ 귀납적 추론을 확실한 지식을 획득하기 위한 적절한 방법으로 제시하였다. 을은 ㉢ 자연 과학적 지식의 유용성을 강조하였으며, ㉣ 자연에 대한 참된 인식을 방해하는 선입견과 편견을 우상(偶像)에 비유하고 이를 타파할 것을 역설하였다. 한편 갑과 을은 모두 ㉤ 인간이 자연에 관한 진리를 발견할 수 있는 능력을 소유하고 있다고 보았다.

① ㉠   ② ㉡   ③ ㉢   ④ ㉣   ⑤ ㉤

454 하(중)상

● ● 서술형

㉠에 들어갈 용어를 쓰시오.

> 흄은 도덕적 감정이 개인의 주관성을 넘어 보편성을 지닐 수 있는 것은 사람들이 (㉠) 능력을 갖추고 있기 때문이라고 보았다.

455 하(중)상

흄의 입장으로 가장 적절한 것은?

① 감정은 올바른 도덕 판단을 방해한다.
② 이성은 행위의 선악을 구분하는 근거이다.
③ 선악은 판단하는 것이지 느끼는 것이 아니다.
④ 이성은 도덕 실천에서 어떠한 역할도 할 수 없다.
⑤ 도덕 행위를 유발하는 직접적인 동기는 감정이다.

456 하(중)상

근대 서양 사상가 갑의 입장에서 〈문제 상황〉 속의 A에게 해 줄 수 있는 조언으로 가장 적절한 것은?

> 갑: 이성은 정념의 노예이다. 행동은 이성에서 발생하는 것이 아니라 이성에 의해 안내될 뿐이다. 혐오 또는 선호가 어떤 대상을 향해 일어나는 것은 고통 또는 쾌락에 대한 예상 때문이다.
>
> 〈문제 상황〉
>
> 대학생 A는 아르바이트를 하고 밤늦게 귀가하던 중 버스 정류장에서 현금 300만 원이 든 가방을 발견했다. 경제적인 사정이 좋지 않은 부모님께 등록금을 달라고 할 수 없어 힘들게 아르바이트를 하며 학업을 병행하고 있는 A는 돈이 든 가방을 보며 경찰에 신고해야 할지 망설이고 있다.

① 다른 사람의 불행에 공감하는 것이 우선되어야 한다.
② 타인의 인정이나 기대에 부응하는 행동을 해야 한다.
③ 도덕적 행동을 위해 감정보다 이성을 중시해야 한다.
④ 주어진 상황을 최대한 활용하여 자신의 행복을 추구해야 한다.
⑤ 구성원이 지켜야 하는 도덕적인 의무에 맞는 행동을 해야 한다.

457 하(중)상 빈출

다음을 주장한 근대 서양 사상가의 입장으로 적절한 것만을 〈보기〉에서 있는 대로 고른 것은?

> 악덕과 덕은 이성이나 관념들의 비교를 통해서 발견될 수 없기 때문에 그것들의 차이에 대한 인식은 오직 그것들이 일으키는 어떤 인상이나 정서를 통해서만 이루어져야 한다. 따라서 악덕과 덕의 구별은 이성이 아니라 도덕감의 산물이며, 인지적으로 파악되는 것이 아니라 단지 느껴지는 것이다.

〈 보기 〉
ㄱ. 이성은 도덕적 행위에 직접적인 동기를 제공할 수 없다.
ㄴ. 인간의 공감 능력을 토대로 도덕의 체계를 세워야 한다.
ㄷ. 도덕 판단은 사회적인 시인이나 비난의 감정에 의해 결정된다.
ㄹ. 이성적 관조를 통해 자연의 인과 관계를 파악하는 참된 인식이 필요하다.

① ㄱ, ㄴ   ② ㄴ, ㄷ   ③ ㄱ, ㄹ
④ ㄱ, ㄴ, ㄷ   ⑤ ㄴ, ㄷ, ㄹ

458 하(중)상

다음을 주장한 근대 서양 사상가의 입장으로 가장 적절한 것은?

> 이성 혼자서는 그 어떤 의지 작용의 동기가 될 수 없으며, 이성은 의지를 지도함에 있어서 감정에 대립할 수 없다. …… 우리가 감정과 이성의 싸움을 이야기할 때, 우리는 엄밀하게 그리고 철학적으로 말하지 못하고 있다. 이성은 감정의 노예이고 또한 그래야만 한다. 이성은 감정에 봉사하고 복종하는 것 말고 다른 어떤 임무도 요구할 수 없다.

① 이성은 도덕적 선악을 판단함으로써 정념의 실현에 기여한다.
② 이성은 목적에 도달할 수 있는 수단에 관한 정보를 제공한다.
③ 정념의 참 또는 거짓은 사실과의 일치 여부를 통해 판단된다.
④ 사물의 인과 관계를 파악함으로써 참된 진리에 도달할 수 있다.
⑤ 이성을 통해 다른 사람의 행복과 불행을 함께 인식하고 이를 바탕으로 도덕적 행동을 할 수 있다.

459 (하 중 상)

●●서술형

(가)를 주장한 근대 서양 사상가의 입장에서 볼 때, (나)의 ㉠에 들어갈 내용을 서술하시오.

(가)	인간 정신의 주요 원천 혹은 작동 원리는 쾌락과 고통이다. 도덕적 구별은 쾌락과 고통이라는 특정한 감정에 전적으로 의존한다. 조망이나 반성을 통해 우리에게 만족을 주는 우리 자신이나 다른 사람의 정신적 성질은 유덕하며, 본성이 우리에게 거북함을 주는 것은 부덕하다.
(나)	학생: 도덕적 행위의 원천은 무엇인가요? 사상가: ⬚㉠⬚

460 (하 중 상)

다음을 주장한 사상가의 입장으로 적절한 것만을 〈보기〉에서 있는 대로 고른 것은?

도덕 판단은 내적 감정의 결과이다. 어떤 행위가 시인(是認)의 감정을 유발할 때, 우리는 그 행위에 대해 '선하다' 또는 '옳다'고 말한다. 부인(否認)의 감정을 유발할 때, 우리는 그 행위에 대해서 '악하다' 또는 '그르다'고 말한다.

〈 보기 〉
ㄱ. 도덕성은 판단되기보다는 느껴지는 것이다.
ㄴ. 이성은 도덕적 행위에 있어 직접적 동기 역할을 한다.
ㄷ. 자연적 성향인 공감을 통해 자기중심적 관점을 극복해야 한다.
ㄹ. 도덕적 행동을 하고 싶어 하는 마음이 들게 하는 것은 감정이다.

① ㄱ, ㄴ ② ㄷ, ㄹ ③ ㄱ, ㄴ, ㄷ
④ ㄱ, ㄷ, ㄹ ⑤ ㄴ, ㄷ, ㄹ

461 (하 중 상)

다음을 주장한 근대 서양 사상가의 입장으로 가장 적절한 것은?

도덕적 구별은 이성의 산물이 아니며, 고통이나 쾌락에 의존한다. 이성은 전적으로 무기력하고, 양심이나 도덕감과 같은 활동적 원리의 원천일 수 없기 때문이다. 그러므로 도덕성은 판단된다기보다는 느껴진다는 것이 더욱 적절하다.

① 선과 악은 감정과 무관하게 객관적으로 존재한다.
② 이성은 도덕적 행위에 아무런 기여도 하지 못한다.
③ 도덕의 목적은 모든 감정의 지배로부터 벗어나는 것이다.
④ 사람들은 개인에게만 쾌락을 주는 행위를 옳다고 느낀다.
⑤ 인간의 공감 능력은 도덕적 행위를 하게 하는 원천이 된다.

462 (하 중 상)

●●서술형

다음을 읽고 물음에 답하시오.

라인언 레작은 초등학교 1학년 수업 시간에 선생님으로부터 아프리카 아이들이 깨끗한 식수를 마시지 못해 고통받고 있으며, 일부 아이들은 죽어 간다는 이야기를 듣고 깊은 연민을 느꼈다. 그래서 라인언 레작은 이들을 도와주기로 결심하였다. 그리고 도울 방법을 궁리한 결과 돈을 모아 아프리카에 우물을 파 주어야겠다고 생각하였다. 그는 넉 달 동안 집안 청소를 도와 70달러를 모았지만, 이걸로는 부족하다는 것을 알고 사람들과 비정부 단체를 대상으로 모금 운동을 시작하였다. 이러한 노력을 통해 라이언과 그의 가족이 설립한 라이언 우물 재단은 200만 달러 이상의 기금을 모았으며, 세계 14개국에서 모두 319개의 우물을 만들었다.

– 윌리엄 데이먼, 『무엇을 위해 살 것인가』

(1) 흄의 입장에서 라이언 레작이 도덕적 행위를 하는 데 있어 이성은 어떤 역할을 했는지 서술하시오.

(2) 흄의 입장에서 라이언 레작이 도덕적 행위를 하는 데 있어 감정은 어떤 역할을 했는지 서술하시오.

463 (하 중 상)

표는 어느 근대 서양 사상가를 상대로 한 가상 설문 조사 결과이다. ㉠에 들어갈 질문으로 가장 적절한 것은?

번호	질문	응답	
		예	아니요
(1)	이성은 감정의 노예라고 주장하는가?	✔	
(2)	영원히 불변하는 도덕 법칙이 있음을 인정하는가?		✔
(3)	㉠	✔	
(4)	개인의 감정이 사회적으로 타당성을 획득할 수는 없다고 주장하는가?		✔

① 도덕적 가치를 객관적 실재의 문제로 보고 있는가?
② 감정이 행위의 직접적 동기가 될 수 없다고 보는가?
③ 공리주의의 영향으로 사회적 차원의 이익을 강조하는가?
④ 도덕 행위에서 이성의 역할을 배제해야 한다고 여기는가?
⑤ 도덕적 가치는 어떤 행위에서 느껴지는 쾌·불쾌감의 표현이라고 보는가?

464 (하 중 상)

(가)를 주장한 사상가의 입장에서 볼 때, (나)의 퍼즐 속 세로 낱말 (A)에 대한 설명으로 옳은 것은?

(가)	• 이성 혼자서는 그 어떤 작용의 동기가 될 수 없으며, 이성은 의지를 지도함에 있어서 감정에 반대할 수 없다. • 이성은 감정의 노예이고 또한 그래야만 한다. 이성은 감정에 봉사하고 복종하는 것 말고 다른 어떤 임무를 요구할 수 없다.
(나)	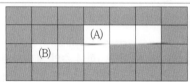 [가로 열쇠] (A): 생활이나 행동 또는 목적 따위를 같이하는 집단 예 아리스토텔레스에 따르면 국가는 완전하고 자족적인 ○○○임 (B): 자신이 어떤 집단에 소속되어 있다는 느낌 [세로 열쇠] (A): …… 개념

① 사물이나 현상에 대한 인식을 가능하게 하는 인간 활동이다.
② 자신의 편협하고 개인적인 관점을 극복할 수 있게 해 주는 자연적인 성향이다.
③ 어떤 행위를 바라볼 때 느끼는 시인(是認)과 부인(否認)이라는 개인적 차원의 감정이다.
④ 도덕적 행위의 직접적 동인(動因)이 아닌 상황 분석과 같은 일정한 역할을 수행하는 능력이다.
⑤ 감정이나 동정심을 극복하고 자율적 판단을 통해 참된 도덕적 행위를 이끌어 내는 선험적 능력이다.

465-466 빈출자료

갑, 을은 근대 서양 사상가들이다. 다음을 읽고 물음에 답하시오.

> 갑: 의심할 여지없이 확실한 지식을 얻기 위해 일단 모든 것을 의심해 보았다. 그 결과 아무리 모든 것을 의심한다고 해도 더 이상 의심할 수 없는 한 가지 사실에 이르게 되었는데, 그것은 '의심하고 있는 내가 있다.'라는 것이다.
> 을: 덕과 부덕의 차이는 그것이 유발하는 인상이나 느낌을 통해서만 확정할 수 있다. 그러므로 도덕성은 판단된다기보다는 느껴진다고 보는 것이 더욱 적절하다.

465 (하 중 상) ●●서술형

갑 사상가를 쓰고, 밑줄 친 내용을 지칭하는 방법론을 쓰시오.

466 (하 중 상) ●●서술형

을 사상가를 쓰고. 이성의 역할에 대한 을 사상가의 입장을 서술하시오.

467 (하 중 상)

근대 서양 사상가 갑, 을의 입장으로 적절하지 않은 것은?

> 갑: 신 이외에는 어떤 실체도 존재할 수 없고 생각될 수 없다. 존재하는 모든 것은 신 안에 있으며, 어떤 것도 신 없이는 존재할 수 없고 생각될 수 없다. 그리고 신은 모든 것의 내재적 원인이지 초월적 원인이 아니다.
> 을: 우리가 덕과 악덕을 구분할 수 있는 것은 그것들이 일으키는 어떤 인상이나 감정에 의해서이다. 그러므로 엄밀히 말해서 도덕성은 판단된다기보다는 오히려 느껴지는 것이다.

① 갑: 만물은 유일하고 무한한 실체인 신의 유한한 양태일 뿐이다.
② 갑: 자유인은 필연적 인과 질서에서 벗어나 이성적으로 관조하는 존재이다.
③ 을: 인간은 주관적 감정을 넘어서 보편적 감정을 공유할 수 있다.
④ 을: 자아에 대한 인식은 감각적 지각일 뿐 자아 그 자체에 대해서는 알 수 없다.
⑤ 갑, 을: 이성이 도덕적 행동을 하는 데 기여할 수 있다.

468 하 중 상

근대 서양 사상가 갑은 긍정, 을은 부정의 대답을 할 질문으로 적절한 것을 〈보기〉에서 고른 것은?

> 갑: 감정과 이성이 대결을 벌인다는 말은 정확하지 않은 말이다. 이성은 감정의 노예이며 또한 그래야만 한다. 이성은 감정에 봉사하고 복종하는 것 말고 다른 어떤 임무도 주장할 수 없다.
>
> 을: 감정을 다스리는 가장 탁월한 방법은 감정을 이성적으로 인식하는 것이다. 감정이 발생하는 인과 질서를 이해함으로써 감정의 영향을 덜 받게 된다. 모든 것은 신 또는 자연에서 필연적으로 산출되며 우리가 인식할 수 없는 감정은 없다.

〈 보기 〉
ㄱ. 이성은 도덕적 행위에 어떠한 영향도 줄 수 없는가?
ㄴ. 인과 법칙은 심리적 성향과 습관에서 나오는 것인가?
ㄷ. 공감을 통해 쾌감을 느낄 때 선(善)이라고 할 수 있는가?
ㄹ. 이성을 통해 감정의 속박에서 벗어나야 행복할 수 있는가?

① ㄱ, ㄴ   ② ㄱ, ㄷ   ③ ㄴ, ㄷ
④ ㄴ, ㄹ   ⑤ ㄷ, ㄹ

469 하 중 상

고대 서양 사상가 갑은 긍정, 근대 서양 사상가 을은 부정의 대답을 할 질문으로 가장 적절한 것은?

> 갑: 유덕함은 영혼의 훌륭함을 말한다. 따라서 영혼의 훌륭함이 무엇인지 안다면 유덕한 사람이 될 수 있다. 유덕함이 무엇인지 알면서 부덕한 행위를 하는 경우는 있을 수 없다.
>
> 을: 시인의 대상은 유덕함이 되고, 부인의 대상은 부덕함이 된다. 이처럼 도덕은 판단되기보다는 느껴지는 것이다.

① 다수에게 시인되는 행동만이 도덕적 행동인가?
② 도덕적 선악의 구분은 감정을 통해 이루어지는가?
③ 이성은 감정을 만족시키기 위한 보조적 역할을 하는가?
④ 도덕은 타인의 행복(불행)에 대한 공감 능력에 근거하는가?
⑤ 이성으로 파악한 도덕적 지식이 도덕적 행위를 유발하는가?

갑, 을은 고대 서양 사상가, 병은 근대 서양 사상가이다. 다음을 읽고 물음에 답하시오.

(가)	갑: 우리의 주된 관심은 평온한 삶으로서의 행복이다. 여기서 말하는 평온함이란 ⊙ 어떤 상황에서도 동요하지 않는 정신 상태이다. 을: 진정한 쾌락이란 ⓒ 육체에서 어떤 고통도 느끼지 않는 동시에 마음에서 어떤 불안도 느끼지 않는 상태를 의미한다. 병: 사람의 행위나 성품이 그것을 바라보는 사람들에게 시인(是認)의 감정을 일으키면 선한 것으로, 부인(否認)의 감정을 일으키면 악한 것으로 간주된다. 도덕성은 판단된다기보다 오히려 느껴진다.
(나)	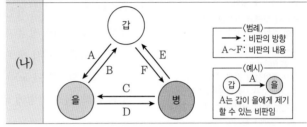

470 하 중 상
•• 서술형

밑줄 친 ⊙, ⓒ에 해당하는 용어를 각각 쓰시오.

471 하 중 상

(가)의 갑, 을, 병의 입장에서 서로에게 제기할 수 있는 비판을 (나) 그림으로 표현할 때, A~F에 해당하는 내용으로 적절한 것만을 〈보기〉에서 있는 대로 고른 것은?

〈 보기 〉
ㄱ. A, F: 덕이 있는 삶을 위해 모든 정념을 제거해야 함을 간과한다.
ㄴ. B: 평온한 삶에 이르기 위해 공적인 삶을 멀리해야 함을 간과한다.
ㄷ. C: 쾌락은 고통의 부재이며 인간이 추구해야 할 목적임을 간과한다.
ㄹ. D: 행복 실현을 위해 신적 이성을 따르는 삶의 자세가 필요함을 간과한다.
ㅁ. E: 감정이 도덕적 실천의 직접적인 동기가 됨을 간과한다.

① ㄱ, ㄴ   ② ㄴ, ㅁ   ③ ㄷ, ㄹ
④ ㄱ, ㄴ, ㅁ   ⑤ ㄷ, ㄹ, ㅁ

옳고 그름의 기준

A 의무론과 칸트주의

1 의무론의 의미와 특징

① 의미: 우리가 마땅히 지켜야 할 의무에 따라 행위의 옳고 그름을 판단해야 한다는 이론

② 특징

• 행위의 결과보다 행위의 동기를 중시함 → 목적이 수단을 정당화할 수 없다고 봄

• 행위의 가치가 본래 정해져 있다고 봄

2 칸트의 윤리 사상

┌ 마땅히 해야 할 바를 생각하고 그것을 스스로의 의지로 결단하는 능력

① 자율적 존재: 인간은 자신의 본능적 욕구를 극복하고 실천 이성이 스스로에게 부과하는 명령을 따를 수 있는 자율적 존재임

② 선의지: 어떤 행위가 오로지 그것이 옳다는 이유 때문에 받아들이고 실천하려는 의지 → 선의지에 따르는 행위만이 도덕적 행동이라고 봄 ┌ 결과적으로 의무에 알맞은 행위더라도 의무로부터 비롯되지 않은 행위는 도덕적 가치가 없다고 보았다.

③ 도덕 법칙: 실천 이성에 의해 세워진 것으로, 오직 인간만이 따를 수 있는 법칙 → 정언 명령의 형태로 나타남

④ 정언 명령: '무조건 ~하라.'와 같은 절대적인 명령 ┌ 반면 '만약 ~라면 ~하라.'와 같은 조건이 붙는 명령을 가언 명령이라고 한다.

첫 번째 정식	준칙의 보편화 가능성: 어떤 행위가 도덕적으로 옳은지 판단하려면 모든 사람이 그런 방식으로 행위하기를 원하는지 스스로 물어보아야 함
두 번째 정식	인간 존엄성의 정신: 이성적 존재인 인간은 모든 가치의 근거가 되며 목적 그 자체로서 존재하므로, 모든 이성적 존재의 가치 또한 존중해야 함

3 칸트의 윤리 사상 `빈출자료` Link • 484-485번 문제

─(선의지에 대한 칸트의 입장)─

이 세상에서, 아니 이 세상 밖에서조차도 무제한적으로 선하다고 생각할 수 있는 것은 오직 선의지뿐이다. …… 그러나 우리가 성품이라고 일컫는 이러한 천부적 재능이나 기질도 그것을 사용하는 의지가 선하지 못하다면 지극히 악하거나 해로운 것이 될 수도 있다.

4 현대 칸트주의

① 등장 배경: 칸트 윤리 사상의 원리를 계승하면서도 그 한계를 극복하고자 함

② 로스의 조건부 의무

• 정언 명령의 엄격성과 도덕적 의무 간의 상충 문제 등을 해결하고자 조건부 의무를 제시함

• 조건부 의무는 특별한 상황이 발생할 경우 예외가 인정되기 때문에 칸트의 정언 명령보다 느슨하게 적용됨

B 결과론과 공리주의

1 결과론의 의미와 특징

① 의미: 어떤 행위를 수행함으로써 발생하는 결과에 따라 그 행위의 옳고 그름을 판단해야 한다는 이론 → 옳은 행위는 최선의 결과를 가져오는 행위임

② 특징

• 행위의 가치는 미리 정해져 있지 않고 각 상황과 결과에 의해 결정된다고 봄

• 좋은 결과를 산출하는 데 도움을 주는 수단은 도덕적으로 정당화될 수 있다고 봄

기출 Tip ⒶA-2

정언 명령의 두 정식

• 준칙의 보편화 가능성: "네 의지의 준칙이 언제나 동시에 보편적 입법의 원리가 될 수 있도록 행위하라."

• 인간 존엄성의 정신: "너 자신과 다른 모든 사람의 인격을 결코 단순히 수단으로만 대하지 말고 언제나 동시에 목적으로 대하도록 행위하라."

도덕과 행복의 관계에 대한 칸트의 입장

칸트는 도덕과 행복이 양립 가능하지만 행복은 도덕의 목적이 아니라고 봄. 다시 말해, 의무를 행하는 데 있어서 행복이 동반될 수 있지만, 행복이라는 동기는 무엇이 의무인지를 결정할 때 고려되어서는 안 된다고 주장함

기출 Tip ⒶA-4

조건부 의무 종류

약속 이행의 의무(성실의 의무), 보은의 의무, 선행의 의무, 악행 금지의 의무, 정의의 의무, 자기 개선의 의무 등

┌ 각 개인이 나름대로 정립한 행위의 규칙

2 고전적 공리주의

① 벤담의 양적 공리주의 →└ 벤담의 양적 공리주의를 행위 공리주의라고 말하기도 한다.

쾌락의 강조	인간의 모든 행위는 고통과 쾌락에 의해 결정된다고 봄 → 인간 행위의 목적은 고통을 회피하고 쾌락(행복)을 추구하는 것임
공리의 원리	옳고 그름의 기준으로 '최대 다수의 최대 행복'이라는 공리의 원리를 제시함 → 사회는 개인의 집합이므로 더 많은 사람이 쾌락을 누리게 되는 것이 좋은 일이라고 봄
쾌락 계산법	• 쾌락에는 질적 차이는 없으며 양적 차이만 있다고 봄 • 쾌락 계산의 기준: 강도, 지속성, 확실성, 접근성, 생산성, 순수성, 범위

② 밀의 질적 공리주의

- 기본 입장: 벤담의 공리주의를 계승하여 '최대 다수의 최대 행복'을 강조함
- 쾌락의 양적 차이뿐만 아니라 질적 차이도 인정해야 한다고 봄 → 합리적인 인간이라면 누구나 쾌락의 질적 차이를 분별할 수 있으며, 높은 수준의 쾌락을 선호한다고 봄
- 고급 쾌락과 저급 쾌락을 모두 경험해 본 전문가가 쾌락의 질을 판단할 수 있다고 봄

3 고전적 공리주의 [빈출자료] Link • 520-521번 문제

┌─(질적 쾌락에 대한 밀의 입장)
쾌락을 평가할 때 양에만 의존하는 것은 불합리하다. 다양한 쾌락을 경험해 본 합리적인 사람이라면 누구나 보다 더 높은 수준의 쾌락을 추구할 것이다.

4 현대 공리주의

싱어는 동물의 이익을 인간과 동등하게 고려하지 → 않는 것은 종 차별주의라고 비판한다.

선호 공리주의	• 입장: 선택할 수 있는 행위 중 그 행위에 영향을 받을 모든 사람의 선호를 가장 많이 만족하게 해 주는 행위가 옳다고 봄 ┌ 쾌락과 고통을 느끼는 능력 → 유정적 존재 • 싱어: 선호 공리주의를 바탕으로 감각을 지닌 개체의 이익을 동등하게 고려해야 한다고 봄 → 쾌고 감수 능력을 가진 동물의 이익도 동등하게 고려해야 한다고 주장함
규칙 공리주의	좋은 결과를 가져다줄 가능성이 큰 규칙을 따름으로써 공리를 극대화할 수 있다고 봄 → 주어진 상황마다 행위의 결과를 계산해야 하는 행위 공리주의에 비해 경제적임

└→ 공리를 위해 도덕적 상식이나 직관에 부합하지 않는 행위가 정당화되는 것을 예방할 수 있다.

기출 Tip ⑬-2
쾌락의 질적 차이에 대한 밀의 입장
"만족한 돼지보다는 불만족한 인간이 되는 편이 낫고, 만족한 바보보다는 불만족한 소크라테스가 되는 편이 낫다." – 밀

개념 확민 문제

○ 정답과 해설 44쪽

472 다음 빈칸에 들어갈 내용을 쓰시오.

(1) 칸트에 따르면 도덕 법칙은 '무조건 ~하라.'와 같은 (   )의 형태로 나타난다.

(2) (   )은 우리가 마땅히 지켜야 할 의무에 따라 행위의 옳고 그름을 판단해야 한다는 이론이다.

(3) 칸트는 어떤 행위가 오로지 그것이 옳다는 이유 때문에 받아들이고 실천하려는 의지를 (   )라고 부른다.

(4) 칸트는 인간이 자신의 본능적 욕구를 극복하고 (   )이 스스로에게 부과하는 명령을 따를 수 있는 자율적 존재라고 보았다.

473 로스는 정언 명령의 엄격성과 도덕적 의무 간의 상충 문제 등을 해결하고자 (   )를 제시하였다.

474 다음 설명이 맞으면 ○표, 틀리면 ×표를 하시오.

(1) 결과론은 도덕 판단에 있어서 행위의 동기를 중시하는 입장이다. (   )

(2) 벤담은 옳고 그름의 기준으로 '최대 다수의 최대 행복'을 제시하였다.
(   )

(3) 벤담은 인간 행위의 목적이 고통을 회피하고 쾌락을 추구하는 것이라고 보았다. (   )

475 다음 괄호 안의 내용 중 알맞은 말에 ○표를 하시오.

(1) (밀, 벤담)은 쾌락에는 양적 차이뿐만이 아니라 질적 차이도 있다고 보았다.

(2) (규칙, 선호) 공리주의는 좋은 결과를 가져다줄 가능성이 큰 규칙을 따름으로써 공리를 극대화할 수 있다고 본다.

 A 의무론과 칸트주의

 **476-477** 빈출자료[●]

다음은 근대 서양 사상가의 주장이다. 이를 읽고 물음에 답하시오.

> 이웃을 사랑하고 원수조차도 사랑하라고 명령하는 성서의 구절은 경향성에서가 아니라 의무에서 나오는 사랑을 말하고 있다. 경향성으로서의 사랑은 명령될 수 없는 것이다. 그런데 비록 어떤 경향성도 선행을 채근하지 않음에도, 심지어 참을 수 없는 혐오가 일어남에도 불구하고 의무로부터 하는 선행은 실천적 사랑이다. 이 사랑은 의지에 있는 것이지 감각에 있지 않고, 행위의 원칙에 있는 것이지 동정심에 있지 않다.

476 하중상

위의 주장을 한 사상가로 옳은 것은?

① 흄
② 칸트
③ 데카르트
④ 아퀴나스
⑤ 아우구스티누스

477 하중상

위의 주장을 한 사상가에 대한 평가로 가장 적절한 것은?

① 개인의 쾌락보다 사회적 쾌락을 중시한다.
② 도덕적 의무에 따르는 행위만이 도덕적 가치를 지닌다고 본다.
③ 도덕과 행복은 양립 가능하며 도덕은 행복의 수단이 된다고 본다.
④ 자연 탐구 방법으로 귀납법을 제시하면서 성급한 일반화의 오류를 범한다.
⑤ 신의 존재 자체를 받아들이는 것을 중요시 여겨 이성의 역할을 등한시한다.

478 하중상
●●서술형

㉠에 들어갈 알맞은 용어를 쓰시오.

> 칸트에 따르면 도덕 법칙은 명령 중에서도 어떤 다른 목적과 관계없는 무조건적인 명령, 즉 (㉠)의 형태로 제시된다.

479 하중상
●●서술형

밑줄 친 '이것'이 무엇인지 쓰시오.

> 이것은 칸트 사상에서 중요한 개념으로, 어떤 행위를 오로지 그것이 옳다는 이유에서 실천하려는 의지로, 그 자체로 선한 것이다.

480 하중상

다음 중 칸트의 입장에서 도덕적인 행위로 볼 수 있는 것은?

① 동정심에서 불쌍한 사람을 도와주었다.
② 많은 친구를 사귀려고 약속을 잘 지켰다.
③ 대학에 합격하기 위해 열심히 공부를 하였다.
④ 효를 자식의 의무로 여기고 부모를 공경하였다.
⑤ 부모님을 기쁘게 해 드리기 위해 심부름을 하였다.

481 하중상

근대 서양 사상가 갑의 입장에서 〈문제 상황〉 속 A에게 해 줄 수 있는 조언으로 가장 적절한 것은?

> 갑: 의무에서 나온 행위는 그 행위를 통해 달성하려는 목적에서가 아니라 그 행위를 결심할 때 따르는 준칙에서 도덕적 가치를 갖는다.
>
> 〈문제 상황〉
> A는 친한 친구가 편의점에서 물건을 훔치는 것을 목격하였다. 친구는 그 사실을 알고 A에게 못 본 척 해 달라는 부탁을 받았다. A는 어떻게 해야 할지 망설이고 있다.

① 다수의 행복을 우선적으로 고려하렴.
② 친구의 상황을 공감하여 생각해 보렴.
③ 훔치는 행위는 보편화될 수 없음을 명심하렴.
④ 훔치는 행위는 비난받을 수 있음을 명심하렴.
⑤ 편의점 사장님이 너의 가족이라고 생각해 보렴.

482 하중상

갑 사상가의 입장에서 〈사례〉 속 A의 행동을 도덕적 행위로 평가할 수 있는 이유로 적절하지 않은 것은?

> 갑: 선의지는 자연적인 건전한 지성에 내재해 있고, 가르칠 필요는 없으며 단지 계발될 필요만 있는 것이다. 이러한 선의지는 오직 어떤 행위가 옳다는 이유만으로 그 행위를 선택하려는 의지이다.
>
> 〈사례〉
>
> A는 집으로 오는 길에 어떤 사람이 쓰려져 있는 것을 발견했다. A는 그냥 지나치고 싶었지만 그 행동을 정당화하는 원리가 보편화될 수 있는지를 생각해 본 후 그를 도와주기로 결심했다. 그런데 알고 보니 그는 예전에 자기를 괴롭히던 친구였다. A는 그 친구에 대한 마음의 감정이 남아 있었지만 자신이 지켜야 할 의무를 생각하니 도저히 그냥 지나칠 수 없어 그를 도와주었다.

① 쓰러진 친구를 목적 자체로 대우했기 때문이다.
② 도덕 법칙에 대한 존경심으로 행동했기 때문이다.
③ 사회적 승인 여부를 기준으로 행동을 결정했기 때문이다.
④ 이성의 명령에 따라 자율적으로 도덕을 실천했기 때문이다.
⑤ 자연적 경향성을 극복하고 의무 의식에 따라 행동했기 때문이다.

483 하중상

근대 서양 사상가 갑의 입장에서 〈문제 상황〉 속 A에게 해 줄 수 있는 조언으로 가장 적절한 것은?

> 갑: 도덕의 원리와 행복의 원리를 구분하는 것은 이들 둘 사이의 대립을 의미하는 것이 아니다. 그것이 의욕하는 바는 오직 의무가 문제시될 때 행복을 전혀 고려하지 말아야 한다는 것이다.
>
> 〈문제 상황〉
>
> 고등학생인 A는 어느 날 TV를 보다가 난치병을 앓고 있는 홀어머니를 돌보면서 학교를 다니는 소년 가장에 대한 뉴스를 접하게 되었다. 자기가 원하는 것을 사려고 모아 둔 용돈이 있다는 사실이 떠오른 A는 그 용돈을 기부할지 고민하였다.

① 기부를 통해 자신이 행복해질 수 있다면 기부해야 합니다.
② 소년 가장에 대한 배려의 마음을 바탕으로 기부해야 합니다.
③ '어려움에 처한 사람을 도와야 한다.'라는 원칙에 따라 기부해야 합니다.
④ 소년 가장이 겪는 고통에 대한 공감을 토대로 동정심을 발휘해 기부해야 합니다.
⑤ 원하는 것을 사는 것보다는 기부를 하는 것이 더 큰 쾌락을 가져오기 때문에 기부해야 합니다.

484-485 빈출자료°

다음을 읽고 물음에 답하시오.

> 이 세상에서, 아니 이 세상 밖에서조차도 무제한적으로 선하다고 생각할 수 있는 것은 오직 선의지뿐이다. 지성, 기지, 판단력, 그밖에 정신의 재능이라고 불릴 수 있는 것들, 그리고 용기, 결단력, 끈기 같은 기질상의 속성들도 틀림없이 여러 가지 점에서 선하고 바람직하다고 할 수 있다. 그러나 우리가 성품이라고 일컫는 이러한 천부적 재능이나 기질도 그것을 사용하는 의지가 선하지 못하다면 지극히 악하거나 해로운 것이 될 수도 있다.

484 하중상

위의 주장을 한 근대 서양 사상가의 입장으로 가장 적절한 것은?

① 의무에 부합하는 모든 행위는 도덕적 가치를 지닌다.
② 행복은 의무가 문제가 될 때 절대로 고려되어서는 안 된다.
③ 감정에 따른 행위도 의무에 맞으면 도덕적 가치를 지닐 수 있다.
④ 인간은 자연의 필연성에서 벗어나 자유 의지에 따라 행위할 수 없다.
⑤ 행위의 결과뿐만 아니라 행위자의 의지도 도덕 판단의 근거로 삼아야 한다.

485 하중상 빈출

위의 주장을 한 근대 서양 사상가가 긍정의 대답을 할 질문으로 가장 적절한 것은?

① 의무 의식에서 비롯된 도덕적 행위는 행복과 양립 불가능한가?
② 도덕적 의무보다는 도덕적 행위의 결과와 유용성이 더 중요한가?
③ 결과적으로 의무에 알맞은 행위는 모두 도덕적 가치가 있는 행위인가?
④ 선의지는 자연적 경향성을 초월하여 스스로 도덕 법칙에 따르려는 자율적 의지인가?
⑤ 우리가 마땅히 지켜야 할 보편적인 도덕 법칙이나 도덕 원리는 신에 대한 믿음, 소망, 사랑인가?

486 하중상 •서술형

다음은 어느 학생의 노트 필기 내용이다. 이를 읽고 물음에 답하시오.

단원명: 칸트의 윤리 사상

1. 도덕 법칙과 (㉠)
   – 도덕 법칙: 이성적 존재가 따라야 할 절대적이고 보편타당한 실천 법칙
   – (㉠)의 형식으로 나타남
2. (㉠)의 예
   – 보편주의: [㉡   ]
   – 인격주의: 너 자신과 다른 모든 사람의 인격을 결코 단순히 수단으로만 대하지 말고 언제나 동시에 목적으로 대하도록 행위하라.
3. 도덕적 행위
   – 선의지의 지배를 받는 행위
   – 실천 이성의 명령을 따르는 행위
   – (㉠)을/를 따르는 행위

(1) ㉠에 공통적으로 들어갈 용어를 쓰시오.

(2) ㉡에 들어갈 내용을 서술하시오.

487 하중상

다음을 주장한 사상가의 입장으로 적절한 것만을 〈보기〉에서 있는 대로 고른 것은?

행복의 원리와 도덕의 원리는 구별될 필요가 있다. 그러나 이것이 양자의 대립을 의미하는 것은 아니다. 순수한 실천 이성은 행복에 대한 모든 요구를 포기할 것을 의욕하지 않는다. 오직 의무가 문제일 때에 행복을 전혀 고려하지 않으려고 할 뿐이다. 자기의 행복에 마음을 쓰는 일은 어떤 점에서는 의무이기도 하다. 그러나 행복만을 추구하는 것은 결코 직접적인 의무일 수 없다.

〈 보기 〉

ㄱ. 동정심이나 타인에 대한 공감은 도덕의 기반이 될 수 있다.
ㄴ. 도덕은 그 자체가 목적이며 다른 어떤 목적도 갖지 않는다.
ㄷ. 자연적 경향성을 따르는 것은 자연계의 법칙을 따르는 것이므로 도덕적이다.
ㄹ. 실천 이성의 명령과 감정이 충돌할 때는 감정을 희생시켜 이성의 통제하에 두어야 한다.

① ㄱ, ㄴ   ② ㄱ, ㄹ   ③ ㄴ, ㄹ
④ ㄱ, ㄴ, ㄷ   ⑤ ㄴ, ㄷ, ㄹ

488 하중상

다음을 주장한 근대 서양 사상가의 입장으로 가장 적절한 것은?

인간의 경향성에 관련되거나 인간이 필요로 하는 물건은 시장 가격을 갖는다. 시장 가격은 물건의 상대적 가치에 불과하다. 물건이 아닌 인간은 그 자체로 목적이 되고 그 목적이 유일한 가치이다. 목적 그 자체로서의 인간은 단순히 상대적인 가치를 갖는 것이 아니다. 인간의 가치는 다른 것으로 대체될 수 없는 가치를 지니며, 다시 말해 존엄성을 갖는다.

① 그 자체로 선한 것은 선의지밖에 없다.
② 도덕 법칙은 가언 명령의 형식으로 제시된다.
③ 선의지는 인간의 자연적 경향성에 근거해야 한다.
④ 개인의 준칙에 따르는 행위는 모두 도덕적 행동이다.
⑤ 세상의 모든 생명체를 언제나 목적으로 대우해야 한다.

489 하중상

다음을 주장한 사상가의 입장으로 적절하지 않은 것은?

도덕적 의무는 도덕 법칙에 대한 존경을 의지 규정의 근거로 삼는 것이다. 그러나 유한한 이성적 존재자인 인간이 그것을 준수하기에는 너무 나약하다. 따라서 도덕 법칙은 의무이자 강제로 작용한다. 단지 '의무에 적합한' 행위가 아니라 '의무로부터 비롯된' 행위만이 도덕적 가치를 갖는다.

① 자율적 도덕 법칙을 강조한다.
② 도덕적 행위는 선의지의 지배를 받는 행위이다.
③ 인격적 존재는 도덕의 주체인 동시에 목적이다.
④ 자연적 경향성에 따르는 행위가 도덕적 행위이다.
⑤ 보편화 가능하지 않은 행위의 준칙은 도덕 법칙으로 성립할 수 없다.

490 하중상 •서술형

다음을 읽고 물음에 답하시오.

갑은 이 세상에서 그 자체로 선한 것은 오직 선의지뿐이라고 보았다. 삶에 유용하다고 해서 선의지의 가치가 더해지는 것도 아니며, 삶에 아무런 유용성이 없다고 해서 선의지의 가치가 감소되는 것도 아니라고 보았다.

(1) 밑줄 친 갑 사상가를 쓰시오.

(2) 갑 사상가가 주장하는 정언 명령의 핵심적인 원칙(정식)을 두 가지 서술하시오. (정언 명령은 반드시 완성된 문장의 형태로 서술할 것)

491 하 중 상

㉠에 들어갈 진술로 가장 적절한 것은?

약속 준수, 빚을 갚음, 진실을 말하는 것 등은 각각 따로 놓고 보면 모두 옳은 행위, 즉 우리가 해야 할 행위이다. 그러나 상황에 따라서는 하나의 옳은 행위를 수행하기 위해 다른 옳은 행위를 보류해야 하는 경우가 있다. 따라서 각각의 옳은 행위는 절대적으로 해야 할 행위는 아니며, 오직 의무가 될 가능성이 높은 행위의 하나이다. 또한 그러한 옳은 행위는 보다 큰 의무 앞에서는 보류해야 할 옳은 행위이다. 그런데 근대의 어떤 사상가는 "법칙은 무조건적이고 보편적으로 타당한 필연성의 개념을 동반하며 경향성에 반할지라도 준수되어야 한다."라고 주장하였다. 나는 이 사상가가 ㉠ 고 생각한다.

① 두 가지 이상의 의무가 충돌할 경우에 해결책을 제시해야 함을 간과하고 있다

② 도덕적 행위는 행위 자체의 옳고 그름에 따라 판단되어야 함을 간과하고 있다

③ 인간이라면 무조건 따라야 하는 보편타당한 법칙이 있다는 점을 간과하고 있다

④ 하나의 의무 이행은 상식과 직관에 따라서 유보될 수 없다는 점을 간과하고 있다

⑤ 절대적인 도덕적 의무가 단일한 원리에서 연역되어야 한다는 점을 간과하고 있다

492 하 중 상

다음을 주장한 현대 서양 사상가의 입장으로 가장 적절한 것은?

도덕 원리는 그 자체 이외의 어떤 증거도 필요 없이 자명한 것이다. 구체적 상황에서 하나의 행위가 한 관점에서 일견 옳다고 하더라도 더 중요한 다른 관점들에서는 그르다면 실제적 의무가 될 수 없다. 특정 상황에서 가장 옳은 행위 수행만이 실제적 의무가 된다.

① 조건부 의무는 절대적 구속력을 가진다.

② 조건부 의무는 언제나 동시에 이행되어야 한다.

③ 의무가 충돌하는 상황에서는 지키지 못하는 의무도 발생한다.

④ 어떤 조건부 의무도 다른 조건부 의무에 의해 유보될 수 없다.

⑤ 의무들이 상충할 때 실제적 의무는 결과의 유용성에 따라 결정된다.

493  하 중 상

다음을 주장한 현대 서양 사상가가 긍정의 대답을 할 질문으로 가장 적절한 것은?

약속 지키기, 성실, 호의에 대한 감사, 선행, 자기 계발, 해악 금지 등의 의무들은 서로 충돌하기 전까지는 우리를 조건부 의무로서 잠정적으로 구속한다. 만약 도덕 의무 사이에 갈등이 발생하게 되면 의무는 유보되고, 더 강한 의무가 우리의 실제적 의무로 드러난다.

① 도덕과 행복은 양립 불가능한가?

② 실제 삶의 구체적 행위 규칙 제공이 어려운가?

③ 자연법칙 속에서 인간의 자유 의지 발현은 불가능한가?

④ 상황의 특수성은 어떠한 경우라도 고려되어질 수 없는가?

⑤ 도덕 원칙도 인간의 직관과 상식에 따라 유보될 수 있는가?

494 하 중 상

다음 현대 서양 사상가의 입장에서 〈사례〉 속 A에게 해 줄 수 있는 조언으로 가장 적절한 것은?

내 주변의 사람들은 나와 도덕적으로 중요한 관계에 있습니다. 나에게 그들은 약속한 자의 약속받은 자, 채무자의 채권자, 남편의 아내 등이라는 관계에 있습니다. 각각의 관계는 각 상황에 따라 나에게 조건부 의무를 부여하는 기초가 됩니다. 약속 지키기, 성실, 호의에 대한 감사, 선행, 정의, 자기 계발, 해악 금지 등은 서로 충돌하기 전까지는 우리에게 실제적 의무가 될 수 있습니다.

〈사례〉

A는 자기 계발을 위해 영어 학원을 등록하였는데, 영어 학원에 가는 길에 무거운 짐을 들고 가는 할머니를 보게 되었다. A는 할머니를 도와 드려야 할지 영어 학원에 가야 할지 고민에 빠졌다.

① 신적인 필연성에 일치하는 의무를 선택해야 합니다.

② 상식과 직관에 따라 더 중요한 의무를 선택해야 합니다.

③ 사회 전체의 행복을 증가시키는 의무를 선택해야 합니다.

④ 타인에 대한 동정심에 기반을 둔 의무를 선택해야 합니다.

⑤ 추론을 통해 논리적으로 보편타당한 의무를 선택해야 합니다.

495 하 중 상

갑은 부정, 을은 긍정의 대답을 할 질문으로 가장 적절한 것은?

> 갑: 의무란 '실천적인 도덕 법칙에 대한 순수한 존경심 때문에 행위하지 않을 수 없다'는 것이다. 또한 동시에 가치 있는 것들 중에서 가장 중요한, 다시 말해 그 자체로서 선한 의지에 따라야 하기 때문에 경향성이나 욕구에 우선한다.
> 을: 구체적인 상황에서 하나의 행위가 한 관점에서 일견 옳다고 하더라도 더 중요한 다른 관점들에서는 그르다면 실제적 의무가 될 수 없다. 특정 상황에서 가장 옳은 행위 수행만이 실제적 의무가 된다.

① 도덕 법칙은 가능한 많은 사람의 행복을 증진하는 것인가?

② 의무가 상충하면 직관에 따라 더 우선되는 의무를 선택해야 하는가?

③ 도덕은 행복을 실현하기 위한 수단이 아니라 그 자체로서 가치를 지니는가?

④ 도덕 법칙은 정언 명령에 따른 것으로 의무들이 상충하는 경우는 존재하지 않는가?

⑤ 조건부 의무는 절대적인 것이므로, 더 우선적인 다른 의무에 의해서 무시될 수 없는가?

496 하 중 상

갑, 을 사상가가 〈문제 상황〉 속 A에게 제시할 수 있는 조언으로 가장 적절한 것은?

> 갑: 도덕의 원리와 행복의 원리를 구별하는 것이 양자의 대립을 의미하는 것은 아니다. 순수한 실천 이성이 바라는 것은 오직 의무가 문제일 때에 행복을 전혀 고려하지 말아야 한다는 것이다.
> 을: 도덕적 감정의 한 가지 원천이 유용성이라면, 그러한 유용성이 항상 자기 자신과 관련해서만 고려되는 것이 아니라면, 이로부터 사회의 행복에 기여하는 모든 것은 그 자체로서 직접적으로 우리의 시인(是認)과 호의(好意)를 얻는다는 것이 도출된다.
>
> 〈문제 상황〉
>
> A는 며칠 전 지각을 하여 다시는 늦지 않아겠다는 다짐을 하였으나 오늘 또 늦잠을 자고 말았다. 뛰어 간다면 늦지 않을 수 있는 시간이라 열심히 뛰고 있는데 바로 앞에서 폐지를 줍던 할머니의 수레가 찻길로 굴러가 할머니가 어찌할 바를 모르는 모습을 보고 도와 드려야 할지 갈등하였다.

① 갑: 의무 의식에 따라 올바른 행위를 해야 합니다.

② 갑: 보편적인 감정에 따라 도덕적 행위를 해야 합니다.

③ 을: 실천 이성의 명령에 따라 행위해야 합니다.

④ 을: 행위의 결과를 생각하지 말고 도덕적 행위를 해야 합니다.

⑤ 갑, 을: 타인의 고통에 대한 공감을 토대로 행위해야 합니다.

빈출
497 하 중 상

갑, 을은 근대 서양 사상가이다. 갑의 입장에 비해 을의 입장이 갖는 상대적 특징을 그림의 ㉠~㉤ 중에서 고른 것은?

> 갑: 동정심은 도덕성의 근본 원리가 될 수 없다. 동정심은 감각에서 비롯된 것이며 하나의 수동적인 정념이고 악을 옹호할 수도 있기 때문이다. 행위의 모든 도덕성은 법칙에 대한 존경심에서 나오는 행위의 필연성에서 정해진다.
> 을: 우리가 감정과 이성의 반목을 이야기할 때, 우리는 엄밀하게 그리고 철학적으로 말하고 있지 못하다. 이성은 감정의 노예이며 또한 그래야만 한다. 이성은 감정에 봉사하고 복종하는 것 말고 다른 어떤 역할도 요구할 수 없다.

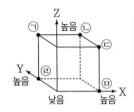

> X: 도덕의 원천으로서 감정을 강조하는 정도
> Y: 도덕적 행위에 있어 이성의 역할을 강조하는 정도
> Z: 도덕 판단에서 행위의 결과의 중요성을 강조하는 정도

① ㉠   ② ㉡   ③ ㉢   ④ ㉣   ⑤ ㉤

498 하 중 상

(가)의 갑, 을의 입장으로 적절한 것을 (나)의 A~D에서 골라 옳게 짝지은 것은?

| (가) | 갑: 도덕 원리는 그 자체 이외의 어떤 증거도 필요 없이 지명한 것이다. 구체직 상황에서 하나의 행위가 한 관점에서 일견 옳다고 하더라도 더 중요한 다른 관점들에서는 그르다면 실제적 의무가 될 수 없다. 특정 상황에서 가장 옳은 행위 수행만이 실제적 의무가 된다.
을: 도덕적 의무는 도덕 법칙에 대한 존경을 의지 규정에 근거로 삼는 것이다. 그러나 유한한 이성적 존재자인 인간이 이것을 준수하기에는 너무 나약하다. 따라서 도덕 법칙은 의무이자 강제로 작용한다. |

(나)		행위의 결과와 유용성보다 도덕적 의무가 우선하는가?	
선이라 할 수 있는 모든 도덕적 의무는 절대적 구속력을 지니는가?		예	아니요
	예	A	B
	아니요	C	D

	갑	을		갑	을
①	A	B	②	A	C
③	C	A	④	C	D
⑤	D	B			

499 하중상

(가)의 갑, 을 사상가의 입장을 (나) 그림으로 탐구할 때 A~C에 들어갈 질문으로 가장 적절한 것은?

(가)	갑: 동정심은 타인의 행복과 불행을 함께 느끼는 공감이며 도덕성의 기초가 되는 것이다. 도덕적 가치는 시인(是認)과 부인(否認)의 정서에 의해서 비롯되는 것이다. 을: 동정심이 의무에 합치될 경우, 칭찬과 격려를 받을 만 하지만 결코 도덕적 가치가 있는 것은 아니다. 왜냐하면 동정심에 의한 행위는 의무로부터 비롯된 것이 아니기 때문이다.
(나)	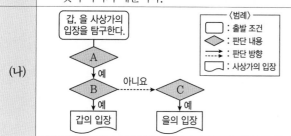

① A: 이성의 역할을 모두 부정하는가?
② A: 진리는 언제나 변하지 않는 실체로 존재하는가?
③ B: 자연적 경향성에 따른 행위를 도덕적 행위로 보는가?
④ C: 의무에 맞는 행위는 모두 도덕적인가?
⑤ C: 사회적 용인의 여부로 선악이 결정되는가?

B 결과론과 공리주의

500 하중상

근대 서양 사상가 갑의 입장에서 〈문제 상황〉 속의 A에게 해 줄 수 있는 조언으로 가장 적절한 것은?

> 갑: 쾌락을 가져오는 행위가 윤리적 행위이다. 측정된 쾌락의 양이 크면 클수록 그 행위의 도덕적 가치는 더욱 크다.
>
> 〈문제 상황〉
> 가뭄이 심해 주민들이 먹을 물조차 부족해지자 주민 회의를 통해 정원에 수돗물을 주는 것을 금지하였다. 그러나 A는 죽어가는 잔디가 걱정되어 자신의 정원에 수돗물을 주어야 할지 말지를 고민하고 있다.

① 신의 섭리에 따라야 한다.
② 무엇보다도 자신의 양심에 따라야 한다.
③ 잔디 그 자체의 생명을 소중하게 여겨야 한다.
④ 주민들이 얻게 될 쾌락의 질을 고려해야 한다.
⑤ 주민들 모두에게 최대의 이익이 주어지도록 행동해야 한다.

501 하중상

•• 서술형

공리주의에서 주장하는 도덕과 입법의 원리를 쓰시오.

빈출 502 하중상

다음을 주장한 사상가의 입장에서 도덕적 행위라고 평가할 수 있는 것은?

> • 인간은 누구나 쾌락을 추구하고 고통을 피하려고 한다.
> • 모든 쾌락은 질적으로 동일하고 오직 양적인 차이만 있으며, 쾌락의 양은 7가지 기준에 의해서 계산이 가능하다.

① 선의지의 지배를 받는 행위
② 행위의 결과보다는 동기를 중시하는 행위
③ 의무에서 비롯된 행위와 이성의 명령에 충실한 행위
④ 가능한 많은 사람이 행복을 누릴 수 있도록 최대 다수의 최대 행복을 추구하는 행위
⑤ 자연적 경향성을 극복하고 무조건적인 명령인 실천 이성의 명령이나 정언 명령을 따르는 행위

빈출 503 하중상

(가)를 주장한 사상가의 입장에서 볼 때, (나)의 ㉠에 들어갈 진술로 가장 적절한 것은?

(가)	• 개인의 행복만이 아니라 관계된 모든 사람의 행복을 정당한 행위의 기준으로 삼아야 한다. • 배부른 돼지가 되기보다는 배고픈 인간이 되는 편이 낫고, 만족스러운 바보가 되기보다는 불만족스러운 소크라테스가 되는 편이 낫다.
(나)	[㉠]. 그러면 진정한 행복을 얻을 수 있을 것이다.

① 육체적 쾌락보다는 정신적 쾌락을 추구하라
② 일체의 욕망을 제거하고 금욕적인 삶을 살아라
③ 자신의 감정보다는 실천 이성에 따라 행위하라
④ 신에 대한 믿음 안에서 마음의 안식을 찾도록 하라
⑤ 선의지를 옳고 그름을 평가하는 유일한 기준으로 삼아라

504 (하 중 상)
••서술형

다음을 주장한 근대 서양 사상가를 쓰고, 그가 제시한 쾌락 분별법을 서술하시오.

- 행복이란 쾌락, 즉 고통의 부재를 의미한다. 불행이란 고통, 즉 쾌락의 결여를 의미한다.
- 다른 일들을 헤아릴 때는 양뿐만 아니라 질도 고려하면서, 쾌락을 측정할 때는 양만 계산해야 한다고 여기는 것은 불합리하다.

505 (하 중 상)

다음을 주장한 근대 서양 사상가의 입장으로 적절한 것만을 〈보기〉에서 있는 대로 고른 것은?

두 가지 쾌락을 경험한 모든 사람들 또는 거의 모든 사람들이 그 둘 중 특정한 쾌락을 선호해야 한다는 도덕적 의무감과 상관없이 어느 한 쾌락을 확실히 선호한다면 그 쾌락이 더 바람직한 쾌락이다. 비록 불만족이 따를 수 있다는 사실을 알면서도 그것을 더 원한다면, 그것을 선호함으로써 얻는 즐거움의 양의 많고 적음에 관계없이 질적으로 우월하다고 할 수 있을 것이다.

〈 보기 〉
ㄱ. 쾌락을 모두 경험해 본 전문가가 쾌락의 질을 판단할 수 있다.
ㄴ. 인간은 더 높은 수준의 쾌락을 추구하는 고귀한 존재라고 할 수 있다.
ㄷ. 전문가들 사이에서 쾌락의 질에 대한 의견이 일치하지 않는 쾌락은 가치가 없다.
ㄹ. 고급 쾌락은 도덕적 감정과 같은 높은 수준의 능력을 활용해서 얻는 쾌락을 뜻한다.

① ㄱ, ㄷ   ② ㄴ, ㄹ   ③ ㄷ, ㄹ
④ ㄱ, ㄴ, ㄷ   ⑤ ㄱ, ㄴ, ㄹ

506 (하 중 상)

다음 사상의 입장에서 볼 때, 밑줄 친 부분에 해당되는 내용으로 적절한 것을 〈보기〉에서 고른 것은?

공리의 원리를 개별 행위에 직접 적용하여 더 많은 유용성을 산출하는 행위를 옳은 행위로 보는 입장은 크게 보면 두 가지의 문제가 있다. 이런 문제를 해결하기 위해서는 공리의 원리를 행위의 규칙에 적용해야 한다.

〈 보기 〉
ㄱ. 보편적 도덕 법칙의 부재
ㄴ. 쾌락의 질적 차이를 무시하는 점
ㄷ. 도덕적 상식에 어긋나는 일의 발생
ㄹ. 행위의 결과를 정확하게 계산하기 어려움

① ㄱ, ㄴ   ② ㄱ, ㄷ   ③ ㄴ, ㄷ
④ ㄴ, ㄹ   ⑤ ㄷ, ㄹ

507 (하 중 상)
••서술형

㉠에 들어갈 내용을 서술하시오.

학생들이 길에서 돌멩이를 차는 것이 돌멩이에게 이익이 되지 않는다고 말하는 것은 무의미할 것이다. 돌멩이는 이익을 가지지 않는다. 왜냐하면 그것은 고통을 받지 않기 때문이다. 하지만 쥐는 차여서 길에 굴러다니지 않을 이익 관심을 분명 갖고 있다. 왜냐하면 쥐는 차일 경우 고통을 느낄 것이기 때문이다. 따라서 동물의 이익 관심을 고려해야 하는 이유는 돌멩이와 달리 동물은 ＿＿＿㉠＿＿＿

508 (하 중 상)

다음을 주장한 사상가의 입장으로 적절한 것만을 〈보기〉에서 있는 대로 고른 것은?

쾌고 감수 능력은 이익 관심을 가지기 위한 필요충분조건이다. 어떤 종에 속해 있다는 이유로 차별하는 것은 정당하지 않다.

〈 보기 〉
ㄱ. 종 차별주의를 지양해야 한다.
ㄴ. 자연 안의 모든 생명체의 도덕적 지위를 인정해야 한다.
ㄷ. 이익 평등 고려의 원칙을 유정적 존재까지 적용해야 한다.
ㄹ. 고통을 느낄 수 있는 모든 생명체를 동일하게 고려해야 한다.

① ㄱ, ㄴ   ② ㄱ, ㄷ   ③ ㄷ, ㄹ
④ ㄱ, ㄴ, ㄹ   ⑤ ㄱ, ㄷ, ㄹ

근대 서양 사상가 갑, 을의 입장으로 적절하지 않은 것은?

갑: 행복은 하나의 목적으로서 유일하게 바람직한 것이며, 최대 행복의 원리는 도덕의 기초가 된다. 당사자에게 두 종류의 쾌락 가운데 어느 것이 더 질 높은 가치가 있는지를 고려하는 것은 결코 최대 행복의 원리에 어긋나지 않는다.

을: 강렬하고 지속적이며 확실하고 근접해 있으며 생산적이고 순수한 것. 쾌락과 고통에도 이와 같은 성향이 있으니, 그와 같은 것이 쾌락이라면 당연히 추구해야 하는 법. 사적이라면 당신의 목표로 삼고, 공적이라면 널리 전파해야 한다.

① 갑: 감각적 쾌락보다 정신적 쾌락의 추구가 바람직하다.
② 갑: 여러 가지 쾌락을 경험해 본 전문가가 쾌락의 질을 잘 판별할 수 있다.
③ 을: 사회 전체의 이익은 개개인의 이익의 총합이다.
④ 을: 개인이 갖는 쾌락과 사회 전체의 선은 양립 불가능하다.
⑤ 갑, 을: 쾌락을 추구하고 고통을 피해야 한다.

(가), (나) 사상의 입장으로 가장 적절한 것은?

(가) 옳은 행위란 다른 어떠한 규칙에 따를 때보다 더 많은 행복을 가져오거나 혹은 더 적은 불행을 일으키게 하는 규칙을 따르는 것이다.

(나) 어떤 상황에서 특정 행위가 다른 행위보다 더 큰 효용을 가져올 때 그리고 오직 그럴 때에만 그 행위를 옳은 행위로 볼 수 있다.

① (가): 매 행위마다 유용성을 산출할 결과를 계산해야 한다.
② (가): 도덕 판단의 기준으로 행위의 동기보다 결과를 중시해야 한다.
③ (나): 도덕적 직관에 어긋나는 행위는 공리와 무관하게 제외된다.
④ (나): 공리의 원리를 개별 행위가 아닌 행위의 규칙에 적용해야 한다.
⑤ (가), (나): 보편적인 도덕 법칙에 따르려는 의무를 중시해야 한다.

(가), (나) 사상에 대한 평가로 적절하지 않은 것은?

(가) 옳은 행위는 공리의 원리를 개별 행위에 직접 적용하여 다른 행위보다 더 많은 공리를 산출하는 행위를 한 것이다.

(나) 옳은 행위는 공리의 원리를 개별 행위가 아니라 행위의 규칙에 적용하여 다른 규칙보다 더 많은 공리를 산출하는 규칙을 따른 것이다.

① (가): 규칙이 갈등하는 상황에서 판단 기준을 제시하기 어렵다.
② (가): 도덕적 상식이나 직관에 어긋나는 행위를 도덕적으로 정당화할 수 있다.
③ (나): 과거 경험에서 유용성이 입증되어 좋은 결과를 산출할 확률이 높다.
④ (나): 쾌락을 추구하고 고통을 피하려는 인간의 자연적인 경향성을 고려한다.
⑤ (가), (나): 옳고 그름에 대한 판별 기준으로 공리의 원리를 제시한다.

다음 형성 평가 문제에서 학생의 답이 옳게 표시된 것만을 ㉠~㉣ 중에서 있는 대로 고른 것은?

형성 평가

※ 갑, 을 사상가들에게 공통적으로 해당되는 주장으로 옳으면 '예', 틀리면 '아니요'에 '✔'를 표시하시오.

갑: 모든 쾌락과 고통은 측정될 수 있다. 그 기준은 강도, 지속성, 확실성, 근접성, 범위이다. 어떤 쾌락이나 고통이 또 다른 쾌락이나 고통과 연결될 때 그 쾌락이나 고통도 측정될 수 있다.

을: 어떤 쾌락이나 만족보다 불만족의 양이 많아서 사람들은 쾌락 대신에 다른 쾌락을 누릴 수도 있다. 그럼에도 여전히 사람들은 불만족의 양이 더 많은 쾌락을 포기하지 않는다. 그 이유는 불만족의 양이 더 많은 쾌락이 질적으로 우월하기 때문이다.

• 주장1. 쾌락과 고통이 행동을 지배하는 최고의 요인이다.
　　　　　　예 ✔ 아니오 □ ‥‥‥‥ ㉠
• 주장2. 행위의 동기가 결과보다 중요하다.
　　　　　　예 □ 아니오 ✔ ‥‥‥‥ ㉡
• 주장3. 개인적 쾌락주의를 지향한다.
　　　　　　예 ✔ 아니오 □ ‥‥‥‥ ㉢
• 주장4. 쾌락에는 질적인 차이가 있다.
　　　　　　예 ✔ 아니오 □ ‥‥‥‥ ㉣

① ㉠, ㉡　　　　② ㉠, ㉢　　　　③ ㉡, ㉢
④ ㉠, ㉡, ㉢　　　⑤ ㉡, ㉢, ㉣

513 하중상
••서술형

의무론적 윤리 사상과 공리주의 윤리 사상의 특징을 각각 <u>두 가지</u> 서술하시오.

514 하중상

갑의 입장에서 을에게 제기할 수 있는 반론으로 가장 적절한 것은?

도덕 판단의 기준은 의무를 따르고자 하는 의지에 있습니다. 따라서 이성의 진정한 사명은 다른 의도를 위한 수단으로서가 아니라 그 자체로 선한 의지를 만들어 내는 것이어야 합니다.

아닙니다. 도덕 판단의 기준은 쾌락과 고통이라는 두 군주에게 달려 있습니다. 쾌락 추구와 고통 회피가 입법의 주된 목적이어야 하며, 쾌락과 고통의 양은 계산될 수 있습니다.

갑   을

① 선의지는 감정을 기반으로 삼아야 한다.
② 도덕의 목적은 행복의 실현이 되어야 한다.
③ 도덕 법칙은 상황에 따라 달리 적용되어야 한다.
④ 행위의 결과에 따라 도덕 판단을 내려서는 안 된다.
⑤ 인간은 자연 법칙의 필연성에만 지배를 받아야 한다.

빈출 515 하중상

(가)의 갑, 을 사상가의 입장을 (나) 그림으로 표현할 때, A~C에 들어갈 진술로 적절한 것만을 〈보기〉에서 있는 대로 고른 것은?

(가)	갑: 고통과 쾌락만이 우리가 무엇을 해야 할 것인가를 지시해 준다. 윤리란 이해 당사자들이 최대량의 행복을 산출하는 행위를 하도록 이끌어 주는 기법이다. 을: 행위가 도덕성을 갖는 것은 결과를 기대하고 행해졌기 때문이 아니라 의무로부터 행해졌기 때문이다. 의무란 도덕 법칙에 대한 존경심에서 나오는 행위의 필연성이다.
(나)	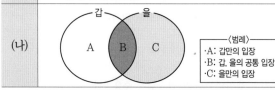

〈범례〉
·A: 갑만의 입장
·B: 갑, 을의 공통 입장
·C: 을만의 입장

〈 보기 〉
ㄱ. A: 선이란 오직 개인 행복의 증진이다.
ㄴ. B: 도덕과 행복은 양립할 수 있다.
ㄷ. B: 행위의 도덕성을 판단할 수 있는 객관적 원리가 있다.
ㄹ. C: 도덕 법칙은 조건이 있는 명령의 형태로 제시된다.

① ㄱ, ㄴ   ② ㄴ, ㄷ   ③ ㄷ, ㄹ
④ ㄱ, ㄴ, ㄷ   ⑤ ㄴ, ㄷ, ㄹ

516 하중상

근대 서양 사상가 갑, 을의 입장으로 가장 적절한 것은?

갑: 도덕 판단의 기준은 의무를 따르고자 하는 의지에 있습니다. 따라서 이성의 진정한 사명은 다른 의도를 위한 수단으로서가 아니라 그 자체로 선한 의지를 만들어 내는 것이어야 합니다.
을: 아닙니다. 도덕 판단의 기준은 쾌락과 고통이라는 두 군주에게 달려 있습니다. 쾌락 추구와 고통 회피가 입법의 주된 목적이어야 하며, 쾌락과 고통의 양은 계산될 수 있습니다.

① 갑: 타인에 대한 동정심이 도덕적 행위의 동기여야 한다.
② 갑: 의무를 따르고자 할 때에도 자신의 행복을 고려해야 한다.
③ 을: 감각적 쾌락을 배제하고 정신적 쾌락을 추구해야 한다.
④ 을: 사회 전체의 행복을 증진시키는 도덕 원리를 따라야 한다.
⑤ 갑, 을: 유용성을 도덕 판단의 유일한 근거로 보아야 한다.

517 하중상

(가)의 갑, 을 사상가의 입장을 (나) 그림으로 탐구할 때 A~C에 들어갈 질문으로 적절한 것만을 〈보기〉에서 있는 대로 고른 것은?

(가)	갑: 공감은 인간 본성의 가장 강력한 원리이다. 또한 공감은 다른 많은 덕을 유발하며, 이 덕들은 인간의 행복을 위한 경향 때문에 우리의 승인을 얻는다. 을: 쾌락과 고통의 양을 계산하여 비교하라. 저울이 쾌락 쪽으로 기울면 그 행위의 좋은 경향을 말해 줄 것이고, 고통 쪽으로 기울면 그 반대의 경향을 말해 줄 것이다.
(나)	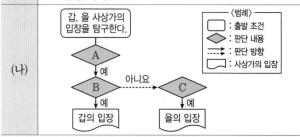

〈범례〉
☐ : 출발 조건
◇ : 판단 내용
-→ : 판단 방향
⬡ : 사상가의 입장

〈 보기 〉
ㄱ. A: 개인의 행복 증진에 기여하는 행위는 선한 행위인가?
ㄴ. B: 인간이 느끼는 모든 감정은 도덕적 감정인가?
ㄷ. C: 쾌락에는 양적 차이만 있는가?
ㄹ. C: 보편적인 도덕 원리를 기준으로 행위의 도덕성을 판단하는가?

① ㄱ, ㄴ   ② ㄴ, ㄷ   ③ ㄷ, ㄹ
④ ㄱ, ㄴ, ㄹ   ⑤ ㄱ, ㄷ, ㄹ

518-519 빈출자료

갑, 을은 근대 서양 사상가들이다. 다음을 읽고 물음에 답하시오.

> 갑: 이 세상에서, 아니 이 세상 밖에서조차도 무제한적으로 선하다고 생각할 수 있는 것은 오직 선의지뿐이다. …… 용기, 결단력, 끈기 같은 기질상의 속성들도 틀림없이 여러 가지 점에서 선하고 바람직하다고 할 수 있다. 그러나 우리가 성품이라고 일컫는 이러한 천부적 재능이나 기질도 그것을 사용하는 의지가 선하지 못하면 지극히 악하거나 해로운 것이 될 수도 있다.
>
> 을: 고통이나 쾌락은 동질적이지 않고 언제나 이질적이다. 어떤 쾌락이 어떤 고통을 대가로 해서 얻을 가치가 있는지를 결정할 때, 그것을 경험한 사람들의 감정과 판단 외에 무엇이 있겠는가? 따라서 고등 능력으로부터 도출된 쾌락이 그 강도를 떠나 그 종류에 있어서 하등 능력의 동물적인 본성이 누릴 수 있는 쾌락보다 더 낮다고 한다면, 그런 감정과 판단은 존중되어야 한다.

518

갑, 을이 모두 긍정의 대답을 할 질문으로 가장 적절한 것은?

① 도덕의 원리와 개인의 행복은 양립 가능한가?

② 행복은 의무 의식에 따른 행위로만 실현 가능한가?

③ 최대의 행복을 가져오는 것만이 도덕적 가치를 갖는가?

④ 실천 이성을 통해 얻는 행복만이 도덕적 가치를 갖는가?

⑤ 개인의 행복 추구는 실현해야 하는 직접적인 도덕적 의무인가?

519 빈출 하중상

다음을 주장한 근대 서양 사상가가 갑, 을에게 제기할 수 있는 반론으로 가장 적절한 것은?

> 공리의 원리란 이해 당사자의 행복을 증가시키거나 감소시키는 정도에 따라서, 또는 이해 당사자의 행복을 증진하거나 방해하는 정도에 따라서 어떤 행위를 승인하거나 부인하는 원리를 의미한다. 공리성은 측정 가능한 것이며, 따라서 양적이고 과학적이며 객관적인 것이다.

① 갑은 쾌락이 도덕적 가치를 판단하는 요인이 아님을 간과하고 있다.

② 갑은 도덕과 행복이 언제나 서로 대립되는 것은 아님을 모르고 있다.

③ 을은 행위의 유용성은 도덕 판단의 근거가 될 수 있음을 모르고 있다.

④ 을은 쾌락에 고급이나 저급의 질적 차이가 있을 수 없음을 간과하고 있다.

⑤ 갑, 을은 도덕의 성립 근거가 정서가 아닌 이성임을 간과하고 있다.

520-521 빈출자료

갑, 병은 근대 서양 사상가, 을은 고대 서양 사상가이다. 다음을 읽고 물음에 답하시오.

> 갑: 쾌락을 평가할 때 양에만 의존하는 것은 불합리하다. 다양한 쾌락을 경험해 본 합리적인 사람이라면 누구나 보다 더 높은 수준의 쾌락을 추구할 것이다.
>
> 을: 순간적이고 육체적인 쾌락은 쾌락의 역리(逆理)에 의해 오히려 고통을 초래한다. 진정한 쾌락은 정신적이고 지속적인 것으로 몸에 고통이 없고 마음이 평온한 상태이다. …… 가장 두려운 악인 죽음은 우리에게 아무것도 아니다. 왜냐하면 우리가 존재하는 한 죽음은 우리와 함께 있지 않으며, 죽음이 오면 우리는 존재하지 않기 때문이다.
>
> 병: 인간은 쾌락의 총량을 최대화하고 고통의 총량을 최소화하기 위해 행동한다. 행위의 옳고 그름을 평가하는 유일한 기준은 행위에 의해서 생겨날 쾌락과 고통의 양이다.

520 하중상 ••서술형

위의 갑, 을, 병 사상가가 누구인지 각각 쓰시오.

521 하중상 ••서술형

위의 갑, 을, 병 사상가들의 입장을 다음 그림으로 표현할 때, A~D에 들어갈 수 있는 내용을 〈조건〉에 맞추어 각각 한 가지씩 서술하시오.

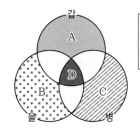

〈범례〉
A: 갑만의 입장
B: 을만의 입장
C: 병만의 입장
D: 갑, 을, 병의 공통 입장

〈 조건 〉
각 사상가의 쾌락과 관련된 입장만을 비교하여 서술할 것

현대의 윤리적 삶

A 실존주의
└─ 구체적인 시간과 공간에서 살아가는 인간의 현실적인 존재 방식을 의미한다.

1 키르케고르의 사상

└─ 키르케고르는 이런 절망을 '죽음에 이르는 병'이라고 불렀다.

① 개인은 실존적 상황에서 '이것이냐 저것이냐'를 선택해야 하는 구체적 상황에 놓임 → 개인은 불안을 느끼며 주체적 결정을 회피하거나 유보함으로써 절망에 빠지게 됨

② 주체적 선택 강조: 절망에 빠진 인간에게 객관성은 답을 주지 못한다고 보고, 주체적 선택을 강조하며 주체성이 진리라고 주장함

③ 실존의 3단계

1단계: 심미적 실존 단계	• 끝없이 감각적 쾌락을 추구하는 단계 • 쾌락을 추구하다가 허망함을 느끼고 절망하게 됨
2단계: 윤리적 실존 단계	• 자신의 실존을 자각하고 보편적 윤리를 따르려고 함 • 윤리 규범을 어기면서 죄책감을 느끼고 자신의 불완전성을 자각하면서 절망하게 됨
3단계: 종교적 실존 단계	• '신 앞에 선 단독자'의 삶을 추구함 • 신의 사랑에 의해 불안과 절망에서 벗어나 참된 실존을 회복함

2 키르케고르의 사상 빈출자료 Link • 526-527번 문제

┌─(키르케고르의 실존의 3단계)─

주체적 실존의 모습은 세 단계이다. 우선 심미적 단계이다. 인간은 곧 향락적인 삶 속에서 허전함을 느끼고, 두 번째 단계인 윤리적 단계로 도약한다. 이 단계는 일상적 책무에 따라 현실 생활을 성실하게 영위하지만, 결국 자신의 부족함을 자각하여 유한성 앞에 절망하게 되는 단계이다. 마지막 단계는 종교적 단계이다. 이제 비로소 인간은 '신 앞에 선 단독자'로서 자신의 주체성을 자각하는 존재가 된다.

3 야스퍼스의 사상

① 한계 상황: 이성이나 과학의 힘으로 결코 해결할 수 없고, 피할 수도 변화시킬 수도 없는 상황으로 죽음, 고통, 전쟁 등을 말함

② 인간은 자신의 유한성을 자각하는 한계 상황에서 스스로의 결단을 통해 초월자의 존재를 수용하고 참된 실존을 회복할 수 있음

기출 Tip Ⓐ-4

하이데거의 세계-내-존재

사르트르가 개별 인간의 주체성을 강조한 반면에, 하이데거는 자신이 서 있는 세계와 연결된 인간(세계-내-존재), 즉 세계와 나의 관계를 중시함

4 하이데거의 사상
└─ 현존재는 시간과의 관계 속에서 존재한다.

① 현존재: '여기에 있음'이라는 의미로, 지금, 여기에 있는 현실적인 인간 존재를 의미함

② 현존재인 인간은 죽음에 대한 불안과 염려를 안고 살아감 → 인간은 자신이 죽음에 이르는 존재라는 사실을 받아들이고 삶을 유한성을 깨달을 때 본래적 실존을 회복할 수 있음

5 사르트르의 사상

① 인간은 신의 계획으로 만들어진 창조물이 아니라 이 세계에 우연히 던져진 존재임 → '실존이 본질에 앞선다.'라고 주장함
└─ 인간은 특정한 이유나 목적 없이 세계에 던져진 존재로, 미리 정해진 본질이 없다고 본다.

② 주체적 결단을 통해 불성실에서 벗어나 자신의 선택에 책임지는 삶을 살아야 함
└─ 자유로운 선택으로부터 도망치는 것으로, 자유와 주체성을 부정하면서 기존의 관습, 고정된 법칙이나 원리, 신과 같은 존재에게 순응하는 자세

6 사르트르의 사상 빈출자료 Link • 532-533번 문제

┌─(실존에 대한 사르트르의 입장)─

실존은 본질에 앞선다는 말은 무엇을 의미하는 것인가? 그것은 인간이 먼저 세상에 실존하고, 인간이 정의되는 것은 그 이후의 일이라는 것을 의미한다.
— 사르트르, 「실존주의는 휴머니즘이다」

B 실용주의

1 실용주의의 의미와 특징

① 의미: 인간의 지식이나 도덕의 유용성을 강조하는 사상
② 특징: 다윈의 진화론적 관점을 수용하여 인간을 자연에 적응해 나가는 생물 종의 하나로 파악함
→ 환경 적응에 도움이 되는 지식을 추구함

2 제임스의 사상

① 현금 가치: 현금처럼 우리가 실생활에서 사용할 수 있는 유용한 가치를 말함 → 지식과 신념은 우리의 삶에 이롭고 유용할 때 현금 가치를 지님
② 이로움과 옳음을 같은 맥락으로 보고, 고정적이고 절대적인 진리의 존재를 거부함

3 제임스의 사상 빈출자료 Link • 536-537번 문제

┌─(제임스가 주장하는 현금 가치)─────────
│ 진리를 소유한다는 일은 그 자체가 목적일 수는 없고 중요한 다른 만족을 취하기 위한 수단이다. 진리란 신념으로서 좋다는 것이 입증된 것들에 대한 이름이다. 따라서 어떤 신념이 참이라고 한다면 실천적 경험에 있어 그 신념의 <u>현금 가치(cash value)</u>가 무엇인지 물을 수 있어야 한다. <u>'신', '이성', '절대자' 등과 같은 형이상학적 용어나 개념도 마찬가지로 현금 가치를 지녀야 한다.</u>
└──────────────────────────

↳ 추상적이고 형이상학적인 관념도 현금 가치를 지닐 수 있다고 본다.

4 듀이의 사상

① 도구주의: 진화론적 관점에서 지식을 인간이 환경에 적응하기 위한 수단이자 도구로 보는 입장
② 지성적 탐구를 통해 상황에 맞게 지식이나 이론을 수정·발전시킴으로써 사회의 성장과 진보가 가능하다고 봄
③ 도덕이나 윤리도 고정된 것이 아니라 성장하고 변화함 → 불변하는 고정적 진리나 지식은 존재하지 않는다고 봄
④ <u>교육의 역할은 창조적 지성을 갖춘 시민을 양성하는 것이라고 봄</u>

↳ 주어지지 않은 여러 가능성을 탐구하면서 미래를 전망하고 창조하는 지성

기출 Tip B-4
민주주의를 강조한 듀이
듀이는 지성적인 방식의 문제 해결을 보장하는 정치 제도로서 민주주의를 강조함

개념 확인 문제

◯ 정답과 해설 48쪽

522 키르케고르의 실존의 3단계와 그 설명을 옳게 연결하시오.

(1) 심미적 실존 •　　　• ㉠ 끝없이 감각적 쾌락을 추구하는 단계

(2) 윤리적 실존 •　　　• ㉡ 신 앞에 선 단독자로서의 삶을 추구하는 단계

(3) 종교적 실존 •　　　• ㉢ 자신의 실존을 자각하고 보편적 윤리를 따르려는 단계

523 다음 빈칸에 들어갈 내용을 쓰시오.

(1) 하이데거가 말하는 (　　　　　)는 지금, 여기에 있는 현실적인 인간 존재를 말한다.

(2) 야스퍼스는 이성이나 과학의 힘으로 결코 해결할 수 없고, 피할 수도 변화시킬 수도 없는 상황을 (　　　　　)이라고 불렀다.

(3) (　　　　　)는 인간에게는 미리 주어진 본질이나 실현해야 할 정해진 목적이 없다고 보고, 실존이 본질에 앞선다고 주장하였다.

524 다음 괄호 안의 내용 중 알맞은 말에 ◯표를 하시오.

(1) (실용주의, 실존주의)는 인간의 지식이나 도덕의 유용성을 강조하는 사상이다.

(2) (듀이, 제임스)는 지식과 신념이 우리의 삶에 이롭고 유용할 때 현금 가치를 지닌다고 보았다.

525 다음 설명이 맞으면 ◯표, 틀리면 ×표를 하시오.

(1) 듀이는 지성적 탐구를 통해 불변하는 고정적 진리나 지식을 발견해야 한다고 보았다. (　　)

(2) 듀이는 진화론적 관점에서 지식을 인간이 환경에 적응하기 위한 수단이자 도구로 보았다. (　　)

A 실존주의

526-527 빈출자료*

다음을 읽고 물음에 답하시오.

> 주체적 실존의 모습은 세 단계이다. 우선 (㉠) 단계이다. 인간은 곧 향락적인 삶 속에서 허전함을 느끼고, 두 번째 단계인 (㉡) 단계로 도약한다. 이 단계는 일상적 책무에 따라 현실 생활을 성실하게 영위하지만, 결국 자신의 부족함을 자각하여 유한성 앞에 절망하게 되는 단계이다. 마지막 단계는 (㉢) 단계이다. 이제 비로소 인간은 '신 앞에 선 단독자'로서 자신의 주체성을 자각하는 존재가 된다.

526 하중상

위의 주장을 한 사상가로 옳은 것은?

① 흄　　　　　② 칸트　　　　　③ 야스퍼스
④ 하이데거　　　⑤ 키르케고르

빈출 527 하중상

㉠~㉢에 들어갈 말을 옳게 짝지은 것은?

	㉠	㉡	㉢
①	본능적	윤리적	종교적
②	본능적	이성적	윤리적
③	심미적	이성적	윤리적
④	심미적	윤리적	종교적
⑤	이성적	심미적	보편적

528 하중상

다음을 주장한 현대 서양 사상가에 대한 설명으로 옳지 않은 것은?

> 현존재는 불안을 통해 자신의 가장 고유한 존재 방식을 알아차리기 시작하며, 본래적 자신의 존재를 깨달을 수 있다. 또한 현존재는 '세계-내-존재'이다.

① 세계와 나의 관계를 중시한다.
② 인간은 유한한 존재자라고 본다.
③ 시간과의 관계 속에서 인간 존재를 해명하고자 한다.
④ 인간은 불안과 염려 속에서 살아가는 존재자라고 본다.
⑤ 죽음을 회피함으로써 참된 실존을 자각할 수 있다고 본다.

529 하중상

다음 가상 편지를 쓴 사상가의 입장으로 적절한 것을 〈보기〉에서 고른 것은?

> 인간의 실존과 불안에 대해 고민하는 자네의 편지를 잘 읽어 보았네. 내 생각에 인간이란 자유로운 결단을 통해 실존에 이르기 위한 세 단계를 거친다네. 이는 심미적, 윤리적, 종교적 단계로 인간은 이러한 과정을 거쳐 신 앞에 단독자로서 서게 된다네. 이로써 단독자는 모든 죄가 전적으로 자신의 오만한 행위로부터 비롯되었다는 것을 인정하고 뉘우치게 된다네.

〈 보기 〉
ㄱ. 심미적 단계에서 실존이 회복된다고 보았다.
ㄴ. 신 앞에 선 단독자는 종교적 단계에서 이루어진다.
ㄷ. 각 단계로 가는 것은 자신의 선택이 아닌 신의 인도이다.
ㄹ. 종교적 단계로 가는 것은 후퇴가 아닌 도약이라고 할 수 있다.

① ㄱ, ㄴ　　　② ㄱ, ㄷ　　　③ ㄴ, ㄷ
④ ㄴ, ㄹ　　　⑤ ㄷ, ㄹ

530 하중상

다음을 주장한 현대 서양 사상가의 입장으로 적절한 것만을 〈보기〉에서 고른 것은?

> 나는 투쟁이나 고통 없이 살아갈 수 없다는 사실, 나는 불가피하게 죄책감을 느낀다는 사실, 나는 죽지 않으면 안 된다는 사실, 이러한 사실이 한계 상황이다. 한계 상황은 우리를 더 이상 앞으로 나아가지 못하게 하고 좌절하게 하는 벽과 같은 것이다. 그것은 우리가 변경할 수 있는 것이 아니다.

〈 보기 〉
ㄱ. 노력을 통해서 한계 상황 자체를 변화시켜야 한다.
ㄴ. 스스로의 결단을 통해 참된 실존을 회복해야 한다.
ㄷ. 죽음에 미리 달려가 봄으로써 현존재의 실존을 회복해야 한다.
ㄹ. 한계 상황을 인식하여 참된 실존에 이르면 초월자를 경험할 수 있다.

① ㄱ, ㄴ　　　② ㄱ, ㄷ　　　③ ㄴ, ㄷ
④ ㄴ, ㄹ　　　⑤ ㄷ, ㄹ

531 (하중상)

다음을 주장한 현대 서양 사상가의 입장으로 적절하지 <u>않은</u> 것은?

> '실존은 본질에 앞선다.' 인간은 이끼나 꽃양배추와 다르게 주체적으로 삶을 살아가는 지향적 존재이다. 이 지향 이전에는 아무것도 있을 수 없다. 인간은 이 세상에 내던져진 존재로 나중에야 비로소 그 무엇이 될 수 있다. 인간은 먼저 세상에 존재하고 그 다음에 정의된다.

① 주체적 결단과 그에 대한 책임이 중요하다.
② 인간은 미리 정해진 본질 없이 먼저 실존한다.
③ 인간은 특정한 이유나 목적 없이 던져진 존재이다.
④ 초월자의 존재를 수용함으로써 실존을 회복할 수 있다.
⑤ 인간은 자신의 삶을 결정할 수 있는 무한한 자유가 있는 존재이다.

532-533 빈출자료*

그림을 보고 물음에 답하시오.

> 주체성이 진리이다. 인간은 대중의 일원이 아니라 신 앞에 홀로 선 단독자로서 살아야 한다.

> 실존은 본질에 앞선다는 말은 무엇을 의미하는 것인가? 그것은 인간이 먼저 세상에 실존하고, 인간이 정의되는 것은 그 이후의 일이라는 것을 의미한다.

갑 ／ 을

532 (하중상)

서양 사상가 갑, 을의 공통된 입장으로 가장 적절한 것은?

① 진리의 보편성을 인정하여 실존을 회복해야 한다.
② 이성보다는 신앙을 통하여 주체성을 찾을 수 있다.
③ 합리적 사유를 통해 객관적인 실존을 찾아야 한다.
④ 종교적 단계를 통해 인간의 유한성을 극복할 수 있다.
⑤ 자신의 삶을 스스로 선택하고 책임지는 결단이 필요하다.

533 (하중상)

서양 사상가 갑, 을이 모두 긍정의 대답을 할 질문으로 가장 적절한 것은?

① 인간의 본질은 개인의 실존에 앞서는가?
② 인간의 본질을 결정할 신은 존재하지 않는가?
③ 신에 귀의하여 사랑을 실천하는 삶을 살아야 하는가?
④ 어떤 존재에도 의존하지 않는 주체적 삶을 살아야 하는가?
⑤ 인간은 주체적인 선택을 통해 참된 자신을 찾을 수 있는가?

534 (하중상)

현대 서양 사상가 갑, 을에 대한 설명으로 옳은 것만을 〈보기〉에서 있는 대로 고른 것은?

> 갑: 인간의 본질을 구상하는 신은 존재하지 않는다. 인간은 스스로가 구상하는 무엇이며 스스로가 원하는 무엇일 뿐이다. 세계 속에 던져진 인간은 스스로 선택하며 자신이 하는 모든 것에 책임을 져야 한다.
>
> 을: 불안에는 현존재를 개별화시키는 특별한 가능성이 있다. 이러한 개별화는 현존재를 세상일에 빠져 있는 상태로부터 되돌려 놓으면서 본래성과 비본래성을 현존재의 두 가지 존재 가능성으로서 드러내 보여 준다.

〈 보기 〉

ㄱ. 갑은 인간의 본질이 실존에 앞서 규정될 수 없다고 본다.
ㄴ. 을은 과학적 합리성으로 현존재의 불안을 극복해야 한다고 본다.
ㄷ. 을은 죽음의 불안이 현존재를 본래적 삶으로 되돌릴 수 있는 계기라고 본다.
ㄹ. 갑, 을은 자신의 삶을 스스로 선택하고 책임지는 결단을 중시한다.

① ㄱ, ㄴ   ② ㄱ, ㄹ   ③ ㄴ, ㄷ
④ ㄱ, ㄷ, ㄹ   ⑤ ㄴ, ㄷ, ㄹ

535 (하중상)

갑, 을, 병 사상가 모두가 질문에 옳게 대답한 것은?

> 갑: 절망할 수 있음은 인간이 동물보다 우월한 점이다. 그런데 사실 절망은 큰 불행이며 죽음에 이르는 병이다.
>
> 을: 인간은 자유롭도록 선고받았다. 인간은 자신을 창조한 것이 아니기에 자유롭도록 선고받은 것이고 세상에 내던져졌다. 우리는 아무런 의미 없이 이 세계에 내던져진 존재이다.
>
> 병: 인간의 실존은 그의 본질에서 인식되는 것이 아니라 피할 수 없는 투쟁, 고통, 죽음, 죄에 대한 책임과 같은 '한계 상황'에서 발견된다.

	질문	갑	을	병
①	인간에게는 자기 결정권이 없는가?	예	아니요	예
②	합리적 사유로써 주관적 견해를 극복해야 하는가?	예	예	예
③	지성을 함양함으로써 불안을 완전히 없앨 수 있는가?	아니요	예	아니요
④	진정한 자신의 삶을 위해 주체적인 결단을 내려야 하는가?	아니요	예	예
⑤	스스로의 결단으로 초월자를 따를 때 참된 실존에 이를 수 있는가?	예	아니요	예

B 실용주의

536-537 빈출자료

다음을 읽고 물음에 답하시오.

> 진리를 소유한다는 일은 그 자체가 목적일 수는 없고 중요한 다른 만족을 취하기 위한 수단이다. 진리란 신념으로서 좋다는 것이 입증된 것들에 대한 이름이다. 따라서 어떤 신념이 참이라고 한다면 실천적 경험에 있어 그 신념의 현금 가치(cash value)가 무엇인지 물을 수 있어야 한다. '신', '이성', '절대자' 등과 같은 형이상학적 용어나 개념도 마찬가지로 현금 가치를 지녀야 한다.

536 하 중 상

위의 주장을 한 사상가가 긍정의 대답을 할 질문으로 적절한 것을 〈보기〉에서 고른 것은?

〈 보기 〉
ㄱ. 참된 진리는 직관적으로 자명한 것인가?
ㄴ. 추상적이고 형이상학적인 관념은 모두 무의미한 것인가?
ㄷ. 경험과 관찰에 의해 실용성이 증명된 진리가 참된 진리인가?
ㄹ. 진리란 절대적인 불변의 것이 아니라 현실 생활을 이롭게 하는 것인가?

① ㄱ, ㄴ　　　② ㄱ, ㄷ　　　③ ㄴ, ㄷ
④ ㄴ, ㄹ　　　⑤ ㄷ, ㄹ

537 하 중 상

위의 주장을 한 사상가의 입장에만 모두 '✔'를 표시한 학생은?

입장＼학생	갑	을	병	정	무
지식은 그 자체로서 가치를 지닌다.	✔	✔		✔	
실용성이 증명된 진리가 참된 진리이다.		✔	✔		✔
전통과 권위에 대한 비판적 자세가 필요하다.	✔	✔			✔
도덕적 행위는 사회적 유용성과 무관해야 한다.	✔		✔	✔	

① 갑　　② 을　　③ 병　　④ 정　　⑤ 무

538 하 중 상

(가)를 주장한 사상가의 입장에서 볼 때, (나)의 ㉠에 들어갈 내용으로 가장 적절한 것은?

(가)	도덕은 성장하는 과학이 되어야 한다. 모든 도덕적 진리가 아직 파악되지 않았기 때문만이 아니라 인간의 삶이란 기존의 도덕적 진리가 더 이상 유효하지 않을 수 있는 유동적인 것이기 때문이다.
(나)	가치 있는 지식이란 　　　　㉠

① 실생활의 유용성과 거리가 먼 순수한 탐구 대상이다.
② 삶의 문제 상황을 해결하기 위한 수단이자 도구이다.
③ 선험(先驗)적으로 주어져 있는 도덕 판단의 기준이다.
④ 오직 이성을 통해 얻을 수 있는 진리(眞理)의 일종이다.
⑤ 영원히 변치 않는 진리를 발견하는 데 유용한 수단이다.

539 하 중 상

다음을 주장한 사상가의 입장으로 적절한 것만을 〈보기〉에서 있는 대로 고른 것은?

> 지식이나 관념은 문제 해결의 수단이자 도구이다. 선악의 결정은 사회 문제 해결의 실제적인 도움 여부에 달려 있다. 따라서 도덕은 의사의 처방전처럼 적용해야 할 일련의 규칙이 아니다. 도덕적 지식의 가치는 결정되어 있지 않고 당면한 상황을 해결하는지의 여부에 달려 있다.

〈 보기 〉
ㄱ. 지식은 환경에 적응하기 위한 수단이다.
ㄴ. 지식은 항상 변화하지만 오류 가능성은 없다.
ㄷ. 도덕 문제에는 귀납적 탐구 방법을 적용할 수 없다.
ㄹ. 도덕적 진리는 삶의 개선을 위한 수단적 가치를 지닌다.

① ㄱ, ㄴ　　　② ㄱ, ㄹ　　　③ ㄷ, ㄹ
④ ㄱ, ㄴ, ㄷ　　　⑤ ㄴ, ㄷ, ㄹ

540 ㉠㉡㉢

다음을 주장한 서양 사상가가 긍정의 대답을 할 질문으로 가장 적절한 것은?

> 자연 과학에서 중시하는 탐구는 도덕에서도 중시되어야 한다. 도덕은 결과가 옳은 것으로 확정되기 전까지 가설로 여겨져야 한다. 실수는 도덕적 죄가 아니라 지성을 사용하는 잘못된 방법에 대한 교훈이며 더 나은 미래에 대한 가르침이다. 도덕적 삶은 유연하고, 생생하며, 성장하는 것이다.

① 진리는 행위의 동기에 의해 판단되는가?
② 도덕적 진리는 인간에게 선험적으로 주어진 것인가?
③ 사회를 끊임없이 성장시키는 불변의 도덕 법칙이 있는가?
④ 지식은 유용성과 무관하게 그 자체로 추구되어야 하는가?
⑤ 도덕이나 윤리도 시대나 상황에 따라 변화하고 성장하는가?

541 ㉠㉡㉢

다음 강연자가 지지할 주장으로 옳은 것만을 〈보기〉에서 있는 대로 고른 것은?

> 많은 사람들은 학문의 탐구를 통해 오류가 없는 지식을 찾을 수 있다고 믿었습니다. 그러나 이제는 지식에 대한 그러한 믿음을 바꾸어야 합니다. 아름다움과 종교 등에 관한 사변적 지식은 도구적 목적과 관련될 때에만 일상의 일부가 되며, 우리의 삶 깊은 곳까지 실질적인 영향을 줄 수 있습니다. 이처럼 과학도 진리 그 자체를 위한 학문이 아니라 사회적 목적에 유용한 것이 되어야 합니다. 일상과 무관하게 진리 그 자체를 목적으로 삼는 사변적 학문과 과학은 사회에 무책임한 학자들에게 위안을 줄 뿐입니다.

〈 보기 〉
ㄱ. 도덕과 윤리는 그 자체로 목적이 아니다.
ㄴ. 진리는 바뀔 수 있으므로 진리는 존재하지 않는다.
ㄷ. 과학적 검증으로 확실한 절대적인 진리를 발견해야 한다.
ㄹ. 창조적 지성은 과거의 답습이 아닌 새로운 대안을 의미한다.

① ㄱ, ㄴ
② ㄱ, ㄹ
③ ㄷ, ㄹ
④ ㄱ, ㄴ, ㄷ
⑤ ㄴ, ㄷ, ㄹ

542 ㉠㉡㉢

다음을 주장한 현대 서양 사상가의 입장으로 가장 적절한 것은?

> 도덕은 최종적인 목표로서 완성되는 것이 아니라 성장하고 진보하는 것이다. 그러므로 최선의 도구를 찾아 문제를 해결하고 현실을 개선해 나가는 것이 선이다.

① 도덕적 진리는 오류 가능성이 없다고 본다.
② 보편적이고 절대적인 도덕 법칙이 존재한다고 본다.
③ 절대적 선과 절대적 지식은 존재하지 않는다고 본다.
④ 과학의 내재적 가치를 중시하고 도구적 가치를 경시하였다.
⑤ 도덕적 인간이란 불변하는 최고선을 지닌 사람이라고 본다.

543 ㉠㉡㉢

(가)의 갑, 을, 병 사상가들의 입장을 (나) 그림으로 탐구할 때 A~D에 해당하는 진술로 적절한 것만을 〈보기〉에서 있는 대로 고른 것은?

(가)	갑: 도덕의 기초는 타인과 함께 느끼는 공감이다. 그러므로 공감을 통해 쾌감을 느끼게 하는 행위는 선한 행위이다. 을: 최선의 도구를 찾아 문제를 해결하는 것이 선(善)이다. 그러므로 도덕도 성장하고 진보한다. 병: 행위의 옳음과 그름을 판정하는 유일한 기준은 그 행위가 산출하는 쾌락과 고통의 양이다.

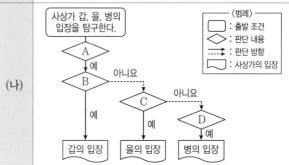

〈 보기 〉
ㄱ. A: 사회적 유용성에 기여하는 행위는 도덕적 가치를 지니는가?
ㄴ. B: 진리는 경험적 결과에 의해 판단되는가?
ㄷ. C: 진리는 실생활의 유용성과 거리가 먼 순수한 탐구 대상인가?
ㄹ. D: 쾌락은 계산이 가능한가?

① ㄱ, ㄴ
② ㄱ, ㄹ
③ ㄷ, ㄹ
④ ㄱ, ㄴ, ㄷ
⑤ ㄴ, ㄷ, ㄹ

544

고대 서양 사상가 갑, 을의 입장으로 적절하지 <u>않은</u> 것은?

> 갑: 덕은 곧 지식이다. 사람은 자발적으로 나쁜 행위를 하지 않으며, 나쁜 행위를 하는 것은 무지의 결과이다.
> 을: 인간은 만물의 척도이다. 존재하는 것에 대해서는 그것이 존재한다는 척도이며, 존재하지 않는 것에 대해서는 그것이 존재하지 않는다는 척도이다.

① 갑: 악을 행하는 사람은 무지한 사람이다.
② 갑: 윤리적 성찰을 통해 영혼의 상태를 점검해야 한다.
③ 을: 모든 사람에게 '사과는 빨갛다.'라는 말은 항상 참이다.
④ 을: 개인의 생각보다 사회의 관습을 따르는 것이 이익일 수 있다.
⑤ 갑, 을: 자연보다는 인간의 삶에 대한 탐구가 더 중요하다.

545

갑, 을은 고대 서양 사상가들이다. 갑은 부정, 을은 긍정의 대답을 할 질문으로 적절한 것만을 〈보기〉에서 있는 대로 고른 것은?

> 갑: 인간은 존재하는 것들에 대해서는 그것들이 존재한다는 척도이고, 존재하지 않는 것에 대해서는 그것들이 존재하지 않는다는 척도이다.
> 을: 덕이 영혼 속에 있는 것들 가운데 하나이고 필연적으로 유익하다면 그것은 지식이어야 한다. 왜냐하면 영혼과 관련된 모든 것들은 그 자체로는 유익하지도 유해하지도 않지만 지식이 더해지느냐 무지가 더해지느냐에 따라 유익하게도 유해하게도 되기 때문이다.

〈 보기 〉
ㄱ. 인간의 감각적 경험이 지식과 도덕의 근원인가?
ㄴ. 인간은 보편타당한 윤리를 이성을 통해 파악할 수 있는가?
ㄷ. 선에 대한 기준은 인식할 수 없지만 궁극적인 선은 존재하는가?
ㄹ. 다양한 도덕규범의 우위를 가려 줄 보편타당한 기준은 존재하는가?

① ㄱ, ㄴ ② ㄱ, ㄹ ③ ㄴ, ㄹ
④ ㄱ, ㄴ, ㄷ ⑤ ㄴ, ㄷ, ㄹ

546

(가)의 갑, 을 사상가들의 입장을 (나) 그림으로 탐구할 때, A~C에 들어갈 질문으로 적절한 것을 〈보기〉에서 고른 것은?

(가)	갑: 바람이 차가운 성질을 가지고 있는지 아닌지는 그 바람을 맞는 각자의 판단에 따라 결정된다. 바람직한 삶의 방식에 관한 판단도 마찬가지이다. 을: 자신의 영혼이 최선의 상태에 있도록 돌보는 일에는 관심을 두지 않으면서 더 많은 부나 명성을 쌓는 일에만 몰두한다면, 그것이야말로 부끄러워해야 할 일이 아니겠습니까?
(나)	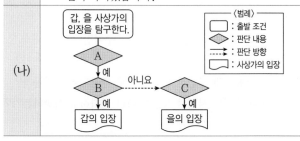

〈 보기 〉
ㄱ. A: 약자의 이익보다 강자의 이익을 정의로 보아야 하는가?
ㄴ. B: 정의는 각 사람의 가치관에 따라 언제든지 달라질 수 있는가?
ㄷ. B: 육체적으로 괴롭더라도 정신적 풍요로움을 통해 탁월함에 도달할 수 있는가?
ㄹ. C: 인간이라면 누구나 따라야 하는 이상적 삶의 방식이 존재하는가?

① ㄱ, ㄴ ② ㄱ, ㄷ ③ ㄴ, ㄷ ④ ㄴ, ㄹ ⑤ ㄷ, ㄹ

547

다음을 주장한 사상가의 입장에만 모두 '✔'를 표시한 학생은?

> 각 존재에게 고유한 것이 본성적으로 각 존재에게 가장 좋고 즐거운 것이다. 따라서 무엇보다 지성적 존재인 인간에게 있어서 지성을 따르는 삶이 가장 좋고 즐거운 것이다. 철학적 지혜를 가진 사람은 다른 탁월성을 가진 사람보다 더 자족적인 삶을 산다. 지성에 따라 활동하며 지성을 돌보는 사람은 최선의 상태에 있으며 신들로부터 가장 많은 사랑을 받는다.

입장＼학생	갑	을	병	정	무
인간의 모든 행위에 중용의 상태가 존재한다.	✔				✔
중용을 습관화함으로써 실천적 지혜가 형성된다.	✔		✔		
지혜의 덕을 갖추고도 부정의한 행위를 할 수 있다.			✔	✔	✔
실천적 지혜는 인간의 감정과 행위에 직접적인 영향을 미친다.	✔	✔	✔	✔	

① 갑 ② 을 ③ 병 ④ 정 ⑤ 무

548

(가)의 고대 서양 사상가 갑, 을의 입장을 (나) 그림으로 탐구할 때, A~C에 들어갈 질문으로 가장 적절한 것은?

(가)	갑: 모든 존재와 인식의 근거가 되는 것은 좋음의 이데아이다. 우리는 아름다움 자체, 좋음 자체를 가정하며, 각 부류의 하나의 이데아가 있는 것으로 상정한다. 을: 존재하는 모든 것은 어떤 목적을 추구한다. 인간 행위가 궁극적으로 지향하는 목적은 행복이다. 행복은 궁극적이고 자족적인 최고선이다.
(나)	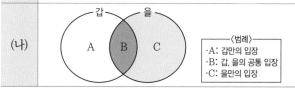

① A: 보편적인 진리를 파악하는 것은 불가능한가?
② B: 선(善) 그 자체는 이데아계가 아니라 현실에 존재하는가?
③ B: 선(善)에 대한 지식이 있어도 행동으로 이어지지 못하는 경우가 있는가?
④ C: 이성을 통해 욕구를 완전히 제거할 때 행복에 이를 수 있는가?
⑤ C: 품성적 덕은 일상생활에서 옳은 행위를 반복적으로 실천함으로써 형성되는가?

549

(가)의 고대 서양 사상가 갑, 을의 입장을 (나)의 그림으로 표현할 때, A~C에 해당하는 진술로 적절한 것만을 〈보기〉에서 있는 대로 고른 것은?

(가)	갑: 좋음의 본질을 아는 것이 참된 일이다. 좋은 것을 알면서도 이를 행하지 않는 사람은 없다. 을: 좋은 것을 알면서도 행하지 않는 것은 의지가 나약하기 때문이다. 그러므로 좋은 행위를 반복하여 습관화해야 한다.
(나)	갑 을 A B C 〈범례〉 ·A: 갑만의 입장 ·B: 갑, 을의 공통 입장 ·C: 을만의 입장

〈 보기 〉

ㄱ. A: 무지(無知)로 인해 악을 행할 가능성이 있다.
ㄴ. B: 덕의 실천을 위한 이성의 역할이 필요하다.
ㄷ. C: 실천적 지혜는 중용의 상태를 알려 주는 품성적 덕이다.
ㄹ. C: 감정이나 행위와 관련된 품성적 덕은 중용의 반복적 실천을 통해 형성된다.

① ㄱ, ㄷ　　　② ㄴ, ㄹ　　　③ ㄷ, ㄹ
④ ㄱ, ㄴ, ㄹ　　　⑤ ㄴ, ㄷ, ㄹ

550

(가)의 근대 서양 사상가 갑, 고대 서양 사상가 을의 입장을 (나) 그림으로 표현할 때, A~C에 해당하는 진술로 적절한 것만을 〈보기〉에서 있는 대로 고른 것은?

(가)	갑: 사람이 어떤 상실의 슬픔에 빠졌을 때, 그 상실이 필연적으로 일어날 수밖에 없었음을 깨닫는 순간 슬픔은 감소된다. 자연에서 일어나는 모든 일은 원인과 결과의 관계로 연결되어 있다. 을: 세상에서 일어나는 일들이 네가 바라는 대로 일어나기를 요구하지 말고, 일어나는 일들이 일어나는 대로 일어나기를 바라라. 그러면 너의 삶은 강물처럼 순조롭게 흐르리라.
(나)	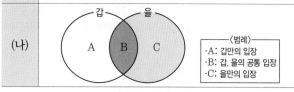

〈 보기 〉

ㄱ. A: 세계에서 일어나는 모든 것은 우연성에 의해 작용한다.
ㄴ. B: 자연 법칙에 관한 앎은 정념 극복에 기여한다.
ㄷ. B: 인간은 인과적으로 연결된 세계 속에서 자유 의지를 갖지 못한다.
ㄹ. C: 지복은 인격신에 대한 신앙에서 나오는 정신의 지적 만족이다.

① ㄱ, ㄹ　　　② ㄴ, ㄷ　　　③ ㄷ, ㄹ
④ ㄱ, ㄴ, ㄷ　　　⑤ ㄱ, ㄴ, ㄹ

551

(가)의 고대 서양 사상가 갑, 을의 입장을 (나) 그림으로 표현할 때 A~C에 해당하는 진술로 적절한 것만을 〈보기〉에서 있는 대로 고른 것은?

(가)	갑: 우리가 '쾌락을 목적'이라고 말할 때, 이 말은 우리를 잘 모르거나 우리의 입장에 동의하지 않는 사람들이 생각하는 것처럼 방탕한 자들의 쾌락이나 육체적 쾌락을 의미하는 것이 아니다. 내가 말하는 쾌락은 몸의 고통이나 마음의 혼란으로부터의 자유이다. 을: 어떤 외적인 일로 네가 고통을 당한다면, 너를 괴롭히는 것은 그 외적인 일이 아니라 그에 대한 너의 판단이다. 그리고 그 판단을 당장 지워 없애는 것은 너 자신에게 달려 있다. 그러나 너를 괴롭히는 것이 네 마음속에 있는 그 무엇이라면 네가 너의 견해를 바꾸는 것을 대체 누가 막는단 말인가?
(나)	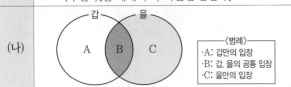 〈범례〉 ·A: 갑만의 입장 ·B: 갑, 을의 공통 입장 ·C: 을만의 입장

〈 보기 〉
ㄱ. A: 행위 선택의 참된 기준은 쾌락과 고통이다.
ㄴ. B: 원자의 운동에 의한 감각 지각만이 진리의 토대이다.
ㄷ. B: 마음의 평온함을 누리기 위해 이성적 사고가 필요하다.
ㄹ. C: 욕구의 양을 줄이고 검소한 삶을 살아야 한다.

① ㄱ, ㄴ   ② ㄱ, ㄷ   ③ ㄷ, ㄹ
④ ㄱ, ㄴ, ㄹ   ⑤ ㄴ, ㄷ, ㄹ

552

고대 서양 사상가 갑, 중세 서양 사상가 을의 입장으로 가장 적절한 것은?

갑: 덕은 마땅한 목적을 위해, 마땅한 때에, 마땅한 방식으로 마땅한 일을 해야 하는 것으로, 모자람과 지나침 사이에 있는 것이다.
을: 신의 존재는 논증될 수 있고, 초월적 진리는 계시와 신앙을 통해 알려진다. 인간은 믿음, 소망, 사랑을 실천하여 신과 하나가 될 때 참된 행복에 도달할 수 있다.

① 갑: 모든 감정과 행위에 있어서 중용을 판단해야 한다.
② 갑: 덕 있는 행위는 감정을 배제한 상태에서만 할 수 있다.
③ 을: 신을 인식함으로써 현세에서 완전한 행복을 실현할 수 있다.
④ 갑, 을: 종교적 덕은 완전한 행복을 실현하기 위한 필수적 요소이다.
⑤ 갑, 을: 사물을 비롯한 자연의 모든 존재는 고유한 목적을 가지고 있다.

553

(가)의 고대 서양 사상가 갑, 을의 입장을 (나) 그림으로 탐구할 때 A~C에 들어갈 내용으로 옳은 것만을 〈보기〉에서 있는 대로 고른 것은?

(가)	갑: 동굴 모양을 한 거처에서 태어날 때부터 온몸이 묶인 채로 살아가는 죄수들을 상상해 보게. 이들은 이곳에서 앞만 볼 수 있고 머리를 올릴 수도 없다네. …… 동굴 밖으로 나가게 된 사람은 동굴 밖에는 실제 사람들과 사물들이 있으며, 지금까지 보고 들은 것은 그것을 본떠 만든 인형의 그림자에 불과하다는 것을 알게 될 걸세. 그리고 모든 것의 원인이 태양이라는 사실도 알게 될 걸세. 을: 세상에는 우리의 의지대로 할 수 있는 것들이 있고, 그렇지 않은 것들이 있다. 앞의 것은 믿음이나 충동, 욕구를 가지는 일처럼 모든 상황에서 우리의 의지대로 할 수 있는 것들이다. 반면에 뒤의 것은 육체나 소유물, 평판, 지위와 같이 우리의 행위가 아닌 것들이다.
(나)	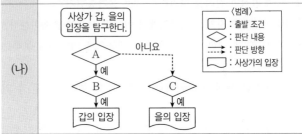 〈범례〉 ☐ : 출발 조건 ◇ : 판단 내용 → : 판단 방향 ▢ : 사상가의 입장

〈 보기 〉
ㄱ. A: 행복한 삶을 누리기 위해 이성적 숙고가 필요하다.
ㄴ. B: 눈에 보이는 모든 것은 원형에 대한 모방에 불과하다.
ㄷ. C: 모든 정념을 제거하여 정념의 속박에서 벗어나야 한다.
ㄹ. C: 개인의 내적 동기와 의지만이 도덕적 평가의 대상이다.

① ㄱ, ㄴ   ② ㄴ, ㄹ   ③ ㄷ, ㄹ
④ ㄱ, ㄴ, ㄹ   ⑤ ㄴ, ㄷ, ㄹ

554

(가)의 갑, 을, 병 사상가들의 입장에서 서로에게 제기할 수 있는 비판을 (나) 그림으로 표현할 때 A~F에 해당하는 내용으로 적절하지 **않은** 것은?

(가)	갑: 덕이 무엇인지 몰라서 행하지 못하는 사람도 있고 알고도 행하지 못하는 사람도 있다. 모르기 때문에 행하지 못하는 '무절제한 사람'은 후회할 줄도 모르는 사람인 반면, 알고도 행하지 못하는 '자제력 없는 사람'은 후회할 줄은 아는 사람이다. 을: 신의 가르침을 이해하기 위해서는 이성이 필요하다. 이성은 자연적 성향을 가진 모든 것을 선으로 파악한다. 따라서 자연법의 첫째 원리는 "선을 행하고 악을 피하라."라는 것이다. 병: 신은 우리가 지닌 모든 선한 것들의 이데아, 바로 그 완전한 선이다. 우리는 신을 온 정신을 다해 사랑하고 심지어 나 자신을 경멸할 때, 지상의 나라에서 천상의 나라에 이를 수 있다.
(나)	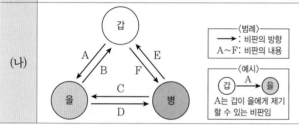

① A: 인간의 행복은 신의 은총과 관련이 없음을 간과하다.

② B: 현실에서는 진정한 행복을 누릴 수 없음을 간과한다.

③ C: 신은 이성적인 증명의 대상이 아님을 간과한다.

④ A, F: 현실에서도 이성을 통해 참된 행복에 도달할 수 있음을 간과한다.

⑤ B, D: 의지와 이성이 상호 보완적인 관계임을 간과한다.

555

서양 사상가 갑, 을에 대한 설명으로 옳은 것을 〈보기〉에서 고른 것은?

> 갑: 쾌락은 신체 영역에서 어떤 고통도 느끼지 않는 동시에 정신적 영역에서 어떤 불안도 느끼지 않는 것을 의미한다. 참된 쾌락은 아타락시아(ataraxia)이다.
>
> 을: 인간은 쾌락의 총량을 최대화하고 고통의 총량을 최소화하기 위해 행동한다. 행위의 옳고 그름을 평가하는 유일한 기준은 행위에 의해 생겨날 쾌락과 고통의 양이다.

〈 보기 〉

ㄱ. 갑은 친구와의 우정이 행복한 삶을 위해 필요하다고 본다.

ㄴ. 을은 사회적 쾌락의 실현을 위해 개인적 쾌락을 배제한다.

ㄷ. 갑은 사회 전체의 쾌락을, 을은 개인적 쾌락을 추구한다.

ㄹ. 갑, 을은 쾌락이 선(善)이고 고통이 악(惡)이라고 본다.

① ㄱ, ㄴ ② ㄱ, ㄹ ③ ㄴ, ㄷ ④ ㄴ, ㄹ ⑤ ㄷ, ㄹ

556

(가)의 근대 서양 사상가 갑, 중세 서양 사상가 을, 병의 입장을 (나) 그림으로 탐구할 때 A~D에 들어갈 질문으로 적절하지 **않은** 것은?

(가)	갑: 유일한 실체인 신 또는 자연은 수학적 질서에 따라 움직이며, 세상 만물은 실체의 양태로서 필연적으로 발생한다. 이를 온전히 인식할 때 참된 자유를 누릴 수 있다. 을: 모든 자연적 산물들이 목적을 향해 질서를 가지게 하는 지성적 존재가 신이다. 인간은 신의 은총에 의해 신과 하나가 될 때 진정한 행복에 이르게 된다. 병: 신은 이성적 인식을 넘어서 실존적으로 만나야 할 인격적 존재이다. 우리는 믿기 위해 알려고 하지 말고 알기 위해 믿어야 한다. 이해는 믿음에 대한 보상이다.
(나)	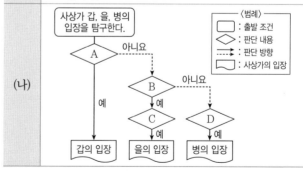

① A: 우주는 수학적 질서에 따라 움직이는 하나의 기계인가?

② B: 이성적 인식을 통해서도 신의 존재를 인식할 수 있는가?

③ B: 완전한 행복을 위해서는 믿음, 소망, 사랑의 덕이 필요한가?

④ C: 신앙과 이성을 상호 보완적인 관계로 보아야 하는가?

⑤ D: 악이란 신의 창조물이 아닌 선이 결여된 상태를 이르는 말인가?

557

(가)의 근대 서양 사상가 갑, 중세 서양 사상가 을, 병의 입장을 (나) 그림으로 표현할 때, A~D에 해당하는 진술로 적절한 것만을 〈보기〉에서 있는 대로 고른 것은?

(가)	갑: 덕으로부터 행동하는 것은 이성의 지도에 따라 행동하는 것이다. 이성에 따라 우리가 추구하는 모든 것은 인식하는 것이다. 따라서 덕을 구하는 사람들의 최고선은 유일한 실체인 신을 인식하는 것이다. 을: 신과 인간 사이의 평화는 질서 있는 신앙을 가지고 영원법에 복종하는 것이다. 천국의 평화는 완벽한 질서와 조화 속에서 신을 향유하는 것이고, 신 안에서 사람들이 서로를 향유하는 것이다. 병: 두 종류의 사랑에 의해서 두 종류의 국가가 형성된다. 지상의 국가는 자신을 사랑하고 심지어 신을 경멸함으로써, 천상의 국가는 신을 사랑하고 심지어 자신조차도 경멸함으로써 형성된다. 전자는 인간으로부터 영광을 찾으며 후자는 신으로부터 영광을 찾는다.
(나)	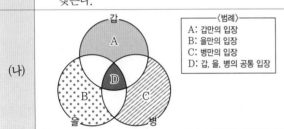 〈범례〉 A: 갑만의 입장 B: 을만의 입장 C: 병만의 입장 D: 갑, 을, 병의 공통 입장

〈 보기 〉
ㄱ. A: 모든 것의 내재적 원인인 신은 이성을 통해서만 인식할 수 있다.
ㄴ. B: 세상의 모든 존재는 초월적 신이 부여한 고유한 목적을 가지고 있다.
ㄷ. C: 지복은 덕에 대한 보상으로 내세에서만 누릴 수 있다.
ㄹ. D: 신에 대한 사랑은 최고의 행복을 누리기 위한 필수 조건이다.

① ㄱ, ㄴ   ② ㄱ, ㄹ   ③ ㄴ, ㄹ
④ ㄱ, ㄴ, ㄷ   ⑤ ㄴ, ㄷ, ㄹ

558

(가)의 갑, 을 사상가의 입장을 (나) 그림과 같이 탐구할 때, A~C에 들어갈 질문으로 적절한 것만을 〈보기〉에서 있는 대로 고른 것은?

(가)	갑: 자연은 인류를 고통과 쾌락이라는 최고의 두 주인이 지배하도록 하였다. 우리가 무엇을 행할까를 결정할 뿐만 아니라 우리가 무엇을 해야 하는지를 지시해 주는 것은 오직 고통과 쾌락뿐이다. 을: 내가 그것을 거듭 또 오랫동안 생각하면 생각할수록 더욱 새롭고 더욱 높아지는 감탄과 경외로 나의 마음을 가득 채우는 것이 두 가지 있다. 그것은 내 위에 있는 별이 빛나는 하늘과 내 마음 속에 있는 도덕 법칙이다.
(나)	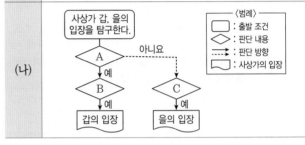

〈 보기 〉
ㄱ. A: 도덕적 옳고 그름에 대한 기준이 있는가?
ㄴ. B: 좋은 목적이 수단을 정당화할 수 있는가?
ㄷ. C: 올바른 행위는 선한 동기에서 비롯한 행위인가?
ㄹ. C: 행위의 가치는 행위로 인한 결과에 따라 결정되는가?

① ㄱ, ㄹ   ② ㄴ, ㄷ   ③ ㄴ, ㄹ
④ ㄱ, ㄴ, ㄷ   ⑤ ㄴ, ㄷ, ㄹ

559

(가)를 주장한 사상가의 입장을 (나) 그림으로 탐구할 때, A, B에 들어갈 질문으로 가장 적절한 것은?

(가)	지식을 형성하는 모든 기초 개념은 인간 자신의 욕망과 욕구를 만족시키고자 환경에 적응하거나 환경을 지배하려는 도구 또는 그러한 실제적 활동에 필요한 도구이다.
(나)	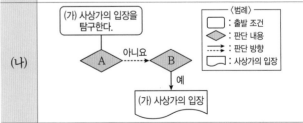

① A: 유용성이 진리 판단의 근거인가?
② A: 지식은 성장하고 발전할 수 있는가?
③ B: 절대적인 도덕적 가치는 존재하는가?
④ B: 자연의 필연 법칙을 인식해야 하는가?
⑤ B: 성장하고 진보하는 도덕적 가치가 최고선인가?

560

(가)의 갑, 을, 병의 입장에서 서로에게 제기할 수 있는 비판을 (나) 그림으로 표현할 때 A~F에 해당하는 내용으로 가장 적절한 것은?

(가)	갑: 도덕 법칙은 완전한 존재자의 의지에 있어서 신성한 법칙이다. 그러나 그것은 모든 유한한 이성적 존재자의 의지에 있어서는 의무의 법칙으로 다가온다. 을: 자연은 인류를 고통과 쾌락이라는 두 주인이 지배하도록 하였다. 우리가 무엇을 행할까를 결정할 뿐만 아니라 우리가 무엇을 해야 하는지를 지시해 주는 것은 오로지 고통과 쾌락뿐이다. 병: 도덕적 선악 구별은 이성의 산물이 아니다. 도덕적 선악은 그것이 유발하는 어떤 인상이나 정서를 통해서 확정되는 것이다. 이성은 단지 정념에 복종할 뿐이다.
(나)	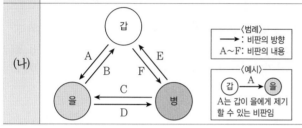

① A: 보편타당성을 갖는 도덕 원리는 존재할 수 없음을 간과한다.

② C: 개개인의 쾌락은 사회 전체의 쾌락과 연결됨을 간과한다.

③ D: 도덕 행위를 유발하는 동기는 이성이 아닌 감정에 근거함을 간과한다.

④ F: 이성이 도덕적 실천의 동기가 될 수 없음을 간과한다.

⑤ B, E: 사회적 유용성을 선악 판단의 기준으로 중시해야 함을 간과한다.

561

서양 사상가 갑, 을이 모두 긍정의 대답을 할 질문으로 가장 적절한 것은?

갑: 인간은 자신의 선택을 통해 감각적 쾌락을 추구하는 단계로부터 윤리 규범에 순응하는 단계를 거쳐서 신(神)에게 귀의하는 단계로 나아가게 된다.

을: 인간은 존재에 대해 물을 수 있는 유일한 '현존재'이다. 인간은 자신이 시간의 흐름에 따라 죽음에 이르는 존재라는 것을 수용함으로써 자신의 본래적 모습을 만날 수 있게 된다.

① 개인의 구체적이고 개별적인 상황을 중시해야 하는가?

② 참된 삶은 자연의 필연적 법칙에 충실히 따르는 것인가?

③ 철저한 금욕 생활을 통해서 삶의 불안을 극복해야 하는가?

④ 보편적이고 객관적으로 파악되는 진리를 추구해야 하는가?

⑤ 직관과 체험보다 이성적 사유로 얻은 지식을 중시해야 하는가?

562

(가)의 근대 서양 사상가 갑, 을의 입장을 (나) 그림으로 표현할 때, A~C에 들어갈 진술로 적절한 것을 〈보기〉에서 고른 것은?

(가)	갑: 오직 고통과 쾌락만이 인간이 무엇을 해야 하는가를 결정할 수 있다. 자연은 인류를 고통과 쾌락이라는 두 군주의 지배하에 두었다. 을: 더 높은 능력을 가진 사람이 행복하려면 열등한 사람보다 더 많은 것을 필요로 하고 더 많은 고통을 느낄 수도 있다. 그러나 이러한 부담에도 불구하고 그는 스스로 낮은 수준의 삶으로 떨어지는 것을 원하지는 않을 것이다.
(나)	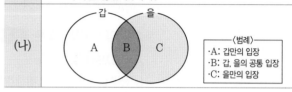

〈 보기 〉

ㄱ. A: 쾌락은 한 종류뿐이며 쾌락을 양으로 계산할 수 있다.

ㄴ. A: 행위의 유용성이 행위의 도덕성을 평가하는 기준이다.

ㄷ. B: 개인이 갖는 쾌락과 사회 전체의 선은 양립이 불가능하다.

ㄹ. C: 정상적인 인간은 질적으로 높은 쾌락을 추구한다.

① ㄱ, ㄴ   ② ㄱ, ㄹ   ③ ㄴ, ㄷ   ④ ㄴ, ㄹ   ⑤ ㄷ, ㄹ

563

서양 사상가 갑, 을의 입장으로 적절한 것을 〈보기〉에서 고른 것은?

갑: 인간은 신과 대면하여 참된 자신을 실현시켜 나가는 주체적 존재이다. 이는 인간이 신 앞에 선 단독자로서 신을 믿고 따르려는 결단을 통해 실존을 회복하는 것을 의미한다.

을: 불안에는 현존재를 개별화시키는 특별한 가능성이 있다. 이러한 개별화는 현존재를 세상일에 빠져 있는 상태로부터 되돌려 놓으면서 본래성과 비본래성을 현존재의 두 가지 존재 가능성으로서 드러내 보여 준다.

〈 보기 〉

ㄱ. 갑: 윤리적 실존은 심미적 실존으로부터 도약하여 전개된다.

ㄴ. 갑: 이성을 통한 합리성을 추구함으로써 절망에서 벗어날 수 있다.

ㄷ. 을: 죽음은 현존재를 본래적 삶으로 되돌릴 수 있는 계기이다.

ㄹ. 갑, 을: 절대자에 귀의함으로써 자신의 참모습을 찾을 수 있다.

① ㄱ, ㄷ   ② ㄱ, ㄹ   ③ ㄴ, ㄷ   ④ ㄴ, ㄹ   ⑤ ㄷ, ㄹ

이상 사회~국가

A 동서양의 이상 사회론

1 동양의 이상 사회론

공자의 대동 사회 (大同社會)	• 성인이 다스리고, 현명하고 유능하다면 누구나 등용되는 신분적 차별이 없는 사회 • 사회적 재화의 고른 분배와 사회적 약자에 대한 보호가 이루어짐 • 가족 이기주의에서 벗어나 타인을 배려하는 도덕 공동체
노자의 소국 과민 (小國寡民)	• 인위적인 분별과 차별에서 벗어나 소박하게 사는 사회 • 문명의 이기(利器)에 무관심하고 자연의 순리에 따라 무위(無爲)의 삶을 살아감

└ 실용에 편리한 기계나 기구

2 동양의 이상 사회론 [빈출자료] Link • 571-573번 문제

─(공자의 대동 사회)─

큰 도(道)가 행해지고 천하가 모두의 것이다. 현명하고 유능한 자를 뽑아 다스리게 하니, 사람들은 자기 부모만 부모로 여기지 않고 자기 자식만 자식으로 여기지 않는다. 노인은 여생을 잘 마치게 하며, 장년은 일자리가 있으며, 어린이는 잘 양육되고, 홀로된 자와 병든 자도 모두 부양한다. ─「예기」

3 서양의 이상 사회론

플라톤의 정의로운 국가	• 좋음의 이데아에 관한 지혜의 덕을 갖춘 철인(哲人)이 통치하는 국가 • 국가 구성원인 생산자(절제), 방위자(용기), 통치자(지혜)가 각자의 역할을 충실히 수행해야 함
모어의 유토피아	• 경제적으로 풍요롭고 소유와 생산에서 완전한 평등을 이룬 도덕적 사회 → 사유 재산을 인정하지 않아 잉여 생산에 대한 욕망을 가질 필요가 없음 • 필요 이상의 노동을 하지 않으며 정신적 자유와 문화생활을 누림
마르크스의 공산 사회	• 사유 재산과 계급이 소멸하고 생산력이 고도로 발전되어 경제적으로 안정된 사회 → 경제적 불평등이 사라져 억압과 착취가 없음 • 능력에 따라 일하고 필요에 따라 분배받음

└ 수호자 계급은 사유 재산을 가져서는 안된다고 본다.

→ 모어가 제시한 이상 사회로, 아무 데도 없는 곳을 뜻한다.

기출 Tip A-3

모어의 유토피아(Utopia)

"이 섬의 성인들은 남녀를 가리지 않고 생산적 노동에 종사한다. 노동은 매일 6시간으로 제한되고, 8시간 잠자고 남은 시간은 정신적 오락이나 연구에 사용된다. 집마다 자물쇠를 채우거나 빗장을 거는 일이 절대로 없다. 왜냐하면 집 안에 들어간들 어느 개인의 소유란 없기 때문이다." – 모어, 「유토피아」

B 동서양의 국가관

1 유교의 관점

① 국가의 기원: 가족 질서가 확장되어 국가가 형성되었다고 봄

② 국가의 본질
  • 백성들의 도덕적인 삶을 위한 도덕 공동체
  • 가족 윤리인 효제(孝悌)가 확대되어 인의(仁義)가 실현되는 공동체

③ 국가의 역할

→ '백성을 위한다.'라는 뜻으로, 유교에서는 백성의 뜻이 곧 하늘의 뜻이라고 본다.

  • 민본 정치를 바탕으로 위민(爲民)을 실현하고, 국가를 인륜이 실현되는 도덕 공동체로 만드는 것 → 백성들이 도덕적 삶을 살 수 있도록 경제적 안정을 이루어야 함

유교는 국가의 근본을 백성에서 찾는 민본주의(民本主義) 사상을 바탕으로, 백성의 목소리에 귀 기울여야 한다고 본다.

2 아리스토텔레스의 관점

① 국가의 기원: 인간의 정치적 본성에 의해 가정과 마을을 거쳐 자연스럽게 형성되었다고 봄

② 국가의 본질: 행복의 실현이라는 최고선을 추구하는 도덕 공동체

③ 국가의 역할: 시민이 행복한 삶을 살 수 있도록 이끄는 것 → 시민이 정치에 참여할 수 있는 제도를 마련하고, 시민이 탁월성을 발휘하여 덕 있는 삶을 실현할 수 있도록 해야 함

3 공화주의의 관점 ┐ → 공화주의는 '공공의 것'을 뜻하는 라틴어 '레스 푸블리카(res publica)'에서 유래하였다.

① **국가의 기원:** 시민의 자유를 보장하기 위해 공동선을 지향하는 시민들이 참여하여 만든 것이라고 봄

② **국가의 본질:** 시민의 자유를 지켜 내기 위한 수단으로, 특정 개인의 소유물이 아니라 공공의 것

③ **국가의 역할:** 시민의 자유를 보장하고, 공동선을 실현하기 위해 <u>시민적 덕성</u>을 기를 수 있도록 돕는 것 → 시민들이 공적인 의사 결정에 적극적으로 참여할 수 있는 제도와 질서를 마련해야 함

└ 공적인 일에 대한 관심과 지식, 공동체의 구성원으로서 • 가지는 소속감 등을 의미하는 말이다.

4 사회 계약론의 관점

① **국가의 기원:** 개인들이 자신의 자유와 권리를 보장받기 위해 동의와 계약을 통해 국가를 형성하였다고 봄

② **국가의 본질:** 자유롭고 평등한 인간이 자신의 생명, 자유, 재산 등을 지키기 위해 만들어 낸 수단

③ **사회 계약론에 대한 입장들** ┌ → 근대 사회 계약론에서 국가의 성립을 설명할 때 전제가 되는 상태로, 정치 사회가 형성되기 이전의 상태를 말한다.

홉스	• 자연 상태: 만인에 대한 만인의 투쟁 상태 • 국가의 역할: 사회 질서와 평화를 유지하는 것
로크	• 자연 상태: 비교적 평화로우며 이성과 양심을 지니고 살아가는 상태 • 국가의 역할: 개인의 생명, 자유, 재산 등을 보장하는 것 → 국민의 정치적 복종은 정부가 제 역할을 수행하지 못하면 중단될 수 있다고 봄
루소	• 자연 상태: 자유롭고 평등한 상태 • 국가의 역할: 사유 재산이 생겨나면서 발생한 불평등을 바로잡고 자유를 회복하는 것

┌ → 루소는 단순한 개인의 이익의 합이 아니라 공동선을 추구하는

5 마르크스의 관점 └ 일반 의지에 따라 사회 계약이 형성되어야 한다고 보았다.

① **국가의 기원:** 소수의 지배 계급이 다수의 피지배 계급을 억압하고 착취하기 위한 수단으로서 생겨났다고 봄

② **국가의 본질:** 계급 지배의 수단이자 이를 이념적으로 정당화하는 가장 강력한 도구 → 국가는 그 자체로 정당성을 지니지 못하고, 역사의 필연적인 발전 단계에 따라 소멸할 것임

기출 Tip ⓑ-3
공화주의자 키케로의 국가관
"공화국은 인민의 것이다. 그러나 인민은 아무렇게나 모인 한 무리의 사람을 뜻하는 것이 아니라 정의와 공동의 이익을 인정하고 동의한 사람의 모임이다."
– 키케로, 『국가론』

기출 Tip ⓑ-4
저항권에 대한 홉스와 로크의 입장
• 홉스: 개인은 자신의 모든 권리를 절대 군주에게 양도했으므로 정치적 저항은 불가능함 → 개인이 자신의 생명을 부당하게 위협하면 개별적 반발은 가능함
• 로크: 개인은 자신의 모든 권리를 국가에 양도한 것이 아님 → 정부가 개인의 권리를 침해하거나 공동선을 해칠 경우 시민은 정치적 저항권을 행사할 수 있음

기출 Tip ⓑ-5
마르크스의 역사 발전 단계
원시 공산 사회(무계급) → 고대 노예 사회(계급 발생) → 중세 봉건 사회 → 근대 자본주의 사회 → 공산주의 사회(무계급)
└ 공산주의 사회에서는 국가가 소멸한다고 주장하였다.

개념 확인 문제

○ 정답과 해설 52쪽

564 동서양의 이상 사회와 그 모습을 옳게 연결하시오.

(1) 노자의 소국 과민 •

(2) 유교의 대동 사회 •

(3) 마르크스의 공산 사회 •

• ㉠ 능력에 따라 일하고 필요에 따라 분배받는 사회

• ㉡ 인위적인 가치에서 벗어나 자연의 도에 따라 사는 사회

• ㉢ 가족 이기주의에서 벗어나 타인을 배려하는 도덕 공동체

565 다음 설명이 맞으면 ○표, 틀리면 ×표를 하시오.

(1) 유교에서는 민본 정치를 바탕으로 백성을 위한 정치를 실현해야 한다고 본다. ( )

(2) 아리스토텔레스에 따르면 국가는 행복의 실현이라는 최고선을 추구하는 도덕 공동체이다. ( )

566 다음 빈칸에 들어갈 내용을 쓰시오.

(1) ( )에 따르면 국가는 개인들이 자신의 자유와 권리를 보장받기 위해 동의와 계약을 통해 형성한 것이다.

(2) ( )에 따르면 국가는 시민의 자유를 지켜 내기 위한 수단으로, 특정 개인의 소유물이 아니라 공공의 것이다.

567 다음 설명에 해당하는 인물을 〈보기〉에서 골라 기호를 쓰시오.

〈 보기 〉
ㄱ. 로크   ㄴ. 홉스   ㄷ. 마르크스

(1) 자연 상태를 만인에 대한 만인의 투쟁 상태로 보았다. ( )

(2) 자연 상태를 비교적 평화로우며 이성과 양심을 지니고 살아가는 상태로 보았다. ( )

(3) 국가란 소수의 지배 계급이 다수의 피지배 계급을 억압하고 착취하기 위한 수단이라고 보았다. ( )

상 1문항
중 21문항
하 4문항

A 동서양의 이상 사회론

568 하중상

다음 이상 사회론에 대한 설명으로 옳지 <u>않은</u> 것은?

① 공자의 대동 사회는 사회적 재화의 고른 분배를 중시하는 사회이다.
② 노자의 소국 과민은 문명의 이기에 대해 무관심한 사회이다.
③ 모어의 유토피아는 도덕적으로 타락하지 않은 사회다.
④ 모어의 유토피아는 사유 재산을 인정하여 경제적으로 풍요로움을 누리는 사회이다.
⑤ 마르크스의 공산 사회는 자신의 능력에 따라 일하고 필요에 따라 분배받는 평등 사회이다.

569 하중상

다음을 주장한 사상가가 강조하는 삶의 태도로 적절한 것을 〈보기〉에서 고른 것은?

인구가 적고 작은 나라. 열 가지 백 가지 기계가 있으나 쓰지 않도록 하고, 백성이 죽음을 중히 여겨 멀리 옮겨 가는 일이 없게 하면, 배와 수레가 있어도 타는 일이 없고, 갑옷과 무기가 있어도 내보일 일이 없다.

〈 보기 〉
ㄱ. 문명의 발전을 추구하며 살아간다.
ㄴ. 자연의 순리에 따라 무위(無爲)의 삶을 살아간다.
ㄷ. 인위적인 것에서 벗어나 소박하고 순수하게 살아간다.
ㄹ. 천리를 근거로 삼아 세속적인 이로움을 추구하며 산다.

① ㄱ, ㄴ ② ㄱ, ㄷ ③ ㄴ, ㄷ ④ ㄴ, ㄹ ⑤ ㄷ, ㄹ

570 하중상

•• 서술형

다음 동양 사상에서 주장하는 이상 사회를 쓰고, 그 사회의 특징을 두 가지 서술하시오.

덕(德)으로 이끌고 예(禮)로써 질서를 잡으면 백성들이 부끄러운 줄도 알고 또한 바르게 된다.

571-573 빈출자료

다음을 읽고 물음에 답하시오.

큰 도(道)가 행해지고 천하가 모두의 것이다. 현명하고 유능한 자를 뽑아 다스리게 하니, 사람들은 자기 부모만 부모로 여기지 않고 자기 자식만 자식으로 여기지 않는다. 노인은 여생을 잘 마치게 하며, 장년은 일자리가 있으며, 어린이는 잘 양육되고, 홀로된 자와 병든 자도 모두 부양한다.

571 하중상

위의 주장을 한 사상가의 입장으로 가장 적절한 것은?

① 현세보다는 자연과의 합일을 통한 내세의 삶을 지향한다.
② 도(道)를 실현하기 위해서는 인(仁)을 버릴 수 있어야 한다.
③ 백성이 편하게 살 수 있도록 통치자가 인격을 닦아야 한다.
④ 사단(四端)을 확충하여 인간의 사사로운 욕망을 극복해야 한다.
⑤ 인내천(人乃天) 사상에 입각하여 만민을 평등하게 대우해야 한다.

빈출 572 하중상

위의 주장을 한 사상가에 대한 설명으로 옳은 것만을 〈보기〉에서 있는 대로 고른 것은?

〈 보기 〉
ㄱ. 인위적 차별에서 벗어난 소박한 삶을 추구한다.
ㄴ. 약자를 보호하고 배려하는 도덕 공동체를 추구한다.
ㄷ. 국가의 정치 원리를 가족 윤리를 확장한 것으로 본다.
ㄹ. 사회적 재화가 고르게 분배되는 이상 사회를 제시한다.

① ㄱ, ㄴ ② ㄴ, ㄹ ③ ㄷ, ㄹ
④ ㄱ, ㄴ, ㄷ ⑤ ㄴ, ㄷ, ㄹ

573 하중상

위의 주장을 한 사상가의 관점에만 모두 '✔'를 표시한 학생은?

관점＼학생	갑	을	병	정	무
경쟁을 통해서 사익을 최대한 추구해야 한다.	✔			✔	
모든 중생들이 고통에서 벗어나 해탈해야 한다.	✔	✔	✔		
모두 어우러져 인과 예를 구현하며 살아야 한다.		✔			✔
부모를 섬기는 도리와 나라를 다스리는 원리는 같아야 한다.	✔		✔		✔

① 갑 ② 을 ③ 병 ④ 정 ⑤ 무

146 Ⅳ. 사회사상

574 하 중 상
••서술형

갑, 을은 고대 동양 사상가들이다. 다음을 읽고 물음에 답하시오.

> 갑: 천하에 능력 있는 사람을 뽑아서 나라를 다스리게 하고, 사람들은 신의로 서로 화목하고, 나의 부모만 부모로 알지 않고 나의 자식만 자식으로 알지 않으며, 노인은 천수를 다하고 젊은이는 일할 자리를 얻고, 과부·고아·병자는 버림을 받는 일이 없고, 재물은 혼자만 차지하지 않고 도둑이 없어 문을 잠그지 않는다.
>
> 을: 작은 영토에 백성의 수는 적다. 군주는 힘이 없어도 백성들은 스스로 교화되고, 아무 일도 벌이지 않아도 백성들은 스스로 풍족해지고 순박해진다. 비록 배나 수레가 있어도 타고 다닐 필요가 없고, 갑옷과 무기가 있어도 쓸 필요가 없도록 한다.

⑴ 갑, 을 사상가를 쓰고, 그들이 주장하는 이상 사회의 명칭을 각각 쓰시오.

⑵ 갑, 을 사상가가 주장하는 이상 사회의 특징을 각각 <u>한 가지</u> 이상 서술하시오.

575 하 중 상

(가), (나)에 나타난 이상 사회에 대한 설명으로 옳지 <u>않은</u> 것은?

> (가) 도가 실현된 세상에서는 천하가 모두의 것이 된다. 현명하고 유능한 사람을 뽑아 나라를 다스리게 하며, 자기 부모나 자식만 사랑하지 않고 남의 부모나 자식도 사랑한다.
>
> (나) 영토가 작고 인구가 적으며, 사람들은 각종 도구가 있어도 사용하지 않는다. 배와 수레가 있어도 타는 일이 없고, 갑옷과 무기가 있어도 쓸 일이 없다.

① (가)는 사회적 약자에 대한 배려를 중시한다.
② (가)는 도덕적 명분보다 이로움을 더 중시한다.
③ (나)는 인간이 인위적으로 만든 문명을 거부한다.
④ (나)는 인간의 자연스러운 본성에 따를 것을 강조한다.
⑤ (가)와 달리 (나)는 통치자가 일을 도모하지 않아야 한다고 본다.

576 하 중 상

다음을 주장한 사상가의 입장으로 적절한 것만을 <보기>에서 있는 대로 고른 것은?

> 노동자들은 부르주아 계급, 부르주아 국가의 노예일 뿐만 아니라 매일 매시간 기계와 감독, 무엇보다 개별적인 부르주아 공장주에 의해 노예화된다. 노동자들에게는 보호해야 할 자기 것이라고는 아무것도 없다. 그들은 지금까지 사적 소유를 보호하고 보장해 온 일체의 것을 없애지 않으면 안 된다.

〈 보기 〉
ㄱ. 공산 사회가 실현되더라도 국가의 역할은 필요하다.
ㄴ. 국가는 지배 계급이 피지배 계급을 통제할 목적으로 만든 것이다.
ㄷ. 능력에 따라 일하고 필요에 따라 분배받는 이상 사회가 도래할 것이다.
ㄹ. 역사적으로 생산자의 노동을 타인이 착취함으로써 사회에 계급이 발생하였다.

① ㄱ, ㄴ   ② ㄱ, ㄷ   ③ ㄷ, ㄹ
④ ㄱ, ㄷ, ㄹ   ⑤ ㄴ, ㄷ, ㄹ

577 하 중 상

서양 사상가 갑, 을의 입장으로 적절한 것을 <보기>에서 고른 것은?

> 갑: 이 섬의 성인들은 남녀를 가리지 않고 생산적 노동에 종사한다. 노동은 매일 6시간으로 제한되고, 8시간 잠자고 남은 시간은 정신적 오락이나 연구에 사용된다. 집마다 자물쇠를 채우거나 빗장을 거는 일이 절대로 없다. 왜냐하면 집 안에 들어간들 어느 개인의 소유란 없기 때문이다.
>
> 을: 만일 프롤레타리아가 부르주아(자본가 계급)에 대항하는 투쟁에서 반드시 계급으로 한데 뭉쳐 혁명을 통해 스스로 지배 계급이 되고, 또 지배 계급으로서 낡은 생산 관계를 폭력적으로 폐지하게 된다면 이 생산 관계와 아울러 계급적 대립의 존재 조건과 모든 계급이 사라지는 사회가 된다.

〈 보기 〉
ㄱ. 갑은 생산과 소유의 평등이 실현된 사회를 추구한다.
ㄴ. 갑은 철인(哲人)이 다스리는 국가를 이상 사회로 제시한다.
ㄷ. 을은 능력에 따라 일하고 필요에 따라 분배받을 것을 강조한다.
ㄹ. 갑, 을은 모두 과학 기술 발전을 통한 풍족한 사회를 꿈꾼다.

① ㄱ, ㄴ   ② ㄱ, ㄷ   ③ ㄴ, ㄷ   ④ ㄴ, ㄹ   ⑤ ㄷ, ㄹ

578 하 중 상

갑, 을 사상가의 입장으로 가장 적절한 것은?

> 갑: 좋음의 이데아에 대한 지식을 성취한 소수의 철인(哲人) 통치자가 방위자 계급의 도움을 받아 생산자 계급을 다스려야 합니다.
> 을: 남녀를 가리지 않고 생산적 노동에 종사해야 합니다. 노동은 매일 6시간으로 제한하고, 8시간은 잠자고, 남은 시간은 정신적 오락이나 연구에 사용되어야 합니다.

① 갑: 모든 정치적 조직과 규율이 철폐되어야 한다.
② 갑: 통치자 계층의 사유 재산을 인정해서는 안 된다.
③ 을: 능력에 따른 재화의 차등 분배가 이루어져야 한다.
④ 을: 국가에 의한 자녀의 공동 양육이 이루어져야 한다.
⑤ 갑, 을: 모든 계층이 동일하게 생산 활동에 참여해야 한다.

579 하 중 상

(가), (나)에 제시된 이상 사회에 대한 설명으로 옳은 것만을 〈보기〉에서 있는 대로 고른 것은?

> (가) 현명하고 유능한 자를 뽑아 천하를 다스리게 하고 그들로 하여금 신의와 화목을 가르치게 하기 때문에 사람들은 자기 부모나 자식만을 친애하지 않는다. 노인은 부양되며 아픈 사람들과 홀로된 사람들 모두 보살핌을 받을 수 있다.
> (나) 초승달 모양의 이 섬의 성인 남녀들은 생산적 노동에 종사한다. 노동은 6시간으로 제한되고 8시간을 자고 남은 시간에는 여가를 즐긴다. 각 구역의 중심에는 모든 상품이 풍족한 시장이 있고 자유롭게 필요한 물품을 가져갈 수 있다.

〈 보기 〉
ㄱ. (가): 가족 이기주의에서 벗어나 인륜이 구현된 사회이다.
ㄴ. (가): 인(仁)과 예(禮)와 같은 인위적 사회 규범이 사라진 사회이다.
ㄷ. (나): 생산과 소유의 평등이 실현된 사회이다.
ㄹ. (가), (나): 개인의 도덕성이 타락하지 않은 질서 있는 사회이다.

① ㄱ, ㄷ   ② ㄴ, ㄹ   ③ ㄱ, ㄴ, ㄷ
④ ㄱ, ㄷ, ㄹ   ⑤ ㄴ, ㄷ, ㄹ

B 동서양의 국가관

580 하 중 상

다음 사상에서 강조하는 국가관으로 가장 적절한 것은?

> 그 사람됨이 효와 제를 실천하면서도 윗사람에게 덤비는 경우는 드물다. 윗사람에게 덤비는 것을 좋아하지 않으면서 어지러운 일을 도모하는 것을 좋아하는 자는 있지 않았다. 군자는 근본에 힘쓰니, 근본이 세워짐에 도(道)가 생겨난다. 효제는 인을 실천하는 근본이다.

① 국가는 계급 착취를 위한 수단이다.
② 국가는 가족 질서가 확장된 공동체이다.
③ 국가는 인간의 사회적 본성에 따라 생겨난 것이다.
④ 국가는 개인들이 서로 동의한 계약에 따라 생겨난 것이다.
⑤ 국가는 시민들의 자유 보장을 위해 법과 공동선에 기반을 두고 시민이 만들어 낸 공동체이다.

581 하 중 상

다음을 주장한 사상가의 입장에 대한 설명으로 옳지 않은 것은?

> 일반 백성은 고정적인 생업[항산(恒産)]이 없으면 흔들림 없는 도덕적인 마음[항심(恒心)]도 없어진다. 그러므로 현명한 군주는 백성의 생업을 마련해 주는데, 반드시 위로는 부모를 섬기기에 충분하게 하고 아래로는 처자를 먹여 살릴 만하게 하여, 풍년에는 언제나 배부르고 흉년에는 죽음을 면하게 한다.

① 군주는 위민(爲民) 정치를 실현해야 한다고 본다.
② 통치자의 권력은 백성들로부터 위임받은 것으로 본다.
③ 천명사상을 근거로 국가의 역할과 정당성을 강조한다.
④ 군주의 높은 도덕성을 올바른 통치의 필수 요소로 본다.
⑤ 통치자는 형벌에만 의지하지 않고 인의(仁義)의 덕을 통해 통치해야 한다고 본다.

(가)를 주장한 고대 서양 사상가의 입장에서 볼 때, (나)의 ㉠에 들어갈 답변으로 적절하지 <u>않은</u> 것은?

(가)	인간이 벌을 포함한 다른 군집 생명체보다 고차적인 '정치적 동물'이라는 점은 자명한 사실이다. 자연은 어떤 이유 없이 뭔가를 만들어 내지 않는다는 것이 우리의 주장이다. 동물들 가운데 오직 인간만이 언어 능력을 갖추고 있다. 언어는 무엇이 유익하고 무엇이 유해한지, 그리고 무엇이 옳고 무엇이 그른지 밝히는 데 쓰인다.
(나)	질문: 국가의 기원과 본질은 무엇인가? 답변: ㉠

① 국가는 구성원들의 훌륭한 삶을 실현하는 공동체이다.
② 국가는 인간의 사회적·정치적 본성에서 비롯된 것이다.
③ 국가는 생존을 위해 시민들이 인위적으로 만든 결사체이다.
④ 국가는 가정, 마을의 단계를 거쳐 자연적으로 발생하는 포괄적 공동체다.
⑤ 국가는 구성원의 행복의 실현이라는 최고선을 추구하는 도덕 공동체다.

583 하종상

다음을 주장한 사상가의 국가관에 대한 설명으로 옳은 것은?

> 국가는 자연적으로 존재하는 공동체들의 완성이다. 자신의 본성상 국가의 구성원이 될 수 없거나 이미 자족해서 그럴 필요가 없는 존재는 보잘 것 없는 존재이거나 인간 이상의 존재이다. 인간만이 서로 도와줄 필요가 없는 경우에도 국가를 이루길 원한다. 국가가 존재하는 목적은 단지 물질적 필요의 충족만은 아니다. 그것만이 국가의 목적이라면 노예나 짐승의 국가도 존재할 수 있다.

① 시민이 행복한 삶을 살도록 이끄는 것이 국가의 역할이라고 본다.
② 국가는 구성원의 덕성 함양에 중립적인 태도를 취해야 한다고 본다.
③ 자기 생명을 보존하고 평화를 획득하기 위해 국가를 만들었다고 본다.
④ 자연 상태에서 누리던 자유를 보장받기 위해 국가를 형성했다고 본다.
⑤ 개인의 생명권뿐만 아니라 재산권·자유권과 같은 권리를 보장하기 위해 계약을 통해 국가를 만들었다고 본다.

584 하종상

다음을 주장한 고대 서양 사상가의 국가관에 대한 설명으로 옳은 것은?

> 공화국은 인민의 것이다. 그러나 인민은 아무렇게나 모인 한 무리의 사람을 뜻하는 것이 아니라 정의와 공동의 이익을 인정하고 동의한 사람의 모임이다.

① 국가는 확장된 가정을 지향하는 공동체이다.
② 국가는 억압과 착취를 위한 계급 지배의 도구이다.
③ 국가는 공동선에 합의하고 이를 구현하려는 시민이 모인 공동체이다.
④ 국가는 시민이 자신의 기본권을 보장받고자 계약에 참여하여 만든 공동체이다.
⑤ 국가는 개인의 자아실현과 도덕적 능력 계발을 가능하게 하는 최상의 도덕 공동체이다.

585 하종상

다음을 주장한 서양 사상가의 입장으로 적절하지 <u>않은</u> 것은?

> 정부가 유용하지 못한 것이라면 정부는 결코 발생할 수 없을 것이며, 정치적 복종의 근본 동기는 사회 구성원들이 통치 정부라는 기구를 통해 인간들 사이에서 평화와 질서를 가져올 수 있다고 느끼는 이익 관념에 기초하고 있다. 이익이 현저한 정도로 중단될 때마다 복종의 책임도 반드시 중단된다.

① 국가가 국민의 평화와 안전을 보장해야 한다.
② 국가가 자기 역할을 못하면 정치적 의무는 중단될 수 있다.
③ 국가에 대한 복종은 이익을 추구하는 인간의 성향에서 비롯된다.
④ 국가에 대한 시민의 정치적 의무는 천부적인 것이라 할 수 있다.
⑤ 정부가 제공하는 혜택에서 정부에 대한 복종의 의무가 생겨난다.

다음을 주장한 사상가가 긍정의 대답을 할 질문으로 가장 적절한 것은?

'공동의 힘을 다해 각자의 몸과 재산을 지켜 보호해 주고, 저마다가 모든 사람과 결합하면서도 자기 자신에게만 복종해 전과 다름없이 자유롭도록 해 주는 그러한 형식을 찾아낼 것.' 사회 계약이 그 해답을 주는 근본 문제란 이런 것이다. …… 우리는 각자 자기 몸과 모든 힘을 공동의 것으로서 일반 의지의 지도 아래 둔다. …… 이는 인간이 자유로워지도록 (일반 의지에 의해) 강요당할 것 말고는 다른 것을 뜻하지 않는다.

① 시민은 주권을 입법자에게 양도해야 하는가?
② 일반 의지는 각 개인의 사적 이익을 합친 것인가?
③ 불평등이 시작된 것은 사유 재산이 발생하면서부터인가?
④ 정치 공동체는 견제와 균형의 원리에 따라 운영되어야 하는가?
⑤ 시민은 정치 공동체의 구성원이 되면서 시민적 자유를 포기하는가?

587 (하(중)상)

다음을 주장한 사상가의 입장으로 가장 적절한 것은?

원래 자유를 사랑하고 타인을 지배하기를 좋아하는 존재인 인간이 국가의 틀 안에서 살기로 한 궁극적 이유는 자기 보존과 그것에 따른 만족한 생활에 대한 전망이나 예상에 기인한다. 즉 인간은 자연 상태의 비참한 전쟁 상황으로부터 빠져나오고 싶다고 생각했기 때문이다.

① 자연 상태에서도 선악을 규정하는 도덕규범이 존재한다.
② 인간의 자연권은 자발적인 사회 계약을 통해서만 주어진다.
③ 자연 상태에서는 누구나 생존을 추구할 동등한 권리가 있다.
④ 통치자에게 권리를 위임한 인간은 저항권을 행사할 수 있다.
⑤ 국가는 인간의 정치적 본성에 근거하여 자연적으로 발생한다.

588 (하(중)상)

밑줄 친 '그'가 이해하는 국가의 본질로 옳은 것은?

그는 역사를 계급 투쟁의 과정으로 정의하면서, 국가란 지배 계급과 피지배 계급 사이의 권력 관계 속에서 발생하고 유지된다고 보았다. 그에 따르면 역사는 '원시 공산제 → 고대 노예제 → 봉건제 → 자본제 → 공산제'로 발전한다.

① 개인의 자유를 보장하는 도구
② 사회적 합의로 형성된 공동체
③ 지배 계급의 강제적 지배 수단
④ 피지배 계급 간의 갈등의 원인
⑤ 사회적 진보를 가능하게 하는 힘

589 (하(중)상)

다음을 주장한 사상가의 관점에만 모두 '✔'를 표시한 학생은?

지금까지 존재한 모든 사회의 역사는 계급 투쟁의 역사이다. …… 현대 대의제 국가에서는 마침내 부르주아(자본가 계급)가 배타적인 정치적 지배권을 쟁취했다. 현대 국가의 집행부는 부르주아 전체의 공동 업무를 관장하는 위원회에 불과하다.

관점 \ 학생	갑	을	병	정	무
원시 공산 사회부터 계급이 존재하였다.		✔			✔
공산주의 사회가 완성되면 국가는 소멸한다.	✔		✔	✔	✔
국가는 지배 계급의 이익 증진을 위한 수단이다.	✔	✔		✔	
사유 재산이 생겨나고 계급이 분화되기 시작하였다.			✔	✔	✔

① 갑   ② 을   ③ 병   ④ 정   ⑤ 무

590 한 중 상

서양 사상가 갑은 긍정, 을은 부정의 대답을 할 질문으로 가장 적절한 것은?

> 갑: 누구나 자유롭고 평등한 자연 상태에서는 사람들 사이의 분쟁을 판정할 공평한 재판관이 없다. 이 문제의 해결을 위해 사람들의 동의로 정부가 구성되며, 이 정부는 시민의 생명과 자유, 재산의 보존을 주목적으로 한다.
> 을: 국가는 자연의 창조물이며 완성된 형태의 공동체이다. 이러한 국가를 떠나 살 수 있는 자는 신이거나 짐승뿐이다. 인간은 본래 국가를 필요로 하며, 국가를 떠나서는 어떠한 참된 정의도 존재할 수 없다.

① 국가는 개인의 동의와 계약을 통해 발생한 것인가?
② 인간이 지닌 자연권은 어떠한 경우에도 양도될 수 없는가?
③ 시민들이 행복한 삶을 살도록 이끄는 것이 국가의 역할인가?
④ 국가는 정치적 동물인 인간의 본성에 따라 자연스럽게 형성되는가?
⑤ 국가에 복종하겠다는 개인의 약속은 어떠한 경우에도 지켜야 하는가?

591 한 중 상

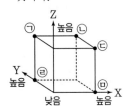

갑의 입장에 비해 을의 입장이 갖는 상대적 특징을 그림의 ㉠~㉤ 중에서 고른 것은?

> 갑: 국가란 하나의 인격(person)으로서, 다수의 인간이 상호 계약에 의해 스스로가 그 인격이 하는 행위의 본인이 된다. 국가의 목적은 그 인격이 공동의 평화와 방어에 필요하다고 생각할 때 다수의 모든 힘과 수단을 적절히 이용할 수 있도록 하는 데 있다.
> 을: 정치권력은 모든 사람이 자연 상태에서 가지고 있다가 사회의 수중에 넘긴 것이며, 사회는 권력을 구성원의 복지와 재산의 보존을 위해서 사용해야 한다는 명시적 또는 묵시적 신탁과 함께 스스로 선택한 통치자에게 넘긴 것이다.

X: 자연 상태를 불안과 혼란의 상태로 보는 정도
Y: 통치 권력에 대한 국민의 저항권을 인정하는 정도
Z: 통치자가 절대 권력을 가져야 한다고 보는 정도

① ㉠   ② ㉡   ③ ㉢   ④ ㉣   ⑤ ㉤

592 한 중 상

갑, 을이 공통적으로 강조할 내용으로 가장 적절한 것은?

> 갑: 정의로운 국가는 저마다 타고난 성향에 따라 지혜, 용기, 절제의 덕을 갖춘 통치자, 군인, 생산자의 계급으로 구성되며, 국가의 수호자들은 전적으로 필요한 것이 아닌 한 어떤 사유 재산도 가져서는 안 된다.
> 을: 군자(君子)는 자기를 수양하여 남을 편안하게 하고, 자기를 수양하여 백성을 편안하게 한다. 법으로 인도하고 형벌로 가지런히 한다면 백성들은 형벌을 면할 수 있으나 부끄러워하지 않는다. 덕으로 인도하고 예를 가지런히 한다면 백성은 부끄러워할 줄 알게 되고, 또한 올바르게 된다.

① 지도자가 도덕성을 갖추어야 국가가 올바르게 운영될 수 있다.
② 자유와 평등의 가치를 바탕으로 신분제의 문제점을 비판해야 한다.
③ 모든 계급이 재산을 평등하게 분배하는 공산 사회를 지향해야 한다.
④ 정의로운 사회는 능력에 따라 일하고 필요에 따라 분배하는 사회이다.
⑤ 다수결의 원리에 따라 민주적으로 의사 결정을 하는 민주 사회를 지향해야 한다.

593 한 중 상

갑, 을, 병의 입장으로 가장 적절한 것은?

> 갑: 국가는 최고의 공동체로 인간 삶의 궁극적 목적인 행복을 실현하고 개개인이 참다운 덕을 발휘할 수 있도록 합니다.
> 을: 국가는 자유로운 자연 상태에서 미처 보장되지 못한 개인의 생명, 자유, 재산을 보장하여 개인의 자유와 소유권을 보호하는 역할을 다해야 합니다.
> 병: 국가는 공동선을 실현하고 시민 개개인이 시민적 덕성을 기르고 공적인 의사 결정에 적극적으로 참여할 수 있도록 제도와 질서를 마련해야 합니다.

① 갑: 국가는 개인의 동의와 계약에 의해 형성된다.
② 을: 인간의 정치적 본성에 따라서 국가가 성립된다.
③ 병: 국가는 개인의 소유물이 아니라 공공의 것이다.
④ 갑, 병: 국가가 존재하기 이전의 자연 상태를 가정해야 한다.
⑤ 을, 병: 정의로운 국가는 현실에서 실현 불가능한 것이다.

시민~민주주의

08

A 시민적 자유와 권리

1 자유주의 관점에서 본 시민적 자유와 권리

① **자연권**: 인간이 태어날 때 하늘로부터 부여받은 권리로서, 천부 인권(天賦人權)이라고 함 → 홉스, 로크 등 근대 사회 계약론자에 의해 계승·발전됨

② **자유주의**: 자연권 사상을 바탕으로 개인의 자유와 권리를 무엇보다 중시하는 사상

기출 Tip ⒜-1

소극적 자유와 적극적 자유

소극적 자유	• ~로부터의 자유 • 외부의 부당한 압력이나 간섭이 없는 상태
적극적 자유	• ~할 자유 • 자신의 의지에 따라 스스로가 원하는 삶을 능동적으로 실현할 수 있는 자유

자유관	• 소극적 자유를 중심으로 전개됨 • 자유를 최상의 정치적·사회적 가치로 삼으며 개인의 자유를 위협하는 체제와 제도에 반대함
개인주의	개인이 국가보다 우선한다는 개인주의를 바탕으로 함
권리 중시	• 개인의 권리와 정치적 의무가 충돌할 경우 개인의 권리를 우선시함 • 불가피하게 개인의 권리를 제약하거나 개인에게 의무를 부과하려면 시민들의 자발적 동의를 얻어야 함

2 공화주의 관점에서 본 시민적 자유와 권리

① **공화주의**: 공화국을 실현하려는 정치적 생각이나 이념으로, 시민을 개체적 존재가 아니라 사회적 존재로 봄

시민의 권리	시민의 권리는 천부적으로 주어지는 것이 아니라 시민의 능동적이고 자발적인 참여로 만들어지고 향유되는 정치적·사회적 성취물임
공동선 중시	공익을 중시하고 공동체에서 맡은 역할을 책임 있게 수행하며 공동선에 관심을 가져야 한다고 봄 → 시민적 덕성의 함양을 강조함

② **공화주의의 두 흐름** ┈┈ 공공의 가치와 공동선을 존중하고 정치를 비롯한 공적 책무에 적극적으로 참여하는 의식과 태도

시민적 공화주의	• 아리스토텔레스의 영향을 받은 아테네 전통의 공화주의로 공동체주의라고도 함 → 인간의 자연적 사회성 강조 • 정치 참여: 정치 참여는 시민의 책무이자 자유를 행사하는 것
신로마 공화주의	• 마키아벨리의 영향을 받은 로마 전통의 공화주의 • 정치 참여: 외세와 폭정으로부터 시민의 자유를 시키기 위한 수단 • 비지배로서의 자유: 타인의 자의적인 지배에서 벗어나 타인에게 종속되지 않는 상태 → 공공의 법을 통해 특정인의 지배를 벗어나 자유를 행사할 수 있음

┈┈ 일정한 질서를 무시하고 제멋대로 하는 것

3 공화주의 관점에서 본 시민적 자유와 권리 〔빈출자료〕 Link • 604-605번 문제

┌─(비지배로서의 자유)─
│ 진정한 자유는 한 사람이나 여러 사람의 자의에 종속되지 않는 것이다. 자유로운 시민은 오직 법에만 복종하며, 타인에게 예속하여 복종하도록 강제될 수 없다.

기출 Tip ⒜-4

민족주의적 애국심

자신이 태어난 나라와 소속된 민족에 대한 사랑으로, 혈연, 지연, 전통에 기초한 선천적 애착을 강조함

4 공동체, 관용, 애국심에 대한 입장
┈┈ 자유주의 사상에서는 공동선이 개개인의 선을 합한 것이라고 본다.

자유주의	• 공동체: 개인의 자유와 권리를 보장하기 위한 수단으로 존재함 • 관용: 자신과 다른 견해나 행동을 인정하고, 타인에게 자신의 견해를 강요하지 않는 것 → 관용의 역설을 경계해야 함 ┈┈ 관용을 무제한으로 허용한 결과, 인권이 침해되고, 사회 질서가 무너지는 현상 • 애국심: 국가의 정체를 규정하는 헌법의 기본 이념에 대한 국민적 동의와 충성
공화주의	• 공동체: 개인의 자유와 권리를 실현하는 데 있어 필수적임 • 관용: 비지배의 조건을 보장하기 위해 타인의 자율성 및 구성원 간의 평등을 존중하는 적극적 시민 의식 • 애국심: 시민의 자유를 지켜 주는 정치 공동체와 동료 시민에 대한 대승적·자발적 사랑이자 자유와 정의가 확립된 조국을 대하는 인위적인 열정

B 민주주의

1 민주주의의 의미와 근본 원리 ┌→ 민주주의는 그리스어로 '인민'을 뜻하는 '데모스(demos)'와 '지배'를 뜻하는 '크라토스(kratos)'가 합쳐진 말이다.

① 의미: 정치 공동체의 주권이 국민에게 있고 국민을 위하여 정치를 행하는 제도 또는 그러한 정치를 지향하는 사상

② 기원: 고대 그리스의 도시 국가인 아테네에서 처음 등장

③ 근본 원리: 지배하는 자와 지배받는 자가 같은 정치적 지배 원리[국민 주권의 원리]

④ 사회 계약론의 영향: 인간의 자유와 평등의 가치를 보장하는 계기가 되어 근대 자유 민주주의의 발전에 영향을 미침 ┌→ 국가의 주권이 국민에게 있다는 점을 재차 확인함으로써 민주주의의 이론적 근거가 되었다.

2 현대 민주주의의 유형 ┌→ 대표의 실패 문제가 발생할 수 있고, 엘리트 민주주의 성격을 지닌다는 한계가 있다.

┌→ 반면 참여한 시민들이 이기적인 태도를 보일 경우 시민 전체의 의사가 왜곡될 수 있다.

대의 민주주의	시민의 투표를 통해 선출된 대표자가 시민들의 의사를 전달하고 실현하는 민주주의
참여 민주주의	다수의 시민이 공공 정책이나 사회 문제를 다루는 의사 결정 과정에 자발적으로 참여하는 민주주의 → 자율성과 책임성의 범위를 시민 전체로 확대할 수 있음
심의 민주주의	시민이 직접 공적 심의 과정에 참여해 정책을 결정하는 민주주의 → 공론의 장에서 시민이 공적 이성을 바탕으로 사회적 쟁점을 깊게 토론하고 심의하는 과정을 중시함

3 시민 불복종 정의롭지 못한 법이나 정책을 변화시킬 목적으로 시민들이 의도적으로 법을 위반하는 행위

롤스	• 정의의 원칙이 존중되고 있지 않음을 선언하고, 다수의 정의감에 호소하는 행위라고 봄 • 정의의 원칙을 위반하는 심각하게 부정의한 법과 정책이 시민 불복종의 대상이라고 봄 • 정당화 조건: 공개성, 공익성, 비폭력성, 처벌 감수, 최후의 수단
하버마스	• 오류의 소지가 있는 법이나 정책은 의사소통 과정에서 교정되어야 한다고 봄 • 시민 불복종은 민주주의 국가의 핵심 요소라고 봄

┌→ 하버마스도 시민 불복종은 비폭력적이어야 하며, 규범을 위반하는 것에 대한 처벌을 감수해야 한다고 본다.
┌→ 의사소통의 합리성을 강조한다.

기출 Tip B-2
엘리트 민주주의
의사 결정 능력을 가진 능숙하고 창의적인 엘리트를 선출하고, 그의 중심적 역할을 강조하는 유형의 민주주의 → 시민들의 정치적 소외감을 강화하고 냉소주의를 조장할 수 있음

기출 Tip B-3
롤스의 정의의 원칙과 시민 불복종
롤스는 정의의 원칙을 위반하는 심각하게 부정의한 법만이 시민 불복종의 대상이 된다고 보는데, 이때 그 대상은 정의의 제1원칙인 '평등한 기본적 자유의 원칙'과 제2원칙 중 '공정한 기회균등의 원칙'을 위반한 경우만이 해당된다고 봄
┌→ 제2원칙 중 차등의 원칙은 제외된다고 본다.

개념 확인 문제

:정답과 해설 55쪽

594 다음 빈칸에 들어갈 내용을 쓰시오.

(1) ( )은 인간이 태어날 때 하늘로부터 부여받은 권리를 말한다.

(2) ( )는 '~로부터의 자유'로, 외부의 부당한 압력이나 간섭이 없는 상태이다.

(3) ( )는 타인의 자의적인 지배에서 벗어나 타인에게 종속되지 않는 상태이다.

(4) ( )은 공공의 가치와 공동선을 존중하고 공적 책무에 적극적으로 참여하는 의식과 태도이다.

595 다음 설명이 맞으면 ○표, 틀리면 ×표를 하시오.

(1) 자유주의에서는 공동체가 개인의 자유와 권리를 보장하기 위한 수단으로 존재한다고 본다. ( )

(2) 자유주의적 애국심은 시민의 자유를 지켜 주는 정치 공동체와 동료 시민에 대한 대승적·자발적 사랑이다. ( )

596 현대 민주주의의 유형과 그 내용을 옳게 연결하시오.

(1) 대의 민주주의 • • ㉠ 시민이 직접 공적 심의 과정에 참여해 정책을 결정함

(2) 심의 민주주의 • • ㉡ 투표를 통해 선출된 대표자가 시민들의 의사를 전달함

(3) 참여 민주주의 • • ㉢ 다수의 시민이 공공 정책 등을 다루는 의사 결정 과정에 자발적으로 참여함

597 ㉠, ㉡에 들어갈 말을 쓰시오.

(㉠)이란 정의롭지 못한 법이나 정책을 변화시킬 목적으로 시민들이 의도적으로 법을 위반하는 행위를 말한다. 대표적인 사상가인 롤스는 (㉠)이 다수의 (㉡)에 호소하는 행위라고 보았다.

A 시민적 자유와 권리

598 (하 중 상)

다음 사회사상에 대한 설명으로 옳지 <u>않은</u> 것은?

> 국가는 개인의 삶을 국가가 의도하는 방향으로 인도하기 위해 특정한 가치관이나 입장을 지지해서는 안 된다. 국가는 개인의 자율적인 삶을 보장하고 그것을 실현 가능하게 해 주는 수단이다.

① 자유를 최상의 정치적 가치라고 본다.
② 모든 사람은 천부적인 자연권의 주체라고 본다.
③ 개인의 자유를 위협하는 체제와 제도를 거부해야 한다고 본다.
④ 시민적 자유와 권리는 천부적인 것이 아니라 법에 의해 실현된다고 본다.
⑤ 구성원들은 스스로 선택한 신념에 따라 자유로운 삶을 영위할 권리가 있다고 본다.

599 (하 중 상)

다음을 주장한 사상가의 입장으로 적절한 것만을 〈보기〉에서 있는 대로 고른 것은?

> 내 활동에 어느 누구도 간섭하지 않는 상태를 자유롭다고 일컫는다. 이러한 의미에서 자유란 그저 한 사람이 타인에게 방해받지 않고 행동할 수 있는 영역을 의미한다. …… 그리고 타인 때문에 그 영역이 일정한 한도 이상으로 축소될 때, 나는 강제당하거나, 혹은 노예 상태에 처한 것이다.

〈 보기 〉
ㄱ. 진정으로 추구해야 할 자유는 적극적 자유이다.
ㄴ. 자연권은 시민적 자유와 권리를 정당화하는 근거이다.
ㄷ. 국가보다 개인을 우선시하는 개인주의를 지향해야 한다.
ㄹ. 집단의 권위보다는 개별 시민의 자유와 권리를 중시해야 한다.

① ㄱ, ㄴ   　② ㄱ, ㄷ   　③ ㄴ, ㄹ
④ ㄱ, ㄴ, ㄷ   　⑤ ㄴ, ㄷ, ㄹ

600-601 빈출자료

다음을 읽고 물음에 답하시오.

> 국가는 인민의 것이다. 인민은 무작정 모인 사람들의 집합이 아니라 정의와 공동선을 위해 협력한다고 동의한 다수의 결사이다.

600 (하 중 상)

위의 주장을 한 사상가의 입장으로 가장 적절한 것은?

① 국가는 시민의 사익 추구를 위한 수단이다.
② 시민의 자유 보장이 바람직한 국가의 출발점이다.
③ 법에 의한 지배는 개인의 자유와 권리를 침해한다.
④ 다수의 자의에 종속되면 국가는 정당성을 인정받는다.
⑤ 예속되지 않을 자유는 법보다 통치자의 선의에 달려 있다.

601 (하 중 상)

위의 주장을 한 사상가의 입장에서 〈문제 상황〉 속 A에게 제시할 조언으로 가장 적절한 것은?

> 〈문제 상황〉
> A는 학교를 마치고 돌아오는 길에 자신이 사는 ○○ 아파트 단지 입구에 걸린 현수막을 보았다. 현수막에는 '혐오 시설 건설 반대'라는 문구가 적혀 있었다. A는 주민들이 그 시설에 반대하는 이유를 부모님께 여쭤어 보았다. 부모님께서는 공익을 위해서는 그 시설을 어딘가에 지어야 하지만, 아파트 주변으로 들어오면 집값이 떨어져서 주민들이 손해를 볼 수 있기 때문이라고 말씀해 주셨다. A는 시민으로서 어떤 결정을 하는 것이 좋은지 고민이 되었다.

① 공동체는 개인에 선행하지 않으며 추구해야 할 목적도 아닙니다.
② 무엇이 공동체에게 좋을지 판단하여 시민적 덕성을 발휘하십시오.
③ 아파트 주변 환경이 개인의 재산권에 미칠 영향을 반드시 생각하십시오.
④ 시민은 개체적 존재로서 능동적이고 자발적으로 공공의 일에 참여해야 합니다.
⑤ 인간은 천부 인권을 부여받은 존재이기 때문에 자신의 이익을 가장 우선시해야 합니다.

602 (하 중 상)

㉠에 들어갈 진술로 가장 적절한 것은?

> 어떤 사람들은 개인의 권리를 존중해야 하지만 공동의 선을 증진할 필요는 없다고 말한다. 자유와 정치 참여는 서로 부수적인 관계에 불과하며 일치할 필요도 없고, 연결되지도 않는다는 것이다. 그러나 나는 그렇게 생각하지 않는다. 국가는 개인의 삶의 문제에 결코 중립적일 수 없다. 자유의 실현은 오직 공동선을 숙고하고, 국가의 공공 생활에 참여하는 역량을 발휘하는 데서만 가능하다. 그러므로 나는 그 어떤 사람들이 하는 주장이 [㉠] 생각한다.

① 개인의 가치관을 존중하는 것이 관용임을 부정한다고
② 개인선 보장이 사회 전체의 선을 증진함을 무시한다고
③ 공동선이 실현됨으로써 개인선도 증진됨을 경시한다고
④ 공적 책무에 적극 참여하는 시민적 덕성을 강조한다고
⑤ 공적인 의무가 개인의 권리보다 우선해야 함을 강조한다고

603 (하 중 상)

㉠에 들어갈 사회사상에서 강조하는 내용으로 옳은 것을 〈보기〉에서 고른 것은?

> • (㉠)에 따르면 개인은 정치 공동체의 일에 참여함으로써 공동선을 증진해야 한다.
> • (㉠)은/는 시민적 자유와 권리는 천부적으로 주어지는 것이 아니라 공동체의 법과 제도적 노력에 의해 실현될 수 있다고 본다.

〈 보기 〉
ㄱ. 개인의 권리는 천부 인권이다.
ㄴ. 자유란 권력자의 자의적 지배가 없는 상태이다.
ㄷ. 소수에 의한 지배는 개인의 자유를 증진시킨다.
ㄹ. 시민적 자유와 권리의 실현을 위해 법치가 필수적이라고 본다.

① ㄱ, ㄴ ② ㄱ, ㄹ ③ ㄴ, ㄷ
④ ㄴ, ㄹ ⑤ ㄷ, ㄹ

604-605 빈출자료˙

다음을 읽고 물음에 답하시오.

> 갑: 진정한 자유는 한 사람이나 여러 사람의 자의에 종속되지 않는 것이다. 자유로운 시민은 오직 법에만 복종하며, 타인에게 예속하여 복종하도록 강제될 수 없다.
> 을: 양심의 자유, 사상과 감정의 자유, 취향과 추구의 자유, 타인에 대해 해를 끼치지 않는 것이라면 어떤 목적을 위해서도 단결할 수 있는 자유 등 이러한 자유들이 절대적이고 무조건 존재하지 않는 곳은 완전히 자유로운 사회가 아니다.

604 (하 중 상)

갑, 을의 입장에 대한 설명으로 옳지 않은 것은?

① 갑은 천부 인권으로서 개인의 자유와 권리를 강조한다.
② 갑은 법치를 통한 개인의 자유와 권리 실현을 강조한다.
③ 을은 개인이 지닌 인격의 자유로운 표현을 중시한다.
④ 을은 개인의 자유를 위협하는 체제와 제도에 반대한다.
⑤ 을은 공동체의 가치보다 개인의 자유와 권리를 중시한다.

605 (하 중 상)

갑의 입장에서 을에게 제기할 수 있는 비판으로 적절한 것만을 〈보기〉에서 있는 대로 고른 것은?

〈 보기 〉
ㄱ. 개인선을 지나치게 강조한다.
ㄴ. 공공선 실현을 위한 개인의 헌신을 지나치게 강조한다.
ㄷ. 자유는 공적인 일에 참여함으로써 실현될 수 있음을 모르고 있다.
ㄹ. 타인의 자유와 권리를 부당하게 침해해서는 안 됨을 모르고 있다.

① ㄱ, ㄷ ② ㄱ, ㄹ ③ ㄴ, ㄷ
④ ㄱ, ㄴ, ㄹ ⑤ ㄴ, ㄷ, ㄹ

606 하 중 상

(가) 사상의 관점에서 (나) 사상에 제기할 수 있는 반론으로 가장 적절한 것은?

> (가) 자유는 가치를 스스로 선택하는 능력에 달려 있다. 개인은 불가침적인 권리를 지니므로 공동선을 위한다는 명목으로 누구도 타인을 강제할 수 없다. 도덕과 정치를 결합하려는 시도는 강제되지 않을 개인의 권리를 침해하므로 부당하다.
>
> (나) 우리는 우리 자신을 공동체와 무관한 존재로 볼 수 없다. 우리는 상호 간에 빚을 졌으며 도덕적으로 연관된 존재이다. 즉 우리는 가족, 사회, 국가, 그리고 민족의 구성원이자 그 공동의 기억을 떠안은 사람이다.

① 국가는 가치의 다양성보다 통일성을 보장해야 한다.
② 개인보다 공동체를 좋은 삶의 원천으로 보아야 한다.
③ 국가는 다수의 이익을 위해 개인의 자유를 규제해야 한다.
④ 국가는 개인이 전통적 가치를 내면화하도록 지도해야 한다.
⑤ 국가는 개인의 권리를 보장하는 수단적 공동체의 역할을 넘어서면 안 된다.

607 하 중 상

사회사상 (가), (나)의 입장에 대한 설명으로 옳은 것만을 〈보기〉에서 있는 대로 고른 것은?

> (가) 개인은 자신의 삶의 방식을 스스로 선택해야 한다. 선택 과정에서 국가가 특정한 가치나 덕목을 강요하며 개입해서는 안 된다. 개인의 자유가 중요하며, 타인에게 피해를 주지 않는 한 개인의 자유는 최대한 보장되어야 한다.
>
> (나) 개인은 자신의 삶의 방식을 공동체의 가치나 전통을 바탕으로 선택해야 한다. 선택 과정에서 국가는 특정한 가치나 덕목을 적극 권장할 수 있다. 공동체적 가치와 연대성이 중요하며, 개인은 사회적·역사적 책무를 떠맡아야 한다.

〈 보기 〉
ㄱ. (가)는 공동선을 개개인의 선을 합한 것으로 파악한다.
ㄴ. (가)는 개인을 독립적 존재가 아니라 연고적 존재로 본다.
ㄷ. (나)는 공동체적 유대를 개인의 행복을 바탕으로 파악한다.
ㄹ. (나)는 (가)와 달리 도덕이 공동체의 전통에 근거한다고 본다.

① ㄱ, ㄷ 　② ㄱ, ㄹ 　③ ㄴ, ㄷ
④ ㄱ, ㄴ, ㄹ 　⑤ ㄴ, ㄷ, ㄹ

608 하 중 상

갑, 을의 입장에 대한 설명으로 옳은 것은?

> 갑: 관용이란 서로의 차이를 단순히 허용하는 것을 넘어 비지배의 조건을 보장하기 위해 타인의 자율성 및 구성원 간의 평등을 존중하는 보다 적극적인 시민 의식이다.
>
> 을: 관용이란 자신과 다른 견해나 행동을 승인하며, 자신의 견해나 행동을 다른 사람에게 강요하지 않는 태도를 의미한다.

① 갑은 법의 간섭이 최소한으로 이루어져야 한다고 본다.
② 갑은 시민의 권리를 천부 인권이 아니라 정치적·사회적 권리로 인식한다.
③ 을은 비지배적 자유의 상태를 지향한다.
④ 을은 정치 참여가 개인의 자유와 권리를 증진한다고 본다.
⑤ 갑, 을은 국가가 중립을 지키며 개인의 사생활에 간섭하지 말아야 한다고 본다.

609 하 중 상

갑, 을의 입장에 대한 설명으로 옳은 것을 〈보기〉에서 고른 것은?

나는 애국심이 헌법의 기본 이념에 대한 국민적인 동의라고 생각해.

나는 애국심이 시민의 자유를 지켜 주는 정치 공동체와 동료 시민에 대한 자발적인 사랑이라고 생각해.

갑　　　　　을

〈 보기 〉
ㄱ. 갑은 자유주의 관점에서 애국심에 관해 설명하고 있다.
ㄴ. 갑은 자신이 태어난 나라와 소속된 민족에 대한 무조건적 사랑을 애국심이라고 주장하고 있다.
ㄷ. 을은 애국심을 시민 사이의 유대감을 바탕으로 하는 대승적인 사랑으로 설명하고 있다.
ㄹ. 갑, 을 모두 혈연, 지연, 전통에 기초한 선천적 애착으로부터 애국심을 도출하고 있다.

① ㄱ, ㄴ 　② ㄱ, ㄷ 　③ ㄴ, ㄷ
④ ㄴ, ㄹ 　⑤ ㄷ, ㄹ

610 하 중 상

다음 글에서 취하는 애국심에 대한 입장으로 적절한 것만을 〈보기〉에서 있는 대로 고른 것은?

> 조국은 땅이 아니다. 땅은 그 토대에 불과하다. 조국은 이 토대 위에 건립된 이념이다. 그것은 사랑에 관한 사상이며, 이 땅의 자식들을 하나로 엮어 내는 공동체 의식이다. 당신의 형제 중 어느 한 사람이라도 교육받은 자들 사이에서 교육받지 못한 채 고통당하는 한, 어느 한 사람이라도 일할 수 있거나 일하고자 함에도 일자리가 없어 가난하게 지내는 한 당신에게 당신이 가져야만 하는 그러한 조국은 없다.

〈 보기 〉

ㄱ. 혈연, 지연, 전통에 기초한 선천적 애착을 의미한다.
ㄴ. 시민의 덕성이자 기본적 책무로서 대승적 사랑을 의미한다.
ㄷ. 자유와 정의가 확립된 조국을 대하는 인위적 열정을 의미한다.
ㄹ. 애국은 개인의 양심 문제로써 헌법을 존중하는 태도를 의미한다.

① ㄱ, ㄴ ② ㄴ, ㄷ ③ ㄷ, ㄹ
④ ㄱ, ㄷ, ㄹ ⑤ ㄴ, ㄷ, ㄹ

B 민주주의

611 하 중 상

민주주의에 대한 설명으로 옳지 <u>않은</u> 것은?

① 민주주의의 기원은 고대 그리스 아테네에서 찾을 수 있다.
② 민주주의 체제하에서 한번 형성된 정치권력은 국민이 통제하거나 바로잡을 수 없다.
③ 민주주의는 그리스어로 '인민'을 뜻하는 'demos'와 '지배'를 뜻하는 'kratos'가 합쳐진 용어이다.
④ 민주주의는 인민의, 인민에 의한, 인민을 위한 정치를 행하는 제도 또는 그러한 정치를 지향하는 사상이다.
⑤ 국민 주권의 원리를 바탕으로 하는 민주주의를 실현하려면 모든 시민이 정치에 참여할 권한과 기회를 동등하게 가져야 한다.

612 하 중 상

다음 사회사상에 대한 설명으로 옳은 것은?

> '민중(demos)'과 '지배(kratos)'의 합성어로, 민중이 권력을 가지고 정치적 결정에 직접 권한을 행사하는 정치를 가리킨다. 고대 그리스의 아테네에서 기원을 찾아볼 수 있다.

① 사회적 삶의 기본 단위로서 민족을 으뜸으로 생각한다.
② 자유와 평등의 가치를 통해 인간의 존엄성을 추구한다.
③ 사유 재산제, 자유 계약 및 자유 시장 경제를 근간으로 한다.
④ 경제적 불평등의 해소를 위하여 생산 수단의 공유를 추구한다.
⑤ 소수의 의견이 무시되더라도 다수의 사람이 지지하는 견해를 진리로 여긴다.

613 하 중 상

민주주의에 대한 설명으로 옳은 것만을 〈보기〉에서 있는 대로 고른 것은?

〈 보기 〉

ㄱ. 민중(demos)에 의한 지배(kratos)를 어원으로 한다.
ㄴ. 근대 민주주의는 사회 계약론의 영향을 받아 발전하였다.
ㄷ. 심의 민주주의란 민주적 절차를 준수하면 민주주의가 실현되었다고 보는 관점이다.
ㄹ. 아테네의 민주주의는 직접 민주주의였고, 성인 남녀로 구성된 민회가 중요 사항을 결정하였다.

① ㄱ, ㄴ ② ㄴ, ㄷ ③ ㄷ, ㄹ
④ ㄱ, ㄴ, ㄷ ⑤ ㄴ, ㄷ, ㄹ

614 하 중 상

(가), (나)는 현대 민주주의에 대한 설명이다. (가), (나)에 해당하는 민주주의의 유형을 옳게 짝지은 것은?

> (가) 시민들이 자문 위원회나 공청회, 청문회 참여, 시민 단체 활동이나 국민 감사 청구 등을 통해 정부의 정책 결정과 집행 과정에 영향력을 행사할 수 있다.
> (나) 사회적 쟁점에 대하여 다양한 견해를 지닌 시민들과 공직자들, 전문가들이 함께 모여 토론을 함으로써 보다 나은 정책을 만들어 낼 수 있다.

	(가)	(나)
①	대의 민주주의	심의 민주주의
②	대의 민주주의	참여 민주주의
③	심의 민주주의	대의 민주주의
④	참여 민주주의	대의 민주주의
⑤	참여 민주주의	심의 민주주의

615 하중상

다음 민주주의 유형에 대한 비판으로 적절하지 <u>않은</u> 것은?

> 국민이 주권을 직접 행사하는 것이 궁극적으로 바람직하다. 그러나 이는 작은 공동체에서나 가능하며, 현실적으로는 선출된 대표를 통해 통치 권력을 행사하는 대의제가 완전한 정부 형태이다.

① 대표의 실패라는 문제가 나타날 수 있다.
② 시민들의 정치적 소외감이 심화될 수 있다.
③ 시민 참여의 영역을 사회 전반으로 확대할 수 있다.
④ 소수의 의견을 배제하고 사회 통합을 저해할 수 있다.
⑤ 시민들의 정치에 대한 냉소주의를 조장할 우려가 있다.

616 하중상

•서술형

㉠에 들어갈 민주주의의 형태를 쓰고, 그 장단점을 각각 한 가지씩 서술하시오.

> 엘리트 민주주의의 한계를 보완하기 위하여 다양한 형태의 민주주의가 등장하였다. 그중 대표적인 것이 (㉠)이다. 이것은 다수의 시민이 의사 결정 과정에 자발적으로 참여하는 형태의 민주주의를 뜻한다. 예를 들어, 시민들은 자문 위원회나 공청회, 시민 단체 활동 등을 통해 정부의 정책 결정과 집행 과정에 직접적인 영향력을 행사할 수 있다.

617 하중상

다음에서 설명하는 현대 민주주의 유형의 입장으로 적절하지 <u>않은</u> 것은?

> 민주적 의사 결정에서는 경쟁적 이해관계의 타협이나 거래가 아니라 다양하고 풍부한 토의 과정을 통해 시민의 동의를 얻을 수 있는 합의가 중요하다. 선거로 선출된 사람들에게만 정책에 대한 심의와 결정을 전적으로 맡겨서는 안 된다. 의사 결정 자체보다는 집단적 의사 결정 과정의 질(質)을 높이는 것이 더 중요하기 때문이다.

① 개인적 관점의 한계를 넘어 의사 결정의 질을 높여야 한다.
② 관련된 정보의 공유로 시민들의 이해력을 증진시켜야 한다.
③ 심의 주체들은 서로 평등한 관계에서 의견을 개진해야 한다.
④ 상호 이해와 소통을 도모하는 공론의 장(場)을 마련해야 한다.
⑤ 개인의 고정된 선호가 변화하지 않도록 심의를 진행해야 한다.

618 하중상

밑줄 친 '이것'의 내용으로 옳은 것만을 〈보기〉에서 있는 대로 고른 것은?

> <u>이것</u>을 규정하는 것은 심의 개념 자체이다. 시민이 정치적 문제들을 심의할 때, 그들은 의견을 교환하고 자신들이 지지하는 근거들을 토론한다. 이들은 자신들의 정치적 의견이 다른 시민들과 토론하면서 수정될 수 있음을 가정한다.

〈 보기 〉
ㄱ. 심의 참가자는 동등한 지위를 보장받아야 한다.
ㄴ. 공적 이성은 심의 과정에서 결정적인 역할을 한다.
ㄷ. 종교적 관점을 지닌 사람은 심의 과정에서 제한을 받을 수 있다.
ㄹ. 서로 소통하면서 집단의 의사를 형성해 가는 민주적 과정이 필요하다.

① ㄱ, ㄴ ② ㄴ, ㄷ ③ ㄷ, ㄹ
④ ㄱ, ㄴ, ㄹ ⑤ ㄴ, ㄷ, ㄹ

619 하중상

(가), (나)는 현대 민주주의의 유형들이다. (가), (나)에 대한 설명으로 옳은 것은?

> (가) 근대 이후 민주주의의 기본적 형태로서, 선거로 선출된 대표자가 시민의 의사를 반영하며 정치 활동을 하는 민주주의이다. 이 체제에서는 인민의 지배가 대표를 통해 간접적으로 이루어진다.
> (나) 시민이 직접 공적 심의 과정을 통해 정책을 결정하는 형태의 민주주의이다. 다양한 이해관계와 정치적 견해를 지닌 시민, 대표자, 전문가 등이 모여 민주적인 심의를 진행한다.

① (가)는 (나)의 문제점을 보완하는 방책으로 등장하였다.
② (가)는 대표자가 다수의 의사를 온전히 대표한다는 장점이 있다.
③ (나)는 엘리트 민주주의의 성격을 띤다.
④ (나)는 합리적 의사소통을 통해 민주주의 이상을 실현하고자 한다.
⑤ (나)는 (가)와 달리 시민들의 정치적 무관심과 낮은 정치 참여가 문제점으로 지적된다.

620 하중상

(가)~(다)에 대한 설명으로 옳지 <u>않은</u> 것은?

> (가) 다수의 시민이 의사 결정 과정에 자발적으로 참여하는 형태의 민주주의
> (나) 시민이 직접 공적 심의 과정에 참여해 정책을 결정하는 형태의 민주주의
> (다) 선거로 선출된 대표자가 시민의 의사를 반영하며 정치 활동을 하는 민주주의

① (가)는 공청회 등을 통해 정부의 정책 결정과 집행 과정에 직접적인 영향력을 행사한다.
② (나)는 심의 과정에서 모든 시민이 동등한 기회를 받지 못할 수 있다는 한계가 있다.
③ (다)는 직접 민주주의의 이상을 간접적인 방법으로 실현하는 것이다.
④ (가)~(다)는 본질적으로 다른 정치 체제에서 나타난다.
⑤ (가)~(다)는 국민의 의견을 수렴하기 위한 여러 방안들이다.

621 하중상

(가), (나)는 현대 민주주의의 유형들이다. (가), (나)에 대한 설명으로 옳은 것은?

> (가) 현대 사회는 인구가 너무 많을 뿐만 아니라 시민의 전문성 부족으로 인해 시민 모두가 정책 과정에 직접 참여하는 것이 어렵다. 따라서 시민들은 자격 있는 대표를 뽑아 정책 결정을 일임해야 한다.
> (나) 시민들의 선호는 변하기 때문에 토론을 통한 집단적 의사 형성이 중요하다. 민주적 정책 결정의 정당성은 시민의 참여로 이루어지는 심의를 통한 집단적 의사 형성에 기반을 두어야 한다.

① (가)는 선출된 대표를 견제하기 위해 시민의 심의를 강화해야 한다고 본다.
② (가)는 국민을 통치의 주체로, (나)는 엘리트 전문가를 통치의 주체로 여긴다.
③ (가)는 (나)보다 정책 결정에 있어서 시민의 참여가 확대되어야 한다고 본다.
④ (나)는 (가)보다 정책 결정의 신속성을 강조한다.
⑤ (나)는 (가)보다 사회적 쟁점에 대하여 열린 토론과 시민들 간의 소통이 중요하다고 본다.

622 하중상

다음을 주장한 사상가의 입장으로 적절한 것만을 〈보기〉에서 있는 대로 고른 것은?

> 거의 정의롭지만 정의에 대한 심각한 위반이 발생하기도 하는 사회에서 시민 불복종이 성립된다. 시민 불복종은 신중하고 양심적인 정치적 신념의 표현인 청원의 한 형태이다. 이는 공유된 정의관에 의거해야 하며, 정당한 시민 불복종이 시민 화합을 해치는 것으로 보이면, 그 책임은 권위와 권력을 남용한 자들에게 있는 것이다.

〈 보기 〉

ㄱ. 모든 법이 시민 불복종의 대상은 아니다.
ㄴ. 시민 불복종의 주체는 체제의 합법성을 인정하는 시민이다.
ㄷ. 시민 불복종의 목적에서 정부 정책의 개혁은 제외되어야 한다.
ㄹ. 기회균등의 원칙, 차등의 원칙을 현저하게 위반한 법에 대한 불복종은 정당화될 수 있다.

① ㄱ, ㄴ   ② ㄱ, ㄹ   ③ ㄴ, ㄷ
④ ㄱ, ㄴ, ㄷ   ⑤ ㄴ, ㄷ, ㄹ

623 하중상

서양 사상가 갑, 을의 입장으로 적절한 것만을 〈보기〉에서 있는 대로 고른 것은?

> 갑: 우리가 지향해야 할 사회는 질서 정연한 사회이다. 모두가 동일한 정의의 원칙을 받아들이고, 사회의 기본 제도가 일반적으로 이러한 원칙을 충족하고 있으며, 그 사실이 널리 알려져 있어야 한다.
> 을: 올바른 대화의 기준은 다음과 같다. 서로 무슨 뜻인지 이해할 수 있고, 그 내용이 참이어야 하며, 상대방이 성실히 지킬 것을 믿을 수 있고, 말하는 사람들의 관계가 평등하고 수평적이어야 한다.

〈 보기 〉

ㄱ. 갑: 질서 정연한 사회에서 중요한 역할을 하는 것은 개인적 정의관이다.
ㄴ. 갑: 정의의 제2원칙으로 평등한 기본적 자유의 원칙과 차등의 원칙을 제시한다.
ㄷ. 을: 의사소통 과정에서 오류의 소지가 있는 법이나 정책은 교정될 수 있다.
ㄹ. 을: 의사소통적 합리성을 바탕으로 한 시민 불복종은 민주주의 국가의 핵심 요소이다.

① ㄱ, ㄴ   ② ㄱ, ㄷ   ③ ㄷ, ㄹ
④ ㄱ, ㄴ, ㄹ   ⑤ ㄴ, ㄷ, ㄹ

자본주의

Ⓐ 자본주의

1 자본주의의 의미와 규범적 특징 → 토지, 천연자원, 공장 등의 모든 생산 수단을 개인이 소유할 수 있고, 자유롭게 처분할 수 있도록 법으로 보장하는 제도

① 의미: 사유 재산 제도를 바탕으로 합리적으로 이윤을 추구할 수 있도록 자유로운 경제 활동을 보장하는 자유 시장 질서 중심의 경제 체제

② 규범적 특징
- 이윤 추구를 위한 시장에서의 자유 경쟁을 허용함
- 개인의 경제적 자율성, 사적 소유권, 거래와 계약의 자유를 보장함

기출 Tip Ⓐ-1

자본주의의 윤리적 기여

- 물질적 풍요: 경제적 효율성을 증진하여 물질적 풍요를 가져옴
- 개인의 자유와 권리 신장: 개인의 자유로운 경제 활동과 사적 소유권을 보호·증진하여 개인의 자유와 권리 신장에 기여함
- 개인의 자율성과 창의성 증대: 타인과 경쟁하는 과정에서 기존의 틀을 벗어나 끊임없는 변화를 시도하여 개인의 자율성과 창의성이 증대됨

2 자본주의 발전의 배경

① 근대 초기 지리상의 발견과 국가 간 교역의 확대로 상업이 발달함

② 자유주의 사상의 영향으로 사유 재산과 경제적 자유를 보장하는 토대 마련

③ 부르주아들이 상공업에 종사하면서 자신들의 이익과 권리를 자유롭게 추구함

④ 종교 개혁과 프로테스탄티즘의 등장으로 근면, 검소, 성실을 강조하며 합리적인 이윤 추구를 긍정하는 계기가 마련됨 → 재산을 축적해 도시에 모인 상공업 종사자, 즉 신흥 시민 계급을 가리킨다.

3 자본주의의 전개 과정

기출 Tip Ⓐ-3

보이지 않는 손

애덤 스미스가 주장한 것으로, 개인이 자신의 이익에 따르면 시장의 질서가 자연적으로 조화를 이루어 사회 구성원 모두에게 유익한 결과가 발생하게 됨을 비유한 말

전통 경제	• 경제 활동이 국가의 통제 아래에서 이루어짐 • 주로 농업 위주의 자급자족 생활 → 시장에서의 자유 교환은 보조적 역할만 함
고전적 자본주의	• 대표 사상가: 애덤 스미스 • 입장: 개인의 경제적 자율성을 최대한 보장하고 국가의 간섭을 배제해야 한다는 자유방임주의를 주장함 → 국가의 역할은 국방, 치안, 공공사업 등 최소한의 영역에 국한되어야 한다고 봄 • '보이지 않는 손'을 강조하며 개개인의 이윤 추구가 사회 전체의 부로 이어진다고 봄 • 문제점: 시장 실패의 가능성이 있음
수정 자본주의	• 대표 사상가: 케인스 • 등장 배경: 자유방임적 시장 실패로 인한 빈부 격차 심화, 빈곤과 실업의 대량 발생 • 입장: 정부의 적극적인 시장 개입을 통해 불황과 실업을 극복하고 복지를 확대해야 한다고 주장함 • 문제점: 정부 실패의 가능성이 있음
신자유주의	• 대표 사상가: 하이에크 • 등장 배경: 1970년대 이후 세계적인 불황 발생 • 입장: 정부 기능을 축소하고 자유 시장 경쟁을 최대한 보장해야 한다고 봄 → 공기업의 민영화, 복지 정책의 감축, 노동 시장의 유연화 등의 정책 추구 → 1970년대 이후 발생한 세계적인 불황이 정부 실패로 인한 것이라고 보았기 때문이다. • 문제점: 시장 실패의 반복 가능성이 있음

4 자본주의의 전개 과정 빈출자료 Link • 634-635, 644-645번 문제

┌─(고전적 자본주의와 수정 자본주의)─────

- 우리가 저녁 식사를 기대할 수 있는 것은 푸줏간, 양조장, 빵집 주인의 자비심이 아니라 돈벌이 또는 자기 이득에 대한 그들의 관심 덕분이다. …… 대개 푸줏간 주인은 공공의 이익을 증진할 의도가 없으며, 자신의 안전을 위해 외국 산업보다 국내 산업에 대한 지원을 선호한다. …… 이 경우, 다른 많은 경우에서처럼 각자가 보이지 않는 손에 이끌려 전혀 의도하지 않았던 목적을 달성하게 된다. → 애덤 스미스는 국부의 원천이 외국과의 무역보다 노동을 통한 재화의 생산에 있다고 보았다.

  — 애덤 스미스, 「국부론」

- 정부가 몇 개의 낡은 병에 지폐를 채워 폐광에 적당한 깊이로 묻고 탄갱을 지면까지 쓰레기로 채운 후, 개인 기업으로 하여금 그 지폐를 다시 파내게 한다면, 실업은 사라질 것이다. 또한, 그 파급 효과로 한 사회의 실질 소득과 그 자본의 부도 크게 늘어날 것이다.

  — 케인스, 「일반 이론」

B 자본주의에 대한 대안적 시도들

1 마르크스 사회주의 → 공산주의 사회가 도래하기 이전의 과도기적 단계에서는 프롤레타리아 독재가 실시된다고 보았다.
① 자본주의의 근본적인 문제점이 생산 수단의 사적인 소유와 자유 시장 경제에 있다고 봄
② 프롤레타리아 혁명을 통해 프롤레타리아에 의한 생산 수단의 공유와 계획 경제를 주장함
③ 궁극적으로 사유 재산, 계급, 국가가 소멸하고 모두가 평등하게 살아가는 공산주의 사회를 지향함

2 마르크스 사회주의 빈출자료 Link • 644~645번 문제

┌─ (마르크스의 자본주의 비판) ─
자본주의 사회에서 노동자 계급은 일거리가 있을 때만 생존할 수 있으며, 그들의 노동이 자본을 증식하는 한에서만 일거리를 얻을 수 있다. 자신의 노동력을 팔지 않으면 안 되는 이 노동자들은 다른 온갖 상품과 마찬가지로 하나의 상품이며, 따라서 다른 상품과 마찬가지로 경쟁의 모든 성패와 시장의 모든 변동에 내맡겨져 있다.
– 마르크스·엥겔스, 「공산당 선언」

3 민주 사회주의 마르크스의 프롤레타리아 혁명과 같은 폭력 혁명을 비판하였다.
① 의회를 통한 점진적 개혁 등의 민주적인 방식으로 사회주의의 이상을 실현하고자 함
② 사회 보장 제도의 확대를 주장함 → 서구의 복지 자본주의 발전에 기여함
③ 공유제를 바탕으로 하되, 농업, 수공업, 소매업, 중소 공업 등 주요한 부분의 사적 소유를 인정함

4 민주 사회주의 빈출자료 Link • 644~645번 문제
민주 사회주의는 마르크스의 사회주의와 다르게 사적 소유의 일부를 긍정하였다.

┌─ (프랑크푸르트 선언) ─
사회주의적 계획화는 전 생산 수단의 공유화를 예상하지 않는다. 그것은 중요한 부문 예컨대 농업, 수공업, 소매업, 중소 공업 등 사적 소유와 양립한다. 국가는 사적 소유자가 권력을 남용하는 것을 방지하고, 계획 경제의 틀 속에서 생산과 복지의 증진에 공헌할 수 있도록 해야 한다.

기출 Tip B
자본주의에 대한 비판들
• 사회 양극화: 경쟁에 참여하는 개인들의 선천적 능력, 물려받은 재산, 교육 정도 등의 차이로 노동의 기회나 소득의 격차 발생 → 빈부 격차 심화
• 물질 만능주의: 물질적 가치가 절대적인 기준이자 만능의 도구라는 인식 확산 → 천민자본주의적 풍조 만연
• 인간 소외 현상: 인간이 만들어 낸 물질에 의해 인간이 지배당하거나 물질적 가치만을 좇으면서 인간성을 상실하는 가치 전도 현상 발생

IV

개념 확인 문제

정답과 해설 58쪽

624 다음 빈칸에 들어갈 내용을 쓰시오.

(1) 자본주의는 개인의 경제적 자율성, (　　　　), 거래와 계약을 자유를 보장한다.

(2) 자본주의는 생산 수단을 개인이 소유하고 처분할 수 있도록 법으로 보장하는 (　　　　)를 바탕으로 한다.

625 다음 설명이 맞으면 ○표, 틀리면 ×표를 하시오.

(1) 전통 경제 체제에서는 경제 활동이 국가의 통제 아래에서 이루어졌다. (　　)

(2) 종교 개혁과 프로테스탄티즘의 등장은 자본주의의 발전을 크게 방해하였다. (　　)

(3) 자유주의 사상은 사유 재산과 경제적 자유를 보장하는 토대를 마련하는 데 영향을 미쳤다. (　　)

626 자본주의의 유형과 그 내용을 옳게 연결하시오.

(1) 신자유주의 •
　　　　　　　　• ㉠ 대표 사상가로는 애덤 스미스가 있으며, 자유방임주의를 강조함

(2) 수정 자본주의 •
　　　　　　　　• ㉡ 대표 사상가로는 케인스가 있으며, 정부의 적극적인 시장 개입을 주장함

(3) 고전적 자본주의 •
　　　　　　　　• ㉢ 대표 사상가로는 하이에크가 있으며, 정부의 기능 축소 및 자유 시장 경쟁의 보장을 강조함

627 ㉠, ㉡에 들어갈 사회사상을 쓰시오.

(㉠ 　　)	프롤레타리아 혁명을 통한 생산 수단의 공유와 계획 경제를 주장함
(㉡ 　　)	의회를 통한 점진적 개혁 등의 민주적인 방식으로 사회주의의 이상을 실현하고자 함

A 자본주의

빈출
628 하 중 상

㉠에 대한 설명으로 옳은 것을 〈보기〉에서 고른 것은?

16세기 무렵 유럽 사회는 신대륙의 발견과 새로운 항로의 개척을 계기로 상업이 발달하기 시작했으며 국가 간의 교역이 활발해졌다. 이때 사유 재산 제도를 바탕으로 시장에서의 자유 교환을 중심으로 하는 새로운 경제 체제인 (㉠)이/가 등장하였다.

〈 보기 〉
ㄱ. 사적 소유의 철폐를 강조하였다.
ㄴ. 물질적 평등을 실현하고자 하였다.
ㄷ. 개인의 자유와 권리 신장에 기여하였다.
ㄹ. 경제적 효율성을 증진하여 물질적 풍요를 가져왔다.

① ㄱ, ㄴ   ② ㄱ, ㄹ   ③ ㄴ, ㄷ   ④ ㄴ, ㄹ   ⑤ ㄷ, ㄹ

629 하 중 상

자본주의의 등장 배경으로 적절하지 않은 것은?

① 근대 유럽에서 토지와 노동이 상품화되면서 형성되었다.
② 칼뱅의 직업 소명설과 같은 프로테스탄티즘의 영향을 받았다.
③ 상공업에 종사하는 부르주아들이 자신의 이익과 권리를 제한받았다.
④ 봉건제를 거부하고 개인의 자유를 보장하는 자유주의 사상이 능성하였다.
⑤ 경제 활동의 보조 역할을 수행했던 시장이 경제 활동의 중심지로 자리매김하였다.

630 하 중 상

㉠에 들어갈 사회사상으로 옳은 것은?

1970년대 이후 다시 한 번 세계적인 불황이 들이닥쳤다. 그 원인으로 정부의 개입에 따른 경제 정책의 실패를 지적하는 이론이 등장했는데, 이를 (㉠)(이)라고 한다. (㉠)은/는 정부 개입보다는 자연적 시장 질서를, 의도적 개선보다는 자생적인 진화를, 집단적 정의보다는 개인의 소극적 자유를 중시하였다.

① 신자유주의   ② 산업 자본주의
③ 상업 자본주의   ④ 수정 자본주의
⑤ 고전적 자본주의

631 하 중 상

다음을 주장한 사상가에 대한 설명으로 옳은 것은?

토지의 생산물은 어느 시대나 그것이 먹여 살릴 수 있는 만큼의 주민들을 유지할 뿐이다. 부자들은 자연적인 이기심과 탐욕에도 불구하고 자신들이 생산한 것을 가난한 사람들과 나누어 가지게 된다. 보이지 않는 손에 인도되어 의도하지 않았고 알지 못하면서도 사회의 이익을 증진시키고 종족 증식의 수단을 제공하게 되는 것이다.

① 자유방임주의적 체제를 최선의 경제 체제로 여겼다.
② 경제 성장 정책들을 국가가 주도할 것을 강조하였다.
③ 국민의 인간다운 삶을 위한 복지 제도를 강조하였다.
④ 재화의 생산보다 외국과의 무역을 국부의 원천으로 여겼다.
⑤ 자신보다 타인의 이익을 먼저 고려하는 경제적 선택을 할 것을 강조하였다.

빈출
632 하 중 상

다음을 주장한 사상가가 긍정의 대답을 할 질문으로 적절한 것을 〈보기〉에서 고른 것은?

우리가 저녁 식사를 기대할 수 있는 건 푸줏간 주인, 양조장 주인, 빵집 주인의 자비심 덕분이 아니라, 그들이 자기 이익을 챙기려는 생각 덕분이다. …… 각 개인은 보이지 않는 손에 의하여 인도되어 자기가 전혀 의도하지 않았던 목적을 촉진하게 된다.

〈 보기 〉
ㄱ. 국가는 국민의 복지를 보장해야 하는가?
ㄴ. 정부는 적극적으로 시장에 개입해야 하는가?
ㄷ. 경제 활동에 대한 국가의 간섭은 최대한 배제되어야 하는가?
ㄹ. 사적 소유권과 시장에서의 자유로운 경쟁을 보장해야 하는가?

① ㄱ, ㄴ   ② ㄱ, ㄷ   ③ ㄴ, ㄷ
④ ㄴ, ㄹ   ⑤ ㄷ, ㄹ

633 (하 중 상)

밑줄 친 '갑'이 긍정의 대답을 할 질문으로 가장 적절한 것은?

> 자유방임주의 경제 체제는 공황, 실업, 빈부 격차와 같은 문제점의 등장으로 여러 번의 위기를 맞이하였다. 대표적인 사례로 1929년 경제 대공황을 들 수 있다. 1933년 당시 미국에서는 경기 침체 여파로 전체 근로자의 약 30%에 해당하는 1,500만 명이 실업자로 전락하였다. 자본주의 사상가 갑은 이러한 실패를 교정하고자 하였다.

① 개인의 자유로운 이익 추구를 금지해야 하는가?
② 공공 지출을 줄여 작은 정부로 복귀해야 하는가?
③ 민간 부문에서 사유 재산 제도를 폐지해야 하는가?
④ 국가는 완전한 고용 달성을 위해 노력해야 하는가?
⑤ 민간 부문의 효율성을 높이기 위해 복지 정책을 줄여야 하는가?

634-635 빈출자료

다음을 읽고 물음에 답하시오.

> 정부가 몇 개의 낡은 병에 지폐를 채워 폐광에 적당한 깊이로 묻고 탄갱을 지면까지 쓰레기로 채운 후, 개인 기업으로 하여금 그 지폐를 다시 파내게 한다면, 실업은 사라질 것이다. 또한, 그 파급 효과로 한 사회의 실질 소득과 그 자본의 부도 크게 늘어날 것이다.

634 (하 중 상)

위의 주장을 한 사회사상가의 입장으로 가장 적절한 것은?

① 사회주의 계획 경제로 완전 고용을 실현해야 한다.
② 공공의 이익 증진이 사적인 이윤 추구보다 중요하다.
③ 자연적 조화 기능으로만 대량 실업을 해소해야 한다.
④ 시장의 효율 증진을 위해 국가 기능을 축소해야 한다.
⑤ 정부가 나서서 민간 부문의 유효 수요를 확대해야 한다.

635 (하 중 상)

위의 주장을 한 사회사상가의 입장으로 적절한 것만을 〈보기〉에서 있는 대로 고른 것은?

〈 보기 〉
ㄱ. 정부의 공공 지출이 빈부 격차를 완화할 수 있다.
ㄴ. 정부가 제3의 경제 주체로서의 역할을 다해야 한다.
ㄷ. 정부는 경제 계획을 통해 공황과 같은 경제 문제를 해결하려고 노력해야 한다.
ㄹ. 정부의 경제 계획은 경제를 활성화하는 것이 아니라 자유 시장 경제를 억압한다.

① ㄱ, ㄹ　　② ㄴ, ㄷ　　③ ㄷ, ㄹ
④ ㄱ, ㄴ, ㄷ　　⑤ ㄱ, ㄴ, ㄹ

636 (하 중 상)

다음에서 설명하는 자본주의의 관점에서 지지할 내용으로 가장 적절한 것은?

> 1970년대 석유 파동으로 인해 경기 불황과 물가 상승이 동시에 나타나게 되면서 등장한 자본주의의 형태이다. 정부의 거대화로 인한 비효율성과 정부 관료의 부정부패 등의 정부 실패의 문제를 해결하기 위한 대안으로 등장하였다.

① 세금 확대를 통한 소득 재분배 정책을 실시해야 한다.
② 노동 시장의 유연화 등을 통해 시장 경제의 효율성을 강화해야 한다.
③ 사회 구성원 모두가 안전한 삶을 살 수 있도록 복지 정책을 강화해야 한다.
④ 정부는 생산과 소득 분배의 방향을 제시하고 이를 달성하도록 유도해야 한다.
⑤ 자본주의적 생산 양식과 사회주의적 생산 양식이 혼합된 체제를 추구해야 한다.

637 (하 중 상)

다음은 자본주의의 전개 과정이다. ㉠, ㉡에 대한 설명으로 옳은 것은?

① ㉠: 신분에 따라 경제 활동이 제한되었다.
② ㉠: 정부가 경제 활동에 적극적으로 개입하였다.
③ ㉡: 국가의 역할이 최소한의 영역으로 국한되었다.
④ ㉡: 정부의 거대화, 무능과 부패와 같은 문제가 생겨났다.
⑤ ㉠, ㉡: 사적 소유권과 경제적 자율성을 부정하였다.

638 (하중상)

(가) 사상에 비해 (나) 사상이 갖는 상대적 특징을 그림의 ㉠~㉢ 중에서 고른 것은?

> (가) 국가의 개입으로부터 시장의 자유가 보호되어야 하고 시장의 문제들이 '보이지 않는 손'의 자연적인 움직임에 따라 조절 및 해결되어야 한다.
>
> (나) 실업, 불황, 공황 등의 문제들은 시장의 결함에서 파생된다. 유효 수요 창출을 위한 국가의 개입을 통해 시장의 실패를 교정해야 한다.

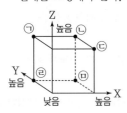

X: 경기 회복을 위한 국가의 시장 개입을 지지하는 정도
Y: 소득 분배의 형평성 제고를 위한 재분배 정책을 지지하는 정도
Z: 개인의 자유 실현을 위한 시장의 자율성을 지지하는 정도

① ㉠　　② ㉡　　③ ㉢　　④ ㉣　　⑤ ㉤

639 (하중상) 빈출

㉠에 들어갈 진술로 가장 적절한 것은?

> 나는 국가가 시장의 자생적 질서를 계획이나 정책이라는 수단을 통해 인위적 질서로 바꾸려 들면 애초의 선한 의도에도 불구하고 사태를 악화시킬 뿐이라고 생각한다. 시장에 대한 국가의 계획은 비효율적이며 개인의 자유를 파괴할 것이다. 그런데 어떤 사상가는 "국가는 시민이 기본적인 구매력을 잃지 않도록 기본적인 복지를 책임져야 한다. 국민 소비가 불충분하면 상품이 팔리지 않고, 기업은 직원을 줄여 실업이 늘고 국민 소득이 하락하기 때문이다."라고 주장한다. 나는 이러한 주장이 [㉠]고 생각한다.

① 복지 정책이 시장의 자율성을 침해함을 간과한다
② 시장에 대한 국가의 적극적 개입이 필요함을 간과한다
③ 생산의 효율성보다 분배의 형평성이 중요함을 간과한다
④ 국가가 공공선을 위해 시장 규제를 확대해야 함을 간과한다
⑤ 국가가 재정 지출을 늘려 유효 수요를 창출해야 함을 간과한다

B 자본주의에 대한 대안적 시도들

640 (하중상)

(가)를 주장한 사상가의 입장에서 (나)의 ㉠~㉢에 대해 설명한 것으로 옳지 않은 것은?

(가)	프롤레타리아의 당면 과제는 부르주아 지배의 타도와 정치권력의 장악을 통한 계급 대립의 종식이다. 프롤레타리아가 잃을 것은 쇠사슬뿐이요, 얻을 것은 전 세계이다.
(나)	

㉠ 자본주의 → ㉡ 과도기적 단계 → ㉢ 공산주의

① ㉠에서는 자본가 계급의 노동자 계급에 대한 지속적인 착취가 존재한다.
② ㉠의 근본적인 문제점은 생산 수단의 사적 소유와 자유 시장 경제이다.
③ ㉡에서는 자본주의 청산을 위해 프롤레타리아 독재가 실시된다.
④ ㉢에서는 생산력이 고도로 발전하여 인간 소외 현상이 해소된다.
⑤ ㉠~㉢의 역사 발전 과정은 끊임없이 순환된다.

641 (하중상)

다음 사회사상의 입장으로 적절한 것만을 〈보기〉에서 있는 대로 고른 것은?

> 사회주의적 계획화는 전 생산 수단의 공유화를 예상하지 않는다. 그것은 중요한 부문, 예컨대 농업, 수공업, 소매업, 중소 공업 등 사적 소유와 양립한다. 국가는 사적 소유자가 권력을 남용하는 것을 방지하고, 계획 경제의 틀 속에서 생산과 복지의 증진에 공헌할 수 있도록 해야 한다.

〈 보기 〉

ㄱ. 정당과 의회를 통한 점진적인 사회 개혁을 추진해야 한다.
ㄴ. 경제와 관련된 모든 결정은 정부나 중앙 기관이 할 수 있도록 권한을 주어야 한다.
ㄷ. 평등한 사회를 실현하기 위해 생산 수단의 사유를 점차적으로 모두 폐지해야 한다.
ㄹ. 자본주의의 폐해를 극복하기 위해 사회 보장·완전 고용·생활 수준의 향상이 필요하다.

① ㄱ, ㄹ　　② ㄴ, ㄷ　　③ ㄷ, ㄹ
④ ㄱ, ㄴ, ㄷ　　⑤ ㄱ, ㄴ, ㄹ

642 (하 중 상)

사회사상 (가), (나)에 대한 설명으로 옳은 것만을 〈보기〉에서 있는 대로 고른 것은?

> (가) 프롤레타리아는 정치적 지배를 이용하여 부르주아에게서 일체의 자본을 빼앗는다. 그리고 모든 생산 수단을 국가에 집중시키며 생산력을 증대시킨다.
> (나) 자유 없이 사회주의는 있을 수 없다. 사회주의는 자유 속에서 민주주의적인 방법을 통해 새로운 사회를 건설하려고 노력한다.

〈보기〉
ㄱ. (가)는 평등 사회를 위해 생산 수단의 사적 소유를 인정한다.
ㄴ. (나)는 의회 활동을 중심으로 점진적인 사회 개혁을 추구한다.
ㄷ. (나)는 능력에 따른 분배의 실현을 궁극적인 목표로 추구한다.
ㄹ. (가), (나)는 이상 사회를 실현하기 위한 폭력 혁명을 주장한다.

① ㄴ ② ㄱ, ㄴ ③ ㄱ, ㄹ
④ ㄴ, ㄷ ⑤ ㄱ, ㄷ, ㄹ

643 (하 중 상)

사회사상가 갑, 을의 입장에 대한 설명으로 옳은 것을 〈보기〉에서 고른 것은?

> 갑: 자본주의는 자본가와 노동자 사이의 계급 투쟁으로 인해 붕괴될 것이다. 결국 프롤레타리아 독재를 통한 사회주의 과도기를 거쳐 계급 없는 사회가 필연적으로 도래할 것이다.
> 을: 사회주의는 자본주의를 사적 이윤보다 공공의 이익을 우선하는 제도로 대치하려고 노력한다. 이러한 목적을 달성하기 위해 생산은 계획되어야 하며, 이러한 계획화는 경제에 대한 효과적인 민주적 관리를 필요로 한다.

〈보기〉
ㄱ. 갑: 국가가 소멸된 상태를 이상 사회로 제시한다.
ㄴ. 갑: 생산 수단에 대한 사적 소유를 일부 인정한다.
ㄷ. 을: 의회 민주주의를 통한 사회주의를 지향한다.
ㄹ. 갑, 을: 절대적 평등 분배를 지향한다.

① ㄱ, ㄷ ② ㄱ, ㄹ ③ ㄴ, ㄷ
④ ㄴ, ㄹ ⑤ ㄷ, ㄹ

644-645 빈출자료•

다음을 읽고 물음에 답하시오.

> 갑: 자본주의 사회에서 노동자 계급은 일거리가 있을 때만 생존할 수 있으며, 그들의 노동이 자본을 증식하는 한에서만 일거리를 얻을 수 있다.
> 을: 사회주의적 계획화는 전 생산 수단의 공유화를 예상하지 않는다. 그것은 중요한 부문 예컨대 농업, 수공업, 소매업, 중소 공업 등 사적 소유와 양립한다. 국가는 사적 소유자가 권력을 남용하는 것을 방지하고, 계획 경제의 틀 속에서 생산과 복지의 증진에 공헌할 수 있도록 해야 한다.
> 병: 우리가 저녁 식사를 기대할 수 있는 것은 푸줏간, 양조장, 빵집 주인의 자비심이 아니라 돈벌이 또는 자기 이득에 대한 그들의 관심 덕분이다. …… 대개 푸줏간 주인은 공공의 이익을 증진할 의도가 없으며, 자신의 안전을 위해 외국 산업보다 국내 산업에 대한 지원을 선호한다. …… 이 경우, 다른 많은 경우에서처럼 각자가 보이지 않는 손에 이끌려 전혀 의도하지 않았던 목적을 달성하게 된다.

644 (하 중 상)

병의 입장으로 적절한 것을 〈보기〉에서 고른 것은?

〈보기〉
ㄱ. 경제적 효율성보다는 형평성을 추구해야 한다.
ㄴ. 개인의 이익 추구가 사회의 이익으로 연결된다.
ㄷ. 이성을 통해 새로운 사회를 건설할 필요가 있다.
ㄹ. 자유 경쟁 체계가 국가의 이익을 위한 효율적 체계이다.

① ㄱ, ㄴ ② ㄱ, ㄷ ③ ㄴ, ㄷ ④ ㄴ, ㄹ ⑤ ㄷ, ㄹ

645 빈출 (하 중 상)

갑, 을의 입장을 다음 그림으로 표현할 때, A~C에 들어갈 내용으로 적절한 것을 〈보기〉에서 고른 것은?

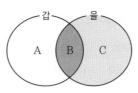

〈범례〉
·A: 갑만의 입장
·B: 갑, 을의 공통 입장
·C: 을만의 입장

〈보기〉
ㄱ. A: 개인의 능력과 자유가 사회의 평등보다 우선한다.
ㄴ. B: 자본주의적 시장 경제 원리를 비판한다.
ㄷ. B: 자유로운 의회 활동으로 사회주의적 이상을 실현하고자 한다.
ㄹ. C: 민주적 방법으로 점진적 사회 개혁을 추구한다.

① ㄱ, ㄴ ② ㄱ, ㄷ ③ ㄴ, ㄷ ④ ㄴ, ㄹ ⑤ ㄷ, ㄹ

평화

A 동서양의 평화 사상

1 갈퉁의 평화론

① 소극적 평화와 적극적 평화

소극적 평화	신체에 직접 위해를 가하는 전쟁, 테러, 폭행과 같은 직접적이고 물리적인 폭력이 없는 상태
적극적 평화	직접적·물리적 폭력뿐만 아니라 사회 제도나 관습 등에 따른 빈곤, 억압, 차별, 착취와 같은 간접적 폭력(구조적·문화적 폭력)이 없는 상태 → 국가 안보가 인간 안보로 확장된 상태를 말함

> 편견 극복을 위한 교육은 적극적 평화를 실현하기 위한 방안이라고 본다.

② 갈퉁의 폭력 구분: 갈퉁에 따르면 세 가지 폭력은 유기적으로 연결되어 있음

직접적 폭력	폭행, 구타, 고문, 테러, 전쟁 등 물리적이고 의도적인 폭력
구조적 폭력	사회 제도나 관습 등의 사회 구조가 폭력을 용인하거나 정당화함으로써 나타나는 형태의 폭력
문화적 폭력	종교, 사상, 언어, 예술, 과학 등의 문화적 영역이 직접적 폭력이나 구조적 폭력을 정당화하는 데 이용되는 것

2 동양의 평화 사상

> 자신을 수양한 후에 덕을 베풀어 모든 사람을 평온하게 해 주어야 한다는 뜻

> 자기 수양을 시작으로 가정, 사회, 국가로 윤리적 실천 단계를 확대한다는 뜻으로, 수신제가 치국평천하(修身齊家治國平天下)를 의미한다.

유교	• 도덕적 타락을 불화와 갈등의 원인으로 봄 → 구성원의 도덕성 회복과 인의(仁義)의 실현을 강조함 • 수기이안백성(修己以安百姓), 수제치평(修齊治平)과 같은 도덕적 수양을 바탕으로 화평한 세계를 실현하고자 함
묵가	• 유교의 인(仁)은 존비친소를 분별하는 사랑으로 사회 혼란을 초래한다고 비판함 → 서로 차별 없이 사랑하고 이익을 나누어야 한다는 겸애교리(兼愛交利)를 강조함 • 타국을 정복하거나 침략하는 전쟁에 반대하는 비공(非攻)을 주장함
불교	• 개인의 도덕적 수양을 강조하며 탐욕, 화냄, 어리석음을 제거하고 연기에 대한 깨달음을 주장함 → 자비(慈悲)의 실현을 강조함 • 모든 생명체에 대하여 폭력을 사용해서는 안 된다고 봄

> 전쟁은 이익의 관점에서 정당화될 수 없다고 본다.

3 서양의 평화 사상

① 에라스뮈스의 평화 사상

> 에라스뮈스는 "주교관과 전투 헬멧, 목자의 지팡이와 군인의 창, 복음서와 방패가 어떻게 조화될 수 있다는 말인가?"라고 주장하며, 전쟁에 반대하였다.

- 그리스도교의 사랑과 비폭력의 평화 사상을 계승함
- 전쟁은 본성상 선보다 악을 초래한다고 주장함 → 전쟁은 평화를 추구하는 종교 정신에 위배되고, 무관한 사람들이 피해를 겪기 때문에 도덕적으로 옳지 않으며, 전쟁으로 인해 많은 경제적 손실이 발생함

② 현실주의와 이상주의

> 국가는 생존과 이익을 추구하는 공동체라고 본다.

구분	현실주의	이상주의
대표자	마키아벨리, 홉스	칸트
입장	• 평화는 경쟁 국가와 대등한 힘을 보유하거나 군사 동맹을 통해 세력 균형을 맞춘 상태라고 주장함 • 국가보다 상위의 권위를 가진 국제기구나 국제법은 실효적인 권위가 없거나 존재하지 않는다고 봄	• 평화는 국제적 갈등을 이성에 근거한 보편적 도덕 원리에 따라 해결해 나갈 때 실현할 수 있다고 봄 • 국제기구나 국제법 등을 통해 잘못된 제도들을 바로잡아야 한다고 봄 • 개별 국가의 자유를 보장하는 국제 연맹을 결성해야 한다고 봄
한계	국가의 이익과 생존을 위해 비윤리적 행위를 합리화할 위험성이 있음	국제법이 실질적인 구속력과 효력을 발휘하기가 어려움

기출 Tip A-3

칸트의 영구 평화론의 확정 조항

① 모든 국가의 시민적 정치 체제는 공화 정체이어야 한다.
② 국제법은 자유로운 국가들의 연방 체제에 기초해야 한다.
③ 세계 시민법은 보편적 우호의 조건들에 국한되어야 한다.

> 외국인이 타국에 방문했을 때 적대적인 취급을 받아서는 안 된다고 본다.

B 해외 원조에 대한 입장들

1 롤스의 입장

① 원조의 목적: 고통받는 사회를 질서 정연한 사회로 만드는 것

② 입장: 만민은 불리한 여건이나 부정의한 사회 구조로 고통을 겪는 사회를 원조해야 할 도덕적 의무가 있다고 봄 → 원조 대상국이 질서 정연한 사회가 되었다면 원조를 중단해야 한다고 주장함

③ 차등의 원칙을 국제 사회에 적용하는 것에 반대함 ─┐ • 롤스는 폭력, 기아, 빈곤 등의 문제가 정치·사회 제도의 부정의함에서 비롯된다고 생각하였다. 따라서 원조의 목적은 최소 수혜자의 최대 이익을 보장하는 것이 아니라 고통받는 사회의 구조와 제도를 개선하는 것이라고 보았다.

2 롤스의 입장 `빈출자료` Link • 665-666번 문제

─(해외 원조에 대한 롤스의 입장)─

질서 정연한 사회들의 장기 목표는 무법적 국가와 마찬가지로 고통받는 사회들을 질서 정연한 만민들의 사회로 가입시키는 것이어야 한다. 질서 정연한 만민은 고통받는 사회들을 원조해야 할 의무가 있다.

3 싱어의 입장

① 원조의 목적: 인류의 고통을 줄이고 복지를 향상하는 것 ─┐ • 원조의 목적이 인류의 절대적 평등이라고 주장하지 않는다.

② 입장: 해외 원조는 물리적 거리를 넘어 절대 빈곤에 처한 인류를 돕기 위한 의무임 → 이익 평등 고려의 원칙에 따라 고통을 느낄 수 있는 모든 존재를 도와야 함

4 싱어의 입장 `빈출자료` Link • 665-666번 문제

─(해외 원조에 대한 싱어의 입장)─

일 년 소득의 1%를 기부하지 않는 것은 끔찍한 빈곤과 빈곤이 낳은 피할 수 있는 죽음을 무한정 지속시키는 데에 무관심을 드러내는 것일 뿐이다. • 원조 주체의 커다란 희생이나 과도한 부담이 없는 선에서 원조해야 한다고 보았다.

5 노직의 입장 해외 원조는 선한 행위로 평가할 수 있지만 윤리적 의무가 아님 → 해외 원조는 개인의 자율적인 선택에 맡겨야 한다고 봄

기출 Tip B-1

고통받는 사회와 질서 정연한 사회

고통받는 사회	인권 보장이나 민주적 의사 결정 과정이 정착되어 있지 않은 사회
질서 정연한 사회	국성원들의 선(善)을 증진해 주고, 구성원들이 동의한 정의의 원칙에 의해 효율적으로 규제되는 사회

IV

개념 확인 문제

정답과 해설 60쪽

646 다음 괄호 안의 내용 중 알맞은 말에 ○표를 하시오.

(1) 갈퉁이 말하는 (소극적, 적극적) 평화는 직접적 폭력뿐만 아니라 간접적 폭력도 없는 상태를 말한다.

(2) 갈퉁이 제시한 (구조적, 문화적) 폭력은 종교, 사상, 언어, 예술 등의 문화적 영역이 직접적 폭력이나 구조적 폭력을 정당화하는 데 이용되는 것을 말한다.

647 다음 빈칸에 들어갈 내용을 쓰시오.

(1) 묵가는 (   )를 강조하며 서로 차별 없이 사랑하고 이익을 나누어야 한다고 보았다.

(2) (   )는 자비의 실현을 강조하며 모든 생명체에 대하여 폭력을 사용해서는 안 된다고 보았다.

(3) (   )에서는 구성원의 도덕성 회복과 인의(仁義)의 실현을 통해 화평한 세계를 실현하고자 하였다.

648 다음 설명이 맞으면 ○표, 틀리면 ×표를 하시오.

(1) 에라스뮈스는 정당한 목적을 지닌 전쟁은 정의롭고 선할 수 있다고 보았다. (   )

(2) 칸트는 영구 평화를 위해서 개별 국가의 자유를 보장하는 국제 연맹을 결성해야 한다고 보았다. (   )

649 다음 사상가와 그 입장을 옳게 연결하시오.

(1) 노직 •   • ㉠ 해외 원조는 개인의 자율적인 선택에 맡겨야 함

(2) 롤스 •   • ㉡ 원조의 목적은 인류의 고통을 줄이고 복지를 향상하는 것임

(3) 싱어 •   • ㉢ 원조의 목적은 고통받는 사회를 질서 정연한 사회로 만드는 것

A 동서양의 평화 사상

650 하 중 상

⊙, ⓒ에 들어갈 용어를 옳게 짝지은 것은?

> 갈퉁은 다음과 같이 소극적 평화와 적극적 평화를 구분한다. 적극적 평화는 소극적 평화에서 더 나아가 간접적 폭력까지도 제거해야 한다. 이때 간접적 폭력에는 다음의 두 가지 폭력이 해당된다. 첫째는 (⊙) 폭력이다. 이는 사회 제도나 관습이 폭력을 용인하는 것이다. 둘째는 (ⓒ) 폭력이다. 이는 종교나 예술 등으로 폭력을 합법화하거나 용인하는 것을 의미한다.

	⊙	ⓒ
①	구조적	문화적
②	구조적	물리적
③	문화적	구조적
④	문화적	물리적
⑤	물리적	문화적

651 하 중 상

다음 사상가의 입장으로 가장 적절한 것은?

> 진정한 평화는 직접적, 구조적, 문화적 폭력을 예방함으로써 가능하다. 이를 위해 억압과 착취의 구조를 시급히 개선해야 한다.

① 어떤 수단을 사용해서라도 평화를 달성해야 한다.
② 구조적 폭력을 제거하면 직접적 폭력도 저절로 제거된다.
③ 평화의 실현을 위해서는 정치 제도의 개선이 필수적이다.
④ 문화적 폭력은 물리적 폭력을 정당화하는 역할을 하지 못한다.
⑤ 직접적 폭력을 제거함으로써 인간 존엄성 실현의 조건이 완비된다.

652  하 중 상

다음 사상가의 입장으로 가장 적절한 것은?

> 전쟁의 종식만으로는 평화가 보장되지 않습니다. 진정한 평화는 직접적, 구조적, 문화적 폭력을 예방함으로써 가능합니다. 이를 위해 억압과 착취의 구조를 시급히 개선해야 합니다. 언어와 예술, 과학과 법, 대중 매체와 교육의 내부에 존재하는 문화적 폭력까지 모두 사라진 적극적 평화 상태를 추구해야 합니다.

① 모든 전쟁의 종식은 적극적 평화의 실현을 보장한다.
② 적극적 평화를 위한 직접적인 폭력 사용은 인정되어야 한다.
③ 편견 극복을 위한 교육은 적극적 평화를 실현하는 방법이다.
④ 진정한 평화는 인간 안보가 확장된 국가 안보를 통해 완성된다.
⑤ 직접적 폭력을 제거함으로써 인간의 존엄성이 완전히 실현될 수 있다.

653 하 중 상

다음을 주장한 고대 동양 사상가의 입장에만 모두 '✔'를 표시한 학생은?

> 서로가 믿음으로써 사귀고 큰 나라가 작은 나라를 공격하면 곧 함께 그를 구해 주고, 작은 나라의 성곽이 온전치 않으면 반드시 그것을 수리해 줄 것이며, 옷감이나 곡식이 모자라면 그것을 보내 주고, 예물용 폐백이 부족하면 그것을 공급해 줄 것이다.

입장＼학생	갑	을	병	정	무
침략 전쟁을 해서는 안 된다.	✔		✔	✔	
이익의 관점에서 전쟁을 평가해야 한다.	✔		✔		✔
서로 차별 없이 사랑하고 이익은 나누어야 한다.		✔	✔	✔	✔
존비친소를 구별하는 사랑으로 사회 혼란을 극복해야 한다.		✔		✔	✔

① 갑 　② 을 　③ 병 　④ 정 　⑤ 무

654 (하중상)

(가)를 주장한 고대 동양 사상가의 입장에서 볼 때, (나)의 원인과 문제의 해결책으로 가장 적절한 것은?

(가)	천하의 혼란은 무엇 때문에 일어나는가? 자신과 자가(自家)와 자국(自國)의 이익만 강조하고 타인과 타가와 타국은 홀대하기 때문이다. 내가 남을 자신의 몸처럼 아낀다면 남도 나를 자신의 몸처럼 존중할 것이다. 이렇듯 서로 사랑하고 이로움을 나눈다면 천하가 태평하고 백성이 번성할 것이다.
(나)	외국인 이주 노동자들에 대한 우리 사회의 차별과 냉대를 고발한 TV프로그램에서 소개된 한 인물이 있다. 여기에 소개된 인물은 외국인 이주 노동자라는 이유만으로 작은 실수에도 큰 수모를 당하였고, 열악한 환경 속에서 일을 하면서도 제대로 보수를 받지 못했다.

	문제의 원인	해결책
㉠	법과 형벌의 부재	인(仁)의 윤리
㉡	법과 형벌의 부재	겸애(兼愛)의 윤리
㉢	진정한 이로움에 대한 몰이해	겸애(兼愛)의 윤리
㉣	진정한 이로움에 대한 몰이해	화성기위(化性起僞)의 윤리
㉤	자신의 사리사욕을 충족하고자 하는 마음	화성기위(化性起僞)의 윤리

① ㉠ ② ㉡ ③ ㉢ ④ ㉣ ⑤ ㉤

655 (하중상)

고대 동양 사상가 갑, 을의 입장에 대한 설명으로 옳은 것을 <보기>에서 고른 것은?

> 갑: 자신이 수양된 이후에 집안이 잘 다스려지고, 집안이 잘 다스려진 이후에 나라가 잘 다스려지고, 나라가 잘 다스려진 이후에 천하가 평화롭게 된다.
>
> 을: 모든 천하의 재난과 찬탈과 원한이 일어나는 까닭은 서로 사랑하지 않는 데에서 생겨나는 것이다. 모두가 아울러 서로 사랑하고 모두가 서로 이롭게 하는 방법으로써 이를 대신해야 한다.

〈 보기 〉

ㄱ. 갑: 개인의 도덕적 수양을 토대로 평화를 이루려고 하였다.
ㄴ. 갑: 천하의 혼란을 막기 위해 겸애(兼愛)의 실천을 강조하였다.
ㄷ. 을: 전쟁을 이익의 관점에서 반대하였다.
ㄹ. 갑, 을: 존비친소(尊卑親疏)를 분별하는 사랑을 강조하였다.

① ㄱ, ㄴ ② ㄱ, ㄷ ③ ㄴ, ㄷ
④ ㄴ, ㄹ ⑤ ㄷ, ㄹ

656 (하중상)

갑, 을의 입장으로 가장 적절한 것은?

> 갑: 평화 실현을 위해 고뇌, 탐욕, 원한을 제거하고 모든 생명체가 상호 의존적이라는 연기(緣起)를 자각해야 한다.
>
> 을: 전쟁이란 천하에 이익이 되지 않으므로 옳지 않다. 서로 차별 없이 사랑[兼愛]하고 이익을 나누어야[交利] 세상의 혼란을 극복할 수 있다.

① 갑: 인위로 악한 본성을 변화시켜 선하게 만들어야 된다.
② 갑: 예를 통해 인간의 욕구를 조절하여 평화를 실현해야 한다.
③ 을: 평화와 화합을 위해 도덕성을 회복하여 인과 의를 실현해야 한다.
④ 을: 무위의 다스림이 이루어져 나라의 규모가 작고 백성이 자급자족할 때 평화를 이룰 수 있다.
⑤ 갑, 을: 나와 남을 차별 없이 사랑해야만 천하가 평화로워진다.

657 (하중상)

다음을 주장한 사상가의 입장으로 가장 적절한 것은?

> 주교관과 전투 헬멧, 목자의 지팡이와 군인의 창, 복음서와 방패가 도대체 어떻게 조화될 수 있단 말인가? 온 세상을 피비린내 나는 전장으로 몰고 가면서 어떻게 동시에 "평화가 당신과 함께하기를!" 하며 인사할 수 있단 말인가?

① 전쟁은 본성상 선보다 악을 초래한다.
② 정당한 목적을 갖는 전쟁은 허용될 수 있다.
③ 종교적 전쟁과 세속적 전쟁은 구별되어야 한다.
④ 전쟁과 평화의 문제에서는 손익 계산을 해서는 안 된다.
⑤ 평화를 구현하기 위한 수단은 언제나 정당화될 수 있다.

658 (하중상)

다음을 주장한 서양 사상가의 입장으로 적절하지 않은 것은?

> 영원한 평화는 성취 가능한 도덕 법칙으로 …… 모든 국가를 하나로 통합시키는 세계 국가는 이상적인 방법이나 현실적으로 불가능하다. 따라서 평화는 주권 국가들의 연합체인 연방의 형태로 실현해야 한다.

① 국제법은 단일 국가인 세계 국가 체제에 기초해야 한다.
② 분쟁 요소를 남겨둔 채 체결하는 평화 조약은 옳지 않다.
③ 평화를 위해 국가를 수단이 아닌 목적으로 대우해야 한다.
④ 세계 시민법은 국가 간 보편적 우호 조건에 국한되어야 한다.
⑤ 국제 평화를 위한 개별 국가의 정치 체제는 공화정이어야 한다.

659 (하중상)

다음을 주장한 사상가의 입장으로 적절한 것을 〈보기〉에서 고른 것은?

> **영구 평화를 위한 확정 조항**
> ① 모든 국가의 시민적 정치 체제는 공화 정체이어야 한다.
> ② 국제법은 자유로운 국가들의 연방 체제에 기초해야 한다.
> ③ 세계 시민법은 보편적 우호의 조건들에 국한되어야 한다.

〈 보기 〉

ㄱ. 어떠한 독립 국가도 다른 국가의 소유로 전락할 수 없다.
ㄴ. 국가들 간의 세력 균형을 통해 국제 평화를 유지해야 한다.
ㄷ. 외국인이 타국에 방문했다는 이유만으로 적대적인 취급을 받아서는 안 된다.
ㄹ. 영원한 평화를 달성하는 현실적 방안은 모든 국가를 통합한 단일한 세계 국가를 건설하는 것이다.

① ㄱ, ㄴ   ② ㄱ, ㄷ   ③ ㄱ, ㄹ
④ ㄴ, ㄷ   ⑤ ㄴ, ㄹ

660 (하중상)

갑, 을의 평화관에 대한 설명으로 옳은 것만을 〈보기〉에서 있는 대로 고른 것은?

> 갑: 자신의 군사력을 갖추지 않으면 어떠한 군주정도 안전하지 않다. 안전하기는커녕 역경이 닥쳤을 때 자신 있게 방어할 역량을 갖추고 있지 않은 이상 모든 것을 운명에 의존해야 한다.
> 을: 도덕은 우리가 그것에 따라야만 하는 무조건적인 명령적 법칙의 총체로서 모든 정치는 도덕 앞에 무릎을 꿇지 않으면 안 된다. 진정한 의미의 정치는 도덕성에 충실하지 않고서는 일보도 전진할 수 없는 것이다.

〈 보기 〉

ㄱ. 갑은 국가 간 세력 균형을 강조한다.
ㄴ. 을은 단일한 세계 정부의 수립을 강조한다.
ㄷ. 을은 자유로운 국가 간의 연맹 체제 수립을 강조한다.
ㄹ. 갑은 비윤리적 행위를 합리화할 위험이, 을은 국제법의 실질적 구속력 발휘가 어렵다는 한계가 있다.

① ㄱ, ㄴ   ② ㄴ, ㄹ   ③ ㄱ, ㄴ, ㄹ
④ ㄱ, ㄷ, ㄹ   ⑤ ㄴ, ㄷ, ㄹ

B 해외 원조에 대한 입장들

661 (하중상)

다음을 주장한 사상가의 입장에서 긍정의 대답을 할 질문으로 가장 적절한 것은?

> 사회들 간의 부와 복지의 수준은 다양할 수 있고 그럴 것이라 추정된다. 그러나 이런 부와 복지 수준을 조정하는 것은 원조 의무의 목표가 아니다. 단지 고통받는 사회들만 도움이 필요하다. 더구나 모든 질서 정연한 사회가 부유한 것이 아닌 것과 마찬가지로, 모든 사회가 가난한 것은 아니다. 열악한 천연자원과 빈약한 부를 가진 사회는 그들의 종교적 및 도덕적 신념들과 문화를 떠받쳐 주는 해당 사회의 정치적 전통, 법, 계급 구조가 자유적이거나 적정 수준의 사회를 유지하게 할 수 있는 정도라면 질서 정연해질 수 있다.

① 모든 가난한 사회에 대해 원조해야 하는가?
② 인류의 복지 향상을 원조의 목표로 삼아야 하는가?
③ 질서 정연한 사회는 모두 경제적인 풍요를 누리는가?
④ 질서 정연한 사회의 만민은 고통받는 사회를 원조할 의무를 지니는가?
⑤ 부유한 나라의 약소국 지원은 의무가 아닌 자선의 차원에서 진행되어야 하는가?

662 (하중상)

㉠에 들어갈 진술로 가장 적절한 것은?

> 나는 해외 원조의 목적이 어려운 여건으로 고통받는 국가가 질서 정연한 사회로 전환될 수 있게 돕는 것이라고 본다. 하지만 어떤 서양 사상가는 공리주의적 입장에서 원조의 목적이 인류 전체의 쾌락을 증진하고 고통은 감소시키는 것이라고 주장한다. 나는 이러한 입장이 [㉠] 고 본다.

① 해외 원조를 통한 절대 빈곤의 해소를 간과한다
② 국가와 달리 개인은 원조의 의무가 없음을 강조한다
③ 원조는 최대 다수의 최대 행복의 논리에 따라야 함을 간과한다
④ 원조 주체에게 과도한 부담이 되더라도 시행해야 함을 강조한다
⑤ 질서 정연한 사회가 되면 빈곤해도 원조할 필요가 없음을 간과한다

663 (하 중 상)

다음을 주장한 사상가의 관점에만 모두 '✔'를 표시한 학생은?

> 각자 할 수 있는 범위 내에서 선(善)을 최대화해야 한다. 남의 것을 훔치거나 남을 속이거나 해치거나 죽이지 않는 기본 도덕률을 준수하는 삶만으로는 부족하다. 물질적 풍요라는 행운을 누리는 사람들, 본인과 가족에게 의식주를 제공하고도 돈과 시간이 남는 사람들에게는 더욱 그렇다. '최소한도로 윤리적인 삶'은 잉여 재원의 상당 부분을 더 나은 세상으로 바꾸는 데 쓰는 삶이다.

관점 \ 학생	갑	을	병	정	무
세상을 개선하는 효율적 원조 방법을 찾아야 한다.		✔		✔	✔
원조는 결과와 무관하게 그 자체가 목적이며 가치 있는 일이다.	✔		✔	✔	
원조는 어떤 희생과 고통도 감내할 수 있을 때만 실천할 수 있다.	✔			✔	✔
인류 전체의 고통을 줄이기 위해 빈국의 극빈층 원조에 힘써야 한다.		✔	✔		

① 갑 ② 을 ③ 병 ④ 정 ⑤ 무

664 (하 중 상)

갑, 을, 병의 입장에 대한 설명으로 옳은 것만을 〈보기〉에서 있는 대로 고른 것은?

> 갑: 전 세계 사람들의 이익은 그 사람의 국적과 상관없이 동등하게 고려되어야 한다. 우리 모두는 세계 시민으로서 전 지구적 차원의 원조에 동참해야 한다.
> 을: 우리를 불가침의 개인들로 간주하는 정의로운 국가는 최소 국가뿐이다. 원조는 개인의 자유로운 선택에 근거해야 한다.
> 병: 만민은 정의롭거나 적정 수준의 사회 체제로 나아가는데 있어서 불리한 여건으로 인해 고통받고 있는 사회의 국민들을 도와야 한다.

〈 보기 〉

ㄱ. 갑은 을과 달리 원조는 의무라고 본다.
ㄴ. 갑은 을, 병과 달리 자신이 원조로 인해 불행해지지 않는다면 모든 빈민을 도와야 한다고 본다.
ㄷ. 을은 갑, 병과 달리 원조를 위한 과세는 강제 노동과 같다고 본다.
ㄹ. 갑, 을, 병 모두 국가 간의 불평등 해소가 원조의 목표라고 본다.

① ㄱ, ㄴ   ② ㄴ, ㄹ   ③ ㄷ, ㄹ
④ ㄱ, ㄴ, ㄷ   ⑤ ㄱ, ㄷ, ㄹ

665-666 빈출자료

다음을 읽고 물음에 답하시오.

> 갑: 질서 정연한 사회들의 장기 목표는 무법적 국가와 마찬가지로 고통받는 사회들을 질서 정연한 만민들의 사회로 가입시키는 것이어야 한다. 질서 정연한 만민은 고통받는 사회들을 원조해야 할 의무가 있다.
> 을: 일 년 소득의 1%를 기부하지 않는 것은 끔찍한 빈곤과 빈곤이 낳을 피할 수 있는 죽음을 무한정 지속시키는 데에 무관심을 드러내는 것일 뿐이다.

665 (하 중 상)

갑의 입장에 비해 을의 입장이 갖는 상대적 특징을 ㉠~㉤ 중에서 고른 것은?

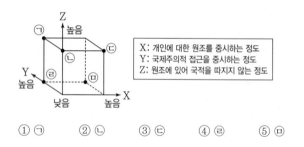

X: 개인에 대한 원조를 중시하는 정도
Y: 국제주의적 접근을 중시하는 정도
Z: 원조에 있어 국적을 따지지 않는 정도

① ㉠   ② ㉡   ③ ㉢   ④ ㉣   ⑤ ㉤

666 (하 중 상) 빈출

갑, 을 사상가의 입장을 다음 그림으로 탐구할 때, A~C에 해당하는 진술로 적절한 것만을 〈보기〉에서 있는 대로 고른 것은?

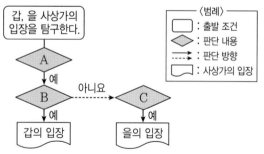

〈 보기 〉

ㄱ. A: 원조의 결과 모든 인류에게 경제적 이득이 있어야 하는가?
ㄴ. B: 자립적인 정의 사회는 빈곤해도 원조 대상에서 제외되는가?
ㄷ. C: 모든 빈곤국을 원조의 대상으로 간주해야 하는가?
ㄹ. C: 공리의 원리에 따라 인류의 부가 균등할 때까지 원조해야 하는가?

① ㄱ, ㄴ   ② ㄱ, ㄹ   ③ ㄴ, ㄷ
④ ㄱ, ㄷ, ㄹ   ⑤ ㄴ, ㄷ, ㄹ

667

갑, 을 사상가가 주장하는 이상 사회에 대한 설명으로 옳은 것은?

> 갑: 생산자 계급은 생산 활동, 군인 계급은 나라를 지키는 활동, 통치자 계급은 나라의 정책을 결정하는 활동을 한다. 각 계급의 구성원 모두가 자신의 역할과 기능을 잘 수행할 때 정의로운 국가를 이룰 수 있다.
> 을: 모든 사회의 역사는 계급 투쟁의 역사이다. 자유민과 노예, 귀족과 평민, 영주와 농노, 길드 상인과 장인 등은 억압자와 피억압자의 관계에서 서로 대립하면서 공공연한 투쟁을 벌였다. 이제 프롤레타리아가 잃을 것은 쇠사슬밖에 없으며 얻을 것은 온 세상이다.

① 갑: 지혜의 덕이 이상적인 통치자의 필수 조건이라고 본다.
② 갑: 모든 구성원의 합의를 통해 정책을 결정해야 한다고 본다.
③ 을: 각자의 능력과 성과에 따라 재화가 분배되어야 한다고 본다.
④ 을: 국가 기능의 확대로 복지가 최대한 보장되어야 한다고 본다.
⑤ 갑, 을: 소유에 있어 절대적 평등이 실현되어야 한다고 본다.

668

사회사상 (가), (나)에 대한 설명으로 옳지 <u>않은</u> 것은?

> (가) 시민의 자유와 권리는 천부 인권으로서 모든 사람이 평등하게 지니는 것이고, 다른 사람에게 양도하거나, 훼손 또는 유보할 수 없다. 시민의 자유가 모든 권리의 바탕이 된다.
> (나) 공적인 일에 관심을 가지고 참여하며, 공동체에 필요한 기여와 헌신을 의무로 여기고 실천하려는 자세와 능력을 갖춘 사람을 시민으로 본다. 시민은 공동의 일을 결정하는 데 참여하고 법 앞에 평등한 권리를 행사하며 자유롭게 살아갈 수 있다.

① (가)는 공동체가 개인의 생활에 간섭하여 자유를 제한하는 것이 바람직하지 않다고 본다.
② (가)는 법치의 목적이 권력자의 자의적 지배와 그로 인한 시민의 타락을 방지하는 것이라고 본다.
③ (나)는 공동선을 실현하려는 노력을 통해 개인의 선도 증진된다고 본다.
④ (나)는 자유 보장과 공동선 실현을 위해 정치 참여를 필수적 의무라고 본다.
⑤ (가)는 불간섭으로서의 자유를 (나)는 비지배로서의 자유를 지향한다.

669

근대 서양 사상가 갑, 을, 병에 대한 설명으로 옳지 <u>않은</u> 것은?

> 갑: 인간이 국가의 틀 안에서 살기로 한 궁극적 이유는 자기 보존과 그것에 따른 만족한 생활에 대한 전망이나 예상에 기인한다. 즉 인간은 자연 상태의 비참한 전쟁 상황으로부터 빠져나오고 싶다고 생각했기 때문이다.
> 을: 사람들은 사회에 들어갈 때 그들이 자연 상태에서 가졌던 평등, 자유 및 집행권을 사회의 선이 요구하는 바에 따라 입법부가 처리할 수 있도록 사회의 수중에 양도한다.
> 병: 사회 계약이 그 해답을 주는 근본 문제는 공동의 힘을 다해 각자의 몸과 재산을 지켜 보호해 주고, 저마다가 모든 사람과 결합하면서도 자기 자신에게만 복종해 전과 다름 없이 자유롭게 해 주는 그러한 형식이며, 일반 의지 실현을 통해 달성된다.

① 갑은 자연 상태가 만인의 만인에 대한 투쟁 상태라고 본다.
② 을은 자연 상태가 비교적 평화로운 상태라고 본다.
③ 병은 자연 상태가 소유권이 없어서 빈부 격차가 발생하지 않는 상태라고 본다.
④ 갑은 을과 달리 생명권뿐만 아니라 재산권 보장을 위한 국가의 노력을 강조한다.
⑤ 갑, 을은 국가가 시민의 권리 보장을 위한 수단이라고 본다.

670

(가)의 갑, 을 사상가들의 입장을 (나) 그림으로 표현할 때, A~C에 해당하는 진술로 적절한 것을 〈보기〉에서 고른 것은?

(가)	갑: 법이나 정책은 원초적 입장에서 합의한 평등한 자유의 원칙이나 공정한 기회균등의 원칙에 대한 현저한 위반에 국한되어야 한다. 을: 법은 이상적 대화 상황을 전제하는 의사소통적 권력의 형태이며 완성된 구조물이 아니다. 대의제를 통한 자기 수정이 불가능할 경우 시민 불복종의 권리를 가진다.

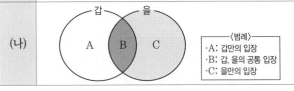

(나) 갑 을
A B C
〈범례〉
· A: 갑만의 입장
· B: 갑, 을의 공통 입장
· C: 을만의 입장

〈 보기 〉
ㄱ. A: 의사소통의 합리성이 시민 불복종의 기준이다.
ㄴ. B: 시민 불복종은 최후의 수단으로 행해야 한다.
ㄷ. B: 시민 불복종은 비폭력적인 방법으로 행해야 한다.
ㄹ. C: 법의 개선을 위한 시민 불복종은 정당화될 수 있다.

① ㄱ, ㄴ ② ㄱ, ㄷ ③ ㄴ, ㄷ ④ ㄴ, ㄹ ⑤ ㄷ, ㄹ

671

갑, 을은 긍정, 병은 부정의 대답을 할 질문으로 가장 적절한 것은?

> 갑: 현실 시장은 완전 경쟁이 이루어지지 않으며, 독과점과 같은 비경쟁 상태에 있다. 따라서 국가 정책에 의해 시장 실패를 이해하고 시장 실패를 해결하여 자본주의의 결함을 보완해야 한다.
>
> 을: 계획 경제 체제에서 사람들은 모든 과업에 대해 억지로 동의하도록 강요받게 된다. 계획 경제는 사람들을 자유의 길이 아니라 독재와 노예 상태의 길로 이끌 것이다. 시장 경제 체제만이 바람직한 체제이다.
>
> 병: 자본주의 체제에서 노동자들은 자발적인 노동이 아니라 강제된 노동을 하고 있다. 노동자들은 오직 자본가 계급의 자본을 증식시키기 위해서만 살고 있을 뿐이다.

① 자유 경쟁 원리에 기반한 사적 소유권을 보장해야 하는가?
② 모든 생산 수단을 공유하는 계획 경제를 실현해야 하는가?
③ 유효 수요의 창출을 위해 국가가 시장에 개입해야 하는가?
④ 계급 투쟁으로 인해 자본주의는 결국 붕괴될 수밖에 없는가?
⑤ 국가는 사회 보장 제도와 공공 투자 정책을 강화해야 하는가?

672

사회사상 (가), (나)의 입장으로 적절한 것만을 〈보기〉에서 있는 대로 고른 것은?

> (가) 인간의 기본적인 필요는 생산 성과 분배에 가장 먼저 고려되어야 한다. 하지만 개인이 자기의 능력에 따라 일할 의욕을 빼앗겨서는 안 된다. 사회주의자는 노력에 따라 보수를 받을 개인의 권리를 자명한 것으로 받아들인다.
>
> (나) 개인은 공공의 이익을 증진하려고 의도하지도 않으며, 자신이 얼마나 그것에 기여하는지도 알지 못한다. 개인은 오직 자신이 노동 생산물이 최대의 가치를 갖도록 함으로써 자신의 이익만을 추구할 뿐이다. 그런데 그는 이렇게 함으로써 '보이지 않는 손'에 이끌려 그가 전혀 의도하지 않은 목적을 달성하게 된다.

〈 보기 〉

ㄱ. (가): 공유제를 바탕으로 주요 부문의 사적 소유를 인정해야 한다.
ㄴ. (나): 시장에 대한 국가의 간섭을 최대한 배제해야 한다.
ㄷ. (나): 이익을 추구하는 개인들 간의 자유 경쟁을 보장해야 한다.
ㄹ. (가), (나): 공유제와 계획 경제의 법적 틀을 점진적으로 확대해야 한다.

① ㄱ, ㄴ   ② ㄱ, ㄹ   ③ ㄴ, ㄷ
④ ㄱ, ㄴ, ㄷ   ⑤ ㄴ, ㄷ, ㄹ

673

(가)의 갑, 을의 입장을 (나) 그림으로 표현할 때, A~C에 해당하는 진술로 적절한 것을 〈보기〉에서 고른 것은?

(가)	갑: 국가가 소비 성향에 대해 적극적인 영향력을 행사하지 않으면 실업은 증가한다. 유효 수요를 창출시키는 정부의 정책은 완전 고용에 기여하고 실질 소득을 증진시킨다. 을: 국가가 시장 질서를 부정하면 인간은 노예의 길로 가게 된다. 시장에서의 경쟁을 통해 자생적 질서는 위대한 창조와 성장을 실현시킨다.
(나)	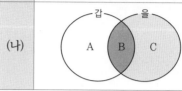

〈범례〉
· A: 갑만의 입장
· B: 갑, 을의 공통 입장
· C: 을만의 입장

〈 보기 〉

ㄱ. A: 효율을 저해하는 병폐 치유를 위해 국가 기능을 축소해야 한다.
ㄴ. B: 공유제와 계획 경제의 법적 틀을 점진적으로 확대해야 한다.
ㄷ. B: 개인의 자유와 사유 재산 및 시장 경제를 인정해야 한다.
ㄹ. C: 정부가 정책을 통해 실업, 공황 등의 문제를 해결하려는 태도는 치명적 자만이다.

① ㄱ, ㄴ   ② ㄱ, ㄷ   ③ ㄴ, ㄷ   ④ ㄴ, ㄹ   ⑤ ㄷ, ㄹ

674

현대 서양 사상가 갑, 을의 입장으로 적절한 것만을 〈보기〉에서 있는 대로 고른 것은?

> 갑: 절대 빈곤은 나쁘다. 어떤 절대 빈곤이 그에 상당하는 도덕적으로 중요한 다른 일을 희생하지 않고서 방지될 수 있다면, 우리는 이 절대 빈곤을 막아야만 한다.
>
> 을: 고통받는 사회는 정의로운 정치 체제를 만들 수 있는 전통을 결핍하고 있다. 질서 정연한 사회의 인민은 이러한 고통받는 사회를 원조해야 할 의무를 갖는다.

〈 보기 〉

ㄱ. 갑은 질서 정연한 국가의 절대 빈민도 원조의 대상이 될 수 있다고 본다.
ㄴ. 갑은 공리의 원리에 따라 인류의 부가 균등할 때까지 원조해야 한다고 본다.
ㄷ. 을은 자립적인 정의 사회는 빈곤해도 원조 대상에서 제외될 수 있다고 본다.
ㄹ. 갑, 을은 인권이 보장된 민주주의 국가도 원조 대상에 포함된다고 본다.

① ㄱ, ㄷ   ② ㄱ, ㄹ   ③ ㄴ, ㄷ
④ ㄱ, ㄷ, ㄹ   ⑤ ㄴ, ㄷ, ㄹ

Memo

Memo

Memo

01 인간의 다양한 특성, 인간 본성에 대한 관점

개념 확인 문제 4쪽

1 (1) 정치적 존재 (2) 윤리적 존재
2 (1) × (2) ○

난이도별 필수 기출 5~7쪽

3 ②   4 ③   5 ④   6 ⑤   7 ③
8 ⑤   9 ④   10 ⑤   11 ④   12 ⑤
13 ③   14 ③   15 (1) 성선설 (2) 맹자
16 ④   17 ①

02 윤리 사상과 사회사상

개념 확인 문제 8쪽

18 (1) ○ (2) ○
19 (1) 자유주의 (2) 상호 보완적(인)

난이도별 필수 기출 9~11쪽

20 ⑤   21 ①
22 도덕적 행동 지침과 도덕적 판단 근거를 제공하고, 바람직한 삶의 목적과 방향을 정하는 데 도움을 줄 수 있다.
23 ①   24 ③   25 ③   26 ②   27 ④
28 ③   29 ②   30 ①
31 상호 보완적 관계를 이루고 있다.
32 ⑤   33 ⑤   34 ⑤

최고수준 도전 기출 (01 ~ 02강) 12~13쪽

35 ⑤   36 ①   37 ④   38 ②   39 ④
40 ①   41 ⑤   42 ②

03 동양 윤리 사상의 연원 ~ 인의 윤리(1)

개념 확인 문제 15쪽

43 (1) × (2) ○ (3) ○
44 (1) – ㉡ (2) – ㉠ (3) – ㉢
45 (1) 사단 (2) 맹자 (3) 항산
46 (1) ㄴ (2) ㄷ

난이도별 필수 기출 16~27쪽

47 ②   48 ⑤   49 ①   50 ④   51 ⑤
52 ④   53 ④
54 유교는 인(仁)을 바탕으로 자신을 수양하며 동시에 타인을 사랑하는 삶을 사는 군자를 추구한다. 불교는 위로는 깨달음을 구하고 아래로는 중생을 구제하며 자비를 베푸는 보살을 이상적 인간상으로 제시한다. 도가는 일체의 대립과 구별을 넘어서 정신적 자유의 경지에 오른 인간(진인, 신인, 천인, 지인)을 이상적 인간상으로 제시한다.
55 ④   56 ⑤   57 ④   58 ③   59 ①
60 ④   61 ③
62 (1) 조금의 속임이나 꾸밈도 없이 자신의 정성을 다하는
(2) 서(恕)
63 ①   64 ④
65 자신의 마음을 미루어 다른 사람의 마음을 헤아리는 것이다.
66 ②
67 (1) 공자
(2) 각자가 자신의 신분과 지위에 알맞은 역할을 수행하는 것이다.
68 ②   69 ④   70 ②   71 ⑤
72 측은지심(惻隱之心), 수오지심(羞惡之心), 사양지심(辭讓之心), 시비지심(是非之心)
73 (1) 측은지심(惻隱之心), 남을 불쌍히 여기는 마음
(2) 수오지심(羞惡之心), 불의를 부끄러워하고 미워하는 마음
74 ㉠ 항산 ㉡ 항심
75 ③   76 ①   77 ②   78 ②   79 ③
80 ①   81 ②   82 ⑤   83 ⑤
84 예를 바탕으로 후천적인 노력을 기울임으로써, 악한 본성을 변화시켜 선하게 만드는 것
85 순자. 인간의 타고난 성정(性情)은 악하며, 사람이 선하게 되는 것은 인위적인 노력의 결과라는 성악설을 주장한다.
86 ④   87 ⑤   88 ⑤   89 ⑤   90 ④
91 ②   92 ②   93 ③   94 ⑤   95 ②
96 ③   97 ②   98 ④   99 ⑤

04 인의 윤리(2)

개념 확인 문제 28쪽

100 (1) 성즉리 (2) 이기론
101 (1) ○ (2) ×

난이도별 필수 기출 29~35쪽

102 ③
103 본연지성이란 성을 구성하는 이(理)만을 지칭하는 것으로 우주 자연으로부터 부여받은 순선한 본성이다. 기질지성이란 현실에서 변화하는 기질의 영향을 받아 나타나는 본성으로 선악이 혼재되어 있다.
104 ②   105 ⑤   106 ③   107 ②   108 ②
109 ④   110 ③   111 ②
112 (1) 치양지(致良知)
(2) 바르지 못한 마음을 바로잡아 타고난 마음의 양지를 실현하는 것
113 ⑤   114 ③   115 ①
116 격물치지(格物致知)란 무엇인가요?
117 ②
118 주희는 격물치지(格物致知)를 사물에 나아가 그 이치를 탐구하여 나의 앎을 극진히 하는 것이라고 해석한다. 반면, 왕수인은 바르지 못한 마음을 바로잡아 내 마음의 양지를 구체적이고 적극적으로 실현하는 것이라고 해석한다.
119 첫째, 성리학은 인간의 선한 본성이 곧 우주 만물의 보편 법칙인 이(理)라는 성즉리(性卽理)를 주장한다. 반면, 양명학은 인간의 마음이 곧 이치라는 심즉리(心卽理)를 주장한다. 둘째, 지(知)와 행(行)의 관계에 있어 주희는 지가 먼저이고 행이 나중이라는 선지후행(先知後行)을 주장한다. 반면, 양명학은 지와 행이 본래 하나라는 지행합일(知行合一)을 주장한다.
120 ⑤   121 ②   122 ④   123 ⑤   124 ①
125 ④   126 ②   127 ④   128 ②   129 ①
130 ①   131 ①   132 ②

05 한국 유교와 도덕적 심성

개념 확인 문제 37쪽

133 (1) ㄱ (2) ㄴ
134 (1) – ㉠ (2) – ㉡
135 (1) 칠정 (2) 이이 (3) 이통기국
136 (1) × (2) × (3) ○

난이도별 필수 기출 38~45쪽

137 거경(居敬): 욕망을 절제하고 도덕적 긴장 상태를 유지하는 것, 궁리(窮理): 사물의 이치를 깊이 탐구하는 것
138 마음을 한군데 집중하여 잡념이 들지 않게 하는 주일무적(主一無適), 몸가짐을 단정하고 엄숙한 태도를 유지하는 정제엄숙(整齊嚴肅), 항상 깨어 있는 정신 상태를 유지하는 상성성(常惺惺)이 있다.
139 ②   140 ⑤   141 ④   142 ②   143 ①
144 ②
145 (1) 이는 형태와 작용이 없는 선의 원리이기 때문에 발하는 것은 기(氣)뿐이고, 발하는 까닭은 이(理)이다.
(2) 이이와 이황은 공통적으로 사덕을 성(性), 사단과 칠정을 정(情)으로 보며, 칠정은 기가 발하여 이가 그것을 타는 것이라고 본다. 또한 경(敬)의 수양을 강조하며, 천리로서의 본성을 보존하고, 인욕을 제거하는 수양을 강조한다.

146 ③ 147 ③ 148 ② 149 ① 150 ⑤
151 ① 152 ④ 153 ① 154 ① 155 ⑤
156 ②
157 ㉠ 영지(靈知) ㉡ 형구(形軀)
158 ④ 159 ② 160 ④ 161 ⑤ 162 ①
163 ④ 164 ⑤ 165 ④ 166 ③ 167 ⑤
168 ② 169 ② 170 ③ 171 ③

06 불교와 자비의 윤리

개념 확인 문제 47쪽

172 연기설
173 (1) – ㉣ (2) – ㉡ (3) – ㉠ (4) – ㉢
174 (1) 유식 (2) 부파
175 (1) ○ (2) ○

난이도별 필수 기출 48~51쪽

176 ④ 177 ⑤ 178 ④ 179 ③ 180 ①
181 고성제(苦聖諦): 인간 삶의 갖가지 고통을 뜻하며, 대표적으로 생로병사가 있음
집성제(集聖諦): 고통이 생기는 원인으로, 무명, 애욕, 삼독이 있음
멸성제(滅聖諦): 집착에서 벗어나 고통이 사라진 상태[해탈, 열반]
도성제(道聖諦): 열반에 도달하기 위한 방법으로, 팔정도와 삼학이 있음
182 ④
183 소승 불교는 개인의 해탈을 중시하여 수행자가 자신의 내면에 몰입하고 사회와 분리된 엄격한 종교성을 추구할 것을 강조하였다. 반면 대승 불교는 중생과 함께하는 대중적인 측면을 강조하여 수행자 자신의 깨달음뿐만 아니라 타인의 깨달음도 중시하였다.
184 ② 185 ② 186 ① 187 ③ 188 ③
189 ④ 190 ④ 191 ③ 192 ③ 193 ⑤
194 ④ 195 ②

07 한국 불교와 화합의 윤리

개념 확인 문제 52쪽

196 (1) 일심 (2) 화쟁 사상
197 (1) × (2) ○

난이도별 필수 기출 53~55쪽

198 ⑤ 199 ④ 200 ④ 201 ① 202 ④
203 ② 204 ④ 205 ⑤ 206 ① 207 ②
208 ③ 209 ② 210 ② 211 ④

08 도가와 무위자연의 윤리

개념 확인 문제 57쪽

212 (1) ㄷ (2) ㄴ (3) ㄱ
213 소국 과민
214 (1) ○ (2) ×
215 (1) 현학 (2) 황로학파

난이도별 필수 기출 58~63쪽

216 ⑤ 217 ④ 218 ① 219 ③ 220 ⑤
221 ④ 222 ② 223 ⑤ 224 ⑤ 225 ③
226 ④ 227 ② 228 ① 229 ① 230 ②
231 ③ 232 ① 233 ⑤ 234 ⑤ 235 ④
236 ① 237 ② 238 ① 239 ① 240 ②
241 ② 242 ④ 243 ④

09 한국 전통 윤리 사상의 근대적 지향성

개념 확인 문제 64쪽

244 (1) ○ (2) ×
245 (1) 동학 (2) 원불교

난이도별 필수 기출 65~67쪽

246 ④ 247 ② 248 ⑤ 249 ⑤ 250 ⑤
251 ④ 252 ① 253 ① 254 ② 255 ③
256 ④ 257 ④

최고수준 도전 기출 (03 ~ 09강) 68~73쪽

258 ① 259 ③ 260 ③ 261 ④ 262 ①
263 ② 264 ⑤ 265 ② 266 ① 267 ④
268 ④ 269 ⑤ 270 ④ 271 ③ 272 ⑤
273 ⑤ 274 ② 275 ③ 276 ⑤ 277 ④
278 ④

10 서양 윤리 사상의 연원

개념 확인 문제 74쪽

279 (1) × (2) ×
280 (1) 소크라테스 (2) 지덕복 합일설

난이도별 필수 기출 75~79쪽

281 ③ 282 ④ 283 ② 284 ⑤ 285 ④
286 ② 287 ④ 288 ③ 289 ③ 290 ④
291 ⑤ 292 ④ 293 ④ 294 ④ 295 ⑤
296 (1) 문답법(산파술)
(2) 참된 앎은 곧 덕이며, 유덕한 사람은 행복한 삶을 살게 된다. 즉, 앎과 덕과 행복은 필연적인 관계로 연결되어 있다.
297 ⑤ 298 ④ 299 ② 300 ③ 301 ①
302 ④ 303 ① 304 ⑤
305 (1) 갑은 트라시마코스, 을은 소크라테스이다.
(2) A: 인간의 감각적 경험이 지식과 도덕의 근원이다.
B: 자연이 아닌 인간에게 학문적 관심을 두어야 한다.
C: 이성이 지식과 도덕의 근원이다.

11 덕 있는 삶과 행복

개념 확인 문제 81쪽

306 이데아
307 (1) ○ (2) × (3) ×
308 (1) 행복 (2) 덕(탁월성) (3) 중용
309 (1) – ㉠ (2) – ㉡

난이도별 필수 기출 82~91쪽

310 ④
311 ㉠ 지혜 ㉡ 용기 ㉢ 절제
312 ① 313 ② 314 ④ 315 ⑤ 316 ③
317 ⑤ 318 ③ 319 ⑤ 320 ⑤ 321 ②
322 ③ 323 ② 324 ④ 325 ① 326 ②
327 ② 328 ③ 329 ② 330 ② 331 ②
332 ⑤ 333 ③ 334 ④ 335 ④ 336 ⑤
337 ④ 338 ③ 339 ② 340 ⑤ 341 ④
342 ② 343 ⑤ 344 ④ 345 ③ 346 ④
347 ② 348 ④ 349 ⑤ 350 ① 351 ①
352 ③ 353 ② 354 ⑤ 355 ②

15개정 교육과정

기출PICK

정답과 해설

윤리와 사상
674제

visang

우리는 남다른 상상과 혁신으로
교육 문화의 새로운 전형을 만들어
모든 이의 행복한 경험과 성장에 기여한다

ABOVE IMAGINATION

우리는 남다른 상상과 혁신으로
교육 문화의 새로운 전형을 만들어
모든 이의 행복한 경험과 성장에 기여한다

기출 PICK

정답과 해설

윤리와 사상

정답과 해설

1 인간의 다양한 특성, 인간 본성에 대한 관점

개념 확인 문제 4쪽

1 (1) 정치적 존재 (2) 윤리적 존재 2 (1) × (2) ○

난이도별 필수 기출 5~7쪽

3 ② 4 ③ 5 ④ 6 ⑤ 7 ③ 8 ⑤
9 ④ 10 ⑤ 11 ④ 12 ⑤ 13 ③ 14 ③
15 (1) 성선설 (2) 맹자 16 ④ 17 ①

3 밑줄 친 '이것'은 윤리이다. 윤리는 인간이 마땅히 지켜야 하는 삶의 도리이며 인간관계의 이치로, 인간은 윤리를 통해 시비, 선악 등을 판단하고 자율적으로 자신의 행동을 규제한다.

4 제시된 글에서 설명하고 있는 인간의 특성은 '유희적 존재'이다. 인간은 생활상의 이해관계를 떠나 삶의 과정에서 재미와 즐거움을 추구하며 다양한 놀이 활동을 하는 존재이다.

개념 보충

인간의 특성

이성적 존재	이성을 통해 자신과 세계에 대해 끊임없이 사유하고 해석하는 존재
사회적 존재	사회적 삶을 통해 인간만의 삶의 양식을 공유하고 발전시키는 존재
정치적 존재	국가를 이루고 개인과 공동체의 문제에 대해 서로 협의하고 조정하는 존재
도구적 존재	자신의 필요에 따라 다양한 유무형의 도구를 만들어 사용하는 존재
유희적 존재	생존이나 삶의 목적 달성을 위한 일 외에 삶의 재미와 즐거움을 추구하는 존재
문화적 존재	언어나 제도뿐 아니라 지식, 가치, 삶의 양식 등을 창조하고 계승하는 존재
종교적 존재	유한한 세계를 넘어 초월적이고 무한한 것을 추구하는 존재
윤리적 존재	스스로 도덕 법칙을 수립·실천하고 윤리적으로 반성하는 도덕적 자율성을 지닌 존재

5 (가)는 윤리적 존재, (나)는 유희적 존재에 대한 설명이다. 인간은 선악을 판단할 수 있는 능력을 갖추고 이를 토대로 마땅히 지켜야 할 도덕규범을 실천하는 윤리적 존재라고 할 수 있다. 또한 생활상의 이해관계를 떠나 놀이를 통해 삶의 재미와 즐거움을 추구하여 자신을 적극적으로 표현하는 유희적 존재라 할 수 있다.

6 제시된 사례에서는 삶의 큰 위기를 겪고 나서 자신의 삶에 대해 돌아보는 A의 태도를 서술하고 있다. 자신의 삶에 대한 책임, 타인을 대하는 태도, 삶의 방향성에 대해 깊이 있게 고찰하는 A의 모습을 통해 반성적 성찰을 통해 도덕적 가치를 추구할 줄 아는 윤리적 존재인 인간의 특성을 엿볼 수 있다.
바로알기 | ①은 도구적 존재, ②는 사회적·정치적 존재, ③은 예술적 존재, ④는 유희적 존재에 대한 설명이다.

7 그림의 강연자는 공자의 제자인 증자가 주장한 '일일삼성(一日三省)'의 가르침을 언급하며, 인간다운 삶을 살아가기 위해서는 자신의 삶을 성찰하여 도덕적 삶을 추구하는 윤리적 존재가 되어야 한다고 강조한다.
바로알기 | ①은 유희적 존재, ②는 도구적 존재, ④는 종교적 존재, ⑤는 문화적 존재에 대한 설명이다.

8 제시된 글에서는 희곡 『파우스트』에서 인간을 타락시킬 수 있다고 자신하는 악마에게 신이 건네는 충고가 서술되어 있다. 착한 인간은 비록 어두운 충동 속에서도 무엇이 올바른 길인지 잘 알고 있다는 신의 말을 통해, 인간은 때로 충동과 유혹에 빠지기도 하지만, 옳고 그름을 판단하여 도덕규범을 만들어 지키는 윤리적 존재임을 추론할 수 있다.

9 제시된 글의 세 사상가는 모두 윤리적 존재로서의 인간의 특성을 강조하고 있다. 소크라테스는 검토되지 않은 삶은 가치가 없음을 주장하며 삶에 대한 성찰의 중요성을 강조한다. 맹자는 인간으로서의 도리를 배우고 실천하는 것이 동물과 다른 인간의 특성임을 강조한다. 칸트는 인간이 자율적으로 도덕 법칙을 수립하며 실천하는 존재임을 강조한다. 이처럼 세 사상가는 공통적으로 인간이 가치 있는 삶에 대해 고민하며 올바른 신념을 실천하는 윤리적 존재임을 주장하고 있다.
바로알기 | ① 제시된 글에서는 주어진 그대로에 순응하는 인간이 아닌, 성찰하고 바람직한 방향을 추구하는 인간의 모습을 강조하고 있다. ②는 유희적 존재, ③은 종교적 존재, ⑤는 도구적 존재에 대한 설명이다.

10 갑은 맹자, 을은 칸트이다. 맹자는 인간으로서 마땅히 추구해야 할 도리를 배우고 실천해야 함을, 칸트는 인간이 자율적으로 수립한 도덕 법칙을 의무로서 실천해야 함을 주장하고 있다. 따라서 갑, 을은 공통적으로 인간으로서 지켜야 할 윤리적 규범을 준수해야 한다는 윤리적 존재로서의 인간의 특성을 강조하고 있다.
바로알기 | ①은 도구적 존재, ②는 문화적 존재, ③은 사회적·정치적 존재, ④는 유희적 존재에 대한 설명이다.

11 제시된 글은 인간이 본성적으로 국가 공동체를 구성하고, 공동체 구성원으로 살아감으로써 자아를 실현하는 사회적·정치적 존재임을 강조하는 아리스토텔레스의 입장이다. 이를 통해 인간은 사회적 존재로서 사회 속에서 온전히 성장하고 삶을 영위할 수 있음을 알 수 있다.
바로알기 | ①은 유희적 존재, ②는 이성적 존재, ③은 도구적 존재, ⑤는 윤리적 존재에 대한 설명이다.

12 제시된 글은 아리스토텔레스의 주장이다. 아리스토텔레스는 인간이 본성적으로 국가를 구성하여 공동체 속에서 살아갈 수밖에 없는 사회적·정치적 존재임을 강조한다.
바로알기 | ①은 유희적 존재, ②는 도구적 존재, ③은 이성적 존재, ④는 윤리적 존재에 대한 설명이다.

13 ㉠에 들어갈 용어는 성악설, ㉡은 성무선악설이다. 성악설은 인간은 이기적이거나 악한 성품을 가지고 태어난다고 본다. 따라서 인간다움을 실현하기 위해서는 교육과 제도와 같은 후천적 노력을 통해 인간의 욕망을 제어하고 교화해야 한다고 본다. 성무선악설은 인간의 본성은 선악으로 결정되어 있지 않으므로, 인간다움을 실현하기 위해서는 주변의 환경과 교육 등 후천적 요인을 적극적으로 활용해야 한다고 본다.

14 인간의 본성을 바라보는 관점은 크게 성선설, 성악설, 성무선악설로 구분할 수 있다. 성선설은 인간이 본래 선한 성품을 타고나지만 욕망이나 환경에 의해 악해질 수 있으므로, 본성을 잘 보존해야 한다는 입장이다. 성악설은 인간은 본래 악한 성품을 가지고 태어나 자신의 이익을 추

구하는 존재이지만 후천적 노력을 통해 선해질 수 있다는 입장이다. 성무선악설은 인간의 본성은 선이나 악으로 결정되지 않았으며 인간 자신의 선택이나 판단, 환경에 따라 선악이 결정될 수 있다는 입장이다.
바로알기 | ① 성선설은 인간이 본래 선한 본성을 타고난다고 본다. ② 성선설을 주장한 대표적 사상가는 맹자, 루소 등이 있다. 로크는 성무선악설을 주장한 대표적 사상가이다. ④ 성악설을 대표하는 사상가인 순자는 교육을 통해 인간의 본성을 교화·변화시켜야 한다고 본다. ⑤ 성무선악설은 인간의 도덕성에 있어 후천적 환경의 중요성을 강조한다.

15 **모범 답안** (1) 성선설 (2) 맹자

16 갑은 고자, 을은 맹자이다. 고자는 인간의 본성이 선악으로 결정되어 있지 않으며, 교육이나 환경 등 후천적인 요인에 의해서 선악이 결정된다고 본다. 맹자는 모든 사람에게 선한 본성의 단서인 사단(四端)이 있으며, 선한 본성을 확충하기 위해 도덕적인 수양이 필요하다고 본다. 따라서 ㄴ, ㄹ의 질문에 대해 고자는 부정, 맹자는 긍정의 대답을 할 것이다.
바로알기 | ㄱ은 고자는 긍정, 맹자는 부정의 대답을 할 질문이다. 고자는 인간의 본성이 선악으로 결정되어 있지 않다는 성무선악설을 주장하고, 맹자는 인간이 선한 본성을 타고난다고 본다. ㄷ은 고자는 긍정, 맹자는 부정의 대답을 할 질문이다. 고자는 인간의 도덕적 성품은 후천적인 산물이라고 보고, 맹자는 인간이 도덕적 성품을 선천적으로 가지고 태어난다고 본다.

17 고자는 성무선악설, 맹자는 성선설을 주장하고 있으나, 두 사상가는 모두 도덕적 삶을 살기 위해서는 후천적인 노력이 필요하다고 본다. 고자는 인간의 본성이 선천적으로 결정되는 것이 아니라 후천적으로 결정되는 것이므로 후천적인 노력이 필요하다고 본다. 맹자는 인간이 선한 본성을 가지고 있다고 하더라도 잘못된 욕망이나 환경의 영향으로 악한 행위를 할 수 있으므로 지속적인 수양이 필요하다고 본다.
바로알기 | ②는 고자와 맹자 모두 부정의 대답을 할 질문이다. ③, ⑤는 고자는 긍정, 맹자는 부정의 대답을 할 질문이다. ④는 고자는 부정, 맹자는 긍정의 대답을 할 질문이다.

2 윤리 사상과 사회사상

난이도별 **필수 기출**   9~11쪽

20 ⑤	21 ①	22 해설 참조	23 ①	24 ③
25 ③	26 ②	27 ④	28 ③	29 ②	30 ①
31 해설 참조		32 ⑤	33 ⑤	34 ⑤

20 ㉠에 들어갈 말은 윤리 사상이다. 윤리 사상은 인간의 도덕적 삶과 행위에 관한 생각을 이론적으로 체계화한 것으로, 자아의 발견과 성찰, 도덕 문제의 해결에 도움을 준다. 또한 바람직한 삶의 목적과 방향을 정하는 데 도움을 준다.
바로알기 | ㄴ. 윤리 사상은 개인의 잘못과 실수를 정당화하기 위해 존재하는 것이라고 할 수 없다. 오히려 윤리 사상은 자신의 잘못과 실수를 반성하고 성찰할 수 있도록 도움을 주는 역할을 한다.

21 ㉠에 들어갈 말은 윤리 사상이다. 윤리 사상은 도덕적 행동의 판단 근거를 제공하며, 바람직한 삶의 모습과 자아 탐색의 기회를 제공할 수 있기 때문에 인간의 삶에서 반드시 필요하다.
바로알기 | ㄷ, ㄹ은 사회사상의 중요성에 대한 설명이다.

개념 보충

윤리 사상과 사회사상

윤리 사상	인간의 도덕적 삶과 행위에 대한 체계적인 생각 예 동양의 유교·불교·도가 사상, 서양의 의무론, 공리주의 등
사회사상	사회 현상을 설명하고 해석하여 바람직한 사회의 모습과 이를 실현하는 방법을 제시하는 체계적인 생각 예 자유주의, 공화주의, 민본주의, 민주주의, 자본주의, 사회주의 등

22 **모범 답안** 도덕적 행동 지침과 도덕적 판단 근거를 제공하고, 바람직한 삶의 목적과 방향을 정하는 데 도움을 줄 수 있다.

23 사회사상은 바람직한 사회의 모습과 그것을 구현하고 운영하는 방법에 대한 체계적인 생각을 의미한다. 이러한 사회사상은 이상적인 사회의 모습을 제시하고, 사회의 바람직한 발전 방향을 모색하도록 도움을 줄 수 있으므로 반드시 필요하다.
바로알기 | ㄷ. 사회사상은 사회를 항상 낙관적으로만 전망하는 것이 아니라 오히려 사회 문제를 비판하고 해결하는 데 도움을 준다. ㄹ. 사회사상은 사회의 모습을 평가할 수 있는 기준을 제시한다.

24 사회 문제를 해결할 수 있는 지침을 제공하는 사회사상에는 대표적으로 공화주의, 자유주의, 사회주의, 세계 시민주의, 민본주의, 자본주의 등이 있다. 공화주의는 공적인 삶과 공공성을 중시하며, 자유주의는 부당한 간섭으로부터 개인의 자유를 수호하고자 한다. 세계 시민주의는 전 인류를 보편적 가치와 권리를 지닌 시민으로 간주하며, 민본주의는 백성을 나라의 근본으로 여기는 사상이다.
바로알기 | ③ 사회주의는 사유 재산 제도를 바탕으로 하는 것이 아니라 사유 재산 제도의 폐지를 주장한다.

25 제시된 학습 주제 A는 사회사상이다. 사회사상은 바람직한 사회의 모습과 그것의 구현 방법 및 운영 방안에 대한 체계적인 사유로, 자유주의, 공동체주의, 사회주의 등이 있다. 사회사상은 이상 사회에 대한 이론적 토대를 제공하고, 사회의 모습에 대한 분석이나 비판을 하게 하며 현실 사회를 정당화하기도 한다.
바로알기 | ③ 사회사상은 바람직한 사회의 모습을 제시한다는 점에서 가치 중립적인 것이 아니라 가치 지향적인 특징을 가지고 있다.

26 ㉠에 들어갈 말은 사회사상이다. 사회사상은 현재 사회의 모습을 진단하고 평가할 수 있는 틀을 제공하고, 이상 사회의 모습을 설계하는 데 도움을 준다. 또한 현실 사회가 지닌 잘못과 모순을 진단할 수 있도록 돕고, 공적인 삶의 영역에서 마주하는 딜레마를 해결해 나가는 데 도움을 준다.
바로알기 | ② 사회사상은 사회와 독립된 개인의 삶의 방식이 아니라 공동체의 일원으로서 개인의 삶의 방식을 제시한다.

27 밑줄 친 '이것'은 사회사상이다. 사회사상은 바람직한 이상 사회의 모습을 제시하고, 사회 제도나 정책의 옳고 그름을 판단하고 해석하는 틀을 제공한다. 또한 공동체의 일원으로서 개인의 삶의 방식을 제시하면서도 다양한 사회 문제의 잘못을 파악하고 개선할 수 있는 기준을 제시한다.
바로알기 | ④ 사회사상은 단일한 관점이 아니라 다양한 관점을 토대로 현실 사회를 정당화하는 역할을 하기도 한다.

28 사회사상에는 대표적으로 자유주의, 공화주의, 민주주의, 자본주의, 세계 시민주의 등이 있다. 자유주의는 개인의 자유와 권리의 보장을 최우선으로 하는 반면, 공화주의는 사적인 삶보다 공적인 삶에 관심을 가지고 시민들이 공공의 일에 참여해야 함을 강조한다. 자본주의는 사유 재산과 시장 경제를 기반으로 하는 이윤 추구를 강조하고, 세계 시민주의는 전 인류를 보편적 가치와 권리를 지닌 시민으로 간주한다.
바로알기 | ③ 민주주의 사회에서는 투표를 통해 대표자를 선출할 뿐만 아니라 시민들이 공공 정책에 직접 참여함으로써 정치적 의사를 표현하기도 한다.

29 ㉠에 들어갈 말은 사회사상이다. 사회사상은 사회적인 논쟁의 핵심을 보다 분명하게 이해할 수 있도록 돕고, 공동체 구성원으로서 개인이 해야 할 일에 대한 이해를 제공해 줄 수 있다.
바로알기 | 을. 사회사상은 가치 지향적인 관점에서 사회를 평가할 수 있는 틀을 제공한다. 정. 사회사상은 현실 사회의 요구를 토대로 바람직한 사회의 모습을 설계한다.

30 윤리 사상은 인간의 도덕적 삶과 행동에 대한 체계적인 생각이며, 사회사상은 바람직한 사회의 모습과 그러한 사회를 운영하는 방법에 대한 체계적인 생각이다. 윤리 사상은 행복한 삶을 살 수 있는 가치 기준을 제시하고, 가치 있는 삶에 대한 윤리적 성찰의 기회를 제공한다. 사회사상은 현실 사회의 모습을 정당화하거나 비판하는 기준을 제시해 준다.
바로알기 | ① 이상 사회 구현을 위한 대안을 마련해 주는 것은 사회사상의 역할이다.

31 **모범 답안** 상호 보완적 관계를 이루고 있다.

32 제시된 글의 사상가는 아리스토텔레스이다. 아리스토텔레스는 훌륭한 국가가 되려면 국정에 참여하는 시민들이 훌륭해야 함을 강조한다. 즉, 바람직한 사회를 만들기 위한 사회사상과 윤리적인 시민을 만들기 위한 윤리 사상이 긴밀하게 연결되어 있음을 주장하는 것이다. 또한

아리스토텔레스는 인간이 국가를 형성하고 운영하는 정치적 존재이며, 국가는 바람직한 시민 없이는 제대로 운영되지 않으므로 개인의 도덕성과 공동체의 도덕성이 밀접하게 관련되어 있다고 주장한다.
바로알기 | ㄱ. 아리스토텔레스에 따르면 윤리 사상과 사회사상은 긴밀하게 연결되어 있다.

33
아리스토텔레스는 인간을 정치적 존재로 보기 때문임 •

> 가장 좋은 정치의 형태는 가장 좋은 사람들에 의해 통치되는 것이다. 이것은 사람들이 뛰어난 선을 지니고, 지배자와 피지배자 모두 그들의 역할을 수행하기에 적합할 때 이룩될 수 있다. 좋은 사람으로서의 선과 좋은 시민으로서의 선은 같아야 한다. 따라서 사람이 선을 이루는 것과 똑같은 방식과 수단으로 정의로운 국가를 건설해야 한다는 결론에 도달한다. • 윤리 사상과 사회사상의 상호 연관성을 알 수 있음

제시된 글은 아리스토텔레스의 주장이다. 아리스토텔레스는 덕을 갖춘 훌륭한 시민에 의해 정의로운 국가가 형성된다고 본다. 이를 통해 훌륭한 시민에게 필요한 윤리 사상과 바람직한 시민을 위해 필요한 사회사상이 밀접하게 관련되어 있음을 알 수 있다. 즉, 아리스토텔레스의 주장을 통해서 인간의 인격 완성과 이상 국가 실현은 별개가 아님을 추론할 수 있다.
바로알기 | ⑤ 제시된 글을 통해서 윤리 사상과 사회사상은 서로 무관한 독립된 학문 영역이 아니라 상호 보완적인 관계에 있음을 알 수 있다.

34 제시된 글의 ㉠은 윤리 사상, ㉡은 사회사상이다. 윤리 사상은 어떤 행동이 도덕적으로 옳고 그른 행동인지 구분함으로써 인간의 윤리적 삶을 위한 도덕 기준을 마련하는 역할을 한다. 사회사상은 현실 사회 모습을 정당화하거나 비판하는 기준을 제시하고, 사회 구성원들이 사회를 바라보는 다양한 관점을 형성하게 함으로써 이상 사회의 실현을 추구하는 데 도움을 준다.
바로알기 | ⑤ 윤리 사상은 개인을 도덕적으로 만든다는 점에서 중요하고, 사회사상은 사회를 보다 바람직한 방향으로 이끄는 데 기여한다는 점에서 중요하다.

최고 수준 도전 기출 (01 ~ 02강)

12~13쪽

35 ⑤	36 ①	37 ④	38 ②	39 ④	40 ①
41 ⑤	42 ②				

35 제시된 글은 공자의 제자인 증자(증삼)가 강조한 일일삼성(一日三省)에 대한 설명이다. 증자는 매일 타인을 위하는 삶의 태도를 가졌는지, 친구 관계에서 진심을 다했는지, 스승의 가르침을 제대로 익혔는지에 대해 반성함으로써 자신의 마음가짐과 행동에 대해 스스로 성찰하고 수양해야 함을 강조하였다.
바로알기 | ①은 실존주의에서 강조하는 삶의 태도이다. ②는 중세 기독교 사상에서 강조하는 삶의 태도이다. ③은 도가 사상에서 강조하는 삶의 태도이다.

36 제시된 글에서는 다른 동물들과 달리 자연 조건으로부터 보호받을 수 있는 털이나 자연적 공격 기관, 도망가기에 적합한 신체를 가지고 있지 않은 인간이 자연 속에서 살아남기 위해 기울인 다양한 노력을 서술하고 있다. 이를 통해 인간은 자연을 활용하기 위해 도구를 개발하는 도구적 존재인 동시에 언어, 기술, 삶의 양식 등 문화를 개발하는 문화적 존재임을 알 수 있다.
바로알기 | ㄴ. 제시된 글에서는 구원을 얻기 위해 초월적 절대자에게 귀의하는 종교적 존재의 모습이 나타나 있지 않다. ㄹ. 제시된 글에서는 반성적 성찰을 통해 도덕적 삶의 가치를 추구하는 윤리적 존재의 모습은 찾아보기 어렵다.

37 고대 동양 사상가 갑은 맹자, 을은 고자이다. 맹자는 인간이 선한 도덕성으로 인해 우물에 빠지려는 아이를 보면 불쌍히 여겨 측은지심을 발휘하게 되고, 아이를 구하려고 한다고 본다. 이를 통해 맹자는 모든 사람이 선한 본성을 타고나며 사단(四端)이 인간의 선한 본성을 증명하는 단서라고 주장한다. 반면 고자는 인간의 본성이 선악으로 결정되어 있지 않다고 보고, 교육과 환경과 같은 후천적인 요소로 인해 선악이 형성되는 것이라고 주장한다. 따라서 '인간에게 선천적으로 선한 도덕성이 갖추어져 있는가?'라는 질문에 대해 갑은 긍정, 을은 부정의 대답을 할 것이다.
바로알기 | ①은 갑, 을이 모두 긍정의 대답을 할 질문이다. 맹자는 선한 본성을 유지하는 노력을 통해, 고자는 후천적으로 선한 도덕성을 갖추기 위한 노력을 통해 누구나 선한 행위를 할 수 있다고 본다. ②는 갑은 부정, 을은 긍정의 대답을 할 질문이다. 맹자는 선이 타고난 본성에 의한 것이라고 보고, 고자는 선이 후천적으로 형성된 것이라고 본다. ③은 갑, 을 모두 부정의 대답을 할 질문이다. 타고난 인간의 본성을 인위를 통해 변화시켜야 한다고 주장하는 것은 성악설을 주장한 순자이다. ⑤는 갑, 을 모두 부정의 대답을 할 질문이다. 맹자는 인간의 본성이 선하다고 보고, 고자는 인간의 본성이 결정되어 있지 않다고 본다.

38 갑은 맹자, 을은 고자이다. 맹자는 물이 항상 위에서 아래로 흘러내려 가듯 모든 인간의 본성이 선하다고 주장한다. 다만 맹자는 인간의 본성이 선하지만 잘못된 욕구나 환경으로 인해 악한 행위를 할 수 있으므로 본성을 확충할 수 있는 수양이 필요하다고 본다. 고자는 물에 동서의 구분이 없어 어느 쪽으로 터 주느냐에 따라 흐르는 방향이 결정되듯 인간의 본성은 선악으로 결정되어 있지 않다고 주장한다.
바로알기 | ① 악한 본성의 교화를 주장하는 것은 순자이다. ③은 맹자의 입장이다. ④는 순자의 입장이다. ⑤는 고자만의 입장이다.

39 (가)의 동양 사상가 갑은 고자, 을은 맹자이다. 고자는 물의 흐름에 동서의 구분이 없는 것처럼 인간의 본성도 선악으로 정해지지 않았다는 성무선악설을 주장한다. 맹자는 물이 위에서 아래로 흐를 수밖에 없는 것처럼 인간의 본성도 본래적으로 선하다는 성선설을 주장하며, 선한 본성을 유지하고 확충하기 위한 노력이 필요하다고 본다. 고자와 맹자는 모두 인간이 환경에 의해 악행을 저지를 수 있다고 본다.

바로알기 | ㄷ. 수양을 통해 악한 본성을 선하게 변화시켜야 한다는 것은 성악설을 강조한 순자의 주장이다.

40 ㉠에 들어갈 말은 윤리 사상, ㉡은 사회사상이다. 윤리 사상은 어떻게 사는 것이 바람직하고 좋은 삶인가에 대한 체계적인 생각으로 자아의 발견과 성찰, 도덕 문제의 해결에 주된 도움을 준다. 사회사상은 사회적 삶에서 나타나는 현상에 대한 해석과 바람직한 사회에 대한 체계적인 생각을 말하며, 사회를 진단하고 평가하는 역할을 한다. 윤리 사상과 사회사상은 서로 영향을 주고받는 상호 의존적이고 보완적인 관계이다.
바로알기 | ㄴ은 사회사상, ㄷ은 윤리 사상에 대한 설명이다.

41 (가)는 윤리 사상, (나)는 사회사상이다. 윤리 사상은 '바람직한 삶은 무엇인가?'와 같은 물음을 다루며, 인간의 도덕적 삶과 행위에 관한 생각을 이론적으로 체계화한 것이다. 사회사상은 '바람직한 사회 또는 좋은 사회란 무엇인가?'라는 물음을 다루며, 다양한 사회 문제를 비판하고 개선할 수 있는 기준을 제공한다.
바로알기 | ⑤ 윤리 사상과 사회사상은 상호 대립적 관계가 아니라 상호 의존적이고 보완적인 관계를 이루고 있다.

42 제시된 글은 아리스토텔레스의 주장이다. 아리스토텔레스는 훌륭한 국가에는 지혜와 윤리적 결단을 가진 시민들이 있어야 함을 강조하며, 훌륭한 시민과 훌륭한 국가는 긴밀하게 연결되어 있음을 강조한다. 이를 통해 개인의 도덕성과 공동체의 도덕성이 밀접하게 관련되어 있으며, 사회사상의 구현이 각 개인의 윤리적 측면과 긴밀한 관계에 있음을 추론할 수 있다.
바로알기 | ㄴ. 제시된 글에 따르면 개인의 가치 판단과 사회의 가치 판단은 상호 영향을 주고받는 관계에 있다. ㄷ. 제시된 글에 따르면 정의로운 사회 구조와 도덕적인 삶은 서로 연결되어 있다.

동양 윤리 사상의 연원 ~ 인의 윤리(1)

개념 확인 문제   15쪽

43 (1) × (2) ○ (3) ○   **44** (1) – ⓛ (2) – ⓘ (3) – ⓒ
45 (1) 사단 (2) 맹자 (3) 항산   **46** (1) ㄴ (2) ㄷ

난이도별 필수 기출

16~27쪽

47 ②	48 ⑤	49 ①	50 ④	51 ⑤	52 ④
53 ④	54 해설 참조		55 ④	56 ⑤	57 ②
58 ③	59 ①	60 ④	61 ③	62 해설 참조	
63 ①	64 ④	65 해설 참조		66 ②	
67 해설 참조		68 ②	69 ④	70 ②	71 ⑤
72 해설 참조		73 해설 참조		74 ⑦ 항산 ⓛ 항심	
75 ③	76 ①	77 ②	78 ②	79 ③	80 ①
81 ②	82 ⑤	83 ⑤	84 해설 참조		
85 해설 참조		86 ④	87 ⑤	88 ⑤	89 ⑤
90 ④	91 ②	92 ②	93 ③	94 ⑤	95 ②
96 ①	97 ②	98 ④	99 ⑤		

47 ① 도가에서는 인간을 소박한 본성을 지닌 존재로 보며, 자연에 따라 사는 소박한 삶을 강조한다. ③ 동양에서는 일찍이 집단적 노동력을 필요로 하는 농경 중심 사회를 형성하였기 때문에 공동체 윤리를 중시하였다. ④ 단군 신화에는 자연과 하나가 되고자 하는 천인합일 의식과 하늘에 대한 숭배[경천사상]가 담겨 있다. ⑤ 유교에서는 인간을 위로는 자연이 만물을 생성하는 마음을 이어받고, 아래로는 하늘이 부여한 이치를 실현해야 하는 중간자적 존재로 보았다.
바로알기 | ② 동양에서는 우주 만물을 독립적 실체가 아니라 모든 존재가 상호 의존적으로 살아가는 하나의 유기체라고 본다.

48 (가) 사상가는 노자이다. 노자는 인(仁)과 예(禮)와 같은 인위적인 가치가 인간의 소박한 본성을 그르친다고 보고, 분별적 지혜에서 벗어나 우주와 자연의 질서에 순응하는 무위자연의 삶을 살아갈 것을 제시하였다.
바로알기 | ① 노자는 인(仁)과 예(禮)를 인위적인 규범으로 보고, 이를 버려야 한다고 주장한다. ②는 법가의 입장에 해당한다. ③은 불교의 입장에 해당한다. ④는 맹자의 입장에 해당한다. 노자는 인간 본성에 선(善)의 실마리가 내재해 있다고 보지 않는다.

49 제시된 글은 대표적인 동양 고전 중 하나인 『주역』의 핵심 내용을 설명하고 있다. 『주역』에서는 세상을 하나의 유기적 전체로 이해하고, 세상 만물은 조화로운 관계를 맺고 있다고 파악한다. 이러한 관점은 유교의 세계관에 영향을 주었다.
바로알기 | 세 번째 특징: 『주역』의 영향을 받은 동양 윤리 사상은 인간을 자연보다 우월한 존재로 보지 않으며, 인간과 자연의 조화로운 관계를 강조한다.

50 (가)는 유교 사상, (나)는 불교 사상에 해당한다. 유교와 불교는 모두 유기체적 세계관을 바탕으로 자연 만물이 상호 유기적으로 연결되어 있다고 본다.

바로알기 | ① 맹자는 유교 사상가로 (나)와 관련이 없다. ③ 유교와 불교 모두에 해당하지 않는 내용이다. 불교에서는 연기의 법을 깨달을 때 윤회의 고통에서 벗어나 해탈에 이를 수 있다고 본다. ⑤ 유교와 불교 모두 자연을 인간을 위한 도구로 여기지 않는다.

51 ⑦ 동양 사회는 일찍부터 농경 중심의 사회를 형성하였기 때문에 집단적 노동력을 필요로 했고 자연의 영향을 크게 받았다. 이로 인해 가족을 중심으로 공동체를 형성하였고, 자연의 운행과 변화 질서에 큰 관심을 기울였다. ⓛ 유교, 불교, 도가·도교 윤리는 동양 윤리 사상의 근간으로 자리 잡으며 동양의 사유 체계를 이끌었다. ⓒ 유교는 인(仁)의 윤리를 바탕으로 개인의 도덕적 인격 수양과 도덕적 실천을 강조하였고, ⓔ 불교는 수행을 바탕으로 참된 진리를 깨달아 자비의 윤리를 실천할 것을 주장하였다.
바로알기 | ⑩ 도가 사상은 대규모 공동체를 지향하지 않는다. 특히 노자는 나라의 규모가 작고 백성의 수가 적은 소국 과민 사회를 이상 사회로 제시하였다.

52 (가)는 유교 사상, (나)는 불교 사상, (다)는 도가 사상에 해당한다. ㄴ. 위로는 깨달음을 구하고 아래로는 중생을 구제하는 삶을 추구하는 것은 불교가 제시하는 이상적 인간상이다. ㄹ. 유교, 불교, 도가 사상 모두 수양을 통해 타고난 본성을 실현하고자 한다.
바로알기 | ㄱ. 유교에서는 하늘을 자연 그 자체로만 파악하지 않고, 도덕적 원리로서 파악한다. ㄷ. 도가 사상가인 장자는 만물을 차별하고 구별하는 의식에서 벗어나 절대적인 도의 관점에서 만물을 평등하게 바라보아야 한다고 주장한다.

53 (가)는 불교 사상, (나)는 유교 사상, (다)는 도가 사상에 해당한다. 불교, 유교, 도가 사상 모두 인간과 자연이 더불어 살아가는 공생의 관계라고 보고, 만물은 유기적 관련성을 맺고 조화롭게 존재한다고 본다. 따라서 ㄴ, ㄹ의 질문에 대해 긍정의 대답을 할 것이다.
바로알기 | ㄱ. 유불도 사상 모두 인간을 자연의 주인으로 보지 않고, 인간을 자연과 더불어 살아가는 존재라고 본다. ㄷ. 불교에서는 세상 만물이 원인과 결과의 관계를 맺고 존재한다고 보므로, ㄷ의 질문에 대해 부정의 대답을 할 것이다.

54 **모범 답안** 유교는 인(仁)을 바탕으로 자신을 수양하며 동시에 타인을 사랑하는 삶을 사는 군자를 추구한다. 불교는 위로는 깨달음을 구하고 아래로는 중생을 구제하며 자비를 베푸는 보살을 이상적 인간상으로 제시한다. 도가는 일체의 대립과 구별을 넘어서 정신적 자유의 경지에 오른 인간(진인, 신인, 천인, 지인)을 이상적 인간상으로 제시한다.

55 한국 윤리 사상의 연원이라고 할 수 있는 고조선의 건국 신화와 무속 신앙 등에는 널리 인간을 이롭게 한다는 인본주의 정신, 화합과 조화를 중시하는 정신, 하늘을 존경의 대상으로 삼아 숭배하는 경천(敬天)사상의 정신 등이 담겨 있다.
바로알기 | ㄷ. 한국 윤리 사상은 현실에서 도덕적 인간과 사회를 구현하고자 하는 현세 지향적인 가치관을 특징으로 한다.

56 제시된 신화는 한국의 건국 신화인 단군 신화이다. 환웅이 인간 세상에 뜻을 두고 인간 세상을 널리 이롭게 하고자 했다는 내용은 한국 윤리 사상의 인본주의 정신, 자주적인 주체 의식, 홍익인간의 정신 등을 보여 준다. 또한 환웅과 웅녀의 결합은 하늘과 인간을 연결하는 천인합일의 정신을 보여 준다.

바로알기 | ⑤ 자연을 정복의 대상으로 보는 태도는 한국 윤리 사상의 특징이라고 할 수 없다. 오히려 단군 신화를 통해 알 수 있는 한국 윤리 사상의 특징은 인간과 자연의 화합을 추구하는 조화의 정신이다.

57 단군 신화에는 평화와 인류애를 지향하는 인본주의 정신, 서로를 이롭게 하고자 하는 홍익인간의 정신, 하늘과 땅, 신과 인간의 화합을 추구하는 조화 정신, 하늘을 성스럽게 여겨 하늘과 인간 세상을 연결하고자 하는 경천사상 등이 담겨 있다.
바로알기 | ② 한국 윤리 사상에는 승자와 패자를 뚜렷하게 구분하는 경쟁의 논리가 아닌 함께 더불어 살아가는 조화의 논리가 담겨 있다.

58 단군 신화에 나타난 환웅과 웅녀의 결합은 하늘과 인간, 자연과 인간의 합일을 염원하는 화합과 조화의 정신을 보여 준다. 또한 유불도의 내용이 결합된 형태를 보이는 풍류도 역시 한국 윤리 사상이 갖는 융합과 통합의 정신을 보여 준다.

59 (가)는 한국 윤리 사상의 연원 중 하나인 무속 신앙, (나)는 고조선의 건국 신화이다. 한국 무속 신앙과 고조선의 건국 신화는 인간 삶의 안녕과 복을 기원하며, 인간을 중시하는 인본주의 사상, 하늘을 공경하고 숭배하는 경천(敬天)사상, 자연과 인간을 연결하는 화합과 조화 정신, 도덕적 삶을 실현하고자 하는 염원과 공동체 의식 등이 담겨 있다.
바로알기 | ① 무속 신앙과 단군 신화에 담긴 한국 윤리 사상의 특징은 내세 지향적인 가치관이 아니라 현세 지향적인 가치관이다.

60 제시된 주장을 한 고대 동양 사상가는 공자이다. 공자는 인(仁)을 바탕으로 개인의 사욕을 극복하고 진정한 예를 회복할 것을 강조하였다.
바로알기 | ① 공자는 자신보다 남의 인격 완성을 위해 먼저 헌신해야 한다고 주장하지 않는다. 오히려 자기 자신의 인격을 수양한 후 다른 사람을 이롭게 할 수 있다고 본다. ② 공자는 초월적 존재에 의존해야 함을 주장하지 않는다. ③ 공자는 예(禮)가 지나치게 형식화 된 것을 비판하며, 진정한 예를 회복할 것을 강조하였다. ⑤ 공자는 통치자가 도덕과 예의로 백성을 교화하는 덕치를 주장하였다.

61 제시된 주장을 한 고대 동양 사상가는 공자이다. 공자는 덕치(德治)를 주장하며, 백성을 도덕으로 지도하고 예로 규제해야 한다고 보았다. 공자는 각자가 자신의 신분과 직책에 맞게 행동하는 정명(正名)을 덕치 실현의 기본 조건으로 보았고, 자신의 수양에 힘쓰고 다른 사람을 편안하게 해 주고자 애쓰는 사람인 군자를 이상적 인간상으로 제시하였다.
바로알기 | ㄱ. 공자는 인과 예를 통해 본성을 바꿀 것을 주장하지 않았다. ㄹ. 공자는 도덕규범에 구애받지 않는 인간관계를 주장하지 않았으며, 진정한 예를 회복하여 사회적 질서를 세우고자 하였다.

62 **모범 답안** (1) 조금의 속임이나 꾸밈도 없이 자신의 정성을 다하는
(2) 서(恕)

63 제시된 대화에서 ㉠에 들어갈 말은 인(仁), ㉡은 예(禮)이다. 공자는 인을 인간다움의 본질을 이루는 사랑의 정신이자, 사회적 존재로서 완성된 인격체의 인간다움이라고 보았다. 또한 공자에게 있어 예는 외면적 사회 규범을 의미한다.
바로알기 | ㄷ. 예는 인의 정신을 담고 있는 외면적인 사회 규범에 따라 행동하는 것이다. ㄹ. 인은 외적 규범이 아니라 인간의 내면적 도덕성이다.

64 제시된 주장을 한 사상가는 공자이다. 공자는 나라를 다스리는 사람은 재화가 적은 것보다 분배가 고르지 못한 것을 걱정해야 한다며, 경제적 분배의 형평성을 고려하였다. 또한 사회적 혼란을 극복하기 위해서는

명분을 바로잡는 정명(正名)이 이루어져야 한다고 보았다. 나아가 공자는 인(仁)을 실천하는 구체적인 방법으로 내가 원하지 않는 것은 남에게도 행하지 않는 서(恕)의 자세를 강조하였고, 자신을 수양하여 타인을 편안하게 해 주는 수기안인(修己安人)의 자세를 강조하였다.
바로알기 | ④ 공자가 주장하는 인(仁)은 친소의 구별이 있는 차별적 사랑이다.

개념 보충

공자의 인(仁)과 예(禮)	
인 (仁)	• 인간됨의 본질을 이루는 사랑의 정신이자, 사회적 존재로서 완성된 인격체의 인간다움, 인간의 내면적 도덕성 • 기본적 덕목으로 효제(孝悌)를, 구체적 실천 방법으로 충서(忠恕)를 제시 • 친소(親疏)의 구별이 있는 사랑 ↔ 묵자의 겸애(兼愛)
예 (禮)	• 인의 정신을 담고 있는 외면적 사회 규범 • 예(禮)의 지나친 형식화에 반대하고 인을 바탕으로 한 진정한 예의 회복을 강조

65 **모범 답안** 자신의 마음을 미루어 다른 사람의 마음을 헤아리는 것이다.

66 제시된 대화의 스승은 공자이다. 공자는 사욕을 극복하고 진정한 예를 회복하는 것, 즉 극기복례(克己復禮)하는 것이 인(仁)이라고 보았다.
바로알기 | ① 공자는 예를 통한 본성의 변화를 주장하지 않는다. ③ 나와 남을 무조건적으로 똑같이 사랑할 것을 강조한 사상가는 묵자이다. 공자는 친소의 구별이 있는 차별적 사랑을 주장하였다. ④ 공자의 예(禮)는 본성이 아니라 외면적인 사회 규범에 해당한다. ⑤는 장자의 입장에 해당한다.

67 **모범 답안** (1) 공자
(2) 각자가 자신의 신분과 지위에 알맞은 역할을 수행하는 것이다.

68 (가)를 주장한 사상가는 공자이다. 공자는 자기중심적인 태도에서 벗어나 서(恕)의 자세로 자신의 마음을 미루어 타인의 마음을 헤아릴 것을 강조한다. 또한 자신의 행동이 타인에게 어떠한 영향을 미칠지 헤아리고, 자신의 행동이 다른 사람을 나와 동등하게 대우하는 것인지 고려할 것을 주장한다.
바로알기 | ㄱ. 공자는 도덕적인 삶을 실현하기 위해서는 타인의 마음을 헤아려야 한다고 주장한다. ㄹ. 공자는 내가 원하지 않는 것은 남에게도 행하지 않는 서(恕)의 자세를 강조한다. 의견이 다를 경우 나의 의견으로 통일시키려 하는 태도는 이러한 서(恕)의 자세로 보기 어렵다.

69 제시된 대화의 스승은 공자이다. 공자는 인(仁)을 실천하는 자세로 ㄱ. 내가 하기 싫은 일을 남에게도 시키지 말라는 '서(恕)'의 자세와 ㄹ. 사람을 대하거나 일을 할 때 조금의 속임이나 허식이 없이 정성을 다해 임하라는 '충(忠)'의 자세를 강조하였다. 또한 ㄷ. 인(仁)을 실천하는 기본적인 덕목으로 부모에게 효도하고 형제간에 우애 있게 지내라는 효제(孝悌)를 제시하였다.
바로알기 | ㄴ. 공자의 인은 모든 사람을 차별 없이 사랑하는 겸애(兼愛)와 달리 존비친소를 구별하는 사랑이다.

70 (가)를 주장한 사상가는 공자이다. 공자는 내면의 도덕성인 인(仁)을 실현하기 위해 개인의 사욕을 극복하고 예를 회복해야 한다고 보았고, 자신의 신분과 직책에 맞는 권한을 행사하고 의무를 수행해야 한다는 정명(正名)을 강조하였다. 또한 형벌보다는 도덕과 예의로써 통치하는 덕치를 주장하며, 모든 사람이 더불어 잘 사는 대동 사회를 이상 사회로 제시하였다.

바로알기 | ② A에는 공자가 부정의 대답을 할 질문이 들어가야 한다. 공자는 '사회 혼란의 원인을 도덕적 타락으로 보는가?'라는 질문에 대해 긍정의 대답을 할 것이므로, A가 아닌 B에 들어가야 한다.

71

```
       ┌─● 측은지심                          ┌─● 수오지심
┌──────────────────────────────────────────────────────┐
│ 측은해하는 마음이 없으면 사람이 아니고, 잘못을 부끄러워하고 미  │
│ 워하는 마음이 없으면 사람이 아니며, 사양하는 마음이 없으면 사  │
│ 람이 아니고, 시비를 가리는 마음이 없으면 사람이 아니다. 진실로  │
│ 이 네 가지 마음을 계발하여 채워갈 수 있다면, 온 세상을 보호할  │
│ 수 있다.          └─● 시비지심                 사양지심 ●─┘│
└──────────────────────────────────────────────────────┘
```

제시된 주장을 한 사상가는 유교 사상가인 맹자이다. 맹자는 사단(四端)을 근거로 인간에게 선천적으로 선한 도덕심이 갖추어져 있다고 보지만, 환경적 요인에 의해 악한 행위를 저지를 수 있다고 본다.
바로알기 | ①은 고자의 입장에 해당한다. ②, ③ 맹자는 인간이 선한 본성을 가지고 태어난다고 주장한다. ④ 맹자는 교화를 통한 본성의 변화를 주장하는 것이 아니라 선한 본성을 잘 유지할 것을 강조한다.

72 [모범 답안] 측은지심(惻隱之心), 수오지심(羞惡之心), 사양지심(辭讓之心), 시비지심(是非之心)

73 [모범 답안] (1) 측은지심(惻隱之心), 남을 불쌍히 여기는 마음
(2) 수오지심(羞惡之心), 불의를 부끄러워하고 미워하는 마음

74 [모범 답안] ㉠ 항산(恒産) ㉡ 항심(恒心)

75 제시된 주장을 한 고대 동양 사상가는 맹자이다. 맹자는 백성들의 실생활과 경제적 안정을 돌보는 것이 도덕 정치의 중요한 목적이라고 보았다. 또한 인간에게는 측은지심이 있어 선한 도덕심이 선천적으로 구비되어 있다고 보고, 이러한 선한 본성을 잘 유지하기 위해서는 욕심을 적게 가져야 한다고 주장하였다. 나아가 도덕적 수양을 통해 호연지기(浩然之氣)의 도덕적 기개를 갖출 때 대장부(大丈夫), 대인(大人)과 같은 이상적 인간상에 이를 수 있다고 보았다.
바로알기 | ③ 맹자는 본성의 변화를 주장하지 않는다. 맹자는 양지와 양능을 바탕으로 타고난 도덕적 마음을 잘 간직하고 기르며 확충할 것을 강조한다.

76 가상 대화의 고대 동양 사상가는 맹자이다. 맹자는 도덕적 기개를 갖추기 위해서는 의로운 일을 꾸준히 실천하여 쌓는 집의(集義)를 통해 타고난 도덕심인 사단을 지속적으로 확충해 나가야 한다고 주장한다.
바로알기 | ㄷ. 맹자에게 사단(四端)은 선천적으로 가지고 있는 도덕적 마음이지 도덕적 실천을 통해 후천적으로 형성되는 것이 아니다. ㄹ. 맹자는 타고난 선한 본성을 잘 유지하고 기르기 위해 노력할 것을 강조한다.

77

```
         ● 선비와 같은 군자는 경제적 안정이 없어도
           도덕적 마음을 유지할 수 있다고 봄
┌──────────────────────────────────────────────────────┐
│ 항산이 없어도 항심을 지니는 것은 오직 선비만이 할 수 있는 일이  │
│ 다. 일반 백성은 항산이 없으면 항심을 지닐 수 없다. 항심이 없으  │
│ 면 방탕하고 편벽되며 간사하고 사치스러워져서 못하는 짓이 없게  │
│ 된다. 그렇기 때문에 명군은 백성들의 생업을 관장할 때 반드시 위  │
│ 로는 부모를 봉양하고 아래로는 처자식을 부양하기에 부족함이 없  │
│ 게 해 준다.                                             │
└──────────────────────────────────────────────────────┘
```

제시된 주장을 한 고대 동양 사상가는 맹자이다. 맹자는 인간이 선천적으로 양지와 양능을 가지고 태어난다고 보며, 이러한 능력을 바탕으로

본래 지니고 있는 선한 도덕심을 확충해야 한다고 주장한다. 또한 옳은 일을 꾸준히 실천하여 쌓는 집의(集義)를 통해 호연지기의 도덕적 기개를 길러야 한다고 주장하며, 이러한 상태에 이른 사람을 대인 또는 대장부라고 불렀다. 나아가 인(仁)에 기초한 왕도 정치를 주장하며, 민본주의적 혁명론을 제시하였다.
바로알기 | ②는 순자의 주장에 해당한다. 맹자는 인간의 본성을 교화하는 것이 아니라 확충해야 한다고 주장한다.

78 ① 공자는 개인의 사욕을 극복하고 진정한 예를 회복하는 극기복례를 강조한다. ③ 맹자는 인간은 누구나 '남에게 차마 어찌하지 못하는 마음'인 불인인지심(不忍人之心)을 갖추고 있다고 보며, 이러한 도덕적 마음에 바탕을 두고 정치가 이루어져야 한다고 주장한다. ⑤ 공자와 맹자는 모두 통치자가 덕을 갖추고, 백성들의 경제적 안정을 돌보는 정치를 해야 한다고 강조한다. 특히 ④ 맹자는 경제적 안정인 항산이 없어도 도덕적 마음인 항심을 유지할 수 있는 대장부 또는 대인이 나라를 통치해야 한다고 본다.
바로알기 | ② 공자의 인(仁)이 존비친소에 입각한 사랑이라고 비판한 것은 묵자이다. 공자는 인이 가까운 사람에서부터 타인으로 나아가는 점진적 사랑이라고 보았으며, 그 실천 방법으로 효제를 제시하였다.

79 (가)는 공자, (나)는 맹자의 사상이다. 공자는 임금은 임금답고, 신하는 신하다워야 한다고 주장하며 각자가 자신의 지위와 직책에 맞는 권한을 행사하고 의무를 수행하는 정명(正名)을 강조한다. 이러한 정명론은 유교적 통치의 이념적 기초의 역할을 한다. 맹자는 인(仁)에 기초한 왕도 정치를 강조하며, 백성의 입장에서 정치를 실현하는 민본주의를 주장한다. 또한 백성들은 경제적 안정인 항산(恒産)이 있어야 도덕적 마음인 항심(恒心)을 유지할 수 있다고 보고, 통치자는 경제적 안정을 도모해야 한다고 강조한다. 나아가 맹자는 백성을 저버린 군주는 교체될 수 있다고 보는 민본주의적 혁명론을 제시한다.
바로알기 | ③ 맹자의 사상은 성악설이 아니라 성선설을 바탕으로 한다.

80 갑은 공자, 을은 맹자이다. 공자는 통치자의 덕성과 예의에 의한 교화를 추구하는 덕치(德治)를 주장하며, 군주가 먼저 인격을 닦은 후에 백성을 다스려야 한다는 수기이안인을 강조하였다. 맹자는 인의(仁義)의 덕으로 나라를 나스리는 왕노 정치를 주상하였으며, 백성의 경제적 안정인 항산을 보장하는 것이 왕도 정치의 시작이라고 보았다.
바로알기 | ㄷ. 민의에 바탕을 둔 역성혁명을 주장한 사상가는 공자가 아니라 맹자이다. ㄹ. 공자와 맹자 모두 형법에만 의지하는 통치에 반대한다.

81 고대 동양 사상가 갑은 공자, 을은 맹자이다. 공자는 군주가 먼저 인격을 닦아 어진 마음으로 백성을 다스려야 한다고 주장한다. 맹자는 사람이면 누구나 남에게 차마 어찌하지 못하는 마음인 불인인지심을 가지고 태어난다고 본다.
바로알기 | ① 공자는 본성의 변화를 강조하지 않는다. ③은 맹자가 아닌 노자의 입장에 대한 설명이다. ④ 공자와 맹자 모두 통치자가 백성을 덕으로써 다스려야 한다고 본다. ⑤ 맹자만이 정명에 근거한 역성혁명을 주장하였다.

82 고대 동양 사상가 갑은 공자, 을은 맹자이다. 공자는 군주가 백성들을 덕(德)으로 인도하고 예(禮)로써 가지런히 해야 한다고 주장한다. 맹자는 군주가 불인인지심(不忍人之心)의 도덕적 마음에 바탕을 두고 백성을 다스리는 정치를 주장하며, 제 역할을 하지 못하는 군주는 교체될 수 있다는 역성혁명을 주장한다.

바로알기 | ① 공자는 임금에 대한 맹목적 복종을 충신의 자세로 보지 않는다. ② 맹자는 일정한 생업이 먼저 있어야 변치 않는 도덕적 마음이 있을 수 있다고 보며, 백성의 경제적 안정을 강조한다. ③은 공자와 맹자 모두에게 해당하는 설명이다. ④는 맹자에게만 해당하는 설명이다.

83 제시된 주장을 한 고대 동양 사상가는 순자이다. 순자는 인간의 본성이 악하다는 성악설을 주장하면서도, 인간에게는 인의(仁義)를 알 수 있는 도덕적 인식 능력이 있기 때문에 교육과 수양을 통해 악한 본성을 교화할 수 있다고 본다.
바로알기 | 순자는 ① 인간은 누구나 동일한 본성을 가지고 태어난다고 보고, ②, ③ 예(禮)를 통해 본성을 회복하거나 확충하는 것이 아니라 인위적인 노력을 통해 악한 본성을 변화시켜야 한다고 본다. 또한 ④ 이기적 인간을 다스리기 위해 강력한 법치가 아니라 예(禮)로써 다스리는 예치(禮治)를 강조한다.

84 **모범 답안** 예를 바탕으로 후천적인 노력을 기울임으로써, 악한 본성을 변화시켜 선하게 만드는 것

85 **모범 답안** 순자. 인간의 타고난 성정(性情)은 악하며, 사람이 선하게 되는 것은 인위적인 노력의 결과라는 성악설을 주장한다.

86 제시된 주장을 한 고대 동양 사상가는 순자이다. 순자는 인간의 본성이 악하다는 성악설(性惡說)을 주장하며, 성인(聖人)에 의해 제정된 인위적 규범인 예(禮)를 바탕으로 후천적인 노력을 통해 본성을 변화시켜야 한다고 강조한다.
바로알기 | ㄱ. 순자는 자연적 본성에 따라 살 것을 주장하지 않으며, 타고난 악한 본성을 그대로 방치하면 갈등과 혼란을 피할 수 없기 때문에 인위적 노력을 통해 본성을 변화시켜야 한다고 주장한다. ㄷ은 노자의 입장에 해당한다.

개념 보충

인간의 본성에 대한 관점

성선설	• 인간의 본성이 선천적으로 선하다고 보는 입장 • 환경적 요인과 사욕의 추구로 잃어버린 선한 본성을 회복시키는 수양을 강조함 • 대표 사상가 : 맹자
성악설	• 인간의 본성이 선천적으로 악하다고 보는 입장 • 인위적인 노력과 학습을 통해 악한 본성을 변화시켜 선하게 만드는 수양을 강조함 • 대표 사상가 : 순자
성무선악설	• 인간의 본성이 선 또는 악으로 정해져 있지 않다고 보는 입장 • 환경적 요인과 개인의 선택에 의해 선악이 결정되므로 선으로 향할 수 있도록 하는 수양이 필요함 • 대표 사상가 : 고자

87 제시된 주장을 한 동양 사상가는 순자이다. 순자는 인간의 본성이 본래 악하다는 성악설을 주장하며, 성인이 제정한 예(禮)를 바탕으로 하여 인간의 악한 본성을 교화해야 한다고 보았다. 또한 예를 통해 국가를 다스리는 예치를 강조하며 타고난 신분보다는 덕과 능력을 갖춘 사람이 높은 관직과 사회적 지위를 차지해야 한다고 보았고, 사람들이 분수에 맞게 자신의 몫을 추구하도록 예에 따라 분배해야 한다고 보았다.
바로알기 | ⑤ 순자는 국가를 다스릴 때 예를 기준으로 귀천과 상하를 명확히 구분해야 사회 질서를 바로잡을 수 있다고 보았다.

88 제시된 글의 사상가는 순자이다. 순자는 인간이 본래 이익을 좋아하고 남을 질투하며 미워하는 존재라고 본다. 따라서 사회적 재화는 한

정되어 있으므로 인간의 본성을 있는 그대로 방치하면 다툼과 사회적 혼란이 발생할 수밖에 없다고 주장한다.
바로알기 | ①은 한비자의 입장에 대한 설명이다. ② 순자는 성악설의 입장을 취하므로, 천리의 보존을 주장하지 않는다. ③ 순자는 사람이 선한 일을 하는 것은 인위적인 노력의 결과라고 본다. ④는 묵자의 입장에 대한 설명이다.

89
• 인간의 본성이 악하다고 봄   선왕이 제정한 예(禮)를 통해 • 본성을 교화할 수 있음

> 군자와 소인의 본성(性)은 다르지 않다. 그들은 모두 이익을 좋아하고 손해를 싫어한다. 그럼에도 군자를 귀하게 여기는 것은 그가 성을 교화하고 인위를 일으킬 수 있기 때문이다[化性起僞].

제시된 주장을 한 사상가는 순자이다. 순자는 자연의 일과 인간의 일은 구분[天人分二]해야 한다고 보는 입장을 취하며, 인간의 능동적인 측면을 강조하였다. 또한 인간의 타고난 성정이 악하다고 보고, 예(禮)를 통해 본성을 교화해야 한다고 주장한다. 더불어 덕의 유무에 따라 사회적 지위를 정하고, 능력을 헤아려 관직을 맡겨야 한다고 보면서 타고난 신분보다 능력과 업적을 강조한다.
바로알기 | 두 번째 입장: 순자가 주장하는 예(禮)는 백성들이 직접 제정하는 것이 아니라 고대의 선왕과 성인이 제정한 것이다.

90 고대 동양 사상가 갑은 맹자, 을은 순자이다. 맹자는 인간이 선한 본성을 타고난다고 본다. 따라서 맹자는 〈사례〉의 A에 대해 타고난 선한 도덕적 마음을 발현하여 목숨을 버리고 의(義)를 실현할 수 있었다고 평가할 것이다. 반면, 순자는 인간이 악한 본성을 타고난다고 본다. 따라서 순자는 〈사례〉의 A에 대해 예(禮)를 바탕으로 후천적인 수양을 통해 악한 본성을 변화시킨 결과라고 평가할 것이다.
바로알기 | ① 맹자는 타고난 성정의 변화를 주장하지 않는다. ③은 불교의 입장에 해당한다. ④는 도가의 입장에 해당한다. ⑤는 맹자에게만 해당하는 내용이다.

91 고대 동양 사상가 갑은 순자, 을은 맹자이다. 순자는 인간의 타고난 성정이 악하다고 보기 때문에 인위적 노력을 통해 본성을 변화시켜야 한다고 주장한다. 반면, 맹자는 타고난 본성이 선하다고 보기 때문에 본성을 잘 간직하고 길러 가야 한다고 주장한다. 따라서 갑은 을에게 인간이 이기적이며 악한 본성을 가지고 있음을 모르고 있다고 비판할 수 있다.
바로알기 | ① 순자는 인간 본성을 악으로, 맹자는 선으로 규정하고 있다. ③, ④는 맹자의 입장에서 순자에게 제기할 수 있는 비판이다. ⑤는 순자가 제기할 수 없는 비판이다. 순자는 예의가 인위적인 노력에 의해 후천적으로 형성되는 것이라고 본다.

92 그림의 고대 동양 사상가 갑은 맹자, 을은 순자이다. 맹자와 순자 모두 사람은 누구나 동일한 본성을 가지고 태어난다고 본다. 다만, 맹자는 인간의 타고난 본성이 선하다고 보는 반면, 순자는 인간의 본성이 악하다고 보고, 사람이 선해질 수 있는 것은 타고난 본성 때문이 아니라 인위적인 수양과 교화의 결과라고 본다.
바로알기 | ㄴ. 맹자는 인간의 본성 자체가 선하다고 주장한다. ㄷ. 순자는 모든 욕망의 제거를 주장하지 않는다. 다만, 예에 따라 무절제한 욕망을 균형 있게 조절해야 함을 강조한다.

93 고대 동양 사상가 갑은 맹자, 을은 순자이다. 맹자는 선천적인 도덕심인 사단을 확충함으로써 도덕적 사회를 실현할 수 있다고 주장한다. 순자는 타고난 악한 본성을 수양을 통해 변화시킴으로써 도덕 공동체를

실현할 수 있다고 주장한다. 따라서 '본성을 확충해서 도덕적 사회를 실현할 수 있는가?'라는 질문에 대해 맹자는 긍정, 순자는 부정의 대답을 할 것이다.

바로알기 | ①, ⑤는 맹자와 순자 모두 긍정의 대답을 할 질문이다. ②는 맹자는 부정, 순자는 긍정의 대답을 할 질문이다. ④는 맹자와 순자 모두 부정의 대답을 할 질문이다.

94 고대 동양 사상가 갑은 공자, 을은 순자이다. 공자는 인간다움의 본질인 인(仁)을 실현하고, 군주가 백성을 덕(德)으로써 다스릴 때 혼란한 시대 상황 속에서도 도덕 공동체를 이룩할 수 있다고 주장한다. 순자는 타고난 악한 본성을 수양을 통해 변화시키고, 예(禮)를 바탕으로 나라를 질서 있게 다스릴 때 혼란한 시대 상황 속에서도 도덕 공동체를 이룩할 수 있다고 주장한다.

바로알기 | ① 공자는 존비친소의 구별이 있는 차별적 사랑을 주장한다. ② 공자는 규범을 부정하지 않으며, 예와 같은 사회 규범을 중시한다. ③ 순자는 공자, 맹자와 달리 하늘을 물리적인 자연 현상으로 보고, 자연 현상과 인간의 일은 구분되어야 한다고 주장한다. 즉, 인간 본성을 하늘이 부여한 것이라고 보지 않는다. ④ 순자는 능력과 업적에 따라 관직을 맡겨야 한다고 주장한다.

95 ① 공자는 당시 춘추 전국 시대의 사회적 혼란의 원인이 개인의 도덕적 타락에 있다고 보고, 진정한 인간다움인 인(仁)을 실현하고자 하였다. ③, ④ 맹자는 통치자가 덕에 근거하여 나라를 다스려야 하며, 백성들의 경제적 안정을 보장할 때 백성들이 도덕성을 유지할 수 있다고 주장하였다. ⑤ 순자는 인간의 본성이 악하다고 보고 이를 예(禮)로써 교화해야 한다는 화성기위를 주장하였다.

바로알기 | ② 공자는 존비친소의 구별이 있는 차별적 사랑인 인(仁)을 강조하였다.

96 공자, 맹자, 순자는 공통적으로 수양과 같은 노력을 통해 도덕적인 삶을 살아가고, 나아가 도덕적인 공동체를 실현할 수 있다고 본다.

바로알기 | ① 공자와 맹자가 동의하지 않을 내용이다. 순자는 인간이 태어날 때부터 이익을 좋아하여, 이러한 본성을 그대로 방치하면 반드시 다툼이 일어난다고 본다. ② 세 사상가 모두 도덕 공동체 형성을 통치의 지향점으로 삼는다. ④는 공자와 맹자가 동의하지 않을 내용이다. 공자와 맹자는 타고난 덕보다 제도적 규범을 더 강조하지 않는다. ⑤는 맹자에게만 해당하는 내용이다.

97 고대 동양 사상가 갑은 순자, 을은 맹자, 병은 고자이다. 순자는 인간이 본래 이익을 좋아하고, 남을 미워하고 질투하는 존재라고 본다. 따라서 이러한 성정을 그대로 방치하면 반드시 다툼과 혼란이 발생한다고 본다. 맹자는 인간이 본래 선한 도덕심을 가지고 태어나며, 본성에 내재한 사단을 수양을 통해 확충해 나가야 한다고 주장한다. 고자는 인간은 오직 생존과 생식의 욕구만 가지고 태어나며, 선악은 후천적인 요인에 의해 결정된다고 본다.

바로알기 | ① 순자는 덕이 선천적으로 주어져 있다고 보지 않는다. ③은 묵자의 입장에 해당한다. ④는 순자의 입장에만 해당한다. ⑤ 고자는 인간 본성이 선악으로 정해져 있지 않다고 보므로, 인간 본성을 회복해야 한다고 주장하지 않는다.

98 고대 동양 사상가 갑은 공자, 을은 맹자, 병은 순자이다. 공자는 군주가 내면적 덕성을 갖추고, 도덕과 예의로 백성을 다스리는 덕치(德治)를 강조한다. 맹자는 타고난 도덕적 마음을 바탕으로, 인(仁)에 기초하여 백성을 다스리는 왕도(王道) 정치를 강조한다. 순자는 인위적인 노력을

통해 악한 본성을 선하게 변화시켜 덕을 갖춘 후, 예(禮)를 바탕으로 백성을 다스리는 예치(禮治)를 강조한다. 세 사상가는 공통적으로 군주가 자신의 인격을 닦은 후에 백성을 다스려야 한다고 본다.

바로알기 | ①, ③은 맹자의 입장에 대한 설명이다. ② 맹자는 내면의 도덕적 마음에 바탕을 둔 인에 기초한 왕도(王道) 정치를 강조한다. ⑤ 공자, 맹자, 순자는 모두 물리적 규제를 앞세우는 정치를 추구하지 않는다.

99 제시된 주장을 한 고대 동양 사상가는 고자이다. 고자는 인간의 본성이 선이나 악으로 정해져 있지 않으며, 환경적인 요인과 개인의 선택에 의해 선악이 결정된다고 본다. 반면, 맹자는 인간이 선한 본성을 타고난다고 보며, 순자는 인간이 악한 본성을 타고난다고 본다. 따라서 고자는 맹자와 순자에게 본성이 선이나 악으로 정해져 있는 것이 아님을 모르고 있다고 비판할 수 있다.

바로알기 | ①은 고자가 제기할 비판으로 적절하지 않다. 또한 맹자는 내면적 본성의 확충을 간과하지 않는다. ② 맹자는 인간의 욕구를 악이라고 보지 않는다. ③ 순자는 본성의 변화 가능성을 간과하지 않는다. ④는 본성의 선함을 주장하지 않는 고자가 제기할 비판으로 적절하지 않다.

개념 보충

선진 유가 사상

구분	입장	공통점
공자	• 도덕적 원리로서의 하늘 강조 • 인간은 내면적 덕성을 지닌 존재라고 봄 • 정명(正名), 덕치(德治) 강조	• 욕구 절제 강조 • 도덕 공동체 지향 • 군주의 수기안인의 자세 강조 • 누구나 수양을 통해 성인이 될 수 있음
맹자	• 선한 성품을 부여하는 하늘 강조 • 성선설(性善說): 인간의 본성이 선하다고 봄 • 왕도(王道) 정치, 민본주의적 혁명론 강조	
순자	• 하늘의 일과 인간의 일을 구분 • 성악설(性惡說): 인간의 본성이 악하다고 봄 • 화성기위, 예치(禮治) 강조	

04 인의 윤리(ㄹ)

개념 확민 문제   28쪽

100 (1) 성즉리 (2) 이기론   **101** (1) ○ (2) ×

난이도별 필수 기출   29~35쪽

102 ③	103 해설 참조	104 ②	105 ⑤	106 ③
107 ②	108 ②	109 ④	110 ③	111 ②
112 해설 참조		113 ⑤	114 ③	115 ①
116 해설 참조		117 ②	118 해설 참조	
119 해설 참조		120 ⑤	121 ②	122 ④	123 ⑤
124 ①	125 ④	126 ②	127 ④	128 ②	129 ①
130 ①	131 ①	132 ③		

102 성리학의 사상 체계를 완성한 주희는 사물과 마음속에 모두 하늘의 이치인 천리가 반영되어 있고, 인욕을 제거하여 천리를 보존해야 한다는 존천리거인욕을 주장한다. 또한 사물의 이치를 탐구한 뒤 이를 바탕으로 도덕적 실천으로 나아갈 것을 강조하며, 이에 따라 효도의 이치를 궁구한 뒤에 그 이치에 따라 효도해야 한다고 본다. 나아가 도덕적 행위의 실천을 위해서는 감정과 욕구를 조절해야 한다고 본다.
바로알기 | ③ 주희는 본연지성은 순선하지만 기질지성은 선악이 혼재되어 있다고 본다.

103 모범 답안 본연지성이란 성을 구성하는 이(理)만을 지칭하는 것으로 우주 자연으로부터 부여받은 순선한 본성이다. 기질지성이란 현실에서 변화하는 기질의 영향을 받아 나타나는 본성으로 선악이 혼재되어 있다.

104 제시된 주장을 한 사상가는 주희이다. 주희는 인간에게 주어진 선한 본성이 곧 우주 만물의 보편 법칙인 이(理)라는 성즉리를 주장하며, 모든 만물의 존재와 현상을 이와 기의 결합으로 설명하는 이기론을 주장한다. 이(理)는 사물의 본질을 가리키는 무형의 이치로서 우주 만물의 근본 원리이자 도덕 법칙이며, 기(氣)는 유형의 재료로서 이가 현상으로 드러나기 위한 힘이다. 주희에 따르면 이와 기는 논리적으로 분명하게 구분되는 이기불상잡(理氣不相雜)의 관계이지만, 사물에서는 별개로 분리될 수 없는 이기불상리(理氣不相離)의 관계에 있다.
바로알기 | ② 주희에 따르면 모든 존재와 현상은 이와 기의 결합으로 되어 있으므로 이와 기는 실제 사물 안에서 서로 떨어질 수 없다.

105 제시된 주장을 한 동양 사상가는 주희이다. 주희는 ㄴ. 수양을 통해 기질의 탁함을 바로잡아야 마음의 이가 온전히 실현된다고 본다. 또한 ㄷ. 모든 사람의 본연지성은 동일하지만 기질지성은 사람마다 맑고 흐린 정도의 차이가 존재한다고 본다. 따라서 나아가 ㄹ. 정(情)은 마음의 이(理)인 성(性)이 사물에 감응하여 나타나는 것이라고 본다.
바로알기 | ㄱ. 마음의 이치는 사물의 이를 탐구함으로써 형성되는 것이 아니라 선천적으로 주어지는 것이다.

106 제시된 주장을 한 동양 사상가는 주희이다. 주희는 하늘의 이치가 만물에 부여되면 성(性)이 된다고 보고, 마음에 부여된 하늘의 이치인 성을 본연지성과 기질지성으로 구분하여 설명하였다.

바로알기 | 주희에 따르면 ① 성이 없는 사물도 없고, 기가 없는 사물도 없으며, ② 사물마다 이는 공통성이 있지만 기는 서로 다르다. 또한 ④ 형체와 운동성을 지닌 것은 기(氣)이고, 이(理)는 만물을 낳는 무형의 원리이다. 나아가 ⑤ 모든 존재와 현상은 이와 기의 결합으로 이루어지기 때문에 이와 기는 서로 떨어질 수 없는 관계이다.

107 제시된 주장을 한 동양 사상가는 주희이다. 주희는 마음이 성(性)과 정(情)을 통괄하고 주재한다는 심통성정(心統性情)을 주장하였다.
바로알기 | ① 실생활에 도움이 되는 학문을 추구하는 것은 실학이다. 주희에 따르면 ③ 만물을 구성하는 재료는 기(氣)이며, ④ 이와 기는 서로 떨어져 단독으로 존재할 수 없다. 또한 주희는 ⑤ 도덕 법칙이 내재된 사물의 이치를 궁구하고 배움으로써 도덕적 앎을 이루어 나가야 한다고 주장한다.

108 제시된 주장을 한 중국 사상가는 주희이다. 주희는 인간에게 선천적으로 갖추어진 선한 본성은 하늘로부터 부여받은 이치(理)라는 성즉리(性卽理)를 주장하였다. 또한 모든 만물이 이와 기의 결합으로 이루어진다는 이기론을 주장하며, 이는 만물의 근본 원리이고, 기는 만물을 이루는 재료라고 보았다.
바로알기 | ㄴ. 주희는 사람마다 차이가 나는 것은 기질에서 비롯된다고 보고, 사람마다 기질의 맑고 흐린 정도에 차이가 있다고 본다. 또한 올바른 사람이 되려면 기질을 맑게 변화시켜야 한다고 주장한다. ㄹ. 주희는 기질지성에는 선악이 혼재되어 있다고 본다. 완전한 선 그 자체의 본성은 본연지성이다.

109 제시된 주장을 한 동양 사상가는 주희이다. 주희는 이치는 본래 하나이지만 현상적으로 나뉘어 달라진다는 '이일분수(理一分殊)'를 주장하였다. 그는 맹자의 성선설을 계승하여 인간에게는 선천적인 도덕적 직관 능력인 양지가 내재해 있다고 보았고, 도덕 법칙에 대한 앎과 도덕적 실천이 함께 발전해 나가며 서로 일치할 때 이상적 인간상에 도달할 수 있다고 보았다.
바로알기 | 두 번째 관점: 주희는 사물의 이치와 마음의 천리의 근원이 다르지 않다고 본다. 네 번째 관점: 주희는 도덕적 행위를 하려면 기질을 통해 드러나는 감정과 욕구를 바로잡아야 한다고 주장한다.

110 밑줄 친 '나'는 왕수인이다. 왕수인은 바르지 못한 마음을 바로잡아 타고난 마음의 양지를 실현하는 '격물치지(格物致知)'의 수양을 강조하며, 이를 통한 도덕성의 구현을 강조하였다.
바로알기 | ① 왕수인은 인간 본성을 본연지성과 기질지성으로 구분하여 설명하지 않는다. 그는 마음이 곧 이치라는 심즉리(心卽理)를 주장한다. ② 왕수인은 본성의 변화를 주장하지 않으며, 순선한 마음의 유지를 강조한다. ④ 왕수인은 사실에 입각한 진리 탐구의 자세를 강조하지 않는다. 그는 마음에 있는 양지를 자각하고 그대로 따르는 '치양지(致良知)'를 강조한다. 왕수인에 따르면 ⑤ 양지는 학습과 경험 등의 후천적 요인으로 획득되는 것이 아니라 선천적으로 타고나는 것이다.

111 (가)를 주장한 사상가는 왕수인이다. 왕수인은 마음 밖에 이치가 없고 마음 밖에 사물이 없다고 보며, 마음이 곧 이치라는 심즉리(心卽理)를 주장하였다. 따라서 마음 밖에서 이치를 찾지 말고, 내 마음을 바로잡아 타고난 양지(良知)를 발휘함으로써 도덕성을 회복시키는 것이 중요하다고 보았다.
바로알기 | ① 왕수인은 마음 밖에 이치가 없다고 보았다. ③ 왕수인은 모든 사물의 이치는 마음속에 존재한다고 보았다. 따라서 마음 밖의 사물에서 이치를 궁구할 것을 주장하지 않는다. ④ 왕수인은 지와 행은 본래

별개가 아니라 하나라고 주장하며 선후를 나눌 수 없다고 보았다. ⑤ 왕수인은 선악의 분별에서 벗어날 것을 주장하지 않는다. 마음의 본체인 양지(良知)는 시비와 선악을 즉각적으로 분별하고 실천할 수 있는 능력을 의미한다.

112 모범 답안 (1) 치양지(致良知)
(2) 바르지 못한 마음을 바로잡아 타고난 마음의 양지를 실현하는 것

113 제시된 주장을 한 동양 사상가는 왕수인이다. 왕수인은 육구연의 심학(心學)을 계승하며, 내 마음의 양지가 곧 천리라는 심즉리(心卽理)를 주장하였다. 그는 마음 밖에 이치가 없고 마음 밖에 사물이 없다고 보며, 사물의 이치나 이론적 지식을 쌓기보다 사욕을 제거하고 바르지 못한 마음을 바르게 하는 격물(格物)을 통해 내 마음의 양지를 그대로 발현[치양지(致良知)]할 것을 강조하였다.
바로알기 | ⑤는 격물치지에 대한 주희의 입장을 설명한 것이다.

114 제시된 글의 사상가는 왕수인이고, '어느 사상가'는 주희이다. 왕수인은 마음이 곧 천리라고 보는 심즉리(心卽理)를 주장하며, 모든 이치와 사물은 마음속에 존재한다고 본다. 따라서 성을 곧 천리(天理)라고 보는 주희의 성즉리(性卽理)에 대해 마음과 이치를 둘로 분리시키는 잘못을 범하고 있다고 비판할 수 있다.
바로알기 | ①은 왕수인이 제기할 비판이 아니다. 왕수인은 마음 안에서 인의의 덕을 찾는다. ② 주희는 마음의 본체가 성이라고 보므로, 주희에게 제기할 수 없는 비판이다. ④ 주희는 마음이 성과 정을 주재한다고 보므로, 주희에게 제기할 수 없는 비판이다. ⑤ 주희는 마음 밖의 사물의 존재를 인정하고, 사물의 이치를 탐구해야 한다고 본다.

115 제시된 주장을 한 동양 사상가는 왕수인이다. 왕수인은 우리 마음에 이미 양지가 선천적으로 내재해 있다고 보며, 양지의 자각과 실천을 강조하였다.
바로알기 | 왕수인은 ② 지행(知行)에는 선후(先後)가 없다고 보며, 지와 행이 하나라고 보는 지행합일(知行合一)을 주장하고, ③ 양지가 학습을 통해 획득되는 것이 아니라, 선천적으로 주어지는 것이라고 본다. 또한 ④ 모든 사물과 이치는 마음속에 존재한다고 주장하며 마음 밖에는 사물도 이치도 없다는 심외무물(心外無物), 심외무리(心外無理)를 제시한다. 나아가 그는 ⑤ 마음 밖의 이치의 존재를 부정한다.

116 모범 답안 격물치지(格物致知)란 무엇인가요?

117 격물치지(格物致知)에 대한 주희와 양명의 입장을 비교하는 문제이다. 주희는 '격물(格物)'을 사물에 나아가 그 이치를 탐구하는 것으로 해석하였다. 반면, 양명은 '격물(格物)'을 바르지 못한 마음을 바로잡는 것이라고 해석하였다.
바로알기 | ㄴ. 지와 행을 선후를 나눌 수 없는 하나로 보는 것은 양명의 입장이다. 주희는 지와 행의 선후를 논하자면 지가 먼저이고, 경중을 논하자면 행이 중요하다고 보았다. ㄹ. 지와 행이 서로 영향을 주어 함께 발전해 나간다는 지행병진(知行竝進)을 제시한 사상가는 주희이다. 주희는 지와 행의 관계가 두 발이 서로 앞서거니 뒤서거니 번갈아 내딛는 것과 같다고 설명한다. 반면, 양명은 지와 행은 본래 별개가 아니라 하나이기 때문에 선후와 경중을 논할 수 없다고 주장한다.

118 모범 답안 주희는 격물치지(格物致知)를 사물에 나아가 그 이치를 탐구하여 나의 앎을 극진히 하는 것이라고 해석한다. 반면, 왕수인은 바르지 못한 마음을 바로잡아 내 마음의 양지를 구체적이고 적극적으로 실현하는 것이라고 해석한다.

119 모범 답안 첫째, 성리학은 인간의 선한 본성이 곧 우주 만물의 보편 법칙인 이(理)라는 성즉리(性卽理)를 주장한다. 반면, 양명학은 인간의 마음이 곧 이치라는 심즉리(心卽理)를 주장한다. 둘째, 지(知)와 행(行)의 관계에 있어 주희는 지가 먼저이고 행이 나중이라는 선지후행(先知後行)을 주장한다. 반면, 양명학은 지와 행이 본래 하나라는 지행합일(知行合一)을 주장한다.

개념 보충

성리학과 양명학 비교

성리학	양명학
성즉리(性卽理): 성이 곧 천리 → 모든 만물은 각자의 이치를 가지고 있음	심즉리(心卽理): 마음이 곧 이치 → 모든 만물의 이치는 내 마음 속에 존재함
격물치지: 사물에 나아가 이치를 탐구하여 나의 앎을 극진히 하는 것	격물치지: 바르지 못한 마음을 바로잡아 마음의 양지를 실현하는 것
선지후행(先知後行): 선후를 논하면 지가 먼저이고 행이 나중임	지행합일(知行合一): 지는 행의 시작이고, 행은 지의 완성임 → 지와 행은 본래 별개가 아니라 하나임

• 맹자의 성선설 계승
• 존천리거인욕의 수양 강조
• 수양을 통해 누구나 성인이 될 수 있다고 봄
• 도덕적 앎에 그치지 않고 도덕적 실천을 강조

120 갑은 주희, 을은 왕수인이다. 주희는 격물(格物)을 사물에 나아가 그 이치를 궁구하는 것으로 해석한다. 반면 왕수인은 마음 밖에는 이치가 없다고 보기 때문에 격물(格物)을 마음의 양지를 실현하는 것이라고 해석한다. 따라서 '격물(格物)은 사물에 이르러 그 이치를 궁구하는 것인가?'라는 질문에 대해 갑은 긍정, 을은 부정의 대답을 할 것이다.
바로알기 | ①은 주희는 부정, 왕수인은 긍정의 대답을 할 질문이다. ②는 왕수인이 긍정의 대답을 할 질문이다. ③은 주희와 왕수인 모두 부정의 대답을 할 질문이다. 두 사상가 모두 양지는 후천적으로 형성되는 것이 아니라 선천적으로 주어지는 것이라고 본다. ④는 주희와 왕수인 모두 부정의 대답을 할 질문이다. 주희는 경중(輕重)을 따지자면 실천이 더 중요하다고 보며, 왕수인은 앎과 실천이 본래 하나라고 본다.

121 갑은 주희, 을은 왕수인이다. ㄱ. 주희는 앎과 실천에 선후가 있다고 보며, 선지후행(先知後行)을 주장하였다. ㄷ. 주희는 인간의 선한 본성에 선천적으로 내재한 천리가 곧 성(性)이라고 보며, 천리(天理)는 만물의 근본 원리이자 도덕 법칙이라고 보았다. 따라서 도덕적 행위 근거를 천리에서 찾고 있다고 할 수 있다. 왕수인은 마음이 곧 이치라고 보며, 마음이 곧 천리이고 성(性)이라고 주장한다. 따라서 왕수인에게 있어서도 도덕적 행위 근거는 마음, 즉 천리에 있다고 할 수 있다.
바로알기 | ㄴ. 왕수인은 모든 사물과 이치가 내 마음속에 존재한다고 본다. 따라서 부모를 섬기는 이치는 부모에게 있는 것이 아니라 내 마음속에 있는 것이다. ㄹ. 사물의 이치를 탐구하여 앎을 극진히 하는 수양을 통해 성인(聖人)에 이르고자 하는 것은 주희이다. 왕수인은 마음 밖에 사물도 이치도 없다고 보기 때문에 사물의 이치를 탐구하는 공부를 주장하지 않는다.

122 중국 사상가 갑은 왕수인, 을은 주희이다. 왕수인은 모든 만물의 이치는 도덕 주체인 인간의 마음이 바르게 작용함으로써만 드러난다고 본다. 즉, 만물은 인간의 선한 마음을 통해서만 이치를 얻게 된다고 본다. 반면 주희는 인간의 마음과 상관없이 만물의 이치인 성이 만물에 선천적으로 주어져 있다고 본다.
바로알기 | ①, ⑤는 왕수인과 주희 모두 긍정의 대답을 할 질문이다. ②는 왕수인과 주희 모두 부정의 대답을 할 질문이다. 두 사상가는 앎의

공부가 실천보다 더 중요하다고 보지 않는다. ③은 왕수인은 부정, 주희
는 긍정의 대답을 할 질문이다. 왕수인은 앎과 실천의 병진(竝進)이 아니
라 앎과 실천이 본래 하나라는 합일(合一)을 주장한다.

123 동양 사상가 갑은 주희, 을은 왕수인이다. 주희는 모든 만물에 부
여된 이치를 탐구하여 앎을 지극히 함으로써 마음의 이(理)를 밝혀 가야
한다고 주장한다. 반면, 왕수인은 사물의 이치는 마음 밖에 있지 않다
고 보며, 마음의 양지를 있는 그대로 따르는 치양지(致良知)를 강조한다.
또한 주희는 앎과 행함에 있어 선후가 있다고 보는 것과 달리, 왕수인은
앎과 행함에는 선후가 존재하지 않으며 본래 하나라고 주장한다.
바로알기 | ⑤는 주희에만 해당하는 설명이다.

124 중국 사상가 갑은 주희, 을은 왕수인이다. 주희는 우주 자연으로
부터 부여받은 도덕 본성을 잘 보존하고, 도덕 법칙이 내재된 사물의 이
치를 탐구하여 앎을 이루어 나갈 것을 강조한다. 왕수인은 격물치지를
마음의 양지를 실현하여 일을 바로잡는 것이라고 해석하였으며, 이치를
궁구하여 앎을 구하는 것과 그 실천이 하나라는 지행합일을 주장하였
다. 또한 두 사상가는 공통적으로 천리를 보존하고 인욕을 극복해야 한
다고 보았다.
바로알기 | ① 주희는 인의예지의 사덕이 성의 본체이며, 이러한 본연의
성은 모든 사람에게서 동일하게 나타난다고 본다.

125 동양 사상가 갑은 주희, 을은 왕수인이다. 주희는 인간 본성 안에
는 마땅히 따라야 할 도덕 법칙이 내재해 있으며, 이것이 도덕적 판단과
실천의 근거가 된다고 본다. 또한 '이치는 본래 하나이지만 현상적으로
나뉘어 다르다.'라는 이일분수(理一分殊)를 주장하며, 각 사물에는 반드
시 하나의 이치가 내재해 있다고 본다. 왕수인은 마음 밖에는 어떤 사물
도 이치도 없다는 심외무물(心外無物), 심외무리(心外無理)를 주장하며,
모든 사물과 이치는 내 마음속에 존재한다고 주장한다. 두 사상가는 맹
자의 성선설을 계승한다는 공통점을 지닌다.
바로알기 | ④ 왕수인은 모든 사람에게 선천적으로 양지가 갖추어져 있지
만, 양지를 바르게 실현하려면 마음을 바르게 하는 수양이 필요하다고
주장한다.

126 중국 사상가 갑은 왕수인, 을은 주희이다. ㉡ 마음이 성(性)과 정
(情)을 통솔하고 주재한다는 심통성정(心統性情)을 주장하는 것은 주희
이다. 따라서 ㉡은 왕수인은 '아니요', 주희는 '예'라고 대답할 질문이다.
바로알기 | ㉠은 왕수인은 '예', 주희는 '아니요'라고 대답할 질문이다. ㉢은
왕수인은 '아니요', 주희는 '예'라고 대답할 질문이다. 왕수인은 도덕적 앎
과 도덕적 실천 사이에는 간격이 존재하지 않는다고 보며, 지와 행은 본
래 하나라고 주장한다. ㉣은 왕수인과 주희 모두 '예'라고 대답할 질문이
다. 두 사상가는 모두 천리를 보존하고 사욕을 제거하는 수양을 통해 성
인에 이를 수 있다고 본다. ㉤은 왕수인은 '아니요', 주희는 '예'라고 대답
할 질문이다. 왕수인은 마음이 곧 이치이기 때문에 마음 밖에서 이치를
구하는 이론적 학습이 필요하지 않다고 본다.

127 동양 사상가 갑은 주희, 을은 왕수인이다. 주희는 사물의 이치를
궁구하며 지극한 앎에 이르는 학습을 강조한 반면, 왕수인은 모든 이치
가 내 마음속에 있기 때문에 이치의 학습 없이 내 마음의 양지를 있는
그대로 따르고 실현함으로써 도덕성을 구현할 수 있다고 본다.
바로알기 | ① 주희는 사물 속에 내재한 이치를 탐구하는 이론적 학습의
과정이 필요하다고 본다. ② 주희는 번뇌의 제거가 아니라, 인욕(人欲)의
제거를 주장한다. ③ 왕수인은 도덕 판단의 기준이 사물이 아니라 마음에
있다고 본다. ⑤ 주희와 왕수인은 모두 옳고 그름에 대한 분별적 지식이
필요하다고 본다.

128 (가)의 중국 사상가 갑은 주희, 을은 왕수인이다. 주희는 사물의
이치를 궁구함으로써 도덕적 앎을 쌓은 후에 이를 바탕으로 도덕적 실천
을 이룰 것을 강조한다. 반면, 왕수인은 도덕적 앎과 실천은 별개의 것이
아니라 본래 하나이기 때문에 앎과 실천에는 선후가 있지 않다고 본다.
따라서 '먼저 도덕적 앎을 쌓아야 도덕적 행동이 가능하다고 보는가?'라
는 질문에 대해 갑은 '예', 을은 '아니요'라고 대답할 것이다.
바로알기 | ①은 주희만 긍정의 대답을 할 질문이므로 B에 들어가는 것이
적절하다. ③은 주희가 긍정의 대답을 할 질문이므로 B에 들어가는 것
이 적절하다. ④는 주희와 왕수인 모두 부정의 대답을 할 질문이다. 주
희와 양수인은 양지가 후천적인 노력으로 획득되는 것이 아니라 선천적
으로 내재하는 것이라고 본다. ⑤ 왕수인은 도덕적 앎과 도덕적 실천의
합일을 주장하지만, 앎과 실천이 구분되는 것이 아니라 본래 하나라고
본다.

129 을은 심즉리를 주장한 왕수인이다. 퍼즐 속 가로 열쇠 (A) 낱말은
양심(良心), (B) 낱말은 치지(致知)이다. 따라서 세로 열쇠 (A)에 들어갈
낱말은 '양지(良知)'이다. 왕수인에게 양지는 인간이라면 누구나 선천적
으로 가지고 태어나는 것으로서, 시비(是非)와 선악(善惡)을 즉각적으로
가려내고 이에 따라 행할 수 있는 능력을 말한다.
바로알기 | ②는 성리학의 성즉리(性卽理)에 대한 설명이다. ③은 성리학
의 격물치지(格物致知)에 대한 해석이다. ④는 성리학의 경(敬)의 수양과
격물(格物)에 대한 설명이다. ⑤는 성리학의 이기론(理氣論)에 대한 설명
이다.

130 갑은 주희, 을은 왕수인이다. 주희와 왕수인은 공통적으로 인간
의 마음에 하늘의 이치가 부여되어 있다고 본다. 그러나 주희는 마음에
부여된 이치를 성(性)이라고 보며, 성이 곧 천리라는 성즉리(性卽理)를
주장한다. 마음(心)과 마음에 부여된 천리로서의 성(性)을 구분하는 것
이다. 반면 왕수인은 마음이 곧 천리이자 양지라고 보고, 마음에 모든
사물과 이치가 다 갖추어져 있다고 보는 심즉리(心卽理)를 주장한다.
바로알기 | ②는 주희만이 긍정할 질문이므로 B에 들어가는 것이 적절하
다. ③은 왕수인만이 긍정할 질문이므로 C에 들어가는 것이 적절하다.
④는 주희와 왕수인 모두 긍정할 질문이므로 A에 들어가는 것이 적절하
다. ⑤ 왕수인은 아는 것과 실천하는 것은 별개가 아니라 하나라고 본다.

131 중국 사상가 갑은 주희이다. 주희는 격물(格物)을 각각의 사물에
나아가 그 사물의 이치를 탐구하는 것으로 해석하였다.
바로알기 | ②, ③, ④는 왕수인의 격물치지(格物致知)에 대한 설명이다.
⑤는 성리학의 경(敬)의 수양법에 대한 설명이다.

132 갑은 주희, 을은 왕수인이다. 주희와 왕수인은 공통적으로 인간
이 선천적으로 양지를 갖추고 있다고 본다. 또한 천리로서의 도덕적 본
성을 보존하고 인욕을 제거하는 존천리거인욕(存天理去人欲)의 수양을
강조한다.
바로알기 | ㄱ은 주희와 왕수인 모두가 부정할 진술이다. ㄹ. 주희와 왕수인
의 공통적인 입장에 해당하는 진술이므로 B에 들어가는 것이 적절하다.

5 한국 유교와 도덕적 심성

개념 확인 문제   37쪽

133 (1) ㄱ (2) ㄴ   **134** (1) - ㉠ (2) - ㉡   **135** (1) 칠정
(2) 이이 (3) 이통기국   **136** (1) × (2) × (3) ○

난이도별 필수 기출   38~45쪽

137 해설 참조	138 해설 참조	139 ②	140 ⑤
141 ④	142 ②	143 ①	144 ②	145 해설 참조
146 ③	147 ③	148 ②	149 ①	150 ⑤	151 ①
152 ④	153 ①	154 ①	155 ⑤	156 ②	
157 해설 참조	158 ④	159 ②	160 ④	161 ⑤
162 ①	163 ②	164 ④	165 ④	166 ③	167 ⑤
168 ②	169 ②	170 ③	171 ③	

137 **모범 답안** 거경(居敬): 욕망을 절제하고 도덕적 긴장 상태를 유지하는 것. 궁리(窮理): 사물의 이치를 깊이 탐구하는 것

138 **모범 답안** 마음을 한군데 집중하여 잡념이 들지 않게 하는 주일무적(主一無適), 몸가짐을 단정히 하고 엄숙한 태도를 유지하는 정제엄숙(整齊嚴肅), 항상 깨어 있는 정신 상태를 유지하는 상성성(常惺惺)이 있다.

139 제시된 글의 한국 윤리 사상가는 이황이다. 발(發)하는 것은 오직 기(氣)라고 주장하는 '어떤 사상가'는 이이에 해당한다. 이황은 기뿐만 아니라 이의 발함도 긍정하기 때문에 이이의 입장에 대해 이(理)의 능동성과 생성 작용을 간과하고 있다고 비판할 수 있다.
바로알기 | ⑤는 두 사상가 모두에게 해당하지 않는 내용이다. 성리학에서 사단과 칠정은 모두 정(情)에 해당한다. 다만, 이황은 사단은 이가 발하여 기가 따르는 것이고, 칠정은 기가 발하여 이가 그것을 타는 것이라고 본다. 반면, 이이는 사단은 칠정 가운데 선한 부분을 가리켜 말한 것으로, 사단과 칠정은 모두 기가 발하고 이가 여기에 탄 것 한 가지뿐이라고 본다.

140 제시된 주장을 한 한국 사상가는 이황이다. 이황은 이와 기의 관계에 있어 이원론적 관점을 취한다. 그는 이와 기가 서로 뒤섞이지 않는다는 '이기불상잡(理氣不相雜)'의 입장에 주목하면서 '기'에 대한 '이'의 주재성을 강조한다.
바로알기 | 두 번째 관점: 이이의 입장에 해당하는 설명이다. 이황은 이와 기의 운동성을 모두 긍정한다. 세 번째 관점: 이이의 입장에 해당하는 설명이다. 이황은 도덕적 감정인 사단과 일반적 감정인 칠정을 구분하여 설명한다.

141 제시된 주장을 한 한국 사상가는 이이에 해당한다. 이이는 이가 만물의 근본 원리로서 무형무위(無形無爲)하고, 기는 만물을 이루는 재료로서 유형유위(有形有爲)하다고 본다. 즉, 운동하고 발하는 것은 기(氣)뿐이라고 본다.
바로알기 | ①은 이황의 입장에 해당한다. ② 이이는 이와 기는 개념적·논리적으로 서로 구분될 수 있다고 본다. ③은 이황의 입장에 해당한다. 이이는 이(理)의 능동적 작용을 부정한다. ⑤ 이이는 이에는 형태가 없고, 기에는 형태가 있다고 본다.

142 제시된 주장을 한 한국 사상가는 이이에 해당한다. 이이는 인간의 일반 감정인 칠정에는 기쁨(喜), 노여움(怒), 슬픔(哀), 두려움(懼), 사랑(愛), 미움(惡), 욕망(欲)이 있고, 이 감정 중 선한 부분만을 가리켜 사단(四端)이라고 한다고 주장한다. 따라서 칠정에 있는 기쁨의 감정 중에도 순선한 측면이 있다고 본다.
바로알기 | ① 이이는 기(氣)의 운동성만을 인정한다. ③ 이이는 이(理)는 순선하지만, 기(氣)는 국한되고 불완전하기 때문에 도덕적 문제가 발생할 수 있다고 본다. ④ 이이는 사단과 칠정의 연원이 다르다고 보지 않는다. 그는 칠정이 사단을 포함하는 것이며, 사단은 칠정의 선한 측면일 뿐이라고 주장한다. ⑤ 이이는 이기불상리(理氣不相離)의 관점에서 사단과 칠정의 관계를 바라본다.

143 제시된 글의 한국 사상가는 이이에 해당한다. 이이는 선의 원리인 '이'는 형태가 없어 두루 통하고, 형태가 있는 '기'는 국한되고 불완전하다고 본다. 또한 이는 발하는 까닭이고 기는 발하는 것이므로 '기가 발하고 이가 기를 탄다.'라는 한 가지 길만 옳다고 보며 기발이승일도(氣發理乘一途)를 주장한다.

144 제시된 주장을 한 사상가는 이이에 해당한다. 이이는 이와 기가 떨어질 수 없는 관계[이기불상리(理氣不相離)]임을 상대적으로 강조하여 이기지묘(理氣之妙)를 제시한다. 이기지묘는 이와 기가 하나이면서 둘이고, 둘이면서 하나인 묘합의 관계에 있다는 뜻이다. 또한 이이는 발하는 것은 기이고 발하는 까닭은 이라고 보면서, 이는 스스로 움직일 수 없고 기가 움직이면 이가 올라타는 것이라고 본다.
바로알기 | ㄴ. 이이는 사단과 칠정을 부분과 전체의 관계로 보며, 사단은 칠정 중 선한 부분만을 가리킨 것이라고 설명한다. ㄹ. 이이는 사단과 칠정 모두 기질지성에서 비롯된 것이라고 보며, 칠정은 가선가악(可善可惡)한 것이며, 그 중 순선한 부분을 가리켜 사단이라고 한다고 보았다.

145 **모범 답안** (1) 이는 형태와 작용이 없는 선의 원리이기 때문에 발하는 것은 기(氣)뿐이고, 발하는 까닭은 이(理)이다.
(2) 이이와 이황은 공통적으로 사덕을 성(性), 사단과 칠정을 정(情)으로 보며, 칠정은 기가 발하여 이가 그것을 타는 것이라고 본다. 또한 경(敬)의 수양을 강조하며, 천리로서의 본성을 보존하고, 인욕을 제거하는 수양을 강조한다.

146 한국 사상가 갑은 이황, 을은 이이에 해당한다. ㄷ. 이황은 사단은 '이'의 발현으로, 칠정은 '기'의 발현으로 보며, 사단과 칠정의 연원을 이와 기에 각각 연결시킨다. 반면, 이이는 정(情)은 칠정뿐이며, 사단은 그 가운데 선한 부분만을 가리킨 것으로 사단과 칠정의 연원이 다르지 않다고 주장한다. ㄹ. 이황은 측은·수오·사양·시비의 도덕적 감정인 사단은 이가 발하여 생겨난다고 보는 반면, 이이는 사단과 칠정 모두 기가 발하여 생겨난 것이라고 주장한다. 따라서 ㄷ, ㄹ의 질문에 대해 이황은 긍정, 이이는 부정의 대답을 할 것이다.
바로알기 | ㄱ, ㄴ은 이황과 이이 모두가 긍정의 대답을 할 질문이다.

147 갑은 이황, 을은 이이에 해당한다. 이황은 이의 운동성과 발현을 인정하지만, 이이는 이는 발하는 까닭이고 기는 발하는 것이라고 주장하며 기의 운동성만을 인정한다. 따라서 이황의 입장에서는 이이가 이의 발현이 자연스러운 것임을 모르고 있다고 비판할 수 있다.
바로알기 | ①은 이이의 입장에서 이황에게 제기할 수 있는 비판이다. ② 이황과 이이 모두 칠정을 악한 감정으로 보지 않는다. ④ 이황과 이이 모두 칠정은 기가 발하고 이가 타서 드러난 감정이라고 본다. ⑤ 이황은 이의 작용을 인정하기 때문에 이황이 제기할 비판으로 보기 어렵다. 또한, 이이는 이는 형태와 작용이 없는 순수하고 선한 것임을 간과하지 않는다.

148 한국 유교 사상가 갑은 이황, 을은 이이에 해당한다. 이황은 측은·수오·사양·시비의 사단의 감정은 이가 발하고 기가 따른[이발이기수지(理發而氣隨之)] 것이라고 본다. 반면, 이이는 사단을 포함하는 칠정은 기가 발하고 이가 탄 것[기발이이승지(氣發而理乘之)]이라고 보며, 사단을 칠정 가운데 선한 부분이라고 설명한다.
바로알기 | ①은 이이의 이통기국에 대한 설명이다. ③은 이황의 입장에 해당한다. ④ 이이는 발하는 까닭은 이(理)이고, 발하는 것은 기(氣)라고 주장한다. ⑤ 이황과 이이 모두 사단과 칠정을 감정이라고 본다.

149 (가)의 갑은 이황, 을은 이이에 해당한다. ㄱ. 이황은 사단과 칠정의 근원을 구분한다. 그는 기와 칠정의 관계가 이와 사단의 관계와 같으며, 발현하는 것에는 각각 혈맥이 있고 가리키는 것이 있기 때문에 주(主)로 하는 것이 무엇이냐에 따라 이와 기로 귀속될 수 있다고 본다. 반면, 이이는 사단과 칠정을 이와 기로 분리하여 설명하지 않으며, 칠정이 사단을 겸한다고 본다. ㄴ. 이황과 이이 모두 칠정은 기가 발하고 이가 타서 드러난 감정이라고 본다.
바로알기 | ㄷ은 이이의 입장에만 해당하는 진술이므로 C에 들어가는 것이 적절하다. ㄹ은 이황의 입장에 해당하는 진술이므로 A에 들어가는 것이 적절하다.

150 이황과 이이는 모두 기(氣)의 발함과 운동성을 인정한다. 두 사상가의 입장이 나뉘는 부분은 이(理)의 운동성에 대한 것이다. 이황은 이와 기의 운동성을 모두 인정하는 것과 달리, 이이는 움직이는 것은 기뿐이라고 보았다.
바로알기 | ① 이황은 이귀기천(理貴氣賤)을 주장하며, 이는 귀하고 기는 천하다고 본다. ② 이황은 사단과 칠정을 모두 정(情)으로 본다. ③ 이황과 이이 모두 경(敬)과 성(誠)의 수양을 강조하며, 이이는 이황에 비해 성의 실천을 더 강조한다. ④ 이이는 이황보다 이와 기의 관계에 있어 불상리(不相離)를 중시한다.

개념 보충

이황과 이이의 사상 비교

이황	이이
• 상대적으로 '이기불상잡'을 강조 • 이귀기천: 이를 기보다 우위에 둠	• 상대적으로 '이기불상리'를 강조 • 이기지묘: 이와 기는 묘합의 관계
이기호발설: 이와 기가 모두 발할 수 있음	기발이승일도설: 기가 발할 때 이가 그것을 타는 하나의 길만 존재함
• 사단과 칠정을 발하는 원천이 다름 • 사단은 '이'의 발현이고, 칠정은 '기'의 발현임	• 사단과 칠정은 부분과 전체의 관계임 • 사단은 칠정 가운데 선한 부분을 가리키는 것임
• 존천리거인욕의 수양을 강조함 • 경(敬)과 성(誠)의 수양을 강조함	

---

151 (가)의 한국 사상가 갑은 이황, 을은 이이에 해당한다. ㄱ. 이황과 이이는 모두 칠정은 기가 발한 것이며 선할 수도 악할 수도 있다고 본다. 다만, 이황은 칠정과 사단의 연원이 다르다고 보며 둘을 분리시켜서 보는 것과 달리, 이이는 칠정 중 선한 부분이 사단이라고 본다. ㄷ. 이황은 이기불상잡에 초점을 맞추며 이와 기가 섞일 수 없다고 보며, 이의 운동성을 주장한다. 반면, 이이는 이기불상리에 초점을 맞추며 기의 운동성만을 주장한다.
바로알기 | ㄴ. 이황은 '사단'이 순선한 '이(理)'가 발하여 나타난 정이라고 본다. ㄹ. 이이는 경(敬)의 수양과 기질을 바로잡는 교기질의 수양을 모두 강조한다.

152 한국 사상가 갑은 이황, 을은 이이에 해당한다. 이황과 이이에 따르면 칠정은 기가 발하여 드러난 것으로, 선악의 가능성이 혼재되어 있는 감정이다. 따라서 ④에 대해 두 사상가 모두 부정의 대답을 할 것이다.
바로알기 | ①, ⑤는 이황과 이이 모두 긍정의 대답을 할 질문이다. ②는 이이만이 긍정의 대답을 할 질문이다. ③은 이황만이 긍정의 대답을 할 질문이다.

153 갑은 이황, 을은 이이에 해당한다. 이황과 이이는 공통적으로 측은·수오·사양·시비의 '사단'을 모두 정(情)이라고 본다.
바로알기 | ②는 이황은 부정, 이이는 긍정의 대답을 할 질문이다. 이황은 사단은 이의 발현, 칠정은 기의 발현으로 본다. ③은 이황이 부정의 대답을 할 질문이다. 이황은 이는 귀하고 기는 천하다는 이기귀천을 주장한다. ④, ⑤는 이황과 이이 모두 부정의 대답을 할 질문이다. 두 사상가는 모두 칠정은 선할 수도, 악할 수도 있다고 본다. 또한 이황은 사단과 칠정을 각 연원에 따라 구분하여 설명하는 반면, 이이는 칠정이 사단을 겸할 수 있다고 본다.

154 한국 사상가 갑은 이이, 을은 이황이다. 이이는 사단이 칠정 중 절도에 맞게 발현된 선한 부분만을 가리킨다고 주장하며, 사단의 선함과 칠정의 선함이 다르지 않다고 본다. 반면, 이황은 사단과 칠정의 연원이 각각 다르다고 보며, 사단의 선함과 칠정의 선함을 구분한다.
바로알기 | ②는 이황의 입장에 해당하는 설명이다. ③은 이이의 입장에 해당하는 설명이다. ④ 이황은 사단은 순선한 정이고 칠정은 선악이 정해져 있지 않지만, 악으로 흐를 가능성이 높은 정이라고 본다.

155 (가)의 갑은 이황, 을은 이이에 해당한다. 이황과 이이는 공통적으로 사단과 칠정을 모두 정으로 본다. 다만, 이황이 사단은 이가 발한 것이고 칠정은 기가 발한 것이라고 주장하며 이와 기의 능동성을 모두 인정하는 것과 달리, 이이는 기의 능동성만을 인정한다. 또한 이이는 사단을 포함한 칠정은 기가 발하여 이가 탄 것이라고 주장한다.
바로알기 | ㄴ. 이황과 이이 모두 칠정에는 선과 악의 가능성이 혼재되어 있다고 보므로, A에 들어가는 것이 적절하다

156 정약용은 사단의 '단(端)'을 시초, 시작이라고 해석하여 단시설(端始說)을 주장한다. 사단을 시작점으로 덕 있는 행동을 실천해 갈 때 인의예지의 사덕이 형성된다고 보는 것이다. 반면, 성리학에서는 사단의 '단(端)'을 단서, 실마리로 해석하여 단서설(端緖說)을 주장한다. 사단을 통해 사덕이 본성으로서 내재해 있음을 알 수 있다고 보는 것이다.
바로알기 | ㄴ. 정약용은 사덕을 인간의 선천적 본성[본연지성]으로 규정하는 성리학의 관점을 비판하며, 덕은 후천적 노력을 통해 형성되는 것이라고 본다. ㄹ. 정약용은 선을 지향하는 도덕적 기호와 생리적 기호 사이의 갈등을 극복하고 선을 따라 실천할 때 '사덕'이 생긴다고 본다.

157 **모범 답안** ㉠ 영지(靈知) ㉡ 형구(形軀)

158 ① 정약용은 인간 본성은 경향성, 즉 마음의 기호라고 보는 성기호설(性嗜好說)을 주장한다. ③, ⑤ 이때 기호에는 인간만이 지니는 도덕적 기호인 영지의 기호와 인간과 동물이 모두 지닌 생리적 기호인 형구의 기호가 있다고 보고, 성리학의 엄격한 금욕주의를 비판하며 인간의 욕구가 도덕적 삶의 원동력이 될 수 있다며 욕구를 긍정적 관점에서 바라본다. 또한 ② 정약용은 인간에게는 자주지권이 있기 때문에 도덕 행위에 대한 책임은 인간 자신에게 있다고 보았다.
바로알기 | ④ 정약용은 기존의 성리학의 입장을 비판하며 실학을 체계화하였다.

정답과 해설 **15**

159 제시된 주장을 한 한국 사상가는 정약용이다. 정약용은 인간의 본성을 일종의 경향성인 '마음의 기호'라고 보고, 인간의 본성에는 선을 좋아하고 악을 미워하는 경향성만 주어져 있을 뿐이며, '사덕'이 선천적 본성으로 내재해 있지 않다고 보았다. 따라서 인의예지의 덕은 실천적 노력을 통해 형성되는 것이라고 주장하였다.
바로알기 | ㄴ. 정약용은 우주 자연의 원리인 천리가 인간의 도덕적 본성과 사회 질서의 근본 원리라고 보지 않으며, 성리학에서 제시하는 이법적 실체로서의 이(理)에 대해 비판적 입장을 취한다. ㄷ. 정약용은 덕이 선천적으로 내재해 있다고 보지 않으며, 자유 의지의 결단을 강조한다.

160 (가)를 주장한 사상가는 정약용이다. 정약용은 인간에게는 동물과 달리 선을 좋아하고 악을 미워하는 경향성인 영지의 기호가 있다고 주장한다. 따라서 정약용의 관점에서는 (나)의 A에 대해 선을 좋아하는 마음의 경향성을 따른 행동이라고 평가할 것이다.
바로알기 | ① 정약용은 인의예지의 덕은 타고난 것이 아니라, 도덕적 실천을 통해 형성되는 것이라고 본다. ② 동물과 공유하는 기호인 형구의 기호는 선악이 결정된 것은 아니지만, 악으로 기울어지기 쉽다고 보았다. 자신을 희생하며 어려운 사람을 도운 사례의 경우 형구의 기호를 적극적으로 따랐다고 보기는 어렵다. ③은 도가의 입장에 해당한다. ⑤ 정약용은 인간의 본성이 악하다고 주장하지 않는다.

161 제시된 주장을 한 한국 사상가는 정약용이다. 정약용은 인간에게는 선하고자 하면 선할 수 있고, 악하고자 하면 악할 수 있는 자유 의지로서 '자주지권(自主之權)'이 주어졌다고 주장한다. 그리고 자주지권을 바탕으로 선을 선택하고 꾸준히 실천해 갈 때 인의예지의 덕을 이룰 수 있다고 본다. 또한, 인간은 동물과 마찬가지로 육체적·감각적인 것을 좋아하는 형구의 기호를 가졌다고 보고, 이러한 욕구에 대해 엄격한 통제를 강조하기보다 긍정적 관점을 취하며, 욕구를 삶의 추동력으로 파악하였다.
바로알기 | ⑤ 정약용은 인간만이 지니는 성은 선을 좋아하고 악을 미워하는 마음의 기호라고 본다.

162 제시된 주장을 한 사상가는 정약용이다. 정약용은 인의예지의 사덕이 인간 본성에 선천적으로 내재해 있는 것이 아니라, 덕 있는 행동을 통해 형성되는 것이라고 본다.
바로알기 | ② 정약용은 사단이 사덕을 형성할 수 있는 시초, 시작점이라고 본다. ③ 정약용은 인간 본성이 환경과 무관하게 선악으로 결정되어 있다고 보지 않으며, 인간에게는 선을 행할지 악을 행할지 선택할 수 있는 자유 의지가 주어져 있다고 본다. ④ 정약용은 성(性) 그 자체를 변화시켜야 한다고 보지 않으며, 기호로서 주어진 성을 바탕으로 선한 행위를 선택하고 실천해 가는 노력을 해야 한다고 주장한다. ⑤ 정약용은 선천적인 도덕적 지향은 인간에게만 있다고 본다.

163 한국 사상가 갑은 이이, 을은 정약용이다. 이이는 경(敬)의 실천을 통해 사사로움과 바르지 못함을 제거하여 마음의 본체인 성(誠)에 이를 것을 강조하였다. 정약용은 사람은 동물과 달리 선을 좋아하고 악을 미워하는 도덕적 기호를 가지고 있다고 보며, 사단을 시초로 덕을 쌓아갈 선행의 가능성을 지니고 있다고 설명한다. 또한, 인간은 선을 행할 것인지, 악을 행할 것인지 선택할 수 있는 도덕적 자유 의지를 지녔다고 본다. 이이와 정약용은 공통적으로 도덕적 수양을 통해 도덕적 인간이 될 수 있다고 보았다.
바로알기 | ② 이이는 이와 기는 개념적으로는 분리할 수 있지만, 현실적으로는 분리될 수 없는 이기지묘의 관계라고 보았다.

164 한국 사상가 갑은 이이, 을은 정약용이다. 이이는 현실에서 구체적으로 작용하는 것은 '기'이고, '이'는 기가 발하는 근거라고 주장하며, '기가 발하고 이가 타는 것'만을 인정하였다. 또한 도덕적 불완전함의 원인을 기의 영역에 두고, 기질을 바로잡음으로써 도덕 본성으로서의 이를 실현할 수 있다고 보았다. 정약용은 생리적 기호는 인간과 동물 모두 가지고 있는 것과 달리, 도덕적 기호인 영지의 기호는 인간만이 가지고 있다고 보았다.
바로알기 | ⑤ 정약용은 자주지권이 실천을 통해 형성되는 것이 아니라 하늘이 인간에게 선천적으로 부여한 것이라고 본다.

165 중국 사상가 갑은 맹자, 한국 사상가 을은 이황이다. 맹자는 인간에게는 선천적으로 선한 도덕심이 갖추어져 있다는 성선설(性善說)을 주장하였다. 이황은 사단의 정(情)이 드러남을 통해 인간 본성에 사덕이 내재함을 알 수 있다고 보았다. 즉, 사단을 사덕의 단서, 실마리로 본 것이다. 또한, 타고난 선한 본성으로서의 사덕을 확충해 가는 노력을 통해 도덕적 완성에 이를 수 있다고 보았다.
바로알기 | ㄹ. 맹자와 이황은 사덕은 형성되는 것이 아니라 선천적으로 주어지는 것이라고 본다.

166 한국 사상가 갑은 이이, 을은 정약용이다. 이이는 성리학자로서 인간에게 부여된 천리가 곧 인간 본성이라고 보는 성즉리(性卽理)의 입장을 취한다. 따라서 천리로서의 도덕적 본성을 보존하고, 인욕을 제거해야 한다고 주장한다. 정약용은 인간의 성을 기호(嗜好)라고 보며 성기호설(性嗜好說)을 주장한다. 그는 선천적으로 주어진 사단을 시작으로 도덕적 실천을 쌓아감으로써 사덕을 형성할 수 있다고 본다. 이이와 정약용은 공통적으로 도덕적 수양을 통한 인격의 완성을 강조하며, 수양을 통해 누구나 성인이 될 수 있다고 본다.
바로알기 | ③ 정약용은 영지의 기호는 인간만이 가지고 있는 도덕적 기호라고 보았다.

167 갑은 이황, 을은 정약용이다. 이황은 성리학의 입장에서 인간의 본성이 곧 이치라는 '성즉리'를 강조한다. 정약용은 욕구를 도덕적 삶의 추동력으로 보며, 성리학의 금욕주의적 수양론을 비판한다. 또한 인간은 하늘로부터 부여받은 자주지권을 통해 선을 행할지 악을 행할지 선택할 수 있기 때문에 도덕 행위에 대한 책임이 인간에게 있음을 명확히 한다. 따라서 이황의 입장에 비해 정약용의 입장이 갖는 상대적 특징은 'X: 욕구를 긍정적으로 강조하는 정도'와 'Y: 사람의 주체적 선택과 책임을 강조하는 정도'가 높고, 'Z: 타고난 성을 하늘의 이치(天理)로 강조하는 정도'는 낮으므로, ⓔ에 해당한다.

168 (가)의 중국 사상가 갑은 주희, 한국 사상가 을은 정약용이다. 주희는 사덕이 내재해 있음을 사단의 정이 드러남을 통해 알 수 있다고 보며, 사단이 사덕의 단서라는 단서설을 주장한다. 반면, 정약용은 선천적으로 인성에 주어진 사단을 확충해감으로써 사덕을 형성할 수 있다고 보며, 사단이 사덕을 형성하는 시초라는 단시설을 주장한다. 주희와 정약용은 공통적으로 도덕적 역량을 키우는 다양한 지침을 제공하며, 개인과 사회의 도덕성 회복을 강조한다.
바로알기 | ② 주희와 달리 정약용은 인간 본성에 사덕이 선천적으로 내재해 있지 않다고 본다.

169 한국 사상가 갑은 정약용, 중국 사상가 을은 순자이다. 정약용과 순자는 인간 본성에 선천적으로 인의예지의 덕이 내재해 있지 않기 때문에 덕은 후천적인 노력과 실천을 통해 형성되는 것이라고 본다. 다만, 정약용은 인간에게는 선을 좋아하고 악을 미워하는 선의 가능성이 있어서

이를 확충해 나가야 한다고 보았고, 순자는 인간에게는 본래 이익을 좋아하고 남을 미워하는 악한 본성이 있어서 수양을 통해 본성을 변화시켜야 한다고 보았다.

바로알기 | 첫 번째 질문: 정약용은 긍정, 순자는 부정의 대답을 할 질문이다. 순자는 인간의 일과 하늘의 일을 구분해서 보는 천인분이(天人分二)를 주장한다. 세 번째 질문: 정약용은 긍정, 순자는 부정의 대답을 할 질문이다. 순자는 인간 본성을 악하다고 본다.

170 한국 사상가 갑은 이황, 을은 이이에 해당한다. 이황과 이이는 모두 기가 발하면 이가 그것을 탄다는 기발이승(氣發理乘)을 인정한다. 또한 이와 기는 현실적으로 떨어질 수 없는 이기불상리(理氣不相離)의 관계로 사물 속에서 항상 함께 있다고 본다.

바로알기 | ㄱ은 이황은 부정, 이이는 긍정의 대답을 할 질문이다. ㄷ은 이황은 부정, 이이는 긍정의 대답을 할 질문이다. 이이는 칠정이 사단을 포함한다고 본다.

171 한국 사상가 병은 정약용이다. 정약용은 사덕을 인간의 선천적 본성으로 규정하는 성리학적 관점을 비판하고, 사덕은 도덕적 실천을 꾸준히 행함으로써 형성되는 것이라고 주장하였다. 이는 선천적으로 주어진 사단을 시작점으로 사덕을 형성해 가야 한다는 단시설의 입장에 해당한다. 반면, 이황과 이이는 사단의 드러남이 인간 본성에 사덕이 내재해 있다는 단서, 즉 실마리가 된다고 보는 단서설을 주장하였다.

바로알기 | ㄱ, ㄴ은 이황, 이이가 정약용에게 제기할 비판에 해당한다.

개념 보충

성리학과 정약용의 사상 비교

성리학	정약용
성즉리설: 인간의 선한 본성이 곧 천리라고 보는 입장	성기호설: 인간의 본성을 일종의 경향성, 즉 마음의 기호라고 보는 입장
단서설: 사단은 본성에 사덕이 내재함을 알게 하는 단서라고 보는 입장	단시설: 사단은 사덕을 실천하는 뿌리, 시초라고 보는 입장
상대적으로 욕구의 절제를 강조함	상대적으로 욕구에 대해 긍정적 관점을 취함 → 욕구를 삶의 추동력으로 파악함

- 개인과 사회의 도덕성 회복을 강조함
- 인간 본연의 도덕적 가능성을 제시함
- 지속적인 도덕적 수양을 통해 누구나 성인이 될 수 있다고 봄

불교와 자비의 윤리

개념 확인 문제 47쪽

172 연기설
173 (1) – ㉣ (2) – ㉡ (3) – ㉠ (4) – ㉢
174 (1) 유식 (2) 부파
175 (1) ○ (2) ○

난이도별 필수 기출 48~51쪽

176 ④	177 ⑤	178 ④	179 ③	180 ①
181 해설 참조		182 ④	183 해설 참조	184 ②
185 ②	186 ①	187 ③	188 ③	189 ④	190 ④
191 ③	192 ③	193 ⑤	194 ④	195 ②

176 제시된 사상은 초기 불교 사상에 해당한다. 불교를 창시한 석가모니는 인생 자체가 고통이라고 보며, 이러한 현실을 직시하여 고통의 원인을 밝히고 해소해야 한다고 주장한다. 또한 모든 존재와 현상은 원인과 조건의 상호 관계에 의해 생겨난다는 불교의 핵심 사상인 '연기설'을 제시하며, 쾌락과 고통의 양극단을 벗어나 심신의 조화를 얻는 중도(中道)에 따른 수양을 강조한다.

바로알기 | ㄷ. 불교에서는 어떤 존재도 독립적일 수 없으며, 고정 불변의 자아 혹은 정체성이란 없다고 본다.

177 석가모니는 연기의 법을 깨달을 때 윤회의 고통에서 벗어나 해탈에 이를 수 있다고 본다. 또한 모든 존재가 상호 의존하고 있음을 자각할 때 내가 소중하듯 남도 소중하다는 것을 깨닫고 자비의 윤리를 실천하게 된다고 본다. 나아가 석가모니는 자신의 깨달음에서 그치지 않고, 깨달음을 바탕으로 중생이 고통에서 벗어나 해탈에 이를 수 있도록 가르침을 베풀어야 한다고 주장한다.

바로알기 | ㄱ. 불교에 따르면 청정한 불성은 깨달음을 통해 형성되는 것이 아니라 누구나 타고나는 것이다.

178 제시된 사상은 불교이다. 불교에서는 독립적이고 고정적인 자아는 없다고 본다. 또한 모든 존재와 현상이 상호 의존하며 끊임없이 변화한다는 연기의 법칙을 깨닫지 못하고, 일시적인 것에 집착함으로써 고통이 생겨난다고 본다.

바로알기 | ④ 불교에서는 참된 깨달음을 얻으면 윤회(輪廻)에서 벗어날 수 있다고 본다.

179 (가) 사상은 불교이다. (나)의 퍼즐 가로 낱말 (A)는 '무위(無爲)'이고, (B)는 '문명(文明)'이다. 따라서 세로 열쇠 (A) 낱말은 '무명(無明)'이다. 무명이란 모든 만물의 존재와 현상이 원인과 조건의 상호 관계에 의해 생겨난다는 연기(緣起)의 실상을 깨닫지 못한 무지의 상태로 괴로움이 생기는 원인이 되는 것이다.

바로알기 | ①은 열반(涅槃)의 경지에 대한 설명이다. ②는 연기설(緣起說)에 대한 설명이다. ④ 석가모니는 고통으로부터 벗어나기 위한 올바른 수양법으로 중도의 수행법인 팔정도를 제시하였다. ⑤는 보살(菩薩)에 대한 설명이다.

180 제시된 글은 불교의 삼학(三學)에 대한 설명이다. 석가모니는 체계적인 수행을 통해 깨달음을 얻을 수 있도록 계(戒), 정(定), 혜(慧)의 삼학을 제시하였다. '계'는 계율을 지킴으로써 몸과 마음을 청정하게 하는

것이고, '정'은 선정 수행을 실천하여 집중하는 것이고, '혜'는 부처의 깨달음과 같은 지혜[반야(般若)]를 얻는 것이다.

바로알기 | ② ㉠은 계율을 지키는 것으로, 팔정도 중 정어(正語), 정업(正業), 정명(正命)이 이에 해당한다. ③ ㉡은 선정 수행을 통해 마음을 하나의 대상에 집중하여 고요한 상태에 머무는 것으로, 팔정도 중 정념(正念), 정정(正定), 정정진(正精進)이 이에 해당한다. ④는 ㉡에 대한 설명이다. ㉢은 사물의 실상을 있는 그대로 꿰뚫어 지혜를 얻는 것이다. ⑤ ㉠~㉢은 모두 미혹(迷惑)에서 벗어나기 위한 체계적 수행 방법이다.

181 모범 답안 **고성제(苦聖諦):** 인간 삶의 갖가지 고통을 뜻하며, 대표적으로 생로병사가 있음

집성제(集聖諦): 고통이 생기는 원인으로, 무명, 애욕, 삼독이 있음

멸성제(滅聖諦): 집착에서 벗어나 고통이 사라진 상태[해탈, 열반]

도성제(道聖諦): 열반에 도달하기 위한 방법으로, 팔정도와 삼학이 있음

182 석가모니의 사성제(四聖諦)에 대한 내용이다. 고제(苦諦)란 인간의 삶이 본질적으로 고통일 수밖에 없다는 현실 판단으로, 대표적으로 생로병사(生老病死)가 있다. 집제(集諦)란 고통이 생기는 원인으로 집착과 무지, 애욕이 이에 해당한다. 멸제(滅諦)란 고통이 소멸한 상태를 말한다. 도제(道諦)란 열반에 도달하기 위한 길을 의미하며, 그 방법으로 중도의 수행법인 팔정도와 삼학이 있다.

바로알기 | ㄹ은 집제에 대한 설명이다. 도제는 열반에 이르기 위한 방법으로, 팔정도와 삼학이 있다.

183 모범 답안 **소승 불교는** 개인의 해탈을 중시하여 수행자가 자신의 내면에 몰입하고 사회와 분리된 엄격한 종교성을 추구할 것을 강조하였다. 반면 대승 불교는 중생과 함께하는 대중적인 측면을 강조하여 수행자 자신의 깨달음뿐만 아니라 타인의 깨달음도 중시하였다.

184 부파 불교는 개인의 해탈을 중시하였고, 수행자 자신의 내면에 몰입하여 사회와 분리된 엄격한 종교성을 추구하였다. 부파 불교는 가장 높은 경지에 오른 수행자, 즉 이상적 인간상으로 아라한을 제시하였으며, 대승 불교에 비해 상대적으로 개인의 해탈을 중시하기 때문에 '작은 수레'라는 의미로 소승 불교라고도 불렸다.

바로알기 | ㄴ, ㄹ은 대승 불교에 대한 설명이다.

개념 보충

부파 불교와 대승 불교

부파 불교(소승 불교)	대승 불교
• 석가모니 입멸 후 계율과 경전 해석을 둘러싸고 여러 교파로 분열됨 → 이 시기의 불교를 부파 불교라고 함 • 개인의 해탈을 중시하고, 사회와 분리된 엄격한 종교성을 추구함 • 이상적 인간상: 아라한	• 개인의 해탈에 몰두하고, 대중 구제와 멀어진 부파 불교를 소승 불교라고 부름 • 중생과 함께하는 대중적 측면을 강조하며, 육바라밀의 실천을 제시함 • 이상적 인간상: 보살

185 제시된 사상은 대승 불교이다. 대승 불교에서는 인간 존재가 오온(五蘊)으로 이루어져 있어 끊임없이 변화하는 일시적인 것에 불과하다고 본다. 따라서 고정 불변하는 독자적 성질로서의 자성(自性)이란 없다고 주장한다. 또한 연기를 깨닫지 못한 무명(無明)의 상태, 번뇌의 상태에서 벗어나 해탈에 이르기 위한 올바른 수행 방법으로 계·정·혜의 삼학과 팔정도의 수행법을 제시한다.

바로알기 | ② 대승 불교에서는 자기 자신의 깨달음을 바탕으로 중생을 구제해야 한다고 본다. 따라서 자기 해탈을 위한 수양이 필요하다.

186 제시된 사상은 불교이다. 불교에서는 모든 것이 고정되어 있지 않으며 끊임없이 생멸·변화한다는 제행무상의 실상을 깨달아야 하며, 이를 위해 탐욕, 분노, 어리석음의 삼독(三毒)을 제거해야 한다고 본다. 또한 모든 것이 상호 의존적으로 존재한다는 연기의 실상을 깨달아 나와 남이 다르지 않다는 자타불이를 깨닫고 자비를 실천해야 한다고 주장한다.

바로알기 | ㄷ. 고통을 없애기 위해서는 무명(無明)을 추구하는 것이 아니라 무명에서 벗어나야 한다. ㄹ. 불성(佛性)은 형성되는 것이 아니라 본래 갖추어져 있는 것이다.

187 제시된 주장을 한 불교 사상가는 용수이다. 대승 불교의 공(空) 사상을 확립한 용수는 중관 사상을 구체화하였다. 그는 고정 불변하는 유(有)에 대한 집착과 아무것도 없다는 무(無)에 대한 집착에서 벗어나, 양 극단에 치우치지 않는 중도(中道)를 따라야 한다고 주장한다.

바로알기 | 불교에서는 ① 참된 깨달음을 통해 윤회의 고리를 끊어야 한다고 주장하며, ② 고정 불변하는 자아란 없다고 본다. 또한 ④ 멸성제(滅聖諦)에 도달하기 위해 보시를 실천해야 한다고 보며, ⑤ 번뇌에서 벗어나기 위해 무명(無明)에서 벗어나야 한다고 본다.

188 (가)는 중관 사상, (나)는 유식 사상이다. 대승 불교의 교리는 공(空)에 대한 이론적 측면을 확립한 중관(中觀) 사상과 이를 수행론적 측면에서 보완한 유식(唯識) 사상을 통해 체계화되었다. 유식 사상은 모든 존재가 실체 없는 공(空)이라고 주장하는 중관 사상과 달리, 구체적 사물의 실체는 부정하면서도 지각하며 사고하는 마음의 작용인 '식(識)'만은 존재한다고 주장한다.

189 (가)는 중관 사상, (나)는 유식 사상이다. 중관 사상과 유식 사상은 모두 대승 불교에 속하며, 대승 불교는 기본적으로 수행자 자신의 깨달음뿐만 아니라 타인의 깨달음도 중시한다. 따라서 위로는 깨달음을 얻고자 노력하고 아래로는 중생을 구제하고자 하는 보살을 이상적 인간상으로 제시한다. 다만, 유식 사상은 중관 사상을 극단적 허무론이라고 비판하며 지각하고 사고하는 마음의 작용을 긍정하였고, 마음을 닦는 수행을 강조하였다.

바로알기 | ㄱ. 유식 사상은 (나)이다. ㄴ. 중관 사상과 유식 사상 모두 태어남이 없는 경지에 도달하는 것, 즉 윤회의 고리에서 벗어나기 위해 사성제의 진리를 깨우칠 것을 강조한다.

190

감각·지각·사고하는 마음의 작용을 긍정함 →

(가) 유식 사상 현상 세계는 마음이 만들어 낸 허상에 불과하지만, 그것을 만들어 낸 마음은 존재합니다. 우리는 수행을 통해 자아에 대한 집착에서 벗어나 청정한 마음을 얻어야 합니다.

(나) 중관 사상 모든 것은 독자적인 실체가 아니고, 임시로 붙여진 이름에 불과합니다. 그러므로 우리는 사물이 실체로서 존재한다는 무지로부터 벗어나 집착에서 생겨나는 온갖 고통과 번뇌를 없애야 합니다.

모든 존재가 실체가 없는 공(空)이라고 봄 →

(가)는 유식 사상, (나)는 중관 사상이다. 두 사상은 대승 불교의 공(空) 사상을 기본으로 전개되었다. 유식 사상은 사물의 실체는 부정하지만, 마음의 작용인 식(識)의 존재를 인정한다. 따라서 마음을 닦는 수행에 관심을 두었으며, 마음 수양 방법으로 요가를 강조하였다. 반면 중관 사상은 모든 존재의 실체가 공(空)이라고 주장하였는데, 유식 사상은 이를 극단적 허무론이라고 비판하였다.

바로알기 | ④ 유가사는 요가 수행자라는 뜻으로, 유식 사상의 수행자를 말한다.

191 제시된 불교 종파는 선종이다. 선종에서는 불교의 진리는 언어와 문자를 세워 말하지 않는 데[불립문자(不立文字)]에 참뜻이 있으며, 석가모니의 교설 이외에 따로 전하는 것[교외별전(敎外別傳)]이 있으니 복잡한 교리를 떠나 마음의 실상을 깨달을 것을 강조한다. 또한, 자신의 마음을 직접 보고[직지인심(直指人心)] 자신 마음속의 불성을 깨달으면 누구나 부처가 될 수 있다고[견성성불(見性成佛)] 본다.

바로알기 | ③은 도가의 이상적 경지에 해당한다.

192 제시된 주장을 한 중국 불교 사상가는 혜능이다. 혜능은 불교의 진리인 법(法)은 복잡한 교리와 경전 공부에 있는 것이 아니라 마음에서 마음으로 전하는 것[이심전심(以心傳心)]이라고 보았다. 또한, 선(禪) 수행을 통해 마음속 불성을 직관함으로써 자신이 본래 완성된 부처임을 깨닫고 해탈의 경지에 이를 것을 강조하였다.

바로알기 | ③ 혜능은 모든 사람에게 본래 부처의 성품이 있다고 보므로, 부정의 대답을 할 것이다.

193 (가)의 불교 사상은 선종이다. 선종에서는 자신 안에 있는 참된 성품[불성]에 대한 직관을 중시하기 때문에 마음을 한곳에 모아 고요한 경지에 들어가는 선(禪) 수행을 강조한다.

바로알기 | ①, ② 선종에서는 문자와 경전 공부에 의존해서는 불교의 참된 진리를 깨달을 수 없다고 본다. ③ 선종에서는 문자 자체를 부정하지는 않는다. ④ 불교는 윤회의 고리를 끊는 것을 궁극적인 목적으로 삼는다.

194 제시된 불교 사상은 선종이다. 선종은 직관적 체험인 선(禪)의 수행을 통해 자신이 본래 완성된 부처임을 깨달아야 한다고 주장한다. 또한, 문자에 구애받지 않고 마음에서 마음으로 법을 전하고 깨달아야 한다고 보며, 자신의 마음속 불성을 직관하면 어떠한 외부의 도움 없이도 즉각적으로 단박에 깨달음[돈오(頓悟)]을 얻을 수 있다고 본다.

바로알기 | 세 번째 입장: 교종의 입장에 해당한다. 선종은 참선을 바탕으로 한 수행을 강조한다.

195 갑은 교종, 을은 선종의 입장을 취한다. 교종은 경전의 해석을 통해 진리를 깨닫고 계율을 실천하는 것을 강조한다. 반면 선종은 선 수행을 통해 자신의 불성을 깨달으면 누구나 부처가 될 수 있다고 본다. 따라서 갑의 입장에 비해 을의 입장이 갖는 상대적 특징은 'X: 교리보다 마음으로 전하는 가르침을 강조하는 정도', 'Y: 깨달음을 위한 수행법으로 돈오를 강조하는 정도', 'Z: 화두를 통해 마음의 실상을 깨닫는 것을 강조하는 정도' 모두 높으므로, ⓛ에 해당한다.

---

07 한국 불교와 화합의 윤리

개념 확인 문제   52쪽

196 (1) 일심 (2) 화쟁 사상   **197** (1) × (2) ○

난이도별 필수 기출   53~55쪽

198 ⑤	199 ④	200 ④	201 ①	202 ④	203 ②
204 ②	205 ⑤	206 ①	207 ②	208 ③	209 ②
210 ②	211 ④				

198 제시된 주장을 한 한국 불교 사상가는 원효이다. 원효는 다양한 이론과 종파의 가치를 인정하면서 다양한 이론과 종파를 보다 높은 차원에서 하나로 종합하고자 하는 화쟁(和諍) 사상을 주장하였다.

바로알기 | 원효는 ① 세속을 떠나 진리를 추구할 것을 강조하지 않았으며, 중생 구제를 무엇보다 강조하였다. 또한 ② 불교 수행에는 일정한 형식이나 방법, 신분의 조건이 없다고 보았으며, ③ 탐욕과 집착을 버리고 윤회의 고리에서 벗어나야 한다고 보았다. 나아가 ④ 원융회통을 위해 각 종파의 특수성을 인정하고, 이를 바탕으로 전체로서의 조화를 추구해야 한다고 보았다.

199 제시된 주장을 한 사상가는 원효이다. 원효는 일체의 대립을 초월하면서 모든 존재의 원천이자 근간이 되는 일심(一心)을 주장하였다. 그는 일심에 근거하여 부처의 마음과 중생의 마음이 다르지 않으며, 일심으로 돌아가면 만물을 사랑할 수 있다고 보았다.

바로알기 | ㄹ. 원효에 따르면 일심으로 돌아갈 때 모든 생명을 이롭게 하는 자비의 마음을 깨닫고 실천하게 된다.

200 제시된 주장을 한 한국 불교 사상가는 원효이다. 원효는 마음 밖에서는 깨달음을 얻을 수 없고, 모든 것은 마음먹기에 달려 있다[心外無法]고 보았으며, '모든 종파와 사상을 분리하여 고집하지 말고 보다 높은 차원에서 하나로 종합해야 한다.'라는 원융회통의 논리를 제시하였다. 또한 불교의 수행에는 일정한 형식이나 방법이 없음을 강조하며, 무애행(無碍行)을 강조하였다.

바로알기 | ㄷ. 원효는 누구나 극락에 갈 수 있다고 주장하면서, 왕실 중심의 당시 불교를 대중화하는 데 기여하였다.

201 제시된 주장을 한 한국 불교 사상가는 원효이다. 원효는 불경을 읽지 못해도 염불만 외우면 극락에 갈 수 있다고 가르치며, 불교 수행에는 정해진 틀이나 형식이 없다는 무애행의 실천을 강조하였다. 이는 모든 중생을 구제하고자 하였던 자비의 마음에서 비롯된 것이었다. 또한 불교 사상가들은 공통적으로 깨달음을 얻기 위해서는 하나의 방법에 집착하기보다 정(定)과 혜(慧)를 함께 닦아야 한다고 주장하였다.

바로알기 | ㄴ. 불교에서 무명(無明)은 진리를 깨닫지 못한 상태를 의미하는 것으로, 유지해야 하는 것이 아니라 벗어나야 하는 것이다. ㄹ. 원효는 각 종파의 특수성과 가치를 인정하고, 그 바탕 위에서 조화를 꾀하고자 하였다.

202 제시된 주장을 한 한국 사상가는 원효이다. 원효는 여러 종파와 사상을 보다 높은 차원에서 하나로 종합해야 한다는 원융회통의 논리를

정립하였다. 그리고 종파마다 다른 이론도 결국은 하나인 마음의 진리를 다른 시각에서 본 것임을 알고, 여럿으로 나뉘어 대립과 갈등 양상을 보이던 불교의 이론과 종파를 조화하고자 하였다. 또한 당시 왕실 중심의 불교가 주를 이루었던 분위기 속에서 불교 수행에는 정해진 틀이나 형식이 없다는 무애행의 실천을 강조하여 불교의 대중화에 기여하였다.

바로알기 | ㄷ. 원효는 교종보다 선종이 우월하다고 보지 않았다.

203 (가)를 주장한 사상가는 원효이다. 원효는 일심(一心) 사상에 근거하여 모든 존재, 종파, 이론은 다르면서도 서로 같고 같으면서도 다르므로 서로 다툴 필요가 없다고 보았다. ㄴ. 원효는 일심을 바탕으로 교리의 다양한 해석을 인정하고, 이를 기초로 논쟁을 조화시키고자 하였다. 따라서 '교리 해석의 획일성을 추구해야 하는가'라는 질문에 '아니요'라고 대답할 것이다. ㄷ. 원효는 일심의 입장에서 보면 변화하는 현실과 변화하지 않는 진리가 다르지 않다고 주장한다. 따라서 '부처의 마음과 중생의 마음이 같음을 알아야 하는가'라는 질문에 '예'라고 대답할 것이다.

바로알기 | ㄱ은 원효가 '예'라고 대답할 질문에 해당하므로 B에 들어가야 한다. ㄹ. 원효는 각 종파의 특수성을 인정해야 한다고 본다. 따라서 '아니요'라고 대답할 질문에 해당하므로 A에 들어가야 한다.

204 제시된 주장을 한 한국 사상가는 의천이다. 의천은 교종과 선종의 대립과 갈등을 해결하기 위해 경전 공부를 중시하는 교종을 중심으로 하여 교종과 선종을 조화시키고자 하였다.

바로알기 | ①은 혜능이 주장한 돈오돈수에 대한 설명이다. 의천은 경전 공부를 중심으로 하는 교종의 수양 방법과 참선 수행과 돈오를 강조하는 선종의 수양 방법을 모두 갖추어야 한다고 보았다. ③은 소승 불교에 대한 설명이다. ④는 양명학에 대한 설명이다. ⑤ 의천은 외적인 교와 내적인 선을 함께 닦을 것을 강조하였다.

205 의천은 교종을 주(主)로 하고 선종을 종(從)으로 하는 입장에서, 교종 중심으로 선종을 조화시키고자 하였다. 그리고 그 방법으로 교종의 수양 방법과 선종의 수양 방법을 모두 갖추어야 한다는 내외겸전(內外兼全)과 경전 공부와 참선 수행을 함께 닦아 진리를 깨우쳐야 한다는 교관겸수(敎觀兼修)를 제시하였다.

바로알기 | ㄱ은 원효가 주장한 것이다. ㄴ은 지눌이 주장한 수행 방법이다.

206 의천은 당시의 교종과 선종의 대립을 해결하기 위해 교종을 중심으로 하여 선종과의 조화를 추구하였다. 그리고 이를 위한 방법으로 경전 읽기와 참선을 함께 수행해야 한다는 교관겸수(敎觀兼修)를 강조하였다.

바로알기 | ㄷ. 간화선은 화두를 들고 수행하는 참선 방법으로, 지눌이 강조한 수양법이다. ㄹ. 의천은 조계종이 아니라 천태종을 창시하고 이를 중심으로 교선일치를 추구하였다. 불교계의 정화 운동을 주도한 것은 지눌이다.

207 제시된 주장을 한 한국 불교 사상가는 의천이다. 의천은 교종과 선종의 조화를 추구하는 방법으로 내외겸전과 교관겸수를 강조하였다. 내외겸전은 교종의 수양법과 선종의 수양법을 모두 갖추어야 한다는 것이고, 교관겸수는 경전 공부와 참선을 함께 수행해야 한다는 것이다.

바로알기 | ① 의천은 속세로부터 떠나 참선에만 몰두해야 한다고 주장하지 않는다. ③은 지눌의 수행법에 해당한다. ④ 의천은 교리 공부와 함께 참선도 병행해야 한다고 본다. ⑤ 의천은 다양한 종파의 특수성을 인정해야 한다고 본다.

208 제시된 주장을 한 사상가는 지눌이다. 지눌은 선종과 교종에서 제시하는 진리가 서로 다르지 않다고 보고, 종파와 관계없이 모두가 성불의 길로 회통한다는 통불교의 전통을 계승하였다. 그는 교종을 중심으로 선종과의 조화를 추구한 의천과 달리, 선종의 입장에서 교종을 융화하고자 하였으며, 그 방법으로 단번에 진리를 깨친 뒤 번뇌를 차차 소멸시켜 가는 돈오점수(頓悟漸修)의 수행법과 정과 혜를 함께 닦아야 한다는 정혜쌍수(定慧雙修)의 수행법을 강조하였다.

바로알기 | ③ 지눌은 자신의 본성을 직관하면 곧장 부처가 되는 것이 아니라, 단박에 깨우친 후에도 오랫동안 누적된 그릇된 인식과 습기를 제거해 가는 노력이 필요하다고 주장한다.

209 제시된 주장을 한 한국 사상가는 지눌이다. 지눌은 돈오점수와 정혜쌍수를 중심으로 선종과 교종의 합일을 추구하였다. 돈오점수란 내 마음이 곧 부처라는 사실을 단박에 깨달은 후 오랫동안 누적된 그릇된 인식과 습기를 제거해 가는 점진적이고 지속적인 수행을 실천하는 것이다. 정혜쌍수란 마음을 한 곳에 집중하여 혼란함이 없는 상태인 정(定)과 사물을 있는 그대로 보아 마음에 어리석음이 없는 상태인 혜(慧)를 함께 닦아 나가는 것이다.

바로알기 | 지눌은 ㄴ. 경전과 교리 공부만으로는 부처가 될 수 없다고 본다. 또한 ㄹ. 깨닫는 즉시 그릇된 습기가 바로 제거되지 않는다고 보며, 이를 제거하기 위한 점진적 수행인 점수(漸修)가 필요하다고 주장한다.

210 제시된 주장을 한 사상가는 지눌이다. 지눌은 '선은 부처의 마음이요, 교는 부처의 말씀이다.'라고 하며, 선종과 교종이 주장하는 궁극의 진리가 서로 다르지 않으며 하나라고 보았다. 또한, 정(定)은 마음의 본체를, 혜(慧)는 마음의 인식 작용을 가리키는 것으로서 선후가 없는 것이기 때문에 함께 닦아야 한다고 강조하였다.

바로알기 | ㄴ. 공(空)은 독자적 본성을 가지는 실체를 뜻하는 것이 아니라 고정 불변하는 존재의 실체를 부정하는 개념이다. ㄹ. 지눌은 자신의 본성을 깨달은 후에도 오랫동안 누적된 그릇된 습기를 제거해 가는 수행이 필요하다고 본다.

211 한국 불교 사상가 갑은 지눌, 을은 의천이다. 지눌은 참다운 '나'를 보는 돈오 후에도 오랜 시간 누적된 잘못된 인식과 습기를 차차 소멸시켜 가는 점수를 실천해야 온전한 부처의 경지에 이를 수 있다고 본다. 의천은 교종과 선종의 조화를 추구하는 방법으로 경전 읽기와 참선 수행을 함께 해야 한다는 교관겸수를 제시한다.

바로알기 | ㄱ. 지눌은 깨침과 닦음이 일시에 완성된다고 보지 않는다. 그는 단박에 진리를 깨친 뒤 점진적인 닦음이 필요하다고 본다. ㄷ. 화두를 바탕으로 깨우쳐 가는 간화선의 수행 방법을 제시한 사상가는 지눌이다.

개념 보충

의천과 지눌의 사상

의천	• 교종을 중심으로 선종과의 조화를 추구함 • 내외겸전(內外兼全): 내적 공부와 외적 공부를 같이 온전히 해야 함 • 교관겸수(敎觀兼修): 경전 읽기와 참선 수행을 함께 해야 함
지눌	• 선종을 중심으로 교종과의 조화를 추구함 • 돈오점수(頓悟漸修): 단박에 진리를 깨친 뒤 번뇌를 차차 소멸시켜 가는 수행법 • 정혜쌍수(定慧雙修): 선정과 지혜를 함께 닦아야 한다는 것으로, 점수의 구체적인 실천 방법임

8 도가와 무위자연의 윤리

216 제시된 주장을 한 고대 중국 사상가는 노자이다. 노자는 무위의 덕을 따르는 무위자연(無爲自然)을 이상적인 삶의 모습으로 제시한다. 그리고 이러한 경지에 이르기 위해서는 마음에 내재한 인위적인 것들을 비우고 마음을 고요하게[허정(虛靜)] 해야 한다고 강조한다.
바로알기 | 노자는 ① 인의(仁義)의 덕은 도(道)가 사라지고 사회가 혼란하여 생겨난 인위적 규범에 불과하다고 비판하며, ② 예법(禮法)과 같은 인위적 질서가 사라져야 한다고 본다. 또한 ③ 도는 언어로 규정할 수 없으며, ④ 본성을 교정하는 것이 아니라 본래의 소박하고 순수한 덕을 따라야 한다고 강조한다.

217 제시된 주장을 한 사상가는 노자이다. 노자는 도에 따르는 삶의 모습을 어린아이와 물의 모습을 통해서 설명하였다. 그는 어린아이처럼 꾸밈이 없는 순수하고 소박한 상태를 긍정적으로 보았으며, 최상의 선은 만물을 이롭게 하지만 다투지 않고, 사람들이 싫어하는 낮은 곳에 처하는 물의 모습과 같다[상선약수(上善若水)]고 주장하였다.
바로알기 | 노자는 ① 부국강병의 추구를 반대하였다. 그는 무위의 다스림[무위지치(無爲之治)]이 실현된 소국 과민(小國寡民)의 사회를 이상 사회로 제시하였다. 또한 ② 도덕적 본성이 아닌 소박하고 순수한 자연 그대로의 본성을 주장하였다. ③은 맹자의 입장에 대한 설명이다. ⑤는 도교의 양생술, 신선 사상에 대한 설명이다.

218 제시된 주장을 한 사상가는 노자이다. 노자는 인의(仁義)의 도덕과 효의 윤리가 사회와 가정에 혼란을 일으키는 인위적 규범에 불과하다고 본다. 따라서 노자는 인간의 그릇된 인식과 가치관, 인위적 제도에서 벗어나 무위자연의 도에 따르는 삶을 실현할 것을 강조한다.
바로알기 | 노자는 ② 사회의 혼란으로 인위적 사회 제도가 생겨났다고 보고, ③ 인위적인 도덕적 질서에 대해 비판적인 입장을 취한다. 또한 ④ 대도(大道)가 무너지니 인의(仁義)가 생겨났다고 본다. ⑤ 노자는 천지만물의 절대적 질서 의식을 주장하지 않는다. 그는 천지 만물이 상대적 가치만 지닐 뿐이며, 절대적 도의 관점에서 바라보는 자세가 필요하다고 본다.

219 노자는 도의 관점에서 볼 때, 천지 만물이 상대적 가치만을 가질 뿐임을 인식해야 한다고 본다. 또한 이상적 인간상으로 무위자연의 삶을 사는 성인(聖人)을 제시하였는데, 성인의 정치는 무위의 다스림을 통해 백성들의 무지와 무욕을 실현하는 정치라고 보았다.
바로알기 | 노자는 ㄱ. 문명의 이기를 추구하는 것에 대해 반대하였다. 문

명의 이기는 그릇된 인식과 욕심을 불러일으켜 도(道)의 실현을 방해한다고 보았기 때문이다. ㄴ. 노자는 재화의 공정한 분배를 주장하지 않았다.

220 노자는 사회 혼란의 원인이 인위적인 도덕과 윤리에 있다고 보고, 사람의 힘이 더해지지 않은 자연 그대로의 삶[무위자연(無爲自然)]을 살 것을 강조한다. 또한 무위자연의 삶의 모습을 물에 비유하며, 최상의 선은 흐르는 물과 같이 겸허와 부쟁의 덕을 지닌 것이라고 설명한다. 나아가 이상적 사회의 모습으로는 작은 영토에 적은 백성이 모여 살아가고, 무위의 정치가 이루어지는 소국 과민의 사회를 제시한다.
바로알기 | ㄱ. 노자는 문명의 발달을 비판하였다. 문명의 발달은 그릇된 지식을 부추기고, 경쟁을 일으켜 사회를 혼란하게 만든다고 보았기 때문이다. 또한, 인위적 기준으로 교화하고 다스리는 정치에 반대하며 무위의 다스림을 이상적 정치로 제시하였다.

221 제시된 주장을 한 고대 동양 사상가는 노자이다. 노자는 유교에서 강조하는 인위적 규범들이 사회 혼란의 원인이 된다고 보면서, 자연의 덕을 갖추는 데 방해가 된다고 본다. 또한 바람직한 삶은 자연의 흐름에 따라 무지하게 사는 것으로, 좋은 통치는 무위의 다스림을 통해 백성들을 무지(無知)와 무욕(無慾)하게 하는 것이라고 보고, 허정, 허심, 순박의 정치를 강조한다.
바로알기 | ㄷ. 노자는 문명의 발달을 추구하지 않는다. 문명의 발달은 경쟁을 불러일으키고, 소박한 삶에 방해가 된다고 보기 때문이다.

222 제시된 주장을 한 고대 동양 사상가는 노자이다. 노자는 도의 관점에서 보면 아름다운 것과 추한 것, 선한 것과 악한 것과 같은 가치는 상대적인 것에 불과하다고 본다. 즉, 도의 관점에서 보면 천지 만물은 오직 상대적인 가치만을 지닐 뿐이라는 것이다.
바로알기 | ①은 순자의 입장에 해당한다. ③은 불교의 관점에 해당한다. 불교에서는 고정불변의 자아는 존재하지 않는다고 본다. ④, ⑤ 노자에 따르면 절대적 도(道)의 관점에서는 미추(美醜), 선악(善惡), 귀천(貴賤) 등의 명확한 구분이 불가하며, 세상에는 오직 상대적 가치만 있을 뿐이다.

223 제시된 주장을 한 고대 중국 사상가는 노자이다. 노자는 통치자가 다스림이 없는 다스림[무위지치(無爲之治)]을 통해 백성들이 자연적 덕성에 따라 평화롭고 소박한 삶을 실현할 수 있도록 해야 한다고 주장하였다. 또한 이러한 무위의 다스림이 실현되는 이상 사회로 작은 영토에 적은 백성이 모여 살아가는 소국 과민을 제시하였다.

224 장자는 편견이나 선입견에서 벗어나 절대적 도의 관점에서 만물의 상대적 가치를 인식하고, 이를 통해 만물의 소중함과 평등함을 깨달을 것을 강조한다. 그리고 자연의 도에 따르는 이상적인 경지로 세속의 차별 의식에서 벗어나 만물을 평등하게 바라보는 ㉠ 제물(齊物)과 외물의 속박에서 벗어난 정신적 자유의 상태인 ㉡ 소요(逍遙)를 제시한다.

바로알기 | 겸허(謙虛)는 낮은 곳에 처한다는 의미이고, 부쟁(不爭)은 다투지 않는다는 뜻이다. 이 둘은 노자가 물의 특성으로 제시한 개념이며, 노자는 이러한 특성을 지닌 물이 도에 가깝다고 설명하였다.

225 제시된 주장을 한 사상가는 장자이다. 장자는 도의 관점에서 사물을 볼 때, 만물이 소중하고 평등하다는 것을 깨우칠 수 있다고 본다.
바로알기 | ①, ②, ④는 노자 사상에 대한 설명이다. ⑤ 장자는 선과 악을 구별하는 분별적 지식에서 벗어나야 한다고 주장한다.

226 장자는 이상적인 경지로 도를 깨달아 인위적인 기준이나 외적인 제약에 얽매이지 않는 정신적 자유의 경지인 소요(逍遙)에 이를 것을 강조한다. 그리고 이를 통해 세상의 모든 구속에서 해방되어 대자연의 섭리에 자신을 내맡긴 물아일체의 삶을 살아갈 것을 제시한다.
바로알기 | ① 이리저리 자유롭게 거니는 소요의 경지는 가치의 상대성을 깨달을 때 이를 수 있다. ② 제물(齊物)의 경지는 세속의 차별 의식에서 벗어나 만물을 바라보는 경지이다. ③ 장자는 인의(仁義)를 인위적인 기준으로 본다. ⑤ 장자는 세속의 모든 구속에서 해방되어 자연의 섭리에 따라 자연과 하나 되는 경지[물아일체(物我一體)]를 추구한다.

227 제시된 주장을 한 사상가는 장자이다. 장자는 차별 의식에서 벗어나 도의 관점에서 만물을 평등하게 바라보는 제물(齊物)과 인위적 기준이나 외적 제약에서 벗어나 정신적 자유의 경지에서 노니는 소요(逍遙)를 제시하였다. 또한 모든 구속에서 벗어나 대자연의 섭리에 자신을 맡기는 물아일체(物我一體)의 삶을 이상적인 경지로 보았다.
바로알기 | ㄴ. 삼독의 제거는 불교의 수양법에 해당한다. ㄷ은 맹자의 수양법에 대한 설명이다.

228 제시된 주장을 한 사상가는 장자이다. 장자는 조용히 앉아서 현재의 세계를 잊고 무아(無我)의 경지에 이르는 좌망(坐忘)과 잡념을 없애고 마음을 비워 깨끗하게 하는 심재(心齋)를 통해 허심(虛心)에 이를 것을 강조하였다. 그리고 이를 통해 만물을 차별하지 않고 평등하게 인식하는 삶을 살 것을 주장하였다.
바로알기 | ②는 불교의 입장에 해당한다. ③ 장자는 선악(善惡)의 명확한 구분을 주장하지 않는다. 제물의 관점에서 보면 선악의 분별도 상대적인 것에 불과하다고 보기 때문이다. ④ 장자는 예(禮)와 같은 인위적인 제약에 얽매이지 않아야 한다고 본다. ⑤ 장자는 좌망을 통해 만물의 시비를 분별하는 인식에서 벗어나야 한다고 본다.

229 장자는 차별 의식에서 벗어나 도의 관점에서 만물의 상대적 가치를 인정하고 존중할 것을 강조하며, 만물이 소중하고 평등한 존재임을 깨우쳐야 한다고 본다.
바로알기 | ㄷ. 장자는 도덕규범과 같은 인위적 기준이나 외적인 제약에 얽매인 삶을 비판하며, 세속의 모든 구속에서 벗어나 대자연의 섭리에 따라 살아갈 것을 강조한다. ㄹ. 장자는 조용히 앉아서 현재의 세계를 잊고 자아를 잊어버리는 경지에 들어가는[좌망(坐忘)]을 강조한다.

230 제시된 주장을 한 사상가는 장자이다. 장자는 우리를 구속하는 일체의 것들을 잊어버리고[좌망(坐忘)], 마음을 비워서 깨끗하게 하는[심재(心齋)] 수양을 통해 인간의 자기중심적인 편견과 선입견에서 비롯된 분별에서 벗어나야 한다고 주장한다.
바로알기 | ①은 유교의 이상적 인간상이다. ③ 장자는 만물이 끊임없이 변화하기 때문에 인간의 감각과 마음을 통해서는 참된 지식을 얻을 수 없다고 본다. 또한 ④ 만물의 가치를 획일화하는 것에 반대하며, ⑤ 제도와 윤리 규범이 도에 따른 삶을 방해하는 인위적인 것이라고 본다.

231 제시된 주장을 한 고대 동양 사상가는 장자이다. 장자는 세속의 차별 의식에서 벗어나 도의 관점에서 만물을 평등하게 바라볼 것을 강조하며, 자연과 하나가 되는 절대적 평등의 경지를 추구한다. 또한 이러한 이상적 경지에 도달하기 위해 좌망과 심재를 통해 정신적 자유를 추구해야 한다고 본다.
바로알기 | ㄱ. 장자는 도덕적 사회 구현을 주장하지 않으며, 오히려 인위적인 도덕규범에서 벗어나 절대적 도에 따르는 삶을 살 것을 강조한다. ㄷ. 장자는 도의 관점에서 시비, 선악, 귀천, 미추 등의 분별에서 벗어나야 한다고 본다.

232 제시된 주장을 한 동양 사상가는 장자이다. 장자는 인간과 동물 등 만물은 모두 자신의 자연적 덕성을 가지고 태어난다고 본다. 또한 편견이나 선입견과 같은 자기중심적 관점과 인위적인 제약에서 벗어나 자연적 본성을 회복하기 위해 수양할 것을 강조한다.
바로알기 | ㄴ. 장자는 도(道)를 언어적으로 이해할 수 있다고 보지 않는다. ㄹ. 장자는 도의 관점에서 보면 만물 간에 귀천의 구분이 없다고 본다.

233 표의 사상가는 장자이다. 장자는 모든 분별과 차별에서 벗어나 만물을 평등한 것으로 보며, 도에 일치하는 삶을 살 것을 강조한다. ㉠에는 장자가 긍정, ㉡에는 부정할 질문이 들어가야 한다. 장자는 ㄴ. 자연의 섭리에 자신을 맡기고 자연과 자신이 하나가 되는 물아일체(物我一體)의 경지를 주장한다. 또한 ㄷ. 인의(仁義)와 같은 인위적 기준과 가치에 얽매이는 삶을 반대하며, ㄹ. 좌망(坐忘)과 심재(心齋)를 통해 편견에서 비롯된 모든 분별을 버려야 한다고 주장한다.
바로알기 | ㄱ. 장자는 인위적인 도덕규범에 따르는 삶을 반대한다. 따라서 장자가 '아니요'라고 대답할 질문에 해당하므로 ㉡에 들어가는 것이 적절하다.

234 (가)는 도가 사상, (나)는 불교 사상이다. 두 사상은 모두 인간을 포함한 모든 만물이 각자의 가치를 지니고 있다고 보며, 모든 만물을 소중하게 대할 것을 강조한다.
바로알기 | ①, ②, ④ 도가와 불교는 자연을 도구로 인식하지 않으며, 인간을 자연의 이용자나 정복자로 보지 않는다. 오히려 인간과 자연의 관계를 유기체적 관점에서 보며, 인간도 자연의 일부일 뿐이라고 본다. ③ 도가와 불교는 세속적 성공을 수양의 목표로 삼지 않는다. 도가는 수양을 통해 무위자연의 경지에 이를 것을 추구하며, 불교는 수양을 통해 해탈의 경지에 이를 것을 강조한다.

235 갑은 장자, 을은 맹자이다. 장자는 소박하고 순수한 자연적 덕성을 그대로 보존하는 삶을 강조하는 반면, 맹자는 타고난 선한 도덕심을 유지하고 확충해 가는 삶을 강조한다. 두 사상가는 공통적으로 바람직한 삶은 타고난 본성에 따라 사는 것이라고 본다.
바로알기 | ① 장자는 인의예지의 덕을 인위적 기준으로 보고, 이를 벗어나 자연의 덕에 따를 것을 강조한다. ② 장자는 타고난 본성대로 살 것을 강조한다. ③은 고자의 성무선악설에 해당한다. ⑤는 맹자의 입장에만 해당한다.

236 갑은 노자, 을은 장자이다. 노자와 장자는 도가 사상을 대표하는 사상가들로, 도가는 도의 관점에서 만물이 지닌 상대적 가치를 파악할 것을 강조한다. 또한 인간의 편견에서 비롯된 시비, 선악, 미추 등의 분별은 모두 상대적이며 사회 혼란을 초래할 뿐이라고 보고, 도를 깨달아 세속의 모든 구속에서 해방되어 자연의 질서에 따르며 순응하는 삶을 살 것을 강조한다.

바로알기 | ㄷ. 도가에서는 불변하는 진리를 주장하지 않으며, 만물은 상대적 가치를 지닐 뿐이라고 본다. ㄹ. 도가에서는 하늘로부터 부여받은 도덕성을 주장하지 않는다.

237 갑은 공자, 을은 노자이다. 공자는 예악(禮樂)을 숭상하고 도덕적 인격을 닦으며 살아야 한다고 주장하였다. 반면 노자는 유교의 덕이 사회에 혼란을 가져오는 인위적인 것이라고 비판하며, 자연의 덕에 따라 살아갈 것을 강조하였다. 따라서 ④에 대해 공자는 긍정, 노자는 부정의 대답을 할 것이다.
바로알기 | ①, ②, ③, ⑤는 공자가 부정, 노자가 긍정의 대답을 할 질문이다.

238 밑줄 친 '이 사상가들'은 위진 시대의 현학자들이다. 현학자들은 노장사상을 철학적으로 계승하였으며, 현실에서 벗어나 은둔 생활을 추구하였다. 또한 세속적인 주제와 거리를 두고 형이상학적이고 예술적인 논의를 중시하였다. 대표적인 현학자들로 죽림칠현(竹林七賢)이 있다.
바로알기 | ㄷ은 오두미교에 대한 설명이다. ㄹ은 후한 시대에 형성된 태평도, 오두미교와 같은 도교에 대한 설명이다.

개념 보충

도교 사상의 전개

황로학파	• 전한(前漢) 시대 • 전설상의 제왕인 황제와 노자를 숭상하고, 무위로써 다스린다는 제왕의 통치술을 주장함 • 도가를 바탕으로 유가·묵가·법가 등의 사상을 수용함
태평도	• 후한(後漢) 시대 • 천하태평의 이상 사회를 현실에 실현하고자 함
오두미교	• 후한 시대 • 노자를 신격화하고, 『도덕경』을 경전으로 삼음 → 복을 추구하고, 도덕적 선행을 권장함
현학	• 위진(魏晉) 시대 • 노장사상을 철학적으로 계승하면서 청담(淸談) 사상을 제시함 → 형이상학적이고 예술적인 논의를 중시하며 정신적 자유를 추구함

239 제시된 사상은 오두미교이다. 오두미교는 노자를 신격화하여 교조로 받들고, 『도덕경』을 경전으로 삼으며 교단을 갖춘 종교로 성장하였다. 삼관수서를 행하며 도덕적 선행을 강조하고, 규정된 규율과 의식을 따르면 질병이 낫는다고 주장하며, 신선술과 불로장생을 추구하였다.
바로알기 | ① 오두미교는 민간 신앙을 배척하지 않고, 불교, 도가, 신선 사상, 민간 신앙 등이 결합되어 형성되었다.

240 ㉠은 오두미교, ㉡은 현학이다. 오두미교는 도가 사상을 계승하여 종교로 발전시켰고, 현학은 도가 사상을 철학적으로 계승하였다. 오두미교는 교단과 교리의 체계를 갖추고 도덕적 선행을 권장하면서, 교리를 믿고 규율을 따르면 반드시 병이 낫고 신선이 될 수 있다고 주장하며 민간의 호응을 얻었다. 현학자들은 현실에서 벗어나 은둔 생활을 하며, 정신적 자유를 추구하였다.
바로알기 | ③ 현학자들은 어지러운 정치와 세속의 가치에 등을 돌리고, 현실에서 벗어난 은둔 생활을 중시하였다.

241 도교는 노장사상을 기반으로 시대적 상황에 따라 여러 사상과 결합하여 성립한 종교이다. 한나라 초기에는 전설상의 제왕인 황제와 노자를 숭상한 황로학파가 등장하였다. 한나라 말기에는 도가 사상이 민간 신앙과 결합하여 교단을 갖춘 종교로 발전하게 되었는데, 『도덕경』을 경전으로 삼아 도덕적 선행을 권장한 오두미교가 대표적이다.

바로알기 | ㄴ. 태평도는 황건적의 난을 일으킨 이후 교단이 몰락하였다. ㄹ. 현학자들은 세속적 문제와 거리를 두고 예술과 철학에 심취한 대화를 나누었다.

242 제시된 한국 사상은 한국 도교의 신선 사상과 양생법에 대한 것이다. 도교의 양생법은 의학 발전에 기여하였으며, 허준의 『동의보감』도 이러한 영향을 받은 의학서이다. 또한, 한국 도가·도교 사상은 민간 신앙에 수용되면서 성황·칠성·조왕 등의 여러 신을 숭배하는 형태로 나타났고, 풍수지리 사상을 수용하여 자연과 조화를 이루고 복을 기원하는 신앙의 측면을 보였다.
바로알기 | ㄷ. 한국의 도교는 국가의 통치 이념이나 학문으로서 독자적 영역을 확보하지는 못하였다.

개념 보충

한국 도교 사상의 전개

• 시대별 흐름

삼국 시대	고구려에서 도교가 공식적으로 수용됨
고려 시대	국가 차원에서 도가 사상을 중심으로 유교, 불교, 도가·도교를 조화시키려는 노력이 나타남
조선 시대	양생법을 수용하여 의학 발전에 기여하였고, 권선징악을 지향하는 권선서가 널리 퍼짐

• 민간 신앙과 융합: 현세의 복을 기원하는 삼신(성황, 칠성, 조왕) 숭배, 풍수지리 사상 등에 영향을 줌

243 (가)는 황로학파, (나)는 현학이다. 황로학파에서는 황제와 노자를 숭상하고, 무위(無爲)로써 다스린다는 제왕의 통치술을 주장하였다. 현학은 세속적 가치와 거리를 두고, 형이상학적이고 예술적인 논의를 중시하며 정신적 자유를 추구하는 청담 사상을 제시하였다. 현학자들은 은둔의 삶을 중시하며 자연에 묻혀 살고자 하였고, 대표적인 현학자들로는 죽림칠현이 있다.
바로알기 | ㄴ은 오두미교에 대한 설명이다.

9 한국 전통 윤리 사상의 근대적 지향성

개념 확인 문제 64쪽

244 (1) ○ (2) × **245** (1) 동학 (2) 원불교

난이도별 필수 기출 65~67쪽

246 ④	247 ②	248 ⑤	249 ⑤	250 ⑤	251 ④
252 ①	253 ①	254 ②	255 ③	256 ④	257 ④

246 갑은 위정척사 사상, 을은 동도서기론(온건적 개화론)의 입장을 취한다. 갑은 우리 고유의 가치인 유교적 질서를 지키고 서양의 종교와 문물을 배척해야 한다고 주장한다. 반면 을은 유교적 질서를 지키는 가운데 서양의 발전된 과학 기술은 수용하자고 주장한다. 따라서 ④에 대해 갑은 긍정, 을은 부정의 대답을 할 것이다.
바로알기 | ①, ⑤는 갑, 을이 모두 부정의 대답을 할 질문이다. ②, ③은 갑은 부정, 을은 긍정의 대답을 할 질문이다.

247 (가)는 위정척사 사상, (나)는 동도서기론에 해당한다. (가)는 올바른 것(유교적 질서와 정신)은 지키고, 거짓된 것(서양의 종교와 문물)은 배척해야 한다고 주장한다. (나)는 유교적 가치와 질서를 지키면서 근대화된 서양의 문물을 주체적으로 수용하고자 하였다. 그리고 이를 통해 사회 개혁을 도모하고 실력을 양성하여, 급변하는 국제 사회의 현실 속에서 민족 생존에 도움이 될 수 있는 방향을 모색하였다.
바로알기 | ㄴ. (가)는 전제 군주제 개혁을 주장하지 않았다. ㄹ. (나)는 서구 문물을 능동적·주체적으로 수용하고자 하였다.

248 갑은 동도서기론, 을은 위정척사 사상을 주장하고 있다. 갑에 비해 을은 외세의 종교와 정신, 과학 기술과 문물 등을 모두 사악한 것으로 보고 배척하고자 하였으며, 당시의 사회적 질서 체계인 유교적 질서와 정신을 지키고자 하였다. 따라서 갑의 입장에 비해 을의 입장이 갖는 상대적 특징은 'X: 반외세적 경향의 정도'는 높고, 'Y: 당시의 사회 질서를 거부하는 정도'와 'Z: 서양의 군사·과학 기술을 수용하는 정도'는 낮으므로, ㉤에 해당한다.

개념 보충

위정척사와 개화사상 비교

위정척사 사상	• 올바른 것(유교적 가치와 질서)은 지키고, 사악한 것(서양의 종교와 문물)은 배척해야 한다고 주장 • 훗날 항일 의병 운동으로 이어짐
개화사상	• 서양의 문물을 수용하여 부국강병과 사회 개혁을 도모함 • 훗날 애국 계몽 운동으로 이어짐 • 급진적 개화론: 유교적 질서를 근본적으로 변혁하고자 함 • 온건적 개화론(동도서기론): 유교적 가치와 질서를 지키면서 서양의 우수한 과학 기술을 수용하고자 함

249 갑은 급진 개화파, 을은 온건 개화파(동도서기론)에 대한 내용을 발표하고 있다. 급진 개화파는 전통적 정치 체제를 혁파하고 서구식 정부를 수립하는 등 기존의 유교적 국가 질서를 전반적으로 쇄신하고자 하였다. 온건 개화파는 동양의 윤리와 도덕 등은 보존하면서 서양의 발달된 과학 기술은 수용하자고 주장하였다. 이러한 개화사상은 구한말 애국 계몽 운동으로 이어졌다.

바로알기 | ⑤ 선비 정신을 발현하여 항일 의병 운동을 주도한 것은 위정척사 사상이다.

250 동학은 민족적 위기 속에서 보국안민을 목표로 경천(敬天)사상의 바탕 위에 유불도 사상이 융합되며 성립하였다. 동학은 시천주(侍天主), 인내천(人乃天), 사인여천(事人如天), 오심즉여심(吾心卽汝心) 등의 가르침을 통해 인간 존중과 평등의 정신을 실현하고자 하였다.
바로알기 | ㉤ 동학은 이후 원불교가 아니라 천도교로 확대·발전하였다.

251 제시된 사상은 최제우가 창시한 동학이다. 동학은 봉건 체제가 붕괴하고 천주교가 확산되는 분위기 속에서 등장하였으며, 나라를 돕고 백성을 편안하게 해야 한다는 보국안민(輔國安民)을 목표로 삼았다. 또한 인본주의와 천인합일의 관점에서 모든 인간이 평등하고 존엄하다고 보았으며, 이후 천도교로 발전하며 3·1운동을 주도하기도 하였다.
바로알기 | ㄹ은 북학파 실학자들에 대한 설명이다.

252 제시된 주장을 한 한국 사상가는 최제우이다. 동학에서는 모든 사람이 자기 안에 한울님을 모시고 있다는 시천주(侍天主) 사상, 사람이 곧 하늘이라는 인내천(人乃天) 사상을 제시하였다. 또한 서구 열강의 침략에 대항하여 나랏일을 돕고 백성을 편안하게 한다는 보국안민을 주장하였다.
바로알기 | ㄷ. 최제우는 하늘을 섬기듯 사람을 섬기라고 가르친다. ㄹ. 최제우는 서구적 가치에 반대하며, 천인합일의 관점에서 만민이 평등하다는 사해 평등주의 이념을 실현하고자 하였다.

253 밑줄 친 '이 사상'은 원불교이다. 원불교는 근대 신흥 종교로 궁핍과 차별이 사라진 평등한 사회를 제시하였다. 또한 기존의 불교 사상을 개혁하여 불교의 현대화·생활화·대중화를 이루고자 하였다.
바로알기 | ㄷ. 원불교는 종교적 수행과 사회적 실천을 분리하지 않았다. ㄹ. 원불교는 후천 개벽을 통해 현세에서 이상 사회를 구현하고자 하였다.

254 근대 한국 사상가 갑은 최제우, 을은 위정척사 사상가이다. 갑은 인본주의, 사해 평등주의를 표방하며, 인간 존중과 평등의 정신을 제시하였다. 을은 성리학적 가치를 기반으로 한 유교적 질서를 지키고, 천주교와 서양 문물을 배척하고자 하였다.
바로알기 | ㄴ. 동도서기론은 온건 개화파의 주장이다. ㄹ. 을은 서양의 종교와 문물을 수용하는 것에 반대한다.

255 (가)의 한국 사상가 갑은 위정척사 사상가, 을은 온건 개화파 사상가이다. 갑은 서구 열강의 침략 상황에서 유교적 인륜과 의리 정신을 고수하고자 하였다. 을은 유교적 질서는 지키면서 서양의 발달된 문물을 수용하고자 하였다. 두 사상가는 공통적으로 동양의 정신을 지키고, 서양의 종교와 사상을 배척하였다.
바로알기 | ①은 갑, 을의 공통 입장이므로 B에 해당한다. ②는 동학에 대한 설명이다. ④는 개화사상에 대한 설명이므로 C에 해당한다. ⑤는 급진 개화론에 대한 설명이다.

256 갑은 위정척사 사상, 을은 동도서기론, 병은 동학의 입장을 취한다. 병은 나라의 수난과 민중의 고통 속에서 후천 개벽 사상을 제시하며, 신분 차별이 사라진 자유롭고 평등한 세상이 도래할 것이라는 희망을 심어 주었다. 또한 사람이 곧 하늘이라는 인내천(人乃天) 사상을 통해 인간 존엄의 정신을 실현하고자 하였다.
바로알기 | ㄹ은 을(동도서기론)에 대한 설명이다.

257 갑은 반외세·봉건적 입장을 취하며 성리학적 질서의 유지를 주장하고, 천주교와 서양의 문물을 배척하였다. 을은 봉건적 사회 질서는

유지하되, 외세의 발전된 문물은 수용하고자 하였다. 병은 반외세·반봉건적 입장에서 천주교의 유입에 반대하였고, 인본주의를 표방하며 신분 차별이 사라진 평등한 사회를 지향하였다. 갑, 을은 성리학의 정신을 유지하고자 했다는 점에서 공통점(B)을 지니며, 갑, 을, 병은 당시 천주교가 확산되는 시대 분위기에 반대하며 서양의 종교를 배척했다는 점에서 공통점(D)을 지닌다.

바로알기 | ㄱ, ㄷ은 병에게만 해당하는 진술이다.

최고 수준 도전 기출 (03~09강)

68~73쪽

258 ①	259 ③	260 ③	261 ④	262 ①	263 ②
264 ⑤	265 ②	266 ①	267 ④	268 ④	269 ⑤
270 ④	271 ③	272 ④	273 ⑤	274 ②	275 ③
276 ⑤	277 ④	278 ④			

258 제시된 주장을 한 고대 동양 사상가는 맹자이다. 맹자는 모든 인간이 선천적으로 선한 도덕심을 가지고 있으며, 선천적인 도덕적 자각 능력인 양지(良知)와 선천적인 도덕적 실천 능력인 양능(良能)을 갖추고 있다고 보았다. 정치에 있어서는 군주가 도덕적 마음에 기초하여 백성을 다스려야 한다고 보았으며, 인의를 해치고 백성을 저버린 군주는 교체될 수 있다고 주장하였다. 또한 백성은 항산(恒産)이 있어야 항심(恒心)이 있기 때문에 백성의 경제적 안정을 보장해야 한다고 강조하였다.

바로알기 | 네 번째 입장: 묵자의 겸애(兼愛) 사상에 대한 설명이다.

259 (가)의 갑은 순자, 을은 맹자이다. 순자는 인간의 본성이 악하다는 성악설(性惡說)을 주장하며, 예(禮)를 바탕으로 후천적 노력과 수양을 통해 악한 본성을 변화시켜 선하게 만들어야 한다[화성기위(化性起偽)]고 주장한다. 반면, 맹자는 인간의 본성이 선하다는 성선설(性善說)을 주장하며, 타고난 선한 도덕심을 잘 유지하고 확충하기 위한 수양이 필요하다고 주장한다.

바로알기 | ① 은 고자의 입장에 해당한다. ② 순자는 인간의 모든 욕망을 제거해야 한다고 주장하지 않는다. ④ 는 맹자에게만 해당하는 진술이다. ⑤ 맹자는 본래 갖고 태어난 사단을 확충할 때 사덕에 이를 수 있다고 본다.

260 (가)의 갑은 맹자, 을은 순자이다. 맹자는 모든 인간이 선한 본성을 가지고 태어난다고 본 반면, 순자는 모든 인간이 악한 본성을 가지고 태어난다고 보았다. 또한 맹자가 도덕의 근원을 하늘과 결부하여 파악했던 것과 달리, 순자는 자연 현상과 인간의 일을 구분해야 한다고[천인분이(天人分二)] 보았다.

바로알기 | ㄱ은 맹자와 순자의 공통된 입장으로 B에 들어가야 한다. ㄷ. 순자는 예(禮)를 통치의 표준으로 삼았다.

261 (가)의 갑은 맹자, 을은 순자이다. 맹자는 인간의 본성이 본래 선하다는 성선설을 주장하며, 수양을 통해 자신의 선한 본성을 확충해야 한다고 보았다. 순자는 인간의 이기적 본성을 외면적 규범인 예(禮)를 통해 변화시켜 선하게 만들어야 한다고 주장하였다. 따라서 (나)에 제시된 두 질문에 대해 맹자는 둘 다 '아니요'라고 답할 것(D)이고, 순자는 둘 다 '예'라고 답할 것(A)이다.

262 표의 어느 사상가는 왕수인이다. 왕수인은 마음 밖에는 사물도 이치도 없다고 보며, 모든 이치는 마음속에 있다는 심즉리설(心卽理說)을 주장하였다. (가)에는 왕수인이 긍정의 대답을 할 질문이 들어가야 하므로, '① 마음 밖에는 이치가 없는가?'라는 질문이 적절하다.

바로알기 | ②, ③, ⑤는 왕수인은 부정, 주희는 긍정의 대답을 할 질문이다. ④는 정약용이 긍정의 대답을 할 질문이다.

263 (가)의 동양 사상가 갑은 맹자, 을은 순자이다. 맹자는 인간이 배우지 않고도 알 수 있는 선천적인 도덕적 자각 능력인 양지(良知)를 가지고 있다고 본다. 순자는 인간의 본성은 악하지만, 인간은 다른 존재와 달리 인의(仁義)를 알 수 있는 도덕적 인식 능력이 있다고 본다.

바로알기 | ①은 맹자와 순자 모두 부정의 대답을 할 질문이다. ③ 맹자는 타고난 도덕심을 확충하여 호연지기를 갖출 때 대인(大人)에 이를 수 있다고 본다. ④ 맹자는 수오지심이 마음에 내재해 있다고 본다. ⑤ 순자는 예(禮)를 정치의 근원으로 삼고, 예치를 실현하고자 한다.

264 중국 사상가 갑은 주희, 을은 왕수인이다. 주희는 마음에 부여된 하늘의 이치가 곧 성(性)이라고 보는 성즉리(性卽理)를 주장하며, 마음과 이치를 구분하였다. 또한 모든 만물에는 이치가 품부되어 있다고 보고, 각 사물의 이치를 탐구하여 앎을 극진히 할 것을 강조하였다. 왕수인은 사람의 마음은 모든 만물의 이치를 갖추고 있으며, 마음이 곧 이치라는 심즉리(心卽理)를 주장하였다.

바로알기 | ⑤는 주희가 긍정할 질문에 해당한다.

265 주희는 지와 행에는 선후 관계가 있다고 보고, 지가 먼저이고 행이 나중이라는 선지후행(先知後行)을 주장하였다. 반면 왕수인은 지와 행은 본래 별개의 것이 아니라 하나라고 보며, 지행합일(知行合一)을 주장하였다.

바로알기 | ㄴ은 주희의 입장에 해당한다. ㄹ. 왕수인은 앎과 행동은 본래 하나라고 본다.

266 (가)의 갑은 묵자, 을은 맹자, 병은 순자이다. 묵자는 유교에서 강조하는 인(仁)이 가까운 사람을 먼저 사랑하라는 차별적 사랑[별애(別愛)]이라고 비판하며, 모든 사람을 차별 없이 사랑하고 서로를 이롭게 하는 겸애교리(兼愛交利)를 주장하였다.

바로알기 | ② 맹자는 존비친소의 구별이 있는 사랑인 인을 주장하므로 맹자가 제기할 비판으로 적절하지 않다. ③ 묵자, 맹자, 순자 모두 신상 필벌을 통한 부국강병의 추구를 주장하지 않는다. ④ 묵자, 맹자, 순자 모두 도덕적 사람이 되기 위한 노력이 필요하다고 본다. ⑤ 순자는 예를 통해 능력을 헤아려 재화를 분배해야 한다고 보므로, 맹자가 순자에게 제기할 비판으로 적절하지 않다.

267 (가)의 갑은 왕수인, 을은 이황, 병은 이이에 해당한다. 왕수인은 인간의 마음이 곧 하늘의 이치라고 보며, 마음 밖에는 이치도 없고 사물도 없다고 주장한다. 이황과 이이는 성리학자로서 측은·수오·사양·시비의 도덕심은 인간 본성의 본체인 사덕이 발현된 것이라고 보며, 하늘이 부여한 이치와 마음을 분리하여 본다. 다만, 이황은 사단은 이가, 칠정은 기가 발한 것이라고 보는 반면, 이이는 사단과 칠정 모두 기가 발한 것이라고 본다.

바로알기 | ① 왕수인은 개별 사물의 이치 탐구를 주장하지 않으며, 양지는 선천적으로 주어진 것이라고 본다. ② 이황은 덕이 형성되는 것이 아니라 선천적으로 부여받은 것이라고 본다. ③ 이황은 마음의 본체가 성임을 간과하지 않는다. ⑤는 왕수인이 이황과 이이에게 제기할 비판에 해당한다. 왕수인은 모든 이치가 인간의 마음속에 있다고 보고, 이황과 이이는 모든 만물에 이치가 품부되어 있다고 본다.

268 (가)의 갑은 순자, 을은 정약용이다. 순자는 인간의 본성이 악하기 때문에 후천적인 수양과 인위적 노력을 통해 덕을 형성해야 한다고 본다. 정약용은 인간은 선을 좋아하고 악을 미워하는 기호인 영지의 기호를 지니고 있다고 본다. 또한 성리학자들과는 다르게 사덕이 인간에게 선천적으로 부여된 것이 아니라 수양을 통해 형성해 나가야 하는 것이라고 본다.
바로알기 | ㄱ은 순자와 정약용의 공통점이므로 B에 들어가는 것이 적절하다. ㄷ. 순자는 인간 본성이 악으로 결정되어 있다고 보며, 정약용은 인간 본성이 경향성, 즉 마음의 기호라고 본다.

269 한국 사상가 갑은 정약용, 중국 사상가 을은 주희이다. 정약용은 인의예지의 사덕이 인간에게 선천적으로 내재해 있고 이러한 사덕이 하늘이 부여한 이치라는 성리학의 주장을 비판하며, 인간의 성(性)은 선을 좋아하고 악을 미워하는 마음의 기호라고 보았다. 또한 사덕은 사단을 일상적인 행위 속에서 실천하는 가운데 형성되는 것이라고 보았다.
바로알기 | ㄱ. 정약용은 사단이 아니라 사덕이 행위를 통해 형성되는 것이라고 보므로, 주희에게 제기할 비판으로 적절하지 않다. ㄴ. 주희는 마음이 도덕적 행위를 주재하는 것임을 간과하지 않는다.

270 제시된 주장을 한 고대 동양 사상가는 불교의 창시자인 석가모니이다. 불교에서는 현재 나의 언행이 짓는 업(業)으로 인해 고통으로 가득한 삶을 윤회하게 된다고 보고, 해탈을 통해 이러한 윤회를 끊어야 한다고 본다. 또한 불교에서는 모든 존재와 현상은 무수한 원인과 조건에 의해 생겨나는 것으로, 인간을 포함한 모든 존재는 상대적이고 임시적인 존재일 뿐이라는 연기설을 주장한다.
바로알기 | ㄱ. 불교에서는 모든 것은 끊임없이 생멸하고 변화하기 때문에 나 역시 고정 불변하지 않다고 본다. ㄷ. 불교에서는 업으로 인해 생이 다시 시작되는 윤회의 고리를 끊어야 한다고 주장한다.

271 (가)의 갑은 중관 사상, 을은 유식 사상의 입장을 취하고 있다. 중관 사상을 구체화한 용수는 양극단에 치우치지 않는 중도의 가르침에 따라 현상을 있는 그대로 관찰하는 중관(中觀)을 중시하였다. 유식 사상에서는 모든 것을 공(空)이라고 보는 중관 사상이 극단적인 허무주의라고 비판하며, 인식하는 마음의 존재는 긍정한다. 이에 따라 유식 사상에서는 마음의 작용을 떠나서는 어떠한 실재도 없다는 유식(唯識)을 강조하며, 모든 것은 우리의 마음이 만들어 낸 것이라는 일체유심조(一切唯心造)를 주장하였다.
바로알기 | ㄱ. 유식 사상에서는 마음의 존재는 긍정하므로 부정의 대답을 질문이다. 따라서 B에 들어가는 것이 적절하다. ㄴ. 갑, 을은 모두 불교 사상가이므로 모든 것은 연기에 의해 발생한다고 본다. 따라서 A에 들어가는 것이 적절하다.

272 한국 사상가 갑은 지눌, 을은 의천이다. 지눌은 선은 부처의 마음이요, 교는 부처의 말씀이라고 하며 선종과 교종에서 주장하는 궁극의 진리가 다르지 않다고 보았다. 그리고 이를 바탕으로 돈오점수(頓悟漸修)와 정혜쌍수(定慧雙修)의 수행법을 강조하였다. 의천은 교종과 선종의 조화를 추구하며 교종의 수양 방법과 선종의 수양 방법을 함께 실천하는 내외겸전(內外兼全)과 교관겸수(敎觀兼修)의 수행법을 강조하였다.
바로알기 | ④ 의천은 교종을 중심으로 선종과의 조화를 추구하였다.

273 (가)의 중국 사상가 갑은 혜능, 한국 사상가 을은 지눌이다. 혜능은 선종을 발전시킨 사상가로 자신의 마음을 직접 보고, 마음속의 불성을 깨달으면 누구나 부처가 될 수 있다고 본다. 지눌은 돈오를 통해 자신의 본성을 직관하고, 내 마음이 부처라는 사실을 자각한 후에도 오랫동안

누적된 습기를 제거해 가는 점진적인 수행이 필요하다는 돈오점수를 주장한다.
바로알기 | ㄱ은 혜능과 지눌 모두의 입장에 해당하므로 B에 들어가는 것이 적절하다. ㄴ. 혜능은 교리와 경전 공부를 통해서는 참된 깨달음에 이를 수 없다고 보고, 지눌은 경전 공부와 선(禪) 수행을 함께 닦아야 한다고 본다.

274 (가)의 갑은 노자, 을은 석가모니이다. 노자는 절대적 도(道)의 관점에서 만물의 상대적 가치를 인식하고, 편견과 선입견에서 비롯된 분별적 지식을 버려야 한다고 주장한다. 석가모니는 모든 만물의 존재와 현상은 원인과 조건의 결합으로 생겨난다고 보는 연기설(緣起說)을 주장한다.
바로알기 | ㄱ. 노자와 석가모니는 공통적으로 인간과 자연이 조화를 이루어야 한다고 본다. ㄷ. 하늘을 인간이 따라야 할 도덕 원리[仁]로 보는 것은 유교이다.

275 갑은 순자, 을은 장자이다. 순자는 인간이 악한 본성을 가지고 태어난다고 보고, 인위적인 규범인 예(禮)를 바탕으로 본성을 변화시키고 도덕적 완성을 이루어야 한다고 주장한다. 반면, 장자는 인간이 소박하고 순수한 자연적 덕성을 지녔다고 보며, 인위적인 규범과 제도에서 벗어나 자연의 섭리에 따라 살 것을 강조한다. 따라서 갑의 입장에 비해 을의 입장이 갖는 상대적 특징은 'X: 선악에 대한 분별을 강조하는 정도'는 낮고, 'Y: 본성과 일치되는 삶을 강조하는 정도'는 높으며, 'Z: 예의를 통한 도덕적 완성을 강조하는 정도'는 낮으므로, ⓒ에 해당한다.

276 ㉠은 유교, ㉡은 불교, ㉢은 도가이다. 유교는 도덕적인 사회를 이루기 위해서는 인간다움의 본질인 인(仁)을 실현해야 한다고 주장하며, 인격의 수양과 도덕적 실천을 강조하였다. 불교는 탐욕, 분노, 어리석음의 삼독으로 인한 삶의 고통에서 벗어나기 위한 수행을 강조하였고, 연기의 깨달음을 바탕으로 자비의 윤리를 실천할 것을 제시하였다. 도가는 자연의 질서에 순응하는 무위자연(無爲自然)의 삶을 이상적인 삶의 모습으로 강조하였다.
바로알기 | ⑤는 불교 사상에 대한 설명이다.

277 제시된 주장을 한 사상가는 베이컨이다. 베이컨은 인간이 자연을 사용하고 지배하는 것을 정당화하며, 인간을 자연의 정복자로 보았다. 반면, 유불도 사상은 자연과 인간의 관계를 유기체적 관점에서 바라보며, 인간을 자연과 더불어 살아가는 존재로 본다. 따라서 유불도의 관점에서는 인간을 자연의 정복자로 간주하고 자연을 도구로 바라보는 베이컨의 주장에 대해 인간과 자연은 상호 의존하는 유기적 관계라는 점을 간과하고 있다고 평가할 것이다.
바로알기 | ①, ②, ③, ⑤은 베이컨이 강조하고 있는 내용들이다.

278 (가)의 갑은 동학, 을은 위정척사 사상, 병은 온건적 개화론(동도서기론)의 입장을 취한다. 갑은 후천 개벽 사상을 제시하며 신분 차별이 사라진 평등한 이상 사회가 현세에서 도래할 것이라고 주장하였다. 을은 유교적 질서를 지키고 서양의 정신과 문물을 배척해야 한다고 주장하였다. 병은 유교적 질서를 지키는 가운데 서양의 발전된 과학 기술은 수용하자고 주장하였다.
바로알기 | ㄴ. 을은 서양의 종교, 정신, 문물 모두를 배척하는 입장을 취하므로, 서양의 기를 개선해야 한다고 주장하지 않는다.

10 서양 윤리 사상의 연원

난이도별 **필수 기출**   75~79쪽

281 ③	282 ④	283 ②	284 ⑤	285 ④	286 ②
287 ④	288 ③	289 ③	290 ③	291 ⑤	292 ④
293 ④	294 ③	295 ⑤	296 해설 참조		297 ⑤
298 ④	299 ②	300 ③	301 ①	302 ④	303 ①
304 ⑤	305 해설 참조				

281 서양 윤리 사상의 연원 중 하나인 고대 그리스 사상은 이성적이고 합리적인 사고와 논변을 중시하였다. 대표적으로 소피스트의 윤리 상대주의와 소크라테스의 윤리 보편주의 사상 등이 있다.
바로알기 | ㄱ, ㄹ은 서양 윤리 사상의 또 다른 연원인 헤브라이즘에 대한 설명이다.

282 ㉠에 들어갈 용어는 헤브라이즘이다. 헤브라이즘은 신의 은총과 신앙을 강조하는 사상으로, 유대교로부터 그리스도교에 이르기까지 그 사상과 문화 및 전통을 아울러 이르는 말이다. 헤브라이즘은 신과 인간의 관계에 기초하여 인간 삶의 행위 원리를 탐구한다.

283 밑줄 친 '이 사상'은 헤브라이즘이다. 헤브라이즘은 신에 대한 사랑과 믿음을 강조하는 신 중심의 윤리 사상이라고 할 수 있다. 헤브라이즘에서는 내세의 구원을 받기 위해 신의 명령에 따르는 신앙생활을 해야 한다고 보고, 유대인만이 선택받았다는 선민사상과 엄격한 율법주의를 강조하기도 한다.
바로알기 | ② 헤브라이즘은 고대 그리스 사상과 함께 서양 윤리의 두 연원 중 하나로, 고대 그리스 사상과는 다른 신앙 중심의 가치를 추구하며 발전하였다.

284 고대 그리스 사상은 인간의 바람직한 삶에 대한 관심을 토대로 이성적이고 논리적인 사고방식을 중시한다. 헤브라이즘은 절대적 존재인 유일신에 대한 믿음을 토대로, 신의 명령이 곧 윤리적 행동 지침임을 강조한다.
바로알기 | ㉤ 자연 철학자들은 고대 그리스 사상이 등장하는 배경이 되었다.

285 소피스트는 인간의 감각적 경험을 지식과 도덕의 근원으로 보고, 시대의 흐름에 따른 진리의 변화 가능성을 인정하였다. 또한 부와 명예와 같은 세속적 가치를 중시하고, 이를 위해 웅변술과 변론술을 중시하였다.
바로알기 | ① 소피스트는 윤리 상대주의의 입장을 추구하였다. ② 소피스트는 웅변술과 변론술(수사술)을 중시하였다. ③ 소피스트는 부, 명예처럼 현실의 삶에서 세속적 성공을 추구하였다. ⑤ 소피스트는 학문의 주제를 자연에서 인간으로 전환하는 데 기여하였다.

286 제시된 주장을 한 사상가는 소피스트인 프로타고라스이다. 프로타고라스는 각 개인의 감각적 경험을 가치 판단의 기준으로 인식하고, 상대주의적 입장에서 도덕규범의 다양성을 인정한다.

바로알기 | 프로타고라스는 ① 인간이 윤리적 행위의 주체가 될 수 있다고 보고, ③ 인간의 감각적 경험을 바탕으로 각자에게 좋은 것을 윤리적 기준으로 삼아야 한다고 본다. 또한 ④ 인간이 만물의 척도임을 강조하며 모든 것은 상대적이라고 주장하며, ⑤ 인간 삶의 구체적 문제에 대한 탐구가 자연에 대한 탐구보다 더 중요하다고 본다.

287 가상 일기의 내용으로 볼 때, 일기가 쓰인 것은 고대 그리스 시대이다. 고대 그리스 시대에는 신화적 세계관에서 벗어나 인간의 이성을 바탕으로 세계를 탐구하려는 경향이 등장하였고, 이성적이고 합리적인 사고와 논변을 중시하였다. 또한 학문적 관심과 탐구 대상이 자연에서 인간으로 변화되었다.
바로알기 | ① 개인주의와 세계 시민주의가 등장하는 것은 헬레니즘 시대에 해당한다. ⑤ 유일신의 은총을 강조하는 것은 중세 기독교 사상에 해당한다.

288 소피스트는 윤리적 상대주의를 강조하며, 공동체마다 윤리 규범이 다르고 진리는 상대적임을 주장한다. 또한 인간이 모든 것의 척도이므로 개인의 경험이나 지각만이 진리 판단의 기준이 될 수 있다고 본다.
바로알기 | ㄱ. 소피스트는 감각 경험을 통해 진리를 파악할 수 있으며, 진리는 상대적인 것이라고 본다. ㄴ. 소피스트인 트라시마코스는 정의가 강자의 이익 보호를 위한 수단에 불과하다고 주장한다.

개념 보충

대표적인 소피스트의 사상가들

프로타고라스	각 개인이 진리의 판단 기준 → "인간은 만물의 척도이다."
트라시마코스	정의는 강자의 이익
고르기아스	회의주의적 관점에서 진리를 부정 → "존재하는 것은 없다. 설령 존재하더라도 알 수 없다. 안다고 하더라도 그것을 남에게 전달할 수 없다."

289 제시된 주장을 한 고대 서양 사상가는 소피스트인 트라시마코스이다. 트라시마코스는 '정의는 강자의 이익에 불과하다.'라고 주장하며 법률이 강자의 이익을 위해 제정된 것이라고 보았다. 트라시마코스는 윤리적 상대주의를 주장하며 공동체의 법과 관습이 사회나 시대마다 달라진다고 보고, 정의 역시 상황에 따라 변할 수 있는 것이라고 보았다.
바로알기 | ③ 소피스트인 트라시마코스는 보편타당한 도덕 판단의 기준은 존재하지 않으며, 도덕 판단의 기준은 상황이나 조건에 따라 상대적이라고 본다.

290 고대 서양 사상가 갑은 프로타고라스이다. 프로타고라스는 각 개인의 지각과 경험만이 진리 판단의 기준이라고 보고, 옳고 그름을 가려 주는 보편타당한 기준은 존재하지 않는다고 주장하였다.
바로알기 | ①은 에피쿠로스의 입장에 해당한다. ②는 흄의 입장에 해당한다. ④는 소크라테스의 입장에 해당한다. ⑤는 아리스토텔레스의 입장에 해당한다.

291 갑은 프로타고라스, 을은 고르기아스로, 두 사람은 모두 소피스트 사상가이다. 소피스트는 선악의 판단이 개인에 따라 달라지므로 사물에 대한 지식과 도덕적 가치는 상대적인 것이라고 주장한다. 또한 감각적 경험과 유용성이 가치 판단의 기준이라고 본다. 나아가 소피스트는 철학적 관심을 만물의 근원에서 인간의 문제에 대한 탐구로 전환하고자 하였다.
바로알기 | ⑤ 소피스트는 부와 명예 등의 세속적 가치를 추구하는 삶을 살아야 한다고 강조하였다.

292 (가)의 고대 서양 사상가는 프로타고라스이다. 프로타고라스는 인간이 모든 것의 척도이기 때문에 가치 판단의 기준은 인간의 감각적 경험이라고 주장하였다. 또한 보편적인 판단 기준이나 절대적으로 옳은 진리는 존재하지 않음을 강조하며, 개인에 따라 옳음의 판단 기준은 달라진다고 보았다.

바로알기 | ①, ②는 프로타고라스가 긍정의 대답을 할 질문이므로 B에 들어가야 한다. ③, ⑤는 프로타고라스가 부정의 대답을 할 질문이므로 A에 들어가야 한다. 현실을 초월한 세계에서 진리의 근거를 찾는 것은 플라톤이다.

293 제시된 주장을 한 고대 서양 사상가는 소크라테스이다. 소크라테스는 보편타당한 윤리가 존재하며 이는 이성을 통해 파악할 수 있다고 보았다. 또한 덕이 무엇인지 알아야 유덕한 행동을 할 수 있다는 주지주의(主知主義)를 내세우며 참된 지식을 추구하였다.

바로알기 | ①은 트라시마코스에 대한 설명이다. ②는 만물의 근원을 탐구했던 자연 철학자들에 대한 설명이다. ③ 소크라테스는 보편타당한 지식이나 윤리가 존재한다는 윤리적 보편주의를 강조한다. 진리의 혼란을 초래했다는 비판은 윤리적 상대주의를 강조한 소피스트에 대한 평가이다. ⑤는 소피스트가 미친 영향에 해당한다.

294 제시된 주장을 한 고대 서양 사상가는 소크라테스이다. 소크라테스는 선이 무엇인지 알면서 자발적으로 악을 행할 수는 없으므로 선이 무엇인지 알면 반드시 행하게 된다는 지행합일설을 주장한다. 따라서 모든 악행은 무지에서 비롯된다고 본다. 또한 소크라테스는 선악을 구별하는 이성적 지식이 도덕적 행위를 일으킨다고 본다.

바로알기 | ① 소크라테스는 보편타당한 옳음의 기준이 존재한다고 본다. ② 소크라테스는 선악의 구별이 이성적 지식으로부터 비롯된다고 본다. ④ 소크라테스는 보편적 이성이 도덕의 근거가 된다고 본다. ⑤ 소크라테스는 도덕적 가치가 사회 구성원의 합의에 의해 결정된다고 보지 않는다.

295 소크라테스는 인간에게 가장 중요한 일이 영혼을 돌보는 일이라고 본다. 그리고 이를 통해 참된 앎을 얻고 자신의 삶을 성찰하여 유덕한 삶을 살아감으로써 행복에 도달할 수 있다는 지덕복 합일설을 주장하였다.

바로알기 | ①은 소피스트의 입장에 해당한다. ② 소크라테스는 지덕복 합일설을 통해 행복은 지식과 필연적인 관계에 있음을 강조한다. ③은 플라톤의 입장에 해당한다. ④는 중세 기독교 사상에 해당한다.

296 모범 답안 (1) 문답법(산파술)

(2) 참된 앎은 곧 덕이며, 유덕한 사람은 행복한 삶을 살게 된다. 즉, 앎과 덕과 행복은 필연적인 관계로 연결되어 있다.

297 제시된 주장을 한 고대 서양 사상가는 소크라테스이다. 소크라테스는 보편타당한 윤리가 존재하며 이성을 통해 이것을 파악할 수 있다는 윤리 보편주의를 주장한다. 또한 이성을 완전히 발휘하여 얻은 참된 앎에 의해 인도되는 삶이 바람직한 삶임을 강조하며 지덕복 합일설을 제시한다.

바로알기 | ① 소크라테스는 지행합일을 주장하며 선을 아는 사람은 자발적으로 악을 행할 수 없다고 본다. ② 소크라테스는 도덕적 판단이 오직 이성을 통해서만 가능하다고 본다. ③ 소크라테스는 윤리적 성찰과 반성을 통해 자신의 영혼을 돌봐야 한다고 주장한다.

298 소크라테스는 무지의 자각을 진리 탐구의 기본 조건으로 파악하고, 자신의 무지를 발견함으로써 참된 앎에 도달할 수 있음을 강조하였다.

바로알기 | ① 소크라테스는 이성이 도덕 판단의 기준이라고 본다. ② 소크라테스는 지덕복 합일설을 강조하며 덕 있는 삶과 참된 앎은 하나라고 주장한다. ③은 트라시마코스가 긍정의 대답을 할 질문이다. ⑤는 아리스토텔레스가 긍정의 대답을 할 질문이다. 소크라테스는 선이 무엇인지 아는 사람은 악을 행할 수 없다고 본다.

299 가상 대화의 스승은 소크라테스이다. 소크라테스는 모든 악행의 원인을 무지라고 보고, 무지의 자각을 통해 영혼을 수련함으로써 참된 앎을 얻고 유덕한 삶을 살 수 있다고 주장하였다.

바로알기 | ① 소크라테스는 인간이 이성을 통해 보편적 진리를 찾아야 한다고 주장하였다. ③ 소크라테스는 이성에 근거하여 도덕 원리를 탐구해야 한다고 주장하였다. ④ 소크라테스는 현실적 유용성이 아니라 이성을 통해 옳고 그름을 인식해야 한다고 주장하였다. ⑤ 소크라테스는 타인을 수단으로 삼아 자신의 이익을 얻는 행위를 유덕한 행위라 인식하지 않을 것이다.

300 밑줄 친 '그'는 소크라테스이다. 소크라테스는 이성을 바탕으로 도덕적 성찰을 통해 자신의 영혼을 돌보는 것을 가치 있는 삶이라고 보고, 선한 삶을 살아가야 한다고 보았다.

바로알기 | ① 아타락시아는 에피쿠로스학파가 주장한 이상적 경지에 해당한다. ②는 아리스토텔레스, ④는 플라톤, ⑤는 소피스트에 대한 설명이다.

301 제시된 주장을 한 고대 서양 사상가는 소크라테스이다. 소크라테스는 자신의 무지를 자각하는 행위를 통해 참된 앎을 탐구할 수 있다고 보고, 참된 앎이 곧 덕이며, 덕 있는 사람은 행복한 삶을 살 수 있다는 지덕복 합일설을 주장한다. 또한 소크라테스는 진리 탐구가 무지의 자각에서 비롯되며 윤리적 문제를 제대로 알지 못하면 올바르게 행동할 수 없다는 주지주의를 강조한다.

바로알기 | ㄷ은 에피쿠로스학파가 강조한 아타락시아에 대한 설명이다.

ㄹ. 소크라테스에게 덕은 시대나 상황에 따라 적절하게 변화하는 것이 아니라 이성을 통해 파악할 수 있는 것으로 보편타당한 것이다.

302

_{• 개개인의 감각 경험이 지식의 근원이라고 봄}

> 갑: 동일한 바람도 어떤 사람은 차갑게 느끼지만 다른 사람은 그렇
> **프로타고라스** 지 않게 느낄 수 있다. 어떤 것들이 나에게 나타나는 대로 그것들은 나에게 그렇게 존재하며, 어떤 것들이 당신에게 나타나는 대로 그것들은 당신에게는 그렇게 존재한다.
>
> 을: 우리는 이성적이고 논리적인 대화를 통해 모든 인간에게 타당
> **소크라테스** 하고 바람직한 삶의 방식을 찾아야 한다. 반성하지 않는 삶은 도덕적으로 살 만한 가치가 없다. 반성을 통해 자신의 무지를 깨닫고 지혜, 용기 등과 같은 영혼의 덕을 갖추어야 한다.

_{• 무지에 대한 깨달음으로부터 진리 탐구가 시작된다고 봄}

고대 서양 사상가 갑은 프로타고라스, 을은 소크라테스이다. 프로타고라스는 감각적 경험을 토대로 각 개인이 진리 판단의 기준이 된다고 본다. 소크라테스는 이성을 토대로 보편타당한 윤리를 파악할 수 있으며, 덕이 무엇인지 아는 사람은 덕을 실현하여 행복에 이를 수 있다고 본다.

바로알기 | ① 소피스트는 고대 그리스 시대의 사상가이다. ② 소피스트는 보편적 도덕규범은 존재하지 않는다고 본다. ③ 소크라테스는 도덕 판단을 위한 보편타당한 기준이 있으며 이를 이성으로 파악할 수 있다고 본다. ⑤는 소피스트의 입장에만 해당한다.

303 고대 서양 사상가 갑은 소크라테스, 을은 소피스트인 프로타고라스이다. 소크라테스는 인간에게 가장 중요한 일이 영혼을 돌보는 일이라고

보고, 이성을 바탕으로 참된 앎을 추구함으로써 보편타당한 진리를 찾을 수 있다는 윤리 보편주의를 주장한다. 프로타고라스는 개개인의 감각적 경험이 지식과 도덕의 판단 기준이므로 보편적 윤리는 존재하지 않는다는 윤리 상대주의를 주장한다. 따라서 소크라테스의 입장에서는 소피스트에게 보편타당한 진리와 도덕규범이 존재함을 모르고 있다고 비판할 수 있다.

바로알기 | ②, ⑤는 프로타고라스가 소크라테스에게 할 수 있는 비판이다. ③은 플라톤이, ④는 에피쿠로스학파에서 제기할 수 있는 비판이다.

304 고대 서양 사상가 갑은 프로타고라스, 을은 소크라테스이다. 프로타고라스는 보편타당한 도덕적 가치에 대해 회의적 태도를 보이며, 개인의 감각적 경험과 관찰을 통해 진리를 판단할 수 있다고 본다. 반면 소크라테스는 영혼을 온전하게 가꾸는 일을 인간이 추구해야 할 최상의 과업으로 보고, 영혼의 덕을 갖추기 위해서는 이성을 통해 진리를 탐구함으로써 덕이 무엇인지 먼저 알아야 한다고 본다.

바로알기 | ⑤는 만물의 근원에 대해 탐구한 자연 철학자들의 입장에 대한 설명이다.

개념 보충

소크라테스 윤리 사상의 특징

주지주의	보편타당한 절대적 진리와 도덕규범이 존재하며, 참된 앎을 지닌 사람은 도덕적인 삶을 살 수 있다고 봄 → 비도덕적인 행동의 원인은 무지(無知)에 있다고 봄
지덕복 합일설	영혼의 덕을 갖추기 위해서는 덕이 무엇인지 알아야 함[지덕일치론] → 영혼의 덕을 갖춘 삶은 행복한 삶이라고 봄[덕복일치론] → 덕을 아는 사람은 덕을 실천하여 행복에 이를 수 있다고 봄[지덕복 합일설]
성찰의 강조	"자기 자신을 검토하지 않고 영혼을 돌보지 않는 삶은 살 가치가 없다."라고 하며, 자신에 대한 반성과 성찰을 중시함
문답법 (산파술)	상대가 제시하는 의견에 논리적이고 이성적인 물음을 계속 제기하는 문답법을 통해 상대방의 무지를 깨우치고자 함

305 **모범 답안** (1) 갑은 트라시마코스, 을은 소크라테스이다.
(2) A: 인간의 감각적 경험이 지식과 도덕의 근원이다.
B: 자연이 아닌 인간에게 학문적 관심을 두어야 한다.
C: 이성이 지식과 도덕의 근원이다.

11 덕 있는 삶과 행복

개념 확인 문제 81쪽

306 이데아 　**307** (1) ○ (2) × (3) × 　**308** (1) 행복
(2) 덕(탁월성) (3) 중용 　**309** (1) – ㉠ (2) – ㉡

난이도별 필수 기출 82~91쪽

310 ④	311 ㉠ 지혜 ㉡ 용기 ㉢ 절제		312 ①	313 ②
314 ④	315 ⑤	316 ③	317 ⑤	318 ③	319 ⑤
320 ⑤	321 ②	322 ③	323 ②	324 ①	325 ①
326 ③	327 ②	328 ③	329 ①	330 ②	331 ②
332 ①	333 ①	334 ①	335 ④	336 ④	337 ④
338 ③	339 ②	340 ⑤	341 ④	342 ③	343 ⑤
344 ④	345 ③	346 ①	347 ②	348 ④	349 ③
350 ①	351 ②	352 ③	353 ②	354 ⑤	355 ②

310 제시된 주장을 한 사상가는 플라톤이다. 플라톤은 세계를 현상계와 이데아계로 구분하고, 이데아계만이 완전한 세계이며 이는 오직 이성에 의해서만 파악될 수 있다고 보았다. 이데아란 존재의 참모습이며 개별 사물에 공통되는 보편적인 본질로, 변하지 않는 영원한 것이다.

바로알기 | ④ 이데아는 현실을 떠나 초월적인 세계에 존재하는 것이다.

311 **모범 답안** ㉠ 지혜 ㉡ 용기 ㉢ 절제

312 제시된 주장을 한 사상가는 플라톤이다. 플라톤은 절대적으로 변하지 않는 불변의 진리가 존재한다고 보고, 순수한 이성적 사유를 통해 참된 앎(이데아)에 도달할 수 있다고 주장한다. 또한 이데아 중 최고의 이데아인 선의 이데아는 모든 이데아에 본질을 부여하며, 이와 같은 선의 이데아에 대한 지혜를 갖춘 철학자가 나라를 통치할 때 정의로운 국가가 실현될 수 있다고 본다.

바로알기 | ① 플라톤은 국가를 구성하는 세 계층 모두에게 절제의 덕이 필요하다고 본다.

313 제시된 주장을 한 고대 서양 사상가는 플라톤이다. 플라톤은 선의 이데아에 대한 지식을 갖춘 철학자가 통치하는 이상 국가를 제시하였다. 이때 이상 국가는 통치자, 방위자, 생산자의 세 계층으로 구성되며 각자가 타고난 재능과 교육에 따라 자신의 역할을 탁월하게 수행할 때 실현될 수 있다. 또한 플라톤은 이상 국가의 모든 계층이 절제의 덕을 갖추어야 한다고 보았으며, 통치자와 방위자와 같은 지배 계층의 사유 재산을 인정하지 않았다.

바로알기 | ② 플라톤은 국가를 이루는 세 계층이 각각 다른 계층의 일에 간섭하지 않고 각자의 직분을 충실히 수행해야 한다고 보았다. 따라서 자유로운 계층 간 이동을 부정한다.

314 제시된 주장을 한 고대 서양 사상가는 플라톤이다. 플라톤은 영혼의 정의(正義)란 영혼의 각 부분이 그에 걸맞은 덕을 갖추어 조화를 이룬 상태라고 본다. 즉 이성은 지혜, 기개는 용기, 욕구는 절제의 덕을 갖추고, 이러한 덕이 조화를 이룰 때 정의로운 사람이 될 수 있다고 본다. 따라서 정의로운 사람이 되기 위해서는 반드시 지혜가 필요하다.

바로알기 | ① 플라톤은 국가를 이루는 세 계층이 모두 절제의 덕을 갖추어야 한다고 본다. ② 플라톤은 모든 욕구의 제거가 아니라 이성의 인도에 따라 욕망을 적절히 절제해야 함을 강조한다. ③ 플라톤은 인간이 영혼의 세 가지 기능 중 어느 하나의 기능에 탁월한 성향을 지니고 있다고 보며, 이러한 탁월성은 교육 등을 통해 지속적으로 길러질 수 있다고 본다. ⑤는 아리스토텔레스의 입장에 해당한다.

315 밑줄 친 '이 사상가'는 플라톤이다. 플라톤은 정의로운 이상 국가는 개개인이 자기 역할을 충실히 수행해야 실현될 수 있다고 보고, 이상적인 정치를 실현하려면 통치자가 반드시 지혜의 덕을 갖추어야 한다고 주장한다. 또한 통치자 계급에 속하는 사람들은 사적인 재산을 소유해서는 안 된다고 강조한다.
바로알기 | ㄱ. 플라톤은 절제의 덕이 국가의 모든 계층에게 필요한 덕목이라고 본다.

316 제시된 주장을 한 고대 서양 사상가는 플라톤이다. 플라톤은 인간의 영혼이 이성의 인도에 따라 기개와 욕구를 잘 다스려, 욕구에는 절제, 기개에는 용기, 이성에는 지혜의 덕을 갖출 때 영혼의 정의가 이루어질 수 있다고 보았다. 이때 절제는 국가를 이루는 세 계급, 즉 모든 계급에게 요구되는 덕목이라고 할 수 있다.
바로알기 | 두 번째 입장: 플라톤은 존재의 본질이 현실의 사물이 아닌 이데아로부터 비롯된다고 본다. 세 번째 입장: 플라톤은 모든 시민이 정치에 참여하는 민주주의를 비판하며, 지혜의 덕을 갖춘 철학자가 통치하는 사회를 이상 사회라고 본다.

317 제시된 주장을 한 고대 서양 사상가는 플라톤이다. 플라톤은 국가를 구성하는 세 계층이 각자 자신의 역할을 충실하게 수행할 때 정의가 실현될 수 있음을 강조한다. 또한 절제의 덕은 모든 계층에게 필요한 덕으로, 욕구를 적절히 조절하는 것뿐만 아니라 인간 내면에서 더 나은 쪽이 더 못한 쪽을 지배하는 데 합의하는 것이라고 본다.
바로알기 | ① 플라톤은 이성을 통해 사물의 원형인 이데아를 인식할 수 있다고 본다. ② 플라톤은 이성이 지시하는 대로 두려워할 것과 두려워하지 않을 것을 끝까지 보전하는 덕이 용기라고 본다. ③ 플라톤은 국가 전체의 좋음을 인식하는 것은 통치자의 역할이라고 본다. ④ 플라톤은 죽음을 영혼이 육체로부터 해방되는 것이라고 보고, 영혼의 해방을 통해 온전히 이데아를 파악할 수 있다고 보았다. 그러나 영혼의 해방을 통해서만 이데아를 파악할 수 있는 것은 아니며, 이성을 통해서도 파악할 수 있다고 주장한다.

개념 보충

플라톤의 4주덕	
지혜	영혼의 조화를 위해 무엇이 유익한 것인지 아는 덕
용기	이성이 지시하는 대로 두려워할 것과 두려워하지 않을 것을 끝까지 보전하는 덕
절제	지배하는 부분과 지배받는 두 부분들이 반목하지 않도록 하는 덕
정의	영혼의 각 부분이 각자의 덕을 갖추어 전체적으로 조화를 이룬 상태

318 ㉠은 플라톤이 주장한 이상 국가이다. 플라톤의 이상 국가에서는 국가 구성원이 통치자, 방위자, 생산자로 구분되며, 각 계급이 서로의 일에 간섭하지 않고 지혜의 덕을 지닌 철인이 통치한다. 이러한 이상 국가는 영혼의 조화를 이룬 정의로운 인간과 대응되는 개념이라고 할 수 있다.
바로알기 | ③ 플라톤의 이상 국가에서는 자신이 원하는 일에 종사하는 것이 아니라, 인간이 가지고 태어나는 탁월한 성향과 그에 따라 길러지는 덕에 따라 역할을 부여받는다.

319 (가)를 주장한 사상가는 플라톤이다. 플라톤은 지혜의 덕을 갖춘 철학자가 통치할 때, 이상 국가가 실현될 수 있다고 보았다. 또한, 통치자 이외에도 방위자, 생산자 등 국가를 구성하는 세 계층이 각자의 직분에 충실하게 되면 정의로운 국가가 운영될 수 있다고 보았다. 따라서 ㉠에 들어갈 진술은 '세 계층이 각자의 직분을 충실하게 수행해야 한다.'가 가장 적절하다.
바로알기 | ① 플라톤은 각자 구분된 역할에 따라 통치자가 철학을 해야 함을 강조한다. ② 플라톤은 민주주의를 비판하며 소수의 철학자가 통치하는 철인 통치를 지향한다. ③ 플라톤은 철학자가 통치하거나 현재의 통치자들이 철학자가 되어야 한다고 봄으로써 철학과 정치권력의 결합을 강조한다. ④ 플라톤은 통치자와 방위자와 같은 지배 계층은 사유 재산을 가져서는 안 된다고 보지만, 생산자의 사유 재산은 인정한다.

320 (가)는 플라톤이 제시한 동굴의 비유이다. 동굴의 비유에서 ㉠은 현상계, ㉡은 지혜의 덕을 갖추지 못해 그림자를 참된 존재인 양 믿으며 사는 현실 세계의 사람들, ㉢은 이데아를 모방한 불완전한 것, ㉣은 철학자를 상징한다. ㉤은 완전한 실재를 상징하는 것으로 이데아를 의미한다.

321 플라톤은 정의로운 국가를 실현하기 위해 국가를 이루는 세 계층이 자신의 탁월성을 발휘하여 조화를 이루어야 한다고 주장한다. 특히 지혜의 덕을 갖춘 철학자가 통치할 때 이상 국가가 실현될 수 있다고 보았다.
바로알기 | ①, ④ 플라톤은 지혜의 덕을 갖춘 철인에 의한 정치를 강조하며, 지혜의 덕을 갖추지 못한 군중들이 정치에 참여하는 민주주의를 부정적으로 인식한다. ③ 플라톤은 국가를 이루는 각 계층이 다른 계층의 일에 간섭하지 않고 각자의 직분을 충실히 수행할 때 정의가 실현될 수 있다고 본다. ⑤ 플라톤은 통치자와 방위자 계급의 사적 소유를 반대한다.

322 제시된 주장을 한 사상가는 플라톤이다. 플라톤은 국가의 모든 계급들이 각자의 직분을 충실히 수행하여, 통치자는 지혜, 방위자는 용기, 생산자는 절제를 갖출 때 국가의 정의가 실현될 수 있다고 주장한다. 또한 정의로운 국가에서 통치자와 방위자 같은 지배 계층은 사유 재산을 가져서는 안 된다고 본다.
바로알기 | 첫 번째 입장: 소피스트인 트라시마코스의 주장이다. 두 번째 입장: 플라톤은 현실 세계가 참된 실재의 세계인 이데아계의 그림자일 뿐이라고 주장한다.

323 제시된 주장을 한 고대 서양 사상가는 플라톤이고, 제시된 비유는 동굴의 비유이다. 동굴의 비유에서 동굴 속은 현상계이고 동굴 바깥은 이데아계이다. 동굴 속 죄수들은 그림자를 참된 존재라고 착각하며 살아가는 현실 세계의 사람들이고, 동굴 밖의 사물들은 사물의 원형인 이데아이다. 특히, 동굴 밖의 태양은 이데아 중에 최고의 이데아인 선의 이데아를 의미한다. 사슬을 풀고 동굴 밖으로 나와 실제 사물과 태양을 본 사람은 철학자를 상징한다. 따라서 ㉠ 그림자는 감각적 경험으로 파악되는 사물들을 상징하고, ㉡ 태양은 사물들 각각의 본질을 존재하게 하는 궁극적 원인인 선의 이데아를 상징한다.
바로알기 | ㄴ은 동굴 밖에 존재하는 사물, 즉 이데아에 대한 설명이다. ㄹ은 동굴의 비유 속에서 사슬을 풀고 동굴을 빠져 나간 죄수, 즉 철학자에 대한 설명이다.

324 플라톤은 동굴의 비유를 통해 현상계는 이데아계를 모방한 불완전한 세계이며, 그림자의 세계인 현상계에서 벗어나 참된 실재의 세계인 이데아계로 나아가야 함을 강조하였다.

바로알기 | ㄴ. 플라톤에게 오직 이성을 통해서만 파악될 수 있는 것은 이데아계이다. ㄷ. 플라톤은 모든 만물에는 이데아가 존재하지만, 이데아 중 가장 최고의 이데아는 선의 이데아라고 본다. 따라서 모든 이데아가 가치의 측면에서 동일한 것은 아니다.

325 제시된 주장을 한 고대 서양 사상가는 플라톤이다. 플라톤은 세계를 현실 세계와 이데아의 세계로 구분하며, 이데아의 세계는 오직 이성에 의해서만 파악될 수 있는 완전한 세계라고 본다. 이러한 플라톤의 입장에서 정의란 영혼의 각 부분이 제 역할을 다하여 전체적인 조화를 이룬 상태를 의미한다.
바로알기 | ②는 아리스토텔레스가 주장한 실천적 지혜에 대한 설명이다. ③은 플라톤이 강조한 지혜의 덕에 대한 설명이다. ④는 스토아학파가 주장한 이상적 경지인 아파테이아(부동심)에 대한 설명이다. ⑤ 플라톤은 시민들 사이에 부와 명예를 평등하게 분배해야 함을 주장하지 않는다.

326 갑은 소크라테스, 을은 프로타고라스, 병은 플라톤이다. 소크라테스는 보편타당한 진리와 윤리가 존재하며 이성을 통해 이러한 진리와 윤리를 파악할 수 있다고 본다. 프로타고라스는 인간의 감각적 경험을 지식과 도덕의 근원으로 파악하고 시대와 상황에 따라 진리는 변하는 것이라고 본다. 플라톤은 세계를 현실과 이데아의 세계로 구분하고, 이성을 통해 이데아에 대한 지식을 아는 철학자가 통치하는 철인 정치를 주장한다. 또한 플라톤은 영혼을 이성, 기개, 욕구로 나누고 영혼의 각 부분이 탁월성을 발휘할 때 영혼이 조화를 이룰 수 있다고 본다.
바로알기 | ① 소크라테스는 보편타당한 윤리가 존재한다는 윤리적 보편주의를 주장한다. ② 프로타고라스는 사회가 변화함에 따라 진리도 변한다는 윤리적 상대주의를 주장한다. ④는 소피스트인 트라시마코스의 주장이다.

327 대화의 스승은 아리스토텔레스이다. 아리스토텔레스는 인간의 모든 행위의 궁극적인 목적을 행복이라고 보고, 행복한 삶을 실현하기 위해서는 지나침과 모자람의 중간 상태인 중용의 덕을 따르는 삶을 습관화해야 한다고 강조한다.
바로알기 | ① 아리스토텔레스는 모든 욕구를 충족하는 것이 아니라 지나침과 모자람의 중간 상태인 중용이 무엇인지 알고 실천해야 한다고 주장한다. ③은 중세 기독교 사상에 해당한다. ④는 소피스트가 강조하는 삶의 태도에 해당한다. ⑤ 아리스토텔레스는 개인의 경험이 아니라 이성에 따르는 삶을 살아야 한다고 본다.

328 고대 서양 사상가 갑은 아리스토텔레스이다. 아리스토텔레스는 소크라테스의 입장과 달리, 무엇이 옳은 것인지 알면서도 의지의 나약함으로 인해 실천하지 못할 수 있다고 주장한다. 〈사례〉 속 고등학생 A는 열심히 공부해야 한다는 사실을 알면서도 의지의 나약함 때문에 실천에 옮기지 못하고 있다. 따라서 아리스토텔레스의 입장에서는 A에게 취미 생활을 즐기려는 욕구를 극복하고 공부하려는 의지를 기르라고 조언해 줄 수 있다.

329 (가)를 주장한 고대 서양 사상가는 아리스토텔레스이다. 아리스토텔레스는 행복한 삶을 살기 위해서는 유덕한 행위를 지속적으로 실천해야 하는데, 이를 위해서는 지나침과 모자람 가운데 가장 적절한 상태인 중용이 무엇인지 알고 실천할 수 있어야 한다고 주장한다. (나)의 A는 괴롭힘을 당하는 친구를 도와야 한다는 사실은 알고 있지만, 자신도 괴롭힘을 당하는 것이 두려워 돕는 것을 망설이고 있다. 따라서 아리스토텔레스의 입장에서는 A에게 앎이 실천으로 이어질 수 있도록 의지력을 발휘하라고 조언할 수 있다.

바로알기 | ② 아리스토텔레스는 덕이 타고나는 것이 아니라 지속적인 실천과 습관화를 통해 형성되는 것이라고 본다. ③은 공리주의의 입장에 해당한다. ④ 아리스토텔레스가 강조한 중용은 감정의 제거가 아니라 지나치거나 모자라지 않은 상태의 적절한 감정을 의미한다. ⑤는 소크라테스의 관점에 해당한다. 아리스토텔레스는 덕이 무엇인지 알아도 그것을 실천하려는 의지를 가지고 지속적인 습관화 과정을 거치지 않으면 덕을 갖출 수 없음을 강조한다.

330 (가)를 주장한 사상가는 아리스토텔레스이다. 아리스토텔레스는 유덕한 삶의 모습을 본받아 덕행을 직접 실천해야 하며, 실천적 지혜를 토대로 중용을 반복적으로 실천하고 습관화해야만 품성적 덕을 갖추고 행복에 도달할 수 있다고 본다. 따라서 (나)의 ㉠에는 실천적 지혜를 통해 중용을 알고 반복 실천해야 한다는 진술이 들어가는 것이 가장 적절하다.
바로알기 | ①은 중세 기독교 사상의 입장에 해당한다. ③은 스피노자 등의 입장에 해당한다. ④ 아리스토텔레스는 감각적·쾌락적 삶이 아닌 이성이 탁월하게 발휘되는 상태를 적극적으로 추구한다. ⑤ 아리스토텔레스는 의지의 나약함으로 인해 아는 것을 행동으로 옮기지 못할 수 있음을 인정한다.

331 제시된 주장을 한 사상가는 아리스토텔레스이다. 아리스토텔레스는 덕 있는 삶은 참된 행복을 가져온다고 주장한다. 그리고 덕 있는 삶을 위해서는 이성을 통해 중용이 무엇인지 아는 실천적 지혜를 갖추고, 중용의 반복적인 훈련과 습관화를 통해 품성적 덕을 형성해야 함을 강조한다. 또한 인간은 정치적·사회적 존재이므로 공동체 속에서 자신에게 부여된 역할을 잘 수행해야 한다고 본다.
바로알기 | ② 아리스토텔레스는 인간의 모든 행위가 선을 목적으로 추구하는데, 모든 행위의 궁극적인 목적인 최고선은 행복이라고 주장한다.

332 아리스토텔레스는 감정이나 행위와 관련하여 적절함, 마땅함을 의미하는 중용이 존재한다고 본다. 이때 중용은 지성적 덕인 실천적 지혜를 통해 파악할 수 있는 마땅한 행위 원리이자 지나침과 모자람과 같은 양극단을 배제한 중간 상태로, 산술적 중간이 아니라 개별 상황에서 가장 적절한 품성 상태를 의미한다.
바로알기 | ㄷ. 중용은 산술적 중간이 아닌 인간과의 관계에서의 중간으로 상황에 따른 적절한 상태, 마땅한 상태를 의미한다. ㄹ. 중용은 그 자체로 악한 것(질투, 절도 등)에는 존재하지 않으며 상황이나 조건에 따라 다르게 나타난다.

개념 보충

아리스토텔레스의 중용
• 감정이나 행위와 관련한 마땅함이자 적절함
• 지나침과 모자람이라는 양극단의 중간 상태(인간과의 관계에서의 적절함)
• 그 자체로 나쁜 감정이나 행동에는 존재하지 않음

---

333 제시된 주장을 한 고대 서양 사상가는 아리스토텔레스로, ㉠에 들어갈 개념은 중용이다. 아리스토텔레스는 마땅한 때에, 마땅한 사람들에 대해, 마땅히 추구해야 할 목적을 위해, 마땅한 방식으로 느끼는 것을 중용이라고 주장한다. 이러한 중용은 지나침과 모자람의 중간 상태로 상황에 따라 다르게 적용되는 속성을 가지고 있다. 또한 중용은 도덕적 실천 의지를 습관화한 덕이라 할 수 있는데, 중용이 무엇인지 알고 있어도 의지가 약하면 행하지 못할 수 있다.
바로알기 | ① 중용은 지나침과 모자람의 중간 상태이기는 하지만 산술적 중간이 아니라 상황에 따른 가장 마땅하고 가장 적절한 상태이다.

334 제시된 주장을 한 사상가는 아리스토텔레스이다. 아리스토텔레스는 품성적 덕은 타고나면서부터 갖추고 있는 것이 아니라 습관을 통해 완성되는 것으로, 품성적 덕을 형성하기 위해서는 일상에서 중용을 반복적으로 실천하여 습관화해야 한다고 본다. 하지만 중용이 무엇인지 알아도 의지가 나약하다면 실천하기 어렵기 때문에 선한 행위를 실천하기 위해 의지를 굳게 가져야 한다고 본다.

바로알기 | ② 아리스토텔레스는 무엇이 선한 행위인지 아는 것도 중요하지만, 아는 것을 실천하려는 의지도 중요하다고 주장한다. ③ 아리스토텔레스는 행위의 유용성이 아닌 행위의 옳음, 행위의 유덕함 여부를 검토해야 한다고 본다. ④는 칸트의 입장에 해당한다. ⑤ 아리스토텔레스는 배려라는 덕을 갖추기 위해서는 도덕 법칙이 아닌 중용에 따른 지속적인 실천을 하는 것이 먼저라고 주장한다.

335 ㉠은 중용, ㉡은 품성적 덕이다. ㉠ 중용은 그 자체로 나쁜 감정이나 행동, 즉 악덕에 대해서는 성립할 수 없다. 또한 모든 사람에게 하나가 아니라 동일하게 나타나지도 않으며, 상황과 조건에 따라 다르게 나타난다. ㉡ 품성적 덕은 영혼의 감정이나 욕구와 관련된 덕으로, 중용이 무엇인지 알고 지속적으로 실천하는 선행의 습관화를 통해 형성된다.

바로알기 | ㄷ. 아리스토텔레스는 품성적 덕을 실천하기 위해 무엇이 중용인지 아는 실천적 지혜, 즉 앎이 필요하다고 본다. 그러나 덕을 안다고 해서 무조건 실천으로 연결되는 것은 아니므로 참된 앎뿐만 아니라 실천하고자 하는 의지가 필수적이라고 본다.

336 제시된 주장을 한 고대 서양 사상가는 아리스토텔레스이다. 아리스토텔레스는 덕을 인간의 고유한 기능인 이성이 탁월하게 발휘되는 상태라고 보고, 지성적 덕과 품성적 덕으로 구분한다. 지성적 덕은 진리를 가장 잘 인식하게 하는 성품으로 무엇이 좋고 유익한지 잘 숙고할 수 있도록 돕는다. 품성적 덕은 행위의 양 극단 중 중간에 해당하는 중용을 계속해서 실천하는 습관의 결과로 생겨나는 것이다.

바로알기 | 아리스토텔레스는 ① 지성적 덕이 영혼의 이성적인 부분과 관련된다고 보고, ② 교육을 통해 얻어지고 길러진다고 본다. ④ 아리스토텔레스는 품성적 덕이 중용의 반복적 실천을 통해서 형성된다고 본다. ⑤ 품성적 덕은 중용을 지속적으로 실천함으로써 형성되는 것이지만, 무엇이 중용인지를 알기 위해서는 지성적 덕인 실천적 지혜가 필수적이므로 품성적 덕 역시 이성을 토대로 생겨나는 것이라고 할 수 있다.

337

> • 진정한 행복은 덕 있는 삶을 사는 것이고, 덕 있는 삶은 인간의 고유한 기능을 탁월하게 발휘함으로써 실현할 수 있다. → 이성
> • 인간의 모든 행위에는 목적이 있다. 그 목적을 선(善)이라고 부른다. 목적은 무한히 이어질 수 있다. 따라서 최종적이고 궁극적인 목적, 즉, 최고선이 있다. 최고선은 곧 행복이다.
> └ 목적론적 세계관

제시된 주장을 한 고대 서양 사상가는 아리스토텔레스이다. 아리스토텔레스는 이성을 인간만이 지니는 고유한 기능이라고 보고, 이성을 기반으로 덕을 습득함으로써 행복한 삶을 살 수 있다고 주장하였다. 이때 덕은 지성적 덕과 품성적 덕으로 나눌 수 있는데, 지성적 덕은 교육에 의해 형성되고, 품성적 덕은 감정이나 행위에 있어 상황에 따라 지나치거나 모자라지 않은 알맞은 상태인 중용을 실천함으로써 형성될 수 있다고 보았다. 또한 아리스토텔레스는 이데아의 세계를 완전한 세계라고 주장한 플라톤에 비해 현실적인 관점을 취하였다.

바로알기 | ④ 아리스토텔레스는 어떤 행위가 올바른 행위인지 안다고 하더라도 의지의 나약함으로 인해 이를 실천하지 못할 수도 있다고 보았다.

338 제시된 고대 서양 사상가는 아리스토텔레스로, 그가 주장하는 개념은 중용이다. 아리스토텔레스는 감정이나 행위와 관련하여 마땅함에 해당하는 중용이 존재한다고 보고, 올바른 행위를 실천하고 품성적 덕을 갖추기 위해서는 중용이 무엇인지 알아야 한다고 주장한다. 또한 옳은 행위의 습관화를 통해 형성되는 성품의 탁월성을 중용이라고 보고, 주어진 상황에 비추어 이성적 판단(실천적 지혜)에 따라 중용을 선택할 수 있다고 본다.

바로알기 | ㄱ. 아리스토텔레스는 그 자체로 나쁜 행위나 감정에는 중용이 존재하지 않는다고 본다. ㄹ. 아리스토텔레스는 중용이 선천적인 것이 아니라 실천적 지혜를 통해 인식하고 반복적 실천을 통해 형성할 수 있는 것이라고 주장한다.

339 (가)를 주장한 고대 서양 사상가는 아리스토텔레스이다. 대화의 학생은 스마트폰을 지나치게 사용하는 것이 나쁘다는 것을 알면서도 자꾸 사용하게 되는 것을 두고 고민하고 있다. 아리스토텔레스의 입장에서는 학생에게 스마트폰 사용을 자제할 수 있는 의지를 길러야 한다고 조언할 수 있다.

340 아리스토텔레스는 덕은 타고나는 것이 아니라 지속적인 실천과 습관화를 통해 갖추게 되는 것이라고 주장하며 중용의 상태를 강조한다. 이때 중용은 그 자체로 나쁜 감정이나 행동에는 존재하지 않는 것이다. 또한 아리스토텔레스는 덕이 무엇인지 알아도 의지의 나약함으로 인해 악행을 할 수 있으며, 인간이 사회적 존재임을 강조하며 공동체에서 자신이 맡은 바 역할에 충실할 것을 주장한다.

바로알기 | ㄴ은 아리스토텔레스가 긍정의 대답을 할 질문이므로 B에 들어가야 한다.

개념 보충		
아리스토텔레스의 덕		
지성적 덕	• 영혼의 이성적 부분과 관련된 덕 • 교육을 통해 얻어지고 길러짐 예 철학적 지혜, 실천적 지혜	
품성적 덕	• 영혼의 감정이나 욕구 부분과 관련된 덕 • 중용의 반복적 실천을 통해 형성됨 • 실천적 지혜의 영향을 받음 예 용기, 절제, 친절 등	

341 '나'는 아리스토텔레스, '어느 고대 서양 사상가'는 플라톤이다. 플라톤은 현실계와 이데아계를 구분하고, 모든 사물의 원형이며 완전한 진리인 이데아는 현실에는 존재하지 않는다고 주장한다. 따라서 아리스토텔레스의 입장에서는 플라톤의 주장에 대해 좋음이 현실 세계에 존재하며 현실 세계에서 실현되어야 함을 간과하고 있다고 비판할 수 있다.

342 그림의 강연자는 아리스토텔레스이다. 아리스토텔레스는 한 마리의 제비가 왔다고 해서 봄이 온 것은 아니라는 비유를 통해 유덕한 행위를 한 번 했다고 해서 유덕한 사람이 되는 것이 아니라 유덕한 행위를 습관화하고 지속적으로 실천할 때 유덕한 사람이 된다고 강조한다. 그리고 이를 위해 감정과 행위가 언제나 중용을 선택할 수 있도록 반복 실천을 통한 습관화가 필요하다고 본다.

바로알기 | ① 아리스토텔레스는 세계의 본질이나 근원을 탐구하는 것보다 현실에서의 올바른 삶을 탐구하고자 한다. ②는 스피노자 등의 입장에 해당한다. ④는 중세 기독교 사상에 해당한다. ⑤ 아리스토텔레스는 모든 욕구의 제거가 아니라 중용에 따라 욕구를 적절하게 추구할 것을 주장한다.

343 갑은 소크라테스, 을은 아리스토텔레스이다. 소크라테스는 덕이 곧 지식이므로 알면서도 행하지 않을 수 없으며, 모든 악행의 원인은 무지라고 본다. 아리스토텔레스는 덕에 대한 지식이 필수적이지만, 알면서도 의지의 나약함으로 인해 행하지 않을 수 있으므로 덕에 대한 지식이 무조건 행위로 연결되는 것은 아니라고 본다. 두 사상가는 모두 행복한 삶을 살기 위해서는 반드시 참된 앎이 필요하다고 본다.
바로알기 | ① 소크라테스는 덕을 갖춘 사람은 반드시 행하게 되고, 행복한 삶을 살게 된다고 본다. ② 소크라테스는 이성을 통해 파악되는 진리는 보편적이라고 본다. ③ 아리스토텔레스는 덕 있는 품성을 지니기 위해서는 덕에 대한 지혜가 반드시 필요하다고 본다. ④ 올바른 행위를 실천하고자 하는 의지를 강조하는 것은 아리스토텔레스의 입장에만 해당한다.

344 갑은 소크라테스, 을은 아리스토텔레스이다. 소크라테스는 영혼의 수련을 통해 얻어진 깨달음으로써 지식을 갖추게 되면 반드시 옳은 행위를 하게 된다고 주장한다. 반면 아리스토텔레스는 좋은 것을 알면서도 의지의 부족함으로 실천하지 못할 수 있다고 보고, 행동으로 나아갈 수 있는 의지를 키울 수 있도록 좋은 행위에 대한 반복적 실천과 습관화가 중요하다고 본다.
바로알기 | ①, ②는 아리스토텔레스, ③은 소크라테스의 입장에 해당한다. ⑤ 소크라테스는 지식을 더욱 중시한다.

345 고대 서양 사상가 갑은 소크라테스, 을은 아리스토텔레스이다. 소크라테스는 덕이 무엇인지 알면 덕을 갖출 수 있다고 보고, 아리스토텔레스는 덕이 무엇인지 알아도 의지의 나약함으로 인해 덕을 갖추지 못할 수 있다고 본다. 따라서 갑에 비해 을의 입장이 갖는 상대적 특징은 'X: 유덕한 삶을 사는 데 있어 의지를 강조하는 정도'는 높고, 'Y: 도덕적 앎이 올바른 행동을 보장함을 강조하는 정도'는 낮으며, 'Z: 공동체의 구성원으로서 사회적 책무를 강조하는 정도'는 높으므로 ⓒ에 해당한다.

346 (가)의 갑은 아리스토텔레스, 을은 플라톤이다. 아리스토텔레스는 인간의 최고선은 행복이며, 진리는 현실에서 찾을 수 있다고 본다. 반면 플라톤은 사물의 원형인 이데아가 진리이며, 진리는 현실이 아닌 이데아계에서 찾을 수 있다고 본다. 두 사상가는 모두 지식이 절대적·보편적인 것이라 인식하지만, 아리스토텔레스는 참된 진리가 현실에 있다고 보고, 플라톤은 이상 세계에 존재한다고 본다. 따라서 갑의 입장은 A, 을의 입장은 C에 해당한다.

347 갑은 플라톤, 을은 아리스토텔레스이다. 플라톤은 영혼의 세 부분인 이성, 기개, 욕구가 각자가 맡은 역할을 제대로 수행하여 탁월성을 발휘하면 정의로운 인간이 된다고 본다. 아리스토텔레스는 지나침과 모자람의 중간 상태인 중용이 무엇인지 알고 지속적으로 실천할 때 덕을 갖춘 행복한 인간이 된다고 본다. 따라서 플라톤에 비해 아리스토텔레스는 품성적 덕이 옳은 행동을 반복함으로써 형성된다고 강조할 수 있다.
바로알기 | ① 플라톤과 아리스토텔레스는 모두 덕이 있는 삶과 행복한 삶은 서로 연결된다고 본다. ③, ④ 아리스토텔레스는 덕을 제대로 알아도 의지가 부족하면 덕에 맞는 행동을 하기 어렵다고 보고, 지식만으로는 습관의 부족과 의지의 나약함을 극복하기 어렵다고 본다. ⑤ 플라톤과 아리스토텔레스는 모두 윤리적 보편주의의 입장을 지향한다.

348 플라톤은 인간의 영혼이 이성, 기개, 욕구의 세 부분으로 이루어졌다고 보고, 영혼의 이성적인 부분이 기개와 욕구를 잘 다스리고, 기개와 욕구가 이성을 잘 따를 때, 영혼의 정의가 실현된다고 주장한다.

바로알기 | ① 기개의 부분에 해당되는 덕은 용기이다. ② 정의는 개인이 선천적으로 타고는 것이 아니라 영혼의 각 부분이 자신의 탁월성을 발휘하여 지혜, 용기, 절제가 조화를 이룰 때 갖출 수 있는 덕이다. ③ 지혜의 덕은 통치자 계층이 갖추어야 할 덕이다. ⑤ 플라톤에 따르면 영혼이 이성, 기개, 욕구의 세 부분으로 나뉘어져 있듯이, 국가도 통치자, 방위자, 생산자라는 세 계층으로 구분되어 기능한다.

349 아리스토텔레스는 인간의 궁극적인 목적을 행복이라고 보고, 정치적 존재인 인간은 공동체 내에서의 사회적 역할에 충실할 때 덕과 행복을 갖출 수 있음을 강조한다.
바로알기 | 두 번째 입장: 아리스토텔레스는 진리가 현실에 존재하는 것이라고 본다. 네 번째 입장: 아리스토텔레스는 좋은 것이 무엇인지 알아도 의지가 부족하다면 즉각 실천하기 어렵다고 본다.

350 고대 서양 사상가 갑은 소크라테스, 을은 아리스토텔레스이다. 소크라테스는 주지주의적 관점에서 유덕한 사람이 되기 위해서는 덕이 무엇인지 알아야 한다고 본다. 아리스토텔레스는 덕은 타고나는 것이 아니라고 보고, 유덕한 사람이 되기 위해서는 중용이 무엇인지 알고, 중용을 반복적으로 실천해야 한다고 본다. 즉, 소크라테스는 모든 악행의 원인이 무지라고 보는 반면, 아리스토텔레스는 의지의 나약함도 악행의 원인이 될 수 있다고 본다.
바로알기 | ②, ④는 소크라테스와 아리스토텔레스 모두 강조할 주장이다. ③ 소크라테스와 아리스토텔레스는 모두 윤리적 가치의 보편성을 강조한다. ⑤는 소크라테스와 아리스토텔레스가 모두 부정할 주장이다.

351 (가)의 고대 서양 사상가 갑은 아리스토텔레스, 을은 소크라테스이다. 아리스토텔레스는 품성적 덕은 중용을 반복적으로 실천한 결과 형성되는 것이라고 보고, 소크라테스는 덕이 무엇인지 알면 덕을 행할 수 있다고 본다. 아리스토텔레스는 의지의 나약함이 악행의 원인이 될 수도 있다고 주장하므로, 소크라테스에게 지혜가 필연적으로 도덕적 행위를 산출하는 것은 아님을 간과하고 있다고 비판할 수 있다. 반면 모든 악행의 원인을 무지(無知)로 파악하는 소크라테스는 아리스토텔레스에게 선을 알면 반드시 행동으로 옮긴다는 것을 간과하고 있다고 비판할 수 있다.
바로알기 | ㄱ은 소크라테스가 아리스토텔레스에게 제기할 수 있는 비판이다. ㄹ은 아리스토텔레스가 강조하는 주장이므로 소크라테스가 아리스토텔레스에게 제기할 수 있는 비판으로 적절하지 않다.

352 고대 서양 사상가 갑은 소크라테스, 을은 아리스토텔레스이다. 소크라테스는 지식이 모든 덕과 행복의 원천이라고 보고, 모든 덕이 참된 앎에서 비롯되며 모든 악은 무지에서 비롯된다고 주장한다. 아리스토텔레스는 덕이 무엇인지 알면서도 의지가 나약하면 행할 수 없다고 보고, 덕 있는 행위의 습관화를 통해 의지의 나약함을 극복해야 한다고 주장한다. 두 사상가는 모두 유덕한 사람이 선악에 대한 지식을 가지고 있다고 본다.
바로알기 | ①, ④는 소크라테스는 긍정, 아리스토텔레스는 부정의 대답을 할 질문이다. ②는 소크라테스, 아리스토텔레스 모두 부정의 대답을 할 질문이다. ⑤는 소크라테스는 부정, 아리스토텔레스는 긍정의 대답을 할 질문이다.

353 (가)의 고대 서양 사상가 갑은 소크라테스, 을은 아리스토텔레스이다. 소크라테스는 이성으로부터 비롯된 지식이 가장 중요하고, 덕이 무엇인지 알면 무조건 덕을 행하게 된다고 본다. 아리스토텔레스는 덕을 지성적 덕과 품성적 덕으로 구분하고 교육을 통해 갖추게 되는 지성적

덕과 달리, 품성적 덕은 중용의 지속적인 실천을 통해 습관화해야만 갖출 수 있는 것이라고 본다. 아리스토텔레스는 소크라테스와 같이 선에 대한 무지가 악행을 야기하는 원인이 될 수 있다고 주장하면서도 의지의 나약함 또한 악행의 원인이 될 수 있다고 본다.

바로알기 | ㄱ은 소크라테스와 아리스토텔레스 모두 긍정의 대답을 할 질문이다. ㄹ. 아리스토텔레스는 품성적 덕을 갖추기 위해서는 실천적 지혜를 통해 중용이 무엇인지 알아야 한다고 주장한다.

354 (가)의 갑은 플라톤, 을은 아리스토텔레스이다. 플라톤은 영혼의 세 부분을 이성, 기개, 욕구로 구분하고 각 부분이 탁월성을 발휘함으로써 조화를 이룰 때 정의로운 사람이 된다고 주장한다. 또한 올바름 자체를 의미하는 올바름의 원형은 현실을 초월한 이데아의 세계에 존재한다고 본다. 아리스토텔레스는 아는 것을 실천하는 것이 중요함을 강조하며, 정의로운 일을 행함으로써 정의로운 사람이 된다고 본다. 또한 옳음이 무엇인지 알아도 의지가 나약하다면 행할 수 없으므로 의지의 나약함이 악덕의 원인이 될 수 있다고 본다. 두 사상가는 모두 덕에 대한 참된 앎을 강조하며, 이성을 통해 옳음을 판단하는 기준을 찾을 수 있다고 주장한다.

바로알기 | ⑤ 아리스토텔레스는 지성의 덕이 교육을 통해 얻어지고 길러지는 것이라고 보고, 철학적 지혜, 실천적 지혜를 예로 제시한다. 이러한 실천적 지혜가 필수적 조건이 되는 것은 품성적 덕이다.

355 고대 서양 사상가 갑은 플라톤, 을은 아리스토텔레스이다. 플라톤은 모든 사물의 원형이자 근본인 선의 이데아에 대한 지식이 가장 중요한 앎이라고 본다. 아리스토텔레스는 선이 현실의 인간 행위를 떠나 따로 존재하는 것이 아니라, 행위의 지속적 실천을 통해 갖추게 되는 것이라고 본다. 즉, 플라톤은 참된 선이 이상적 세계에 존재한다고 보고, 아리스토텔레스는 현실에 존재한다고 본다.

바로알기 | ①, ⑤는 플라톤, 아리스토텔레스 모두 긍정의 대답을 할 질문이다. ③은 플라톤은 부정, 아리스토텔레스는 긍정의 대답을 할 질문이다. ④는 플라톤, 아리스토텔레스 모두 부정의 대답을 할 질문이다.

---

12 행복 추구의 방법

개념 확인 문제 92쪽

356 (1) 소극적 (2) 에피쿠로스학파　　**357** (1) ○ (2) ×

난이도별 필수 기출 93~99쪽

358 ④	359 아타락시아	360 ④	361 ①	362 ②
363 ⑤	364 ①	365 ②	366 ⑤	367 ④	368 ①
369 ③	370 ⑤	371 해설 참조		372 ④	373 ①
374 ③	375 ②	376 ③	377 ⑤	378 ②	379 ③
380 ①	381 ①	382 ①	383 해설 참조	
384 해설 참조		385 ②	386 ⑤	387 ③	388 ⑤
389 ④				

358 밑줄 친 '이 시대'는 헬레니즘 시대이다. 헬레니즘 시대는 알렉산드로스 대왕의 정복 전쟁으로 인해 폴리스가 붕괴되고 대제국이 등장하는 혼란의 시기였다. 따라서 더 나은 국가의 실현보다는 개인의 평온한 삶을 지향하는 개인적인 안심입명(安心立命)을 추구하는 사상적 특징이 나타났다.

바로알기 | ①은 소피스트인 프로타고라스의 입장에 해당한다. ② 헬레니즘 시대에는 공동체보다는 개인의 평온한 삶을 중시하고, ③ 행복의 조건으로 개인의 내면적 평화를 중시하였다. ⑤는 플라톤의 입장에 해당한다.

359 **모범 답안** 아타락시아

360 에피쿠로스학파는 쾌락을 최고선이며 행복한 삶의 시작이자 끝이라고 본다. 또한 감각적이고 순간적인 쾌락이 아니라 정신적이고 지속적인 쾌락을 추구함으로써 몸의 고통과 마음의 불안이 사라진 평정심을 추구해야 한다고 주장한다. 즉, 에피쿠로스학파는 쾌락을 추구하고 고통을 피하면 행복해질 수 있다고 본다.

바로알기 | 에피쿠로스학파는 ① 죽음을 경험할 수 없으므로 두려워할 필요가 없다고 보고, ② 육체적 쾌락보다는 정신적 쾌락을 추구해야 한다고 본다. 또한 ③ 은둔적 생활 속에서 친구와 우정을 나누며 살아야 하고, ⑤ 자연적이고 필수적인 욕구만을 최소한으로 충족하는 소박한 삶을 살아야 한다고 본다.

361 제시된 주장을 한 고대 서양 사상가는 에피쿠로스이다. 에피쿠로스는 쾌락이 모든 행위의 도덕적 가치를 평가할 수 있는 기준이라고 보고, 행복을 위해 감각적 쾌락보다 정신적 쾌락을 추구해야 함을 강조한다. 또한 정신적 쾌락을 추구하기 위해서는 이성이 욕구를 분별하는 역할을 해야 하며, 공적인 관계보다는 은둔적 생활 속에서 친구와 우정을 나누며 살아야 한다고 주장한다.

바로알기 | ① 에피쿠로스는 적극적인 욕망의 충족에 따른 쾌락이 아니라 고통을 제거함으로써 주어지는 소극적인 쾌락을 추구한다.

362 대화의 스승은 에피쿠로스이다. 에피쿠로스는 육체적·순간적 쾌락보다는 정신적·지속적 쾌락을 추구함으로써 몸의 고통과 마음의 불안이 없는 평정심을 추구한다. 또한 적극적인 욕망의 충족이 아닌 고통의 제거를 통한 소극적 쾌락을 추구함으로써 불필요한 욕구를 버리고 검소하게 생활해야 한다고 주장한다.

363 제시된 주장을 한 고대 서양 사상가는 에피쿠로스이다. 에피쿠로스는 쾌락이 유일한 선이고 고통이 유일한 악이라고 인식하면서, 바람직한 쾌락과 그렇지 못한 쾌락을 분별하기 위해서는 이성적 사고가 필요하다고 주장한다. 또한 자연적이고 필수적인 욕구를 충족하지 못하는 것도 고통의 원인 중 하나가 되므로 자연적이고 필수적인 욕구만을 최소한으로 충족하는 소박한 삶을 지향해야 한다고 본다. 이처럼 에피쿠로스는 허황된 욕심을 버리고 검소하게 살아가는 삶 속에서 참된 쾌락을 찾을 수 있다고 주장한다.
바로알기 | 첫 번째 입장: 에피쿠로스는 지나친 육체적 쾌락이 오히려 고통을 유발할 수 있으므로 정신적 쾌락을 추구해야 한다고 본다. 따라서 모든 종류의 육체적·정신적 쾌락을 추구해야 한다고 보지 않는다.

364 제시된 주장을 한 고대 서양 사상가는 에피쿠로스이다. 에피쿠로스는 욕구를 자연적이고 필수적인 욕구, 자연적이지만 필수적이지 않은 욕구, 자연적이지도 필수적이지도 않은 욕구로 구분한다. 그리고 자연적이고 필수적인 욕구만을 최소한으로 충족하는 소박한 삶을 통해 허황된 욕심을 갖지 않고 절제하는 검소한 삶을 살아야 한다고 주장한다.
바로알기 | 에피쿠로스는 ② 필수적이지 않은 욕망들을 충족하려면 고통과 불안이 발생한다고 보고, ③ 공적인 삶과 인간관계는 집착과 다툼 등 고통과 불안을 일으킨다고 본다. 또한 ④ 육체적 쾌락보다는 정신적·지속적 쾌락을 추구해야 하며, ⑤ 죽음은 경험할 수 없으므로 두려워할 필요가 없다고 본다.

개념 보충

에피쿠로스의 욕구 구분	
자연적이고 필수적인 욕구	음식, 수면 등 의식주에 대한 기본적 욕구
자연적이지만 필수적이지 않은 욕구	성적인 욕구, 식도락에 대한 욕구 등
자연적이지도 필수적이지도 않은 욕구	부, 명예, 권력 등에 대한 욕구

365 제시된 주장을 한 고대 서양 사상가는 에피쿠로스이다. 에피쿠로스는 죽음을 인간의 몸을 구성하는 원자들이 흩어지는 것이라고 인식하고, 죽음이 오면 인간은 모든 감각을 상실하기 때문에 죽음을 두려워할 필요가 없다고 본다.
바로알기 | ㄴ. 에피쿠로스는 죽음이 인간의 감각의 상실을 의미하므로 인간에게 아무것도 아닌 것이라고 본다. ㄹ. 에피쿠로스는 죽음을 감각적으로 경험하는 것이 불가능하기 때문에 인간에게 고통이 될 수 없다고 본다.

366 편지를 쓴 고대 서양 사상가는 에피쿠로스이다. 에피쿠로스는 육체적·순간적 쾌락은 장기적이고 안정적인 쾌락을 주지 못하므로 절제해야 하며, 몸의 고통과 마음의 불안을 소멸시키는 정신적·지속적 쾌락을 추구해야 한다고 주장한다. 또한 욕구를 구분하여 자연적이고 필수적인 욕구만을 추구해야 한다고 보고, 부와 명예, 인기와 같은 자연적이지도 필수적이지도 않은 욕구는 오히려 고통을 유발함을 강조한다. 나아가 에피쿠로스는 공적인 삶에서 벗어나 친구들과 우정을 나누며 은둔자의 삶을 살아갈 것을 주장한다.
바로알기 | ⑤ 에피쿠로스는 자연적이고 필수적인 욕구는 최소한으로 추구하면서 평정심의 경지에 이르러야 한다고 본다.

367 제시된 주장을 한 고대 서양 사상가는 에피쿠로스이다. 에피쿠로스는 쾌락을 선, 고통을 악이라고 인식하고 감각적 쾌락보다 정신적이고 지속적인 쾌락을 추구해야 한다고 본다. 또한 적극적 욕망의 충족보다는 고통을 제거하는 소극적 쾌락을 추구하며, 검소한 생활을 해야 함을 강조한다.
바로알기 | ㄱ. 에피쿠로스는 정념으로부터 해방된 상태가 아니라, 지속적인 쾌락을 가져오는 적절한 정념을 추구해야 한다고 본다. ㄷ. 에피쿠로스는 공적인 삶이 고통과 불안을 유발할 수 있다고 보고, 은둔적 생활 속에서 친구와 우정을 나누며 사는 삶을 지향한다.

368 제시된 주장을 한 사상가는 에피쿠로스이다. 에피쿠로스는 인간이 존재하는 한 죽음을 경험할 수 없고, 죽음은 감각의 상실이기 때문에 죽음 이후에도 죽음을 경험할 수 없다고 보고, 죽음을 두려워할 필요가 없다고 주장한다. 또한 감각적이고 순간적인 쾌락은 고통을 유발할 수 있으므로 지속적이고 정신적인 쾌락을 추구해야 한다고 본다.
바로알기 | 에피쿠로스는 ② 쾌락을 행복의 기준이라고 인식하지만 바람직한 욕구와 바람직하지 않은 욕구를 분별하기 위해서는 이성의 역할이 필요하다고 본다. 또한 ③ 공적이고 명예로운 삶은 오히려 고통과 불안을 유발할 수 있다고 보며, ④ 세계가 더 이상 나눌 수 없는 원자의 이합집산에 따른 실재라고 본다. 나아가 ⑤ 에피쿠로스는 신체의 고통이 없고 정신의 불안이 없는 평정심의 상태를 지향한다.

369 에피쿠로스는 적극적 욕망의 충족에 따르는 적극적 쾌락이 아니라, 고통을 제거함으로써 주어지는 소극적 쾌락을 통해 몸의 고통과 마음의 불안이 모두 소멸된 아타락시아(ataraxia)를 지향한다.
바로알기 | 에피쿠로스는 ① 정신적이고 지속적인 쾌락을 추구해야 한다고 보고, ② 공적인 삶에서 벗어나 은둔자의 삶을 살아야 한다고 본다. 또한 ④ 쾌락을 얻기 위해 고통을 제거하는 소극적 쾌락을 추구한다. ⑤는 스토아학파의 입장에서 긍정의 대답을 할 질문이다.

370 (가)의 고대 서양 사상가는 에피쿠로스이다. 에피쿠로스는 불필요한 욕구를 절제하고 소박한 삶에 만족하는 소극적 쾌락을 강조하며, 정의를 서로 해치지 않고 해침을 당하지 않는 상태로 인식하였다. 또한 죽음은 산 자와 죽은 자 모두 경험할 수 없으므로 두려워할 필요가 없다고 보았다.
바로알기 | ㄱ. 에피쿠로스는 공동체 속에서의 공적인 삶이 아니라 은둔하며 친구와 우정을 나누는 삶을 바람직하다고 본다.

371 모범 답안 ⊙은 평정심(아타락시아)이다. 에피쿠로스는 평정심에 도달하기 위해 다음과 같은 방법을 제시한다.
개인적 측면: 자연적이고 필수적인 욕구를 충족하지 못하거나 필수적이지 않은 욕구를 충족하려면 고통과 불안이 발생하므로 자연적이고 필수적인 욕구만을 최소한으로 충족하는 소박한 삶을 살아야 한다. 또한 죽음은 경험할 수 없기 때문에 죽음에 대한 잘못된 믿음을 제거하여 두려움에서 벗어나야 한다.
사회적 측면: 공적인 삶이나 인간관계는 집착과 다툼, 좌절과 분노와 같은 고통과 불안을 일으키므로 은둔적 생활 속에서 친구와 우정을 나누며 살아야 한다.

372 고대 서양 사상가 갑은 소크라테스, 을은 에피쿠로스이다. 소크라테스는 인간이 이성을 통해 보편적 윤리를 파악할 수 있다고 보고, 모든 덕은 참된 앎에서 비롯된다고 주장한다. 에피쿠로스는 인간이 쾌락을 통해 행복에 이를 수 있다고 보고, 참된 쾌락은 정신적·지속적 쾌락을 추구할 때 얻을 수 있다고 주장한다. 또한 에피쿠로스는 자연적이고 필수적인 욕구를 충족하는 소박한 삶을 살아야 한다고 본다.

바로알기 | ①은 윤리적 상대주의를 주장한 소피스트의 입장에 해당한다. ② 소크라테스는 이성을 통해 보편타당한 도덕규범을 확인할 수 있다고 주장한다. ③ 에피쿠로스는 공적인 삶보다 은둔하는 삶을 추구한다. ⑤ 소크라테스는 행복한 삶과 유덕한 삶이 하나라고 본다.

373 제논, 세네카, 아우렐리우스로 대표되는 학파는 스토아학파이다. 스토아학파는 금욕을 추구하며 이성에 따른 삶을 통해 자연 안에서 일어나는 모든 일에 순응하는 태도를 갖추고 살아야 한다고 강조하였다. 또한 이성의 명령에 따라야만 하는 의무가 있다고 보았다.
바로알기 | ② 스토아학파는 자연과 신을 동일시한다. ③ 스토아학파는 정념의 지배로부터 벗어나야 함을 주장하지만, 자식에 대한 부모의 사랑, 인류에 대한 사랑 등과 같은 자연적 정념은 인정한다. ④ 스토아학파는 운명에 순응하는 삶을 중시한다. ⑤ 스토아학파는 우리에게 일어난 일을 바꾸려 하지 말고 자신의 운명으로 받아들이며 순응해야 한다고 본다.

374 스토아학파는 이성에 따르는 삶의 중요성을 강조하며 금욕주의를 지향한다. 또한 어떤 상황에서도 동요하지 않은 정신 상태인 부동심을 이상적 상태로 추구하였고, 정념에서 벗어날 것을 주장하였지만 부모를 사랑하는 마음 등의 정념은 인정하였다.
바로알기 | ③ 스토아학파는 인간의 감정보다는 이성이 지닌 가치를 강조한다.

375 제시된 고대 서양 사상은 스토아학파이다. 스토아학파는 자연 안에서 일어나는 모든 일은 신에 의해 운명 지어진 것이므로 바꿀 수 없다고 보고, 자신에게 주어진 조건과 상황을 변화시키기보다 자신의 운명으로 받아들이는 삶을 살아야 한다고 주장한다. 또한 스토아학파는 행복이란 이미 모든 것이 결정되어 있는 자연에 따라 살아가는 것이라고 주장한다.
바로알기 | ① 스토아학파는 자연이 이성 그 자체라고 본다. ③ 스토아학파는 자연의 모든 일은 우연적이지 않으며 모든 것은 결정되어 있다고 본다. ④ 스토아학파는 운명에 순응해야 한다고 본다. ⑤ 스토아학파는 정념의 지배로부터 벗어나야 한다고 본다.

376 가상 대담의 고대 서양 사상가는 스토아학파 사상가인 에픽테토스이다. 에픽테토스는 자연 안에서 일어나는 모든 일은 결정되어 있기 때문에 자신에게 주어진 조건과 상황을 변화시키려 하지 말고 운명으로 받아들여야 한다고 주장한다. 에픽테토스에 따르면 우리가 바꿀 수 있는 것은 생각, 충동, 욕구, 감정 등 마음과 관련된 것일 뿐이다. 이에 따라 에픽테토스는 진정한 자유와 행복을 얻기 위해 신과 자연에 대한 이성적 앎을 추구하고 그것에 따라 살아가야 한다고 주장할 것이다.
바로알기 | ① 에픽테토스는 주어진 삶을 그대로 받아들여야 한다고 본다. ② 에픽테토스는 인간의 본성과 우주의 본성이 같다고 본다. ④, ⑤는 에피쿠로스학파의 입장에 해당한다.

377 (가)의 고대 서양 사상가는 스토아학파의 사상가이다. 스토아학파는 진정한 자유와 행복을 얻기 위해서는 이성을 통해 자연의 질서를 이해하여, 자신에게 주어진 상황과 환경을 운명으로 받아들이고 순응해야 한다고 주장한다.
바로알기 | ① 스토아학파는 가족, 친구, 동료, 시민, 인류 전체를 사랑하며 사회적 역할을 다하고 인류 공동선 실현에 기여해야 한다고 본다. ② 스토아학파는 자연의 질서에 따라 자신의 운명에 순응해야 한다고 본다. ③ 스토아학파는 정념의 지배로부터 벗어나 마음의 평안을 실현해야 한다고 본다. ④는 중세 기독교 사상의 입장에 해당한다.

378 제시된 고대 서양 사상은 스토아학파이다. 스토아학파는 이성에 따르는 삶을 살아감으로써 금욕을 실천하며 자연의 질서에 순응해야 한다고 본다. 또한 스토아학파는 이성을 가진 모든 인간은 평등하다는 것에서 출발하여 세계 시민주의와 만민 평등사상을 주장한다.
바로알기 | ㄴ. 스토아학파는 쾌락과 같은 정념의 지배에서 벗어나야 함을 강조한다. ㄹ은 아리스토텔레스의 입장에 해당한다.

379 제시된 고대 서양 사상은 스토아학파이다. 스토아학파는 이성을 신과 세계의 본성으로 파악하고, 이성에 따라 살아감으로써 자연의 필연적 질서를 파악하고 따를 수 있다고 본다. 또한 모든 인간이 이성을 가지고 있는 세계 시민이므로, 세계 시민주의를 바탕으로 각자가 사회적 역할을 다하며 인류의 공동선 실현에 기여해야 한다고 주장한다.
바로알기 | ① 스토아학파는 자연법사상, 스피노자와 칸트의 사상 등에 영향을 주었다. ② 스토아학파는 감각적 경험보다 인간의 이성을 더 중시하였다. ④, ⑤는 에피쿠로스학파의 입장에 해당한다.

380 제시된 대화의 스승은 스토아학파의 사상가이다. 스토아학파는 이성이 신, 자연, 인간의 공통된 본성이라고 보고, 인간은 이성으로써 자연의 필연적 질서를 파악하고 따라야 한다고 본다. 따라서 ㉠에는 필연적 법칙이 세계를 주재한다는 것을 인식해야 한다는 진술이 들어가는 것이 적절하다.
바로알기 | ②는 칸트, ③은 공리주의자 벤담, ⑤는 에피쿠로스의 입장에 해당한다. ④ 스토아학파는 정념의 지배에서 벗어날 것을 강조하지만, 자연적인 정념은 인정한다.

381 제시된 주장을 한 고대 서양 사상가는 스토아학파 사상가인 아우렐리우스이다. 스토아학파에서는 이성을 우주 만물의 본질로 파악하고 이성에 따르는 삶을 통해 자연의 필연적 질서 속에서 운명에 순응하는 삶을 살아야 한다고 주장한다. 또한 절제를 통한 마음의 평정을 추구하며 어떤 상황에서도 동요하지 않는 정신 상태인 부동심을 통해 안심입명(安心立命)을 지향한다. 나아가 모든 인간은 이성을 갖추고 있으므로 만민은 평등하다는 세계 시민주의를 주장한다.
바로알기 | 네 번째 입장: 스토아학파는 최고의 선이란 이성으로 자연의 필연적 질서를 파악하고 따르는 것이라고 본다. 다섯 번째 입장: 스토아학파는 자식에 대한 부모의 사랑, 인류에 대한 사랑 등과 같은 이성에 일치하는 정념은 부정하지 않는다.

382 고대 서양 사상가 갑은 에피쿠로스, 을은 스토아학파의 사상가이다. 갑은 적극적으로 욕구를 충족하는 적극적 쾌락이 아니라 고통을 제거하는 소극적 쾌락을 추구한다. 을은 정념의 지배로부터 벗어난 금욕주의적 삶을 지향하며, 세상일은 결정되어 있기 때문에 바꿀 수 없지만 욕망에 대한 태도는 바꿀 수 있다고 주장한다. 갑은 평온한 삶을 위해 아타락시아를, 을은 아파테이아를 추구한다.
바로알기 | ② 갑은 모든 욕망을 최대한 충족시키려는 행위는 고통과 불안을 유발할 수 있으므로 필수적이고 자연적인 욕구를 최소한만 충족하며 살아야 한다고 본다. ③은 중세 기독교 사상의 입장에 해당한다. ④ 갑, 을은 모두 검소하고 절제된 삶을 지향한다.

383 【모범 답안】 에피쿠로스학파는 몸의 고통과 마음의 불안이 소멸된 평정심(아타락시아)을 추구하는 반면, 스토아학파는 어떤 상황에도 동요하지 않는 정신의 상태인 부동심(아파테이아)을 추구한다.

384 【모범 답안】 (1) 자연적이고 필수적인 욕구만을 최소한으로 충족하는 삶을 살아야 하고, 신이나 운명 및 죽음에 대한 잘못된 믿음을 제거하여 두려움

에서 벗어나야 한다. 또한 공적인 삶을 멀리하고 은둔 생활 속에서 친구와 우정을 나누어야 한다.

(2) 스토아학파는 인간이 모두 이성을 가지고 있다는 측면에서 세계 만민이 평등하다고 본다.

385 고대 서양 사상가 갑은 에피쿠로스, 을은 스토아학파의 사상가이다. 갑은 정신적·지속적 쾌락을 추구하는 삶이 바람직하다고 보고, 죽음은 산 자와 죽은 자 모두 경험할 수 없는 것이므로 두려워할 필요가 없다고 본다. 을은 이성을 따라 자연의 필연적 질서를 파악하고 순응하는 삶이 바람직하다고 보고, 자연 안에서 일어나는 모든 일이 이미 신에 의해 운명 지어져 있다고 본다.

바로알기 | ㄴ. 갑이 추구하는 이상적인 경지는 몸의 고통과 마음의 불안이 모두 소멸된 아타락시아이다. ㄷ. 을은 우주 만물의 본질인 이성이 신, 자연으로 표현되는 것이므로 신은 세계와 분리되지 않는다고 본다.

386 고대 사상가 갑은 스토아학파의 사상가, 을은 에피쿠로스이다. 갑은 이성에 따르는 금욕적 삶을 추구하며 자연의 질서를 운명으로 받아들여 순응해야 한다고 본다. 을은 쾌락을 따르는 삶을 추구하며 적극적 욕망의 충족보다는 고통의 제거라는 소극적 방법을 강조한다. 갑은 욕망 충족을 부정적으로 인식하고, 을은 사회적 쾌락보다는 개인의 쾌락에 더 관심을 가지므로, 개인적 욕망을 충족하여 사회적 쾌락의 총량을 늘려야 한다는 주장에 반대할 것이다.

바로알기 | ①, ④는 갑은 긍정, 을은 부정할 주장이다. ②는 을이 긍정할 주장이다. ③은 갑은 부정, 을은 긍정할 주장이다.

387 고대 서양 사상가 갑은 에피쿠로스, 을은 스토아학파의 사상가이다. 갑은 자연적이며 필수적인 욕구, 자연적이지만 필수적이지 않은 욕구, 자연적이지도 필수적이지도 않은 욕구를 구분하고, 자연적이지만 필수적이지 않은 욕구나 자연적이지도 필수적이지도 않은 욕구는 제어해야 한다고 본다. 을은 도덕적인 삶을 위해 내면의 의지와 태도가 이성을 따라야 하며 자연법에 일치하는 삶을 살아야 한다고 본다.

바로알기 | ㄱ. 갑은 행복한 삶을 위해 신에 대한 두려움에서 벗어나야 한다고 주장한다. ㄹ. 갑은 공적인 삶을 멀리해야 한다고 주장하기는 하지만, 신에 대한 잘못된 믿음에서 벗어나야 한다고 주장한다. 을은 공적인 삶 속에서 사회적 역할에 충실해야 한다고 본다.

388 고대 서양 사상가 갑은 에피쿠로스, 을은 스토아학파의 사상가이다. 갑은 쾌락을 최고선이라고 인식하고 정신적·지속적 쾌락이 바람직한 쾌락이라고 주장한다. 을은 이성을 최고선이라 인식하고 이성으로써 자연의 질서를 파악하고 따를 수 있다고 주장한다. 갑, 을은 공통적으로 검소하고 절제하는 생활을 통해 마음의 평온을 누리는 삶을 지향한다.

389 고대 서양 사상가 갑은 에피쿠로스, 을은 스토아학파의 에픽테토스이다. 에피쿠로스는 행복에 도달하기 위해 쾌락이 가장 우선되어야 한다고 본다. 반면 에픽테토스는 이성을 통해 자연의 필연적 질서를 이해하고 순응해야 하며, 자연법에 따라야 한다고 주장한다. 두 사상가는 모두 행복한 삶을 위해 검소하고 절제하는 생활이 필요하다고 본다.

바로알기 | ㄱ. 에피쿠로스는 행복에 도달하기 위해 개인의 쾌락이라는 가치를 우선해야 한다고 본다. ㄷ은 에픽테토스의 입장에만 해당한다.

⅓ 신앙과 윤리

개념 확인 문제 101쪽

390 ㉠ 그리스도교 ㉡ 황금률 **391** (1) 교부 (2) 천상의 나라 (3) 은총 **392** (1) × (2) ○ (3) × **393** (1) – ㉠ (2) – ㉡

난이도별 필수 기출 102~107쪽

394 ⑤	395 ④	396 ④	397 ⑤	398 ④	399 ⑤
400 ②	401 ④	402 ④	403 ③	404 ③	405 ⑤
406 해설 참조		407 ④	408 ⑤	409 ⑤	410 ④
411 ⑤	412 ①	413 ①	414 ⑤	415 ①	416 ⑤
417 ③	418 ④	419 ④	420 ③	421 ②	

394 ㉠은 헤브라이즘이다. 헤브라이즘은 유대교와 그리스도교의 전통으로 현세에서 신의 명령을 따르고, 신의 사랑을 실천하며 내세에서는 신의 은총을 받는 삶을 지향한다.

바로알기 | ① 헤브라이즘은 유일신에 대한 신앙을 바탕으로 한다. ② 헤브라이즘은 신의 명령을 윤리의 근거로 삼는다. ③ 헤브라이즘은 신앙을 바탕으로 바람직한 삶이 무엇인지 탐구한다. ④ 헤브라이즘은 훌륭하고 행복한 삶이 무엇인지에 대해 신앙적 관점에서 탐구한다.

395 제시된 글에서는 율법의 가르침에 대해서는 잘 알지만 실제로 이웃을 사랑하지 못하는 율법학자와 레위인에 대비하여 비록 율법에 대해서는 잘 알지 못하지만 이웃에 대한 사랑을 참되게 실천하는 사마리아인의 예시를 제시하고 있다. 이를 통해 형식적 율법의 준수보다 참되게 이웃을 사랑하는 삶을 살아야 함을 알 수 있다.

396 제시된 주장과 관련된 사상은 예수의 그리스도교 사상이다. 예수는 이웃 사랑의 실천을 강조하며 죄를 뉘우치고 신을 믿으면 구원받을 수 있다고 주장하였다. 또한 유대교의 선민의식과 율법주의를 비판함으로써 세계적인 종교로 발전하였다.

바로알기 | ④는 유대교와 그리스도교의 토대가 되는 헤브라이즘에 대한 설명이다.

397 중세 교부 철학은 고대 플라톤 사상의 영향을 받아 그리스도교의 교리를 체계화하고자 하였다. 교부 철학은 신을 이데아와 같이 인간이 추구해야 할 최고의 선이라고 인식하고 참된 행복은 신의 은총을 받아야만 가능하다고 주장하였다. 플라톤 철학으로 신앙과 사랑의 윤리를 체계화하고자 했던 아우구스티누스가 대표적인 사상가이다.

바로알기 | ⑤는 스콜라 철학자인 아퀴나스의 입장에 해당한다.

398 제시된 주장을 한 중세 서양 사상가는 아우구스티누스이다. 아우구스티누스는 플라톤의 영향을 받아 영원한 천상의 나라와 불완전하고 유한한 지상의 나라를 구분한다. 아우구스티누스는 신의 은총을 통해 지상의 나라에서 천상의 나라로 나아감으로써 완전한 행복을 실현할 수 있다고 주장한다. 또한 신은 이성적 인식을 넘어선 신앙적 체험의 대상이라고 본다.

바로알기 | ㄱ은 아퀴나스의 입장에 해당한다. ㄷ. 아우구스티누스는 신이 만물의 창조주임을 인정하지만, 악은 불완전한 인간으로부터 비롯된 것이라고 본다.

399 제시된 주장을 한 중세 서양 사상가는 아우구스티누스이다. 아우구스티누스는 플라톤의 영향을 받아 지혜, 용기, 절제, 정의 외에 믿음, 소망, 사랑이라는 덕을 강조하며, 모든 덕의 원천은 사랑이라고 보았다. 또한 아우구스티누스는 신이 완전한 실재성을 가진 존재라고 보고, 자연적 악은 존재의 불완전성에서 비롯되며 도덕적 악은 인간의 자유 의지 남용에서 비롯된다고 보았다.
바로알기 | ⑤ 아우구스티누스는 플라톤의 철학을 바탕으로 그리스도교 교리를 체계화하였다.

400 아우구스티누스는 신을 이성적 인식을 넘어 실존적으로 만나야 할 인격적 존재로 인식하고, 참된 행복의 실현은 신의 은총을 받아야만 가능하다고 본다. 또한 자연적인 악과 도덕적인 악은 실체로서 존재하는 것은 아니지만 세계 안에서 실재한다고 주장한다.
바로알기 | 아우구스티누스에 따르면 ① 신과의 인격적 만남은 신앙에 의해서만 이루어질 수 있고, ③ 신과 하나가 되는 것은 인간의 의지로 되는 것이 아니라 신의 은총이 있어야 가능하다. 또한 ④ 창조주로서 신은 피조물에게 완전성을 부여할 수 있으나 인간에게 자유 의지를 주었고, 인간이 이를 남용하여 악이 생겨나는 것이다. ⑤는 스피노자의 입장에 해당한다.

401 제시된 내용과 관련 있는 중세 서양 사상가는 아퀴나스이다. 아퀴나스는 아리스토텔레스의 영향을 받아 행복은 덕에 의해 실현된다고 보고, 아리스토텔레스가 제시한 자연적 덕(지성적 덕, 품성적 덕)을 넘어 종교적 덕(믿음, 소망, 사랑)으로 나아가야 한다고 주장하였다.

402 제시된 주장을 한 중세 서양 사상가는 아퀴나스이다. 아퀴나스는 아리스토텔레스의 영향을 받아 신의 존재를 이성적으로 증명하고자 하였다. 아퀴나스는 인간의 행복이 덕에 의해 실현될 수 있지만 자연적 덕에서 나아가 종교적 덕이 필요하며, 신의 은총에 의해 신과 하나가 되는 것이 최고의 행복이라고 주장하였다. 또한 영원법, 자연법, 실정법을 구분하고 영원법이 자연법의 기초가 되고 자연법은 실정법의 기초가 된다고 보았다.
바로알기 | ① 아퀴나스는 이성에 의해 인식된 영원법을 자연법이라고 한다. ② 아퀴나스가 제시한 자연법의 제1의 원리는 '선을 행하고 악을 피하라.'이다. ③ 아퀴나스는 자연법을 위반한 실정법은 정당성을 상실하게 된다고 본다. ⑤ 아퀴나스는 이성보다 신앙이 우선하지만 이성을 통해 신의 존재를 증명할 수 있다고 본다.

개념 보충

아퀴나스의 자연법 윤리

영원법	신의 의지로 창조되고 정립된 영원불변하는 질서와 법칙
자연법	• 이성을 가진 인간이라면 반드시 지켜야 하는 보편적 도덕 법칙으로, 영원법에 기초함 • 제의 원리: '선을 행하고 악을 피하라.'
실정법	• 인간 사회의 질서를 유지하기 위해 만들어진 구체적인 법 → 자연법에 기초함 • 자연법을 위반한 실정법은 정당성을 상실함

403 제시된 주장을 한 중세 서양 사상가는 아퀴나스이다. 아퀴나스는 이성을 활용하여 신의 존재를 논리적으로 증명할 수 있다고 주장한다. 또한 신앙과 이성은 모두 신으로부터 주어진 것이므로 신앙과 이성은 서로 대립하지 않고 조화될 수 있다고 본다.
바로알기 | ㄱ. 아퀴나스는 모든 진리가 신에게로 귀결된다고 본다. ㄹ. 아퀴나스는 이성에 의해 발견한 진리보다 신앙의 진리가 우선한다고 본다.

404

● 자연법은 이성을 통해 영원법을 일부 파악한 것임

> 신 안에 있는 법이 영원법이고, 영원법이 인간에게 분유(分有)되어 있는 것이 자연법이다. 인간에게는 자신의 본성을 포함하여 공동선을 위한 실천 원리를 파악할 수 있는 이성이 있다. …… 그러나 가변적이고 다양한 인간의 일에 추상적인 자연법을 직접 적용하기 어렵기 때문에 실정법이 필요하다.

● 실정법은 자연법에서 도출된 것임

제시된 주장을 한 중세 서양 사상가는 아퀴나스이다. 아퀴나스는 영원법, 자연법, 실정법을 구분하고 자연법은 영원법에, 실정법은 자연법에 기반한다고 주장한다.
바로알기 | 아퀴나스는 ① 실정법은 인간 사회의 질서 유지를 위해 만들어진 법이므로 변할 수 있다고 보며, ② 실정법은 인간이 필요에 의해 제정한 것이라고 본다. 또한 ④ 영원법을 따름으로써 신의 뜻을 깨닫고 완전한 행복이 보장될 수 있다고 보고, ⑤ 자연법은 오직 영원법에 근거하여 성립할 수 있다고 본다.

405 아퀴나스는 신앙이 이성에 우선하지만 이성으로 신의 존재를 증명할 수 있다고 본다. 또한 궁극적인 행복은 신의 은총을 통해 신과 하나가 됨으로써 실현할 수 있다고 주장한다.
바로알기 | 첫 번째 관점: 아퀴나스는 종교적 덕을 통해 신에게로 다갈 수는 있지만, 이것이 완전한 행복을 보장한다고 주장하지는 않는다. 완전한 행복은 신과 하나 되는 것이며, 이는 신의 은총에 의해서 내세에서 가능하다. 세 번째 관점: 아퀴나스는 자연법이 영원법을 기초로 만들어지며, 인간의 보편적 이성에 의해 파악될 수 있는 것이라고 본다.

406 **모범 답안** (1) ㉠ 자연법 ㉡ 영원법 ㉢ 이성
(2) 선을 행하고 악을 피하라.

407 제시된 주장을 한 중세 서양 사상가는 아퀴나스이다. 아퀴나스는 이성을 통해 인식된 자연적 성향을 실현할 때 행복한 삶을 살 수 있다고 보고, 완전한 행복을 위해 종교적 덕을 실천하여 신과 하나가 되어야 한다고 주장한다. 또한 아퀴나스는 신에 의해 정립된 영원불변하는 질서를 의미하는 영원법을 이성에 의해 부분적으로 인식한 것이 자연법이라고 본다.
바로알기 | 두 번째 관점: 아퀴나스는 은총과 계시 외에도 이성을 통해서 신의 존재를 증명할 수 있다고 본다. 다섯 번째 관점: 아퀴나스는 신앙과 이성은 구분할 수 있으나 모두 신으로부터 주어진 것이므로 상호 보완적 관계임을 강조한다.

408 제시된 주장을 한 중세 서양 사상가는 아퀴나스이다. 아퀴나스는 신을 우주를 창조한 초월적 인격신으로 인식하고, 완전한 행복에 이르기 위해서는 신의 은총이 필요하다고 주장한다. 또한, 완전한 행복은 덕에 의해 실현될 수 있는데, 이를 위해 지성적 덕과 품성적 덕과 같은 자연적 덕을 넘어 종교적 덕을 실현해야 한다고 본다. 나아가 아퀴나스는 신의 존재를 이성으로 증명할 수 있음을 강조함으로써 신앙과 이성이 조화될 수 있다고 주장한다.
바로알기 | ⑤ 아퀴나스는 이성과 신앙의 영역을 구분하나 이성과 신앙이 모두 신에게서 나온 것이므로 상호 보완적인 관계임을 강조한다.

409 제시된 주장을 한 중세 서양 사상가는 아퀴나스이다. 아퀴나스는 아리스토텔레스의 사상을 수용하여 그리스도교의 교리를 철학적으로 논증하고자 하였으며, 신앙과 이성이 모두 신으로부터 나오기 때문에 이성을 통해 신의 존재를 증명할 수 있다고 보았다.

바로알기 | ① 아퀴나스도 아우구스티누스처럼 악을 신의 창조물로 보지 않고 인간의 불완전함으로 인한 것이라고 본다. ② 아퀴나스는 자연법이 영원법에 기초해야 한다고 주장한다. ③ 아퀴나스는 신이 종교적 체험을 통해 실존적으로도 만날 수 있는 인격적 존재라고 주장한다. ④ 아퀴나스는 신앙과 이성을 상호 보완적 관계라고 인식하지만, 신앙이 이성보다 더 우위에 있다고 본다.

410 중세 서양 사상가 갑은 아우구스티누스, 을은 아퀴나스이다. 아우구스티누스는 최고의 덕을 신에 대한 완전한 사랑이라고 보고, 도덕적 악은 신으로부터 비롯된 것이 아니라 자유 의지를 남용한 인간으로부터 비롯된다고 주장한다. 아퀴나스는 이성을 활용하여 신의 존재를 증명함으로써 신앙과 이성을 조화시키고자 한다. 두 사상가는 모두 진정한 행복을 위해 신의 은총과 구원이 필요하다고 본다.
바로알기 | ④ 아퀴나스는 종교적 덕을 갖추고 신의 은총을 받음으로써 완전한 행복을 실현할 수 있다고 본다.

411 중세 서양 사상가 갑은 아우구스티누스, 을은 아퀴나스이다. 아우구스티누스는 신을 이성적 인식을 넘어서 실존적으로 만나야 할 인격적 존재로 보고, 참된 행복의 실현은 계시와 신의 은총을 통해서만 가능하다고 주장한다. 아퀴나스는 자연적 덕이 현세에서의 행복을 위한 것이며, 최고의 행복을 위해서는 종교적 덕을 통해 신과 하나가 되어야 한다고 주장한다. 두 사상가는 모두 현실의 불완전한 행복을 넘어서 내세의 완전하고 영원한 행복을 추구한다.
바로알기 | ① 아우구스티누스는 존재의 불완전성에 의해 자연적 악이 생겨난다고 본다. ② 아우구스티누스는 구원에 이르기 위해서는 4주덕뿐만 아니라 믿음, 소망, 사랑과 같은 종교적 덕을 실천해야 하며, 신의 은총을 통해 신과 하나 되어야 한다고 본다. ③ 아퀴나스는 자연법이 영원법에 기초한다고 본다. ④ 아퀴나스는 자연적 덕이 최고의 행복으로 나아가는 예비적 단계의 덕이라고 본다.

412 중세 서양 사상가 갑은 아우구스티누스, 을은 아퀴나스이다. 아우구스티누스는 자연적 악이 선의 결핍으로 인해 발생한다고 본다. 한편 아퀴나스는 신의 은총으로 내세에 신과 하나 됨을 통해 완전한 행복에 도달할 수 있다고 주장한다.
바로알기 | ㄷ. 아우구스티누스와 아퀴나스는 사랑을 최고 단계의 종교적 덕이라고 본다. ㄹ. 신의 존재를 이성적으로 증명하고자 한 것은 아퀴나스에게만 해당되는 내용이다.

413 중세 서양 사상가 갑은 아퀴나스, 고대 서양 사상가 을은 아리스토텔레스이다. 아퀴나스는 아리스토텔레스의 영향을 받아 자연적 덕(지성적 덕, 품성적 덕)을 강조하였으나, 신에게로 인도해 주는 종교적 덕(믿음, 소망, 사랑)을 통해 완전하고 영원한 행복에 이를 수 있다고 보았다. 반면, 아리스토텔레스는 덕은 이성에 의한 정신의 활동이라고 보고, 지성적 덕과 품성적 덕을 갖춤으로써 최고의 행복에 도달할 수 있다고 보았다. 따라서 아퀴나스의 입장에서는 아리스토텔레스에게 완전한 행복을 위해 종교적 덕이 필요하다는 것을 모르고 있다고 반론할 수 있다.

414 중세 서양 사상가 갑은 아우구스티누스, 을은 아퀴나스이다. 아우구스티누스는 신이 실존을 통해 만나야 할 인격적 존재이며, 참된 행복은 신의 은총을 통해서만 가능하다고 본다. 아퀴나스는 인간의 궁극적 목적이 행복이며, 완전한 행복은 종교적 덕을 갖춤으로써 신의 은총에 의해 내세에서 실현 가능하다고 주장한다. 두 사상가는 모두 인간의 완전한 행복 실현을 위해 신의 은총이 필요하다고 본다.
바로알기 | ㄱ. 아우구스티누스는 신이 피조물인 인간에게 자유 의지를 부여했다고 주장한다. ㄴ. 아우구스티누스는 신이 만물과 선을 창조한 유일한 존재이지만, 악은 창조된 것이 아니라 선의 결핍으로 인해 나타난 것이라고 본다.

415 중세 서양 사상가 갑은 아우구스티누스, 을은 아퀴나스이다. 아우구스티누스는 플라톤 사상을 수용하여 천상의 나라와 지상의 나라를 구분하고 신을 사랑하는 사람만이 선을 실현하며 참된 행복에 이를 수 있다고 주장한다. 아퀴나스는 아리스토텔레스 사상을 수용하여 종교적 덕을 통해 완전한 행복을 실현할 수 있다고 보고, 신의 존재를 이성적으로 증명하고자 한다. 따라서 아우구스티누스의 입장에 비해 아퀴나스의 입장이 갖는 상대적 특징은 'X: 플라톤의 이데아론을 수용하려는 정도'는 낮고, 'Y: 신학과 철학의 조화를 추구하려는 정도'는 높으며, 'Z: 신을 이성으로 파악하려는 정도'는 높으므로 ㉠에 해당한다.

416 고대 서양 사상가 갑은 스토아학파의 사상가, 중세 서양 사상가 을은 아퀴나스이다. 갑은 이성을 신과 우주와 인간의 공통된 본성으로 파악하고, 자연의 필연적 질서를 이해하고 신의 섭리를 따름으로써 참된 행복을 누릴 수 있다고 주장한다. 을은 참된 행복을 누리는 것은 신의 은총과 계시를 통해서만 가능하며, 내세에 신과 하나 됨을 통해 참된 행복을 실현할 수 있다고 주장한다.
바로알기 | ㉲ 갑, 을은 모두 인간이 자연법을 제정했다고 보지 않는다. 갑은 자연법을 우주를 지배하는 이성의 명령이자 자연법칙이라고 보고, 을은 자연법이 인간의 이성을 통해 영원법을 부분적으로 인식한 것이라고 본다.

417 (가)의 중세 서양 사상가 갑은 아우구스티누스, 을은 아퀴나스이다. 아우구스티누스는 신을 이성적 인식을 넘어 실존적으로 만나야 할 존재로 보고, 신은 오직 신앙에 의해서만 증명될 수 있다고 본다. 아퀴나스는 신의 가르침을 이해하기 위해서는 이성이 필요하며, 이성을 통해 신의 존재를 증명할 수 있다고 주장한다. 두 사상가는 모두 신앙이 언제나 이성보다 우위에 있다고 보고, 참된 행복에 이르기 위해서는 종교적 덕을 실천해야 한다고 주장한다.
바로알기 | ㄹ. 아퀴나스는 완전한 행복이 내세에서 신의 은총을 통해 주어진다고 본다.

418 제시된 주장을 한 사상가는 루터이다. 루터는 교회에서 면죄부를 판매하는 등의 타락한 종교의 모습을 비판하며, 교회를 통하지 않고서도 누구나 신과 직접 대화할 수 있다는 만인 사제주의를 주장한다.
바로알기 | ①은 칼뱅이 긍정의 대답을 할 질문이다. ②는 루터가 부정의 대답을 할 질문이다. 루터는 진리를 성서를 통해 찾아야 한다고 주장한다. ③ 루터는 인류의 최종적인 과제가 신으로부터 해방되는 것이라고 보지 않는다. ⑤ 루터는 이성을 통해 이데아를 인식하는 것이 아니라 신앙과 신의 은총을 통해 구원받을 수 있다고 본다.

419 을은 칼뱅이다. 칼뱅은 구원이 신의 선택에 의해 미리 정해져 있다는 예정설을 주장하며 신에게 선택받은 사람만이 구원받을 수 있다고 본다. 또한 직업을 신이 주신 소명으로 받아들이고 직업에서의 성공이

구원의 징표가 된다고 주장하며, 직업 노동이 지상에서 신의 영광을 실현하는 수단임을 강조한다.

바로알기ㅣ ④ 칼뱅은 직업을 통한 부의 축적이 신에 뜻에 어긋나는 것이 아님을 강조한다.

420 갑은 루터, 을은 칼뱅이다. 루터는 진리를 전하는 최고의 권위는 성서에 있으며, 신앙인이라면 누구나 직접 신과 소통할 수 있다고 본다. 칼뱅은 직업을 신이 주신 소명으로 인식하고 직업적 노동을 통한 부의 축적은 부당한 것이 아니라고 주장한다. 루터와 칼뱅은 모두 부패하고 타락한 교황 중심의 교회에 개혁이 필요하다고 본다.

바로알기ㅣ ③ 칼뱅은 직업에서의 성공이 구원의 징표가 될 수는 있으나 구원의 확정은 아니므로, 직업적 성공으로 신의 예정을 바꾸는 것은 불가능하다고 본다.

개념 보충

루터와 칼뱅의 사상

루터	• 종교 개혁의 배경: 루터가 면죄부 판매와 같은 교회의 부패한 행태를 비판하면서 촉발됨 • 입장: 참된 진리는 교회나 교황이 아니라 성서에 있다고 주장함 → 교회와 성직자를 통하지 않고도 누구나 성서와 기도를 통해 신과 직접 대면할 수 있다고 함
칼뱅	• 예정설: 구원은 신에 의해 예정되어 있으며, 신에게 선택받은 사람만이 구원을 받을 수 있다고 봄 • 직업 소명설: 직업은 신이 우리에게 내린 소명으로, 직업 노동은 신의 영광을 실현하는 수단이라고 봄

---

421 갑은 아우구스티누스, 을은 루터이다. 아우구스티누스는 세계를 천상의 나라와 지상의 나라로 구분하고, 신을 인간이 추구해야 할 최고선으로 본다. 또한, 참된 행복은 신의 은총을 통해서만 가능함을 강조하며, 신은 이성적 인식의 대상이 아니라 실존을 통해 만나야 할 인격적 존재라고 본다. 루터는 구원이 신의 은총과 신앙에 의해서만 가능하며, 모든 신앙인은 성직자이자 사제로서 신과 직접 만날 수 있다고 본다.

바로알기ㅣ ① 아우구스티누스는 원죄로부터의 구원은 신의 계시와 은총으로만 가능하다고 본다. ③ 루터는 참된 진리가 교회가 아닌 성서에서 비롯된다고 본다. ④는 스토아학파의 입장에 해당한다.

---

14 도덕의 기초

개념 확인 문제 109쪽

422 (1) ㄴ (2) ㄱ **423** (1) 방법적 회의 (2) 정념 (3) 인과 법칙
424 (1) 극장의 (2) 종족의 **425** (1) × (2) ○ (3) ○

난이도별 필수 기출 110~119쪽

426 ⑤	427 해설 참조	428 해설 참조	429 ②
430 해설 참조	431 ⑤	432 ②	433 ⑤	434 ④
435 ⑤	436 ①	437 ③	438 ⑤	439 ③	440 ②
441 ④	442 ③	443 ①	444 ③	445 ①	446 ③
447 해설 참조	448 ⑤	449 ④	450 ③	451 ③
452 ①	453 ②	454 공감	455 ⑤	456 ①	457 ④
458 ②	459 해설 참조	460 ④	461 ⑤
462 해설 참조	463 ⑤	464 ②	465 해설 참조
466 해설 참조	467 ②	468 ③	469 ⑤
470 ㉠ 아파테이아(부동심) ㉡ 아타락시아(평정심)	471 ②

---

426 근대 서양에서는 진리 탐구를 위해 귀납법과 연역법을 사용하였다. 귀납법은 개별적 사실을 토대로 일반적 원리를, 연역법은 일반적 원리에서 개별적 사실을 이끌어 내는 방법이다. 귀납법은 실험과 관찰을 사용하여 새로운 사실을 발견하여 지식의 범위를 확장할 수 있지만, 찾아낸 지식에 오류가 있을 수 있다. 연역법은 논증과 추론을 통해 확실한 지식을 찾아낼 수 있지만, 지식의 범위를 넓혀 주지는 못한다. 귀납법을 활용한 대표적 사상가는 베이컨, 흄 등을 들 수 있고, 연역법을 활용한 대표적 사상가는 데카르트, 스피노자 등을 들 수 있다.

바로알기ㅣ ⑤ 귀납법은 경험론의 주요 방법론이고, 연역법은 합리론의 주요 방법론이다.

427 **모범 답안** ㉠ 일반적 원리로부터 이성적 추론을 통해 개별 사실을 이끌어 내는 방법 ㉡ 개별 사실로부터 경험을 통해 일반적 원리로 나아가는 방법

428 **모범 답안** 근대의 대표적인 인식론 두 가지는 합리론과 경험론이다. 합리론은 이성을 근원으로 보고 논리적 추론을 통해 지식을 탐구하고자 하며, 경험론은 경험을 근원으로 보고 실험과 관찰을 통해 지식을 탐구하고자 한다.

429 밑줄 친 근대 서양 사상가 '나'는 데카르트이다. 데카르트는 감각적 경험을 통해 얻은 지식을 비판하며, 확실한 지식을 얻기 위해서는 절대 의심할 수 없는 명제를 출발점으로 삼아 의심할 수 있는 모든 것을 의심해야 한다는 방법적 회의를 주장한다. 그리고 이를 통해 데카르트가 찾은 철학의 제1원리는 '나는 생각한다. 그러므로 나는 존재한다.'이다.

430 **모범 답안** (1) 방법적 회의
(2) 나는 생각한다. 그러므로 나는 존재한다.

431 스피노자는 신은 창조자가 아닌 자연 그 자체라고 보고, 자연에서 일어나는 모든 일은 원인과 결과로 필연적으로 연결되어 있다고 주장한다. 또한 스피노자가 볼 때 인간은 자연의 필연적 인과 관계를 인식하여 정념의 예속에서 벗어날 때 행복에 이를 수 있다.

바로알기 | ① 스피노자는 인간이 자연의 일부라고 본다. ② 스피노자는 우주 만물의 궁극적 원인을 이성이라고 본다. ③ 스피노자는 자연을 존재하는 유일한 실체라고 보고, 자연의 개별 사물은 하나의 실체가 보여 주는 여러 가지 모습인 양태라고 인식한다. ④ 스피노자는 정념에 속박된 사람은 수동적인 삶을 살게 된다고 주장한다.

432 스피노자는 세계가 필연적 질서에 따라 움직이며 세상의 모든 일은 원인과 결과로 연결되어 있다고 본다. 따라서 세계에 우연성이나 자유 의지가 들어설 곳은 없으므로 인간이 필연성에서 벗어나 자유 의지를 갖는 것은 불가능하다. 다만 스피노자는 자연이 필연적 인과 법칙에 따라 움직인다고 보고, 자연의 필연성에 대한 이성적 관조를 통해 완전한 행복에 이를 수 있다고 주장한다.
바로알기 | ㄴ. 스피노자는 이성을 통해 정념의 예속에서 벗어날 수 있다고 본다. ㄹ. 스피노자는 이성을 통해 신을 인식하면 세계의 필연적 질서를 인식하고 마음의 안정과 평화를 누릴 수 있다고 주장한다.

433 (가)의 근대 서양 사상가는 스피노자이다. 스피노자는 인간이 자연의 필연성을 벗어날 수 없지만, 자연의 필연성을 이성으로 인식할 때 정념의 예속에서 벗어나 행복에 도달할 수 있다고 본다. (나)의 A는 불안과 미움, 분노의 감정 때문에 힘든 생활을 하고 있다. 따라서 스피노자의 입장에서는 A에게 이성을 통해 사물들이 발생하는 필연적 인과 질서를 인식하라고 조언할 수 있다.
바로알기 | ① 스피노자는 모든 감정과 욕망을 제거하는 것이 아니라 제어해야 한다고 주장한다. ②, ③ 스피노자는 필연성에서 벗어나 자유 의지를 갖는 것은 불가능하다고 본다. ④ 스피노자는 신이 곧 자연이라고 보는 범신론적인 시각을 취한다.

434 그림의 강연자는 스피노자이다. 스피노자는 신이 자연 바깥에 존재하는 창조주가 아니라 자연 그 자체라고 인식하고, 신을 유일한 실체라고 파악한다. 또한, 우주는 수학적 질서에 따라 움직이는 하나의 거대한 기계로 세상의 모든 일은 원인과 결과에 의해 필연적으로 연결되어 있다고 주장한다. 나아가 스피노자는 모든 것의 원인인 신을 이성을 통해 인식해야 함을 강조한다.
바로알기 | ① 스피노자는 신을 자연 그 자체로 파악한다. ② 스피노자는 모든 욕망의 제거가 아닌 욕망의 제어를 강조한다. ③, ⑤ 스피노자는 인간의 자유 의지를 부정하고, 세계의 필연적 질서를 이성으로 파악해야 한다고 본다.

435 제시된 퍼즐의 가로 낱말 (A)는 '자성', (B)는 '우연'이므로 세로 낱말 (A)는 '자연'이다. 스피노자는 자연이 존재하는 유일한 실체이며 자연의 개별 사물은 하나의 실체가 보여 주는 양태일 뿐이라고 본다. 즉, 스피노자의 관점에서 자연은 만물의 궁극적 원인이자 개별 사물의 근원이다.

436 제시된 주장을 한 근대 서양 사상가는 스피노자이다. 스피노자는 이성을 온전히 사용하여 만물의 궁극적 원인인 신과 사물들이 발생하는 필연적 인과 질서를 인식하면, 마음의 평화와 최고의 행복을 누릴 수 있다고 주장한다. 또한 스피노자는 신이 자연을 창조한 인격신이 아니라 자연 그 자체라고 보며, 자연의 필연적 질서를 인식하기 위해서는 이성적 관조가 필요하다고 주장한다.
바로알기 | ㄷ. 스피노자는 신을 자연 바깥에 존재하는 초월적 존재라고 인식하지 않으며 인간이 가진 자유 의지도 부정한다. ㄹ. 스피노자는 수동적 감정인 정념의 속박에서 벗어나 능동적 감정으로 나아가야 한다고 주장한다.

437 제시된 주장을 한 근대 서양 사상가는 스피노자이다. 스피노자는 이성을 온전히 사용하여 만물의 궁극적 원인인 신을 인식하고 자연과 사물들이 존재하는 필연적인 질서를 인식할 때 정념의 예속에서 벗어날 수 있다고 본다. 그리고 자연에 대한 이성적 관조를 통해 정념의 예속에서 벗어날 때 행복에 도달할 수 있다고 주장한다.
바로알기 | ① 스피노자는 이성을 통해 진리를 알 수 있다고 본다. ② 스피노자는 행복을 위해 이성의 인도에 따르는 삶을 살아야 한다고 본다. ④ 스피노자는 자연의 필연성에서 벗어나 자유 의지를 갖는 것은 불가능하다고 본다. ⑤는 중세 기독교 사상에서 긍정의 대답을 할 질문이다.

438 제시된 주장을 한 근대 서양 사상가는 스피노자이다. 스피노자는 존재하는 모든 것이 신 안에 있으며, 모든 것은 일정한 방식으로 존재하고 작용하도록 신의 본성의 필연성에 의해 결정되어 있다고 주장한다. 또한 스피노자는 세상이 마치 거대한 기계처럼 원인과 결과로 필연적으로 연결되어 있다고 본다.
바로알기 | ① 스피노자는 이성을 통해 지식을 획득할 수 있다고 본다. ② 스피노자는 신은 자연 그 자체라고 본다. ③ 스피노자는 결정론적 세계 속에서 인간은 자유 의지를 발휘할 수 없다고 본다. ④ 스피노자는 선악 판단의 기준이 이성에서 비롯된다고 본다.

439 (가)의 근대 서양 사상가는 스피노자이다. 스피노자는 이성적 관조를 통해 신과 신의 속성의 필연성으로부터 생겨나는 모든 활동을 이해하여 참된 행복을 누릴 수 있다고 주장한다. 따라서 (나)의 ㉠에는 자연 만물의 내재적 원인인 신을 이성적으로 통찰하라는 진술이 들어가는 것이 가장 적절하다.
바로알기 | ① 스피노자는 신을 창조주가 아닌 자연 그 자체이자 유일한 실체로 이해한다. ② 스피노자는 필연성에서 벗어나 자유 의지를 가지는 것은 불가능하다고 본다. ④ 스피노자는 정념의 속박을 의미하는 수동적인 감정에서 벗어나 능동적인 감정으로 나아가야 한다고 본다. ⑤는 중세 기독교 사상의 입장에 해당한다.

개념 보충

스피노자의 정념
• 의미: 감정에 따라 일어나는 억누르기 어려운 생각으로, 수동적 정서임
• 정념에 속박된 사람은 외부 원인에 휘둘리고 수동적인 삶을 살게 됨
• 정념의 속박에서 벗어나 자유로운 삶을 살기 위해서는 모든 것을 이성적으로 관조하여 세계의 필연적 인과 질서를 인식해야 함

440 (가)의 근대 서양 사상가는 스피노자이다. 스피노자는 자연 안에 어떤 것도 우연한 것은 없으며, 모든 것은 신의 본성의 필연성에 의해 어떤 방식으로 존재하고 작용하게끔 결정되어 있다고 본다. 그리고 신의 본성의 필연성을 이성으로써 인식하는 신에 대한 지적인 사랑을 통해 마음의 평온과 완전한 행복을 누릴 수 있다고 본다. 따라서 스피노자의 입장에서는 학생의 질문에 대해 모든 것을 이성적으로 바라보는 태도인 신에 대한 지적인 사랑을 통해 평온함을 유지하라고 조언할 것이다.
바로알기 | ① 스피노자는 이성을 토대로 진리를 추구한다. ③ 스피노자는 자유 의지를 부정하고 운명에 순응할 것을 강조한다. ④ 스피노자는 이데아에 대한 모방을 주장하지 않는다. ⑤ 스피노자는 이성적 판단을 토대로 모든 상황을 파악할 것을 강조한다.

441 고대 서양 사상가 갑은 에픽테토스, 근대 서양 사상가 을은 스피노자이다. 에픽테토스는 자연 안에서 일어나는 모든 일은 신에 의해 운명 지어진 것이므로 바꿀 수 없으며, 인간은 이성으로써 이러한 자연의 필연적 질서를 파악하고 따라야 한다고 본다. 스피노자는 세계는 필연

적 질서에 따라 움직이며, 모든 일이 원인과 결과로 연결되어 있다고 본다. 그리고 인간은 이성적 관조를 통해 세계의 필연적 질서를 인식하고 최고의 행복에 이를 수 있다고 본다. 두 사상가는 공통적으로 욕망과 정념에 예속되지 말고 이성에 따라 살아야 함을 강조한다.

바로알기 | ① 에픽테토스와 스피노자는 신을 창조주로 인식하지 않는다. ② 에픽테토스는 공적인 관계와 사회적 삶을 강조한다. ③ 에픽테토스와 스피노자는 모두 인간의 삶에 주어진 필연성을 극복할 수 없으므로 운명에 순응할 것을 강조한다. ⑤는 에피쿠로스학파의 입장에 해당한다.

442 근대 서양 사상가 갑은 데카르트, 을은 스피노자이다. 데카르트는 이성을 통한 연역적 방법을 사용하여 절대로 의심할 수 없는 명제로부터 출발할 때 확실한 지식을 얻을 수 있다고 본다. 스피노자는 유일하고 절대적인 실체인 신을 자연 그 자체로 인식하며, 참된 행복은 자연의 필연성에 대한 인식으로부터 비롯된다고 본다.

바로알기 | ㄱ. 데카르트는 모든 것을 의심할 수 있지만, 의심하고 있는 내가 존재한다는 사실은 의심할 수 없다고 보고 이를 철학의 제1원리로 삼는다. ㄹ. 데카르트와 스피노자는 모두 인간이 이성만으로 진리를 인식할 수 있다고 본다.

443 중세 서양 사상가 갑은 아퀴나스, 근대 서양 사상가 을은 스피노자이다. 아퀴나스는 완전한 행복은 종교적 덕을 실천함으로써 신의 은총을 받아 현세가 아닌 내세에서 실현될 수 있다고 본다. 스피노자는 이성을 통해 자연의 필연적 인과 질서를 인식함으로써 마음의 평화를 누릴 수 있다고 본다.

바로알기 | ② 아퀴나스는 신이 신앙을 통해 만나야 하는 존재지만, 이성을 통해서도 증명할 수 있다고 본다. ③ 스피노자는 이성에 일치하는 감정은 긍정한다. ④ 스피노자는 지적인 관조를 통해 자연의 필연성을 초월할 수는 없다고 본다. ⑤는 아퀴나스만의 입장에 해당한다.

444 (가)의 고대 서양 사상가 갑은 소크라테스, 을은 아리스토텔레스, 근대 서양 사상가 병은 스피노자이다. 소크라테스는 선에 대한 무지가 악행의 유일한 원인이라고 보고, 아리스토텔레스는 의지의 나약함도 악행의 원인이 될 수 있다고 본다. 스피노자는 이성의 인도에 따르는 신에 대한 지적 사랑을 통해 최고의 행복에 도달할 수 있다고 본다. 아리스토텔레스와 스피노자는 모두 이성의 중요성을 강조하고 있으나 감정이 이성의 인도에 따라 적절하게 제어된다면 도덕적 행위에 기여할 수 있다고 본다.

바로알기 | ㄴ. 아리스토텔레스와 스피노자는 모두 행복에 도달하기 위해서는 반드시 참된 앎이 필요하다고 본다. ㄷ은 에피쿠로스학파의 입장에 해당한다.

445 제시된 주장을 한 갑은 베이컨이고, ㉠에 들어갈 탐구 방법은 귀납법이다. 베이컨은 실험과 관찰을 통해 개별 사례를 고찰하고 자연의 일반적 법칙을 찾아내는 귀납법을 사용하여 진리를 찾아야 한다고 주장한다.

446 ㉠은 시장의 우상, ㉡은 극장의 우상, ㉢은 종족의 우상에 해당한다. ㉠ 시장의 우상은 언어에 대한 잘못된 인식이나 잘못된 사용에서 비롯된 편견이고, ㉡ 극장의 우상은 권위 있는 존재를 무비판적으로 신뢰하는 것에서 비롯된 편견이다. ㉢ 종족의 우상은 인간성 그 자체, 즉 인간이라는 종족 그 자체에 뿌리를 두고 있는 편견이다.

447 **모범 답안** ㉠ 종족의 우상 ㉡ 극장의 우상. 종족의 우상은 인간이라는 종족 그 자체로부터 비롯된 편견을 말하고, 극장의 우상은 전통, 학설 등에 대한 무비판적인 믿음에서 비롯된 편견을 말한다.

448 제시된 주장을 한 근대 서양 사상가는 베이컨이다. 베이컨은 자연에 대한 참된 인식을 방해하는 선입견과 편견을 우상이라고 인식하고, 이를 반드시 제거해야 한다고 주장한다. ㉠은 전통, 학설 등에 대한 무비판적인 믿음에서 비롯된 편견에 해당하므로 의사라는 권위에 기대 무비판적으로 의사를 믿고 있는 ⑤가 가장 적절한 사례에 해당한다.

바로알기 | ①은 시장의 우상, ②, ③은 종족의 우상, ④는 동굴의 우상의 사례에 해당한다.

개념 보충

베이컨의 우상론

종족의 우상	인간이라는 종족 그 자체가 가지고 있는 편견
동굴의 우상	개인의 특수한 경험, 교육 등에서 비롯된 편견
시장의 우상	언어에 대한 잘못된 인식이나 오류에서 비롯된 편견
극장의 우상	전통, 학설 등에 대한 무비판적인 믿음에서 비롯된 편견

449 제시된 주장을 한 근대 서양 사상가는 베이컨이다. 베이컨은 도덕적 행동을 할 수 있는 근거를 경험이라고 보고, 지식은 올바른 관찰과 실험을 통해서 얻을 수 있는 것이라고 주장한다. 또한 관찰과 실험을 통해 얻은 자연 과학적 지식은 참된 지식으로 인간의 생활 방식을 개선할 수 있다고 보고, 자연은 부분적으로 해체 가능한 기계에 불과하기 때문에 인간이 통제할 수 있다고 주장한다.

바로알기 | ④는 스피노자가 긍정의 대답을 할 질문이다.

450 베이컨은 우리의 정신을 사로잡고 있는 선입견을 우상이라고 인식하고, 이를 제거해야 참된 진리를 파악할 수 있다고 주장한다. 종족의 우상은 인간의 관점에서 자연을 해석하려는 선입견이고, 시장의 우상은 언어를 잘못 사용하거나 잘못 이해하는 선입견이며, 극장의 우상은 전통이나 학설 등의 권위를 무비판적으로 수용하는 선입견이다.

바로알기 | ㉢ 동굴의 우상은 개인의 특수한 경험이나 교육에 의한 선입견이다. 사물이나 동식물들을 의인화하여 해석하려는 선입견은 종족의 우상이다.

451 (가)를 주장한 근대 서양 사상가는 베이컨이다. 베이컨은 참된 지식은 자연에 대한 관찰과 실험을 통해 얻어질 수 있으며, 연역적 방법이 아닌 귀납적 방법을 통해 진리를 탐구해야 한다고 본다. 또한 참된 지식을 얻기 위해 선입견과 편견을 타파해야 한다고 주장한다.

바로알기 | ㄱ은 베이컨이 긍정의 대답을 할 질문이다. 베이컨은 인간의 삶을 개선하고 유용성을 주는 지식이 참된 지식이라고 본다. ㄹ은 베이컨이 부정의 대답을 할 질문이다. 베이컨은 인간의 감각적 경험을 통해 얻은 지식을 신뢰한다.

452 제시된 주장을 한 근대 서양 사상가는 베이컨이다. 베이컨은 자연에 대한 참된 인식을 방해하는 선입견인 우상을 타파해야 한다고 보고, 참된 지식의 근원은 이성보다 관찰과 실험을 통해 얻은 경험이라고 주장한다.

바로알기 | ㄷ. 베이컨은 참된 귀납법은 경험이나 실험의 결과를 토대로 탐구하는 것이라고 보지만, 지식을 탐구하기 위해 이성을 완전히 배제하지는 않는다. ㄹ. 베이컨은 '아는 것이 힘이다.'라는 주장을 통해 과학적 지식을 바탕으로 자연을 정복하고 통제해야 함을 강조한다.

453 근대 서양 사상가 갑은 데카르트, 을은 베이컨이다. 데카르트는 확실한 지식을 얻기 위해서는 이성을 토대로 의심할 수 없는 명제를 출발점으로 삼아 연역적 과정을 거쳐야 한다고 주장한다. 베이컨은 확실한 지식을 얻기 위해서는 감각적 경험을 토대로 관찰과 실험을 통해 귀납적

과정을 거쳐야 한다고 주장한다. 데카르트는 감각적 경험을 통해 얻은 지식은 믿을 수 없다고 주장하며 이성의 중요성을 강조하는 반면, 베이컨은 자연 과학적 지식의 유용성을 강조하며 자연에 대한 참된 인식을 방해하는 우상을 제거해야 한다고 본다. 두 사상가는 모두 인간이 자연에 관한 진리를 발견할 수 있는 능력을 소유하고 있다고 본다.

바로알기 | ㉡ 데카르트는 귀납적 추론이 아니라 연역적 추론을 확실한 지식을 획득하기 위한 방법으로 제시한다.

454 모범 답안 공감

455 흄은 선악이 이성적으로 판단되는 것이 아니라 시인이나 부인의 감정으로 느껴지는 것이라고 보고, 도덕 행위를 유발하는 직접적인 동기는 감정이라고 주장한다.

바로알기 | ① 흄은 올바른 도덕 판단이 감정으로부터 비롯된다고 본다. ② 흄은 감정이 행위의 선악을 구분하는 근거라고 본다. ③ 흄은 선악은 판단하는 것이 아니라 느끼는 것이라고 본다. ④ 흄은 이성이 도덕적 행위를 유발하지는 못하지만 도덕적 실천을 위한 방법을 탐구할 때 도움을 줄 수 있다고 본다.

456 근대 서양 사상가 갑은 흄이다. 흄은 이성이 도덕적 실천의 직접적 동기가 될 수 없고, 오직 다른 사람의 행복과 불행을 함께 느낄 수 있는 공감 능력이 도덕적 실천의 동기가 될 수 있다고 본다. 〈문제 상황〉의 A는 경제적인 어려움을 겪던 중 돈 가방을 줍게 되고 경찰에 신고해야 할지 망설이고 있다. 따라서 흄의 입장에서는 A에게 다른 사람의 불행에 공감하는 것이 우선되어야 한다고 조언할 수 있다.

457 제시된 주장을 한 근대 서양 사상가는 흄이다. 흄은 선악을 구분하는 것은 이성이 아니라 감정이며, 이러한 감정은 개인의 주관적 감정이 아니라 사람들이 공통으로 느끼는 사회적 감정이라고 본다. 이렇듯 흄은 도덕 판단이 사회적인 시인이나 비난의 감정에 의해 결정된다고 보고, 인간의 공감 능력을 토대로 도덕의 체계를 세워야 한다고 주장한다.

바로알기 | ㄹ은 스피노자의 입장에 해당한다.

458 제시된 주장을 한 근대 서양 사상가는 흄이다. 흄은 도덕성이 판단되기보다 느껴지는 것이며, 이때의 감정은 우리가 공통적으로 느끼는 사회적 차원의 시인과 부인의 감정이라고 본다. 또한 도덕성을 판단할 때 이성은 직접적 동기를 제공하지 못하지만, 목적에 도달할 수 있는 수단에 관한 정보는 제공할 수 있다고 주장한다.

바로알기 | ① 흄은 이성이 도덕적 선악을 판단할 수 없다고 본다. ③ 흄은 정념이 사실의 판단 대상이 아니라 느껴지는 것이라고 본다. ④ 흄에 따르면 인과 관계는 우리가 반복적으로 관찰함으로써 알게 된 것일 뿐 원인과 결과의 실제적 결합은 알 수 없다. ⑤ 흄은 공감을 통해 다른 사람의 행복과 불행을 함께 인식하고 이를 바탕으로 도덕적 행동을 할 수 있다고 주장한다.

459 모범 답안 도덕적 행위는 감정에서 유발되는 것으로, 다른 사람의 행복과 불행을 함께 느낄 수 있는 공감으로부터 비롯되는 것이다.

460 제시된 주장을 한 사상가는 흄이다. 흄은 이성이 선악을 구별하는 역할을 할 수 없고, 그 자체만으로는 도덕적 실천의 직접적 동기가 될 수 없다고 본다. 또한 흄은 도덕성이 판단된다기보다는 느껴지는 것으로 도덕적 행동을 하고 싶어 하는 마음이 들게 하는 것은 감정이라고 본다. 나아가 흄은 자연적 성향인 공감을 통해 자기중심적 관점을 극복해야 함을 강조한다.

바로알기 | ㄴ. 흄은 이성이 도덕적 행위에서 직접적 동기가 될 수 없다고 본다.

461 제시된 주장을 한 근대 서양 사상가는 흄이다. 흄은 도덕성이 판단된다기보다 느껴지는 것이라고 보고, 사회적으로 유익한 것에 대해 시인의 감정을 갖고 사회적으로 유해한 것에 대해 부인의 감정을 갖는 공감 능력이 도덕적 행위를 하게 하는 원천이 된다고 주장한다.

바로알기 | ① 흄은 선악이 감정으로 느껴지는 것이라고 본다. ② 흄은 이성이 도덕적 행위를 하는 데 있어서 간접적인 역할은 할 수 있다고 본다. ③ 흄은 도덕이 사회적으로 유익한 것에 대해 시인의 감정을 갖는 공감 능력으로부터 비롯된다고 본다. ④ 흄은 개인의 주관적 감정이 아닌 공감이라는 사회적 감정을 느끼게 하는 행위를 옳다고 여긴다.

462 모범 답안 (1) 라이언 레작이 아프리카 아이들을 도와줄 방법을 궁리하여 우물을 파 주어야겠다고 생각한 것과 우물을 파 주기 위해서는 돈을 모아야 한다고 판단한 것, 또한 돈을 모으기 위해 집안일을 돕고 모금 운동을 벌여야겠다고 판단한 것 등의 과정에서 이성이 도덕적 행위를 하는 데 간접적인 역할을 하였다.

(2) 라이언 레작은 아프리카 아이들이 겪는 고통에 깊이 공감하며 연민을 느끼고 도와주기로 결심하게 되는데, 이러한 감정은 라이언 레작이 도덕적 행위를 하게 되는 직접적인 동기가 되었다.

463 표의 근대 서양 사상가는 흄이다. 흄은 이성이 감정의 노예라고 보고, 이성 그 자체만으로는 어떤 의지 활동의 동기가 될 수 없다고 주장한다. 또한 도덕성이 일종의 감정, 즉 도덕감으로부터 발생한다고 보며, 도덕성은 판단되기보다 느껴지는 것임을 강조한다. 이러한 관점에서 그는 도덕적 가치가 어떤 행위에서 느껴지는 쾌·불쾌감의 표현이라고 본다.

바로알기 | ① 흄은 도덕적 가치를 감정의 문제로 본다. ② 흄은 감정이 행위의 직접적 동기가 될 수 있다고 본다. ③ 흄은 사회적 차원의 이익을 부각시키는 계기를 제공함으로써 공리주의에 영향을 주었다. ④ 흄은 도덕 행위에서 이성이 직접적 동기는 될 수 없으나 도덕 행위와 관련된 정보는 제공할 수 있다고 주장하며 이성의 역할을 인정한다.

464 (가)를 주장한 사상가는 흄이다. 흄은 도덕적 판단과 행위에서 중요한 것은 이성이 아니라 감정이며, 사회적 시인이나 부인의 감정을 느끼는 공감 능력이 도덕성의 기초가 된다고 본다. (나)의 가로 낱말 (A)는 '공동체', (B)는 '소속감'이다. 따라서 세로 낱말 (A)는 '공감'이다. 흄의 입장에서 공감은 자신의 편협하고 개인적인 관점을 극복할 수 있게 해 주는 자연적인 성향이다.

바로알기 | ① 흄은 공감을 사물이나 현상에 대한 사회적인 감정이라고 인식한다. ③ 흄은 공감이 시인과 부인을 느끼는 사회적 차원의 감정이라고 본다. ④ 흄은 공감이 도덕적 행위의 직접적 원인이 된다고 본다. ⑤ 흄은 공감을 사회적 감정 혹은 동정심이라고 파악하고 이를 통해 도덕적 행위가 유발된다고 주장한다.

465 모범 답안 갑은 데카르트이고, 밑줄 친 내용은 방법적 회의를 가리킨다.

466 모범 답안 을은 흄이다. 흄이 생각하는 이성은 도덕적 행위의 직접적 동기가 되지는 못하지만, 도덕적 행위에 필요한 정보를 제공하는 등의 간접적인 역할은 담당할 수 있다.

467 근대 서양 사상가 갑은 스피노자, 을은 흄이다. 스피노자는 만물이 유일하고 무한한 실체인 신의 유한한 양태라고 보고, 이성의 인도에 따라 만물의 필연적 질서를 인식할 때 최고의 행복에 도달할 수 있다고 본다. 흄은 자아에 대한 인식은 감각적 지각일 뿐 자아 그 자체는 알 수

없다는 회의론을 주장한다. 또한 인간은 주관적 감정을 넘어 공감이라는 보편적 감정을 공유할 수 있다고 본다. 두 사상가는 모두 이성이 도덕적 행동을 하는 데 기여할 수 있다고 본다.

바로알기 | ② 스피노자에 따르면 인간은 자연의 필연적 인과 질서를 벗어날 수 없다. 스피노자에게 자유인은 필연적 인과 질서 속에서 이를 이성적으로 관조하는 존재이다.

468 근대 서양 사상가 갑은 흄, 을은 스피노자이다. 흄은 다른 사람의 행복과 불행을 함께 느낄 수 있는 감정인 공감을 통해 도덕적 행위를 할 수 있다고 보고, 공감을 통해 쾌감을 느끼는 것이 선이라고 본다. 스피노자는 이성을 온전히 사용함으로써 사물들이 발생하는 필연적인 인과 질서를 인식하여 마음의 평화를 누릴 수 있다고 보고, 이성을 통해 세계의 필연적 질서를 인식하는 것이 선이라고 본다. 한편 흄은 인과 법칙이 심리적 성향과 습관일 뿐이라고 보고, 스피노자는 인과 법칙이 세계의 필연성을 결정하는 핵심적 요소라고 본다.

바로알기 | ㄱ은 흄과 스피노자 모두 부정의 대답을 할 질문이다. ㄹ은 흄은 부정, 스피노자는 긍정의 대답을 할 질문이다.

469 고대 서양 사상가 갑은 소크라테스, 근대 서양 사상가 을은 흄이다. 소크라테스는 덕이 무엇인지 아는 지식이 덕성의 기초라고 보고, 이성을 통해 파악한 도덕적 지식이 도덕적 행위를 유발한다고 본다. 흄은 타인의 행복과 불행을 함께 느끼는 공감이 도덕성의 기초라고 보고, 이성은 도덕적 행위의 직접적 동기가 될 수 없고 오직 감정만이 도덕적 행위의 직접적 동기가 된다고 본다.

바로알기 | ①, ②, ③, ④는 소크라테스는 부정, 흄은 긍정의 대답을 할 질문이다.

470 **모범 답안** ㉠ 아파테이아(부동심) ㉡ 아타락시아(평정심)

471 (가)의 갑은 스토아학파의 사상가, 을은 에피쿠로스, 병은 흄이다. 갑은 이성으로써 자연의 필연적 질서를 파악하고 이에 따름으로써 정념의 지배로부터 벗어나야 한다고 본다. 을은 적극적인 욕망의 추구가 아니라 고통을 제거함으로써 몸의 고통과 마음의 불안이 소멸된 평정심을 추구해야 한다고 본다. 병은 선악이 이성으로 판단되는 것이 아니며, 타인의 행복과 불행을 함께 느낄 수 있는 공감이 도덕적 행위의 토대라고 본다. ㄴ. 을은 사적인 삶을 강조한다. 따라서 공적인 삶을 강조하는 갑에게 평온한 삶에 이르기 위해서는 공적인 삶을 멀리해야 한다고 비판할 수 있다. ㅁ. 병은 이성이 도덕적 행위의 근거가 된다고 주장하는 갑에게 감정이 도덕적 실천의 직접적 동기가 된다고 비판할 수 있다.

바로알기 | ㄱ. 갑은 이성에 일치하는 정념을 인정하므로 갑이 제기할 비판으로 적절하지 않다. ㄷ. 을은 쾌락이 고통의 부재라는 소극적 쾌락을 주장하므로, 을에게 제기할 비판으로 적절하지 않다. ㄹ. 을은 행복의 실현을 위해서 쾌락을 따르는 삶의 자세가 필요하다고 보므로 을이 제기할 비판으로 적절하지 않다.

15 옳고 그름의 기준

개념 확인 문제   121쪽

472 (1) 정언 명령 (2) 의무론 (3) 선의지 (4) 실천 이성

473 조건부 의무   **474** (1) × (2) ○ (3) ○   **475** (1) 밀 (2) 규칙

난이도별 필수 기출   122~131쪽

476 ②	**477** ②	**478** 정언 명령	**479** 선의지
480 ④	**481** ③	**482** ③	**483** ③	**484** ②	**485** ④
486 해설 참조	**487** ③	**488** ①	**489** ④
490 해설 참조	**491** ①	**492** ②	**493** ⑤	**494** ②
495 ②	**496** ①	**497** ③	**498** ③	**499** ③	**500** ⑤
501 해설 참조	**502** ④	**503** ①	**504** 해설 참조
505 ⑤	**506** ⑤	**507** 해설 참조	**508** ⑤	**509** ④
510 ②	**511** ①	**512** ①	**513** 해설 참조	**514** ④
515 ②	**516** ④	**517** ⑤	**518** ①	**519** ④
520 해설 참조		**521** 해설 참조	

476 제시된 주장을 한 사상가는 칸트이다. 칸트는 도덕이 행복이나 다른 무엇을 위한 수단이 아니라 목적 그 자체이며, 쾌락을 추구하는 경향성이나 동정심 같은 것들은 도덕의 기반이 될 수 없음을 강조한다.

477 칸트는 행위의 선악을 결정하는 것은 행위의 결과가 아니라 행위의 동기이며, 도덕적 의무에서 비롯된 행위나 의무 의식이 동기가 된 행위만이 도덕적 행위라고 주장한다.

바로알기 | ① 칸트는 쾌락을 추구하는 경향성은 도덕의 토대가 될 수 없다고 본다. ③ 칸트는 도덕과 행복은 양립 가능하지만 도덕은 행복의 수단이 아니라고 본다. ④, ⑤ 칸트는 이성을 통해 진리를 인식하고자 하며, 이성의 중요성을 강조한다.

478 **모범 답안** 정언 명령

479 **모범 답안** 선의지

480 칸트의 입장에서 도덕적인 행위는 선의지의 지배를 받는 행위, 실천 이성의 명령에 따르는 행위, 의무에서 비롯된 행위, 정언 명령에 따르는 행위라고 할 수 있다. 따라서 효를 자식의 의무로 여기고 부모를 공경한 행위는 의무에서 비롯된 행위이므로 도덕적 행위라고 볼 수 있다.

바로알기 | ① 칸트는 동정심에 따른 행위는 도덕적 행위라고 보지 않는다. ②, ③, ⑤ 칸트는 도덕적 행위는 그 자체가 목적이 되어야 한다고 본다.

481 근대 서양 사상가 갑은 칸트이다. 칸트는 보편주의의 관점에서 '네 의지의 준칙이 언제나 동시에 보편적 입법의 원리가 될 수 있도록 행위하라.'라고 주장한다. 〈문제 상황〉의 A는 옳지 못한 행동을 모른 척 해 달라는 친구의 부탁을 받고 있다. 따라서 칸트의 입장에서는 A에게 훔치는 행위는 보편화될 수 없음을 명심하라고 조언하는 것이 적절하다.

482 갑 사상가는 칸트이다. 칸트의 입장에서 볼 때 〈사례〉 속 A의 행동이 도덕적인 이유는 쓰러진 사람을 목적 자체로 대우했고, 이성의 명령에 따라 자율적으로 도덕을 실천했기 때문이다. 또한 자연적 경향성을

극복하고 의무 의식에 따라 행동했으면, 이는 도덕 법칙에 대한 존경심에서 비롯된 행동이라고 볼 수 있으므로 도덕적 행위라고 할 수 있다.
바로알기 | ③ 칸트는 사회적 승인이나 동정심 등은 도덕의 기반이 될 수 없다고 본다.

483 근대 서양 사상가 갑은 칸트이고, 〈문제 상황〉의 A는 용돈으로 원하는 것을 사야 할지, 소년 가장을 도와야 할지 고민하고 있다. 따라서 칸트의 입장에서는 A에게 어려움에 처한 사람을 도와야 한다는 도덕 원칙에 따라 기부해야 한다고 조언할 수 있다.

484 제시된 주장을 한 근대 서양 사상가는 칸트이다. 칸트는 오직 어떤 행위가 옳다는 이유만으로 그 행위를 실천하려는 의지인 선의지에 따르는 행동만이 도덕적 행위라고 보고, 선의지를 지닌 인간은 경향성의 유혹이 있더라도 의무를 따라야 한다는 의식을 갖게 된다고 본다. 이러한 관점에서 칸트는 일체의 감정에 따른 행위는 도덕적 가치를 지닐 수 없다고 주장하며, 행복은 의무가 문제가 될 때는 절대로 고려되어서는 안 된다고 본다.
바로알기 | ① 칸트는 의무에서 비롯되지 않은 행위라면 결과적으로 의무에 부합하는 행위라고 하더라도 도덕적 가치를 갖지 않는다고 본다. ③ 칸트는 감정에 따르는 행위는 의무에 맞더라도 도덕적 가치를 지닐 수 없다고 본다. ④는 스피노자의 입장에 해당한다. 칸트는 인간이 자유 의지를 가질 수 있다고 본다. ⑤ 칸트는 행위의 결과가 아닌 동기를 도덕 판단의 근거로 삼아야 한다고 본다.

485 칸트는 인간이 가진 선의지를 자연적 경향성을 초월하여 스스로 도덕 법칙에 따르려는 자율적인 의지라고 보고, 이 세상 안에서나 이 세상 밖에서나 무제한적으로 선하다고 할 수 있는 것은 오직 선의지뿐이라고 주장한다.
바로알기 | ① 칸트는 도덕과 행복이 양립 가능하다고 본다. ② 칸트는 도덕적 행위의 결과와 유용성보다 도덕적 의무가 더 중요하다고 본다. ③ 칸트는 결과적으로 의무에 맞더라도 의무 의식에서 비롯된 행위가 아니라면 도덕적 가치를 지니지 못한다고 본다. ⑤ 칸트는 도덕 법칙이나 도덕 원리를 실천 이성의 명령에 따라 인간이 자율적으로 수립한 것으로 본다.

486 **모범 답안** (1) 정언 명령
(2) 네 의지의 준칙이 언제나 동시에 보편적 입법의 원리가 되도록 행위하라.

487 제시된 주장을 한 사상가는 칸트이다. 칸트는 도덕적 의무의 이행과 행복의 추구는 양립 가능하지만, 행복이 도덕의 목적은 될 수는 없으며 도덕적 의무를 이행해야 할 때에는 행복을 고려하지 말아야 한다고 강조한다. 또한 칸트는 도덕이 그 자체가 목적이라고 보고, 실천 이성의 명령과 감정이 충돌할 때는 감정을 희생시켜 이성의 통제하에 두어야 한다고 본다.
바로알기 | ㄱ. 칸트는 동정심이나 타인에 대한 공감은 도덕의 기반이 될 수 없다고 본다. ㄷ. 칸트는 자연적 경향성의 유혹이 있더라도 그것을 초월하여 의무를 지키는 것이 도덕적인 것이라고 본다.

488 제시된 주장을 한 근대 서양 사상가는 칸트이다. 칸트는 도덕은 그 자체가 목적이며 다른 것의 수단이 될 수 없다고 보고, 이성적 존재인 인간은 도덕 법칙을 자율적으로 수립하고 선의지에 따라 도덕적 행위를 하게 된다고 주장한다. 또한 칸트는 그 자체로 무제한적으로 선한 것은 선의지뿐이라고 본다.

바로알기 | ② 칸트에게 도덕 법칙은 정언 명령의 형식으로 제시된다. ③ 칸트에게 선의지는 자연적 경향성을 초월하여 의무를 따르려는 의지이다. ④ 칸트는 개인의 준칙이 보편화될 수 없다면 도덕적 행위가 될 수 없다고 본다. ⑤ 칸트는 언제나 목적으로 대우해야 하는 존재는 이성을 지닌 인간뿐이라고 본다.

489 제시된 주장을 한 사상가는 칸트이다. 칸트는 단지 의무에 적합한 행위와 의무로부터 비롯된 행위를 구분하고, 의무로부터 비롯된 행위만이 도덕적 가치를 갖는다고 주장한다. 단지 의무에 적합한 행위는 의무를 지키려는 동기에서 유발된 것이 아니라, 결과적으로 의무에 맞는 행위가 된 것이기 때문에 도덕적인 행위로 볼 수 없기 때문이다. 또한 칸트는 이성을 가진 인간이 수립하는 자율적 도덕 법칙을 강조하며, 보편화 가능하지 않은 행위 준칙은 도덕 법칙으로 성립할 수 없다고 주장한다. 나아가 인격적 존재는 도덕의 주체인 동시에 목적인 인간뿐이며, 도덕적 행위는 선의지의 지배를 받게 된다고 본다.
바로알기 | ④ 칸트는 자연적 경향성을 극복하고 의무에 따르려는 의무 의식에서 비롯된 행위만이 도덕적 행위라고 본다.

490 **모범 답안** (1) 칸트
(2) 칸트의 정언 명령에는 보편주의의 원칙에 따라 '네 의지의 준칙이 언제나 동시에 보편적 입법의 원리가 될 수 있도록 행위하라.'라는 것과 인격주의의 원칙에 따라 '너 자신과 다른 모든 사람의 인격을 결코 단순히 수단으로만 대하지 말고 언제나 동시에 목적으로 대우하도록 행위하라.'라는 것이 있다.

491 제시된 글의 '나'는 현대 칸트주의 사상가인 로스이고, '어떤 사상가'는 칸트이다. 로스는 의무끼리 상충하는 경우에는 직관에 의해 더 우선되는 의무를 선택해야 한다는 조건부 의무론을 주장하는 반면, 칸트는 의무의 절대성을 강조하며 도덕적 의무를 무조건적인 정언 명령의 형식으로 제시한다. 따라서 로스의 입장에서는 칸트에게 두 가지 이상의 의무가 충돌할 경우에 해결책을 제시해야 함을 간과하고 있다고 비판할 수 있다.
바로알기 | ② 로스와 칸트 모두 도덕적 행위는 결과가 아닌 행위 자체의 옳고 그름에 따라 판단되어야 한다고 본다. ③ 로스와 칸트 모두 인간이라면 무조건 따라야 하는 보편타당한 법칙이 있음을 인정한다. ④ 로스는 하나의 의무 이행이 상식과 직관에 따라 유보될 수 있다고 본다.

개념 보충

로스의 조건부 의무
• 배경: 정언 명령의 엄격성과 도덕적 의무 간의 상충 문제 등을 해결하고자 로스가 조건부 의무를 제시함
• 특징: 정언 명령보다는 느슨하게 적용되는 원칙으로, 절대적으로 보이는 의무도 인간의 직관과 상식에 따라 유보될 수 있음

492 제시된 주장을 한 현대 서양 사상가는 로스이다. 로스는 어떤 의무가 다른 의무와 갈등하기 전까지는 우리를 잠정적으로 구속하지만, 의무들 사이에 충돌이 발생할 경우에는 직관과 상식에 의해 상대적으로 약한 의무는 유보되고 강한 의무는 실제적 의무가 된다고 주장한다. 또한 의무가 충돌하는 상황에서는 직관에 의해 유보되는 의무가 존재하므로 지키지 못하는 의무가 발생하게 된다고 본다.
바로알기 | ① 로스는 조건부 의무가 어떤 의무와 충돌하느냐에 따라 실제적 의무 여부가 결정되므로 조건부 의무는 절대적 구속력을 갖지 못한다고 본다. ② 로스는 조건부 의무가 직관에 따라 유보될 수 있는 의무라고 본다. ④ 로스는 조건부 의무가 다른 조건부 의무에 의해 유보될 수 있다고 본다. ⑤ 로스는 의무들이 상충할 때 실제적 의무는 직관에 따라 결정된다고 본다.

493 제시된 주장을 한 현대 서양 사상가는 로스이다. 로스는 도덕적 의무 사이에 갈등이 발생하면 직관과 상식에 따라 더 강한 의무가 실제적 의무가 되고, 다른 의무는 조건부 의무가 된다고 주장한다. 따라서 로스는 도덕 원칙이 인간의 직관과 상식에 따라 유보될 수 있다고 본다.
바로알기 | ① 로스 역시 칸트와 마찬가지로 도덕과 행복은 양립 가능하다고 본다. ② 로스의 조건부 의무론은 절대적 의무만을 강조하여 의무의 상충 문제를 해결하지 못했던 칸트의 한계를 해결함으로써, 실제 삶의 구체적 행위에서 적절한 규칙을 제공하고자 한다. ③ 로스는 도덕 법칙을 수립하는 인간의 자율성과 자유 의지를 긍정한다. ④ 로스는 상황의 특수성으로 인해 모든 의무는 절대적 의무가 될 수 없으며 조건부 의무로서 기능할 수 있다고 주장한다.

494 제시된 주장을 한 현대 서양 사상가는 로스이고, 〈사례〉 속 A는 자신이 해야 할 일과 타인을 돕는 일 사이에서 무엇을 선택해야 할지 고민하고 있다. 로스는 의무들끼리 충돌하면 그 상황에서 직관적으로 더 중요한 의무를 따라야 한다고 주장하므로, A에게 상식과 직관에 따라 더 중요한 의무를 선택하라고 조언할 수 있다.

495 갑은 칸트, 을은 로스이다. 칸트는 오직 도덕 법칙에 대한 존경심으로 의무 의식에 무조건적으로 따르는 행위만이 도덕적 행위라고 본다. 로스는 모든 의무는 조건부 의무로서 기능하며 의무끼리 충돌할 때는 직관과 상식에 따라 더 강력한 의무가 실제적 의무가 된다고 주장한다. 따라서 '의무가 상충할 때 직관에 따라 더 우선되는 의무를 선택해야 하는가'라는 질문에 대해 칸트는 부정, 로스는 긍정할 것이다.
바로알기 | ①은 칸트와 로스 모두 부정의 대답을 할 질문이다. 두 사상가에게 도덕 법칙은 그 자체로 목적이 되는 것이다. ③은 칸트와 로스 모두 긍정의 대답을 할 질문이다. ④, ⑤는 로스가 부정의 대답을 할 질문이다. 로스는 의무들의 상충 문제를 해결하기 위해 조건부 의무의 개념을 주장하며, 조건부 의무는 절대적인 의무가 아니므로 더 우선적인 의무에 의해 유보될 수 있다고 본다.

496 갑은 칸트, 을은 흄이다. 〈문제 상황〉의 A는 지각을 해서는 안 된다고 생각하지만, 어려움에 처한 사람을 도와야 한다는 생각에 어떻게 해야 할지 갈등하고 있다. 이에 대해 칸트는 A에게 의무 의식에 따라 올바른 행위를 해야 한다고 조언할 수 있고, 흄은 A에게 다른 사람의 고통에 대한 공감을 토대로 행위해야 한다고 조언할 수 있다.
바로알기 | ② 칸트는 보편적인 도덕 법칙에 따라 도덕적 행위를 해야 한다고 본다. ③은 칸트의 입장에 해당한다. ④ 흄은 행위의 결과를 고려하여 도덕적 행위를 해야 한다고 본다. ⑤는 흄만의 입장에 해당한다.

497 근대 서양 사상가 갑은 칸트, 을은 흄이다. 칸트는 동정심과 같이 자연적 경향성에서 비롯된 행위는 도덕적 행위가 될 수 없으며, 오직 실천 이성에 따른 행위만이 도덕적 행위가 될 수 있다고 본다. 흄은 이성은 도덕적 실천의 직접적 동기가 될 수 없으며, 오직 타인의 행복과 불행에 공감하는 사회적 감정에 따른 행위만이 도덕적 행위가 될 수 있다고 본다. 따라서 칸트에 비해 흄의 입장이 갖는 상대적 특징은 'X: 도덕의 원천으로서 감정을 강조하는 정도'는 높고, 'Y: 도덕적 행위에 있어 이성의 역할을 강조하는 정도'는 낮으며, 'Z: 도덕 판단에서 행위의 결과의 중요성을 강조하는 정도'는 높으므로 ©에 해당한다.

498 (가)의 갑은 로스, 을은 칸트이다. 로스와 칸트는 모두 행위의 결과와 유용성보다 도덕적 의무가 우선한다고 본다. 그러나 로스는 어떤 의무는 조건부적인 구속력을 갖는다고 보고, 칸트는 모든 의무가 절대적 구속력을 갖는다고 본다. 따라서 로스는 C, 칸트는 A에 해당된다.

499 (가)의 갑은 흄, 을은 칸트이다. 흄은 타인의 불행과 행복을 함께 느끼는 공감이나 동정심 등의 감정이 도덕성의 기초가 된다고 보고, 이러한 자연적 경향성에 따른 행위를 도덕적 행위라고 본다. 칸트는 동정심과 같은 자연적 경향성을 극복하고 도덕적 의무를 따르려는 의무 의식만이 도덕성의 기초가 된다고 본다.
바로알기 | ① 흄과 칸트 모두 이성의 역할을 인정한다. ② 흄은 진리가 사회적 유용성에 따라 달라질 수 있다고 보고, 칸트는 진리가 절대적이라고 본다. ④ 칸트는 단지 의무에 맞는 행위가 아니라 의무에서 비롯된 행위만이 도덕적이라고 본다. ⑤ 칸트는 사회적 용인의 여부는 선악의 판단 기준이 될 수 없다고 본다.

500 근대 서양 사상가 갑은 벤담이다. 〈문제 상황〉의 A는 가뭄에 고통받는 사람들이 있음에도 불구하고 자신의 정원 잔디에 물을 주어도 되는지 고민하고 있다. 벤담의 입장에서는 A에게 주민들 모두에게 최대 이익이 주어지도록 행동해야 한다고 조언할 수 있다.
바로알기 | ①은 중세 기독교 사상의 입장에 해당한다. ④는 밀의 입장에 해당한다.

501 **모범 답안** 최대 다수의 최대 행복

502 제시된 주장을 한 사상가는 벤담이다. 벤담은 최대 다수의 최대 행복이라는 공리의 원리를 토대로 쾌락의 양을 계산할 수 있으며, 이때 쾌락에는 질적인 차이가 없다고 보았다. 또한 벤담은 가능한 많은 사람이 행복을 누릴 수 있도록 최대 다수의 최대 행복을 추구하는 행위를 도덕적 행위라고 평가하였다.
바로알기 | ①, ③, ⑤는 칸트의 입장에 해당한다. ② 벤담은 행위의 동기보다 결과를 중시한다.

개념 보충

벤담의 쾌락 계산법의 기준	
강도	얼마나 강한가?
지속성	얼마나 오래가는가?
확실성	얼마나 확실한가?
근접성	얼마나 빨리 얻을 수 있는가?
다산성	얼마나 다른 쾌락으로 이어질 수 있는가?
순수성	얼마나 고통이나 부작용이 없이 순수한가?
범위	얼마나 많은 사람들에게 영향을 미치는가?

503 (가)를 주장한 사상가는 밀이다. 밀은 쾌락에는 질적 차이가 있으며 정상적인 사람이라면 누구나 질적으로 높고 고상한 쾌락을 선호한다고 본다. 밀은 단순한 감각적 쾌락은 질적으로 낮은 쾌락이며, 지성, 감정과 상상력, 도덕 감정 등을 활용한 정신적 쾌락은 질적으로 높은 쾌락이라고 구분한다. 따라서 ㉠에는 육체적 쾌락보다는 정신적 쾌락을 추구하라는 진술이 들어가는 것이 적절하다.
바로알기 | ② 밀은 쾌락이 선이고 고통은 악이라고 보므로 금욕적인 삶을 지향하지 않는다. ③ 밀은 실천 이성이 아니라 공리의 원리에 따라 행위해야 한다고 본다. ④ 밀은 신에 대한 믿음이 아니라 최대 다수의 최대 행복을 도덕적 행위의 가장 중요한 기준으로 삼는다. ⑤는 칸트가 긍정할 입장이다.

504 **모범 답안** 제시된 주장을 한 근대 서양 사상가는 밀이다. 밀은 쾌락에는 양적 차이뿐만 아니라 질적 차이도 있다고 보고, 비교되는 쾌락을 모두 경험한 사람들의 전문적인 판단에 따라 쾌락을 분별해야 한다고 본다.

505 제시된 주장을 한 근대 서양 사상가는 밀이다. 밀은 쾌락에는 질적 차이가 있으며 쾌락의 양만이 아니라 질적인 차이도 고려해야 한다는

질적 공리주의를 주장한다. 또한 인간이 더 높은 수준의 쾌락을 추구하는 고귀한 존재라고 보고, 수준 높은 쾌락은 도덕적 감정과 같이 높은 수준의 능력을 활용해서 얻는 쾌락이라고 주장한다. 나아가 밀은 쾌락의 질이 쾌락을 모두 경험해 본 전문가에 의해 판단될 수 있다고 본다.

바로알기 | ㄷ. 밀은 쾌락 전문가들 사이에서 쾌락의 질에 대한 의견이 일치하지 않는다고 해서 쾌락적인 가치가 없는 것은 아니라고 본다.

506 제시된 글에서는 행위 공리주의의 문제점을 제시하면서, 공리의 원리를 행위의 규칙에 적용해야 한다는 규칙 공리주의의 입장을 주장하고 있다. 행위 공리주의는 최대의 공리만 산출한다면 도덕적 상식에 어긋나는 일도 허용한다는 것과 모든 행위의 결과를 정확하게 계산하기 어렵다는 문제점이 있다. 이러한 문제를 해결하기 위해 규칙 공리주의는 공리의 원리를 개별 행위가 아닌 행위의 규칙에 적용하여, 행위의 옳고 그름을 최대 공리를 산출하는 규칙과의 일치 여부에 따라 결정해야 한다고 주장한다.

바로알기 | ㄱ. 행위 공리주의와 규칙 공리주의는 모두 '최대 다수의 최대 행복'이라는 보편적 원리를 추구한다. ㄴ. 행위 공리주의 전체의 문제라기보다는 쾌락의 질적 차이를 인정하지 않는 양적 공리주의의 문제점이다.

507 **모범 답안** 쾌고 감수 능력을 가지고 있기 때문이다.

508 제시된 주장을 한 사상가는 싱어이다. 싱어는 고통을 느낄 수 있는 모든 생명체를 동일하게 고려해야 한다고 보고, 이익 평등 고려의 원칙을 유정적 존재까지 확대해서 적용해야 한다고 주장한다. 이러한 관점에서 싱어는 종 차별주의를 지양해야 함을 강조한다.

바로알기 | ㄴ. 싱어는 자연의 모든 생명체가 아니라 쾌고 감수 능력을 지니고 있는 동물의 도덕적 지위를 인정해야 한다고 주장한다.

509 근대 서양 사상가 갑은 밀, 을은 벤담이다. 밀은 감각적 쾌락보다 정신적 쾌락을 추구하는 것이 바람직하다고 보고, 여러 가지 쾌락을 경험해 본 전문가가 쾌락의 질을 잘 판별할 수 있다고 주장한다. 벤담은 사회 전체의 이익은 개개인의 이익의 총합일 뿐이라고 보고, 쾌락에는 질적 차이가 없으므로 쾌락을 양적으로 계산할 수 있다고 주장한다. 두 사상가는 모두 쾌락을 추구하고 고통을 피해야 함을 강조한다.

바로알기 | ④ 벤담은 개인이 갖는 쾌락과 사회 전체의 선이 양립할 수 있다고 보고, 최대 다수의 최대 행복을 보편적 원리로 삼는다.

510 (가)는 규칙 공리주의, (나)는 행위 공리주의이다. 규칙 공리주의는 공리의 원리를 개별 행위가 아닌 행위의 규칙에 적용하고, 행위 공리주의는 공리의 원리를 개별 행위마다 적용한다. 이때 규칙 공리주의는 행위 공리주의와 마찬가지로 모든 도덕 판단의 기준으로 행위의 동기보다 결과를 중시한다.

바로알기 | ①은 행위 공리주의의 입장에 해당한다. ③ 행위 공리주의는 공리의 원리를 토대로 도덕성을 판단하므로 반드시 공리를 고려한다. ④는 규칙 공리주의의 입장에 해당한다. ⑤는 칸트 등의 입장에 해당한다.

511 (가)는 행위 공리주의, (나)는 규칙 공리주의이다. 행위 공리주의는 개별 행위에 공리의 원리를 적용할 것을 강조하고, 규칙 공리주의는 더 많은 공리를 산출하는 규칙에 따를 것을 강조한다. 행위 공리주의는 도덕적 상식이나 직관에 어긋나는 행위를 도덕적으로 정당화할 수 있다는 문제점이 있는 반면, 규칙 공리주의는 과거 경험에서 유용성이 입증된 규칙에 따르므로 좋은 결과를 산출할 확률이 높다. 또한 행위 공리주의와 규칙 공리주의는 쾌락을 추구하고 고통을 피하려는 인간의 자연적인 경향성을 고려하여 행위의 도덕성을 판단하며, 옳고 그름에 대한 판별 기준으로 공리의 원리를 제시한다.

바로알기 | ①은 행위 공리주의가 아니라 규칙 공리주의의 문제점에 해당한다.

512 갑은 벤담, 을은 밀이다. 벤담과 밀은 모두 쾌락과 고통이 인간의 행동을 지배하는 최고의 요인이라고 보고, 행위의 동기보다 행위의 결과가 중요하다는 공리주의 입장을 취한다. 한편 벤담이 쾌락에는 질적 차이가 없어 양적으로 계산 가능하다고 보는 것과 달리, 밀은 쾌락에는 질적 차이가 있다고 보고 육체적 쾌락보다 정신적 쾌락을 추구한다.

바로알기 | ⓒ 벤담과 밀은 모두 개인적 쾌락보다 사회적 쾌락을 추구한다. ⓔ 벤담은 쾌락에 질적 차이가 없다고 보지만, 밀은 쾌락에 질적 차이가 있다고 본다.

513 **모범 답안** 의무론적 윤리 사상은 결과와 무관하게 도덕 법칙이나 의무를 따르는 행위를 중시하고, 행위의 가치가 본래 정해져 있다고 본다. 공리주의 윤리 사상은 행위 자체는 본질적으로 가치를 지니지 않으며, 좋은 결과를 얻기 위한 수단으로서의 가치만 지닌다고 본다. 또한 옳고 그름은 결과적 유용성의 관점에서 판단되어야 한다고 본다.

514 갑은 칸트, 을은 벤담이다. 칸트는 선의지에 따르는 행위만이 도덕적 행위라고 보고, 벤담은 사회적 유용성을 낳는 행위가 도덕적 행위라고 본다. 따라서 칸트는 벤담에게 행위의 결과에 따라 도덕 판단을 내려서는 안 된다는 반론을 제기할 수 있다.

바로알기 | ① 칸트는 선의지가 이성을 기반으로 삼아야 한다고 본다. ② 칸트는 도덕의 목적이 도덕 그 자체에 있다고 본다. ③ 칸트는 도덕 법칙이 상황과 관계없는 무조건적인 명령이라고 본다. ⑤ 칸트는 인간이 자유 의지를 바탕으로 도덕 법칙을 수립할 수 있는 존재라고 본다.

515 (가)의 갑은 벤담, 을은 칸트이다. 벤담은 쾌락은 선이고 고통은 악이라고 보고, 모든 쾌락은 양적 계산만이 가능하다고 본다. 칸트는 결과와 무관하게 도덕 법칙에 대한 존경심으로부터 나오는 행위가 도덕적 행위라고 보고, 선의지에 따라 의무를 실천해야 한다고 본다. 두 사상가는 모두 도덕과 행복이 양립 가능하다고 보고, 행위의 도덕성을 판단할 수 있는 객관적 원리가 존재한다고 본다.

바로알기 | ㄱ. 벤담은 개인의 행복 증진만이 아니라 사회의 행복을 증진하는 것도 선이라고 본다. ㄹ. 칸트는 도덕 법칙이 조건이 없는 무조건적인 명령의 형태로 제시된다고 본다.

516 근대 서양 사상가 갑은 칸트, 을은 벤담이다. 칸트는 무조건적으로 선한 선의지를 의무로서 따르는 행동만이 선한 행동이라고 보고, 벤담은 사회 전체에 있어 쾌락의 양을 최대화할 수 있는 행동이 선한 행동이라고 본다. 이러한 관점에서 벤담은 사회 전체의 행복을 증진시키는 도덕 원리를 따라야 한다고 주장한다.

바로알기 | ① 칸트는 타인에 대한 동정심과 같은 자연적 경향성은 도덕적 행위의 근거가 될 수 없다고 본다. ② 칸트는 의무를 따르고자 할 때 자신의 행복을 고려해서는 안 된다고 본다. ③ 벤담은 쾌락의 질적 차이를 인정하지 않고 쾌락의 양적 차이만을 인정한다. ⑤는 벤담만의 입장에 해당한다.

517 (가)의 갑은 흄, 을은 벤담이다. 흄은 타인의 행복과 불행에 대한 공감을 통해 도덕성을 판단해야 한다고 보고, 벤담은 최대 다수의 최대 행복이라는 보편적인 도덕 원리를 기준으로 쾌락과 고통의 양을 비교하여 결과적으로 더 많은 쾌락을 가져오는 행위가 도덕적이라고 본다. 또한 벤담은 쾌락에는 질적 차이가 없이 양적 차이만 있다고 주장한다. 한편 흄과 벤담은 모두 개인의 행복 증진에 기여하는 행위를 선한 행위라고 본다.

바로알기 | ㄴ은 흄과 벤담 모두 부정의 대답을 할 질문이다.

518 근대 서양 사상가 갑은 칸트, 을은 밀이다. 칸트는 무조건적으로 선한 선의지에 따르는 행위만이 도덕적 행위라고 보고, 밀은 육체적 쾌락보다 정신적 쾌락이 질적으로 수준 높은 쾌락이며, 최대 다수의 최대 행복을 낳는 행위가 도덕적 행위라고 본다. 두 사상가는 공통적으로 도덕의 원리와 개인의 행복이 양립 가능하다고 본다.
바로알기 | ②, ④는 밀이 부정의 대답을 할 질문이다. ③은 칸트가 부정의 대답을 할 질문이다.

519 제시된 주장을 한 근대 서양 사상가는 벤담이다. 벤담은 공리주의의 입장에서 최대 다수의 최대 행복을 가져오는 행위를 도덕적이라고 보며, 쾌락의 질적 차이를 부정하고 쾌락을 양적으로만 계산할 수 있다고 본다. 따라서 벤담의 입장에서는 칸트에게 행위의 유용성이 도덕의 판단 근거가 될 수 있다고 비판할 수 있고, 밀에게는 쾌락에는 고급이나 저급의 질적 차이가 있을 수 없다고 비판할 수 있다.
바로알기 | ① 칸트는 의무 의식에 따른 행위를 도덕적 행위라고 인식하므로 쾌락이 도덕적 가치를 판단하는 요인이 아님을 알고 있다. ② 칸트는 도덕과 행복이 양립 가능하다는 본다. ③ 밀은 행위의 유용성이 도덕 판단의 근거가 될 수 있음을 알고 있다. ⑤ 칸트는 이성이 도덕 성립의 근거임을 알고 있다.

520 모범 답안 갑은 밀, 을은 에피쿠로스, 병은 벤담이다.

521 모범 답안 A: 쾌락을 평가할 때는 모든 쾌락을 경험해 본 전문가의 판단을 존중해야 한다. B: 적극적으로 쾌락을 충족하기보다는 고통을 제거하는 소극적 쾌락을 추구해야 한다. C: 쾌락에는 질적 차이가 존재하지 않으므로 쾌락을 양적으로 계산할 수 있다. D: 쾌락은 선이며 고통은 악이다.

16 현대의 윤리적 삶

개념 확인 문제 133쪽

522 (1) – ㉠ (2) – ㉢ (3) – ㉡　　　**523** (1) 현존재 (2) 한계 상황
(3) 사르트르　　　**524** (1) 실용주의 (2) 제임스　　　**525** (1) × (2) ○

난이도별 필수 기출 134~137쪽

526 ⑤	527 ④	528 ⑤	529 ④	530 ④	531 ④
532 ⑤	533 ⑤	534 ④	535 ⑤	536 ⑤	537 ⑤
538 ②	539 ②	540 ⑤	541 ②	542 ③	543 ②

526 제시된 주장을 한 사상가는 키르케고르이다. 키르케고르는 참된 실존에 이르는 과정을 심미적 실존 단계, 윤리적 실존 단계, 종교적 실존 단계로 구분하고, 종교적 실존 단계에 도달해서야 '신 앞에서 선 단독자로서 자신의 주체성을 자각하고 참된 실존을 회복하게 된다고 본다.

개념 보충

키르케고르의 실존의 3단계

심미적 실존	• 감각적 쾌락을 추구하는 단계 • 쾌락을 추구하는 삶 속에서 허망함을 느끼고 절망함
윤리적 실존	• 자신의 실존을 자각하고 보편적 윤리 규범을 따라 살아가는 단계 • 윤리 규범을 어기고 죄를 지을 가능성을 벗어나지 못하는 자신의 유한성을 자각하며 절망함
종교적 실존	• 신 앞에 선 단독자로서 모든 것을 신에게 맡기고 살아가기로 주체적으로 결단하는 단계 • 신의 사랑에 의해 불안과 절망에서 벗어나 참된 실존을 회복함

527 ㉠은 심미적 실존의 단계로, 인간은 향락적인 삶 속에서 허망함을 느끼고 절망하게 된다. ㉡은 윤리적 실존의 단계로, 인간은 규범을 지키며 성실하게 살아가지만 결국 자신의 부족함을 자각하고 절망하게 된다. ㉢은 종교적 실존의 단계로, 인간은 '신 앞에 선 단독자로서 자신의 주체성을 자각하고 참된 실존을 회복하게 된다.

528 제시된 주장을 한 현대 서양 사상가는 하이데거이다. 하이데거는 세계와 나의 관계를 중시하며 시간과의 관계 속에서 인간 존재를 해명하고자 한다. 또한 하이데거는 인간이 불안과 염려 속에서 살아가는 유한한 존재라고 인식한다.
바로알기 | ⑤ 하이데거는 죽음을 회피하기보다는 죽음 앞에 미리 달려가 봄으로써 참된 실존을 자각할 수 있다고 주장한다.

529 가상 편지를 쓴 사상가는 키르케고르이다. 키르케고르는 인간이 불안과 절망을 극복하고 참된 실존을 회복하기 위해서는 종교적 단계에서 '신 앞에서 선 단독자로서 생각하고 행동해야 함을 강조한다. 그리고 이러한 종교적 단계로 나아가는 것은 후퇴가 아닌 실존의 도약이라고 본다.
바로알기 | ㄱ. 키르케고르는 종교적 단계에서 실존이 회복된다고 본다. ㄷ. 키르케고르는 각 단계로 가는 것이 주체적인 선택에 의거한 것이라고 본다.

530 제시된 주장을 한 현대 서양 사상가는 야스퍼스이다. 야스퍼스는 스스로의 결단을 통해 참된 실존을 회복해야 한다고 보고, 한계 상황을 인식하여 참된 실존에 이르면 초월자를 경험할 수 있다고 본다.

48 Ⅲ. 서양 윤리 사상

바로알기 | ㄱ. 야스퍼스는 죽음, 고통, 전쟁 등의 한계 상황은 인간이 어떠한 수단을 동원해도 피하거나 변화시킬 수 없다고 본다. ㄷ은 하이데거의 입장에 해당한다.

531 제시된 주장을 한 현대 서양 사상가는 사르트르이다. 사르트르는 인간이 특정한 이유나 목적 없이 세상에 던져진 존재라고 인식하고, 인간은 미리 정해진 본질 없이 먼저 실존하므로 자신의 삶을 결정할 수 있는 무한한 자유가 있다고 본다. 따라서 인간은 자유로운 존재이므로 주체적 결단을 내리고 그에 대한 책임을 져야 한다.
바로알기 | ④ 사르트르는 인간의 본질이나 목적을 정해 줄 신과 같은 초월자는 존재하지 않는다고 본다.

532 서양 사상가 갑은 키르케고르, 을은 사르트르이다. 키르케고르는 주체성을 진리라고 인식하고, 인간은 종교적 실존 단계에서 참된 실존을 회복할 수 있다고 본다. 사르트르는 인간의 본질이나 목적을 정해 줄 신은 존재하지 않으며, 인간은 스스로 자신의 모든 것을 선택하고 그에 대한 책임을 다함으로써 참된 실존을 회복할 수 있다고 주장한다. 두 사상가는 모두 자신의 삶을 스스로 선택하고 책임지는 결단이 필요하다고 본다.
바로알기 | ① 사르트르는 진리의 보편성을 긍정하지 않는다. ② 사르트르는 신앙이 아닌 실존을 통해 주체성을 찾을 수 있다고 본다. ③ 키르케고르와 사르트르는 객관적인 실존을 주장하지 않는다. ④ 키르케고르는 종교적 단계에서 실존을 회복할 수 있다고 보지만, 사르트르는 인간의 본질이나 목적을 정해 줄 신은 존재하지 않는다고 본다.

533 서양 사상가 갑은 키르케고르, 을은 사르트르이다. 키르케고르는 주체성이 진리라고 인식하고, 신 앞에 선 단독자로서 참된 실존을 회복해야 한다고 주장한다. 사르트르는 인간이 이 세상에 내던져진 존재라고 보고, 인간이 신에게 의존하지 않고 스스로 자신의 삶을 선택하고 이에 대해 책임을 져야 한다고 주장한다. 두 사상가는 모두 인간이 주체적인 선택을 통해 참된 자신을 찾을 수 있다고 본다.
바로알기 | ① 사르트르는 인간의 실존이 본질에 앞선다고 주장한다. ② 키르케고르는 종교적 실존의 단계에서 신 앞에 선 단독자로서 생각하고 행동해야 한다고 본다. ④ 키르케고르는 신의 사랑에 의해 불안과 절망에서 벗어나 참된 실존을 회복할 수 있다고 본다.

534 현대 서양 사상 갑은 사르트르, 을은 하이데거이다. 사르트르는 인간의 본질이 실존에 앞서 규정될 수 없다고 주장하며, 실존이 본질에 앞선다고 본다. 하이데거는 죽음에 대한 불안이 현존재의 본래적 삶을 회복할 수 있는 계기가 된다고 보고, 죽음을 회피하기보다 마주함으로써 참된 실존을 회복할 수 있다고 주장한다. 두 사상가는 모두 자신의 삶을 스스로 선택하고 책임지는 결단을 중시한다.
바로알기 | ㄴ. 하이데거는 이성이 추구하는 과학적 합리성으로는 현존재의 불안을 극복할 수 없다고 본다.

535 갑은 키르케고르, 을은 사르트르, 병은 야스퍼스이다. 키르케고르는 불안과 절망을 극복하고 참된 실존을 회복하기 위해서는 '신 앞에 선 단독자'로서 살아야 함을 강조한다. 사르트르는 '실존은 본질에 앞선다.'라고 주장하며, 신에게 의지하지 않고 인간 스스로 자기 삶을 선택하고 이에 대해 책임을 져야 함을 강조한다. 야스퍼스는 인간이 직면할 수밖에 없는 죽음과 같은 한계 상황이 있음을 인식하고, 한계 상황을 직시하고 주체적 결단을 함으로써 참된 실존에 이르러 초월자에 대한 경험을 할 수 있음을 강조한다.

바로알기 | ①, ②, ③은 키르케고르, 사르트르, 야스퍼스 모두 부정의 대답을 할 질문이다. ④는 키르케고르, 사르트르, 야스퍼스 모두 긍정의 대답을 할 질문이다.

536 제시된 주장을 한 사상가는 제임스이다. 제임스는 진리란 확고부동하고 절대 불변의 것이 아니라 경험과 관찰에 의해 실용성이 증명되고 현실 생활을 이롭게 하는 것이라고 본다. 또한 지식은 그 자체로 가치를 지니는 것이 아니라 문제를 해결하는 데 기여할 때 가치를 지닌다고 주장한다.
바로알기 | ㄱ. 제임스는 참된 진리가 확고부동하거나 직관적으로 자명한 것이 아니라 현실을 이롭게 하는 것이라고 본다. ㄴ. 제임스는 추상적이고 형이상학적 관념도 실생활을 이롭게 할 수 있다면 의미가 있다고 본다.

537 제임스는 현금처럼 우리가 실생활에서 유용하게 사용할 수 있는 가치를 중시하며, 실용성이 증명된 진리가 참된 진리라고 보고, 전통과 권위에 대한 비판적 자세가 필요하다고 주장한다.
바로알기 | 첫 번째 관점: 제임스는 지식이 그 자체로서 가치를 지니는 것이 아니라 현실 생활을 이롭게 할 때 가치를 지닌다고 본다. 네 번째 관점: 제임스는 사회적 유용성을 기준으로 도덕적 행위를 판단해야 한다고 본다.

538 (가)를 주장한 사상가는 듀이이다. 듀이는 도덕적 진리는 언제든지 수정되고 재구성될 수 있으며, 고정적이고 절대적인 가치는 존재하지 않는다고 본다. 듀이의 입장에서 가치 있는 지식이란 삶의 문제 상황을 해결하기 위한 수단이자 도구이다.
바로알기 | ① 듀이는 가치 있는 지식이란 실생활에 유용성을 가져다주는 지식이라고 본다. ③ 듀이는 지식이 선험적으로 주어지는 것이 아니라 문제 해결을 위한 도구로서 발견하는 것이라고 본다. ④ 듀이는 실험과 관찰과 같은 과학적 탐구를 통해 진리가 발견될 수 있다고 본다. ⑤ 듀이는 진리가 절대적이거나 고정적이지 않으며 상황과 조건에 따라 달라질 수 있다고 본다.

539 제시된 주장을 한 사상가는 듀이이다. 듀이는 지식이 환경에 적응하기 위한 수단이며, 도덕적 진리는 삶의 개선을 위한 수단적 가치를 지닌다고 주장한다. 또한, 도덕적 인간은 고정 불변하는 최고선을 지닌 사람이 아니라 더 나은 방향으로 성장해 가는 사람이라고 본다.
바로알기 | ㄴ. 듀이는 지식이 항상 변화하며 오류 가능성을 지니고 있는 것이라고 주장한다. ㄷ. 듀이는 도덕 문제에도 귀납적 탐구 방법을 적용할 수 있다고 본다.

540 제시된 주장을 한 서양 사상가는 듀이이다. 듀이는 지식은 그 자체가 목적이 아니라 문제를 해결하는 데 유용한 도구가 된다고 보고, 불변하는 고정된 진리나 지식은 존재하지 않는다고 주장한다. 이러한 관점에서 듀이는 도덕이나 윤리도 시대나 상황에 따라 변화하고 성장하는 것이라고 본다.
바로알기 | ① 듀이는 진리가 행위의 결과에 의해 판단된다고 본다. ② 듀이는 도덕적 진리가 선험적으로 주어지는 것이 아니며 삶을 개선하고 진보시키기 위해 획득하는 것이라고 본다. ③ 듀이는 불변의 도덕 법칙은 존재하지 않으며 도덕적 지식도 언제든지 수정될 수 있다고 본다. ④ 듀이는 유용성을 기준으로 지식을 추구해야 한다고 주장한다.

541 그림의 강연자는 듀이의 입장을 취하고 있다. 듀이는 도덕과 윤리는 그 자체가 목적이 아니며 인간이 직면한 문제를 해결하는 데 유용한 도구라고 본다. 또한 창조적 지성은 과거의 답습이 아니라 성장하고 발전하는 새로운 대안을 의미한다고 주장한다.

바로알기 | ㄴ. 듀이는 진리가 바뀔 수 있다고 보지만, 그렇다고 해서 진리 자체가 존재하지 않는다고 주장하지는 않는다. ㄷ. 듀이는 절대적이고 고정적인 진리는 존재하지 않는다고 본다.

542 제시된 주장을 한 현대 서양 사상가는 듀이이다. 듀이는 도덕적 지식은 유용한 결과가 예상되는 일종의 가설이므로 언제든지 수정되고 재구성될 수 있으며, 불변하는 고정된 진리나 지식은 존재하지 않는다고 주장한다. 따라서 듀이가 볼 때 절대적 선이나 절대적 지식은 존재하지 않는다.

바로알기 | ① 듀이는 도덕적 진리는 오류 가능성이 있으며 언제든지 수정되고 재구성될 수 있다고 본다. ② 듀이는 보편적이고 절대적인 도덕 법칙은 존재하지 않는다고 본다. ④ 듀이는 도구주의적 관점에서 지식은 그 자체가 목적이 아니라 문제를 해결하는 데 유용한 도구가 된다고 본다. ⑤ 듀이는 도덕적 인간이란 고정 불변하는 최고선을 지닌 사람이 아니라 더 나은 방향으로 성장해 가는 사람이라고 본다.

543 (가)의 갑은 흄, 을은 듀이, 병은 벤담이다. 흄, 듀이, 벤담은 모두 사회적 유용성에 기여하는 행위가 도덕적 가치를 지닌다고 보고, 동기가 아닌 결과에 따라 행위를 평가한다. 흄은 타인의 행복과 불행을 함께 느끼는 공감을 도덕적 행위의 기준으로 삼고, 듀이는 문제를 해결함으로써 유용성을 낳는 지식이 도덕적 가치를 지닌다고 본다. 벤담은 양적 공리주의를 주장하며 쾌락의 질적 차이를 부정하고 쾌락의 양을 계산할 수 있다고 본다.

바로알기 | ㄴ. 흄과 듀이는 모두 진리가 경험적 결과에 의해 판단된다고 본다. ㄷ. 듀이는 진리가 실생활의 유용성을 낳는 도구가 되어야 한다고 본다.

최고 수준 도전 기출 (10~16강)

138~143쪽

544 ③	545 ③	546 ④	547 ④	548 ⑤	549 ②
550 ②	551 ②	552 ⑤	553 ②	554 ⑤	555 ②
556 ③	557 ②	558 ②	559 ⑤	560 ⑤	561 ①
562 ②	563 ①				

544 고대 서양 사상가 갑은 소크라테스, 을은 프로타고라스이다. 소크라테스는 악행이 무지에서 비롯된다고 보고, 윤리적 성찰을 통해 영혼을 돌보는 데 힘써야 한다고 주장한다. 프로타고라스는 진리가 개개인에게 상대적이라고 보고, 개인이 진리 판단의 기준이 된다고 주장한다. 다만, 프로타고라스는 모든 도덕규범이 상대적이라면 굳이 자신의 도덕규범을 고집하기보다는 자기가 속한 공동체의 도덕규범을 따르는 편이 실질적으로 이익이 될 수 있다고 본다. 두 사상가는 모두 자연보다는 인간의 삶에 대한 탐구가 더 중요하다고 본다.

바로알기 | ③ 프로타고라스는 진리가 개개인에 따라 상대적이라고 보고, '빨갛다'라는 감각 경험도 그것을 경험하는 사람에 따라 상대적이라고 보았다.

545 고대 서양 사상가 갑은 프로타고라스, 을은 소크라테스이다. 프로타고라스는 인간의 감각 경험이 지식과 도덕의 근원이라고 보고, 도덕규범에 대한 보편타당한 기준은 존재하지 않는다고 본다. 반면 소크라테스는 인간이 보편타당한 윤리를 이성을 통해 파악할 수 있다고 보고, 이성이 도덕규범의 우위를 가려 줄 보편타당한 기준이 된다고 본다.

바로알기 | ㄱ. 프로타고라스는 인간의 감각적 경험이 지식과 도덕의 근원이 된다고 본다. ㄷ. 소크라테스는 선에 대한 기준을 이성이라고 보고, 이성을 통해 보편타당한 윤리를 파악할 수 있다고 본다.

546 (가)의 갑은 프로타고라스, 을은 소크라테스이다. 프로타고라스는 진리가 개개인의 감각 경험에 따라 달라진다고 보고, 소크라테스는 진리가 이성으로 파악할 수 있는 보편타당한 것이라고 본다. 따라서 프로타고라스는 정의가 각 사람의 가치관에 따라 상대적인 것이라고 보는 반면, 소크라테스는 정의가 절대적이며 보편타당한 것이라고 본다. 이러한 관점에서 소크라테스는 인간이라면 누구나 따라야 하는 이상적 삶의 방식이 존재한다고 주장한다.

바로알기 | ㄱ은 소피스트 사상가인 트라시마코스의 주장에 해당한다. ㄷ은 소크라테스가 긍정의 대답을 할 질문이다.

547 제시된 주장을 한 사상가는 아리스토텔레스이다. 아리스토텔레스는 지성적 덕과 품성적 덕을 구분하고, 지성적 덕인 실천적 지혜가 인간의 감정과 행위에 영향을 미친다고 본다. 또한 중용이 무엇인지 인식하고 습관화함으로써 품성적 덕을 형성할 수 있다고 주장한다. 그러나 아리스토텔레스는 지혜의 덕이 있다고 하더라도 의지의 나약함으로 인해 부정의한 행위를 할 수 있다고 본다.

바로알기 | 첫 번째 입장: 아리스토텔레스는 그 자체로 나쁜 행위나 감정에는 중용의 상태가 존재하지 않는다고 본다. 두 번째 입장: 아리스토텔레스는 실천적 지혜를 통해 중용을 인식하고 습관화하면 품성적 덕이 형성된다고 본다.

548 (가)의 고대 서양 사상가 갑은 플라톤, 을은 아리스토텔레스이다. 플라톤은 세계를 현상계와 이데아계로 구분하고 사물의 완전한 원형인 이데아는 현실에는 존재하지 않는다고 주장한다. 아리스토텔레스는 진리가 현실에 존재하며 인간의 모든 행위의 궁극적인 목적은 행복이라고 주장한다. 또한 아리스토텔레스는 품성적 덕이 일상생활에서 옳은 행위를 반복적으로 실천함으로써 형성될 수 있음을 강조한다.

바로알기 | ① 플라톤과 아리스토텔레스 모두 이성을 통해 보편적인 진리를 파악할 수 있다고 본다. ② 플라톤은 선 그 자체를 의미하는 선의 이데아는 이데아계에 존재한다고 본다. ③ 아리스토텔레스는 선에 대한 지식이 있어도 의지의 나약함으로 인해 행동으로 이어지지 못하는 경우가 있다고 본다. ④ 아리스토텔레스는 이성을 통해 욕구를 절제할 것을 강조하지만 욕구의 완전한 제거를 주장하지는 않는다.

549 (가)의 갑은 소크라테스, 을은 아리스토텔레스이다. 소크라테스는 주지주의적 입장에서 무엇이 옳은지 아는 사람은 반드시 옳은 행위를 한다고 주장한다. 반면 아리스토텔레스는 무엇이 옳은지 안다고 해도, 실천하고자 하는 의지가 없다면 행동으로 이어질 수 없다고 보고 의지의 중요성을 강조한다. 또한, 감정이나 행위와 관련된 품성적 덕은 중용의 반복적 실천과 습관화를 통해 형성된다고 본다. 한편 소크라테스와 아리스토텔레스는 모두 덕의 실천을 위한 이성의 역할을 강조한다.

바로알기 | ㄱ. 소크라테스와 아리스토텔레스 모두 무지로 인해 악을 행할 가능성을 인정하므로 B에 들어가야 한다. ㄷ. 아리스토텔레스는 실천적 지혜가 중용이 무엇인지 알려 주는 지성적 덕이라고 본다.

550 (가)의 근대 서양 사상가 갑은 스피노자, 고대 서양 사상가 을은 스토아학파의 사상가이다. 갑은 자연에서 일어나는 모든 일이 필연적으로 연결되어 있으며, 인간이 이러한 필연성을 벗어나 자유 의지를 갖는 것은 불가능하다고 본다. 을은 자연 안에 일어나는 모든 일이 신에 의해 운명 지어진 것이므로, 자신의 상황을 변화시키기보다 운명에 순응해야 한다고 본다. 갑, 을은 모두 자연 법칙에 관한 앎이 정념을 극복하는 데 기여한다고 보고, 인간은 인과적으로 연결된 세계 속에서 자유 의지를 갖지 못한다고 주장한다.

바로알기 | ㄱ. 갑은 세계에서 일어나는 모든 일은 필연적으로 결정된다고 주장한다. ㄹ. 을은 자연 자체를 신으로 인식하는 범신론적 관점에서 이성을 통해 신을 인식해야 한다고 주장한다.

551 (가)의 고대 서양 사상가 갑은 에피쿠로스, 을은 스토아학파의 사상가이다. 갑은 행위 선택의 참된 기준이 쾌락과 고통이라고 보고, 마음의 평안을 가져다주는 정신적 쾌락을 추구해야 한다고 주장한다. 을은 이성으로써 자연의 필연적 질서를 파악하고 이에 따름으로써 운명에 순응하는 삶을 살아야 한다고 주장한다. 갑, 을은 모두 마음의 평온함을 누리기 위해서는 이성적 사고가 필요하다고 본다.

바로알기 | ㄴ은 갑만의 입장에 해당한다. ㄹ은 갑, 을의 공통적 입장이므로 B에 들어가야 한다.

552 고대 서양 사상가 갑은 아리스토텔레스, 중세 서양 사상가 을은 아퀴나스이다. 아리스토텔레스는 인간의 모든 행위에는 목적이 있다고 보고, 인간의 궁극적인 목적이 행복임을 강조한다. 또한 행복을 실현하기 위해서는 지성적 덕과 품성적 덕을 갖추어야 한다고 주장한다. 아퀴나스는 아리스토텔레스의 사상을 종교적으로 해석하여 자연적 덕(지성적 덕, 품성적 덕)을 넘어 종교적 덕을 실현하고, 신의 은총을 받음으로써 내세에서 완전한 행복을 실현할 수 있다고 주장한다. 두 사상가는 모두 사물을 비롯한 자연의 모든 존재는 고유한 목적을 가지고 있다고 본다.

바로알기 | ① 아리스토텔레스는 그 자체로 나쁜 감정이나 행위에는 중용이 존재하지 않는다고 본다. ② 아리스토텔레스는 이성을 중시하지만 감정을 배제하지는 않으며, 감정도 적절한 상태인 중용을 찾는 것이 중요하다고 본다. ③ 아퀴나스는 완전한 행복은 내세에서 실현할 수 있다고 본다. ④는 아퀴나스의 입장에만 해당한다.

553 (가)의 고대 서양 사상가 갑은 플라톤, 을은 스토아학파의 사상가이다. 갑은 모든 사물의 원형인 이데아는 이데아계에 존재하며 현실의 모든 사물은 이데아의 모방에 불과하다고 본다. 따라서 현실에서 눈에 보이는 모든 것은 이데아라는 원형에 대한 모방에 불과하다고 본다. 을은 이성을 통해 자연의 필연적 질서를 인식함으로써 완전한 행복에 이를 수 있다고 보며, 외부의 사건은 변화시킬 수 없기 때문에 개인의 내적 동기와 의지만이 도덕적 평가의 대상이 될 수 있다고 주장한다. 두 사상가는 모두 행복한 삶을 누리기 위해서는 이성적 숙고가 필요하다고 본다.

바로알기 | ㄱ. 갑, 을 모두 행복한 삶을 누리기 위해서는 이성적 숙고가 필요하다고 본다. ㄷ. 을은 자식에 대한 부모의 사랑, 인류에 대한 사랑과 같이 자연적인 정념을 인정한다.

554 (가)의 갑은 아리스토텔레스, 을은 아퀴나스, 병은 아우구스티누스이다. 아리스토텔레스는 덕이 무엇인지 알아도 의지의 부족 때문에 악행을 할 수 있다고 보고, 중용의 지속적인 실천으로 품성적 덕을 형성해야 한다고 주장한다. 아퀴나스는 이성을 통해 신의 존재를 증명할 수 있으며, 인간은 이성으로 영원법을 파악한 것인 자연법에 따라 살아야 한다고 주장한다. 아우구스티누스는 지상의 나라와 천상의 나라를 구분

하고, 신을 이성적 인식이 아니라 실존적으로 만나야 할 인격적 존재라고 주장한다. 아리스토텔레스는 아퀴나스에게 인간의 행복은 신의 은총과 관련이 없음을 간과하고 있다고 비판할 수 있고, 아퀴나스는 아리스토텔레스에게 현세가 아닌 내세에서 진정한 행복을 누릴 수 있다고 비판할 수 있다. 또한 아우구스티누스는 아퀴나스에게 신은 이성적 증명의 대상이 아님을 간과하고 있다고 비판할 수 있다. 또한 아리스토텔레스는 아퀴나스와 아우구스티누스에게 현실에서도 이성을 통해 참된 행복에 도달할 수 있다고 비판할 수 있다.

바로알기 | ⑤ 아리스토텔레스는 도덕적 행위에 있어 이성적 앎과 함께 의지가 중요하며 이 둘은 상호 보완적인 관계라고 주장하고 있으므로, 아퀴나스가 제기할 비판으로 적절하지 않다.

555 서양 사상가 갑은 에피쿠로스, 을은 벤담이다. 에피쿠로스는 몸의 고통과 마음의 불안에서 벗어나기 위해 정신적 쾌락을 추구해야 한다고 보고, 친구와의 우정이 행복한 삶을 위해 필요하다고 본다. 벤담은 쾌락에는 질적 차이가 없으며, 쾌락과 고통의 양을 계산하여 사회적으로 유용한 결과를 낳는 행위를 해야 한다고 주장한다. 두 사상가는 모두 쾌락이 선이고 고통이 악임을 강조한다.

바로알기 | ㄴ. 벤담은 사회적 쾌락과 개인적 쾌락의 조화를 추구한다. ㄷ. 에피쿠로스는 개인적 쾌락을 추구하고, 벤담은 개인적 쾌락과 사회 전체의 쾌락의 조화를 추구한다.

556 (가)의 근대 서양 사상가 갑은 스피노자, 중세 서양 사상가 을은 아퀴나스, 병은 아우구스티누스이다. 스피노자는 신은 유일한 실체이자 자연이며, 우주는 수학적 질서에 따라 움직이는 하나의 기계라고 주장한다. 아퀴나스는 이성을 통해서도 신의 존재를 증명할 수 있다고 보고, 최고의 행복은 신과 하나가 되는 것으로, 이러한 행복은 신의 은총에 의해 내세에서 가능하다고 주장한다. 즉 아퀴나스는 신앙과 이성이 상호 보완적인 관계라고 본다. 아우구스티누스는 신을 이성적 인식을 넘어 실존적으로 만나야 할 인격적 존재로 보고, 참된 행복은 신의 은총을 통해 가능하다고 주장한다. 또한 악은 신의 창조물이 아니라 선이 결핍된 상태라고 본다.

바로알기 | ③ 아퀴나스와 아우구스티누스는 모두 완전한 행복을 위해서는 종교적 덕(믿음, 소망, 사랑)이 필요하다고 본다.

557 (가)의 근대 서양 사상가 갑은 스피노자, 중세 서양 사상가 을은 아퀴나스, 병은 아우구스티누스이다. 스피노자는 모든 것의 내재적 원인인 신을 이성을 통해서만 인식할 수 있다고 보고, 아퀴나스는 신앙과 이성을 통해, 아우구스티누스는 신앙을 통해서만 신을 인식할 수 있다고 주장한다. 세 사상가는 모두 신에 대한 사랑이 최고의 행복을 누리기 위한 필수 조건이 된다고 본다.

바로알기 | ㄴ은 아퀴나스, 아우구스티누스에게 공통적으로 해당되는 진술이다. ㄷ은 스피노자의 입장에 해당되는 진술이다.

558 (가)의 갑은 벤담, 을은 칸트이다. 벤담은 쾌락은 선이고 고통은 악이라고 보고, 최대 다수의 최대 행복을 낳는 행위를 하는 것이 도덕적이라고 본다. 또한 벤담은 좋은 목적이 수단을 정당화할 수 있다는 공리주의의 입장을 취한다. 칸트는 의무 의식에서 비롯된 행위만이 도덕적인 행위이며, 행위의 결과와 무관하게 옳은 행위가 존재한다고 보고 이는 선한 동기에서 비롯된 행위라고 본다.

바로알기 | ㄱ. 두 사상가는 모두 도덕적 옳고 그름에 대한 기준이 있다고 주장한다. ㄹ. 칸트는 행위의 가치가 행위의 동기에 따라 결정된다고 주장한다.

559 (가)를 주장한 사상가는 듀이이다. 듀이는 도덕이나 윤리는 시대나 상황에 따라 변화하고 성장하기 때문에 고정적이고 절대적인 가치는 존재하지 않는다고 본다. 또한 성장하고 진보하는 도덕적 가치가 최고선임을 강조한다.

바로알기 | ①, ②는 듀이가 긍정의 대답을 할 질문이다. ③, ④는 듀이가 부정의 대답을 할 질문이다.

560 (가)의 갑은 칸트, 을은 벤담, 병은 흄이다. 칸트는 도덕 법칙에 따른 행위만이 도덕적 행위라고 보고, 벤담은 쾌락과 고통을 도덕적 행위의 판단 기준으로 삼아 사회적 유용성을 추구해야 한다고 본다. 흄은 도덕적 행위의 직접적 동기는 감정이며, 타인의 행복과 불행에 공감하는 능력을 기준으로 도덕적 행위를 판단해야 한다고 주장한다. 따라서 벤담과 흄은 칸트에게 사회적 유용성을 선악 판단의 기준으로 중시해야 함을 간과한다고 비판할 수 있다.

바로알기 | ① 칸트는 보편타당성을 갖는 도덕 원리가 존재한다고 본다. ② 벤담은 개개인의 쾌락과 사회 전체의 쾌락의 조화를 추구한다. ③ 흄은 도덕 행위를 유발하는 동기가 이성이 아닌 감정이라고 강조한다. ④ 칸트는 이성이 도덕적 실천의 동기라고 주장한다.

561 서양 사상가 갑은 키르케고르, 을은 하이데거이다. 키르케고르는 심미적 실존의 단계와 윤리적 실존의 단계를 거쳐 종교적 실존의 단계로 나아가 신 앞에 선 단독자로서 행동할 때 참된 실존을 회복할 수 있다고 본다. 하이데거는 죽음 앞에 미리 달려가 봄으로써 자신의 삶을 성찰하고 자신의 본래적 모습을 회복할 수 있다고 본다. 두 사상가는 모두 개인의 구체적이고 개별적인 상황을 중시해야 한다고 주장한다.

바로알기 | 키르케고르와 하이데거는 ② 자연의 필연적 법칙에 충실히 따르는 삶을 주장하지 않으며, ③ 철저한 금욕을 주장하지 않는다. 또한 ④ 보편적이고 객관적으로 파악되는 진리를 추구하지 않으며, ⑤ 직관과 체험보다 이성적 사유로 얻은 지식을 중시하지 않는다.

562 (가)의 근대 서양 사상가 갑은 벤담, 을은 밀이다. 벤담은 쾌락은 한 종류뿐이며 쾌락에는 질적 차이가 없으므로 쾌락의 양만을 계산할 수 있다고 주장한다. 반면 밀은 쾌락에는 질적인 차이가 있으며 정상적인 인간이라면 육체적·감각적 쾌락보다 정신적 쾌락과 같은 질적으로 높은 쾌락을 추구할 것이라고 본다.

바로알기 | ㄴ. 벤담과 밀 모두 행위의 유용성이 행위의 도덕성을 평가하는 기준이라고 인식하므로 B에 들어가야 한다. ㄷ. 벤담과 밀은 모두 개인이 갖는 쾌락과 사회 전체의 선은 조화를 이룰 수 있다고 본다.

563 서양 사상가 갑은 키르케고르, 을은 하이데거이다. 키르케고르는 심미적 실존의 단계에서 윤리적 실존의 단계, 종교적 실존의 단계를 거쳐 '신 앞에 선 단독자'로서 참된 실존을 파악할 수 있다고 본다. 하이데거는 죽음에 미리 달려가 봄으로써 현존재의 본래성을 회복할 수 있는 성찰의 계기를 마련할 수 있다고 본다.

바로알기 | ㄴ. 키르케고르는 이성을 통한 합리성으로는 절망에서 벗어날 수 없으며, 종교적 실존 단계에서 신 앞에 선 단독자로서의 삶을 살 때 절망에서 벗어날 수 있다고 본다. ㄹ은 키르케고르의 입장에만 해당한다.

17 이상 사회 ~ 국가

개념 확인 문제   145쪽

564 (1) – ㉡ (2) – ㉢ (3) – ㉠   **565** (1) ○ (2) ○

566 (1) 사회 계약론 (2) 공화주의   **567** (1) ㄴ (2) ㄱ (3) ㄷ

난이도별 필수 기출   146~151쪽

568 ④	569 ③	570 해설 참조	571 ③	572 ⑤
573 ⑤	574 해설 참조	575 ②	576 ⑤	577 ②
578 ②	579 ④	580 ②	581 ②	582 ③	583 ①
584 ③	585 ④	586 ③	587 ③	588 ②	589 ④
590 ①	591 ④	592 ①	593 ③		

568 동서양의 대표적인 이상 사회론에는 공자의 대동 사회, 노자의 소국 과민 사회, 모어의 유토피아, 마르크스의 공산 사회 등이 있다. 대동 사회는 인(仁)의 정신이 실현되는 도덕 공동체로서 재화가 고르게 분배되고 사회적 약자가 보호되는 사회이다. 소국 과민 사회는 인위적인 규범과 문명의 이기(利器)에 무관심하며, 무위의 삶을 실현하는 사회이다. 모어의 유토피아는 경제적으로 풍요롭고 도덕적으로 타락하지 않은 사회이다. 공산 사회는 경제적 착취와 억압이 사라진 평등한 사회이다.

바로알기 | ④ 모어의 유토피아는 사유 재산을 인정하지 않고 소유와 생산의 평등이 실현된 사회이다.

569 제시된 주장을 한 사상가는 노자이다. 노자는 영토가 작고 백성의 수가 적은 소국 과민 사회를 이상 사회로 제시하였다. 소국 과민 사회에서는 사람들이 자연의 순리에 따라 무위(無爲)의 삶을 살아가며, 인위적인 것에서 벗어나 소박하고 순수하게 살아간다.

바로알기 | ㄱ. 노자는 문명의 발전이 자연스러운 삶을 방해한다고 보았다. ㄹ. 노자는 천리를 주장하지 않으며, 세속적 이로움의 추구에 반대한다.

570 **모범 답안** 대동 사회. 대동 사회는 현명하고 유능한 사람이 등용되는 신분적 차별이 없는 사회이며, 사회적 재화가 고르게 분배되고 사회적 약자가 보호되는 사회이다. 또한 구성원들이 가족 이기주의에서 벗어나 서로를 배려하는 도덕 공동체이다.

571 제시된 주장을 한 사상가는 공자이다. 공자는 통치자가 먼저 군자다운 인격을 닦은 후에 백성을 편안하게 할 수 있다[수기안인(修己安人)]고 보며, 통치자의 도덕과 예의로 백성을 교화하는 덕치(德治)를 강조하였다.

바로알기 | ① 공자는 현세의 삶에 초점을 둔다. ② 공자는 인(仁)의 실현을 강조한다. ④ 공자는 사단(四端)의 확충을 제시하지 않는다. ⑤는 동학사상의 입장에 해당한다.

572 제시된 주장을 한 사상가는 공자이다. 공자는 효제(孝悌)라는 가족 윤리를 국가적 차원으로 확대하여 인의(仁義)를 실현하고자 하였다. 또한 재화가 고르게 분배되고 사회적 약자가 보호되는 사회이자 약자를 보호하고 배려하는 도덕적 공동체인 대동 사회를 이상 사회로 제시하였다.

바로알기 | ㄱ은 도가 사상의 입장에 해당한다.

573 제시된 주장을 한 사상가는 공자이다. 공자는 국가가 가족의 질서가 확장된 공동체라고 보고, 부모를 섬기는 도리와 나라를 다스리는 원리가 같다고 주장하였다. 또한 모든 사회 구성원이 서로를 배려하고 조화롭게 어울려 인과 예를 구현하며 살아가는 공동체를 지향하였다.
바로알기 | 두 번째 관점: 공자는 지나친 경쟁과 사욕의 추구에 반대한다. 세 번째 관점: 불교 사상에서 지지할 관점에 해당한다.

574

가족 이기주의에서 벗어난 도덕 공동체 ●━━━━━━ ●━━━━ 사회적 약자를 배려하는 공동체

> 갑: 천하에 능력 있는 사람을 뽑아서 <u>나라를 다스리게 하고, 사람들</u>
> <u>은 신의로 서로 화목하고, 나의 부모만 부모로 알지 않고 나의</u>
> <u>자식만 자식으로 알지 않으며, 노인은 천수를 다하고 젊은이는</u>
> <u>일할 자리를 얻고, 과부·고아·병자는 버림을 받는 일이 없고,</u>
> <u>재물은 혼자만 차지하지 않고 도둑이 없어 문을 잠그지 않는다.</u>
> 을: 작은 영토에 백성의 수는 적다. 군주는 힘이 없어도 백성들은
> <u>스스로 교화되고, 아무 일도 벌이지 않아도 백성들은 스스로 풍</u>
> <u>족해지고 순박해진다. 비록 배나 수레가 있어도 타고 다닐 필요</u>
> <u>가 없고, 갑옷과 무기가 있어도 쓸 필요가 없도록 한다.</u>

●━━ 무위의 정치　　　　　　　　　　　 ●━ 문명의 이기를 거부하고 자연에 따라 살아감

모범 답안 (1) 갑은 공자이고, 을은 노자이다. 공자가 주장한 이상 사회는 대동 사회이고, 노자가 주장한 이상 사회는 소국 과민 사회이다.
(2) 대동 사회는 모든 구성원들이 자기 부모나 자식만을 위하지 않고, 가족 이기주의에서 벗어나 서로를 배려하는 사회이다. 또한 재화가 고르게 분배되고 사회적 약자가 보호받으며, 인의(仁義)의 덕이 실현되는 도덕 공동체이다. 소국 과민 사회는 인위적인 분별과 차별에서 벗어나 자연스러운 본성에 따라 살아 가는 소박하고 평화로운 사회이다. 또한 문명의 이기(利器)에 무관심하고 자연의 순리에 따라 무위(無爲)의 삶을 살아가는 사회이다.

575 (가)는 공자의 대동 사회, (나)는 노자의 소국 과민 사회에 해당한다. 대동 사회는 사회적 약자에 대한 배려를 중시하는 도덕 공동체이다. 소국 과민 사회는 도(道)에 따르는 삶을 방해하는 인위적인 제도와 규범, 문명의 이기(利器)에 반대하며, 인간의 자연스러운 본성에 따르는 삶을 추구한다. 또한 소국 과민 사회에서는 통치자가 일을 도모하지 않아야 한다고 본다.
바로알기 | ② 대동 사회는 이로움보다 도덕적 가치를 더 중시하는 사회이다.

576 제시된 주장을 한 사상가는 마르크스이다. 마르크스는 국가란 소수의 지배 계급이 다수의 피지배 계급을 억압하고 착취하기 위한 수단이라고 보고, 역사적으로 생산자의 노동을 타인이 착취함으로써 사회에 계급이 발생하였다고 본다. 이에 마르크스는 역사의 필연적인 발전 단계에 따라 프롤레타리아 혁명을 통해 자본주의 사회가 붕괴하고, 능력에 따라 일하고 필요에 따라 분배받는 공산주의 사회가 도래할 것이라고 주장한다.
바로알기 | ㄱ. 마르크스는 공산 사회가 완성되면 국가가 소멸한다고 보았다.

577 서양 사상가 갑은 모어, 을은 마르크스이다. 모어는 생산과 소유의 평등이 실현되고, 정신적 자유와 문화생활을 누리며 행복을 영위할 수 있는 도덕적인 사회를 추구하였다. 마르크스는 생산력이 고도로 발전하여 경제적으로 안정되고, 구성원들이 능력에 따라 일하고 필요에 따라 분배받는 공산주의 사회를 추구하였다.
바로알기 | ㄴ은 플라톤의 이상 사회에 대한 설명이다. ㄹ은 베이컨의 이상 사회에 대한 설명이다.

578 갑은 플라톤, 을은 모어이다. 플라톤은 지혜의 덕을 갖춘 철학자가 통치자가 되어 나라를 다스릴 때 이상 국가가 실현될 수 있다고 보았다.

또한 통치자는 공공 정신이 투철하도록 양성되어야 하고, 공적 생활을 위해 사적 소유를 가지면 안 된다고 보았다. 모어는 생산과 소유의 평등이 실현되고, 도덕적으로 타락하지 않은 질서 있는 사회를 이상 사회로 제시하였다.
바로알기 | ① 플라톤은 정치적 조직과 규율의 철폐를 주장하지 않는다. ③ 모어는 생산과 소유의 평등을 주장한다. ④ 모어는 자녀의 공동 양육을 주장하지 않는다. ⑤ 플라톤은 국가 구성원을 세 계층으로 나누고, 생산 활동은 생산자 계층이 담당해야 한다고 본다.

579 (가)는 공자의 대동 사회, (나)는 모어의 유토피아에 해당한다. 대동 사회는 가족 이기주의에서 벗어나 구성원들이 모두 가족과 같은 친밀한 관계를 맺고 조화롭게 어울려 살아가는 인륜이 구현된 사회이다. 유토피아는 경제적으로 풍요롭고, 생산과 소유의 평등이 실현된 사회이다. 대동 사회와 유토피아는 모두 구성원들이 도덕적으로 타락하지 않고 질서 있는 도덕적 사회이다.
바로알기 | ㄴ. 대동 사회는 인(仁)과 예(禮)와 같은 인위적 사회 규범이 실현된 사회이다.

개념 보충

동서양의 이상 사회론

공자의 대동 사회	· 성인(聖人)이 다스리며 현명하고 유능한 사람이 등용됨 · 재화가 고르게 분배되고, 타인을 배려하는 도덕적 공동체
노자의 소국 과민 사회	· 나라의 규모가 작고 백성이 적은 사회 · 인위적 제도와 규범에서 벗어나 무위자연의 삶이 실현됨
플라톤의 정의로운 국가	· 선의 이데아에 대한 지식을 갖춘 철인(哲人)이 다스림 · 국가 구성원이 각자 자신의 역할을 충실히 수행함
모어의 유토피아	· 경제적으로 풍요롭고 소유와 생산에서 완전한 평등을 이룸 · 도덕적으로 타락하지 않은 사회
마르크스의 공산 사회	· 사유 재산과 계급이 소멸하고, 경제적으로 안정된 사회 · 능력에 따라 일하고 필요에 따라 분배받는 평등한 사회

580 제시된 글은 효제(孝悌)의 가족 윤리가 인(仁)을 실현하는 근본이라고 보는 유교 사상에 해당한다. 유교에서는 가족 윤리와 가족 질서를 국가적 차원으로 확대하여 인의(仁義)를 실현하고자 한다.
바로알기 | ①은 마르크스, ③은 아리스토텔레스, ④는 사회 계약론, ⑤는 공화주의의 국가관에 해당한다.

581 제시된 주장을 한 사상가는 맹자이다. 맹자는 군주가 덕을 함양하고, 인(仁)에 기초하여 백성을 위한 위민 정치를 해야 한다고 강조한다. 또한 천명사상을 근거로 국가의 역할과 정당성을 강조하고, 통치자는 형벌이 아닌 인의(仁義)의 덕을 통해 통치해야 한다고 본다.
바로알기 | ② 맹자는 통치자의 권력은 하늘로부터 부여받은 것이라고 보고, 백성을 나라의 근본으로 보는 민본(民本) 정치를 주장한다.

582 (가)를 주장한 고대 서양 사상가는 아리스토텔레스이다. 아리스토텔레스는 국가가 인간의 사회적·정치적 본성에 의해 가정과 마을을 거쳐 자연스럽게 형성된 공동체라고 본다. 또한 국가는 구성원의 인간다운 삶과 행복을 실현할 수 있도록 하는 최고의 공동체이며, 개인의 자아실현과 영혼의 탁월성을 발휘하도록 하는 도덕 공동체라고 주장한다.
바로알기 | ③은 사회 계약론의 국가관이다. 아리스토텔레스는 국가가 사회적·정치적 동물인 인간의 본성에 따라 자연스럽게 생겨난 공동체라고 본다.

583 제시된 주장을 한 사상가는 아리스토텔레스이다. 아리스토텔레스는 국가가 인간의 사회적·정치적 본성에 의해 자연스럽게 형성되었다고

보는 자연 발생설의 입장을 취한다. 그에 따르면 국가의 역할은 모든 시민이 행복한 삶을 살도록 이끄는 데 있다.

바로알기 | ② 아리스토텔레스는 국가가 구성원들의 덕성 함양을 가능하게 하는 교육과 제도를 마련해야 한다고 본다. ③은 홉스의 입장에 해당한다. ④는 루소의 입장에 해당한다. ⑤는 로크의 입장에 해당한다.

584 제시된 주장을 한 고대 서양 사상가는 공화주의자인 키케로이다. 공화주의에서는 국가가 공동선에 합의하고 이를 구현하려는 시민이 모인 정치 공동체라고 본다.

바로알기 | ①은 유교, ②는 마르크스, ④는 사회 계약론, ⑤는 아리스토텔레스의 국가관에 해당한다.

585

개인의 생명, 자유, 재산 등을 보호하는 역할 ●

> 정부가 유용하지 못한 것이라면 정부는 결코 발생할 수 없을 것이며, 정치적 복종의 근본 동기는 사회 구성원들이 통치 정부라는 기구를 통해 인간들 사이에서 평화와 질서를 가져올 수 있다고 느끼는 이익 관념에 기초하고 있다. 이익이 현저한 정도로 중단될 때마다 복종의 책임도 반드시 중단된다. ← 국가가 제 역할을 수행하지 못하면 이에 정치적으로 저항할 수 있음

제시된 주장을 한 서양 사상가는 로크이다. 로크는 국가가 개인의 생명권, 재산권, 자유권과 같은 자연권을 보장하기 위해 계약을 통해 만들어졌다고 본다. 로크는 국가에 대한 정치적 의무, 복종의 의무는 정부가 제공하는 혜택에서 비롯되며, 국가가 자기 역할을 수행하지 못하면 그 정당성을 지니지 못하므로 복종 의무를 중단하고 정부를 해체할 수 있다고 주장한다.

바로알기 | ④ 로크는 시민의 정치적 의무는 천부적인 것이 아니라 사회 계약의 산물이라고 본다.

586 제시된 주장을 한 사상가는 루소이다. 루소는 사유 재산의 발생과 함께 인간은 불평등한 상황에 처하게 되었고, 이로 인해 자연 상태에서 누리던 자유를 잃게 되었다고 주장한다. 따라서 루소는 자연 상태에서 누리던 자유를 보장받기 위해 사회 계약을 통해 국가를 형성하게 되었다고 본다.

바로알기 | ① 루소는 주권은 양도할 수 없다고 본다. ② 일반 의지는 개인의 사적 이익을 초월하여 공공의 이익만을 지향하는 보편적 의지이다. ④는 로크가 긍정의 대답을 할 질문이다. 로크는 권력의 남용을 방지하기 위해 권력을 분산시키고, 권력 간에 견제와 균형을 이루어야 한다고 주장한다. 반면, 루소는 정치 공동체의 구성원이 되면 스스로가 주권자이자 입법자가 되며, 주권은 양도·분할할 수 없다고 본다. ⑤ 루소는 시민은 정치 공동체의 구성원이 되면서 시민적 자유를 회복할 수 있다고 본다.

개념 보충

자연 상태와 국가의 역할에 대한 사회 계약론자들의 입장	
홉스	• 자연 상태: 만인에 대한 만인의 투쟁 상태 • 국가의 역할: 사회 질서와 평화를 유지하는 것
로크	• 자연 상태: 비교적 평화로우며 이성과 양심을 지니고 살아가는 상태 • 국가의 역할: 개인의 생명, 자유, 재산 등을 보장하는 것
루소	• 자연 상태: 자유롭고 평등한 상태 • 국가의 역할: 사유 재산이 생겨나면서 발생한 불평등을 바로잡고 자유를 회복하는 것

587 제시된 주장을 한 사상가는 홉스이다. 홉스는 자연 상태에서 인간은 무제한적 자유를 추구하며, 자기 생존을 추구할 권리를 동등하게

갖는다고 본다. 하지만 인간은 이기적이고 타인을 지배하기를 좋아하기 때문에 자연 상태는 전쟁 상황에 빠지게 되고, 이러한 권리를 제대로 보장받지 못하게 된다. 따라서 홉스는 사회 계약을 통해 국가를 형성하여 만인의 만인에 대한 투쟁 상태를 벗어나고자 한다고 본다.

바로알기 | 홉스에 따르면 ① 자연 상태에서는 공통의 도덕 기준과 도덕규범이 존재하지 않으며, ② 자연권은 자연 상태에서부터 주어져 있는 것이다. ④ 홉스는 계약을 맺은 시민들이 절대 군주에게 주권을 모두 양도했다고 보고, 국가에 대한 저항권을 인정하지 않는다. ⑤는 아리스토텔레스의 입장이다.

588 밑줄 친 '그'는 마르크스이다. 마르크스는 국가란 지배 계급의 특권을 유지하기 위한 수단이자 소수의 지배 계급이 다수의 피지배 계급을 억압하고 착취하기 위한 수단으로 발생한 것이라고 주장한다.

바로알기 | 마르크스는 국가가 ① 피지배 계급의 자유를 억압하는 도구라고 보고, ② 계급 착취의 과정에서 형성되었다고 본다. 또한 국가는 ④ 지배 계급과 피지배 계급 간의 갈등의 원인이자 ⑤ 사회의 갈등을 일으키는 원인이라고 본다.

589 제시된 주장을 한 사상가는 마르크스이다. 마르크스는 사유 재산이 생겨나면서 계급이 분화되었고, 이로 인해 계급 착취의 문제가 생겨났다고 본다. 또한 국가는 지배 계급의 이익 증진을 위한 수단에 불과한 것으로, 프롤레타리아 혁명을 통해 공산주의 사회가 도래하면 계급 갈등이 없어지고 국가가 소멸하게 된다고 본다.

바로알기 | 첫 번째 관점: 마르크스는 원시 공산 사회에서는 계급이 존재하지 않았다고 본다. 그에 따르면 계급은 잉여 생산물이 발생하기 시작한 고대 노예제 사회에서부터 생겨난 것이다.

590 서양 사상가 갑은 로크, 을은 아리스토텔레스이다. 로크는 사회 계약론의 입장에서 국가는 시민이 자신의 생명, 안전, 자유를 보장받고자 계약에 참여하여 만든 것이라고 본다. 아리스토텔레스는 자연 발생설의 입장에서 국가는 인간의 사회적·정치적 본성에 의해 자연스럽게 생겨난 것이라고 본다. 따라서 국가가 개인의 동의와 계약을 통해 발생한 것인가에 대한 질문에 로크는 긍정, 아리스토텔레스는 부정의 대답을 할 것이다.

바로알기 | ② 로크는 인간이 지닌 자연권을 부분적으로 국가에 양도할 수 있다고 본다. ③ 아리스토텔레스는 국가의 역할이 시민을 행복한 삶으로 이끄는 것에 있다고 본다. ④는 로크는 부정, 아리스토텔레스는 긍정의 대답을 할 질문이다. ⑤ 로크는 정부가 역할을 제대로 하지 못할 경우 복종의 책임이 중단될 수 있다고 본다.

591 갑은 홉스, 을은 로크이다. 홉스는 만인의 만인에 대한 투쟁 상태인 자연 상태에서 벗어나기 위해 개인들이 사회 계약을 맺으며 국가가 생겨났다고 본다. 또한 홉스는 통치자가 절대 권력을 가진다고 보고, 시민은 자신의 권리를 국가에 모두 양도하므로, 정치적 저항권은 허용될 수 없다고 주장한다. 로크는 자연 상태가 비교적 평화롭지만, 분쟁을 해결할 재판관이 없기 때문에 개인들이 사회 계약을 맺어 국가를 형성했다고 본다. 이때 시민들은 국가에 일부의 주권만 양도한 것이므로, 국가가 시민의 생명, 자유, 재산을 보호하는 등의 역할을 하지 못하면 저항권을 행사할 수 있다고 본다. 따라서 홉스의 입장에 비해 로크의 입장이 갖는 상대적 특징은 'X: 자연 상태를 불안과 혼란의 상태로 보는 정도'는 낮고, 'Y: 통치 권력에 대한 국민의 저항권을 인정하는 정도'는 높으며, 'Z: 통치자가 절대 권력을 가져야 한다고 보는 정도'는 낮으므로, ⓔ에 해당한다.

592 갑은 플라톤, 을은 공자이다. 플라톤은 지혜의 덕을 갖춘 철학자가 지도자가 되어야 정의로운 국가가 실현될 수 있다고 보았다. 공자는 인간다움의 덕을 함양한 성인(聖人)이 지도자가 되어 나라를 다스릴 때 도덕적인 사회가 이루어질 수 있다고 보았다. 따라서 두 사상가는 모두 지도자가 도덕성을 갖추어야 국가가 올바르게 운영될 수 있다고 보았다.
바로알기 | ②, ③, ④, ⑤는 모두 플라톤과 공자가 강조할 내용으로 적절하지 않다.

593

```
                              ┌─ 국가의 역할: 시민들의 덕성 함양과 행복 실현
┌─────────────────────────────────────────────────────┐
│ 갑: 국가는 최고의 공동체로 인간 삶의 궁극적 목적인 행복을 실현 │
│    하고 개개인이 참다운 덕을 발휘할 수 있도록 합니다.           │
│ 을: 국가는 자유로운 자연 상태에서 미처 보장되지 못한 개인의 생 │
│    명, 자유, 재산을 보장하여 개인의 자유와 소유권을 보호하는   │
│    역할을 다해야 합니다.                                        │
│                    └─ 국가의 역할: 개인의 자연권 보장            │
│ 병: 국가는 공동선을 실현하고 시민 개개인이 시민적 덕성을 기르   │
│    고 공적인 의사 결정에 적극적으로 참여할 수 있도록 제도와 질 │
│    서를 마련해야 합니다.                                        │
│            └─ 국가의 역할: 공동선의 실현과 시민적 덕성의 함양    │
└─────────────────────────────────────────────────────┘
```

갑은 아리스토텔레스, 을은 로크, 병은 공화주의자이다. 아리스토텔레스는 국가가 인간의 사회적·정치적 본성에 따라 가정과 마을을 거쳐 자연스럽게 생겨난 공동체라고 본다. 로크는 국가가 자신의 자연권을 보장받기 위해 개인들이 맺은 사회 계약을 통해 형성된 것이라고 본다. 공화주의자는 국가가 개인의 소유물이 아니라 공공의 것이며, 시민의 자유를 보장하기 위해 법과 공동선에 기반을 두고 시민이 만들어 낸 정치 공동체라고 본다.
바로알기 | ①, ④는 로크의 입장에 해당한다. ②는 아리스토텔레스의 입장에 해당한다. ⑤ 아리스토텔레스, 로크, 공화주의자 모두 현실 속에서 정의로운 국가를 실현하고자 한다.

개념 확인 문제   153쪽

594 (1) 자연권 (2) 소극적 자유 (3) 비지배로서의 자유 (4) 시민적 덕성
595 (1) ○ (2) ✕   **596** (1) – ㉡ (2) – ㉠ (3) – ㉢
597 ㉠ 시민 불복종 ㉡ 정의감

난이도별 필수 기출   154~159쪽

598 ④	599 ⑤	600 ②	601 ②	602 ③	603 ④
604 ①	605 ①	606 ⑤	607 ②	608 ②	609 ②
610 ②	611 ②	612 ②	613 ①	614 ⑤	615 ③
616 해설 참조		617 ⑤	618 ④	619 ④	620 ④
621 ⑤	622 ①	623 ③			

598 제시된 글의 사회사상은 자유주의 사상이다. 자유주의는 개인의 자유가 무엇보다 소중한 가치라고 보며, 모든 인간은 천부 인권으로서 자연권을 가지고 있다고 본다. 또한 개인의 자유를 침해하는 체제와 제도에 반대하며, 국가의 존립 목적이 구성원들이 자유로운 삶을 영위할 수 있도록 하는 데 있다고 본다.
바로알기 | ④ 자유주의에서는 개인의 자유와 권리는 천부적인 것이라고 보며, 법의 간섭은 최소한으로만 이루어져야 한다고 본다.

599 제시된 주장을 한 사상가는 이사야 벌린이다. 벌린은 적극적 자유가 아니라 소극적 자유를 지향하는 자유주의의 입장을 취한다. 자유주의에서는 자연권이 시민적 자유와 권리를 정당화하는 근거라고 보고, 국가보다 개인을 우선시하는 개인주의를 지향한다. 또한 집단의 권위보다는 개별 시민의 자유와 권리를 중시해야 한다고 본다.
바로알기 | ㄱ. 벌린은 진정으로 추구해야 할 자유는 소극적 자유라고 본다.

600 제시된 주장을 한 사상가는 키케로이다. 키케로는 공화주의의 입장에서 시민의 자유를 보장하는 것이 바람직한 국가의 출발점이라고 보고, 시민적 자유와 권리는 공동체의 법과 제도적 노력에 의해 실현될 수 있다고 주장한다. 또한 개인은 정치 공동체의 일에 참여하는 시민이 됨으로써 진정한 자유를 실현할 수 있다고 본다.
바로알기 | 키케로는 ① 국가가 공공의 이익을 인정하고 동의한 사람들의 모임이라고 보며, ③ 시민의 자유와 권리를 보장하기 위해서는 법에 의한 지배가 필요하다고 본다. 또한 ④ 권력자의 자의적 지배가 없는 상태의 자유를 강조하며, ⑤ 예속되지 않을 자유는 법에 의한 지배를 통해 가능하다고 본다.

601 〈문제 상황〉 속 A는 이웃 주민들이 공익을 위해 꼭 필요한 시설의 건설을 반대하는지 이유를 알아 보고 있다. 그 결과 아파트 집값이 떨어질 것을 우려하는 주민들의 이익과 관련된 것임을 알았다. 따라서 키케로의 입장에서는 A에게 무엇이 공동체에 좋을지 판단하여 시민적 덕성을 발휘하라고 조언할 수 있다.

602 제시된 글의 '나'는 공화주의적 입장을 취하고 있으며, '어떤 사람들'은 자유주의적 입장을 취하고 있다. 따라서 ㉠에는 공화주의 입장에서 자유주의 입장에 제기할 비판이 들어가야 한다. 공화주의적 입장에서는 정치적 의무와 공동선이 실현될 때 개인의 선도 증진될 수 있다고

보기 때문에 자유주의적 입장에 대해 공동선이 실현됨으로써 개인선도 증진됨을 경시한다고 지적할 것이다.

603 ㉠에 들어갈 사회사상은 공화주의이다. 공화주의에서는 타인의 자의적 지배가 없는 '비지배로서의 자유'를 무엇보다 강조한다. 또한 이러한 시민적 자유와 권리가 실현되려면 시민의 참여로 만든 법에 따르는 통치가 이루어져야 한다고 주장한다.
바로알기 | ㄱ은 자유주의적 관점에 해당한다. ㄷ. 공화주의에서는 소수의 권력 독점과 사익 추구는 시민의 자유를 침해한다고 보고, 시민들의 적극적인 정치 참여를 무엇보다 강조한다.

604 갑은 공화주의, 을은 자유주의의 입장을 취하고 있다. 갑은 개인의 자유와 권리는 법에 의한 지배로 인해 가능하다고 본다. 을은 개인의 자유와 권리를 무엇보다 중시하며, 개인이 지닌 인격의 자유로운 표현을 중시한다. 또한 개인의 자유를 위협하는 체제와 제도에 반대하며, 공동선보다 개인선의 추구를 중시한다.
바로알기 | ①은 자유주의 입장에 대한 설명이다.

605 갑은 공화주의, 을은 자유주의의 입장을 취하고 있다. 공화주의는 공공의 가치와 공동선을 존중하고 공적 책무에 적극적으로 참여하는 시민적 덕성을 강조한다. 따라서 공화주의의 입장에서는 자유주의에 대해 개인선을 지나치게 강조하며, 자유는 공적 일에 참여함으로써 실현될 수 있음을 모르고 있다고 비판할 수 있다.
바로알기 | ㄴ. 을은 공공선의 실현을 위한 개인의 헌신을 강조하지 않는다. ㄹ. 을은 타인의 자유와 권리를 부당하게 침해하는 것에 반대한다.

606 (가)는 자유주의, (나)는 시민적 공화주의(공동체주의)에 해당한다. 자유주의는 개인의 자유와 권리를 무엇보다 강조하며, 국가가 개인에게 과도하게 간섭해서는 안 된다고 주장한다. 시민적 공화주의는 개인의 정체성이 공동체적 관계와 가치에 뿌리를 두며, 국가는 좋은 삶에 관한 기준을 제시해야 한다고 본다. 따라서 자유주의의 입장에서는 공동체주의에 대해 국가가 개인의 자유와 권리를 보장하는 수단적 공동체의 역할을 넘어서서는 안 된다고 지적할 것이다.
바로알기 | 자유주의 사상은 ① 가치의 다양성을 중시하고, ② 공동체보다 개인을 좋은 삶의 원천으로 본다. 또한 ③ 다수의 이익을 위해 개인의 사유를 규제하는 것에 반대하며, ④ 전통적 가치의 내면화가 아니라 개인의 가치관과 취향을 존중할 것을 강조한다.

607 사회사상 (가)는 자유주의, (나)는 시민적 공화주의(공동체주의)에 해당한다. 자유주의 사상에서는 개개인의 선을 합한 것이 공동선이라고 보고, 공동선보다는 개인선의 추구를 중시한다. 반면, 시민적 공화주의는 도덕이 공동체적 가치와 맥락에 뿌리를 두며, 도덕적 행위자는 공동체의 일정한 유형의 문화 속에서만 정체성을 형성하게 된다고 본다.
바로알기 | ㄴ. 자유주의는 개인을 독립적 존재로 본다. 인간을 연고적 존재로 보는 것은 시민적 공화주의이다. ㄷ. 시민적 공화주의는 공동체적 유대를 공동체의 가치와 전통을 바탕으로 파악한다.

608 갑은 공화주의, 을은 자유주의의 입장에서 관용에 대해 주장하고 있다. 갑은 시민의 권리가 천부적으로 주어지는 것이 아니라 시민의 정치적 참여와 제도적 노력을 통해 만들어지는 정치적·사회적 권리라고 본다. 반면, 을은 개인의 자유와 권리는 천부적인 것이라고 보며, 국가와 타인에게 간섭받지 않을 소극적 자유를 무엇보다 강조한다.
바로알기 | ①, ⑤는 을의 입장에 해당하는 설명이다. ③, ④는 갑의 입장에 해당하는 설명이다.

609 갑은 자유주의, 을은 공화주의의 입장에서 애국심에 대해 주장하고 있다. 갑은 헌법의 기본 이념에 대한 국민적 동의와 충성을 애국심으로 규정한다. 반면, 을은 시민 사이의 유대감을 바탕으로 정치 공동체와 시민 동료들을 향한 대승적 사랑을 애국심으로 규정하고 있으며, 이는 시민의 덕성이자 기본적 책무라고 본다.
바로알기 | ㄴ, ㄹ은 민족주의적 애국심에 대한 설명이다.

610 제시된 글은 공화주의적 관점에서 애국심에 대해 설명하고 있다. 공화주의에서 말하는 애국심이란 시민의 덕성이자 기본적 책무로서, 시민의 자유를 지켜 주는 정치 공동체와 동료 시민에 대한 대승적·자발적 사랑이자, 자유와 정의가 확립된 조국을 대하는 인위적 열정을 의미한다.
바로알기 | ㄱ은 민족주의적 애국심에 해당한다. ㄹ은 자유주의적 애국심에 해당한다.

611 민주주의(democracy)는 '인민'을 뜻하는 '데모스(demos)'와 '통치'를 뜻하는 '크라토스(kratos)'가 합쳐진 용어로, 그 기원은 고대 그리스 아테네에서 찾을 수 있다. 민주주의는 인민의, 인민에 의한, 인민을 위한 정치를 행하는 제도 또는 그러한 정치를 지향하는 사상을 말한다. 또한 국민 주권의 원리를 바탕으로 하는 민주주의를 실현하기 위해 모든 시민이 정치에 참여할 권한과 기회를 동등하게 가져야 한다.
바로알기 | ② 시민은 대표자를 선출한 이후에도 정부와 국회의 운영에 대해 계속해서 책임을 묻고 통제할 수 있다.

612 제시된 사회사상은 민주주의이다. 민주주의는 자유와 평등의 가치를 보장함으로써 인간 존엄성을 실현하고자 하는 사상이다.
바로알기 | ①은 민족주의, ③은 자본주의, ④는 공산주의에 대한 설명이다. ⑤ 민주주의는 소수 의견을 무시하는 정치 원리가 아니다.

613 민주주의는 민중(demos)에 의한 지배(kratos)를 어원으로 하는 사상으로, 근대에 등장한 사회 계약론의 영향을 받아 근대 자유 민주주의로 발전하였다.
바로알기 | ㄷ. 심의 민주주의는 민주적 절차만 준수하면 민주주의가 실현된 것이라고 보지 않으며, 정책 결정 과정에서 심의와 소통이 활성화되어야 한다고 본다. ㄹ. 아테네의 민주주의에서 민회는 내국인 성인 남성으로만 구성되었다.

614 (가)는 참여 민주주의, (나)는 심의 민주주의에 해당한다. 참여 민주주의는 다수의 시민이 공동체의 의사 결정 과정에 참여할 기회를 부여하여 자율성과 책임성의 범위를 시민 전체로 확대한다. 심의 민주주의는 정책 결정 과정에서 시민들, 공직자들, 전문가들의 소통을 활성화하여 보다 공공성을 추구하는 정책을 만들 수 있게 한다.

615 제시된 민주주의 유형은 대의 민주주의이다. 대의 민주주의는 선출된 대표자들이 시민의 다양한 의사를 제대로 대표하지 못해 대표의 실패 문제가 발생할 수 있고, 소수의 의견을 배제하고 사회 통합을 저해하거나 시민들의 정치적 소외감을 심화할 수 있다. 또한 이로 인해 정치에 대한 시민들의 냉소주의를 조장할 우려가 있다.
바로알기 | ③ 대의 민주주의는 시민 참여의 영역을 제한할 수 있다는 비판을 받는다.

616 **모범 답안** 참여 민주주의. 참여 민주주의는 시민 다수가 의사 결정 과정에 참여할 기회를 가짐으로써, 자율성과 책임성의 범위를 시민 전체에 확대할 수 있다. 또한 시민들이 정부의 정책 결정과 집행 과정에 직접적인 영향력을 행사할 수 있다는 장점이 있다. 반면 참여한 시민들이 이기적인 태도를 보일 경우 시민 전체의 의사가 왜곡될 수 있다.

617 제시된 글의 현대 민주주의 유형은 심의 민주주의이다. 심의 민주주의는 시민이 직접 공론장 안에서 공적 심의 과정에 참여하여 정책을 결정할 수 있도록 하는 형태의 민주주의이다. 심의 민주주의가 성공하기 위해서는 시민들이 개인적 관점의 한계를 넘어 의사 결정의 질을 높여야 하고, 관련된 정보를 공유하여 시민들의 이해력을 증진시켜야 한다. 또한 심의 주체들은 서로 평등한 관계에서 의견을 개진해야 하며, 상호 이해와 소통을 도모하는 공론의 장을 마련해야 한다.
바로알기 | ⑤ 심의 민주주의에 따르면 시민들의 선호는 심의 과정을 통해 변화할 수 있다.

618 밑줄 친 '이것'은 심의 민주주의이다. 심의 민주주의는 서로 소통하며 집단의 의사를 형성해 가는 민주적 과정을 강조하는 민주주의의 유형이다. 심의 민주주의가 성공적으로 시행되기 위해서는 심의 참가자 모두가 동등한 지위를 보장받아야 하고, 공적 이성을 토대로 합리적인 의사소통을 할 수 있어야 한다.
바로알기 | ㄷ. 심의 민주주의에 따르면 서로 다른 이해관계와 정치적 견해 등을 지닌 다양한 시민들이 공적 심의를 통해 자신의 선호를 정책 결정 과정에 적절히 반영할 수 있다.

> **개념 보충**
>
> **현대 민주주의의 다양한 유형**
>
> | 대의 민주주의 | • 시민의 투표를 통해 선출된 대표자가 시민들의 의사를 전달하고 실현하는 민주주의
• 한계: 시민의 정치적 책임 의식이 약화되고, 정치가가 시민의 입장을 대변하는지 파악하기 어려움 |
> |---|---|
> | 참여 민주주의 | • 다수의 시민이 공공 정책이나 사회 문제를 다루는 의사 결정 과정에 자발적으로 참여하는 민주주의
• 한계: 이기적인 태도를 취할 경우 시민 전체의 의지가 왜곡될 수 있음 |
> | 심의 민주주의 | • 시민이 직접 공적 심의 과정에 참여해 정책을 경정하는 민주주의
• 한계: 모든 시민이 심의 과정에서 동등한 기회를 부여받지 못하거나 합리적 의사소통이 결여되어 심의에 문제가 생길 수 있음 |

619 (가)는 대의 민주주의, (나)는 심의 민주주의에 해당한다. 대의 민주주의는 시민이 적절한 대표자를 선출하며 국정을 위임하는 형태의 민주주의이다. 심의 민주주의는 시민이 직접 공적 심의 과정에 참여하여 합리적 의사소통을 통해 정책을 결정하는 형태의 민주주의이다.
바로알기 | ① 심의 민주주의가 대의 민주주의의 문제점을 보완하는 방책으로 등장하였다. ② 대의 민주주의는 대표자가 다수의 의사를 온전히 대표하기 어렵다는 한계를 갖는다. ③은 대의 민주주의의 한계에 대한 설명이다. ⑤ 시민들의 정치적 무관심과 낮은 정치 참여는 대의 민주주의의 문제점으로 지적되는 부분이다.

620 (가)는 참여 민주주의, (나)는 심의 민주주의, (다)는 대의 민주주의에 해당한다. 참여 민주주의는 시민이 정부의 정책 결정과 집행 과정에 직접적인 영향력을 행사하는 형태의 민주주의이다. 심의 민주주의는 시민이 공적 심의 과정에 직접 참여하는 형태의 민주주의로, 모든 시민이 동등한 기회를 부여받지 못할 수 있다는 한계를 갖는다. 대의 민주주의는 선출된 대표자를 통해 시민의 의견을 반영하는 간접 민주주의에 해당한다. 이러한 민주주의의 유형은 국민의 의견을 수렴하기 위한 방안들로서 고안된 것이다.
바로알기 | ④ 참여 민주주의, 심의 민주주의, 대의 민주주의는 모두 민주주의 정치 체제라는 점에서 본질적으로 동일하나, 형태에 있어 다양한 양상을 보인다.

621 (가)는 대의 민주주의, (나)는 심의 민주주의에 해당한다. 대의 민주주의는 대표자를 선출하여 국민의 의사를 반영하고자 하는 민주주의로, 인민에 의한 지배보다 소수의 정치가에 의한 지배라는 성격이 강한 정치 유형이다. 심의 민주주의는 정책 결정 과정에서 시민들과 소통하고 토론하는 심의의 과정을 중시하며, 시민들 간의 의견 공유를 강조한다.
바로알기 | ①은 심의 민주주의에 대한 설명이다. ② 민주주의는 모두 국민이 통치의 주체라고 여기는 사상이다. ③ 심의 민주주의는 대의 민주주의보다 정책 결정에 있어 시민의 직접적인 참여가 확대되어야 한다고 강조한다. ④ 심의 민주주의는 정책 결정의 신속성보다 시민 간의 소통과 토론, 유대 등을 강조한다. 정책 결정의 신속성이 높은 것은 오히려 대의 민주주의이다.

622 제시된 주장을 한 사상가는 롤스이다. 롤스는 시민 불복종의 대상이 부정의한 모든 법이 아니라 공공의 정의감에 위배되는 심각한 정도의 부정의한 일부 법이나 정책이라고 본다. 또한 시민 불복종은 정치 체제 자체가 아니라 법이나 정부 정책에 변혁을 가져올 목적으로 행해지는 것으로, 시민 불복종의 주체는 체제 자체의 합법성을 인정하는 시민들이라고 본다.
바로알기 | ㄷ. 시민 불복종의 목적에는 정부 정책의 개혁도 포함된다. ㄹ. 롤스에 따르면 시민 불복종은 정의의 제1원칙이나 제2원칙 중 기회균등의 원칙을 현저하게 위반한 법에 대한 저항인 경우에 정당화될 수 있으며, 이때 차등의 원칙은 포함되지 않는다.

623 서양 사상가 갑은 롤스, 을은 하버마스이다. 롤스는 시민 불복종이란 특정한 법이나 정부의 정책에 변혁을 가져올 목적으로 행해지는 공공적이고 비폭력적이며 양심적이긴 하지만 법에 반하는 정치적 행위라고 주장한다. 하버마스는 시민 불복종이란 합리적 의사소통을 통해 합의한 원칙에 어긋나는 법이나 정책에 대한 저항이라고 본다. 하버마스에 따르면 시민 불복종은 의사소통적 합리성을 바탕으로 한 민주주의 국가의 핵심 요소로, 이를 통해 오류의 소지가 있는 법이나 정책을 교정할 수 있다.
바로알기 | ㄱ. 롤스는 시민 불복종이 공적 정의관에 근거하여 행해져야 한다고 본다. ㄴ. 롤스는 정의의 제2원칙으로 공정한 기회균등의 원칙과 차등의 원칙을 제시한다.

IV

19 자본주의

628 ㉠에 들어갈 말은 자본주의이다. 자본주의는 사유 재산제를 바탕으로 개인의 이윤 추구와 자유로운 경제 활동을 보장하는 자유 시장 경제 체제이다. 이러한 자본주의는 개인의 자유와 권리 신장에 기여하고, 경제적 효율성을 증진하여 물질적 풍요를 가져왔다.
바로알기ㅣ 자본주의는 ㄱ. 사적 소유를 바탕으로 성립하였고, ㄴ. 물질적 평등보다는 자유로운 경제 활동과 물질적 풍요를 강조하였다.

629 자본주의는 ① 근대 유럽에서 토지와 노동이 상품화되면서 형성되었고, ② 칼뱅의 직업 소명설과 같은 프로테스탄티즘의 영향을 받아 발전하였다. 또한 ④ 봉건제를 거부하고 개인의 자유를 보장하는 자유주의 사상이 등장하였고, ⑤ 경제 활동의 보조 역할을 수행했던 시장이 경제 활동의 중심지로 자리매김하면서 발전하였다.
바로알기ㅣ ③ 상공업에 종사하는 부르주아들이 자신의 이익과 권리를 추구하면서 자본주의가 발전하였다.

630 ㉠에 들어갈 사회사상은 신자유주의이다. 신자유주의 사상은 시장에 대한 정부의 개입이 효율적인 자원 분배를 저해하면서 정부 실패의 문제를 야기했다고 보며, 이러한 문제에 대한 반성의 결과로 시장 경제의 효율성을 강조하며 등장하였다.

631 제시된 주장을 한 사상가는 애덤 스미스이다. 애덤 스미스는 개인의 경제적 자율성을 최대한 보장하기 위해, 시장에 대한 국가의 간섭을 최대한 배제해야 한다는 자유방임주의 체제를 최선의 경제 체제로 보았다.
바로알기ㅣ ②, ③ 애덤 스미스는 국가의 개입과 간섭을 최대한 배제하고자 한다. 따라서 국가 주도의 경제 성장 정책이나 사회 복지 제도를 강조하지 않는다. ④ 애덤 스미스는 국부의 원천이 노동을 통한 생산에 있다고 보았다. ⑤ 애덤 스미스는 타인의 이익보다 자기 자신의 이익을 추구하는 것이 먼저라고 본다.

632 제시된 주장을 한 사상가는 애덤 스미스이다. 애덤 스미스는 자유방임주의를 주장하면서 경제 활동에 대한 국가의 간섭을 최대한 배제하고, 사적 소유권과 시장에서의 자유로운 경쟁을 보장해야 한다고 강조하였다.
바로알기ㅣ ㄱ, ㄴ. 애덤 스미스는 자유방임주의를 주장하며, 국가가 시장 경제 활동과 분배 과정에 개입하거나 간섭하는 것에 부정적인 입장을 취한다. 따라서 국가에 의한 복지 제도나 국가의 적극적인 시장 개입에 반대한다.

633 밑줄 친 '갑'은 케인스이다. 케인스는 고전적 자본주의를 비판하며 정부가 시장에 적극적으로 개입해야 한다는 수정 자본주의의 입장을 체계적으로 제시하였다. 그는 불황과 실업 등의 문제를 해결하기 위해 정부가 적극적으로 나서야 하며, 국가가 완전 고용을 위해 노력해야 한다고 주장하였다.
바로알기ㅣ ①, ③ 케인스는 기본적으로 자본주의를 주장하므로 자유로운 이익 추구 활동에 반대하지 않으며, 사유 재산 제도 폐지를 주장하지 않는다. ②, ⑤ 케인스는 고전적 자본주의에서 강조하는 작은 정부의 역할에서 벗어나 국가에 의한 복지 정책을 확대해야 한다고 주장한다.

634 제시된 주장을 한 사회사상가는 케인스이다. 케인스는 시장 실패의 문제를 보완하기 위해 정부가 적극적으로 시장에 개입해야 한다고 보고, 정부가 공공사업을 벌여 실업률을 낮추고 민간 부분의 유효 수요를 확대해야 한다고 주장하였다.
바로알기ㅣ ① 케인스는 자본주의 사상가로 사회주의 계획 경제를 주장하지 않았다. ② 케인스는 공공의 이익을 사적 이윤 추구보다 앞세우지 않았다. ③, ④ 케인스는 자연적 조화 기능만으로는 실업 문제를 해결할 수 없다고 보고, 국가의 적극적인 시장 개입이 필요하다고 주장하며, 국가 기능을 확대해야 한다고 보았다.

635 케인스는 정부의 공공 지출이 빈부 격차를 완화하고 사회 통합에 기여할 수 있다고 보며, 정부가 경제 계획을 통해 공황과 같은 경제 문제를 해결하려고 노력하는 등 제3의 경제 주체로서 역할을 다해야 한다고 주장하였다.
바로알기ㅣ ㄹ은 고전적 자본주의나 신자유주의의 입장에 해당한다.

636 제시된 글에서 설명하는 자본주의의 관점은 신자유주의이다. 신자유주의는 정부의 실패를 비판하면서 정부의 기능을 축소하고 시장에 대한 국가의 간섭을 최대한 배제해야 한다고 주장한다. 신자유주의의 구체적인 정책으로는 공기업의 민영화, 복지 정책의 감축, 노동 시장의 유연화 등이 있고, 이를 통해 신자유주의는 시장 경제의 효율성을 강화하고자 한다.
바로알기ㅣ ①, ③, ④, ⑤는 신자유주의 관점에서 반대할 내용이다.

637 ㉠에는 시장 실패, ㉡에는 정부 실패에 대한 설명이 들어가야 한다. 고전적 자본주의는 시장 경제에서 '보이지 않는 손'이 제대로 작동하지 않아 효율적으로 자원이 분배되지 못하는 시장 실패를 야기하였다. 반면, 수정 자본주의에서는 정부의 거대화와 무능, 부패와 같은 정부 실패의 문제가 나타났다.

638 (가) 사상은 고전적 자본주의, (나)는 수정 자본주의에 해당한다. 고전적 자본주의가 국가의 간섭을 배제하고 자유로운 시장 경제 활동을 강조한 것과 달리, 수정 자본주의는 고전적 자본주의의 시장 실패를 만회하기 위해 시장에서의 국가의 적극적인 역할을 강조하였다. 따라서 고전적 자본주의에 비해 수정 자본주의가 갖는 상대적 특징은 'X: 경기 회복을 위한 국가의 시장 개입을 지지하는 정도'와 'Y: 소득 분배의 형평성 제고를 위한 재분배 정책을 지지하는 정도'는 높고, 'Z: 개인의 자유 실현을 위한 시장의 자율성을 지지하는 정도'는 낮으므로 ㉢에 해당한다.

639 제시된 주장을 한 '나'는 신자유주의 사상가이고, '어떤 사상가'는 수정 자본주의 사상가이다. 따라서 ㉠에는 신자유주의 입장에서 수정 자본주의에 대해 제기할 수 있는 비판이 들어가야 한다. 신자유주의에서는 수정 자본주의에서 주장하는 정부의 적극적인 시장 개입과 복지의 확대가 시장의 자율성을 침해함을 간과한다고 비판할 것이다.

바로알기 | ②, ③, ④, ⑤는 신자유주의 입장에서 제기할 비판으로 적절하지 않다. 신자유주의는 국가의 적극적인 시장 개입, 분배의 형평성 강조, 시장 규제의 확대, 국가 주도의 유효 수요 창출에 반대한다.

640 (가)를 주장한 사상가는 마르크스이다. 마르크스는 자본주의 사회에서는 노동자 계급에 대한 자본가의 지속적인 착취가 발생한다고 보고, 자본주의의 근본적인 문제점이 생산 수단의 사적 소유와 자유 시장 경제라고 비판하였다. 이에 노동자 계급은 자본주의의 청산을 위한 프롤레타리아 혁명을 통해 프롤레타리아 독재를 실시하게 되고, 공산주의 사회가 도래하면 생산력이 고도로 발전하여 인간 소외 현상이 해소된다고 강조하였다.
바로알기 | ⑤ 마르크스는 역사 발전 과정이 끊임없이 순환한다고 주장하지 않으며, 공산주의 사회가 도래함으로써 역사의 발전 단계가 종료된다고 본다.

641 제시된 사회사상은 민주 사회주의이다. 민주 사회주의는 급진적인 폭력 혁명론을 비판하고, 자유로운 정당과 의회 활동을 중심으로 한 점진적 사회 개혁을 강조한다. 또한, 자본주의의 폐해를 극복하기 위해 공유제를 바탕으로 하되 중요한 부문의 사적 소유를 인정하여, 사회 보장과 완전 고용, 생활 수준의 향상이 필요하다고 본다.
바로알기 | ㄴ. 민주 사회주의에서는 모든 결정을 정부나 중앙 기관이 해야 한다고 보지 않고, 의회 민주주의의 민주적 절차와 방법에 따라 정책을 결정해야 한다고 본다. ㄷ. 민주 사회주의에서는 사적 소유를 모두 폐지해야 한다고 보지 않으며, 농업, 수공업, 소매업, 중소 공업 등의 중요한 부문의 사적 소유를 인정한다.

642 (가)는 마르크스의 사회주의 사상, (나)는 민주 사회주의 사상에 해당한다. 마르크스의 사회주의 사상은 프롤레타리아 혁명을 통해 공산주의가 실현될 때 계급과 국가가 소멸하고 자유롭고 평등한 이상 사회가 이루어질 수 있다고 주장한다. 민주 사회주의는 사회주의의 이상을 민주주의적인 수단을 통해 건설할 것을 주장하며, 의회 활동 중심의 점진적인 사회 개혁을 강조한다.
바로알기 | ㄱ. 마르크스의 사회주의는 평등한 사회를 실현하기 위해서는 사적 소유를 철폐해야 한다고 주장한다. ㄷ. 민주 사회주의는 능력에 따른 분배를 궁극 목표로 추구하지 않는다. ㄹ은 마르크스의 사회주의에만 해당하는 설명이다.

643 갑은 마르크스, 을은 민주 사회주의 사상가이다. 갑은 국가를 지배 계급의 이익 증진을 위한 수단으로 보며, 혁명을 통해 이상 사회인 공산주의 사회가 도래하면 계급 갈등이 사라지고, 국가가 소멸된다고 보았다. 을은 갑의 폭력 혁명론을 비판하고, 의회 민주주의의 민주적 절차와 방법에 따른 점진적인 사회 개혁을 추구하였다.
바로알기 | ㄴ. 갑은 사적 소유를 인정하지 않는다. ㄹ. 갑, 을은 절대적 평등 분배를 지향하지 않는다. 특히 갑은 필요에 따른 분배를 지향한다.

644 병은 애덤 스미스이다. 애덤 스미스는 개인이 자신의 이익을 자유롭게 추구함으로써 사회 전체의 부도 증진시킬 수 있다고 본다. 또한 국가의 간섭을 최대한 배제하는 자유방임주의 경제 체제가 국가 이익을 위한 가장 효율적인 체계라고 주장한다.
바로알기 | ㄱ. 애덤 스미스는 경제적 형평성보다 효율성을 추구해야 한다고 본다. ㄷ. 애덤 스미스는 새로운 사회 건설을 주장하지 않는다.

645 갑은 마르크스, 을은 민주 사회주의자이다. 갑과 을은 자본주의가 노동 기회나 소득 분배에 있어 불평등을 초래했다고 보고, 자본주의적 시장 경제 원리를 비판하였다. 이에 갑은 사회주의 혁명을 통한 이상 사회의 실현을 추구하고, 을은 자유로운 의회 활동을 중심으로 점진적인 사회 개혁을 통해 사회주의의 이상을 추구하고자 하였다.
바로알기 | ㄱ. 갑은 사회의 평등을 강조한다. ㄷ은 을의 입장에만 해당하는 내용으로 C에 들어가야 한다.

20 평화

난이도별 필수 기출   168~171쪽

650 ①	651 ③	652 ③	653 ③	654 ③	655 ②
656 ⑤	657 ①	658 ①	659 ②	660 ④	661 ④
662 ⑤	663 ②	664 ④	665 ③	666 ③	

650 갈퉁은 직접적 폭력뿐만 아니라 간접적 폭력까지 사라진 상태를 진정한 평화라고 보았다. 그가 말하는 간접적 폭력에는 사회 제도나 관습 등에 따른 억압이나 착취와 같은 ㉠ 구조적 폭력과 종교나 예술 등으로 폭력을 합법화하거나 용인하는 ㉡ 문화적 폭력이 있다.

651 제시된 주장을 한 사상가는 갈퉁이다. 갈퉁은 진정한 평화를 위해서는 직접적·물리적 폭력뿐 아니라 간접적 폭력까지 사라져야 한다고 주장한다. 그리고 간접적 폭력을 제거하기 위해서는 정치 제도와 관습을 개선하는 노력이 필요하다고 본다.
바로알기 | ① 갈퉁은 평화가 평화적 수단으로 달성되어야 한다고 본다. ② 갈퉁에 따르면 구조적 폭력을 제거한다고 직접적 폭력이 저절로 제거되지는 않는다. ④ 갈퉁에 따르면 문화적 폭력은 물리적 폭력을 정당화하는 역할을 하기도 한다. ⑤ 인간 존엄을 실현하는 적극적 평화는 직접적 폭력뿐 아니라 간접적 폭력도 제거할 때 달성될 수 있다.

개념 보충

갈퉁의 폭력 구분

직접적 폭력	폭행, 구타, 고문, 테러, 전쟁 등 물리적이고 의도적인 폭력
구조적 폭력	사회 제도나 관습 등의 사회 구조가 폭력을 용인하거나 정당화함으로써 나타나는 형태의 폭력
문화적 폭력	종교, 사상, 언어, 예술, 과학 등의 문화적 영역이 직접적 폭력이나 구조적 폭력을 정당화하는 데 이용되는 것

652 제시된 주장을 한 사상가는 갈퉁이다. 갈퉁은 진정한 평화는 직접적 폭력뿐만이 아니라 구조적 폭력과 문화적 폭력까지 모두 사라진 적극적 평화의 상태가 실현될 때 가능하다고 본다. 이때 문화적 차별과 편견의 극복을 위한 교육은 문화적 폭력을 제거하는 방안으로, 적극적 평화를 달성하기 위한 좋은 방법이 될 수 있다.
바로알기 | ① 갈퉁에 따르면 전쟁의 종식과 같은 직접적·물리적 폭력이 없는 상태는 소극적 평화의 실현을 가능하게 한다. ② 갈퉁은 평화가 평화적 수단으로만 달성되어야 한다고 본다. ④ 갈퉁은 진정한 평화가 국가 안보가 확장된 인간 안보를 통해 달성된다고 본다. ⑤ 갈퉁은 인간 존엄성이 실현되는 적극적 평화가 직접적 폭력뿐 아니라 간접적 폭력이 제거된 상태일 때 달성될 수 있다고 본다.

653 제시된 주장을 한 고대 동양 사상가는 묵자이다. 묵자는 모든 사람들을 똑같이 사랑해야 한다는 겸애(兼愛)를 주장하면서, 서로 차별 없이 사랑하고 이로움을 나누면 전쟁과 같은 상황이 발생하지 않을 것이라고 보았다. 또한 정치적·경제적 손실을 근거로 하여 전쟁에 반대하였다.

바로알기 | 네 번째 입장: 묵자는 존비친소를 구별하는 사랑이 사회 혼란의 원인이라고 보았다.

654 (가)를 주장한 고대 동양 사상가는 묵자이다. 묵자는 모든 사람을 똑같이 사랑하고 이로움을 나눌 때[겸애교리(兼愛交利)] 천하의 혼란을 막고 평화를 이룰 수 있다고 본다. 따라서 (나)의 외국인 이주 노동자들에 대한 차별의 문제는 진정한 이로움과 평화에 대한 몰이해에서 비롯된 것이며, 겸애의 윤리를 실현할 때 해결될 수 있다고 조언할 것이다.

655 고대 동양 사상가 갑은 공자, 을은 묵자이다. 공자는 인간의 도덕적 타락이 사회 갈등의 원인이라고 보며, 평화를 이루기 위해서는 각자가 도덕적 수양을 통해 도덕성을 회복하고 인의(仁義)를 실현해야 한다고 주장한다. 묵자는 정치적 혼란과 경제적 손실을 일으키는 침략 전쟁에 반대하며, 남의 나라를 자기 나라처럼 여기는 보편적 인류애를 강조한다.
바로알기 | ㄴ은 묵자의 입장에 대한 설명이다. ㄹ은 공자에게만 해당하는 설명이다.

656 갑은 불교 사상가, 을은 묵자이다. 불교에서는 모든 생명체가 평등한 가치를 지니고 있고 상호 의존적이라는 연기에 대한 자각을 통해 나와 남을 차별 없이 사랑하는 자비의 윤리를 실천할 수 있다고 본다. 묵자는 남의 가문을 자기 가문처럼, 남의 나라를 자기 나라처럼 차별 없이 사랑할 때 전쟁이 사라지고 천하에 평화를 이룰 수 있다고 본다. 따라서 갑, 을은 공통적으로 나와 남을 차별 없이 사랑해야만 천하가 평화로워진다고 본다.
바로알기 | ①, ②는 순자의 입장에 해당한다. ③은 유교의 입장에 해당한다. ④는 노자의 입장에 해당한다.

657 제시된 주장을 한 사상가는 에라스뮈스이다. 에라스뮈스는 전쟁이 평화를 추구하는 종교 정신에 위배되는 것이며, 본성상 선보다 악을 초래한다고 주장한다.
바로알기 | ②, ③은 아우구스티누스나 아퀴나스의 정전론(正戰論)의 입장에 해당한다. 에라스뮈스는 정당한 목적을 갖는 전쟁도 허용해서는 안 된다고 본다. ⑤ 에라스뮈스는 평화를 구현하기 위한 수단이 언제나 정당화될 수 있다고 주장하지 않는다.

658 제시된 주장을 한 사상가는 칸트이다. 칸트는 전쟁을 예방하고 국가 간의 영구 평화를 보장하기 위해 영구 평화를 위한 확정 조항을 제시하였다. 제1의 확정 조항은 모든 국가의 정치 체제가 공화정이어야 한다는 것이고, 제2의 확정 조항은 국제법은 자유로운 국가들의 연방 체제에 기초해야 한다는 것이다. 제3의 확정 조항은 세계 시민법은 보편적 우호의 조건에 국한되어야 한다는 것이다. 나아가 칸트는 분쟁 요소를 남겨둔 채 체결하는 평화 조약은 옳지 않으며, 평화를 위해 국가를 수단이 아닌 목적으로 대우해야 한다고 본다.
바로알기 | ① 칸트에 따르면 국제법은 단일 국가인 세계 국가 체제에 기초하는 것이 아니라, 자유로운 국가들의 연방 체제에 기초해야 한다.

659 제시된 주장을 한 사상가는 칸트이다. 칸트는 각 국가들이 서로 도덕적 관계를 맺어야 하며, 어떤 독립 국가도 다른 국가의 소유로 전락해서는 안 된다고 보았다. 또한 세계 시민법은 보편적 우호의 조건을 기반으로 해야 하며, 이방인이 낯선 땅에 도착했을 때 적으로 간주되지 않을 권리를 바탕으로 해야 한다고 주장하였다.
바로알기 | ㄴ은 국제 평화에 관한 현실주의 관점에 해당하는 설명이다. ㄹ. 칸트는 단일한 세계 국가의 건설을 주장하지 않으며, 각국의 주권을 보장하는 국가 간 연방 체제 수립이 필요하다고 본다.

660 갑은 현실주의 입장의 사상가, 을은 이상주의 입장을 취하는 칸트이다. 갑은 국가 간 세력 균형을 통해 일시적으로 국제 평화를 유지할 수 있다고 주장한다. 반면 을은 자유로운 국가 간의 국제 연맹 체제의 수립과 국제기구 등을 통해 영구 평화를 실현할 수 있다고 본다. 다만 갑의 입장은 비윤리적 행위를 합리화할 위험이 있고, 을의 입장은 국제법이 실질적인 구속력을 발휘하기가 어렵다는 한계가 있다.

바로알기ㅣ ㄴ. 칸트는 단일한 세계 정부의 수립이 아니라 자유로운 국가 간의 연방 체제를 주장한다.

661

→ 원조의 목적: 인류의 복지 향상(X), 질서 정연한 사회의 확립(○)

> 사회들 간의 부와 복지의 수준은 다양할 수 있고 그럴 것이라 추정된다. 그러나 이런 부와 복지 수준을 조정하는 것은 원조 의무의 목표가 아니다. 단지 고통받는 사회들만 도움이 필요하다. 더구나 모든 질서 정연한 사회가 부유한 것이 아닌 것과 마찬가지로, 모든 사회가 가난한 것은 아니다. 열악한 천연자원과 빈약한 부를 가진 사회는 그들의 종교적 및 도덕적 신념들과 문화를 떠받쳐 주는 해당 사회의 정치적 전통, 법, 계급 구조가 자유적이거나 적정 수준의 사회를 유지하게 할 수 있는 정도라면 질서 정연해질 수 있다.

→ 구성원들이 동의한 정의의 원칙에 의해 규제되는 사회

제시된 주장을 한 사상가는 롤스이다. 롤스는 질서 정연한 사회의 만민은 불리한 여건으로 인해 고통을 겪는 사회를 원조해야 할 의무가 있다고 주장한다. 또한 원조의 목적은 고통받는 사회를 질서 정연한 사회가 되도록 돕는 것에 있다고 본다.

바로알기ㅣ 롤스는 ① 가난한 사회가 아니라 불리한 여건으로 고통을 겪는 사회를 원조의 대상으로 보고, ② 인류의 복지 향상이 아니라 고통받는 사회를 질서 정연한 사회로 만드는 것이 원조의 목표라고 본다. 또한 ③ 질서 정연한 사회는 경제적 풍요를 누리는 사회가 아니라 사회의 기본 제도가 정의의 원칙에 따라 편성·운영되는 사회를 말한다. ⑤ 롤스는 원조가 자선이 아닌 의무의 차원에서 시행되어야 한다고 본다.

662 제시된 주장을 한 '나'는 롤스이고, '어떤 서양 사상가'는 싱어이다. ㉠에는 롤스가 싱어에게 제기할 수 있는 비판의 내용이 들어가야 한다. 롤스는 원조의 목적이 인류의 복지 향상이 아니라 고통을 겪는 사회가 질서 정연한 사회가 되도록 하는 데 있다고 본다. 따라서 롤스는 싱어에게 질서 정연한 사회가 되면 빈곤해도 원조할 필요가 없음을 간과하고 있다고 비판할 수 있다.

바로알기ㅣ ① 롤스는 해외 원조의 목적을 절대 빈곤의 해소로 보지 않는다. ② 싱어는 개인에게도 원조의 의무가 있다고 보므로 싱어에게 제기할 비판으로 적절하지 않다. ③ 싱어는 해외 원조에 있어 공리의 원리를 따르므로 싱어에게 제기할 비판으로 적절하지 않다. ④ 싱어는 원조 주체의 커다란 희생이나 과도한 부담이 없는 선에서 원조를 해야 한다고 본다.

663 제시된 주장을 한 사상가는 싱어이다. 싱어는 공리주의적 관점에서 세상을 개선하는 효율적인 원조 방법을 찾아야 한다고 보고, 인류 전체의 고통을 줄이기 위해 빈국의 극빈층 원조에 힘써야 한다고 보았다.

바로알기ㅣ 두 번째 관점: 싱어는 공리주의 입장을 취하므로, 결과를 고려하여 원조해야 한다고 주장한다. 세 번째 관점: 싱어는 공리주의의 입장에서 원조 주체의 커다란 희생이 없는 한에서 원조를 해야 한다고 강조한다.

664 갑은 싱어, 을은 노직, 병은 롤스이다. 싱어는 공리주의적 입장에서 원조 주체의 큰 희생이 없는 한 타국의 빈민을 도와 인류의 복지를 향상하는 것이 원조의 목적이며, 이러한 원조는 의무라고 본다. 노직은 원조는 개인의 자유로운 선택에 맡겨야 하고 원조를 위한 과세는 강제 노동과 같은 것이라고 주장하며, 원조를 의무가 아닌 자선의 관점에서 파악한다. 롤스는 국제주의적 입장에서 불리한 여건으로 고통받는 사회를 질서 정연한 사회가 되도록 돕는 것이 원조의 목적이라고 보고, 이러한 원조는 의무라고 본다.

바로알기ㅣ ㄹ. 갑, 을, 병은 국가 간 불평등의 해소를 원조의 목표로 강조하지 않는다.

665 갑은 롤스, 을은 싱어이다. 롤스는 해외 원조에 있어 국제주의적 입장을 취하며, 불리한 여건으로 고통을 겪는 사회가 질서 정연한 사회가 되도록 돕는 것이 원조의 목적이라고 주장한다. 싱어는 세계 시민주의적 입장을 취하며, 인종이나 국가 등과 상관없이 빈곤으로 고통을 받는 모든 인간의 이익을 평등하게 고려하여 원조를 해야 한다고 주장한다. 따라서 롤스의 입장에 비해 싱어의 입장이 갖는 상대적 특징은 'X: 개인에 대한 원조를 중시하는 정도'는 높고, 'Y: 국제주의적 접근을 중시하는 정도'는 낮으며, 'Z: 원조에 있어 국적을 따지지 않는 정도'는 높으므로 ⓒ에 해당한다.

665 갑은 롤스, 을은 싱어이다. 롤스는 고통받는 사회가 질서 정연한 사회가 되면 여전히 경제적으로 빈곤하더라도 더 이상 원조의 대상이 되지 않는다고 주장한다. 반면, 싱어는 세계의 모든 빈곤한 사람들이 원조의 대상이 되어야 한다고 주장하며, 원조의 목적은 인류의 복지를 증진하는 것이라고 본다.

바로알기ㅣ ㄱ. 롤스는 원조의 결과 모든 인류에게 경제적 이득이 있어야 한다고 보지 않는다. ㄹ. 싱어는 인류 전체의 복지 증진을 주장하지만, 인류의 부가 균등해질 때까지 원조를 해야 한다고 주장하지는 않는다.

최고 수준 도전 기출 (17 ~ 20강)   172~173쪽

667 ①	668 ②	669 ④	670 ③	671 ①	672 ④
673 ⑤	674 ①				

667 갑은 플라톤, 을은 마르크스이다. 플라톤은 지혜의 덕을 갖춘 철학자가 통치자가 되어 나라를 다스릴 때 이상 국가가 실현될 수 있다고 보았다. 마르크스는 계급과 국가가 사라진 공산주의 사회가 도래하면, 능력에 따라 일하고 필요에 따라 분배받을 수 있으며 모두가 자아를 실현하며 살아갈 수 있다고 보았다. **바로알기 |** ② 플라톤은 모든 구성원이 정치에 참여해야 한다고 주장하지 않았다. 그는 각 계층이 각자의 직분을 충실히 수행하고 다른 계층의 일에 간섭하지 않고 조화를 이루어야 한다고 보았다. ③ 마르크스는 능력에 따라 일하고 필요에 따라 분배받는 사회를 이상적으로 보았다. ④ 마르크스는 국가와 계급이 소멸된 상태를 이상적 사회로 보았다. ⑤ 플라톤은 소유에 있어 절대적 평등을 주장하지 않았다.

668 (가)는 자유주의, (나)는 공화주의 사상에 해당한다. 자유주의는 개인의 자유와 권리를 무엇보다 중시하는 사상으로, 외부의 부당한 압력이나 강제로부터 벗어난 불간섭으로서의 자유인 소극적 자유를 강조한다. 따라서 자유주의는 공동체가 개인의 생활에 간섭하여 자유를 제한하는 것은 바람직하지 않다고 본다. 공화주의는 자유의 실현이 법에 의한 통치로 인해 가능하다고 보며, 비지배로서의 자유를 강조한다. 또한 공동선을 실현하려는 노력을 통해 개인의 선도 증진이 되며, 자유의 보장과 공동선의 실현을 위해 시민 스스로가 정치적 주체로서 공공의 일에 적극적으로 참여해야 한다고 본다. **바로알기 |** ②는 공화주의의 사상에 대한 설명이다.

669 갑은 홉스, 을은 로크, 병은 루소이다. 홉스는 자연 상태를 만인의 만인에 대한 투쟁 상태인 전쟁 상태라고 보며, 자신의 생명을 보존하고 평화를 얻기 위해 계약을 통해 국가를 만들었다고 본다. 로크는 자연 상태가 비교적 평화로운 상태이지만, 자연 상태에서는 분쟁을 조정할 공통의 재판관이 부재하여 자연권을 안정적으로 누리기 어려워 계약을 통해 국가를 만들었다고 본다. 루소는 자연 상태가 소유권이 없어서 빈부 격차가 발생하지 않는 상태였다고 보고, 자연 상태에서 누리던 자유를 보장받기 위해 국가를 형성했다고 본다. **바로알기 |** ④ 로크는 개인의 생명권, 재산권, 자유권과 같은 권리를 보장하는 것이 국가의 역할이라고 본다.

670 (가)의 갑은 롤스, 을은 하버마스이다. 롤스와 하버마스는 공통적으로 시민 불복종이 최후의 수단으로 행해져야 하며, 비폭력적인 방법으로 행해져야져야 한다고 본다. **바로알기 |** ㄱ. 롤스는 공공의 정의관을 시민 불복종의 기준으로 삼는다. ㄹ. 롤스와 하버마스 모두 법과 정책의 개선을 가져올 목적으로 행해지는 시민 불복종은 정당화될 수 있다고 보므로, B에 들어가야 한다.

671 갑은 케인스, 을은 하이에크, 병은 마르크스이다. 케인스와 하이에크는 기본적으로 자본주의 입장을 지지하며, 개인의 자유로운 경제 활동과 자유 경쟁 원리에 기반한 사적 소유를 인정한다. 반면, 마르크스는 자본주의 체제가 노동자에 대한 억압과 착취를 야기하고 불평등을 초래했다고 보아 사유 재산제의 철폐를 주장한다. 따라서 '자유 경쟁 원리에 기반한 사적 소유권을 보장해야 하는가?'라는 질문에 대해 케인스와 하이에크는 긍정, 마르크스는 부정의 대답을 할 것이다. **바로알기 |** ②, ④는 마르크스가 긍정의 대답을 할 질문이다. ③, ⑤는 케인스는 긍정, 하이에크는 부정의 대답을 할 질문이다.

672 (가)는 민주 사회주의, (나)는 고전적 자본주의의 입장에 해당한다. 민주 사회주의는 사회주의적 이상을 민주주의적 수단을 통해 건설하고자 하는 입장으로, 공유제를 바탕으로 하되 중요한 부문의 사적 소유

를 인정해야 한다고 강조한다. 고전적 자본주의는 이익을 추구하는 개인들 간의 자유 경쟁을 최대한 보장해야 한다고 보며, 시장에 대한 국가의 간섭은 최대한 배제해야 한다고 주장한다. **바로알기 |** ㄹ은 민주 사회주의에만 해당하는 내용이다.

673 (가)의 갑은 케인스, 을은 하이에크이다. 케인스와 하이에크는 모두 자본주의 사상가로, 개인의 자유와 사유 재산에 대한 권리, 시장 경제 등을 인정해야 한다고 주장한다. 다만, 시장 실패를 만회하기 위해 국가가 시장에 간섭해야 한다고 주장하는 케인스와 달리, 하이에크는 정부가 정책을 통해 실업, 공황 등의 문제를 해결하려는 태도는 치명적인 자만으로, 정부의 시장 간섭을 최소화해야 한다고 본다. **바로알기 |** ㄱ은 하이에크만이 긍정할 내용이므로 C에 들어가야 한다. ㄴ은 케인스와 하이에크 모두 부정할 내용이다.

674 현대 서양 사상가 갑은 싱어, 을은 롤스이다. 싱어는 공리주의의 입장에서 빈곤으로 고통받는 사람들에게 원조하여, 인류의 복지를 향상하는 것이 원조의 목적이라고 본다. 따라서 싱어는 질서 정연한 국가의 절대 빈민도 원조의 대상이 될 수 있다고 본다. 롤스는 원조의 목적이 불리한 여건으로 인해 고통을 겪는 사회를 질서 정연한 사회로 만드는 것이라고 보고, 자립적인 정의 사회는 빈곤해도 원조 대상에서 제외된다고 주장한다. **바로알기 |** ㄴ. 싱어는 인류의 복지를 향상하는 것이 원조의 목적이라고 보지만, 전 인류의 부를 균등하게 할 때까지 원조해야 한다고 주장하지 않는다. ㄹ은 싱어에게만 해당하는 입장이다.

Memo

Memo